Energy Law

제2판

에너지법학

이 종 영

박영사

제2판 머리말

　　현대사회를 살아가는 인간이 생존하는 데 에너지는 필수적이며, 더 나아가 삶의 질을 좌우하는 핵심적 요소로 떠오르고 있다는 데 큰 이견은 없을 것이다. 생존만을 목표로 했던 과거에는 에너지가 단순한 기능적 역할에 그쳤으나, 산업혁명 이후 에너지의 발전은 인류 문명을 급격히 변화시키며 인간의 삶을 보다 풍요롭고 편리하게 만들고 있다. 4차 산업혁명을 언급한 세계경제포럼의 창시자인 클라우스 슈바프(Klaus Schwab)의 견해를 빌리지 않더라도, 우리는 이미 에너지 혁명을 바탕으로 한 산업혁명의 지속적인 발전과 변화 속에서 살아가고 있다.

　　AI 시대를 맞이하며 에너지의 중요성은 더욱 커지고 있다. 에너지는 다원화, 효율화, 친환경화, 그리고 사용 편의성을 중심으로 끊임없이 발전해 왔으며, 일부에서는 산업혁명을 에너지 혁명이라고 부를 만큼, 에너지는 인류 문명 발전의 원동력이 되고 있다.

　　에너지는 개발, 생산, 유통, 저장, 소비의 전 과정에서 일반 재화와 구별되는 특수성이 있다. 무엇보다 에너지의 안정적이고 보편적인 공급은 시장의 자율적인 작동만으로는 충분히 실현될 수 없으며, 일정 부분 정부의 개입이 필요하다. 에너지의 효율적 관리, 질서 있는 유통, 지속 가능하고 친환경적인 공급을 촉진하기 위하여 현재 약 50개의 에너지법이 제정되어 시행되고 있다.

　　에너지의 중요성이 높아지고 에너지법이 확장되고 있는 상황에서 2021년 8월, 에너지법학 초판을 발간하였다. 초판의 집필 당시 에너지법학의 범위를 최소한 개괄적으로 기술하는 것이 녹록지 않았으며, 특히 집필을 하는 기간 동안에도 에너지 관련 법률들이 새롭게 제정되어 에너지법학 체계 내에 이를 반영하는 것 역시 쉬운 일은 아니었다. 그럼에도 불구하고 에너지법학이라는 책의 출판을 결심했던 이유는 에너지법학의 대상, 범위, 체계를 정립할 필요가 있다고 보았기 때문이다.

　　에너지법학의 초판을 발간한 지 3년이 지났다. 제2판에서는 초판에서 미처 다루지 못했던 전원개발촉진법을 에너지개발법에 추가하였으며, 도시가스사업법, 집단에너지사업법, 석유 및 석유대체연료 사업법 등을 에너지사업법에 보완하였다. 그러나 이번에 출판되는 제2판에서도 에너지개발법에 관련된 해저광물자원 개발법, 해외자원개발 사업법 등은 앞으로의 과제로 남겨두었다. 또한 안전 법제 분야에서도 가스안전법, 수소안전법, 석탄안전법 등을 포함하지 못한 점은 아쉬움으로 남으며, 이 역시 제3판에서 보완할 과제로 남겨두려고 한다. 2023년에 제정된 분산에너지 활성화 특별법 역시 2024년 6월부터 시행되었으나, 제2판에는 반영하지 못했다. 현재 국회에 해상풍력 특별법과 국가기간 전력망 확충 특별법이 발의되어 있으며, 새롭게 제정되는 법률을 어떠한 기준으로 에너지법학의 체계 내에 포함할 것인지와 같은 과제도 제3판 이후로 미뤄두고자 한다.

여전히 미완의 상태에 있음에도 제2판을 출판하는 것은 에너지법학 분야의 심도 깊은 학문적 논의와 연구를 촉진하고자 하는 바람 때문이다. 본서가 에너지법학의 성장과 함께 미래 사회 에너지 문제 해결에 작게라도 기여할 수 있었으면 하며, 이를 위하여 에너지법 전문가 및 관계 종사자들의 끊임없는 건설적 비판과 발전적 제안을 기대한다.

제2판의 출판을 위하여 적지 않은 도움을 준 분들이 계신다. 개별 법률마다 에너지법의 체계에 적합한 특성에 관하여 같이 논의하고, 작성한 원고에 대한 교정을 하여 준 한국법제연구원 기획경영본부장 김종천 박사, 박기선 박사, 임단비 박사, 부산대학교 법학전문대학원의 백옥선 교수, 법무법인 에너지의 이동일 대표 변호사 그리고 국회도서관의 김정임 박사에게도 이 자리를 빌려 진심어린 감사를 드린다. 또한 박영사 편집부 여러분에게도 깊은 감사를 드린다.

2024년 9월 20일
남산이 보이는 광화문 연구실에서
이 종 영 씀

머리말 —————————————————————————

    기후변화는 인류를 위협하는 대표적 위험요인으로 자리매김하고 있다. 유엔 산하 "기후변화에 관한 정부 간 협의체(IPCC)"는 2021년 8월 9일 기후변화에 대한 포괄적인 분석을 담은 제6차 보고서에서 향후 20년 안에 지구의 평균 온도가 19세기 말보다 섭씨 1.5도 상승할 수 있다고 전망했다. 기후변화는 전 지구적 차원의 문제로 부상함으로써 이제 모든 국가가 공동으로 해결할 수밖에 없는 중요 과제가 되었다. 현재 우리 인류는 기후변화의 핵심적 원인이면서 국가의 산업발전과 국민의 삶의 질 향상에 기여해 온 화석에너지의 사용을 대폭적으로 줄여야 할 상황에 놓여 있다. 그러나 우리는 지금까지 화석에너지의 사용과 과학기술의 발전에 기반한 문명의 혜택을 포기할 수 없으며, 원시상태로 돌아갈 수도 없다.

    인간의 역사는 자유신장의 역사이고, 인간문명은 인간의 자유와 행복을 증진하는 방향으로 발전하고 있다. 그러나 산업혁명 이후 급속하게 발전된 인간문명은 기후변화에 직면한 현실에서 지속가능한 발전이 가능하도록 방향을 수정하지 않을 수 없다. 인간문명의 발전과 기후변화의 중심에 에너지가 자리잡고 있다. 인간문명의 지속가능한 발전도 에너지 문제를 해결하고서야 가능하다. 그러므로 기후변화의 시대를 살고 있는 우리에게 주어진 과제는 단순히 에너지의 사용을 포기하여 인류의 발전을 멈추는 것이 아니라 에너지전환을 통해 지구가 당면한 기후변화 문제를 현명하고 슬기롭게 풀어가는 것이다. 에너지전환은 에너지법의 체계와 이해가 없이는 사실상 불가능하다. 에너지법은 에너지의 생산·저장·운반·사용에 관하여 규율하는 법이다. 기후변화 시대에서 에너지법의 인식과 분석은 에너지법학의 본질적인 사안이다. 에너지법학은 에너지법의 방향을 설정하고, 에너지법의 개별적인 제도를 보다 합리적이고 체계적으로 디자인하게 하는 사회과학이다. 에너지법의 발전은 곧 우리시대가 직면한 기후변화문제와 인간의 지속가능한 발전을 동시에 해결할 수 있는 해법을 제시할 수 있을 것으로 본다.

    우리나라에서 법학과가 대학의 학과로 편재되고, 이미 10년 전에 법학전문대학원이 도입되었으나 법학과와 법학전문대학원의 교과목에 에너지법을 교과목으로 채택하고 있는 대학과 법학전문대학원은 찾아보기가 어렵다. 본서를 집필한 저자는 에너지와 관련된 입법과정에 참여하면서 오래전부터 에너지법의 중요성을 인식하고 그 체계를 정립하는 것을 과제로 새겨두었다. 그러나 국내에서 에너지법의 정의가 논의된 바가 없고 그 범위가 방대하여 어디서부터 시작하여야 할 것인가에 대한 적지 않은 고민을 하였다. 우선적으로 에너지법 관련 현안에 대한 법적 문제를 연구하고 논문을 발표하기 시작하였다. 그러나 이러한 접근방식은 에너지법의 극히 지엽적인 부분을 다룰 수밖에 없다는 점에서 에너지법의 전반을 조망할 수 없는 한계가 있었다. 저자는 에너지법의 체계 정립이라는 초석을 마련하는 의미로 본서를 출간하는 용기를 내었다. 본서를 집필하면서 저자는 본서가 에너지 분야를 법학적으로 모두 설명하기에 상당히 부족하다는 것을 인식하면서도, 에너지법의 체계를 정립하는 정도에서라도 출간하는 것이 에너지 분야에 조금이라도 기여하는 것이라 생각하고 출간을 결심하였다. 에너지법학의 지속적인 발전은 저자에게 남겨진 앞으로의 과제이고 에너지법을 연구하는 후학의 과제로 생각하고 있다.

　에너지법의 정립을 위하여 독일과 일본의 서적을 참조하였으나 본질적인 해답은 찾지 못했다. 독일은 에너지법에 대한 다수의 전문학술저널과 에너지법 교과서가 있으나 국내의 에너지법과는 상당한 괴리가 있다. 독일 에너지법은 에너지사업법을 중심으로 구성되어 있어, 에너지안전이나 에너지효율과 같은 에너지법을 충분하게 포섭할 수 없고 에너지법의 체계도 다르다. 일본의 에너지법 관련 논문이나 저서는 독일과 비교해 상대적으로 빈약하여 본서의 집필에 도움이 거의 되지 못하였다. 저자는 우리나라의 에너지법에 적합한 에너지법학을 정립하려는 시도를 하였다. 특히 에너지법의 기본원리는 저자가 용기를 가지고 정립한 부분으로 외국의 에너지법 관련 서적에서도 특별한 도움을 얻지는 못하였다. 이 분야는 에너지법의 체계를 정립하면서 계속적으로 보완연구하고 수정해야 할 분야로 생각하고 있으며, 동료 교수님들의 비판적 견해를 경청할 준비가 되어 있다.

　현재 출간되는 에너지법학은 지속적으로 보완을 해나갈 것을 스스로 약속하고, 앞으로 에너지법의 분야별·기능별로 독립된 저서를 출간하여 관련 실무자들에게 도움을 주고자 한다. 향후 에너지법의 출간의 방향은 기능별로 에너지개발법, 에너지안전법, 에너지사업법, 에너지효율법, 에너지환경법 등으로, 에너지원별로 전기법, 석유법, 가스법, 원자력법, 신·재생에너지법, 분산에너지법 등으로 구분하여 저술하는 것을 구상하고 있다.

본서의 출간에는 에너지 분야 전문가들의 공이 적지 않다. 광범위한 에너지법의 개별 조문에 대한 기능과 역할을 파악하는 데 많은 도움을 주신 에너지정책 전문가와 실무가들에게 감사를 드린다. 특히 에너지정책에 관하여 진지한 토론을 하여 주신 분들에게 감사를 드린다. 또한 본서는 출간 과정에서 제자들과 토론하고 분야별로 영역을 설정하여 필요한 사항을 검토하였기에 가능하였다. 본서의 출간에 대한 기획과 추진은 김정임 박사가 총괄하였고, 김종천 박사는 에너지안전법, 이동일 변호사는 신·재생에너지법, 백옥선 박사는 에너지사업법, 박기선 박사는 에너지효율법의 체계를 정립하는 과정에서 도움을 주었으며, 임단비 박사는 본서 에너지법학을 출간하는 데 지대한 지원을 하였다. 본서의 출간은 위에 언급한 분들의 도움이 없었다면 불가능하였기 때문에 이 자리를 빌려 특별한 감사를 드린다.

마지막으로 코로나19로 어려운 출판업계의 현황에도 에너지법학의 출간을 허락하여 주신 박영사 안종만 회장님, 안상준 대표님께 감사드리고, 마지막까지 에너지법학이 세상에 나올 수 있도록 헌신해 주신 기획마케팅팀 오치웅 대리, 박가온 편집위원님께도 깊은 감사를 드린다.

2021년 9월
흑석동 연구실에서
이 종 영

제 1 장   에너지법의 체계와 대상

제 1 절   에너지법의 체계

제 2 절   에너지법의 기본원리

제 2 장   에너지개발법론

제 1 절   광업법

제 2 절   전원개발법

제 3 장   에너지사업법론

제 1 절   에너지사업법의 체계

제 2 절　도시가스사업법

제 3 절　석유 및 석유대체연료 사업법

제 4 절   전기사업법

제 5 절　전기공사업법

제 6 절　집단에너지사업법

제 4 장　에너지안전법론

제 1 절　에너지안전법 개관

제 2 절　고압가스 안전관리법

제 3 절　전기안전법

제 4 절   석유안전관리법

제 5 절   원자력안전법

제 5 장   에너지효율법론

제 1 절   에너지효율법제

제 2 절   산업부문의 에너지효율향상제도

제 3 절　건물부문의 에너지효율향상제도

제 4 절　기기부문의 에너지효율향상제도

제 5 절　수송부문의 에너지효율향상제도

제 6 장　에너지환경법론

제 1 절　에너지환경법 서론

제1장 에너지법의 체계와 대상

제 1 절 에너지법의 체계

I. 에너지의 개관

1. 에너지의 정의

인류의 생존에 필요한 3대 재화는 식량, 에너지, 물이라고 할 수 있다. 에너지는 어떤 물체나 사람이 일을 할 수 있는 힘 또는 능력을 말한다. 에너지(energy)의 어원은 그리스어로 "일"을 의미하는 "ergon"에 "속으로"를 의미하는 접두사 "en"을 결합한 "energon(에너지)"에서 유래한 "energia"이다. 그러므로 에너지는 어원적으로 "물체가 일이나 작동을 할 수 있는 (속에 있는) 내적인 역량 또는 능력"이라는 의미가 있다.

현행 「에너지법」은 에너지를 연료·열 및 전기로 제한하여 정하고 있다. 그러므로 「에너지법」에 따른 에너지는 연료, 열 및 전기이다. 연료는 석탄, 천연가스, 석유와 같은 화석연료를 포함하여 액화석유가스와 같은 산업공정의 부산물로 생성되는 수소와 석유공정 과정을 거쳐서 생성되는 프로판 등과 같은 가스도 포함한다. 그러나 풍력(바람)이나 태양광은 연료도 아니고, 열도 아니며 전기도 아니다. 태양광과 풍력(바람)은 단지 전기를 생산할 수 있는 원동력이기 때문에 그 자체가 「에너지법」에 따른 에너지에 포함하지 않는다. 에너지 관련 법률은 인간의 행위를 규율하기 때문에 인간이 관리할 수 없는 풍력이나 태양광 등은 그 자체를 법률상 권리나 의무화할 수 없어 에너지법에 따른 에너지에 포함하지 않고 있다.

에너지와 달리 "에너지원(Energy Source)"은 에너지로 활용가능한 자원 또는 에너지가 생기는 근원을 의미하며 열에너지, 빛에너지, 운동에너지를 만들 수 있는 화석연료(Fossil Fuel)와 수력, 태양광, 풍력, 조력, 지열 등과 같은 재생에너지를 말한다. 에너지로서 전기는 에너지원에 해당하는 석유, 석탄, 핵 또는 재생에너지라는 에너지원을 활용해 얻을 수 있다. 이러한 측면에서 현행 「에너지법」에서 규정하고 있는 에너지는 에너지원과 혼재된 개념이라고 할 수 있다.

2. 에너지의 종류

에너지는 다른 형태의 에너지로 전환될 수도 있고, 일이나 작동으로 변환되는 특성이 있다. 에너지는 천연가스가 수소로 변형되어 전기에너지로 전환되는 화학에너지, 수력발전과 같은 높은 곳에 있는 물의 위치에너지가 전기에너지로 전환되기도 한다.

에너지원은 재생가능성에 따라 재생에너지와 비재생가능에너지로 분류될 수 있다. 재생에너지는 자연에 존재하는 태양력, 풍력, 조력, 수력, 지열 등 사용하더라도 적정한 기간 안에 재생됨으로써 영구적 또는 반영구적으로 사용할 수 있는 에너지이다. 이에 반하여 비재생가능에너지는 석탄, 석유, 천연가스 등과 같이 사용하고 나면 적정한 기간 안에는 다시 사용할 수 없는 에너지원이다. 재생가능에너지와 비재생가능에너지의 구별 척도는 다시 사용하기 위한 적정한 기간이라고 할 수 있다. 석유, 석탄, 천연가스와 같은 비재생가능에너지는 자연에서 생성되나 다시 생성되기 위하여는 수백만 년에서 수 억년 가량 오랜 세월이 필요하여 한 번 사용한 후에는 실질적으로 재생이 되지 않는 에너지이다.

II. 에너지와 헌법

현행 「헌법」은 에너지의 안정적인 수급이나 개발에 관하여 특별하게 규정하지 않고 있을 뿐만 아니라 에너지라는 용어도 사용하지 않고 있다. 그러나 「헌법」 제120조는 광물 기타 중요한 지하자원·수산자원·수력과 경제상 이용할 수 있는 자연력은 법률이 정하는 바에 의하여 일정한 기간 그 채취·개발 또는 이용을 특허할 수 있도록 규정하고 있다. 에너지 중 석탄, 석유, 우라늄이나 천연가스는 광물에 속하고, 수력과 풍력은 자연력에 속한다. 그러므로 「헌법」 제120조는 에너지원으로 석탄, 석유, 가스, 우라늄과 같은 광물을 토지소유권과 분리하여 광업권을 특허로 설치할 수 있는 것에 제한하여 정하고 있다.

가스, 석탄, 전기 등 에너지의 저장, 수송, 사용에 관하여도 헌법은 침묵하고 있으나 「전기사업법」이나 「고압가스안전관리법」 등과 같은 에너지와 관련된 법률의 정당성을 다수의 헌법 조문에 두고 있다. 「헌법」은 에너지의 개발, 이용, 사업, 안전분야에 관하여 극히 언급을 자제하고 있으나 간접적으로 직업의 자유, 사유재산권의 보장, 생명권과 신체안전, 환경권과 환경보호의무 등에서 에너지와 관련된 행위를 촉진하거나 규제할 수 있는 근거를 두고 있다. 「도시가스사업법」, 「전기사업법」, 「석유 및 석유대체연료 사업법」, 「액화석유가스의 안전관리 및 사업법」 등과 같은 에너지 관련 사업법에서 기본권 주체인 에너지사업자에 허가, 등록, 신고 등을 하여야 비로소 에너지관련 사업을 영위하도록 함으로써 기본권에 해당하는 직업선택의 자유와 행복추구권을 제한하고 있다.

「헌법」은 국민으로 하여금 허가, 등록, 신고를 하여야 에너지사업을 할 수 있도록 하는 헌법적 정당성을 부여할 뿐만 아니라 동시에 해당법률에 대하여 직업자유의 제한에 대한 한계를 규정함으로써 에너지법과 밀접한 관련성을 가지고 있다. 에너지 관련 사업과 안전 등과 관련된 법률은 에너지로서 석유, 천연가스, 액화석유가스, 전기 등의 사업과 안전에 관하여 관리하고 있다. 에너지사업에 관한 다수의 법률에서 헌법상 과소보호금지의 원칙에 근거하여 에너지사업자에게 소비자보호나 에너지의 안정적인 공급을 위한 다양한 의무를 부여하고 있다. 에너지사업자에게 에너지관련 사업법이나 안전법 등에서 특정된 의무를 부여하지 않게 되면, 에너지시장의 질서를 붕괴시킬 수도 있고, 소비자에게 에너지를 안정적으로 공급할 수 없게 된다. 에너지사업자에 대한 허가, 등록, 신고, 허가 취소 등은 헌법상 과소금지원칙을 실현하는 제도가 된다.

에너지의 개발, 사용 및 사업과 관련하여 생명과 건강 및 신체안전을 보호할 목적으로 각종 에너지관련 안전법을 제정하고 있다. 에너지안전 관련 법률은 원자력, 가스, 액체상태의 에너지(석유)의 안전, 개발단계에서 광산개발에 대한 면허, 허가, 신고 등을 도입하고 있다. 에너지관련 환경보호를 목적으로 신재생에너지의 개발·이용·보급 촉진을 목적으로 하는 법률, 에너지 효율성 향상을 위한 법률을 제정하고 있다. 이와 같은 내용을 갖추고 있는 행정법으로 에너지법은 헌법을 집행하는 법률이고 동시에 독일 연방행정법원장을 역임한 프리츠 베르너(Fritz Werner)가 강조하는 헌법을 구체화하는 법에 해당한다.

Ⅲ. 에너지법제

1. 실정법률

에너지법의 체계는 다양한 관점에 따라 정립하고 분류할 수 있다. 에너지와 관련된 실정법률을 중심으로 에너지법의 체계를 정리하면, 에너지 개발과 공급을 중심으로 하는 법률, 에너지사업과 관련된 법률, 에너지 안전과 관련된 법률, 에너지로 인한 환경보호와 관련된 법률, 에너지를 산업적으로 보아 육성과 촉진과 관련된 법률로 분류할 수 있다.

　　우선 에너지의 총괄분야와 관련된 법률로「에너지법」,「기후위기 대응을 위한 탄소중립·녹색성장 기본법(＝ 탄소중립기본법)」,「에너지 및 자원사업 특별회계법」이 있다. 에너지의 개발 및 공급과 관련된 법률로「광업법」,「해저광물자원 개발법」,「해외자원개발 사업법」,「한국가스공사법」,「한국석유공사법」,「한국전력공사법」,「대한석탄공사법」,「한국광해광업공단법」,「전원개발촉진법」,「발전소주변지역 지원에 관한 법률」,「송·변전설비 주변지역의 보상 및 지원에 관한 법률」,「분산에너지 활성화 특별법」,「국가자원안보 특별법」이 있다.「광업법」은 국내 육상 지중에 매장된 연료로서 석탄, 가스, 우라늄의 채굴과 관련된 법률이다.「해저광물자원 개발법」은 국내 해양 지중에 매장된 석유, 천연가스의 탐사와 채굴을 위한 법률로서 에너지개발 관련 법률로 분류될 수 있다. 또한「해외자원개발 사업법」은 대한민국 영토 밖에서 에너지자원의 개발과 관련된 법률이다.

　　「발전소주변지역 지원에 관한 법률」,「송·변전설비 주변지역의 보상 및 지원에 관한 법률」은 전기에너지의 공급과 직접 관련된 법률이 아니라 보상과 지원에 관한 법률에 포함할 수 있으나 발전소의 건설이나 송변전설비의 설치와 관련된 측면이 있어 에너지 공급에 관련된 법률에 포함한다. 발전소의 설치와 송·변전설비는 해당 지역주민에게 환경적·경관적·위해적 부담을 주는 시설과 설비로 평가되고 있다. 발전소와 송·배전설비가 설치되는 지역 주민에게 발생하는 특별한 희생에 대한 보상과 지원을 하지 않고서는 더 이상 에너지의 공급이 불가능하여 이와 관련된 법률을 개발과 연관된 에너지공급에 관련된 법률로 분류될 수 있다.

　　에너지 사업과 관련된 법률은「전기사업법」,「도시가스사업법」,「액화석유가스안전 및 사업법」,「석유 및 석유대체연료 사업법」,「석탄산업법」,「집단에너지사업법」,「전기공사업법」,「전기공사공제조합법」이 있다. 에너지 사업과 관련된 법률은 대부분 사업규제를 통하여 사용자의 보호를 목적으로 하는 법률이다. 헌법상 직업자유는 에너지사업자에게도 당연히 적용된다. 그래서 일반적으로 특정된 직업의 선택은 헌법상 자유로서 규제를 받지 않는다. 그러나 에너지사업은 안정적인 공급을 받지 않게 되는 경우에 해당 에너지사용자가 쉽게 다른 에너지로 변경할 수 없는 특징으로 인하여 에너지사업에 대한 규제를 통하여 재정적·기술적 역량이 있는 사업자가 해당 사업을 할 수 있도록 규제하고 있다.

　에너지안전법과 관련된 법률은 「전기안전관리법」, 「전력기술관리법」, 「고압가스안전관리법」, 「액화석유가스안전 및 사업법」, 「원자력안전법」, 「송유관안전관리법」, 「위험물안전관리법」, 「수소경제 육성 및 수소 안전관리에 관한 법률」이 있다. 에너지는 거의 대부분 사용상 위험성을 내포하고 있다. 연료는 대부분 인화성·발화성·폭발성이 있는 물질로서 사용시설이나 용품에 대한 안전성을 필요로 한다. 개별 에너지원에 따른 사용용품의 안전관리를 위한 제도적 특징이 있어 관련된 법률에서 제도를 구축하고 있다.

　에너지환경법에 관한 실정법률은 「신에너지 및 재생에너지 개발·이용·보급촉진법」, 「지능형전력망의 구축 및 이용촉진에 관한 법률」, 「수소경제 육성 및 수소 안전관리에 관한 법률」, 「에너지이용 합리화법」, 「이산화탄소 포집·수송·저장 및 활용에 관한 법률」이 있다. 기존의 에너지원은 대부분 화석연료에 기반한 에너지를 대상으로 하였으나 기후변화의 핵심적인 요소가 이산화탄소에 있었고, 환경친화적인 에너지로 전환을 위하여 친환경에너지의 육성을 위한 법률이다. 에너지분야의 실정법 중 육성과 지원을 법률의 내용으로 하는 법률은 많지 않다.

　에너지분야의 육성촉진법은 에너지기술개발과 관련된 「에너지법」, 「원자력진흥법」, 「에너지산업융복합단지의 지정 및 육성에 관한 법률」이 있다.

2. 에너지법체계의 특징

　에너지 관련 실정법은 천연가스, 액화석유가스, 고압가스, 수소로 각각 구별하여 사업과 안전관리에 관한 법률을 두고 있다. 또한 석유, 석탄, 원자력, 전기 등의 에너지별로 각각의 법률을 두고 있어 에너지법체계의 특징은 에너지원별 법률주의라고 할 수 있다. 즉, 우리나라의 에너지법은 에너지원별 개별 법률을 제정하여 운영하는 것을 특징으로 한다.

　에너지법률은 기능적인 관점에서 볼 때에 에너지안전, 에너지사업, 에너지육성, 에너지개발 등에 관하여 각각의 실정법을 제정하여 운영하는 점에서 특징적이라고 할 수 있다. 에너지 관련 법률은 에너지원별 및 기능별로 결합된 법률체계로 구성되어 있다. 이러한 법률체계는 개별 에너지원별로 관련된 규율을 파악할 수 있다는 장점이 있다. 그러나 법률의 수가 많아서 법률 간에 상충되는 경우도 발생하여 특정된 에너지에 적용되는 법률을 쉽게 파악하지 못하는 단점도 있다. 에너지법의 체계는 장기적으로 에너지원별로 개별법률을 두어 운영하기보다는 안전규제, 사업규제, 육성과 지원에 관한 기능별로 법체계를 구성하도록 할 필요성이 있다.

제 2 절   에너지법의 기본원리

Ⅰ. 에너지공급의 안정성원리

1. 법적 근거

에너지법의 가장 중요한 법원칙은 에너지의 안정적인 공급이다. 에너지공급의 안정성원리는 에너지안보라고도 한다. 에너지법의 출발점은 국가가 어떻게 국민이 필요로 하는 에너지를 안정적으로 공급할 수 있는 제도를 구축하는가에 있다.

「저탄소 녹색성장 기본법」제41조에 따른 에너지기본계획은 "국내외 에너지 수요와 공급의 추이 및 전망에 관한 사항", "에너지의 안정적 확보, 도입·공급 및 관리를 위한 대책에 관한 사항"을 내용으로 포함하도록 하여 에너지의 안정적인 수급을 핵심적인 내용으로 한다. 「전기사업법」제25조는 전력수급기본계획의 수립 의무를 산업통상자원부장관에게 부여하고 있다. 전력수급기본계획의 수립 목적은 동법 제25조제1항에서 명시하고 있는 바와 같이 "전력수급의 안정"이고, 이를 위하여 기본계획에 포함되어야 하는 요소는 "전력수급의 기본방향"에 관한 사항이다. 또한 「에너지법」의 목적에 의하면 "이 법은 안정적이고 효율적이며 환경친화적인 에너지 수급(需給) 구조를 실현하기 위한 에너지정책 및 에너지 관련 계획의 수립·시행에 관한 기본적인 사항을 정함으로써 국민경제의 지속가능한 발전과 국민의 복리(福利) 향상에 이바지하는 것을 목적으로 한다"고 규정함으로써 에너지법의 제1원칙으로 에너지의 안정적인 공급을 천명하고 있다.

2. 에너지비축제도

에너지공급의 안정성 원리는 에너지비축 의무화 제도를 포함하고 있다. 「에너지이용 합리화법」제7조는 에너지수급안정을 위한 조치를 규정하고 있다. 이에 의하면 산업통상자원부장관은 국내외 에너지사정의 변동에 따른 에너지의 수급차질에 대비하기 위하여 대통령령으로 정하는 주요 에너지사용자와 에너지공급자에게 에너지저장시설을 보유하고 에너지를 저장하는 의무를 부과할 수 있다. 에너지비축 의무화 제도는 석유나 가스의 국제적인 변동으로 인하여 국내의 에너지공급 안정성에 발생하는 위험을 완화하고 축소하기 위하여 「석유 및 대체연료 사업법」과 「도시가스사업법」 등에서 도입하고 있다. 「석유 및 대체연료 사업법」 제15조는 산업통상자원부장관으로 하여금 석유 수급과 석유가격의 안정을 위하여 석유비축목표를 설정하고 대통령령으로 정하는 바에 따라 그 비축목표를 달성하기 위한 석유비축계획을 수립할 의무를 부여하고 있다. 석유비축계획의 실행을 위하여 동법 제17조는 석유정제업자, 원유 및 석유제품의 수출입업자, 석유판매업자 중 부산물인 석유제품을 석유정제업자 또는 석유가스를 수입하는 자가 아닌 자에게 판매하는 석유제품 생산판매업자를 석유비축의무자로 정하고 있다. 석유비축의무자가 비축하여야 하는 석유의 양은 연간 내수판매량의 일평균 판매량의 60일분의 범위에서 산업통상자원부장관이 정하여 고시하는 양이다. 천연가스의 비축제도는 「도시가스사업법」 제10조의10제1항에서 도시가스도매사업자에게 해당 월의 일평균 천연가스 재고량을 천연가스 비축의무량 이상으로 유지하도록 하는 제도이다. 석유액화가스(LPG)의 경우에 「액화석유가스의 안전관리 및 사업법」 제20조제1항에서 액화석유가스 수출입업자로 하여금 액화석유가스의 수급과 가격의 안정을 위하여 일평균 내수판매량의 15일분(운영재고량)을 비축하도록 하고 있다.

경제성장도, 국민의 생활수준의 향상도 에너지의 안정적인 공급을 보장하지 않고는 불가능하기 때문에 우리나라는 다른 국가에는 없는 「해외자원개발 사업법」을 제정하여 "성공불융자", "투자조합결성 시 국가의 우선손실부담" 등과 같은 제도를 구축하여 운영하고 있다. 또한 전기생산을 위하여 원자력에너지를 다른 국가보다 상당히 많은 비중을 두고 있는 근본적인 원인은 화석에너지원의 해외의존도를 낮추고자 하는 입법자의 노력의 산물이라고 할 수 있다.

3. 에너지의 보편적 공급원칙

에너지공급 안정성원리에 속하는 원리 중의 하나는 에너지의 보편적 공급원칙이다[1]. 에너지의 보편적 공급원칙은 에너지법의 독립된 원리라기보다는 에너지

---

1 이에 관하여는 구지선, "에너지의 보편적 공급에 관한 환경법적 검토 - 보편적 공급 개념의 변화와 환경법의 대응을 중심으로", 『환경법연구』 제35권 제1호, 45면 이하.

의 공급안정성 원리의 하부 원리라고 할 수 있다. 「에너지법」 제4조제5항은 "국가, 지방자치단체 및 에너지공급자는 빈곤층 등 모든 국민에게 에너지가 보편적으로 공급되도록 기여하여야 한다."고 규정함으로써 에너지의 공급안정성을 실현하고, 모든 국민에게 에너지가 경제적으로 보급될 수 있도록 하는 원칙이다. 또한 「에너지법」 제16조의2는 정부로 하여금 "모든 국민에게 에너지가 보편적으로 공급되도록 하기 위하여 에너지이용 소외계층에 대한 에너지의 공급, 에너지이용 소외계층의 에너지이용 효율의 개선, 그 밖에 에너지이용 소외계층의 에너지 이용 관련 복리의 향상에 관한 사항을 지원할 수 있도록 규정하여 에너지의 보편적 공급원칙을 천명하고 있다.

전체 에너지원 중에서 원자력의 비중이 상당한 국가는 프랑스, 일본, 대한민국, 중국 등이다. 특히 프랑스는 1차 오일쇼크, 2차 오일쇼크를 경험하면서 더 이상 국가의 운명과 같은 에너지수급을 중동국가에 맡기지 않겠다는 국가적인 결단에서 출발하였다. 에너지가 부족한 일본도 에너지의 상당한 비중을 원자력에 의존한 배경은 에너지의 해외의존도를 줄이고자 하는 데에서 출발하였다. 일본은 지진과 같은 자연재해가 많은 국가임에도 불구하고 원자력발전소를 운영하였다. 만일 일본이 지진으로부터 자유로운 국가였다면, 프랑스 이상으로 전체 에너지생산에서 원자력비중이 높았을 것으로 보인다.

우리나라의 경우 체르노빌사고와 후쿠시마 원전사고에도 불구하고 원자력발전을 쉽게 포기하지 못하는 이유는 원자력을 포기하게 되면, 에너지 공급안정성을 확보할 수 있는 대안이 분명하지 않기 때문이다.

4. 에너지다원성 원리

에너지법의 제1원리에 해당하는 에너지의 안정적인 공급을 실현하기 위한 에너지법의 제2원리는 에너지의 다원성 원리이다. 에너지의 안정적인 공급이나 에너지경제성, 친환경에너지의 사용 등을 실현하기 위하여 특정에너지에 집중하기보다는 다양한 에너지원을 국가의 에너지원으로 사용하도록 하고 있다. 천연가스의 가격이 급등하거나 석유자원이 부족한 경우에 이를 대체할 수 있는 에너지원을 반드시 마련하여 에너지안보를 실현하라는 것이다. 국가가 필요로 하는 에너지를 특정에너지에 집중하게 되면, 에너지의 안정적인 공급은 상당한 위험에 놓이게 된다.

우리나라는 화석에너지로 석탄·천연가스를 발전용으로 사용하고, 석유·천연

가스·액화석유가스(LPG)를 수송용으로 사용하고 있다. 발전용으로 원자력발전과
신·재생에너지는 에너지다원성원칙에 부합한다. 발전용으로 사용되는 에너지원이
다원화될수록 에너지법의 원칙은 더욱 강하게 유지될 수 있다. 이러한 측면에서
보면, 원자력발전을 쉽게 포기하는 것은 에너지법원칙 중 에너지다원화 원칙에 부
합하지 않는다.

「신에너지 및 재생에너지 개발·이용·보급 촉진법」은 신에너지로 수소, 연료
전지, 석탄액화·가스화한 IGCC(석탄가스복합화력), 중질잔사유 가스화에너지 등, 재
생에너지로 태양에너지, 풍력, 수력, 해양에너지, 지열, 폐기물에너지, 바이오에너
지, 수열에너지 등 모두 12개를 규정하고 있다. 신·재생에너지의 종류는 지금까지
우리나라에서 사용하고 있는 화석에너지의 모두보다 많은 수이다. 그러나 재생에
너지의 대부분은 태양에너지에 기인하고 있다. 풍력, 해양에너지, 수열에너지, 수
력 등은 태양에너지에 기인하고 있다.

원자력은 화석에너지도 아니고 동시에 재생에너지도 아닌 기술기반적인 에너
지로서 에너지다원성에 중대한 역할을 하는 에너지에 속한다. 그러므로 원자력에
너지는 에너지법의 원리로 에너지다원성의 확보라는 측면에서 쉽게 포기하기보다
는 유지하고 발전시켜야 하는 에너지에 속한다.

Ⅱ. 에너지안전성 원리

1. 개   념

에너지법의 또 다른 중요한 원칙은 에너지안전성 원리이다. 에너지의 개발 및
사용이 안전하여야 한다는 법원칙이다. 에너지안전성 원리는 에너지공급안정성 원
리와 대등할 정도로 에너지법에서 중요한 원칙이다. 에너지법의 원리에서 요구되
는 모든 요건을 갖추고 있어도 안전성이 보장되지 않는 에너지는 에너지로 사용할
수 없다. 에너지안전성 원리는 에너지원별로 사용상 시설이나 용기 등에 관한 복
잡한 기술기준으로 실현하고 있다. 천연가스(LNG), 액화석유가스(LPG) 및 수소에너
지의 제조, 보관, 운송, 이용상 발생할 수 있는 위험을 방지하기 위하여 「고압가스
안전관리법」, 「도시가스사업법」, 「액화석유가스의 안전관리 및 사업법」에서 가스
에너지의 종류별 안전관리제도를 도입하여 운영함으로써 에너지안전성 원리를 실
현하고 있다. 또한 석탄의 이용에 관하여는 「석탄산업법」에서 석탄의 사용상 안전

에 관하여 규정하고, 석탄의 채굴과정에서 안전에 관하여는 「광산안전법」에서 규
정하고 있다. 액체에너지로서 석유에너지의 안전관리는 「위험물안전관리법」에서
석유제품의 안전관리에 필요한 제도를 도입하여 운영하고 있다.[2] 신·재생에너지
의 안전은 「전기사업법」에서 풍력발전기의 설치와 유지관리에 관하여 규정하고
있다.

2. 법적 근거

원자력에너지는 기술력에 의하여 사용될 수 있는 에너지이다. 물론 자연에 있
는 우라늄을 연료로 하고 있으나 화석에너지나 신·재생에너지와는 달리 고도의
기술력과 시설을 갖추지 않고는 이용할 수 없는 에너지에 속한다. 원자력의 안전
은 「원자력안전법」에서 아주 엄격하게 규정하고 있고, 우리나라의 안전관리에 관
한 법제 중 가장 엄격하고 강한 규제를 담고 있다.

원자력에너지의 중요한 단점은 「원자력안전법」으로 엄격한 안전관리를 하고
있음에도 불구하고 아직 충분한 안전관리에 관하여 국민적인 공감대가 미흡하다
는 것이다. "얼마나 안전하여야 충분하게 안전한가?"라는 안전철학에 출발하는 원
자력안전성 확보는 단순히 과학기술적인 요소만 존재하는 것은 아니라고 할 수 있
다. 분명한 것은 원자력안전을 위한 규제의 강도는 과학적인 관점에서 과잉적이라
고 할 수 있으나 일반 국민의 안전수준과 반핵을 기치로 하는 관점에서는 아무리
안전장치를 이중 혹은 삼중으로 하더라도 안전한 것으로 평가되지 못하는 딜레마
가 있다. 원자력시설에 대한 안전관리를 강화할수록 원자력에너지는 점차적으로
경제적이지 아니한 에너지로 변화되고 있다.

에너지안전은 에너지의 생산, 수송, 저장, 사용상 발생할 수 있는 위험방지를
목적으로 한다. 천연가스의 저장, 수송 및 사용과 관련된 안전은 「도시가스사업
법」에서 정하고 있다. 안전은 행정법상 허가나 승인의 방법으로 추구되고 있다.
「도시가스사업법」은 도시가스사업자에게 위험성이 있는 가스공급시설의 설치공사
나 변경공사를 하려면 그 공사계획에 대하여 시설·기술기준, 인력기준 등의 요건
을 모두 갖추어 산업통상자원부장관 또는 시장·군수·구청장의 승인을 받도록 하
고 있다. 또한 동법은 도시가스사업자에게 그 사업 개시 전에 가스공급시설과 가

---

2 이에 관하여는 이종영, "위험물시설의 설치허가제도의 개선방안", 『한국화재소방학회논문집』 제15권 제3호, 21
  면 이하; 이종영, "독일의 위험물시설 안전관리제도", 『중앙법학』 제6집 제1호, 51면 이하 참조.

스사용시설의 안전유지에 관한 안전관리규정을 정하여 산업통상자원부장관, 시·도지사 또는 시장·군수·구청장에게 제출하게 함으로써 안전관리를 하고 있다.

Ⅲ. 에너지경제성 원리

1. 개 념

에너지법의 또 다른 법원칙은 에너지경제성 원리이다. 에너지의 특징은 모든 산업과 국민의 생활에 상당한 영향을 미치기 때문에 국가는 가능한 에너지를 공급함에 있어 가격을 낮게 공급하여야 한다. 최근 발표한 산업통상자원부의 에너지통계에 따르면 산업부문의 에너지소비량은 2013~2017년 기간 동안 연평균 3.0% 증가하고 있고, 산업부문 소비량의 대부분(95.8%)을 차지하는 제조업에서 석유화학원료인 납사, 유연탄 등의 소비 증가로 에너지소비가 증가되었다. 우리나라는 특히 에너지 다소비 산업구조를 가지고 있어, 에너지 경제성은 에너지 정책으로 제한되지 않고, 산업부문으로 중대하게 영향을 준다. 그러므로 에너지의 환경성을 주된 연구의 대상으로 하고 있는 환경에너지에서 소위 주류 경제학에서 주장하는 에너지가격에 환경적 오염을 반영하자는 학계의 주장[3]이 쉽게 반영되지 못하고, 통제규제적인 환경에너지제도를 중심으로 하는 법제가 우리나라의 주된 환경에너지정책으로 자리매김하고 있다.

2. 법적 근거

현행 「전기사업법」 제16조는 전기판매사업자에게 전기공급약관을 작성하여 산업통상자원부장관의 인가를 받도록 규정하고 있다. 한국전력의 영업이익이 흑자

---

3 경제학에서 환경에너지정책에는 소위 주류 경제학자들에 의한 시장중심의 환경정책(Market-based environmental policy)과 비주류에 속하는 비시장 중심의 환경정책(Non-market-based environmental policy)이 있다. 시장중심의 환경정책은 가격정책을 사용해 부정적인 외부효과(Externality)를 내재화하는 정책들을 말한다. 주류 경제학에서는 유해한 오염물질들이 적절하게 가격이 매겨지지 않기 때문에 소비자 및 기업들이 오염물질을 줄일 경제적인 유인(Incentive)이 없다고 본다. 「물환경보전법」 제4조의7에 따른 오염총량초과 과징금제도, 동법 제41조에 따른 배출부과금제도, 「대기환경보전법」 제35조에 따른 배출부과금 부과제도, 「온실가스 배출권의 할당 및 거래에 관한 법률」 제19조에 따른 배출권 거래제도는 오염물질이나 온실가스의 가격을 배출물에 부과하여 경제주체에게 배출량을 줄일 수 있는 유인을 제공하는 시장 중심의 대표적인 환경제도이다. 이에 반해서 통제명령제도는 법령상 요구되는 환경규제를 따르지 않을 경우 배출시설의 조업정지명령, 사업주에 대한 형사처벌을 하는 규제 방식의 환경제도를 말한다.

또는 적자인가는 시장보다는 바로 전기공급약관에서 정하고 있는 전기소매요금이 절대적인 영향을 미치고 있다. 한국전력은 실질적으로 유일한 전기판매사업자이다. 한국전력의 경상적자가 연간 1조 이상 되고 있는 본질은 전기요금에 있다. 전기요금을 올리게 되면, 곧바로 물가에 지대한 영향을 미칠 뿐만 아니라 산업경쟁력에도 지대한 악영향이 초래된다. 한국전력은 국제석탄가격, 천연가스가격이 상승하여 발전원가가 올라가면 전력거래소에 전기를 높은 가격에 구매하나 소매가격을 이에 맞추어 올리지 못하는 전력가격 체계를 가지고 있다.

에너지경제성 원리는 에너지공급에 에너지가격이 낮아질 수 있도록 하는 에너지법원리로「저탄소 녹색성장 기본법」제41조에 따른 에너지기본계획에 에너지원의 구성을 포함하도록 하고 있다. 그러나 실제 에너지기본계획의 핵심은 에너지원의 구성에 있고, 구성을 함에 있어 우선적으로 고려되는 사항은 에너지경제성이다. 우리나라에서 필요로 하는 에너지원을 구성하는 것을 에너지 믹스라고 에너지경제학자들은 표현하고 있다. 우리나라는 에너지원의 구성 시에 경제성이 아직도 거의 핵심적인 지위를 유지하고 있다. 또한「전기사업법」제25조에 따른 전력수급기본계획의 수립 시에도 전기생산의 경제성은 당연히 중요한 위상을 가지고 있다. 생산된 전기는 전력거래소를 통하여 전기판매사업자인 한국전력에 도매로 판매된다. 우리나라의 전기시장은 도매시장과 소매시장으로 구분되어 운영되고 있다. 전력도매시장인 전력거래소에서 전력거래는 전력가격의 본질을 구성하고 있다.

원자력에너지는 발전단가가 다른 화석에너지나 신·재생에너지보다 월등하게 저렴하다. 원자력에너지는 우리나라의 기저발전으로 발전된 모든 전기가 판매되는 이유는 원자력발전이 가지고 있는 단기적인 운영정지의 어려움에도 있으나 원자력에너지의 경제성에 있다. 에너지경제성 원칙이라는 법원칙에서 아직까지는 원자력에너지를 우리나라의 에너지원에서 도외시할 수 없다. 원자력에너지는 안전성원칙과 경제성원칙이 상호 상충하는 에너지원이다. 원자력에너지의 안전성을 지속적으로 강화하게 되면, 자연적으로 원자력에너지의 경제성은 낮아진다. 어느 정도까지 원자력의 안전성을 강화할 것인가는 과학기술에 기반하는 국가의 에너지정책과 안전정책에 의하여 결정될 수밖에 없다.

사회적인 갈등 없이 원자력에너지를 사장시키려면, 원자력발전소의 안전성을 강화하여 경제성을 상실시킬 수 있다. 그러나 원자력발전의 안전성 강화도 헌법상 과잉금지의 원칙을 적용받기 때문에 무한정 강화할 수 없다.

Ⅳ. 에너지의 환경친화성 원리

1. 개 념

에너지분야에서 환경적인 요인이 고려된 것은 비교적 최근이라고 할 수 있다. 에너지와 환경의 접점이 형성된 분야라고 할 수 있다. 에너지와 환경의 관계에서 환경에너지가 적합한지 아니면 에너지환경이 적합한지에 관한 용어적인 논의가 있을 수 있다. 독일의 경우도 환경보호는 모든 산업과 경제활동의 기반적인 사항에 속하기 때문에 에너지는 환경의 일부로 보아야 한다는 견해와 전통적이고 광범위한 에너지법의 영역에 환경적인 요소가 조금 들어온 것으로 파악하여야 한다는 견해가 있다. 에너지와 환경의 관계는 분명한 것은 에너지정책에서 환경적인 요소를 고려하지 않고는 더 이상 에너지는 지속가능하지 않을 수 있다는 것이다. 에너지의 개발,[4] 생산, 보관, 이송, 사용이라는 각각의 단계에서 환경보호를 반드시 고려하여야 한다는 것이어서 이제 에너지법의 중요한 원리로 "에너지의 환경친화성 원리"가 자리매김을 하게 되었다.

2. 법적 근거

에너지전환의 추진동력은 친환경적 에너지정책이다. 친환경에너지정책은 에너지의 개발과 생산단계와 소비단계로 분리하여 고려할 수 있다. 에너지개발단계에서 기존의 전통적인 화석에너지, 특히 석탄을 연료로 하는 전력생산을 재생에너지로 변경하자는 데에 있고, 추가적으로 안전상 완벽하지 아니한 원자력에너지를 포기하고, 재생에너지나 천연가스발전으로 변경하자는 것이다.[5] 친환경에너지 분야의 중심은 에너지생산에서 에너지소비로 전환하자는 것이다. 에너지소비의 효율성 증대는 에너지생산에서 재생에너지 확대보다 중요하게 다루고 있다.[6] 에너지는 소비량을 충당하기 위하여 생산하고, 재생에너지의 생산도 그 자체가 결코 환경친화적이라고 할 수는 없는 것이다. 재생에너지의 친환경성은 기존의 화석에너지의

---

4 에너지 개발단계에서 친환경성에 관하여는 최지현, "미국 셰일가스 개발 및 수출 규제에 대한 소고 -환경 규제 관련 거버넌스를 중심으로-", 『환경법연구』 제39권 제3호, 365면 이하 참조.

5 이에 관하여 이종영, "독일 재생에너지보급촉진법", 『환경법연구』 제26권 제4호, 235면 이하; 이종영, "신재생에너지의 이용보급을 위한 제도", 『환경법연구』 제27권 제1호, 197면 이하; 이종영, "신재생에너지의 대상에 관한 법적 문제", 『환경법연구』 제31권 제2호, 249면 이하 참조.

6 이순자, "한국에서 재생에너지의 한계점과 개선사항", 『환경법과 정책』 제15권, 17면 이하.

사용과 비교할 때에 친환경적이라는 것이지 그 자체적으로 환경침해인 요소가 많다. 예를 들면, 태양광발전을 위하여 농지, 산지와 같은 토지를 사용하여야 하고, 태양광이 설치되는 공간은 더 이상 자연상태가 아니라 자연파괴가 일어나게 된다. 풍력발전도 태양에너지를 활용한 발전과 동일하게 상당한 환경파괴가 필요하게 된다.

V. 에너지 효율성 원리

1. 개 념

에너지법의 또 하나의 기본원리는 에너지 효율성 원리이다. 에너지 효율성 원리는 화석에너지를 기반으로 하는 화석에너지 시대에서 핵심적인 원리였고, 기후변화와 같은 에너지의 환경성에 관한 가치가 부각됨으로써 그 중요성이 높아지게 되었다. 에너지효율성 원리는 에너지법의 기본원리로 자리를 잡은 역사는 길지 않았으나 점차 에너지법의 원리 중 그 중요성이 증대하고 있는 기본원리이다.[7]

에너지 효율성 원리는 에너지 절약을 포함하는 보다 넓은 에너지법의 원리라고 할 수 있다. 독일은 에너지 효율성 원리를 에너지절약의 원리로 표현하고 개념은 에너지 효율성 원리와 동일하게 사용하고 있다.[8] 에너지절약과 에너지 효율은 목적은 동일하나 방법에서 상당한 차이가 있다.[9] 에너지절약에는 에너지사용자에게 일정한 부담과 인내를 요구한다. 이에 반하여 에너지효율은 사용자의 에너지사용에 대한 부담이나 인내보다는 에너지의 생산·사용기술과 ISO 50001, 녹색경영 인증 등과 같은 시스템에 의한 에너지의 체계적인 관리를 통한 에너지효율을 달성하는 방식이다.

2. 법적 근거

우리나라의 에너지 효율성 원리를 실현하는 실정 법률로 「에너지이용 합리화법」이 있다. 「에너지이용 합리화법」에 따른 구체적인 에너지효율향상 제도는 동법 제9조에 따른 에너지공급자의 수요관리투자계획의 수립과 시행의무, 제10조에 따

---

7 이에 관하여는 이종영, "유럽연합의 건물 에너지효율성 향상에 관한 지침에 관한 연구", 『환경법연구』 제33집 제1호, 167면 이하; 이종영, "에너지사용기자재의 효율향상 제도", 『공법학연구』 제14권 제2호, 483면 이하 참조.
8 김종천, "대규모 정전사태 방지를 위한 에너지수요관리법제의 개선방안", 『홍익법학』 제15권 제1호, 403면 이하.
9 이에 관하여는 박기선, "에너지 수요관리제도에 관한 공법적 연구", 중앙대학교 박사학위논문, 2018.8, 9면 이하.

른 에너지사용계획의 협의제도, 제15조에 따른 에너지사용기자재 및 에너지관련기
자재의 에너지소비효율등급제도, 제17조에 따른 평균에너지소비효율제도, 제18조
에 따른 대기전력저감대상제품 지정제도, 제22조에 따른 고효율에너지기자재인증
제도, 제25조에 따른 에너지절약전문기업(ESCO) 지원제도, 제32조에 따른 에너지
진단제도 등이 있다. 또한 건축물에서 사용되는 에너지효율향상을 위하여 「녹색건
축물 조성 지원법」이 있다. 동법 제12조에 따른 개별건축물의 에너지소비 총량제
한제도, 제13조의2에 따른 공공건축물의 에너지소비량 공개제도, 동법 제14조에
따른 건축허가시 에너지절약계획서 제출제도, 제16조에 따른 녹색건축물 인증제
도, 제17조에 따른 제로에너지건축물 인증제도, 제27조에 따른 그린리모델링 지원
제도 등이 있다.[10]

---

10 이에 관하여 박기선, 전게논문, 106면 이하; 김종달, 『에너지 수요관리 강화를 위한 중장기 정책방안 연구』, 에
  너지경제연구원, 1994, 5면 이하 참조.

제2장 에너지개발법론

제1절 광업법

Ⅰ. 광업법 개관

1. 광업법의 대상으로서의 광업

(1) 광업법상 광업

광업법이란 광업(鑛業)을 규율하는 법이다. 이때의 광업법은 실정법률인 「광업법」에 제한되지 않고 광업과 관련된 법규범의 총체를 말한다. 광업법은 광업을 규율의 대상으로 하기 때문에 광업법 이해를 위해서는 광업에 관한 이해가 필수적이다.

광업은 사전적인 의미로 "광물의 탐사, 채굴, 제련, 제철 등을 행하는 사업"을 말한다. 광업의 광(鑛)은 "쇳돌 광"이다. 고전적인 의미에서 광업은 돌 속에 있는 쇠를 찾고, 끄집어내는 사업이다. 그러나 현대적 의미에서 광업은 돌 속에 있는 쇠와 관련된 사업으로 제한되지 않고, 쇠 외에 지하 또는 지표에 있는 지구의 지각변동으로 자연적으로 생성된 물질 중 인간의 활동에 필요한 물질을 찾아서 채취하여 산업에 필요한 자원으로 활용하는 사업이라고 할 수 있다. 현행 「광업법」 제3조는 "광업이란 광물의 탐사(探査) 및 채굴과 이에 따르는 선광(選鑛)·제련 또는 그 밖의 사업을 말한다."고 규정함으로써 광업을 정의하고 있다. 그러므로 현행 법률상 광업은 광물의 탐사·채굴·선광·제련뿐만 아니라 이와 직접 연관되는 부속사업을 포함한다.

(2) 광업의 범위

1) 법정광물과 관련된 사업

광업은 지하 또는 지표에 부존하는 광물의 채굴뿐만 아니라 채굴된 광물의 선광, 제련, 이와 관련된 사업도 포함한다. 탐사와 채굴은 광업권의 설정과 직접 관련되어 있으므로 광업권에서 자세하게 설명하겠다. 「광업법」은 광물의 종류에 따라 반드시 일률적으로 광업법상의 광물로 취급할 필요는 없으므로 법률의 적용대

상이 되는 광물의 종류를 열거하고 있다. 「광업법」에서 정하고 있는 광물을 법정
광물이라고 하고, 법정광물을 탐사·채굴 및 이에 따른 선광·제련하는 사업이 바
로 「광업법」상의 광업이다. 그러므로 "법정광물이 아닌 광물"의 탐사·채굴·선광·
제련은 「광업법」에 따른 광업이 아니다.

2) 선광사업

선광은 채굴 시에 다른 광물과 혼재된 광물의 유용성을 극대화하기 위하여 물
리적·화학적인 방법으로 불순물이나 맥석(광상 내의 무가치한 비금속광물) 등을 제거하
여 목적하는 광물을 분리하여 유용광물의 품위를 높이는 작업을 말한다. 즉, 선광
은 채굴한 광석 중 사용가치가 높은 광물을 골라내는 활동으로 채굴과 제련의 중
간 공정에 해당한다. 선광의 방법은 비중선광, 자력선광, 부유선광 등이 있다. 일
반적인 선광과정은 파쇄, 마광(Grinding), 부선(Flotation) 과정으로 진행된다. 광산에
서 채광된 저품위(동 품위 : 0.3~5.0%) 동광석은 선광과정을 거치게 되면, 품위가 평
균적으로 20~30% 정도인 정광으로 만들어지고, 제련공정을 거치면서 품위 99%의
제련동(blister copper : 일반적으로 '조동'이라고 한다)이 된다. 제련동은 다시 정련공정을
거쳐서 품위 99.9% 이상의 고품위 정련동(refined copper : 일반적으로 '전기동'이라고 한
다)으로 만들어진다.

3) 제련사업

제련은 선광된 광물을 용광로에 녹여서 함유한 금속을 분리·추출·정제하는
것을 말한다. 즉, 제련은 전기분해의 원리를 이용하여 광석으로부터 금속을 필요
한 순도로 추출하여 지금(地金)의 형태로 만드는 공정을 말한다. (구)「비철금속제련
사업법」은 제련사업을 "동광, 연광, 아연광 기타 대통령령이 정하는 비철금속광물
과 이에 부수되는 광물 또는 동, 연, 아연의 설 기타 대통령령으로 정하는 설과 이
에 부수되는 설을 제련하는 사업"으로 정의하였다. 광석제련의 공정은 조(粗)제련
과 정(精)제련으로 나뉜다.

법정광물의 탐사·채굴은 「광업법」에 따른 광업에 속한다. 그러나 선광과 제
련은 탐사·채굴에 따른 선광과 제련이어야 한다. 폐전자제품 등에서 필요한 자원
을 회수할 때에도 탐사·채굴된 광물의 제련과정을 거치게 되지만, 「광업법」에 따
른 광업에는 이러한 폐기물에서 필요한 자원이나 광물을 회수할 목적으로 하는 제
련은 포함되지 않는다. 즉, 소위 도시광산에서 자원의 회수는 「광업법」에 따른 제
련에 속하지 않으므로 광업에 포함되지 않는다.

4) 기타 사업

「광업법」은 광업으로 탐사·채굴 및 이에 따른 선광·제련뿐만 아니라 "그 밖의 사업"도 포함하고 있다. 「광업법」에 따른 광업의 범위로서 "그 밖의 사업"은 광업(탐사와 채굴)을 수행하는 사업자가 탐사·채굴·선광·제련하는 것과 밀접한 관계를 가지는 사업을 말한다. 즉, 탐사·채굴·선광·제련에 부속되는 사업이 "그 밖의 사업"에 포함된다. 채굴에 직접 사용하기 위한 채굴용 기계·기구·설비의 제작 또는 수리, 채굴한 광물의 처리시설 설치, 채굴한 석탄의 건조시설 설치, 광업용 기계·기구·설비의 작동에 필요한 발전사업과 변전사업도 "그 밖의 사업"에 포함된다. 그러나 채굴한 광물을 원료로 하여 제품을 제조하는 행위(예 : 석회석으로 시멘트 제조, 동으로 동선동판의 제조)는 「광업법」에 따른 광업에 포함되지 않는다. 한편, 「광업법」에 따른 광업에 포함되는 "그 밖의 사업"은 탐사·채굴·선광·제련과 장소적 근접성을 유지하는 사업일 필요는 없다. 왜냐하면 제련의 경우에도 광산에서 채굴된 광물이 제련소까지 상당한 거리의 이송이 된 뒤 제련될 수 있기 때문이다.

(3) 광산안전법상 광업과 구별

광업의 생산이라는 면에서는 채광, 선광, 제련을 일원적으로 규제할 필요가 있지만 광산안전이라는 측면에서는 반드시 광업과 관련된 모든 사업을 「광산안전법」의 적용대상으로 할 필요가 없다. 그러므로 「광업법」에 따른 광업과 「광산안전법」에 따른 광업은 동일한 범위를 가지는 동일한 개념이라고 할 수 없다. 「광산안전법」에 따른 광업권자 또는 조광권자의 의무도 「광업법」에 따른 광업권자와 동일하게 적용되지 않는다. 「광산안전법」은 광산을 "광업을 경영하는 사업장"으로 정의하고 있으나, 「광산안전법」은 「광업법」에 따른 광업 중 탐사사업과 채굴사업에 적용되고, 선광이나 제련에는 대부분 적용되지 않는다. 「광업법」에서 말하는 광업과 「광산안전법」의 적용을 받는 광업은 그 내용이 동일하지 않다.

2. 광업법의 연혁

(1) 광업법의 제정

1) 대한제국 시대

현행 「광업법」은 1951년 12월 23일 법률 제234호로 공포되고, 1952년 2월 22일 시행된 이후 수차례의 개정을 거쳐서 현재까지 존속하고 있는 법률이다. 동법률은 "광물자원을 합리적으로 개발함으로써 국가 산업이 발달할 수 있도록 하기 위하여 광업에 관한 기본 제도를 규정함을 목적"으로 한다. 그러나 광업법의 실질적인 역사는 더욱 오래되었다. 대한제국 시기인 1895년 「사금개채(砂金開採)조례」가 현행 광업법의 기능을 수행하는 법규로서 지하자원 개발에 관한 최초의 명문법규였다. 1904년(광무 8년) 8월 22일 제1차 한일 협약을 일본에 의하여 강제로 체결한 후 대한제국은 1906년 법률 제3호로 「광업법」, 법률 제14호로 「사금채취법」을 제정하여 공포하였다. 대한제국 시대에 제정된 「광업법」은 기존의 궁내부 소속 광산제도를 폐지하고 자유롭게 한국 광산을 차지하기 위하여 일본 제국이 실질적으로 주도한 법이었다. 동 「광업법」으로 인하여 당시 궁내부 소속 51개 광산 가운데 26개 광산만이 황실 직영으로 남았으나 이토 통감부의 엄격한 통제를 받았다. 동 「광업법」은 광업권을 양도·저당의 목적물로 사용될 수 있도록 함으로써 일본인이 쉽게 광업권을 취득할 수 있도록 하였다. 당시 「광업법」은 일본인을 비롯한 외국인에게 광물채굴권을 부여하여 한국의 광물 채굴에 진출할 수 있도록 하였다. 「광업법」의 시행 후로 일본인들의 광업허가 건수는 전체의 약 80%를 차지하였으며 이는 결과적으로 일본인에게 광업의 독점기회를 부여하였다. 주요 내용으로, 채굴되지 아니한 광물을 국가의 소유로 정함으로써 현행 「광업법」과 같이 토지소유권과 광물소유권을 분리하였고, 국가소유의 광물 채굴을 위하여 농상공부로부터 광업권 허가를 받도록 하였다. 동 「광업법」은 광업권 처분과 외국인에게 광업권 허가를 하는 경우에 일본통감의 동의를 받도록 하였다. 궁내부 소유의 광산은 「사금개채조례」의 적용을 받지 않고, 칙령으로 고시하였다.

「광업법」이 공포된 후인 1906년 9월에는 「제실(帝室)의 광산 규정」을 폐지하였고, 1907년 8월에는 25개처의 궁내부 소속 광산을 폐지하였다. 1906년 8월에는 전문 9조로 된 농상공부 소관 「광산사무국 관제」를 공포해 직원 가운데 일본인 학자를 초빙하여 배치하도록 정하였다. 1906년 「광업법」을 공포한 뒤 그해 7월 11일 농상공부령으로 「광업법 시행세칙」을 발표하였다.

1906년 7월에 「사광채취법(砂鑛採取法)」도 공포하였다. 동법은 전문 18조로 구성되어 있었으며 「광업법」과 함께 시행되었다. 동법에 따른 사광자는 사금·사석·사철을 채취하는 자를 말하며, 「광업법」의 광업과 구별하여 사광채취업을 규정하였다. 「사광채취법」은 중앙 및 지방행정기관이 사금개채(砂金開採)를 촉진하는 행정면에서의 사무규정과 광세(鑛稅)의 징수기구와 그 절차를 주된 내용으로 하였다.

동법은 사금에만 채취세를 납부하도록 규정하고, 사금채취 허가구 1천평당 하상 (河床) 연장 매1정(町)당 1년에 1원을 납부하도록 하였다. 이와 같이 통감부가 특별히 사금광업에 대한 징세를 자세하게 규정한 이유는 채취한 사금이 한국인 간에 사적으로 유통되는 것을 방지하여 대일 수출량을 늘리려는 데 목적이 있었다.[1]

  2) 일본제국주의 시대

  1910년 한일 병합조약 후 일본제국에 의하여 1915년 제령 제8호로 「조선광업령」이 공포되었고, 1916년에 동 시행규칙과 등록규칙이 제정되어 시행되었다. 일본제국주의 시대에 제정된 「조선광업령」은 1914년 1차 세계대전 영향으로 광물가격이 상승하여 산업자본 확립과 원료자원 확보를 목적으로 제정되었다. 「조선광업령」은 현행 「광업법」의 주요한 내용을 정한 규범이라고 할 수 있다. 「조선광업령」은 선원주의를 명시적으로 규정하였고, 덕대제도[2]와 신맥발견 보상제도와 같은 광업분할제도를 허용하였고, 외국인에 대하여 신규 광업권 취득을 금지하였으며, 법정광물의 범위를 확대하였다. 일본제국주의 시대 광업정책은 일본제국이 외국으로부터 군수품을 비롯한 제품을 구매하기 위한 금채굴과 일본 본토 공장에서 제품 생산을 위한 광물자원의 확보와 군수품 제조에 필요한 광물개발을 주요 방향으로 설정하였다. 그 결과 광업은 금광업이 중심이 되었다. 이를 위하여 1937년에 산금 (産金)정책을 실시하고, 1943년에는 「금산정비령」을 제정하였다. 또한 당시 일본제국은 1938년 「중요광물 증산령」을 제정하여 전시체제 돌입으로 수입이 금지된 광종을 채굴하는 정책을 추진하였다.

  3) 대한민국 시대

  독립된 대한민국에서 현행 「광업법」의 모태가 되는 광업법은 6.25 사변 중인 1951년 12월 부산에서 비로소 법률 제234호로 제정되어 공포되었고, 1952년 7월 동법 시행령 및 시행규칙이 제정되어 시행되었다. 동법률은 단위 광구제를 도입하였고, 「국유재산법」에 의해 국유화되었던 귀속 광산의 광업권은 1958년에서 1962년 사이에 대부분 민간에게 불하되었다. 「광업법」은 제정된 이후 약 40여 차례에 걸쳐 개정되어 오고 있다. 독립된 대한민국에서의 「광업법」 제정으로 일제 강점기에 일본인이 소유하고 있던 모든 광산이 정부에 귀속되었고, 국유광업권은 일반인

---

1 이배용, 한국민족문화백과사전(http://encykorea.aks.ac.kr/Contents/Index?contents_id=E0005192: 방문일: 2019.3.20.).
2 광업분야에서 덕대는 광산임자와 계약을 체결하여 광산의 일부를 분할받아서 광부를 고용하여 광물을 채굴하는 사람을 말한다. 덕대제도는 광업권을 일부 분할할 수 있도록 하여 광물채굴을 촉진하는 기능을 하였다.

에게 불하될 때까지 덕대개발제도나 국유재산법에 의한 대부제도에 따라 개발되었다.

1951년 12월 「광업법」의 공포와 동시에 「금에 관한 임시조치법」도 공포되었다. 동법률은 금의 생산과 판매를 자유화시켰고 1954년의 「산금집중조성요령」에 의해 산금을 한국은행에 매각하도록 하고, 대금의 외환결재 구상무역 허가 등 각종 혜택을 주어 산금장려를 추진하였다. 그러나 외화낭비와 밀수조장의 부작용으로 인하여 원화로 지급 시행하는 것으로 정책이 바뀌었다가 1973년 동 법령은 폐지되었다.

대한민국에서 법률제정절차에 따라 제정된 「광업법」은 지하자원을 합리적으로 개발함으로써 국가산업의 발달을 도모하기 위하여 광업에 관한 기본적 제도를 규정할 목적으로 제정되었다. 제정 당시 「광업법」은 총 8장 80조로 구성되었고, 부칙 12개의 조문으로 효력을 발하였다. 동 법률은 광업권을 향유할 수 있는 자를 규정하고, 광업권은 물권으로 하며, 존속기간은 25년을 초과할 수 없도록 하였다. 또한 광업권을 설정받고자 하는 자로 하여금 주무부장관에게 출원하여 그 허가를 얻도록 하였고, 광업권의 취소사유를 규정하였다. 국영광업은 법인을 설립하여 경영하게 할 수 있도록 하고, 광업권자에게 광업상 필요한 경우 타인의 토지를 사용·수용할 수 있도록 하였으며, 광해의 배상에 관한 사항을 규정하였고, 이의신청이 있는 경우 광업조정위원회를 설치하여 심의하도록 하였다. 동 법률은 부칙에서 일제 강점기에 제정된 「조선광업령(制令 第8號)」을 폐지하는 규정을 둠과 동시에 "조선광업령의 규정에 의한 처분절차 기타 행위는 본법 중 이에 해당하는 규정이 있는 경우에는 본법에 의하여 행한 것으로 간주한다"고 정함으로써 독립된 대한민국에서도 광업의 연속성을 일부 보장하였다.

(2) 광업법의 개정

1) 1962년 개정

1951년 제정된 「광업법」은 약 10년 경과 후 1962년 4월 24일 법률 제1061호로 공포되어 국가재건비상회의에서 제1차로 개정되었다. 개정 이유는 광업권설정출원에 있어서 불합리한 점을 개정하여 지하자원의 합리적 개발을 도모하고 출원·신청 등의 경우에 수수료 규정을 정하려는 것이었다. 주된 내용으로 주무부장관이 광업권설정출원자에 대하여 서류·표품 등의 보완을 명할 수 있게 하고 이에 불응한 때에는 그 출원을 각하할 수 있도록 하였다. 또한 석회석에 대한 광업권설정출원과 이를 모암으로 하는 이질광물의 광업권설정출원이 경합할 때에는 각기 광업경영에 지장이 없는 것으로 간주하여 처리할 수 있도록 하였고, 공동광업권설정출원인을 조합계약을 한 것으로 간주하였으며, 광업에 관한 출원·청구·신청 또는 신고를 하고자 할 때에는 각령에서 정하는 수수료를 납부하도록 하였다.

2) 1969년 개정

「광업법」은 1969년 1월 17일부터 시행되는 법률 제2082호로 일부 개정되었다. 이는 국가건설사업에 지장을 초래하는 지역 내의 광구나 미개발광구에 대하여 광구의 감소처분 또는 광업권을 취소할 수 있도록 하여 건설사업의 지원과 지하자원의 개발촉진을 목적으로 하는 개정이었다. 주된 개정 내용은 광업권 출원의 절차와 그 처리절차를 보완하는 것이었다. 광업권 광구를 설정할 수 있는 요건으로 주무부장관이 공익을 해한다고 인정할 때에 광구의 감소처분을 하거나 또는 광업권을 취소하거나, 주무부장관은 국가중요건설사업지 또는 그 인접지역내의 광업권이나 광물의 채굴이 국가중요건설사업에 지장을 초래한다고 인정할 때에 당해 지역 내 광구의 감소처분을 하거나 또는 당해 광업권 취소로 인하여 광구감소처분을 한 경우를 신설하였다.

또한 개정 「광업법」은 광업권 출원을 각하할 수 있는 경우를 명시하고, 국가중요건설사업에 지장이 있는 경우 광업권 출원을 허가하지 않거나 광구의 감소처분 또는 광업권을 취소할 수 있게 하고 그 처분에 대해서는 집행정지결정을 할 수 없도록 정하였다.

3) 1973년 개정

1973년 5월 8일부터 시행된 일부개정 「광업법」은 법률 제2492호로 공포되었다. 일부개정의 이유는 당시 광업법이 광업권자의 권리에만 치중되어 광업개발의 저해요인이 되고 있어 보다 적극적인 개발촉진을 위하여 개발위주로 전환하려는 데에 있었다. 이에 따라 광업권 또는 조광권을 타인에게 행사시킬 수 없도록 규정하고, 개발가치가 있는 광구의 영세광업권자가 개발능력자와 합의에 의해 개발을 위임하는 조광권제도를 신설하였다. 조광권 구역의 경계는 광구의 경계와 같고 동일 광업권에는 둘 이상의 조광권을 설정할 수 없도록 하였으며, 조광권 취소사유를 명확하게 규정하였다. 또한 상공부장관이 지정광구의 광업권자에 대하여 광업개발촉진이 필요하다고 인정할 때에는 일정기간 내에 적정한 시설과 규모로 개발할 것을 명할 수 있도록 하였다.

　4) 1981년 전부개정

　「광업법」은 1981년 1월 29일 법률 제3357호로 전부개정되어 1981년 7월 30일 시행되었다. 전부개정의 주된 내용으로 광물자원개발의 합리화를 위하여 법정광물을 추가하고, 사업착수제도 및 조광권제도를 개선하며, 광업권 및 조광권에 대한 취소요건과 벌칙을 강화하였다. 법정광물에 불석·사문석·규회석·수정·연옥·토륨광 등 6종의 광물을 추가하였다. 또한 개정 「광업법」은 광업권이 취소된 구역에 대한 광업권의 설정출원을 취소등록일로부터 6월이 경과한 후에 하도록 규정하였고, 탐광과 채광에 막대한 자본과 고도의 기술을 요하는 석유·우라늄광에 대한 개인의 광업권설정을 제한하였으며, 광업권자 또는 조광권자가 탐광계획의 신고일로부터 3년 또는 6년 안에 탐광실적을 인정받지 못하는 경우에 당해 광업권 또는 조광권에 대한 취소를 강제화하였다. 개정 「광업법」은 사업안인가를 사업의 착수로 보는 종전의 착수제도를 탐광단계와 채광단계로 구분하여 정하고, 불법으로 되어 있던 덕대개발을 조광개발로 유도하기 위하여 특정 광상에 대하여는 다조광권을 설정할 수 있도록 하고 조광기간의 연장이 가능하도록 하였으며, 광구의 경계측량을 측량법에 의하여 등록한 측량업자에게 대행하게 할 수 있도록 함으로써 경계측량의 정확성과 효율성을 높였다.

　5) 1999년 개정

　「광업법」은 1999년 2월 8일 법률 제5824호로 개정되어 1999년 7월 1일 시행되었다. 이때의 개정은 외국인에 대한 광업권 향유의 제한 및 특수광물에 대한 광업권설정의 제한을 폐지하여 외국인투자를 촉진시키고 국내광업의 대외경쟁력을 높이는 한편, 광업인에게 부담을 주거나 자율적인 의사결정을 저해하는 각종 규제를 폐지 또는 완화하여 광업인의 권익을 보호하고 합리적인 광업개발을 촉진하는 것에 목적을 두었다. 주요 개정내용으로 외국인투자의 활성화 및 국내광업의 대외경쟁력을 확보하기 위하여 외국인 및 외국법인에게 광업권을 허용하고, 국가나 지방자치단체 등이 아닌 일반인도 석유·우라늄 등 특수광물에 대한 광업권설정을 받을 수 있도록 하였다. 또한 광업출원인에게 과도한 부담을 주고 있는 광물의 견본품과 사업의 설비에 관한 설계서의 제출의무를 폐지하고, 광산개발을 촉진하고 광업권의 유휴화를 방지하기 위하여 부여하는 광업권자 및 조광권자의 사업개시의무기간을 광업권 및 조광권의 설정등록 후 1년 이내 및 6월 이내에서 각각 2년 이내 및 1년 이내로 완화하였다. 뿐만 아니라 지정광구의 설정 및 개발·양도명령 제도, 광구의 통합개발권고제도 등 광구의 조정에 관한 제도를 폐지하였고, 광업 개발 관련 심의기구인 광업개발심의회를 폐지하였다.

6) 2002년 개정

2002년 개정 「광업법」은 2002년 1월 19일 법률 제6612호로 공포되어 2002년 1월 19일 시행되었다. 개정 이유는 광물 중 석유 광업권을 정부만이 가지도록 하여 이를 체계적으로 개발할 수 있도록 하고, 산업자원부장관은 광업권자가 채광계획대로 채광행위를 하는지의 여부를 지도·점검하고 위반자에 대하여는 시정을 명할 수 있도록 하여 채광행위로 유발되는 산림훼손행위를 최소화하는 등 광업에 관한 제도의 운영상 나타난 일부 문제점을 개선 및 보완하려는 데 있다. 주요한 개정 내용은 석유의 채굴권과 취득권은 정부만이 가지도록 하고, 광업권자는 광업권 설정허가를 받아 등록한 광물을 채굴하고 있는 광상(鑛床)과 동일한 광상에 부존하는 다른 광물을 추가로 채굴하고자 하는 때에는 산업자원부장관의 확인을 받아 이를 할 수 있도록 하여 별도로 광업권 설정허가를 받아야 하는 불편을 해소하였다. 광업권자가 1년 이상 사업을 휴지한 때에는 광업권을 취소할 수 있도록 한 규정을 광업권자가 1년 이상 사업을 휴지한 경우에도 최근 3년간 대통령령이 정하는 기준 이상의 투자실적이 있는 때에는 광업권이 취소되지 아니하도록 하여 투자를 한 광업권자를 보호하는 제도를 도입하였다. 또한 산업자원부장관은 광업권자가 채광계획에 따라 채광행위를 하는지의 여부를 지도·점검하고 이를 위반한 자에 대하여 시정을 명할 수 있도록 하며, 시정명령을 이행하지 아니한 광업권자에 대하여 광업권을 취소할 수 있게 하는 제도를 도입하였다.

7) 2011년 개정

개정 「광업법」은 2010년 1월 27일 법률 제9982호로 공포되어 2011년 1월 28일 시행되었다. 동 개정은 광업을 영위할 수 있는 권리(광업권)를 광산개발의 단계에 따라 "탐사권" 또는 "채굴권"으로 구분하여 설정을 허가하도록 하였다. 광체의 존재를 발견한 사람이 광업을 하고자 할 경우에는 먼저 "탐사권" 설정을 허가받아 탐사를 하여야 하고 탐사 결과 광종별로 정해놓은 일정규모 이상의 매장량을 확보한 경우에만 채굴행위를 할 수 있는 권리인 "채굴권" 설정을 허가하도록 하였다.

"채굴권" 존속기간은 20년으로 하고 일정한 조건하에 존속기간을 연장할 수 있으며, 근저당권·조광권 등을 설정할 수 있게 하였다. "탐사권" 존속기간은 7년으로 하고 연장할 수 없으며, 근저당권이나 조광권을 설정할 수 없도록 하였다. 또한 존속기간 만료나 취소 등으로 광업권이 소멸되는 광구는 재출원 금지기간을 기존 6개월에서 1년으로 연장하였다. 광업권을 포기하는 경우도 같이 적용하도록 하여 자진폐업 등록 후 재출원하는 탈법행위를 차단할 수 있도록 하였다. 광업권(탐사권, 채굴권)이 등록된 광구에서 토지에 대한 정당한 권원을 행사(농작물의 경작, 공작물의 설치 등)하면서 발생한 광물(광물이 토지로부터 분리된 경우)은 토지소유자(토지에 대한 정당한 권원을 가진 자)의 소유로 인정하도록 하였다. 다만, 영리목적으로 양도하는 것은 금지되도록 개정하였다.

　　법적으로 사용이 금지된 "석면"과 국내 부존상황으로 보아 법적 보호가치가 낮은 "코키나·사철(砂鐵)·사석(砂錫)"을 「광업법」의 적용을 받는 광물에서 제외시켰고, "남정석(藍晶石)은 홍주석(紅柱石)"에 "규회석(硅灰石)은 석회석"에 각각 포함시켜 분류하였다. 법률과 시행령에 각각 규정되어 있던 세륨, 이트륨, 란타늄을 "희토류 광물"로 묶어서 규정하는 등 법정광물의 종류를 기존 66개 법정광종에서 59개 광종으로 재분류하여 규정하였다. 외국인에게는 "대한민국 국민에게 광업권의 취득을 허용하는 국가의 국민"인 경우에만 국내 광업권을 취득할 수 있도록 하여 광업권 상호주의 원칙을 채택하였다. 기존의 광업법제에서는 외국인이 국내의 광업권을 취득하는 데 대한 제한규정이 전혀 없어 대한민국 국민이 다른 나라의 광업권을 취득할 때에 상대적인 불이익이 발생할 수 있다는 비판이 있었다. 이러한 문제를 개선하기 위하여 개정 「광업법」은 외국인이 국내광업권을 취득하는 경우 상호주의 원칙에 따르도록 하였다.

　　8) 2016년 개정

　　개정 「광업법」은 2016년 1월 6일 법률 제13730호로 공포되어, 2016년 7월 7일 시행되었다. 개정이유는 기존의 「광업법」에서 희토류에 해당하는 17종의 원소 중 세륨·란타늄·이트륨 등 3종만을 광물의 정의에 포함시키고 있으나, 희토류는 17종 모두가 산업원료로 사용되고 있으므로 희토류 전부를 「광업법」상 광물의 정의에 포함시켜 체계적으로 개발·관리할 필요가 있다는 것이었다. 또한, 당시 「광업법」은 광업권 취소 또는 광구의 감소처분에 따른 손실의 산정기준을 하위 법령에 위임하고 있으나, 손실 산정기준은 손실보상제도의 주요내용이므로 법률에 직접 규정하거나 법률에서 대강을 예상할 수 있도록 위임하여야 할 필요가 있어, 기존에 대통령령에 규정하여 오던 광업권 등록의 변경에 관한 사항의 법률적 근거를 마련하였다. 또한 광업권설정 출원을 하는 자의 구역도(區域圖) 제출과 관련된 규정 등을 삭제하여 광업권자 및 조광권자가 행정기관에 자료를 제출하여야 하는 부담 등을 완화하였다.

주된 개정내용은 희토류에 해당하는 17종의 원소 모두를 현행법상 광물의 정의에 포함시켰고, 광업권 및 조광권의 행사제한 규정을 삭제하였으며, 광업권 및 조광권의 처분제한 규정을 명확히 하였다. 또한 광업권 설정 출원 시 의무제출서류를 축소하였으며, 현장조사 출석명령에 정당한 사유 없이 응하지 않은 경우 조사결과에 동의하는 것으로 간주하였고, 광업권 설정허가 및 조광권 설정인가 후 등록기간을 30일에서 60일로 연장하였다. 광업권 취소 또는 광구의 감소처분 시 통상 발생하는 손실은 처분 당시의 사정에 따라 광산평가액 등을 고려하여 산정하되, 구체적인 산정 기준 및 절차는 산업통상자원부령으로 정하도록 하였다. 광업권의 변경등록·탈퇴등록에 관한 사항을 대통령령으로 정하도록 위임근거를 두었고, 2011년 1월 28일 이전에 광업권을 설정 등록한 사업의 경우, 광업권 보호를 위해 탐광실적인정획득 의무 등 중간 규제를 폐지하고 채굴계획인가신청 기한을 11년으로 확대하였다.

3. 광업법과 광업권

(1) 광업권의 창설법으로서 광업법

광업권은 물권으로서 헌법에 의하여 보장되는 재산권에 속한다. 헌법 제23조 제1항은 "모든 국민의 재산권은 보장된다."고 규정함과 동시에 "그 내용과 한계는 법률로 정한다."고 규정하고 있다. 광업권은 「광업법」에 의하여 설정된 권리이나 설정한 광업권자의 다른 재산권과 동일하게 헌법적 보장을 받게 된다. 헌법적으로 보장되는 재산권은 광업권의 재산적 가치가 개인에 전적으로 귀속되어 광업권자의 이익을 위하여 사용·수익할 수 있을 뿐만 아니라 처분권도 보장되는 권리이다. 그러나 광업권의 내용과 한계는 헌법 제23조제1항 후문에서 규정하고 있는 바와 같이 법률에 의하여 정하여지도록 한다. 광업권의 내용과 한계를 규정하는 법률은 「광업법」뿐만 아니라 관련된 다른 법률도 포함된다. 그러므로 「광업법」이나 그 밖에 다른 법률에 의하여 정하여지는 광업권의 내용은 광업권의 제한이 아니라 광업권의 본질적인 내용이다. 이러한 의미에서 「광업법」은 광업권이라는 재산권을 형성하고 보호하고 내용을 정하는 기능을 한다. 「광업법」에 의하여 창설된 광업권은 법률에 의하여 형성된 권리이지 자연적으로 존재하는 권리가 아니다. 「광업법」이 없는 광업권은 헌법적 보호를 받지 못하여 사실상 지배되는 것에 지나지 않는다.

(2) 광업법상 광물

1) 법정광물

「광업법」의 대상으로서의 광업은 광물과 관련된다. 「광업법」에 따른 광물은 모든 광물을 대상으로 하지는 아니하며 법에서 정하고 있는 광물만을 대상으로 한다. 「광업법」이라는 법률에 의하여 정해진 광물을 법정광물이라고 한다. 광물은 산업에 필수적인 기본물자이기 때문에 국민경제에 미치는 영향이 크다. 그러나 산업에 필요한 광물은 지역적으로 편중되어 매장되어 있고, 한정적으로 존재한다. 광물이 가지는 이와 같은 특성으로 인하여 국가공동체의 이익 측면에서 체계적이고 효율적인 개발이 필요하다. 「광업법」도 그 목적을 광물자원을 합리적으로 개발하여 국가산업의 발달을 도모하기 위하여 광업에 관한 기본적 제도를 규정함에 있음을 명시하고 있다. 「광업법」은 에너지 중 연료에 해당하는 석탄, 석유(천연피치 및 가연성 천연가스를 포함한다), 우라늄광, 카드뮴광, 토륨광을 포함하고 있다. 그러므로 국내의 육상지중에 부존하는 석탄, 석유, 천연가스, 우라늄과 같은 연료를 개발하여 사용하는 일에는 「광업법」의 적용을 받게 된다.

2) 현행 광물

현행 「광업법」은 광물을 열거적 방법으로 규정하고 있다. 그러므로 「광업법」의 적용을 받는 광물은 동법 제3조에 열거된 광물로 제한된다. 국내 광물 수는 약 330종으로 매우 다양하다. 그러나 2008년 12월 말 기준으로 등록된 광물은 56종이고 실제 생산되는 광물은 24종(금속광물 9종, 비금속광물 15종)이었다. 법정광물은 석면과 같이 세계적인 사용금지로 인해 개발가능성이 없어져 법정광물에서 제외되기도 하고, 석회석 중 코키나와 같이 쇄설성 퇴적물은 광상형태로 부존가능성이 없어서 법정광물에서 삭제되기도 한다.

법정광물 지정은 토사·석재와 광물을 구별하고 「광업법」의 적용범위를 정하는 것이며, 법정광물은 우리나라에서의 부존 현황, 해당 광물의 조성상태 및 개발 가능성, 산업원료로서의 경제성 및 활용여건 등을 고려하여 정하고 있다. 광물의 명칭은 학술상 분류체계와 변화하는 광물산업의 경향 등을 반영하여 정하고 있다.

2010년 이전 「광업법」은 법률에 64종, 동법 시행령에 2종을 각각 열거하여 총 66종을 법정광물로 정하였다. 2010년 개정된 「광업법」은 국내외에서 사용이 금지된 석면을 포함하여 코키나·사철(砂鐵) 및 사석(砂錫)을 광물에서 제외하고, 희토류 광을 신설하였으며, 남정석(藍晶石)을 홍주석(紅柱石)에, 규회석(硅灰石)을 석회석에 각각 포함시키는 등 광물의 종류 및 분류를 조정하여 2020년 현재 법정광물을 59종으로 정의하게 되었다.

(3) 광업권

1) 광업권의 내용

금속자원은 그 부존 영역과 매장량을 파악하는 '탐사', 지각으로부터 자원을 분리하여 광석으로서 회수하는 '채광', 제련원료에 적합한 품위와 형상으로 만드는 '선광', 원료로부터 금속을 추출하여 제품으로서 요구되는 순도로 정제하는 '제련'의 각 공정을 거쳐 금속이 된다. 이 금속을 가공·이용하여 금속제품이 생산되며, 이는 소비단계를 거쳐 결국은 생활폐기물로 배출되며 또한 제품의 제조단계에서 발생한 불필요한 것은 사업장폐기물이 되어 금속자원으로서의 생을 마감하게 된다.

현행 「광업법」 제5조제1항에 의하면 광구에서 광업권이나 조광권에 의하지 아니하고 토지로부터 분리된 광물은 그 광업권자나 조광권자의 소유로 한다. 그러나 토지소유자나 그 밖에 토지에 대한 정당한 권원(權原)을 가진 자가 농작물의 경작, 공작물의 설치, 건축물의 건축 등을 하는 과정에서 토지로부터 분리된 광물은 광물을 분리한 해당 토지소유자나 그 밖에 토지에 대한 정당한 권원을 가진 자의 소유로 하되, 그 토지소유자나 그 밖에 토지에 대한 정당한 권원을 가진 자는 분리된 광물을 영리 목적으로 양도할 수 없다. 그러나, 광구 밖에서 토지로부터 분리된 광물은 범죄 행위로 인하여 취득한 경우를 제외하고 그 취득자의 소유가 된다.

광물은 광업권자에게 귀속되고, 광업권이 없는 사람이 남의 광구를 침굴 내지 도굴한 경우에 토지로부터 분리된 광물의 소유권도 광업권자에게 귀속된다. 「광업법」 제5조제1항은 광업권이 없는 자가 그 침굴 내지 도굴을 위하여 들인 비용(광물을 캐내는 데 들인 비용)도 광업권자에게 청구할 수 없다는 것으로 확대 해석되지는 않는다. 왜냐하면 광업권자가 스스로 그 광물을 캐내기 위하여 어차피 그만한 생산비를 출연하여야 하기 때문이다. 그러므로 광업권이 없는 자가 남의 광구를 침

범하여 채굴한 광물을 광업권자로부터 돌려받지 못함으로 말미암아 그 손해배상
을 청구하는 경우에 그 광물을 채굴하기 위하여 투입된 생산비는 손해배상액 산정
의 범위에 들어가지 않는다고 보아야 될 것이다. 그러므로 광업권이 없는 자가 침
굴한 무연탄을 광업권자로부터 돌려받지 못함으로 인한 손해배상액의 범위에서
생산비의 공제는 불법원인으로 인한 급여의 반환에 속하지 않는다. 「광업법」 제5
조 및 제6조의 목적은 광업권 없는 자에 의한 침굴이나 도굴을 방지하는 데 그 목
적이 있다. 그러므로 침굴자나 도굴자가 그 침굴이나 도굴에 들인 비용을 그 침굴
자나 도굴자의 부담으로 보는 것은 적합하지 않다.[3]

2) 광업권의 법적 성질
① 공 권
광업권은 법률상 권리에 해당하여 상속, 양수·양도, 강제집행의 대상이 되는
재산권에 해당한다. 국가는 채굴되지 않은 광물을 탐사하거나 채굴할 수 있는 권
리를 가지고 있다. 국가는 광업권자에게 광물을 탐사하거나 채굴할 수 있는 권리
를 소유권과 분리하여 창설할 수 있다. 즉, 광업권은 토지소유권과 분리할 수 있는
특허적 성질을 가지는 행정처분으로 개인에게 귀속될 수 있는 공권에 해당한다.
왜냐하면 광업권은 국가의 특허행위에 의해 창설되고 동시에 특허행위를 부여하
는 「광업법」에서 다양한 감독을 할 수 있도록 하며 또한 광업권자에 대하여 공법
상 의무를 부여하고 있기 때문이다. 따라서 광업권은 공법에 해당하는 「광업법」에
의하여 창설된 권리로 공권에 해당한다. 그러나 광업권의 행사에 의하여 취득한
광물을 사용하거나 판매하는 것은 사법적인 권리에 속한다.
② 배타적 권리
광업권은 광업권이 설정된 광구에서 등록광물에 대한 독점적·배타적 채굴을
할 수 있는 권리이다. 「광업법」은 광업권을 물권으로 간주하고 있어, 「광업법」에
서 특별하게 규정한 경우를 제외하고는 민법상 물권편이 적용된다(동법 제10조). 광
업권은 배타적 성질을 가지는 물권으로 간주되기 때문에 제3자가 광구에서 광업을
방해하는 경우에 광업권자는 방해자에 대하여 광업권의 방해배제청구권 및 방해
예방청구권을 행사할 수 있다.
광업권은 배타적 권리이기 때문에 원칙적으로 동일광구에서 2개 이상의 광업
권설정이 허용되지 않는다. 그러나 동일한 광구에서 채굴하는 광물이 다른 경우에

3 대법원 1963.09.12. 선고 63다380 판결(무연탄인도).

중복된 광업권이 설정될 수 있다. 광업권은 배타적 성질을 가지는 물권에 해당하기 때문에 타인이 고의 또는 과실로 다른 사람의 광업권이 설정된 광구에서 광물을 채굴하는 경우에 「광업법」에 따른 처벌을 받을 뿐만 아니라 해당 채굴행위에 대한 민법상 불법행위로 인한 손해배상청구권이 성립한다.

③ 민법상 물권

「광업법」은 광업권을 민법상 물권으로 간주하고 있어 「광업법」에서 광업권의 특수성에 근거하여 정하지 않는 한 「민법」을 비롯하여 「상법」, 「민사소송법」 등에서 정하고 있는 부동산에 관한 규정이 적용된다. 그러므로 광업권에 대한 강제집행을 하는 경우에 부동산에 관한 규정을 준용하게 된다.

④ 불가분적 권리

광업권이 설정된 광구는 임의적으로 분할할 수 없다. 광업권은 물권이고, 「민법」이 적용된다는 점에서 광업권 또한 부동산과 마찬가지로 목적물을 분할해서 수개의 광업권으로 분리할 수 있는 것으로 해석할 수 있으나 「광업법」 제26조에 따르면 광구의 분할이나 합병은 출원하여 허가를 받지 않고는 불가능하다. 그러므로 광업권의 불가분은 결국 광구에 대한 행정기관의 허가 없이 불가능하다는 것을 의미한다.

현행 「광업법」은 제26조제1항에서 광업권설정의 출원구역이 먼저 출원된 출원구역이나 기존 광구와 중복되어 그 중복된 부분을 제거할 경우, 광업권설정의 출원구역 또는 광구의 일부나 전부를 단위구역에 일치시키기 위하여 필요한 경우, 광업권자가 그 광구의 일부나 전부를 단위구역에 일치시키기 위하여 광구를 분할하거나 합병하려는 경우에 광구의 분할에 대한 허가를 받아서 분할할 수 있도록 정하고 있다.

II. 광업권의 체계

1. 광업권 체계의 유형

광물자원은 모든 제조업의 소재이고 특정 지역에 편중하여 매장되어 있을 뿐만 아니라 그 부존량도 한정적이어서 체계적이고 효율적인 탐사·채굴·선광·제련 등은 국가산업의 경쟁력과 밀접한 관련을 가지고 있다. 광물이 가지는 이와 같은 특징으로 인하여 광업권을 정하고 있는 각국의 광업법은 해당 국가의 산업여건에

따라 그 발전을 달리하여 형성되었다. 광업권은 법률에 의하여 정하여 진다. 헌법
제23조제1항은 재산권의 보장과 동시에 재산권의 내용과 한계를 법률로 정하도록
명시하고 있다. 광업권도 헌법 제23조에 따른 재산권이기 때문에 입법자가 법률로
광업권에 관한 내용과 한계를 정하게 된다. 광업권을 정한 법률이 바로「광업법」
이다. 광업권은 주로 광물과 토지소유권과의 관계를 우선적으로 확정하게 된다.
또한 광물의 탐사·채굴 등에 관하여 국가의 개입방식과 범위에 따라 광업권이 정
해진다.

   세계 각국의 광업 관련 법제는 광업에 대하여 토지소유권과 분리된 권리를 인
정하는지 여부를 기준으로 이른바 '광업권주의'와 '토지소유권주의'로 구분된다.[4]
광업권주의는 다시 국가의 개입방식과 범위에 따라 국가광업권전속주의, 광업권
특허주의로 구분된다. 자연상태의 광물은 토지와 물리적으로 분리되어 있지 않으
므로 당해 토지소유권에 속하는 것으로 볼 수도 있으나, 광물을 탐사하고 채굴하
는 것은 특별한 기술과 상당한 비용이 들며, 광물자원의 개발이 국민경제상 중요
성을 갖는 경우가 많기 때문에 그 효율적 개발을 촉진하기 위해 토지소유권과 분
리된 독자적 권리를 부여할 필요성도 있다.

광업제도에 대한 외국 입법례

구 분		탐　　사		채　　굴		권리부여
		권리성격	기　간	권리성격	기　간	방　식
영미 법계	미　국	탐광허가	2+2년	借區	10~20년	사계약
	캐나다	탐광허가	1+3년	借區	10~21년	사계약
	호　주	탐광허가	6월~5년	借區	10~21년	사계약
대륙 법계	독　일	계약	계약기간	광업권	무제한	선원주의
	프랑스	독점탐사허가	3+3+3년	특허	5+5+5년	능력주의
	이탈리아	탐사권	3+3+3년	채굴권	무기한	능력주의
	일　본	탐사권	2+2+2년	채굴권	무기한	선원주의

(1) 토지소유권주의

   광물은 토지의 지하 또는 지표에 부존하고 있는 물자이다. 그래서 광물을 탐
사·채굴할 수 있는 광업권을 토지소유권과 별도의 권리로 분리하지 않고, 토지소

---

4 헌재 2014.2.27. 2010헌바483.

유권에 포함하려는 입법례를 토지소유권주의라고 한다. 즉, 토지소유권주의는 광물자원에 대한 권한을 토지소유자의 권리 내용에 포함되는 것으로 구성하는 법제로서 주로 영국, 미국, 캐나다, 호주 등과 같은 영미법계 국가에서 취하고 있는 제도이다. 토지소유권주의를 택하는 법제에서는 광물채굴의 권리가 토지소유자에게 귀속되기 때문에 사법의 일반원리를 따르는 것이 원칙이다. 그러므로 토지소유자는 자기토지의 지표 또는 지하에 있는 광물의 탐사권과 채굴권을 국가의 관여 없이 토지소유권에 근거하여 행사할 수 있고, 국가의 개입 없이 민법의 일반원리에 따라 당사자 간 계약을 통하여 지표나 지하에 매장된 광물의 탐사권이나 채굴권을 양도하거나 임대하여 광물을 취득할 수 있다. 토지소유권주의를 채택하고 있는 국가는 광물의 탐사·채굴에 관하여 국가가 별도의 권리를 설정하는 법률을 제정하지 않고, 민법상 소유권에 기반한 토지소유자와 광업개발자 간의 계약에 따르도록 하고 있다. 토지소유자는 자기의 의사와 역량에 따라 광물을 개발할 수 있다.

광업권에 관한 토지소유권주의를 자원이 충분하지 아니한 국가가 채택하는 경우에 다음과 같은 문제가 있다. 첫째, 광물은 매장지역에 편중되어 있고, 유한하기 때문에 단순히 국가가 개입하지 않게 되면 체계적이고 합리적인 개발이 되지 아니하여 국가공동체의 자산을 낭비할 우려가 적지 않다.

둘째, 광물은 지하 심층에 매장되어 있는 경우도 적지 않기 때문에 광물의 탐사·채굴을 위하여 전문적인 기술이 필요할 뿐만 아니라 이 과정에서 생명에 대한 위험성도 크다. 그러므로 토지소유자가 토지를 전형적으로 이용하는 농작물의 재배나 건물의 신축 등과는 토지이용의 성질에서 상당히 구별된다.

셋째, 광물자원은 토지소유권의 경계선과는 관계없이 넓은 지역에 걸쳐 부존하는 것이 특징이다. 그러므로 토지소유자가 자기 소유권의 범위 안에서만 광물을 개발하는 경우에 탐사로 인한 이익이 이웃에게 부당하게 귀속되는 불리한 결과가 발생할 수 있다. 특히 오늘날과 같이 토지소유권이 세분화된 현실에서 토지소유자 간에 광물 탐사와 채굴을 둘러싼 분쟁이 과도하게 발생하면 광물자원의 합리적·경제적인 개발이 쉽지 않게 된다.

넷째, 석탄이나 석유와 같이 핵심적인 에너지는 에너지의 안정적 공급이라는 중대한 공익을 실현하기 위하여 국가에 의한 체계적인 관리가 필요한 영역이다. 국가의 중요한 에너지 자원이 토지소유자에게 귀속되는 경우에 국가에 의한 체계적인 관리는 상당한 한계에 놓이게 된다.

토지소유권주의에는 이와 같이 적지 않은 문제가 있어 영국은 금과 은에 대한 채광권을 국왕에 귀속시키고, 석탄의 채광권에 국영제도를 채택하며, 석유의 채광권을 국가의 권한으로 정하고 있다. 토지소유권주의를 채택하고 있는 영미법계도 순수한 토지소유권주의에 집착하지 않고, 점차 광업권을 토지소유권과 분리하는 방향으로 법률을 개정하고 있다.

(2) 광업권주의

광업권주의는 광업권을 토지소유권으로부터 분리하여 별도의 권리로 인정하려는 광업권의 입법유형을 말한다. 우리나라 광업법도 프로이센 광업법을 계수한 일본 광업법의 영향을 받아 대한제국 시대에 제정된 「광업법」에서부터 광업권주의를 채택하고 있다. 광업권주의는 광물에 대한 권한을 토지소유권으로부터 분리하여 특별한 권리에 의하지 아니하고는 토지소유자라 하더라도 광물을 채굴할 수 없도록 하는 법제로서 주로 독일, 이탈리아, 프랑스 등 대륙법계통의 국가에서 채택하고 있다. 광업권주의를 택하는 법제에서는 광업권과 토지소유권이 분리되는 결과 광업의 수행과 토지소유자의 통상적인 토지이용 사이에 충돌이 발생할 여지가 있고, 이를 조정하기 위하여 토지소유권주의를 취하는 법제에서보다 공법적 규제의 필요성이 커진다. 광업권주의를 채택하는 국가는 광업권을 정하고 있는 광업법에서 토지소유자의 의사와는 관계없이 광물채굴권을 광업권자에게 부여함으로써 발생할 수 있는 토지사용에 대한 손실을 토지소유권자에게 보상하도록 하여 토지소유권자와 광업권자 간의 이해관계를 조절하고 있다.

광업권주의를 택하는 국가 중에는 광업권을 국가가 독점하는 입법례를 가지는 국가도 있고, 국가로부터 허가나 특허를 받아서 개인이 탐사·채굴을 할 수 있도록 하는 입법례를 가진 국가도 있다. 중동이나 중남미 국가는 국가광업전유주의로 원칙적으로 국가가 광업권을 가지는 입법례를 채택하고 있다. 중동이나 중남미 국가는 석유, 가스 또는 석탄 등 에너지자원을 위주로 한 모든 광물을 국가소유로 하여 에너지자원을 비롯한 광물자원을 토지소유권과 분리하여 국가에 귀속시키고 있다. 광업권주의를 채택하는 국가들 간에도 광물국유화의 정도는 상이하다. 모든 광물을 국유화하는 국가도 있고, 에너지자원으로 석유와 천연가스만을 국유로 하는 국가도 있으며, 국가의 허가를 받은 경우에 개인이 광업권을 취득할 수 있는 국가도 있다.

광업권주의를 채택하고 있는 프랑스, 일본, 이탈리아 등과 같은 대륙법계 다
수 국가의 광업법의 구조는 광업권을 '탐사권'과 '채굴권'으로 이원화하고 있다. 그
러나 동일한 대륙법계 국가여도 독일은 채굴권만을 광업권으로 인정하고 광물자
원 탐사는 특정한 권리 없이 행할 수 있도록 정하고 있다. 그리고 대부분의 대륙
법계 국가는 채굴권을 통상 독립적 물권으로 인정하여 독점적 배타성을 부여하고
있다. 그러나 양도성 여부는 국가마다 다르다. 탐사권에 대하여는 독립된 권리로
인정하더라도 배타성·양도성 등에 있어서는 국가별로 다양한 법제를 보이고 있으
며 채굴권보다는 그 권리성을 약하게 규율하는 경향이 있다.

(3) 우리나라의 광업권주의

우리나라 「광업법」은 광업권을 토지소유권과 분리하여 독립된 권리로 인정하
는 광업권주의를 채택하고 있다. 우리나라의 광업권주의는 대한제국에서 제정한
「광업법」에서부터 출발하여 한·일 합방으로 (구)일본제국에 의하여 공포된 「조선
광업령」이 「광업법」의 역할을 하였다. 일본제국주의 시대의 「조선광업령」은 독일
광업법을 계수한 일본 광업법의 내용을 옮겨 놓은 것이다. 그러나 (구)일본제국은
식민지 정책을 위한 자원조달을 위하여 개발우선주의를 채택하여 「조선광업령」에
반영하였다. 「조선광업령」은 일본 광업법과 달리 탐사권 및 채굴권을 통합한 광업
권만을 인정하고 있었다. 해방 후 수립된 대한민국 정부는 일본인이 소유하고 있
던 모든 광산을 국가에 귀속시켰다. 1951년 12월 23일 대한민국 국회는 「조선광업
령」의 기본골격을 그대로 유지하는 「광업법」을 제정하여 현재에 이르고 있다. 그
후 국유광업권은 일반인에게 매각될 때까지 덕대개발제도나 「국유재산법」에 의한
대부제(보광계약)에 의하여 개발이 되기도 하였다.

현행 광업권은 탐사권과 채굴권을 모두 포함하는 물권적 성격의 권리로서 산
업통상자원부장관의 허가를 받아야 등록할 수 있다(광업법 제15조). 광업권의 출원이
중복된 경우 출원서 도달순위에 따라 광업권자가 결정되며(광업법 제18조), 광업권의
존속기간은 20년을 넘을 수 없으나 산업통상자원부장관의 허가를 받아 20년 단위로
계속 연장할 수 있고(광업법 제12조), 스스로 탐사 또는 채굴을 할 수 없는 광업권자는
조광권(組鑛權)을 설정하여 탐사 또는 채굴을 할 수 있다(광업법 제52조).

우리나라 「광업법」 제2조는 "국가는 채굴(採掘)되지 아니한 광물에 대하여 채
굴하고 취득할 권리를 부여할 권능을 갖는다."고 규정함으로써 미채굴광물에 대하

여 원칙적으로 국가의 권한을 인정하고 있다. 즉, 토지소유자에게 광물의 채굴과 취득권을 부여하지 않고 있다.

국가는 토지소유자의 의사와는 관계없이 법령에 따라 광물채굴권을 광업권자에게 부여한다. 토지소유자에게 토지사용으로 인한 손실이 발생한 경우에 보상하여 줌으로써 광업권자와 토지소유자 간의 이해관계를 조정하고 있다. 그러므로 토지소유자도 자기토지의 지하에 부존하는 광물을 개발하기 위하여 광업권을 설정받지 아니하고는 광물을 채굴할 수 없다. 광업권주의에 의하면 국가도 광업권의 권리주체가 될 수 있다. 국가도 영리의 목적으로 직접 광업권을 행사할 수 있고, 전담기관으로 특수법인을 설립하여, 광업권을 위탁하여 수행할 수 있도록 할 수 있다. 「광업법」 제9조는 "석유에 관한 광업권은 정부만이 가질 수 있다."고 규정함으로써 석유자원의 국유화원칙을 채택하고 있다.

2. 광업권 취득·운영의 원칙

(1) 선원주의 원칙

광업권주의를 채택하고 있는 대륙법계 국가의 광업권 부여방식은 선원주의(先願主義)와 능력주의(能力主義)로 나눌 수 있다. 선원주의는 광업권설정을 출원하는 시간이 앞선 사람에게 광업권을 부여하는 방식을 말하고, 능력주의는 신청인의 기술력·경제적 능력을 고려하여 광업권을 설정하여 주는 방식을 말한다.

(2) 자영주의 원칙

자영주의 원칙은 광업권의 행사와 관련하여 광업권자가 제3자로 하여금 광물의 탐사·채굴 등과 같은 개발을 하도록 하는 행위를 금지하고 직접 자신이 행사·운영하여야 하는 원칙을 말한다. 광업권 자영주의 원칙은 (구)일본제국의 「조선광업령」에 도입된 이후로 대한민국 국회가 1951년에 제정한 「광업법」에서도 유지되어 현행 「광업법」에까지 제3자에게 임대하거나 분리하여 구분하거나 조광업을 설정하도록 허용하지 않았다. 광업권 자영주의 원칙에 따라 법원의 판례도 덕대계약을 허용하지 않았다. 그러나 1973년 제3차 「광업법」의 개정에서 덕대개발의 현실적인 필요성을 인정하여 조광권 제도를 「광업법」에 수용하였다. 「광업법」 제11조는 탐사권에 대하여 상속, 양도, 체납처분 또는 강제집행의 경우 외에는 권리의 목적으로 하거나 타인이 행사하게 할 수 없도록 하고, 채굴권에 대하여는 상속, 양도, 조광권·저당권의 설정, 체납처분 또는 강제집행의 경우 외에는 권리의 목적으로 하거나 타인이 행사하게 할 수 없도록 규정하고 있다. 「광업법」 제11조는 광업권 자영주의 원칙을 표명하고 있는 규정이다. 자영주의 원칙은 용익권 설정행위를 제한하는 것으로 우리나라 「광업법」의 모델이 된 프로이센 광업법에는 없는 규정이다.

광업권 자영주의 원칙은 지하에서 부존하는 광물을 탐사·채굴하는 광업의 특수성에 기인한다. 광물의 탐사와 채굴은 일반적으로 지상의 토지를 이용하는 것과 달리 지하 깊은 곳에서 이루어지기 때문에 기술적인 전문성이 필요하고, 생명에 대한 위험도 높으며, 광해로 인한 환경적인 피해가 발생할 우려도 적지 않다. 국가는 일정한 기술적 전문성과 채굴의 경제성을 고려하여 광업권을 허가한다. 그러므로 기술적 역량이 없는 자가 광업권 허가를 받아 개발하게 되면 광업권의 허가를 도입하는 목적에 적합하지 않게 된다. 또한 국가가 광업권의 행사와 운영에 자격과 능력이 있는 자로 하여금 자기책임으로 광물을 개발하게 함으로써 권리와 책임을 연결하고 광업권을 원칙적으로 임대하거나 위탁하지 못하도록 정하고 있다. 조광권 제도는 광업권 자영주의와 상충하지 않는다. 왜냐하면 조광권도 광물의 채굴에 대한 허가를 받아야 하기 때문이다. 국가는 조광권을 설정하는 경우에 조광권자의 기술적인 능력 등을 고려하여 허가한다.

3. 광업권의 구성

(1) 광업권의 범위

1) 광물의 채굴·취득권

광업권이란 일정한 토지의 구역에서 등록을 한 광물과 이와 같은 광상에 묻혀 있는 다른 광물을 탐사하고, 채굴하여 취득하는 권리를 말한다(법 제3조제3호부터 제3호의3까지). 광업권은 국가가 일정한 미채굴광물의 탐사, 채굴, 취득을 위하여 부여하는 권리로서 토지소유권과 분리된 독자적 권리이다(헌법 제120조제1항, 법 제2조). 그러므로 토지소유자라 하더라도 자기 토지에 매장된 미채굴광물을 채굴·취득하기 위해서는 토지소유권과는 별도로 광업권을 설정하여야 한다.

광업권은 등록한 광구에서 광물을 배타적으로 채굴·취득할 수 있는 잠재적·추상적 권리를 의미할 뿐이다. 광업권의 행사로 광물을 채굴·취득하려면 반드시 사전에 산업통상자원부장관으로부터 탐광신고나 채광계획인가를 받아야 한다. 「광

업법」은 광업권의 설정과 행사를 분리하여 광업권설정허가와 채광계획인가를 각
각 따로 받도록 규정하고 있어 광업권설정허가를 받은 광업권자라고 하여도 채광
계획인가를 받지 않고는 채굴행위를 할 수 없다. 「광업법」이 규정하는 광업권의
내용과 범위, 「민법」이 규정하는 토지소유권의 내용과 범위에 비추어 볼 때에 광
업권의 설정만으로 토지소유자의 권리를 제한하거나 어떠한 영향을 미친다고 볼
수 없다. 광업권의 설정단계에서도 필요한 경우에 산업통상자원부장관의 인정을
받아 타인의 토지를 사용하거나 수용할 수 있으나 이는 산업통상자원부장관의 인
정에 기인한 것일 뿐 광업권설정허가처분 자체에 의한 것이 아니다. 그러므로 광
업권설정허가는 광구 주변지역 주민, 토지소유자 또는 토지사용권자의 권리나 이
익에 어떠한 영향도 미친다고 볼 수 없다.

   2) 광업권의 내재적 한계
   광업권으로서 탐사권과 채굴권의 권리 행사는 소음·분진·진동 등으로 인접
지역에 환경·침해적 영향과 안전상 위험을 유발하는 특징이 있다. 이와 같은 광
업권의 특징은 토지소유권 및 공공의 이익이나 그 밖의 산업적 이익과 상충할 가능
성이 있다. 그러므로 광업권은 그 내용상 일정한 한계를 가질 수밖에 없다. 「광업
법」 제10조제2항에서 "광업권은 광업의 합리적 개발이나 다른 공익과의 조절을
위하여 이 법이 규정하는 바에 따라 제한할 수 있다."고 규정하고 있다. 또한 「광
업법」 이외에 「광산안전법」에서도 공익과의 조화를 위해 광업권을 제한하는 다양
한 규정을 두고 있다.

   3) 광업권과 토지소유권의 관계
   우리나라는 광업권주의를 취하므로 토지소유권과 광업권이 분리된다. 그러므
로 광업권설정은 토지소유자의 동의를 필요로 하지 않는다. 「민법」 제212조에 의
하면 원래 토지에 대한 소유권은 지표나 지상의 공간을 포함하여 지하에까지 미친
다. 토지를 전제로 설정되나 토지소유권과 분리되는 독자적인 광업권은 그 자체로
토지소유자의 권리를 제한하는 것이라고 할 수 있다. 그러므로 광업권은 토지소유
자 또는 그로부터 토지사용권을 부여받은 자에 의한 통상적인 토지사용권과 충돌
할 수 있다. 광업권은 광구 내에서 광물을 탐사하고 채굴하여 취득하는 권리이므
로 광업권자는 광업권의 당연한 효과로서 광구 내의 지하를 사용할 수 있다. 한편
광업권이 설정되어 있는 토지라 하더라도 토지소유자나 그로부터 사용권을 부여
받은 자는 광업을 목적으로 하지 않는 한 지하공간을 포함한 자신의 토지를 자유

롭게 이용할 수 있다. 토지소유자도 광업권자의 채굴행위를 방해할 수 없지만, 광업권자라 하더라도 지하 사용을 독점하거나 토지소유자의 정당한 토지 이용을 배제할 권한은 없다.

광업권에 의한 채굴과 토지소유권에 의한 통상적인 토지사용은 각각 토지의 이용형태가 상이하므로 상호 양립할 수 있는 경우도 있으나, 채굴행위와 통상적인 토지이용이 직접적으로 충돌하거나 소음·진동·분진 등 채굴행위에 의한 영향이 미치는 경우 광업권자와 토지소유자의 권리행사가 양립하기 어렵게 되므로 이에 대한 조정이 필요하다. 이러한 문제로 인하여 「광업법」 제44조는 광업권이 토지소유자 등에 의한 통상적인 토지사용을 포함한 일반 공익과 충돌하는 경우 이를 조정하기 위하여 양쪽의 권리를 제한하고 있다. 즉, 일정한 범위 안에서 광업권자의 채굴행위를 제한하고, 토지소유자에게는 정당한 이유 없이 채굴행위에 대한 승낙이나 허가를 거부할 수 없도록 함으로써 각각 최소한의 범위에서 제한하는 방식으로 충돌하는 양 권리를 조정하고 있는 것이다.

(2) 광업권의 법적 성격

1) 물권적 성질

「광업법」 제10조에 의하면 "광업권은 물권으로 하고, 이 법에서 따로 정한 경우 외에는 부동산에 관하여 「민법」과 그 밖의 법령에서 정하는 사항을 준용한다."고 규정하고 있어, 광업권은 물권으로서 배타적 지배권을 포함한다.

「광업법」에 따른 광업권은 탐사권과 채굴권을 포함하는 권리이다. 채굴권은 "등록을 한 광물과 이와 같은 광상에 묻혀 있는 다른 광물을 채굴하고 취득하는 권리"를 말한다. 그러므로 광업권은 재물인 광물을 취득할 수 있는 권리이지, 재물 그 자체는 아니다. 대법원은 광업권을 「형법」 제355조에 따른 횡령죄의 객체로 인정하지 않고 있다.[5]

---

5 대법원에 의하면 「형법」 제355조 제1항 소정의 횡령죄의 객체는 자기가 보관하는 "타인의 재물"이므로 재물이 아닌 재산상의 이익은 횡령죄의 객체가 될 수 없다고 보고 있다. 횡령죄에 있어서의 재물은 동산, 부동산의 유체물에 한정되지 아니하고 관리할 수 있는 동력도 재물로 간주되지만(형법 제361조, 제346조), 여기에서 말하는 관리란 물리적 또는 물질적 관리를 가리킨다고 볼 것이고, 재물과 재산상이익을 구별하고 횡령과 배임을 별개의 죄로 규정한 현행 형법의 규정에 비추어 볼 때 사무적으로 관리가 가능한 채권이나 그 밖의 권리 등은 재물에 포함된다고 해석할 수 없다. 그러므로 광업권은 횡령죄의 객체가 된다고 할 수 없을 것이고, 「광업법」 제10조가 광업권을 물권으로 하고 광업법에서 따로 정한 경우를 제외하고는 부동산에 관한 민법 기타 법령의 규정을 준용하도록 규정하고 있다 하여 광업권이 부동산과 마찬가지로 횡령죄의 객체가 된다고 할 수는 없다(대법원

2) 공동광업권의 법적 성질

광업권을 공동으로 출원한 경우 출원자는 공동광업권을 가진다. 「광업법」 제17조제5항에 따라 공동광업권자는 조합계약을 한 것으로 간주되므로 공동광업권자의 1인이 사망한 때에는 「민법」 제717조에 따른 공동광업권의 조합관계로부터 당연히 탈퇴된다. 특히, 조합계약에서 사망한 공동광업권자의 지위를 그 상속인이 승계하기로 약정한 바가 없는 이상 사망한 공동광업권자의 지위는 상속인에게 승계되지 않는다.[6] 이러한 측면에서 공동광업권자는 일신전속적인 권리·의무관계의 지위에 있기 때문에 공동광업권자의 사망으로 당연히 탈퇴되고, 사망한 공동광업권자가 출원한 광업권의 일부가 상속인에게 승계되지 않는다.

(3) 석유광업권의 국가화

1) 연 혁

석유광업권은 「광업법」의 제정 당시에는 정부만 소유권을 가질 수 있는 권리가 아니라 법인과 개인 누구나 가질 수 있는 권리였다. 석유광업권의 국가로 귀속은 2002년 1월 19일 법률 제6612호로 공포되어 2002년 7월 20일부터 시행된 개정 「광업법」에서 도입되었다. 또한 2002년 1월 19일에 개정된 「광업법」은 정부만이 석유광업권을 가질 수 있고, 정부가 석유를 채굴하고 취득하고자 할 때는 석유광업권을 등록하도록 하고, 일반인이 광업권을 소유할 때 적용되는 광업권의 출원·허가 및 등록 관련조항, 사업개시의무, 채광계획인가, 조광권 조항 등의 적용을 배제하도록 하였다. 「광업법」은 석유탐사, 채취 등 석유개발과 관련된 사항들에 관한 절차적 사항을 규정하고 있지 않아서 「해저광물자원 개발법」에서 규정하고 있는 석유탐사, 채취 등 개발 관련 조항들을 각각 준용하도록 정하고 있다.

2) 석유광업권의 국가화 이유

우리나라 헌법에 따른 조세국가원리는 국가로 하여금 국가운영에 필요한 재원을 직접 시장에 참여하여 확보하지 않고, 시장을 형성하며, 시장 질서를 유지하여 민간이 시장에 참여하도록 하고, 민간이 얻은 이익을 조세로 징수하도록 한다. 그러므로 국가는 원칙적으로 시장에 참여하는 사업자가 되지 않는다. 다만, 예외적으로 민간이 시장에 참여할 수 없는 거대자본이 필요하거나 시장의 기반에 필수적인

1994.03.08. 선고 93도2272 판결).
6 대법원 1981.07.28. 선고 81다145 판결(광업권대표등록말소).

사업에 대하여 법률에서 허용할 때에 국가는 예외적으로 사업자가 될 수 있다.

「광업법」에 의한 석유광업권의 귀속주체를 정부로 전환하는 것은 석유·천연가스 등 중요에너지자원이 국가경제에 미치는 영향이 막대하고 대부분 수입에 의존하는 현실에서 개인에게 석유광업권을 주는 것이 적합하지 않다는 입법자의 판단에 기인한다. 또한 「해저광물자원 개발법」은 대륙붕 광구에서의 석유·천연가스의 개발을 규정하고, 석유 등에 대한 광업권을 정부만이 가질 수 있도록 규정하고 있다. 그러므로 대륙붕이 아닌 한반도와 그 부속도서 지중에 매장된 석유광업권에 관하여 규정하고 있는 「광업법」도 「해저광물자원 개발법」과 같이 석유광업권을 국가의 소유로 하여 육지와 해저 간에 형평을 맞출 필요가 있었다.

정부가 국가 에너지정책차원에서 중요한 석유광업권에 대하여 「광업법」의 제정 당시에 국가의 소유로 제한하지 않은 것은 당시에 육상뿐만 아니라 해안 및 도서지역에서 석유부존광상을 발견하여 광업권이 등록된 전례가 없었기 때문이었다. 그러나 1990년대에는 매년 20~30건의 석유광업권에 관한 출원이 계속되었고, 시추·탐광기술의 발전에 따라 석유부존광상이 발견될 수도 있다고 예상됨에 따라 「광업법」을 개정하여 석유광업권을 국가소유로 하게 되었다.

헌법 제120조는 광물 기타 주요한 지하자원·수산자원·수력과 경제상 이용할 수 있는 자연력에 대하여 법률이 정하는 바에 의하여 일정한 기간 그 채취·개발 또는 이용을 특허할 수 있도록 정하고 있다. 그러므로 국가가 에너지정책차원에서 중요한 에너지자원에 대하여 국가 스스로 광업권을 소유하고 있어도 채취·개발·이용은 민간에게 특허하여 석유를 개발하게 할 수 있다. 즉, 석유광업권의 소유와 개발에 필요한 탐사권과 채취권이 구별되기 때문에 민간의 개발 기술을 통하여 국내에 매장된 석유를 개발할 수 있다. 석유개발은 「해저광물자원 개발법」에 따른 탐사권 또는 채취권을 설정받은 법인 또는 개인이 하도록 하는 것은 가능하다.

4. 광업권의 출원

(1) 광업권의 이원화

1) 광업권 이원화의 배경

현행 「광업법」은 광업권을 탐사권과 채굴권으로 이원화하고, 탐사실적이 있는 광구에 대하여만 채굴권을 부여하고 있다. 「광업법」 제15조제1항에 의하면 광업권의 종류(탐사권과 채굴권)를 정하여 출원하여야 한다. 탐사권은 일정한 토지의 구역(이하 "광구"라 한다)에서 등록을 한 광물과 이와 같은 광상(鑛床)에 묻혀 있는 다른 광물을 탐사하는 권리를 말한다. 언어적으로 탐사는 "알려지지 않은 사물이나 사실 따위를 샅샅이 더듬어 조사"하는 행위를 말한다. 채굴권은 광구에서 등록을 한 광물과 이와 같은 광상에 묻혀 있는 다른 광물을 채굴하고 취득하는 권리를 말한다.

「광업법」 제4조에 의하면 채굴되지 아니한 광물은 채굴권의 설정 없이는 채굴할 수 없다. 우리나라 지하에 매장된 광물을 채취하여 사용하거나 매도하기 위하여 우선 매장된 광물의 존재 여부와 양을 파악하여야 한다. 매장된 광물의 존재 여부와 양은 채굴의 경제성을 파악하는 데에 필수적인 사항이다. 현행 「광업법」은 매장된 광물의 채취를 할 수 있는 자를 채굴권이 있는 자로 제한하고 있다. 그러므로 토지소유권을 가진 자라고 하더라도 「광업법」에 따른 채굴권의 설정 없이는 해당 토지의 지하에 광물이 매장되어 있는 것을 알고 있어도 채굴을 하지 못한다. 일반적으로 매장된 광물의 채굴을 위해서는 특정된 지역의 지하에 대한 조사를 하여야 한다. 현행 「광업법」은 채굴에 대하여 허가를 요하는 것으로 규정하고 있으나 탐사행위에 대하여는 채굴권과 같이 탐사권의 설정에 대해 탐사권의 설정이 없으면 탐사할 수 없도록 하는 규정을 두지 않고 있다.

광업권의 이원화는 기존의 일원화된 광업권 체계를 근본적으로 변화시켰다. 광업권을 탐사권과 채굴권으로 이원화함으로써 합리적인 광산개발을 촉진하고 광업을 계획적으로 발달시킬 수 있었다. 탐사권과 채굴권의 이원화는 미개발 광업권 양산을 방지하고 자원개발과 환경보전 간의 합리적 조화를 도모할 수 있었다. 광업권을 탐사권과 채굴권으로 이원화하는 제도를 도입할 당시 2008년 말 등록된 광업권 수는 5,445건인데, 미개발 광업권이 1,914건(35%)에 이르고 있었다. 미개발 광업권은 직권 취소되거나 자진폐업한 후에 재출원을 반복함으로써 행정낭비를 초래하고 있었다.

2) 탐사권과 채굴권의 출원

「광업법」에 따른 탐사권은 광물을 탐사하는 물권적 성격의 권리로서 산업통상자원부장관의 허가를 받아야 등록할 수 있다(광업법 제15조). 탐사권 출원이 중복된 경우에 출원서 도달순위에 따라 탐사권자가 결정된다(광업법 제18조). 탐사권은 7년의 범위 안에서 존속하되, 1년 이내에 탐사계획의 신고와 3년 이내(1회 연장하여 총 6년 이내)에 탐사실적의 제출이 있어야 한다(광업법 제12조 및 제40조, 제41조). 탐사권자는 조광권을 설정할 수 없고 탐사권자 스스로 탐사할 것을 요구하고 있다.

채굴권은 광물을 채굴하여 취득하는 물권적 성격의 권리로서 산업통상자원부장관의 허가를 받아야 등록할 수 있고(광업법 제15조), 탐사권이 설정된 광구에서는 탐사실적이 있는 탐사권자에게, 탐사권이 설정되지 않은 광구에서는 출원서 도달순위에 따라 채굴권이 부여된다(광업법 제18조 및 제41조). 채굴권의 존속기간은 20년을 넘을 수 없으나 산업통상자원부장관의 허가를 받아 20년 단위로 계속 연장할 수 있고(광업법 제12조), 스스로 채굴할 수 없을 때에는 조광권을 설정하여 채굴할 수 있다(광업법 제11조 및 제52조).

이와 같이 「광업법」은 탐사권과 채굴권을 구분하며, 그 허가기준도 각각 다르다. 채굴권 설정에서 경제적인 가치가 인정되는 일정 매장량 확보 등을 허가기준으로 하여 무분별한 광업권 취득의 폐해를 방지할 수 있다. 광업권 이원화의 목적은 합리적인 광산개발의 독려라고 할 수 있다. 이를 위하여 탐사실적 요구기간을 3년으로 제한하고, 필요 시에 3년을 1회에 제한하여 연장하거나 2년으로 제한하고, 필요 시에 2회에 걸쳐 2년씩 제한하는 제도의 구축도 가능하다. 또한 광산개발의 독려를 위하여 채굴계획 인가의무기간을 축소하는 방안도 필요하다. 뿐만 아니라 채굴계획 인가 후 지속적인 광물 생산을 위해 채굴권 소멸 시까지 계속하여 일정 생산량 또는 투자실적 등을 요구하는 제도의 도입도 필요하다.

3) 채굴권에 대한 조광권설정

조광권은 광업권자의 계약에 의하여 해당 광구에서 광물을 채굴하고 취득할 수 있는 권리로서 스스로 광산개발 능력이 없는 광업권자가 조광료를 받고 타인에게 광산을 개발하도록 하는 제도이다. 조광권 제도는 광업권 부여방식인 선원주의를 보완하는 제도라고 할 수 있다. 1951년 「광업법」 제정 당시에는 광업자영원칙에 따라 어떠한 형태의 임대개발행위도 금지하였다. 법원[7]도 여러 형태의 덕대(德大)계약을 무효라고 판시하였다. 그러나 1973년 「광업법」 개정은 일정한 제한 아래 임대개발행위를 허용하는 조광권을 신설하였다. 조광권을 신설한 목적은 당시 부존상태가 불확실하거나 경제성이 맞지 않아 자영(自營)을 꺼리는 대규모 탄광 개발을 촉진하기 위한 것이었다.

---

7 덕대계약(德大契約)이란 광업권자가 광물 채굴에 관한 권리를 타인에게 주고 그 타인은 광업권 사용의 대가를 지급하는 광업권의 임대차계약을 말하는 것으로, 판례는 광업권의 임대를 금지한 광업권의 내용을 위반하여 무효라고 결정함.

현행 「광업법」은 조광권을 채굴권에만 설정할 수 있도록 하여 탐사권에 대한
조광권설정을 금지하고 있다. 탐사권은 탐사에 대한 기술력·자본력이 없으면 권한
행사가 불가능한 권리이다. 탐사권을 조광권의 대상에서 제외한 이유는 광업권의
부여 방식에 있어서 선원주의 외에 능력주의적 요소를 가미한 데에 있다. 탐사권자
는 탐사능력이 있어야 하고, 탐사능력이 있는 탐사권자는 탐사 결과 수익성이 있는
광맥을 발견하면 채굴권을 취득한다. 그러므로 탐사권에 대한 조광권의 설정금지는
결과적으로 채굴권에 대해 조광권설정을 할 수 있는 가능성이 낮아지게 된다. 광업
권은 원래 소유권을 제한하는 물권의 하나로서 다른 물권과 달리 무상(無償)으로 취
득하는 권리라는 특징이 있다. 그러므로 다른 물권과 달리 권리행사 방법을 제한할
필요가 있다. 현행 「광업법」은 상속, 양도, 강제집행, 체납처분, 조광권, 저당권설정
에 한하여만 권리행사를 허용하고 그 밖의 권리행사를 금지하고 있다.

광산에 대한 개발우선주의 원칙 하에서는 기술력·경제력 없는 채굴권자 인정
이 광산개발에 기여할 수는 있겠지만, 광업권자의 조광료 인상경향 등으로 열악한
노동조건과 환경문제를 야기함으로써 합리적인 광산개발을 저해하는 측면이 있고,
대규모 통합광구 개발의 장애요소로 작용하여 광산업계의 대형화 요구에 반하는
측면도 있다. 광업권에 대한 법체계를 탐사권과 채굴권으로 이원화한 현재 채굴권
에 한정하여 조광권 제도를 계속 유지할 필요가 있는지에 대한 점검이 필요하다는
비판도 있다.

(2) 광업권 출원자

1) 국민과 국내법인

광업권 출원자는 광업권설정 허가를 받을 수 있는 자격이 있는 자를 말한다.
원칙적으로 대한민국 국민으로서 법인이나 개인은 광업권을 출원할 수 있다.

2) 외국인과 외국법인

외국인이나 외국법인도 광업권을 출원할 수 있는가에 관한 문제가 있다. 「광
업법」 제10조의2제1항에 의하면 "외국인은 다음 각 호의 어느 하나에 해당하는 경
우에만 광업권을 가질 수 있다."고 한다. 그러므로 현행 「광업법」은 한반도와 그
부속도서 지하에 매장된 광물의 탐사권과 채굴권의 출원할 수 있는 자를 대한민국
국민을 원칙으로 하고, 예외적으로 외국인도 광업권을 출원할 수 있도록 정하고
있다. 우리나라는 지하자원이 상당히 부족한 국가라서 상당한 광물을 외국으로부

터 수입하거나 개발하여 수입한다. 국내 기업이 외국의 광물에 대한 탐사·채굴을 하기 위하여 「광업법」도 상호주의원칙을 적용하고 있다. 「광업법」 제10조의2제1 항은 예외적으로 외국인이 광업권을 출원할 수 있는 자격을 3가지로 정하고 있다. 첫째, 그 외국인이 속하는 국가에서 대한민국 국민에 대하여 그 국가의 국민과 동 일한 조건으로 광업권을 갖는 것을 인정하는 경우, 둘째, 대한민국이 그 외국인에 대하여 광업권을 갖는 것을 인정하는 경우에는 그 외국인이 속하는 국가에서도 대 한민국 국민에 대하여 그 국가의 국민과 동일한 조건으로 광업권을 갖는 것을 인 정하는 경우, 셋째, 조약 및 이에 준하는 것에서 광업권을 갖는 것을 인정하고 있 는 경우이다.

　　외국인에게 광업권설정을 허가하는 것은 위에서 언급하고 있는 바와 같이 상 호주의에 기반한 예외적 사항이다. 2000년대 이전에는 "외국인 또는 외국법인뿐만 아니라 대한민국법률에 의하여 설립된 법인 중 자본금의 반액 이상 또는 의결권의 반수 이상이 외국인 또는 외국법인에 속하는 법인"에 대하여 광업권의 설정이 허 용되지 않았다. 다만, 아주 예외적으로 허가관청이 국가산업정책상 특히 필요하다 고 인정할 때에는 외국인에 대하여 광업권의 향유를 허가할 수 있으나 이 경우 허 가관청은 광업권의 향유연한과 기타 허가조건을 명시하여 미리 국회의 동의를 얻 어야 했다. 그러나 법률 제5893호로 1999년 2월 8일 공포된 개정 「광업법」은 외국 인에 대한 광업권설정 허가금지에 관한 규정을 삭제하였다. 즉, 외국인 및 외국법 인이나 국내법인일지라도 의결권의 반수 이상이 외국인 또는 외국법인에 속하는 법인에게 원칙적으로 광업권설정이 금지되고, 국회의 동의를 얻을 경우만 예외적 으로 인정하는 광업권 내국인설정원칙은 개정된 「광업법」에서 삭제되었다. 그동안 국내광업권자들의 기술수준이 낮고 기술개발자금도 부족하여 원가절감에 한계가 있었던 문제를 극복하기 위하여 외국인에 대하여 광업권설정을 허가할 수 있게 하 였다.

　　1999년 「광업법」 개정을 통해 외국인의 광업권 및 조광권 취득을 제한하는 규정을 삭제한 이후 외국인의 광업권 또는 조광권 취득에 대한 제한규정은 없었 다. 그러나 현행 「광업법」은 외국인의 광업권 취득을 상호주의에 입각하여 상대국 이 대한민국 국민에게 광업권을 갖는 것을 인정하는 경우에 한하여 외국인의 국내 광업권 취득을 인정하도록 개정하였다. 광물은 재생할 수 없는 유한자원이고 국가 경제상 중요한 물자인 상황에서 세계 각국이 자원민족주의라는 명분으로 자국의 광물자원을 보호하고 있는 국제적 추세를 「광업법」에 반영하게 되었다.

　미국이나 브라질은 자국 시민 및 법인에게만, 캐나다 및 호주는 자국법에 따라 설립된 법인에 대하여만, 일본은 당사국과의 상호조약이 체결된 경우에 한하여만 광업권 취득을 허용하고 있다.

외국인에 대한 광업권 부여 입법례

구 분		광업권 부여 제한
영미법계	미 국	자연인(미국시민 또는 미국시민 의사를 표명한 자) 법인(연방법, 주법에 의해 설립된 법인)
	캐나다	자연인(차별 없음), 법인(자국법에 의해 허가받은 법인)
	호 주	자연인(차별 없음), 법인(자국법에 의해 허가받은 법인)
대륙법계	독 일	자연인(차별 없음), 법인(국가특허 필요)
	브라질	자연인(브라질 시민), 법인(자국법에 의해 허가받은 법인)
	멕시코	자연인, 법인 공히 취득자격 불인정
	일 본	원칙적으로 취득불허, 상호조약에 따라 인정

　외국인에 대한 광업권 취득을 제한하는 방법에는 현행 「광업법」과 같은 상호주의 외에도 ① 자연인과 법인을 구별하여 제한하는 방안, ② 주요 광물에 한하여 외국인의 광업권 취득을 제한하는 방안이 있다.

　3) 상속외국인

　상속으로 외국인이 광업권을 취득하는 경우에 광업권 취득에 관한 법적 문제가 따른다. 「국적법」 제18조에 의하면 대한민국 국적을 상실한 자는 국적을 상실한 때부터 대한민국의 국민만이 누릴 수 있는 권리를 누릴 수 없다. 그러나 대한민국의 국민이었을 때 취득한 것으로서 양도할 수 있는 권리는 그 권리와 관련된 법령에서 따로 정하지 아니하는 경우에 3년 안에 대한민국의 국민에게 양도하여야 한다. 광업권을 취득할 수 없는 외국인은 상속으로 광업권을 취득하는 경우에 3년 이내에 이를 양도하여야 하고, 이를 위반한 때에는 그 권리를 상실한다. 「광업법」 제10조의2제1항에서 규정된 외국인만이 광업권을 향유할 수 있다.

　「국적법」 제18조에 따라 국적을 상실하였다고 하여 「광업법」 제10조의2제1항에 해당하는 국적의 외국인이 아니면 향유할 수 없는 권리를 그 국적상실과 동시에 소멸시키는 것은 그 외국인의 재산권을 부당하게 침해하는 결과가 된다. 그러므로 3년이라는 기간을 처분유예기간으로 보장하여 주고, 그 유예기간 동안에도 처분을 하지 않는 경우에 한하여 그 권리를 상실하도록 하는 것이 합리적이라고 할 수 있다. 그러므로 광업권을 소유하고 있던 대한민국 국민이 국적을 상실한 경우에는 국적상실과 동시에 광업권에 대한 소유권을 상실하는 것이 아니라 그 소유권은 국적을 상실한 날로부터 3년간 보유한다. 그런데 광업권을 소유하고 있던 국민이 사망한 경우에 그 상속인이 「광업법」 제10조의2제1항에 따라 광업권을 향유할 수 없는 외국인인 경우에도 그 상속인이 광업권을 상속하지 못한다고 해석하게 되면, 이는 그 상속인의 재산 상속권을 부당하게 침해하는 결과가 되는 점에서 볼 때 대한민국 국민이 광업권을 가지고 있다가 국적을 상실한 경우와 다를 바가 없는 점을 고려하여 보면, 광업권을 소유하고 있던 국민이 사망한 경우 그 상속인이 광업권을 향유할 수 없는 외국인일 때에는 「국적법」 제18조를 유추 적용하여 일단 광업권을 상속한 다음 3년 이내에 「광업법」 제10조의2에 의한 허가를 받거나 대한민국 국민에게 양도를 하여야 하고, 이에 위반한 경우에는 그때 비로소 광업권을 상실한다.[8]

(3) 공동출원

광업권설정의 출원은 원칙적으로 2명 이상이 공동으로 할 수 있다. 이 경우에 공동광업출원인은 그중 1명을 대표로 정하여 산업통상자원부장관에게 신고하여야 한다. 산업통상자원부장관에게 신고하지 아니하면 대표자의 변경은 효력이 발생하지 않는다. 대표자를 변경한 경우에도 또한 같다. 산업통상자원부장관은 공동광업출원인이 대표자를 정하여 신고를 하지 아니하면 그 대표자를 지정할 수 있다.

대표자는 공동광업출원인을 대표하며, 공동광업출원인은 조합계약을 한 것으로 본다. 조합계약으로 성립한 공동광업권자는 광업권 및 광업권 침해로 인한 손해배상청구권을 준합유하게 된다. 그러므로 기존의 공동광업권자가 설정된 광업권의 피해에 대하여 손해배상청구소송을 제기한 경우에 그 손해배상청구권 전부에 대하여 소멸시효가 중단된다. 이로 인하여 광업권의 지분을 양수한 공동광업권자는 조합원의 지위에서 기존의 공동광업권자와 함께 소멸시효가 중단된 손해배상

---

8 대법원 1995.05.23. 선고 94다23500(판결광업권이전등록말소).

청구권을 준합유하기 때문에 새로 공동광업권자가 된 자의 지분에 해당하는 부분
만 따로 소멸시효가 중단됨이 없이 진행되는 것은 아니다.[9] 공동광업권자들 간에
는 조합계약을 한 것으로 간주되기 때문에 단독 광업권자가 사망하여 상속인들이
그 광업권을 공동으로 상속하는 경우에도 그 상속인들 사이에 조합계약을 체결한
것으로 보아야 한다.[10]

조합계약에 있어서는 조합의 해산청구 또는 탈퇴를 하거나 다른 조합원을 제
명할 수 있을 뿐이고 특별한 사정이 없는 한 계약해제에 관한 「민법」상의 일반규
정에 의하여 조합계약을 해제하고 상대방에게 원상회복의무를 부담시킬 수는 없
다. 공동광업권등록이 된 경우에 광업권에 관한 매매계약이 적법하게 해제되었다
는 이유만으로 탈퇴할 의무는 없다. 조합에 관한 「민법」의 규정은 임의규정이므로
당사자 사이에 특별한 의사표시가 있으면 「민법」의 규정에 우선하여 당사자 사이
의 의사표시에 따라야 한다.[11] 공동광업권 상호 간에 탈퇴원인에 관하여도 조합계
약에 관한 특약이 「민법」의 조합에 관한 규정에 우선하여 적용된다.[12] 공동광업권
자는 조합계약을 한 것으로 간주되며 그 조합이 사업을 개시하여 제3자와의 사이
에 거래관계가 이루어지고 난 다음에는 조합계약체결 당시의 의사표시의 하자를
이유로 취소하여 조합 성립 전으로 환원시킬 수 없다.[13] 공동광업권자는 조합계약
을 한 것으로 간주되기 때문에 그 합유인 공동광업권을 소송목적물로 하는 소송에
있어서는 공동광업권자 전원을 필요적 공동소송인으로 하여야 하고, 이에 위배될
때에 그 소는 부적법 각하된다.[14]

(4) 광업권출원 절차

광업권출원은 광업권설정출원서를 산업통상자원부장관에게 제출하는 행위를
말한다. 광업권출원은 일반적으로 광업권설정에 대한 신청에 해당한다. 허가·특
허·인가와 같은 공법상 권리를 행정청으로부터 받아야 하는 행정처분은 신청을
전제로 한다. 광업권은 광물의 탐사권이나 채굴권을 설정하려는 자가 관할 행정기

---

9 대법원 1997.02.11. 선고 96다1733 판결(손해배상).
10 대법원 1995.05.23. 선고 94다23500 판결(광업권이전등록말소).
11 대법원 1980.06.24. 선고 80다861판결; 대법원 1964.12.8. 선고 64다1340 판결.
12 대법원 1988.03.08. 선고 87다카1448 판결.
13 대법원 1972.04.25. 선고 71다1833 판결(광업권탈퇴등록).
14 대법원 1966.10.04. 선고 66다1079 판결(공동광업권이전등록).

관인 산업통상자원부장관에게 산업통상자원부령이 정하는 광업권설정출원서에 광상설명서, 광량(鑛量) 보고서 1부(채굴권설정을 출원하는 경우만 해당한다), 광구도 1부(채굴권설정을 출원하는 경우만 해당한다), 「광산법」 제10조의2제1항 각 호의 어느 하나에 해당하는 경우를 증명하는 서류 1부(외국인 및 외국법인인 경우만 해당한나)를 첨부하여 출원한다.

광상설명서는 광상에 관한 설명서를 말한다. 광상(鑛床)은 유용광물이 국부적으로 집합하여 채굴의 대상이 되는 장소를 말한다. 가장 일반적으로 광상의 생성 원인에 따라 마그마 고결작용에 의한 마그마광상, 자연력에 의해 생성된 퇴적광상, 기존의 광상이 변질된 변성광상으로 구분된다. 광상설명서는 출원 허가의 여부를 판단하는 중요한 사항에 해당한다. 그러므로 광상설명서는 신뢰성이 담보되어야 한다. 「광업법」은 광상설명서의 신뢰성을 담보하기 위하여 광상설명서를 작성할 수 있는 자를 한정적으로 제한하는 방법을 선택하고 있다. 광상설명서를 작성할 수 있는 자는 ① 국가·지방자치단체의 기관 또는 산업통상자원부장관이 인정하는 기관, ② 「국가기술자격법」에 따른 광업자원 분야 기술사 또는 국토개발 분야 지질 및 지반 기술사, ③ 「국가기술자격법」에 따른 광산보안기사 또는 응용지질기사 자격을 소지한 사람으로서 제1호의 기관에서 광상 조사 업무에 2년 이상 종사한 사람, ④ 「국가기술자격법」에 따른 광산보안산업기사 자격을 소지한 사람으로서 제1호의 기관에서 광상 조사 업무에 5년 이상 종사한 사람, ⑤ 공업직(자원직류만 해당한다) 공무원으로 광업 행정 업무에 10년 이상 종사하였던 사람으로서 광상 조사 업무에 전문지식과 능력이 있다고 산업통상자원부장관이 인정하는 사람이다. 또한 석유에 관한 광상설명서는 국가·지방자치단체의 기관 또는 산업통상자원부장관이 인정하는 기관만 작성할 수 있다.

(5) 광업권설정 출원의 중복

광업권설정의 출원이 같은 구역에 중복된 경우 광업권설정출원서의 도달 일시가 앞선 출원이 우선한다. 광업권설정출원서가 동시에 도달한 경우에는 채굴권설정의 출원이 탐사권설정의 출원보다 우선한다. 광업권설정출원서가 동시에 도달한 경우로서 같은 종류의 광업권설정의 출원이 여럿인 경우에는 산업통상자원부장관이 추첨에 따라 우선자를 결정한다.

5. 광업권설정 허가

(1) 광업권설정 허가절차

1) 서류검토와 보완요청

광업권의 출원을 받은 산업통상자원부장관은 우선 광업권설정의 출원 서류가 완비되지 아니한 때에는 상당한 기간을 정하여 수정하거나 보완하게 할 수 있다. 즉, 광업권의 출원 서류는 광업권 출원자가 「광업법」에 따라 제출하여야 한다. 만일 「광업법」에 따른 서류가 제출되지 않은 경우 원칙적으로 산업통상자원부장관이 제출 서류의 부적합을 이유로 광업권의 설정허가를 거부하고, 서류를 반송한다. 그러나 출원에 필요한 서류의 일부가 미비되었거나 제출한 서류에 기재할 사항이 기재되지 아니하거나 불명확한 경우에 수정이나 보완을 요청해야 하고, 곧바로 출원 서류의 불비를 이유로 허가거부를 하지 못한다.

2) 현장조사

산업통상자원부장관은 광업권설정의 출원을 받은 경우에 현장조사를 하여야 한다. 광업권설정 허가절차에 현장조사를 하도록 하는 목적은 광업권출원 서류의 진정성에 관한 확인행위에 해당한다. 관할 행정기관은 현장조사를 통하여 광업권설정허가를 위하여 출원한 서류가 사실에 부합하는가를 조사하여야 한다. 광업권은 광구를 단위로 하여 설정되는 것으로서 광업권설정의 출원을 심사하기 위한 현장조사도 어느 특정 지점에서 광물이 채굴되는지를 밝히기 위한 것이라기보다는 출원광구에 과연 출원광물이 부존하는가를 밝히기 위한 것이다.[15]

현장조사는 출원순서 또는 지역별로 광업등록사무소장이 정한 시기와 순위에 따라 행한다(광업업무처리지침 제15조 및 제16조). 광업등록사무소장은 목적광물의 부존 여부가 확인되지 아니한 경우에는 현장조사를 하여야 한다. 이 경우 그 목적광물에 대한 보고서·문헌 또는 광상설명서의 내용이 불확실하거나 분쟁의 소지가 있어 사실 확인이 필요한 경우에도 현장조사를 할 수 있다. 「광업법」 제15조에서는 광업권의 출원을 받은 경우 "현장조사를 하도록 규정한 취지는 목적광물의 부존 여부에 관한 광업권 출원인과 이해관계인의 이해관계를 조정하려는 데 그 목적이 있다."고 규정한다. 그러므로 목적광물의 부존 여부와 관계없이 출원인의 광업권 설정을 허가할 수 없는 다른 사유가 있는 경우는 현장조사를 하여야 할 의무가 있

---

15 대법원 1991.08.09. 선고 90누7326 판결(광업권출원각하처분취소).

다고 볼 것은 아니다.[16]

「광업법」 제15조는 광업권설정 허가를 함에 있어 관할 행정기관으로 하여금 현장조사를 원칙으로 하고 있으나 대통령령이 정하는 경우에는 하지 않을 수 있도록 하고 있다. 즉,「광업법 시행령」 제11조는 현장조사를 하지 않을 수 있는 사유를 다음과 같이 정하고 있다. 첫째, 국가·지방자치단체의 기관 또는 산업통상자원부장관이 인정하는 기관에서 조사·작성한 보고서나 문헌에 의하여 목적광물이 묻혀 있는지가 확인된 경우이다. 둘째,「국가기술자격법」에 따른 기술사가 조사·작성한 보고서에 따라 목적광물이 묻혀 있는지가 확인된 경우이다. 셋째, 광상설명서에 따라 목적광물이 묻혀 있는지가 확인된 경우이다. 다만, 광업권설정의 출원구역(이하 "출원구역"이라 한다)이 이종광물(異種鑛物)의 광구와 중복된 경우에는 그러하지 아니하다. 넷째, 광물의 종류가 「광업업무처리지침」 별표3에 해당하는 경우이다. 다만, 사광상에 묻혀있는 토륨광·탄탈륨광·니오비움광·지르코늄광·희토류(세륨, 란타늄, 이트륨, 프라세오디뮴, 네오디뮴, 프로메튬, 사마륨, 유로퓸, 가돌리늄, 테르븀, 디스프로슘, 홀뮴, 에르븀, 튤륨, 이터븀, 루테튬, 스칸듐을 함유하는 토석을 말한다)·티탄철광은 예외로 한다.「광업법」 제15조제5항 및 동법 시행령 제11조는 현장조사를 하지 아니할 예외사유를 규정하고 있다. 그러므로 광업권은 광구를 단위로 하여 설정되는 것으로서 현장조사도 어느 특정지점에서 광물이 채굴되는지를 밝히기 위한 것이라기보다는 출원광구에 과연 출원광물이 부존하는가를 밝히기 위한 것이라고 할 것이다. 그러한 취지에서 광업권출원에 관한 심사를 위하여 현장조사를 의무화하고, 예외적으로 현장조사를 하지 않도록 규정한 「광업법 시행령」 제11조도 실지조사는 출원광구에 출원광물이 부존하는지의 여부를 밝히기 위하여 시행하는 것임을 전제로 국가기관이나 공인된 기관의 공인된 보고서 등이나 종전의 현장조사를 통해 해당광구에 목적광물의 부존 여부가 확인된 경우에 현장조사를 생략하도록 규정하였다고 하여야 할 것이다. 그러므로 관할 행정기관이 비록 당해 출원인의 출원을 심사하기 위한 현장조사가 아니라 하더라도 다른 출원인의 출원을 심사하기 위한 현장조사를 통하여 동일한 출원광구에 목적광물이 부존되어 있음이 명백히 확인되었다면 「광업법 시행령」 제11조제1호에 해당되어 다시 현장조사를 거치지 아니할 수 있다.[17]

---

16 대법원 2015.05.14. 선고 2014두48016 판결(탐사권설정출원불허가처분취소).
17 대법원 1991.08.09. 선고 90누7326 판결.

산업통상자원부장관은 현장조사를 하려는 때에는 조사자, 조사 사항, 출석 장소, 조사 일시(日時)를 지정하고 광업출원인 및 이해관계 있는 광업권자에게 출석할 것을 명할 수 있다. 다만, 조사 일시를 지정할 수 없을 때에는 조사 예정일을 정하고 실제 조사 일시는 조사자의 지정에 따를 것을 명할 수 있다. 현장조사 출석명령을 받은 자가 정당한 사유 없이 출석명령에 응하지 아니한 때에는 출석명령을 받은 자의 출석 없이 현장조사를 진행할 수 있다. 이 경우 출석명령에 불응한 자는 현장조사 결과에 동의하는 것으로 본다.

(2) 광업권설정 허가의 요건

광업권설정 허가는 위에서 언급한 바와 같이 특허에 해당하기 때문에 허가관청은 비교적 광범위한 재량을 가진다. 그러나 「광업법」은 허가관청에 허용되는 법적 성질상 광업권설정 허가 거부처분의 근거를 법치주의의 발전으로 평가될 수 있도록 비교적 상세하게 명시하고 있다. 특히 「광업법」은 광업권설정 허가의 소극적 근거를 특별하게 규정하고 있다.

1) 소멸광구의 출원제한

「광업법」 제16조는 소멸광구의 출원제한에 관하여 규정하고 있다. 「광업법」 제12조에 따른 광업권의 존속기간이 끝나 광업권이 소멸한 경우, 동법 제35조에 따라 광업권이 취소되어 광업권이 소멸한 경우, 동법 제37조제1항에 따라 광업권이 소멸한 경우로서 그 광업권이 소멸한 후 1년 이내에는 소멸한 광구에 등록되었던 광물 및 그 광물과 같은 광상에 묻혀 있는 다른 광물을 목적으로 하는 광업권설정의 출원[광구를 늘리는 증구(增區) 출원을 포함한다)]을 할 수 없다.

(구)「광업법」은 2년 이내에 사업을 개시하지 않거나 3년 이내에 탐광실적이 없는 등 각종 개발의무를 위반한 광업권자에 대하여 광업권의 직권취소를 할 수 있도록 하고 있었다. 그러나 현실적으로는 연장규정 등을 이용해 직권취소를 회피하고, 직권취소된 후에도 차명으로 재출원하거나 스스로 폐업한 후 동일한 광업자가 재등록 등을 행함으로써 영구적으로 미개발 광업권을 보유하는 것이 가능하였다. 이러한 문제를 해결하기 위하여 현행 「광업법」은 1년 동안 소멸광구에 대한 재출원을 금지하여 1년 후에 공정한 경쟁을 통해 광업권을 재취득하도록 함으로써 특정인의 지속적인 광구 독점으로 인해 미개발 광산이 양산되는 것을 억제하는 보완규정을 두고 있다. 출원 제한기간과 관련하여 소멸된 광업권 중 아직 개발가능

성이 잔존하는 광구는 계속하여 재개발할 필요가 있다. 특히, 탐사실적이 있는 채굴권은 조속히 재출원의 기회를 주어야 광업 발달에 기여할 수 있다. 그러므로 광업권 소멸사유별로 재출원 제한기간을 구별하여 행정소송과 관계된 개발의무 불이행에 따른 직권취소(법 제35조)에 한하여 제한기간을 1년으로 연장하는 방안을 고려해 볼 수 있다.

소멸광구의 제한기간 1년에 대한 출원제한기간을 계산할 때 기간계산에 관한 「민법」이 그대로 적용된다. 「민법」 제155조는 "기간의 계산은 법령, 재판상의 처분 또는 법률행위에 다른 정한 바가 없으면 본장의 규정에 의한다."고 규정하고 있으므로, 기간의 계산에 있어서는 당해 법령 등에 특별한 정함이 없는 한 「민법」의 규정에 따라야 한다. 「광업법」 제16조는 기간의 계산에 관하여 특별한 규정을 두고 있지 아니하므로, 동조 소정의 출원제한기간을 계산함에 있어서도 기간계산에 관한 「민법」의 규정은 그대로 적용된다고 할 것이다.[18]

2) 행정청의 협조의무

출원인의 광업권설정을 위하여 행정청은 허가절차진행에 협조하여야 한다. 산업통상자원부장관은 광업권설정의 출원이 지정된 기간 내에 미비되거나 부적합하게 기재한 서류를 수정하거나 보완하지 아니하거나 광업출원인 및 이해관계 있는 광업권자가 출석명령을 받고 지정 일시에 출석하지 아니하거나 현장조사에서 광물 확인 지점을 명시하지 못하거나 조사 사항에 대하여 입증하지 못한 경우에 각하한다(광업법 제19조). 여기서 각하는 광업권설정 출원에 관한 실질적인 내용심사를 하지 않고, 형식적인 사항에 관한 불비를 이유로 한 광업권설정허가 거부처분을 말한다.

3) 이중광구금지의 원칙

광업권설정의 또 다른 원칙은 이중광구금지의 원칙 또는 일광구일광업권 원칙이다. 일광구일광업권 원칙은 광업권이 설정되어 있지 않은 구역에서 광업권설정의 출원이 같은 구역에 중복된 경우에는 광업권설정출원서의 도달 일시가 앞선 광업권 신청자의 출원에 우선한다는 것이다. 이 원칙을 준수하기 위하여 「광업법」 제18조는 광업권설정출원이 중복될 때 우선순위에 관하여 규정하고 있다. 이에 의하면 광업권설정의 출원이 같은 구역에 중복된 경우에는 광업권설정출원서의 도달 일시가 앞선 출원이 우선하며, 광업권설정출원서가 동시에 도달한 경우에는 채

---

18 대법원 2009.11.26. 선고 2009두12907 판결(광업권설정출원서불수리처분취소).

굴권설정의 출원이 탐사권설정의 출원보다 우선한다. 같은 종류의 광업권설정의 출원이 여럿인 경우에는 산업통상자원부장관이 추첨에 따라 우선자를 결정한다. 동종광물에 대한 광업권 설정출원이 동일한 구역에 중복된 경우에는 출원서의 도달일시가 먼저인 출원이 우선하며 동일한 구역에는 원칙적으로 둘 이상의 광업권을 설정할 수 없도록 하는 광업권설정 원칙을 「광업법」에서 정하고 있다.

광업권설정출원은 비록 그에 대하여 관할 행정청이 허가거부처분을 한 경우에도 광업권설정출원자가 해당 거부처분의 취소를 구하는 소송을 제기한 경우에 그 거부처분에 대한 쟁송제기기간이 경과하거나 쟁송수단을 다 거칠 때까지는 그 출원이 가지는 순위확보적 효력은 계속된다.[19] 일광구일광업권 원칙의 준수로 이와 같이 광업권의 신청에 우선 신청자를 결정하여야 한다.

그러므로 일광구일광업권 원칙에 위반된 광업권의 허가는 위법한 행정처분이 된다. 위법한 후출원자에 대한 광업권허가는 선출원자가 후출원자에 대한 광업권 허가처분에 대한 이의나 항고소송으로 그 시정을 요구하지 않는 한 그 허가처분을 당연무효라고는 할 수 없다.[20]

「광업법」 제21조는 "광업권설정의 출원 당시 출원구역이 동종광물(同種鑛物) 광구와 중복된 경우 그 중복된 구역에 대한 광업권의 설정은 허가하지 아니한다."고 규정하고 있다. 이미 광업권이 출원된 광구에 광업권출원은 광업권이 없는 광구에서 다수의 광업출원이 있는 경우와는 달리 광업권출원이 있은 후에 불허가 처분되지 아니하고 있는 동안에 동종광물의 광구에 대한 광업권이 소멸되어 후순위 출원이 동종광물의 광구와 중복되는 상태가 해소되어도 이미 광업권이 설정된 광구에 광업권출원 당시에 중복상태에 있었던 광업권출원은 관할 행정청이 불허가 처분을 하여야 한다.[21] 그런데 「광업법」 제18조에 의하면 동종광물에 대한 광업권 설정출원이 동일한 구역에 중복된 경우에는 광업권출원서의 도달일시가 먼저인 출원이 우선한다고 규정되어 있다. 이는 선출원(선원)에 대하여 처분을 한 후에 순차로 후출원(후원)을 처분한다는 취지의 규정이라고 할 수 있다. 이 경우에 선원이 허가 처분되면 동일지역에는 2개 이상의 동종광물을 목적으로 하는 광업권은 설정할 수는 없다는 「광업법」 제21조의 규정취지에 비추어, 후순위출원은 동시에 불허

---

19 대법원 1997.11.28. 선고 97누11089 판결(광업권설정출원서반려처분취소등).
20 대법원 1964.9.8. 선고 64누11 판결; 대법원 1980.10.14. 선고 79누353 판결(광업권설정거부처분취소).
21 대법원 1964.9.8. 선고 64누11 판결.

가 처분되어야 하는 것으로 해석하여야 한다. 만일에 선순위출원에 대하여 광업권
설정이 허가 처분되었으나 후순위출원에 대하여는 아직 불허가처분이 되지 아니
하고 있는 동안에 이미 선순위출원에 의하여 허가 등록되었던 광업권이 소멸하는
경우가 생겼다 하더라도 후순위출원에 대하여는 이를 불허가 처분한 것으로 보는
것이 적합하다.[22]

　　이미 특정된 구역에 광업권이 설정된 경우에 광업권설정은 허가될 수 없으므
로(광업법 제20조), 동일광구에 광업권 신청이 있으면 허가가 거부된다. 즉, 광업권설
정의 출원 당시 출원구역이 동종광물(同種鑛物) 광구와 중복된 경우 그 중복된 구역
에 대한 광업권의 설정은 허가하지 아니한다(광업법 제21조). 광업권은 일정한 광구
에서 등록한 광물과 이와 동일광상 중에 부존하는 다른 광물을 채굴 및 취득하는
권리이다(광업법 제3조제3호의2, 제3호의3). 동일한 구역에는 이종광물에 있어서의 일정
한 예외를 제외하고 2개 이상의 광업권을 설정할 수 없으며(광업법 제20조 단서, 제22
조 단서), 광업권설정의 출원구역이 출원 당시에 동종광물의 광구와 중복된 경우에
는 그 중복된 구역에 대한 광업권의 설정은 이를 허가하지 아니하고, 이 경우 동
일광상 중에 부존하는 이종광물은 이를 동일광물로 본다(광업법 제23조)고 규정하고
있으므로 이미 광업권이 설정된 구역에는 동일한 광물에 대한 광업권을 중복하여
설정할 수 없음은 물론이고, 이 경우 그 광물과 동일광상 중에 부존하는 이종광물
은 광업권설정에 있어서 동일광물로 보게 되는 결과, 이에 대한 광업권설정도「광
업법」이 정한 예외의 경우를 제외하고 허가될 수 없다.[23] 판례는 "동일한 광구에서
어떤 광물에 관하여 광업권설정이 된 경우 그 광물과 동일 광상에 부존하는 다른
광물에 대한 광업권설정은 이를 허가하지 아니한다는 것으로 볼 것이고 또 일단
설정된 광업권은 취소되지 않는 한 그 광업권의 존속기간 동안 유효하게 존속하는
것이며 그 광업권 출원구역의 광물채굴이 경제적 가치가 없다는 이유만으로 당연
히 소멸하는 것은 아니라 할 것이므로, 이전 광구에 설정된 규석광업권이 적법하
게 취소된 바 없다면 그 규석과 동일한 모암에 함께 함유되어 있는 수정에 대하여
또 다시 그 광업권설정을 허가한 것은 동일한 광물에 대한 광업권의 중복설정으로
위법"하다고 한 바 있다.[24]

---

22 대법원 1970.07.24. 선고 70누5 판결(광업권출원불허가처분취소).
23 대법원 1984.12.26. 선고 84누635 판결; 대법원 1987.02.24. 선고 84누617 판결(광업권설정불허가처분취소).
24 대법원 1984.12.26. 선고 84누635 판결(광업권취소등처분취소).

만약 이미 광업권이 설정된 동일광구에 동종광업권의 설정을 착오로 허가한 경우 관할 행정청은 그 위법을 정정하기 위하여 광업권설정의 허가 또는 광업권을 취소하거나 또는 광업권 변경의 처분을 하여야 한다.[25] 그러나 일광구일광업권 원칙에도 예외가 인정된다. 우선 하나의 광구에 이종광물(異種鑛物)로서 각각 광업을 경영하여도 지장이 없다고 인정되는 경우이면 예외이나, 하나의 광구에 이종광물로 출원자가 각각 하나의 광구를 경영하는 데 지장이 있다면 허가될 수 없다. 이에 관하여는 현행 「광업법」 제22조도 제20조와 동일한 내용을 규정하고 있다. 다만, 「광업법」 제22조는 일광구일광업권 원칙에 대한 예외로서 이종광물에 대하여서도 경영상 지장 여부에 관한 판단을 허가관청의 재량에 전적으로 위임하지 않고 「광업법」에서 직접 허가관청의 재량을 제한하고 있다. 즉, "석회석 광구와 석회석을 모암(母岩)으로 하여 묻혀 있는 이종광물에 대한 광업권설정의 출원구역이 중복된 경우에는 각각 광업을 경영하여도 지장이 없는 것으로 본다."고 규정함으로써 허가관청이 제22조 단서에서 규정한 경우에 대한 판단 시 재량권을 행사할 수 없도록 하고 있다. 일광구일광업권 원칙에 대한 또 다른 예외는 기존 갱도를 이용한 증구의 출원이며, 이 경우에는 광업권설정이 허가될 수 있다.

4) 공익침해금지의 원칙

광업권설정의 출원은 공익침해성이 있는 경우에 거부될 수 있다. 즉, 산업통상자원부장관은 광업권설정의 출원구역에서 광물을 탐사하거나 채굴하는 것이 공익을 해친다고 인정하는 경우에 광업권설정 허가를 거부할 수 있다(광업법 제24조제1항). 공익침해성은 공익이라는 개념이 가지는 포괄성과 추상성으로 인하여 허가관청에게 공익침해를 이유로 광업권설정 허가를 거부할 수 있도록 한 「광업법」 제24조제1항이 허가관청에게 지나치게 재량권을 부여하고 출원자가 허가 여부를 예측할 수 없도록 한다는 점에서 법치국가 원칙을 위반할 수 있다. 이러한 이유로 현행 「광업법」은 공익침해를 이유로 광업권설정 출원에 대한 허가거부를 허용하고, 공익침해의 개념과 범위를 명확하게 설정하기 위하여 동법 시행규칙에 공익침해성에 관하여 규정하고 있다. 즉, ① 출원구역이 「광업법」 제34조제7항 및 동법 시행령 제31조에 따라 국가중요건설사업지 또는 그 인접지역으로 지정·고시된 지역에 해당되는 경우 ② 출원구역이 「공유수면 관리 및 매립에 관한 법률」 제22조에 따라 수립된 공유수면매립 기본계획에 따른 매립예정지, 「산업입지 및 개발에 관

---

25 대법원 1962.12.20. 선고 62누186 판결(광업권추가등록처분취소).

한 법률」제17조의 국가산업단지개발실시계획에 따른 국가산업단지, 동법 제18조
의 일반산업단지개발실시계획에 따른 일반산업단지, 동법 제18조의2의 도시첨단
산업단지개발실시계획에 따른 도시첨단산업단지 및 동법 제19조의 농공단지개발
실시계획에 따른 농공단지로 승인을 받은 산업단지, 「물류시설의 개발 및 운영에
관한 법률」제28조에 따라 승인을 받은 물류단지개발실시계획에 따른 물류단지,
「전원개발촉진법」제5조에 따라 승인을 받은 전원개발사업의 실시계획에 따른 전
원개발사업구역, 「택지개발촉진법」제9조에 따라 승인을 받은 택지개발사업실시
계획에 따른 택지개발사업시행지의 경우 공익침해성이 있고, 이 경우 광업권설정
은 허가되지 않는다.

　　광업권설정 허가거부의 사유로 공익침해성은 법치국가 원칙을 위반할 수 있
다는 비판이 있으나 광업권은 소유권에 우선하여 지하에 매장된 광물을 전속적·
배타적으로 탐사·채굴할 수 있는 물권(物權)이다. 광업권은 자연발생적인 권리도
아니고 헌법상 기본권에 속하지도 않는다. 광업권은 국가에 의해 생성되는 권리,
즉 헌법이 아니라 「광업법」이라는 법률에 의하여 형성되는 권리이다. 광업권은 산
업통상자원부장관의 광업권설정 허가가 자연적 자유, 기본권을 회복시키는 강학상
허가가 아니라 "특허"에 해당하는 행정처분이다. 또한 행정행위로서 특허는 재량
행위인 허가와 비교하여 행정기관의 재량이 광범위하게 인정되는 영역이다. 결국,
광업권설정 불허가에 관한 「광업법」제24조는 산업통상자원부장관의 광업권설정
허가권을 제한하기 위하여 존재하는 것이 아니라 광업권설정이 불허가되는 일반
적인 기준을 국민이 널리 알 수 있도록 예시하는 규정이다. 그러므로 「광업법」제
24조에서 공익침해라는 추상적인 이유로 광업권설정 허가를 거부할 수 있도록 포
괄적으로 규정하는 것이 광업권의 특성에 적합하고, 허가관청인 산업통상자원부장
관의 권한을 제한하는 규정으로 해석하는 것은 적합하지 않다.

　5) 경제성원칙
　　광업권설정 허가의 또 다른 요건은 경제성원칙이다. 광업권설정 허가는 산업
통상자원부장관이 정하여 고시하는 광물의 종류별 광체(鑛體)의 규모 및 품위(品位)
등 기준에 미달하는 때에는 거부되어야 한다. 산업통상자원부장관은 국가중요건설
사업지 또는 그 인접지역에서 광업을 할 경우 국가중요건설사업에 지장이 있다고
인정하면 광업권설정의 출원구역을 줄여서 허가하거나 광업권설정을 허가하지 아
니할 수 있다.

(3) 광업권설정 허가의 법적 성질

1) 광업권의 허가와 취소

광업권설정의 허가처분은 국가가 채굴되지 아니한 광물에 대하여 채굴·취득할 권리인 광업권을 부여하는 행정처분이다.[26] 「광업법」은 광업권설정허가처분과 그에 따른 광산 개발과 관련된 후속 절차로 인하여 직접적이고 중대한 재산상·환경상 피해가 예상되는 토지나 건축물의 소유자나 점유자 또는 이해관계인 및 주민들이 전과 비교하여 수인한도를 넘는 재산상·환경상 침해를 받지 아니하고, 토지나 건축물 등을 보유하며 쾌적하게 생활할 수 있는 개별적 이익까지도 보호하고 있다. 그러므로 광업권설정허가처분과 그에 따른 광산 개발로 인하여 재산상·환경상 이익의 침해를 받거나 받을 우려가 있는 토지나 건축물의 소유자와 점유자 또는 이해관계인 및 주민들은 그 처분 전과 비교하여 수인한도를 넘는 재산상·환경상 이익의 침해를 받거나 받을 우려가 있다는 것을 증명함으로써 그 처분의 취소를 구할 수 있다.

광업권설정의 허가처분은 국가가 채굴되지 아니한 광물에 대하여 채굴·취득할 권리인 광업권을 부여하는 행정행위이기 때문에 허가 후에 공익을 이유로 이를 취소할 수 있다. 또한 일정 기간 안에 채광에 착수하지 않더라도 광업권설정 허가를 취소할 수 있다.

2) 채광계획인가

「광업법」상의 채광계획인가나 변경인가는 행정청의 재량행위에 속한다. 인가를 하는 관할 행정기관은 채광계획 내용의 합리성과 사업성 및 안정성의 측면이나 당해 채광계획이 수반할 수 있는 수질과 토양의 오염, 지하수의 고갈 등 환경 보전의 측면에서 중대한 공익상 필요가 있다고 인정할 때에는 채광계획의 인가를 거부할 수 있고, 이는 당해 채광계획에 나타난 사업의 내용, 규모, 방법과 그것이 환경에 미치는 영향 등의 여러 사정을 종합하여 사회 관념상 공익침해의 우려가 현저한지 여부에 의하여 판단할 수 있다.[27]

광업권허가에 따른 채광은 사전에 채광계획서를 작성하여 관할 행정청의 인가를 받아야 한다. 채광계획서는 측량실측도의 첨부와 함께 채광방법과 계획, 선광 및 제련방법과 계획, 생산판매계획, 광산보안시설계획 등에 관한 세부적 내용

26 대법원 2009.05.14. 선고 2009두638 판결(광업권설정허가처분취소등).
27 대법원 2009.05.14. 선고 2009두638 판결(광업권설정허가처분취소등).

이 포함되어야 하며, 그중 광산보안시설계획은 사람에 대한 위해방지, 지하자원의
보호, 광산 내 토지의 굴착, 광물의 채굴, 선광 및 제련과정 등에서 생기는 지반침
하, 폐석과 광물찌꺼기의 유실, 갱수·폐수의 방류 및 유출, 광연의 배출, 먼지의
날림, 소음·진동의 발생으로 광산 및 그 주변의 환경에 미치는 피해를 방지하기
위한 것이어야 한다.[28] 광업권 설정허가는 채굴되지 아니한 광물에 대하여 채굴·
취득할 수 있는 포괄적인 권리를 부여하는 것이다. 이에 반하여 채광계획인가는
광업권자가 광업권에 근거하여 구체적 개발행위로 하도록 하는 것으로서, 광업권
의 허가 시 및 채광계획의 인가 시에 각각 고려하고 비교·형량하여야 할 공익과
사익에 관한 여러 사정들이 구체적 내용에 있어서 서로 동일하지 않다.[29] 그러므
로 광업권설정 허가 시에 고려되는 이익에 대한 형량은 상당한 정도 관할 행정청
에 부여된 재량에 속하고, 재량의 범위를 넘었다는 이유로 해당 광업권설정 허가
의 하자를 다투기 위해서는 이를 주장하는 자가 입증하여야 한다.

광업권설정의 허가는 특정인에게 일정한 토지의 구역에서 등록한 광물과 이
와 동일광상 중에 부존하는 다른 광물을 채굴 및 취득하는 권리를 설정하여 주는
것으로서 강학상 특허의 성격을 지니는 행정행위이다. 광업권설정의 출원이 적법
하고 「광업법」 및 동법 시행령에 정하여진 불수리, 각하, 불허가사유가 있지 아니
하는 한 행정청은 광업권설정의 허가를 하도록 기속된다. 행정청은 광업권설정 허
가를 함에 있어 행정청이 임의로 조건을 붙일 수는 없고 오로지 동법의 규정에 따
라서만 조건을 붙일 수 있으며, 조건을 붙이는 경우에도 그 조건은 물권으로서 토
지소유에 관한 규정이 준용되는 광업권의 본질적인 내용을 침해하지 않아야 한다.
「광업법」은 광업권자라 하더라도 채광방법 등에 관한 계획 인가를 받아야만 광물
을 채굴할 수 있도록 하고 있어, 행정청은 광업권설정 허가를 함에 있어 광업권의
내용에 제한을 할 수 있다. 그러므로 행정청은 광업권설정 허가 시에 다른 공익과
의 조절을 고려하여 합리적인 이유가 있으면 광업권의 본질을 해하지 아니하는 범
위 내에서 채광방법 등을 제한하는 내용의 조건을 붙일 수 있다.[30]

---

28 대법원 2009.05.14. 선고 2009두638 판결(광업권설정허가처분취소등).
29 대법원 2009.05.14. 선고 2009두638 판결(광업권설정허가처분취소등).
30 서울고등법원 1992.04.17. 선고 91구24085 제9특별부판결 : 상고(채광계획불인가처분취소).

(4) 광업권의 등록

1) 등록권자

「광업법」제28조에 의하면 광업출원인은 광업권설정의 허가통지서를 받으면 허가통지를 받은 날부터 60일 이내에 대통령령으로 정하는 바에 따라 등록세를 납부하고 산업통상자원부장관에게 등록을 신청하여야 한다. 등록을 신청하지 아니하면 광업권설정 허가는 효력을 상실한다. 그러므로 광업권 등록권자는 광업권설정 허가를 받은 광업출원자이다. 광업권설정 허가를 받지 아니한 자는 광업권등록을 할 수 없다.

2) 등록의 법적 성질

광업권설정 허가는 광업권 출원인에 대하여 광업권을 행사할 수 있게 하는 행정처분이고, 이를 유지하게 하는 것은 추가적으로 광업권설정 허가를 받은 광업권출원인의 등록으로 가능하게 된다. 「광업법」제28조에 따른 광업권등록은 관할 행정청이 발한 광업권설정 허가에 대한 광업권출원자의 수인행위에 해당한다. 일반적으로 행정법에 따른 허가나 특허를 받은 자는 그 자체로 허가나 특허의 내용대로 행위를 할 수 있는 권리가 발생한다. 그러나 광업권설정 허가는 다른 사업허가와는 달리 등록이라는 추가적인 행위를 하여야 비로소 광업권설정 허가를 유지하게 한다. 그러므로 광업권등록은 곧 광업권의 소유권 창설행위에 해당한다. 광업권은 광업권출원에 대한 산업통상자원부장관의 광업권설정 허가처분에 의하여 설정되고, 허가처분이 있으면 「광업법」제38조에 따라 산업통상자원부장관이 직권으로 광업원부에 등록을 한다. 그러나 「광업법」제39조는 "광업권은 광업원부에 등록이 되지 아니하면 그 효력이 발생하지 아니한다."고 규정하고 있다. 광업원부에 등록하는 것은 산업통상자원부장관의 광업권부여의 허가처분을 전제로 하는 직권행위에 불과한 것이므로, 광업원부에 등록하는 것이 광업권을 부여하는 행정처분은 아니다.[31]

광업권은 광업원부에 등록하지 않고는 광업권을 주장할 수 없다. 광업권설정 허가를 등록하지 않게 되면, 관할행정청인 산업통상자원부장관의 추가적인 허가취소를 필요로 하지 않고, 자동적으로 효력이 상실된다. 그러므로 여기서 광업권설정 허가의 등록불이행은 법령상 실효[32]에 해당한다. 광업권설정 허가를 받은 출원

---

31 대법원 1966.04.06. 선고 65누145 판결(광업권취소처분취소).
32 일반적으로 행정처분의 실효는 유효한 행정처분의 효력이 행정기관이 별개의 행정처분을 하지 아니하고, 일정한

자는 「광업법」 제28조제1항에 따라 광업권설정의 허가통지서를 받은 날로부터 60일 이내에 등록세를 납부하고, 등록을 신청할 의무를 부여받게 된다. 광업권허가를 받은 자는 등록신청의 의무를 이행하지 않는 사실로 인하여 당연히 장래로 향하여 광업권설정 허가처분의 효력이 상실된다. 이러한 측면에서 광업권 등록은 광업권을 완성하게 하는 기능을 한다. 광업권은 설정허가를 받아서 등록되어도 광업이 공익을 해친다고 산업통상자원부장관이 인정할 때에는 광업권의 취소 또는 광구의 감소처분을 하여야 한다(광업법 제34조제1항). 이 경우 광업권자에게 발생한 손실에 대한 보상을 하여야 한다. 광업권의 취소나 감구처분에 따른 손실보상의 전제는 광업원부에 등록된 광업권에 제한된다. 물권인 광업권의 일부 포기라고 할 수 있는 감구는 광업원부에 그 등록을 마쳐야 효력이 발생한다.[33]

3) 등록절차

광업권등록은 광업권설정 허가등록서를 받은 광업권출원자가 등록을 위하여 우선 등록세를 납부한 후에 등록신청서에 등록세영수증명확인서와 영수증명통지서를 첨부하여 산업통상자원부장관에게 제출하여야 한다. 등록행정청인 산업통상자원부장관은 등록신청서류에 갖추어지지 아니한 것이 있으면 기간을 정하여 보완하게 할 수 있다.

4) 광업권 등록사항

가. 법정 등록사항

「광업법」 제38조는 광업권등록을 광업원부에 등록하도록 하고, 광업원부에 등록할 사항에 관하여 규정하고 있다. 광업원부에 등록할 사항은 광물 및 광업권의 종류, 광업권 또는 저당권의 설정·변경·이전·소멸 및 처분의 제한, 광업권의 존속기간, 공동광업권자의 탈퇴에 관한 사항이다. 광업권을 광업원부에 등록하는 것은 등기를 한 것으로 보게 된다. 광업권의 처분이 제한된 경우에는 폐업 등의 사유로 광업권의 소멸등록을 할 수 없다.

광업원부에 등록할 사항 중 광업권 또는 저당권의 설정은 광업권 또는 저당권을 창설적으로 등록하는 것을 말하고, 이전은 광업권 또는 저당권 주체의 교체이동을 말한다. 소멸은 광업권 또는 저당권의 권리가 영구적으로 폐기되는 것을 말

사실의 발생으로 장래에 향하여 소멸하는 것을 말한다. 일반적으로 실효사유는 행정처분대상의 소멸, 해제조건 또는 종기의 도래, 행정처분목적의 달성이나 불가능 등으로 발생한다.
33 대법원 2007.11.16. 선고 2006다43965 판결(추심금등).

하고, 처분의 제한은 광업권 또는 저당권의 매도에 대한 제한을 말한다. 이에 반하여 광업권의 변경은 광업권의 동일성을 잃지 않는 범위 안에서 광업권의 내용에 변화가 생긴 것을 말한다.[34]

나. 등록의 소관기관

광업권 등록에 관한 것은 대통령령인 「광업등록령」에서 규정하고 있다. 등록에 관한 소관 행정기관은 산업통상자원부 소속 광업등록사무소장이다. 그러므로 광업권설정 허가를 받은 출원자는 광업등록사무소장에게 광업원부에 등록을 위하여 필요한 사항을 제출하여야 한다. 광업등록사무소는 등록에 관하여는 광업원부, 광업조광원부, 광업신탁원부, 광구도대장, 등록접수부, 신청서·촉탁서 및 부속서류철, 통지부(通知簿)의 등본 발급과 그 열람에 관한 청구서철 및 직권에 의한 등록사건부를 갖추어 두어야 한다.

5) 등록방법

등록은 법령에 따라 광업등록사무소장의 직권, 신청 또는 촉탁으로만 할 수 있다. 촉탁에 의한 등록의 절차에 관하여는 법령에 특별한 규정이 없으면 신청에 의한 등록에 관한 규정을 준용한다. 등록은 등록권리자(등록으로 법률상 이익을 받는 자를 말한다)와 등록의무자(등록으로 법률상 불이익을 받는 자를 말한다)가 신청하여야 한다. 등록은 등록권리자와 등록의무자의 본인이 하여야 하는 것이 아니라 그 대리인으로 하여금 신청하게 할 수 있다. 그러나 판결, 「광업법」에 따른 재결 또는 상속이나 그 밖의 일반승계로 인한 등록과 사망으로 인한 공동광업권자의 탈퇴등록 또는 광업권 또는 조광권 표시변경의 등록은 등록권리자 단독으로 신청할 수 있다. 등록명의인의 표시변경 또는 경정의 등록은 등록명의인만이 신청할 수 있다. 광업권 또는 조광권을 취소하였을 때 또는 취소처분의 취소를 하였을 때에는 광업등록소장이 직권으로 광업권 또는 조광권의 소멸 또는 회복의 등록을 하여야 한다.

6) 광업원부

광업권설정 허가를 받은 후에 허가를 받은 광업권자가 광업권등록을 하는 경우에 등록관청은 광업원부에 ① 광물 및 광업권의 종류, ② 광업권 또는 저당권의 설정·변경·이전·소멸 및 처분의 제한, ③ 광업권의 존속기간, ④ 공동광업권자의 탈퇴에 관한 사항을 기재한다. 광업원부에 등록할 사항은 「광업법」 제38조에서 규정하고 있다. 동법에 따른 등록사항은 필수적 등록사항에 해당한다. 광업권은

---

34 대법원 1972.04.28. 선고 71다1910 판결(소유권이전등기).

광업원부에 등록하지 않으면 효력이 발생하지 않는다. 그러므로 광업원부에 등록은 등록된 사항의 효력발생에 해당한다. 그러나 상속이나 그 밖의 일반승계로 인한 광업권의 이전, 사망으로 인한 공동광업권자의 탈퇴, 기간 만료로 인한 광업권의 소멸, 혼동 또는 담보하는 채권의 소멸로 인한 저당권의 소멸, 경매에 관하여는 광업원부에 등록하지 아니하여도 효력이 발생한다.

광업권등록은 광업출원인이 산업통상자원부장관에게 광업권설정 허가를 받은 후 이를 등록원인으로 하여 등록신청을 함으로써 완료된다. 광업출원인이 부정한 방법을 사용하여 광업권설정 허가를 받았다고 하여도 그 허가가 당연무효이거나 취소되지 않는 한 그 허가에 기한 광업권설정등록은 진실에 반하는 부실사실의 기재는 아니다.[35] 광업원부는 광업탐사원부와 광업채굴원부로 구분되어 있다. 광업탐사원부와 광업채굴원부는 광구(鑛區)마다 갖추어 두어야 한다. 광구도에 관하여는 광구도대장을, 조광권에 관하여는 광업조광원부를, 신탁(「신탁법」에 따른 신탁을 말한다)에 관하여는 광업신탁원부를 두고 광업원부의 일부로 한다. 광업신탁원부와 광업조광원부의 작성은 「광업등록령」에서 규정하고 있다. 광업등록사무소는 광업원부, 광업조광원부, 광업신탁원부, 광구도대장 및 등록접수부를 영구 보존하여야 한다. 광업원부, 광업조광원부, 광업신탁원부나 광구도대장의 전부 또는 일부가 멸실되었을 경우에는 다시 작성하여야 한다. 멸실된 원부를 다시 작성한 원부는 멸실 전의 원부로 간주된다. 원부를 작성하였을 때에는 그 등록의 등본을 등록명의인에게 발급하여야 한다. 원부의 작성에 관하여 「광업등록령」에서 정하지 아니한 사항에 관하여는 「부동산등기법」 및 「부동산등기규칙」을 준용한다.

광업원부, 광업조광원부, 광업신탁원부 및 광구도의 등본은 원부와 동일한 서식으로 작성하고 그 끝에 원부의 등본임을 적은 후 소장의 직인을 날인한다. 원부의 등본은 청구에 따라 말소된 등록 또는 권리관계를 확정하는 데에 필요 없는 등록을 제외하고 작성할 수 있다. 이 경우에는 원부의 등본임을 나타내는 인증문에 그 사유를 부기하여야 한다.

7) 추가광물 등록

광업권설정 허가를 받아서 등록을 한 광업권자가 등록된 광구에서 광물을 채굴하는 과정에서 광종을 추가로 확인한 경우에 「광업법」 제15조에 따라 광업권설정 허가를 신청하지 아니하였기 때문에 추가로 발견된 광종을 채굴·취득하기 위

---

35 대법원 1992.11.24. 선고 92도2450 판결(광업법위반, 공정증서원본불실기재, 동행사).

해서는 추가확인된 광종을 다시 출원하여 등록하여야 한다. 즉,「광업법」제29조에 의하여 산업통상자원부장관으로부터 추가확인된 광종의 존재를 확인받으면 광업권설정의 허가를 받아 등록신청을 한 것으로 보아, 추가적으로 발견된 광종에 대한 광업권설정과 등록을 간소화하고 있다. 즉, 광업권자가 광업권 등록을 한 광물 이외에 동일한 광구에서 추가확인된 광물을 채굴하기 위해 절차상 다시 출원하여 등록하도록 할 필요성이 없다는 이유에서「광업법」제29조가 신설되었다. 현실적으로 최초에 동일광상 중에 부존하는 2종 이상의 광물을 채굴하고자 할 때에는 광물마다 출원하지 않도록 하고 있고, 보통 광물을 개발할 때에는 여러 가지 광종이 함께 나오는 것이 현실이다. 이러한 광물채취의 현실을 고려하여 추가발견된 광물을 확인만 받으면 추가등록이 완료되고 채굴할 수 있도록 하여 광물채취에 대한 행정절차를 간소화하고 있다.

(5) 광업권의 효력

광업권은 광물을 탐사하거나 채굴할 수 있는 권리이다. 설정되거나 등록된 광업권은 설정되거나 등록된 바에 따라 광업권을 행사할 수 있게 된다. 일단 설정되거나 등록된 광업권은「광업법」에 따라 취소되거나 당연무효로 되는 사유가 없는 한 유효하게 존속하는 것이며, 설정구역 내의 광물이 채굴할 만한 경제적 가치가 없는 것임에도 잘못 설정되었다 하여 당연무효가 될 수는 없다.[36] 등록된 광업권은 설정되거나 등록된 광업권의 구역 내에 매장된 납석, 장석이 채굴할 만한 경제적 가치가 없다 하더라도 그 사정만으로 동일구역 내에 중복된 원고의 고령토광업권출원을 허가할 수 없다.[37] 광업권이 전전양도된 경우 당초 양도인의 동의 없이 경유된 중간생략등록이라 하여도 실체관계에 부합하는 이상 특별한 사유가 없는 한 유효하다.[38]

「광업법」은 광업권자에게만 미채굴광물을 채굴할 수 있도록 하고, 광업권자가 아닌 자가 광물을 채굴한 경우에는 처벌하도록 규정하고 있다. 또한「광업법」에 의하면 광업권은 상속, 양도, 저당, 체납처분과 강제집행 이외에는 권리의 목적으로 할 수 없다고 규정함으로써 광업권자 아닌 자에게 광물을 채굴하도록 하는 권

---

36 대법원 1984.12.26. 선고 84누635 판결.
37 대법원 1987.02.24. 선고 84누617 판결(광업권설정불허가처분취소).
38 대법원 1969.08.19. 선고 69다765 판결(광업권이전등록말소등).

리를 부여하거나 그 광업의 관리경영을 일임하도록 하는 내용의 계약은 「광업법」을 위반하는 계약으로서 무효인 계약이 된다.[39]

(6) 광업권의 제한

1) 존속기간

가. 탐사권의 존속기간

토지소유권과 광업권을 분리하고 있는 우리나라의 광업법체계는 기본적으로 지하에 매장된 광물에 대하여 국가소유에서 출발하고 있다. 그러므로 토지소유권자도 해당 토지의 지하에 매장된 광물을 탐사하거나 채굴하기 위하여 산업통상자원부장관의 허가를 받아야 한다. 국가소유의 매장된 광물은 가능한 국익 증진에 적합하게 관리될 필요성이 있다. 이러한 이유에서 광업권 중 탐사권은 존속기간을 7년으로 설정하고 있다. 광물탐사는 7년이면 충분하다는 데에 기인하고 있다. 7년 동안 탐사하였음에도 불구하고 경제성이 있는 광물을 발견하지 못하여 채굴하지 않게 되면, 허가를 받은 탐사권도 효력이 소멸하게 된다.

나. 채굴권의 존속기간

2011년 1월 28일부터 시행된 「광업법」은 광업권을 등록하고도 광물자원을 개발하지 않거나 무분별한 개발로 환경에 악영향을 주는 사례를 개선하기 위하여 광산 개발의 단계에 따라 광업권을 탐사권과 채굴권으로 구분하고, 권리의 존속기간을 탐사권 7년과 채굴권 20년으로 각각 다르게 규정하였다. 조광권은 채굴권에만 설정가능하고, 탐사를 거쳐 광물의 존재나 경제성을 확인한 후 탐사실적을 인정받은 경우에 한해 채굴권을 허가한다.

탐사권과는 달리 채굴권은 20년으로 정하고 있다. 채굴권의 존속기간은 연장이 가능하다. 즉, 채굴권자는 채굴권의 존속기간이 끝나기 전에 산업통상자원부장관의 허가를 받아 채굴권의 존속기간을 연장할 수 있으며, 연장할 때마다 그 연장기간은 20년을 넘을 수 없다. 그러나 채굴권 존속기간과 연장기간인 20년은 절대적인 것이 아니라 국가의 정책에 따라서 다르게 설정될 수 있다. 즉, 채굴권 연장기간은 현행과 같이 20년을 유지하거나 25년으로 연장될 수도 있고, 10년으로 단축할 수도 있다. 2010년 이전 「광업법」은 광업권의 존속기간과 연장기간을 각각 25년 이내로 규정하였다. 2010년 「광업법」의 개정으로 광업권을 현행과 같이 탐사

---

39 대법원 1962.02.15. 선고 4294민상 제986호 사건판결; 1966.07.05. 선고 66다423 판결(손해배상).

권과 채굴권으로 구분하고, 탐사권은 7년 이내로, 채굴권은 존속기간과 연장기간
을 각각 20년 이내로 규정하였다.

채굴권은 산업통상자원부장관의 허가를 받아 존속기간의 연장허가를 받기 위
하여 연장허가 신청 직전 3년간의 광물 생산실적이 저조하거나 「광산안전법」 제
15조의2에 따른 명령을 위반한 경우에는 연장허가를 할 수 없도록 동법 시행령에
서 규정하고 있다. 채굴권의 존속기간과 연장기간을 단축하게 되면, 20년 단위가
아니라 10년 단위로 산업통상자원부장관의 연장허가 절차를 통해 채굴상황을 점
검하고, 부적절한 채굴권이 장기간 방치되는 것을 방지할 수 있다. 특히, 최근 광
물의 채굴에 따른 광해의 발생, 주변 주민들과의 갈등, 토지소유자와의 마찰 등이
초래되고 있다. 이러한 문제를 해결하기 위한 방안으로 채굴권 연장기간을 10년으
로 단축하는 방안이 고려되었으나 채굴권의 특징상 연장기간의 단축이 수용되지
않았다. 왜냐하면 광업은 대규모 투자와 긴 투자회수기간을 특징으로 하기 때문이
다. 채굴권 연장기간을 단축하게 되면, 기존의 연장기간을 기대하고 투자를 한 광
업권자에게 예측치 못한 손해를 입힐 우려가 있으며, 이로 인해 광업 전반의 위축
을 가져올 수 있다. 그리고 존속기간 만료로 인하여 소멸한 광구에 대하여 1년 후
광업권을 재출원하는 경우에는 본래 채굴권의 존속기간인 20년의 한도가 설정될
것인 반면, 그 광구에 대하여 채굴권 존속기간 연장허가를 신청하는 경우에는 10
년의 존속기간 한도가 설정되는 불합리함도 발생하게 된다. 즉, 최초 존속기간 중
에 있는 권리와 연장기간 중에 있는 권리의 가치 사이의 급격한 괴리 발생으로 인
하여 광업에 대한 대규모, 장기 투자를 저해할 가능성이 크고, 전반적으로 광업권
의 가치를 떨어뜨리는 요소로 작용하게 될 우려가 있다. 채굴권의 연장기간 단축
목적으로 토지의 굴착이나 폐수의 방류, 폐석이나 광재의 퇴적 또는 광연의 배출
등 광해(鑛害)로 인한 주변지역의 환경 피해방지에 대해서는 「광산안전법」이나 「광
산피해의 방지 및 복구에 관한 법률」로 충분히 통제가 가능하다. 또한 「광업법」은
광산에 대하여 2년에 1회 이상 지도점검을 실시하고 시정명령을 발할 수 있으며,
이에 응하지 않은 경우에는 광업권을 취소할 수 있고, 공익상 목적으로 존속기간
에 관계없이 광업권 취소가 가능하다. 그럼에도 불구하고 채굴권 연장기간 축소
는 물권적 권리인 채굴권에 대한 지나친 제한으로 과잉금지원칙에 반할 수 있다.

다. 채굴권 존속기간의 연장허가

채굴권자는 채굴권의 존속기간이 끝나기 전에 산업통상자원부장관의 허가를

받아 채굴권의 존속기간을 20년씩 연장할 수 있다. 채굴권 존속기간 연장허가의 요건에 관하여는 「광업법 시행령」 제4조에서 규정하고 있다. 「광업법 시행령」 제4조는 연장허가 금지사항에 관하여 규정하고 있다. 즉, 「광업법 시행령」 제4조제1항 각 호의 어느 하나에 해당하면, 산업통상자원부장관은 채굴권 존속기간을 연장하여서는 안 된다. 「광업법 시행령」 제4조제1호는 "채굴권 존속기간의 연장허가 신청일부터 소급한 3년간의 광물의 생산실적이 별표 3에 따른 광물의 생산실적에 미달하는 경우 또는 법 제83조에 따른 광물 생산 보고서가 제출되지 아니한 경우. 다만, 연장허가 신청일부터 소급한 3년간의 광업의 투자실적이 별표 2에 따른 광업의 투자실적 이상인 경우는 예외로 한다." 및 "「광산안전법」 제15조의2에 따른 명령을 위반한 경우"를 연장허가 금지사유로 정하고 있다. 여기서 광업권 존속기간의 연장허가 신청일로부터 소급한 3년간 소정 기준의 생산실적에 미달하거나 「광업법」에 따른 광물생산보고가 없었을 때에는 달리 탐광실적이나 소정의 투자실적이 인정되지 않는 한, 그 기간 중에 사업휴지인가 등으로 광업권자가 탐광 혹은 채광과 관련된 법상의 의무가 면제된 기간이 있었는지 여부나 그와 같이 생산실적의 미달 또는 광물생산보고 미필의 사유가 무엇인지를 불문하고 그 존속기간의 연장허가를 할 수 없다.[40]

　　채굴권 존속기간 연장허가신청은 그 존속기간이 끝나기 1년 전부터 3개월 전까지의 기간에 하여야 한다. 산업통상자원부장관은 채굴권 존속기간의 연장허가신청을 받으면 신청일부터 14일 이내에 그 허가 여부 또는 허가 처리 지연 사유를 신청인에게 문서로 통지하여야 한다. 이 경우 불허가 통지를 할 때에는 그 이유를 명시하여야 한다. 채굴권 존속기간의 연장허가 통지를 받은 자는 그 통지서를 받은 날부터 60일 이내에 등록에 대한 등록면허세를 내고 산업통상자원부장관에게 채굴권 존속기간의 연장등록을 신청하여야 한다. 채굴권 연장허가를 받은 광업권자가 연장등록을 신청하지 아니하면 채굴권 존속기간의 연장허가는 효력을 상실한다.

2) 광구의 단위구역

가. 원 칙

「광업법」 제13조는 광구의 단위구역에 관하여 정하고 있다. 광구의 경계는 직선으로 정하고 지표경계선의 직하(直下)를 한계로 한다. 광구는 경도선과 위도선으

---

40 대법원 2000.03.10. 선고 97누13818 판결(광업권존속기간연장허가거부처분등취소).

로 둘러싸인 사각형의 구역(이하 "단위구역"이라 한다)으로 하며, 그 각 모서리 점의 위치는 경도 1분, 위도 1분의 차(差)가 있는 것으로 한다. 산업통상자원부장관은 단위구역의 광업지적(鑛業地籍), 변(邊)의 길이 및 면적을 고시한다.

나. 예 외

「광업법」 제14조는 제13조의 광구의 단위구역에 관한 원칙이 적용될 수 없는 경우를 대비하여 예외를 규정하고 있다. 동법 제13조제2항에도 불구하고 광구를 설정할 수 있는 경우는 지형에 따라 단위구역으로 광구를 정하기 곤란한 경우, 광물의 종류에 따라 단위구역의 면적이 필요하지 아니한 경우, 기존 광구로 인하여 단위구역을 정하기 곤란한 경우, 동법 제24조제2항에 따라 광업권설정의 출원구역을 줄여서 허가한 경우, 동법 제34조제1항 및 제2항에 따라 광구의 감소처분을 한 경우이다.

광물의 종류에 따라 단위구역의 면적이 필요하지 아니한 경우와 동법 제24조제2항에 따라 광업권설정의 출원구역을 줄여서 허가한 경우에 광구는 단위구역의 각 변 길이의 2분의 1로 한 사각형의 구역으로 할 수 있다.

다. 광구단위구역의 법적 효력

「광업법」 제13조에 의하면 광구의 경계는 직선으로 정하고 광구는 경도선과 위도선으로 포위된 4변형의 구역 즉 단위구역으로써 하며, 각 모서리점의 위치는 경도 1분, 위도 1분의 차가 있는 것으로 한다고 규정하여 광구를 설정함에 있어 원칙적으로 단위구역제를 채택하고 있다. 광구단위구역에 관한 이와 같은 원칙은 「광업법」 제14조에서 기존등록광구인 자유형 광구(1951.12.23 법률 제234호 (구)「광업법」 개정 전의 총독부 제령 제8호 「조선광업령」에 의하여 설정되어 위 (구)「광업법」 제88조, 현 「광업법」 부칙 제2조에 의하여 유효한 것)로 인하여 단위구역 실시가 곤란한 경우에는 단위구역제의 규정에도 불구하고 광구를 설정할 수 있도록 규정하고 있다. 그러므로 기존 자유형 광구와의 경계에 단위구역 광구를 설정하는 예외적 광구설정의 시행을 위하여 「광업법」 제14조제1항제3호는 기존 광구로 인하여 단위구역을 정하기 곤란한 경우 즉, 단위구역 내에 기존광구가 설정되어 있어 광구의 경계를 경도 또는 위도의 분위에 의하여 정할 수 없는 때에는 기존광구의 경계에 대하여 상당한 거리를 보유하고 축점을 설치하여 광구의 경계는 직선으로써 정하여야 하도록 규정하고 있다(현행 「광업법」은 제14조제4항에서 인접 광업권자와의 사이에 합의가 이루어진 때에는 상당한 거리를 두지 아니하여도 되도록 규정하고 있다).

광구단위구역 안에 기존 자유형 광구가 있어 단위구역실시가 곤란한 경우에 단위구역제의 예외로서 상당한 거리를 보유하고 광구를 설정하도록 한 위 규정의 취지는 단순한 인접광구의 경계에 관한 측량상 오차로 인하여 발생하는 인접광업권자 사이의 분쟁을 예방하고자 후일 「광업법」에 의한 현장조사에 따라 경계가 확정될 때까지 잠정적으로 조정구역을 존치한다고 하는 취지의 광업사무시행의 기준을 정한 훈시적 규정에 불과한 것이 아니라, 인접한 단위구역 광구와 기존자유형 광구 사이에 발생될 가능성 있는 측량오차로 인한 광구침굴, 갱내수, 갱내화재 발생 등 광업보안상의 위해방지와 분쟁예방 및 광업행정상의 단속 및 감독을 원활히 하려는 취지에서 나온 것이다. 그러므로 기존자유형 광구와의 경계에 단위구역 광구를 설정하는 예외적 광구설정에 따른 구체적인 시행을 위한 위 「광업법」의 위임 범위 내에 속하는 적법한 법규명령인 강행규정으로서 이를 위반하여 광구설정을 한 때에는 그 처분은 위법하게 되고, 하자 있는 처분으로서 취소대상이 된다고 해석함이 타당하다. 인접한 광업권자 상호 간에는 위와 같은 상당한 거리를 보유함으로써 경계의 분쟁, 침굴의 우려, 광산작업상의 위해 등을 미연에 방지 · 제거할 수 있는 이익을 위 법령에 의하여 향유하는 것으로서 이는 단순한 반사적 이익이나 사실상의 이익이 아니라 바로 법률에 의하여 보호되는 이익이다.[41]

  3) 광업권의 처분제한

「광업법」 제11조는 광업권의 처분에 대한 제한을 설정하고 있다. 탐사권은 상속, 양도, 체납처분 또는 강제집행의 경우 외에는 권리의 목적으로 하거나 타인이 행사하게 할 수 없다. 또한 채굴권은 상속, 양도, 조광권 · 저당권의 설정, 체납처분 또는 강제집행의 경우 외에는 권리의 목적으로 하거나 타인이 행사하게 할 수 없다.

  광업권의 제한은 탐사권과 채굴권에 대하여 「광업법」 제11조에서 열거된 권리의 목적으로 할 수 있고, 다른 권리의 목적으로 하는 것은 금지하는 열거주의 방식으로 제한하고 있다. 그러므로 광업권의 제한으로 인하여 채굴권에 대하여 저당권 설정은 허용되나 '탐사권에 대한 저당권[42] 설정'은 불가능하다. 그러나 광업권 중 채굴권에 대한 저당권은 허용하고, 탐사권에 대하여 저당권을 허용하지 않

---

41 대법원 1982.07.27. 선고 81누271 판결(광업권설정허가취소처분취소).
42 저당권이란 채권의 담보물에 대하여 채무자가 변제를 하지 않을 때에는 일반채권자에 우선하여 변제를 받는 권리를 말한다.

음으로써 광업권자의 재산권이 불필요하게 제한될 수 있다. 이러한 의미에서 탐사권에 대하여도 제3자의 실질적인 투자가 이뤄지고 있지 않는 현실을 고려할 때에 타인행사금지와 관련이 없는 저당권 설정행위 등은 자유롭게 인정해서 광업권자의 재산권 행사의 자유를 확대할 수도 있다. 그러나 광업권은 소유권을 제한하고 국가의 특허에 따라 무상으로 취득하는 권리라는 특징이 있어 다른 물권과 달리 권리행사 방법을 제한하는 것이 오히려 타당하며 그 제한에 대한 근거는「광업법」제11조이다.

　「광업법」제11조는 열거주의 방식을 취하고 있으므로 산업통상자원부의 입장과 같이 금융조달을 위해 저당권과 같은 특정 권리를 허용할 필요성이 높으면, 탐사권에 대하여 저당권을 설정하도록 할 수 있다. 그러나 2011년 1월 28일부터 시행된「광업법」에서 광업권을 탐사권과 채굴권으로 구분하고 '채굴권'에만 조광권과 저당권을 설정할 수 있도록 하였다. 탐사단계는 어느 정도 매장광량이 인정된 채굴단계에 비해 저당권을 설정할 실익이 적어 2011년부터 채굴권에 대해서만 조광권·저당권 설정이 가능하도록 하였다. 탐사권에 둔 저당권 설정의 제한은 탐사권자가 자기자본을 가지고 탐사를 하게 함으로써 실질적인 탐사를 촉진할 목적이었다.[43] 우리나라와 같이 광업권주의를 채택하고 있는 대륙법계 국가의 경우 채굴권을 독립적 물권으로 인정하여 독점적 배타성을 부여하고 있다. 그러나 탐사권은 독립된 권리로 인정하더라도 채굴권보다는 그 권리성을 약하게 인정하고 있다. 이러한 측면에서 채굴권에만 저당권을 부여하고 탐사권에는 부여하지 않는 것이 합리적인 정책이라고 할 수 있다.[44]

4) 공동광업권자의 처분제한

　「광업법」제30조에 의하면 공동광업권자의 대표자 신고·지정·변경은 동법 제17조를 준용하도록 하여 공동광업권자 중 1명을 대표로 정하여 산업통상자원부장관에게 신고하도록 하고 있다. 공동광업권자의 광업권의 지분은 다른 공동광업권자의 동의 없이는 양도하거나 조광권 또는 저당권의 목적으로 할 수 없다. 공동광업권자가 다른 공동광업권자의 동의 없이 광업권 지분을 처분하는 것을 제한하는 규정을 두고 있다. 공동광업권자의 권리관계는 조합과 같은 합유관계(공동광업출

---

43 2011년 개정「광업법」시행 후 구법 적용 광업권자는 아무런 제한 없이 저당권 설정이 가능함에 비하여 신법 적용을 받는 탐사권자는 저당권 설정이 불가능하여 자금조달의 어려움으로 인해 정상적인 탐사를 할 수 없어 결국 탐사권이 소멸하는 등 구 광업권자에 비해 상당히 불합리한 차별이 발생하였다.

44 「광업법」일부개정법률안(정부제출안, 2009.4.13.) 검토보고서 15면.

원인은 조합계약을 한 것으로 본다(광업법 제17조제5항))이고, 공유관계가 아니다. 조합에서 합유관계에서의 지분은 「민법」의 합유에 관한 규정(민법 제273조[45])의 제한에 따라 전원의 동의없이 처분할 수 없다. 그러므로 「민법」상 조합관계에 관한 합유관계로 충분하나 실제에서 공동광업자의 지분의 처분에 관하여 이해관계자가 「광업법」 이외에 다시 「민법」의 여러 규정을 참조해야 하므로 국민의 불편이 초래될 수 있어 이 규정을 존속시키고 있다.

공동광업권자가 다른 공동광업권자의 동의 없이는 처분을 할 수 없도록 하는 규정으로 인해 민사상 광업권의 매매와 관련된 법적 문제가 발생한다. 광업권을 매매하면서 매도인이 광업권이전등록을 선이행하는 한편 매수인의 매매대금지급채무를 담보하기 위하여 매도인과 매수인 공동 명의의 광업권이전등록을 한 경우에 그들 사이에 광업권에 관한 조합관계가 성립된다. 이 경우에 매수인의 매매대금지급채무 불이행으로 그 매매계약이 해제되면 그 매매계약에 기인한 공동광업권등록으로 인한 광업권에 관한 조합관계는 더 이상 유지될 수 없다고 할 것인바, 이러한 경우 달리 특별한 사정이 없는 한 매도인은 매도인 단독 명의의 광업권으로 회복하기 위하여 매수인에게 광업권에 관한 조합관계에서 탈퇴할 것을 청구할 수 있다.[46]

공동광업권자는 조합계약을 한 것으로 간주되기 때문에 공동광업권자는 광업권 및 광업권 침해로 인한 손해배상청구권을 준합유한다. 기존의 공동광업권자가 손해배상청구소송을 제기하였다면 그 손해배상청구권 전부에 대하여 소멸시효가 중단되는 것이고, 그 후에 광업권의 지분을 양수한 공동광업권자는 조합원의 지위에서 기존의 공동광업권자와 함께 소멸시효가 중단된 손해배상청구권을 준합유한다고 보아야 할 것이므로, 새로 공동광업권자가 된 자의 지분에 해당하는 부분만 따로 소멸시효가 중단됨이 없이 진행되는 것은 아니다.[47] 「광업법」에 의하면 공동광업권자들은 조합계약을 한 것으로 간주되고 그들의 지분이 인정된다. 공동광업권자의 개별 지분은 다른 공동광업권자의 동의를 얻어 양도 또는 저당권의 목적으로 할 수 있으나 등록에 의하여서만 효력을 발생할 수 있는 광업권에는 지분이전에 관한 등록을 할 수 있는 규정이 없기 때문에 공동광업권의 지분양도의 경우에

---

45 「민법」 제273조(합유지분의 처분과 합유물의 분할금지) ① 합유자는 전원의 동의없이 합유물에 대한 지분을 처분하지 못한다.

46 대법원 2002.08.27. 선고 2002다24942 판결(광업권이전등록말소등록).

47 대법원 1997.02.11. 선고 96다1733 판결(손해배상).

는 종전의 광업권자의 전원으로부터 양도 후 공동광업권자가 될 전원에 대한 광업
권자체의 이전등록을 하여야 한다.[48] 「광업법」상 공동광업권자들은 조합계약을 한
것으로 간주되고 그들의 지분이 인정되며, 그 지분은 다른 공동광업권자의 동의를
얻어 양도 또는 저당권의 목적으로 할 수 있다고 되어 있다. 「광업법」에는 등록에
의하여서만 효력을 발생할 수 있는 광업권의 지분이전에 관한 등록을 할 수 있는
규정이 없다. 그러므로 공동광업권의 지분양도의 경우에는 종전의 공동광업권자
전원으로부터 양도 후 공동광업권자가 될 전원에 대한 광업권 자체의 이전등록을
하여야 한다.[49]

   공동광업권은 조합계약에 해당하기 때문에 공동광업권자의 일원으로부터 그
의 지분을 적법하게 양수하여도 그 지분권에 관하여 종전의 공동광업권자 전원으
로부터 새로이 공동광업자가 될 전원에 대한 공동광업권 자체의 이전등록을 경료
하기 전에는 그 양수지분권에 기한 권리는 행사할 수 없다.[50] 그러므로 공동광업
권 자체의 이전등록을 완료하지 아니한, 등록원부상 광업권의 지분이전에 관한 등
록은 「광업법」상 당연 무효이다. 무효인 광업원부에서 지분등록을 근거로 한 광업
권의 지분권 행사는 효력이 없다.[51] 공동광업권 대표자는 국가에 대하여 공동광업
권자를 대표할 권한이 있다. 공동광업권 대표자의 대표권은 그 광업권에 대한 재
산세가 부과되는 경우 납세의 고지나 독촉을 받는 데 관하여 세무관청에 대하여
공동광업권자를 대표할 권한까지도 포함한다. 그러므로 세금을 체납한 공동광업권
자에 대한 체납처분은 광업권 압류에 있어서의 압류통지 내지 공매공고통지에도
동일하다.[52]

Ⅲ. 광업권의 행사

1. 탐사권의 행사절차

(1) 탐사권계획의 신고
탐사권자는 탐사권설정의 등록이 된 날부터 1년 이내에 탐사계획을 산업통상

---

48 대법원 1968.09.30. 선고 68다1496 판결(광산인도등).
49 대법원 1968.09.30. 선고 68다1496, 1497 판결; 1970.03.10. 선고 69다2103 판결(광업권이전등록).
50 대법원 1968.09.30. 선고 68다1496, 1497 판결.
51 대법원 1969.06.24. 선고 69다559 판결(출입금지가처분이의).
52 대법원 1967.12.18. 선고 67누124 판결(공매처분무효확인).

자원부장관에게 신고하여야 한다. 탐사권자가 탐사계획을 신고하는 때에는 물리탐
사, 지화학탐사, 시추탐사(사광상의 경우에는 시정탐사를 말한다), 굴진탐사 중에서 선택
한 어느 하나의 탐사방법에 따른 탐사계획을 수립하여 신고하여야 한다. 신고한
탐사계획을 변경한 경우에도 또한 같다.

「광업법」은 굴진탐사(광체의 분포·품위 등을 파악하기 위하여 갱도를 만들어 수행하는
탐사방법을 말한다)를 원칙적으로 금지하고 있다. 다만, 예외적으로 불가피한 사유로
산업통상자원부장관의 허가를 받은 경우에만 굴진탐사가 허용된다. 굴진탐사의 원
칙적 금지는 굴진(掘進)공사로 인한 재해위험 등을 예방하기 위해 광업권자로 하여
금 채굴권 설정등록 전에는 굴진공사를 할 수 없도록 의무화하고, 이를 위반하는
경우에는 탐사권을 취소하고 벌칙(3년 이하의 징역 또는 3천만원 이하의 벌금)에 처하도
록 하고 있다. 통상적으로 광산개발은 ① 기초탐사에 의한 유용광물 부존 확인,
② 탐사권 설정, ③ 경제성 있는 광체의 확인 및 확보를 위한 탐사, ④ 채굴권 설
정, ⑤ 환경문제, 개발지역 공익협의, 민원문제 등 이해관계를 고려한 채굴계획 인
가, ⑥ 채굴, ⑦ 복구 등의 순으로 이루어진다.

탐사권 설정 후 탐사단계에서는 광물 매장량 및 분포를 확인하기 위해 정밀조
사가 이루어지는데, 그 방법으로는 시추탐사 및 굴진탐사가 있다.[53] 시추탐사는 일
정 간격으로 구멍을 지하암반까지 뚫어 조사를 하게 되지만, 시추탐사만으로는 탐사
결과에 대한 신뢰도가 낮아 굴진탐사를 병행하여 실시하는 경우가 많다. 굴진탐사는
실제로 갱도를 만들어 광체의 존부 및 매장량 등을 실측하는 방법이므로 품위 및 매
장량 산출치에 대한 신뢰가 높을 뿐만 아니라, 시추기가 접근할 수 없는 지역이나 지
하 광구에서 인접 광구에 대한 매장량 확인 시에는 굴진탐사 기법을 사용할 수밖에
없다. 대규모 재원이 수반되고 투자위험이 수반되는 광산개발 분야에서 본격적인 채
굴 전 단계에 있는 사전 정밀조사는 최대한 정확하게 실시되어야 하며, 정밀조사의
정확성이 낮아지면 무모한 채굴이 이루어져 환경 피해 등이 오히려 확대될 가능성
을 배제할 수 없다. 그러므로 탐사단계에서 굴진공사를 제한하여 굴진탐사를 금지시
키는 것은 현장에서 사용하는 탐사기법에 상당한 제약을 가져와 정밀조사의 정확도
를 낮추고 경제성이 낮은 채굴을 허용하게 되는 문제점이 있을 수 있다.

---

53 시추탐사는 시추기로 구멍을 뚫어 지하자원을 조사하는 것으로 광체의 부존양상, 품위, 지질구조 등을 파악하기
   위한 탐사방법이다. 이에 반하여 굴진탐사는 실제로 갱도를 만들어 광체의 부존양상, 품위 등을 파악하고 개발
   가능성 판단을 위해 수행되는 탐사방법이다.

(2) 탐사실적의 제출

1) 탐사실적 제출기한

탐사권자는 탐사계획을 신고한 날부터 3년 이내에 산업통상자원부장관에게 탐사실적을 제출하여야 한다(광업법 제41조제1항). 그러나 예외적으로 탐사권자가 「광업법」 제25조에 따라 부과된 조건을 이행함에 따라 기간이 지연된 경우(탐사권자의 귀책사유로 기간이 지연된 경우는 제외한다), 해당 탐사권과 관련하여 소송이 진행 중인 경우, 천재지변이나 그 밖의 불가항력으로 탐사를 시작할 수 없거나 탐사가 지연된 경우로 탐사계획을 신고한 날로부터 3년 이내에 탐사실적을 제출할 수 없거나 제출한 탐사실적을 인정받지 못한 때에는 탐사권자의 신청에 따라 한 차례만 3년의 범위에서 탐사실적의 제출기간을 연장할 수 있다. 이 경우 그 연장기간에 탐사계획의 신고기간 및 탐사실적의 제출기간을 더한 전체 기간은 탐사권의 존속기간인 7년을 넘을 수 없다.

2) 탐사실적 인정

탐사권을 행사하여 탐사실적이 축척되고 탐사 결과 필요한 광물의 존재와 경제성이 있는 것으로 판단되면, 탐사권자는 탐사과정에서 파악한 광물을 채굴함으로써 지금까지 탐사를 통하여 투자한 이익을 실현할 수 있는 기회를 가지게 된다. 즉, 탐사의 목적은 실질적으로 채굴에 있다. 정부는 탐사권자가 탐사한 결과를 기초로 채굴의 경제성을 판단하여 채굴의 허가 여부를 판단하게 된다. 정부는 채굴허가에 대한 판단을 위하여 제출한 탐사실적에 대한 진정성에 관해 확인할 필요가 있다.

탐사실적의 인정을 받고자 하는 탐사권자는 탐사실적의 제출기간이 끝나기 전까지, 탐사실적 제출기간을 연장받은 자는 그 연장기간이 끝나기 3개월 전까지 탐사실적 인정신청서에 탐사결과를 반영한 광상설명서·광량 보고서·굴진갱도가 표시된 광구도(굴진탐사의 경우만 해당한다)·탐사실적 보고서를 첨부하여 광업등록사무소장에게 제출하여야 한다. 광업등록사무소장은 탐사권자로부터 탐사실적 인정신청서를 받은 경우에는 14일 이내에 인정 여부를 결정하여야 하고, 인정한 경우에는 탐사실적인정서를 신청인에게 발급하여야 한다.

3) 탐사실적제출의 효과

탐사권자의 탐사실적제출은 채굴권설정의 출원으로 간주된다.

2. 채굴권의 행사

(1) 탐사실적인정의 채굴권허가기속

탐사실적의 제출은 바로 채굴권설정에 대한 출원으로 간주되기 때문에 제출받은 탐사실적이 「광업법」 제24조제1항에 따른 광물의 종류별 광체의 규모 및 품위 등 기준에 적합하여 산업통상자원부장관으로부터 탐사실적을 인정받은 경우에 채굴권설정 허가를 받게 된다. 광업권의 허가는 원칙적으로 특허에 해당하기 때문에 「광업법」에서 특별하게 정하지 않는 한 광업권 허가권자인 산업통상자원부장관은 폭넓은 재량을 가진다. 그러나 현행 「광업법」 제41조는 광업등록사무소장으로부터 탐사실적인정서를 받아서 탐사실적을 제출한 자에게 의무적으로 채굴권설정을 허가하도록 정하고 있다. 그러므로 산업통상자원부장관은 탐사를 하여 탐사실적에 대한 인정을 받은 탐사권자에 대하여는 채굴권설정 허가에 대한 재량이 없다.

(2) 채굴권의 설정등록의 효력

탐사실적인정서를 받아서 채굴권설정출원을 한 탐사권자가 채굴권허가를 받은 경우에 탐사권자는 다시 채굴권설정등록을 하여야 한다. 채굴권설정등록을 하게 되면, 탐사권의 존속기간에도 불구하고 그 탐사권자의 탐사권은 소멸된다. 즉, 탐사권은 채굴권 행사의 전제이고, 탐사권이 채굴권으로 전환되면, 더 이상 탐사권은 존속하지 않게 된다.

채굴권설정등록은 일정한 토지의 구역(광구)에서 등록된 광물을 지중으로부터 채굴·취득하는 권리로서 물권이므로 지중의 광물을 독점적이고도 배타적으로 채굴·취득할 수 있는 권리를 채굴권 등록자에게 부여한다. 채굴권설정등록으로 광업권은 광구의 지중에 있는 광물을 채굴하여 취득할 수 있게 하는 효력을 부여하나 해당 토지의 지표에 당연히 효력을 미치지는 않는다. 그러므로 광업권자가 지표의 토지를 사용하기 위해서는 토지소유자와 사법상의 계약을 체결하여 토지사용권을 취득하거나, 「광업법」에 따라 산업통상자원부장관의 인정을 받아 토지의 사용·수용권을 취득하여야 한다. 광업권자는 토지 지표의 사용에 관한 다른 배타적인 권원이 없는 한 적법한 권원에 기하여 광구의 지표에 설치된 영조물에 대하여는 광업권에 기한 방해배제청구권의 효력으로 그 철거를 구할 수는 없다.[54]

---

54 대법원 1996.04.26. 선고 94다57336 판결(광업권배제등).

  채굴권설정등록은 채굴권이 설정된 광구에서 채굴된 광물에 대한 채굴권과 취득권을 가지고 동시에 채굴되지 않는 광물에 대한 소유권도 가지는 법적 효과가 있다. 그러므로 광구 안에서 토지로부터 분리된 광물은 그 광업권자 또는 조광권자의 소유로 된다.[55] 즉, 채굴권설정을 등록하지 아니한 자가 채굴권자의 광구 안에서 토지로부터 분리한 석회석은 광업권자의 소유가 된다. 그리고「광업법」제44조는 광업권자의 채굴을 일정한 범위에서 제한하고 있으나, 채굴제한 범위에 포함된 지역에서 분리된 광물에 대한 광업권자의 소유권을 부인하는 다른 규정이 없는 이상, 광업권자는「광업법」제44조의 채굴제한 구역 내에서 분리된 광물에 대하여도 여전히「광업법」제5조제1항에 따라 소유권을 가진다.

  채굴허가를 받아 채굴등록을 한 채굴권자는 채굴허가를 받은 광물과 그 부수적 물질을 채굴하여 취득할 수 있는 권리를 가진다. 예를 들어, 규사채굴허가를 받아 등록한 후에 규사채굴계획인가를 받은 경우에 규사를 채굴할 목적으로 채굴행위를 할 수 있고, 규사채굴이 아닌 모래를 채취하기 위해서는「골재채취법」에 따른 관할행정청의 허가를 받아야 한다. 판례에 의하면 규사와 모래가 외관상 유사하다고 하더라도 규소를 90% 이상 함유한 규사는「광업법」상의 광물이고 그렇지 않은 일반 모래는「골재채취법」상의 골재로서 명백히 구분된다.「광업법」은 채굴등록을 한 일정한 광구에서 등록을 한 광물과 이와 동일광상 중에 부존하는 다른 광물을 채굴 및 취득하는 권리라고 규정하고 있을 뿐이지 등록을 한 일정한 광구에서 골재를 채취할 수 있는 권리로 규정하고 있지는 않다. 또한「광업법」이 광업권자가 채굴한 광물의 처분에 관하여 아무런 제한규정을 두고 있지 않으므로 광업권자가 광물을 채굴하여 이를 골재가격에 처분한다고 하여「광업법」에 저촉되지 않으나 광업권자가 허가 없이 광물이 아닌 골재를 채취하여 판매할 수 있는 것은 아니다.「골재채취법」제22조제1항은 골재를 채취하려는 자는 대통령령이 정하는 바에 의하여 관할 시장·군수 또는 구청장의 허가를 받아야 한다고 규정하면서 그 단서 제1호에서 "다만 다른 법령에 의하여 시행하는 사업에 따라 부수적으로 골재를 채취하는 경우에는 그러하지 아니하다."고 정하고 있으므로, 광업권자가 광맥을 찾아 갱도를 굴착하거나 광물을 채굴하면서 부수적으로 골재를 채취하는 경우에는 골재채취허가를 받지 않아도 되나 광물의 채굴과 무관하게 골재를 채취하는 경우에는 골재채취허가를 받아야 한다. 그러므로 만일 규사를 채굴하면서 부수적

---

55 대법원 2014.12.11. 선고 2012다70760 판결.

으로 골재인 모래를 채취하였거나 규사를 채굴한 후 그 규사를 모래로 판매하였을 뿐이라면 그 모래 또는 규사 채취에 관하여 골재채취법상의 허가를 받을 필요가 없었다고 할 것이나, 규사 채굴과 무관하게 골재를 채취하면서도 「골재채취법」상의 허가를 받지 않았다면 이는 「골재채취법」을 위반한 것이 된다.[56]

(3) 채굴계획의 인가

1) 채굴계획인가의 신청

탐사권자는 탐사실적을 광업등록사무소장에게 제출하여 탐사실적인정서를 받아서 채굴권을 출원한 것으로 간주되어 채굴권설정허가를 받게 된다. 채굴권설정허가를 받은 자는 다시 채굴권설정을 산업통상자원부장관(광업등록사무소장)에게 등록을 하여야 한다. 채굴권설정등록을 한 자(채굴권자)는 채굴을 시작하기 전에 산업통상자원부장관의 채굴계획인가를 받아야 한다. 인가받은 채굴계획을 변경하려는 경우에도 또한 같다. 채굴인가를 받지 않으면, 채굴권설정등록을 한 자(채굴권자)도 광물의 채굴이나 취득을 하지 못한다.

채굴계획의 인가를 받으려는 채굴권자는 채굴권설정의 등록이 된 날부터 3년 이내에 대통령령으로 정하는 바에 따라 채굴계획의 인가를 신청하여야 한다. 다만, 2011년 1월 28일 이전에 광업권 등록을 한 광업권자 또는 그 이전에 광업권설정의 출원을 하였으나 2011년 1월 28일 이후에 광업권 등록을 한 광업권자는 광업권 등록일로부터 11년 이내 또는 탐광계획 신고일로부터 7년 이내에 채굴계획의 인가를 신청하여야 한다. 채굴권자가 「광업법」 제25조에 따라 부과된 조건을 이행함에 따라 기간이 지연된 경우(채굴권자의 귀책사유로 기간이 지연된 경우는 제외한다), 해당 채굴권과 관련하여 소송이 진행 중인 경우, 천재지변이나 그 밖의 불가항력으로 채굴을 시작할 수 없는 경우에는 채굴권설정등록일로부터 3년 이내에 채굴계획의 인가를 신청할 수 없거나 신청한 채굴계획이 인가를 받지 못한 때에는 채굴권자의 신청에 따라 한 차례만 1년의 범위에서 채굴계획인가의 신청 기간을 연장할 수 있다.

산업통상자원부장관은 석탄이나 석탄·흑연광에 대한 채굴계획인가신청서 또는 채굴계획 변경인가신청서를 받은 경우에는 「석탄산업법」 제3조에 따라 산업통상자원부장관이 따로 수립하는 석탄산업의 장기계획을 고려하여 그 인가 여부를

---

56 대법원 1998.12.23. 선고 98도588 판결(특정범죄가중처벌 등에 관한 법률위반·골재채취법위반).

결정하여야 한다. 채굴계획의 변경인가는 기본적으로 채광의 위치와 방법 등이 종전의 채굴계획과 동일하지 아니할 경우에 변경된 채굴계획의 내용을 합리성과 사업성 및 안전성의 측면에서 심사하여 여부를 결정한다. 채굴계획인가 또는 변경인가의 결정은 "반드시 구체적 수치에 의하여 설정된 기준을 근거로 하여 심사하여야 하는 것은 아니고, 당해 채광계획에 나타난 사업의 내용, 규모, 방법과 그것이 환경에 미치는 영향 등 제반 사정을 종합하여 사회 관념상 공익 침해의 우려가 현저한지 여부"에 의하여 판단할 수 있다.[57] 그러므로 채굴계획이 특히 산림훼손을 수반하는 경우에는 그로 인하여 초래되는 자연경관의 훼손, 소음과 분진의 발생, 수질 오염의 정도 등을 국토와 자연의 유지 및 상수원 수질과 같은 환경 보전의 측면에서 고려하여 중대한 공익상의 필요가 있다고 인정될 때에는 채굴계획 변경인가를 관장하는 행정청은 채굴계획 인가 또는 변경인가를 거부할 수가 있다.

   2) 채굴권변경 명령

   산업통상자원부장관은 광업의 합리적 개발을 위하여 필요하다고 인정하는 때에는 채굴권자가 이미 채굴계획의 인가를 받았어도 채굴권자에게 채굴계획의 변경을 명할 수 있다. 이 명령에 따르지 않으면 산업통상자원부장관은 채굴권을 취소할 수 있다. 행정청의 채굴계획인가의 변경대상과 범위는 행정법의 일반원칙에 따라야 하나 행정청에게 상당한 재량이 부여되어 있다.

   3) 채굴계획인가 처분

   「광업법」제42조에 따른 채굴계획인가는 광물채굴을 실행할 수 있도록 하는 행정처분이다. 광업권의 행사를 보장하면서도 광산개발에 따른 자연경관의 훼손, 상수원의 수질오염 등 공익침해를 방지하기 위한 목적에서 광물채굴에 앞서 채굴계획인가를 받도록 동법 제42조제1항은 규정하고 있다. 관할 행정기관은 동제도의 취지와 공익을 실현하여야 하는 행정의 합목적성에 비추어 볼 때, 당해 채굴계획이 중대한 공익에 배치된다고 판단하는 경우에 그 채굴계획인가를 거부할 수 있다. 그러나 관할 행정기관이 채광계획을 불인가하는 경우에는 정당한 사유가 제시되어야 하며 자의적으로 불인가를 하여서는 아니 될 것이므로 채광계획의 인가는 기속행위에 속한다.[58]

---

57 대법원 1993.5.27. 선고 92누19477 판결; 1993.5.27. 선고 93누4854 판결; 1995.9.15. 선고 95누6113 판결; 1997.9.12. 선고 97누1228 판결; 대법원 2000.04.25. 선고 98두6555 판결(채광계획변경불인가처분 취소).

58 채광계획 인가신청 대상토지는 국토이용관리법상 자연환경보전지역으로 고시되고, (구)환경보전법에 의하여 상

현행 「광업법」 제42조제1항은 채굴계획인가에 대한 거부의 근거가 된다. 채굴계획인가의 거부처분은 이를 거부할 수 있는 근거에 관하여는 별도의 명문 규정이 없다 하더라도 공익을 실현하여야 하는 행정의 합목적성에 비추어 신청된 행정행위의 내용이 중요한 공익을 침해하는 것으로 인정되면 신청된 행성행위를 거부할 수 있다.[59] 광업권자가 제출한 채굴계획안이 원래 채굴권 설정허가 당시 공익적합성을 고려하여 붙여진 조건을 위반하는 경우에도 채굴계획인가를 거부할 수 있다.

「광업법」에서 채굴계획의 인가제도를 두고 있는 이상 광업권자가 제출한 채굴계획안이 광산보안 및 광해예방에 적합하지 아니하며 다른 법령을 위반하는 경우에 행정청은 채굴계획안에 대하여 인가를 거부할 수 있는 것은 당연하다. 또한 광업권자가 제출한 채광계획안에 일부내용이 불비한 경우에 그에 대한 보정이나 수정이 적극적으로 기대될 수 있는 경우 행정청으로서는 그 일부불비의 점만을 이유로 곧바로 채광계획에 대하여 불인가의 처분을 하기보다는 광업권자에게 계획안의 변경을 권유하고 그에 따른 보정된 계획안의 제출을 기다려 채광계획을 인가할 수 있다.[60]

4) 채굴계획인가의 신고

채굴권자나 조광권자는 「광업법」 제42조(동법 제61조에 따라 준용되는 경우를 포함한다)에 따라 관할 행정청으로부터 채굴계획의 인가를 받은 경우에는 지체 없이 광구 소재지 또는 그 부근에 광업사무소를 정하고, 광업사무소의 소재지와 명칭을 산업통상자원부장관에게 신고하여야 한다. 이를 변경한 경우에도 또한 같다. 광업사무소의 명칭은 광산명으로 간주된다. 산업통상자원부장관은 광업사무소의 소재지나 명칭이 적당하지 아니하다고 인정할 때에는 기간을 정하여 변경하게 할 수 있다.

5) 채굴계획인가의 효력범위

채굴계획인가는 광업권자로 하여금 채굴제한 등 특별한 사유가 없는 한 인가

수원 수질보전 특별대책지역 1권역으로 지정 고시된 지역으로서 이 사건 원고의 채광계획에 의하는 경우 입목의 벌채, 토지의 형질변경행위 등으로 인하여 자연경관을 해할 우려가 있으며, 대청호와 불과 160미터의 거리에 위치하고 있어 채광으로 인한 폐수, 폐석 및 분진 등이 대청호에 유입되어 수질을 현저하게 오염시킬 위험이 상존하므로 이 사건 채광계획은 산림법, 국토이용관리법, 공유수면관리법 등에 비추어 공익에 반한다고 인정한 다음, 피고가 같은 취지의 이유를 들어 원고의 채광계획에 대하여 불인가처분을 한 것은 적법하고, 재량권의 범위를 일탈한 위법이 없다[대법원 1993.05.27. 선고 92누19477 판결(채광계획인가신청불허가처분취소)].
59 대법원 1993.04.23. 선고 92누7726 판결(채광계획불인가처분취소).
60 서울고등법원 1992.04.17. 선고 91구24085 판결(채광계획불인가처분취소).

된 채광계획구역에서 등록된 광물을 채굴하여 자유롭게 처분할 수 있고 또한 동
일광상 중에 부존하는 다른 광물이나 골재를 부수적으로 채굴·채취할 수 있게 한
다. 채굴권자는 채굴계획인가를 받으면 채굴을 할 수 있고, 채굴계획의 인가를 받
은 날에 채굴이 시작된 것으로 간주된다(광업법 제42조의2). 채굴계획인가는 「광업
법」 제43조에 따라 허가·해제 및 협의에 관하여 산업통상자원부장관이 제2항에
따라 다른 행정기관의 장과 협의한 사항에 대하여는 그 허가 등을 받은 것으로
간주된다.

　　광업권자는 채굴계획인가를 통해 인가를 받은 광물을 채굴할 수 있는 권리를
가지므로 채굴계획에 포함되지 않은 광물을 채굴하지 못한다. 다만, 광업권자가
채광계획의 인가를 받았다고 하더라도 당해 광물이 함유된 암석을 쇄골재용으로
채취하는 경우에는 「산지관리법」 제25조((구) 산림법 제90조의2제1항)에 따른 채석허
가를 별도로 받아야 한다.[61] 광업권자가 광물을 채굴하면서 부수적으로 골재를 채
취하는 경우에는 골재채취허가를 받지 아니하여도 되지만 광물의 채굴과 무관하
게 골재를 채취하는 경우에는 골재채취허가를 받아야 한다.[62]

　　채굴계획인가 관할 행정청이 광업권자의 채굴계획인가를 거부하는 경우에는
정당한 사유가 제시되어야 하고 자의적으로 인가를 거부하여서는 아니 된다. 일반
적으로 기속행위에는 부관을 붙일 수 없으므로, 기속행위인 채굴계획인가에 붙인
부관은 효력이 없다. 채굴계획인가는 채굴허가와 등록에 따른 부수적인 행정처분
에 해당하기 때문에 채굴허가를 변경할 수 없고, 채굴허가를 채굴권자가 효율적으
로 수행하기 위한 계획이기 때문에 채굴허가와는 달리 기속행위에 속한다. 국유림
이 아닌 산지에서 「광업법」에 따른 광물을 채굴하기 위하여 채굴계획인가를 받은
광업권자나 조광권자가 인가를 받은 광구에서 그 광물의 함유량이 낮아 광업의 용
도로 사용할 수 없는 토석을 광업 외의 용도로 사용·판매하기 위하여 채취하려는
경우 토석채취허가를 받아야 한다.[63]

61　대법원 1999.07.23. 선고 99도1981 판결; 대법원 2001.11.13. 선고 2001도3716 판결.
62　대법원 1998.12.23. 선고 98도588 판결.
63　법제처 법령해석 사례; 민원인 – 토석채취허가를 받지 않고 채취할 수 있는 토석의 범위(산지관리법 제27조제2
　　항 등 관련), 안건번호: 14-0088.

현행 광업법상 광물개발절차

구 분	광업권자		
채광굴계획 인가신청· 획득·절차	광업권(탐사권) 설정 등록		
	1년 이내		
	탐사계획신고의무 (제40조)		
	3년 이내	3년 연장가능	
	탐사실적 제출의무 (제41조)		
	3년 이내	1년 연장가능	
	채굴계획인가 신청의무 (제42조)		
소요 기간	채굴계획인가 신청까지 11년+α ※ α는 채광계획인가 신청 후 인가획득에 소요되는 기간임		

(4) 채굴계획인가에 따른 타법의 허가 등 의제

산업통상자원부장관이 채굴계획인가 또는 변경인가를 할 때 「광업법」 제43조 제1항 각 호에서 열거된 법률(예 : 「공유수면 관리 및 매립에 관한 법률」 제8조에 따른 공유 수면의 점용 및 사용의 허가; 「국토의 계획 및 이용에 관한 법률」 제56조에 따른 개발행위허가 등 10개의 법률)에 관하여 산업통상자원부장관이 관할 행정기관의 장과 협의한 사항에 대하여는 그 허가 등을 받은 것으로 의제된다. 인·허가 의제제도는 "하나의 목적 사업을 수행하기 위하여 여러 법률에서 규정된 인·허가등을 받아야 하는 경우 행 정절차를 효율적으로 하기 위하여 관할 행정기관과 관련 행정절차를 일원화하는 행정제도로서 의제되는 관할 행정기관과의 협의를 통하여 다른 법률에 따른 인· 허가의 실체적 요건을 갖추었는지 여부를 확인한 후 그것을 전제로 주된 행정기관에서 다른 인·허가 등을 의제해 주는 것"[64]이다. 인·허가 의제제도는 특정된 사업의 계획이 승인되면 그 시행에 필요한 다른 법률의 인·허가 등을 받은 것으로 간주하여 절차를 간소화하고 그에 따라 해당 사업계획의 시행을 촉진할 목적으로 다수의 법률에서 도입되어 있다.[65] 인·허가 의제와 관련하여 협의에 응하는 관계 행정기관은 실체적 요건에 위반되는지 여부를 확인하면 충분하고, 해당 인·허가 시 요구되는 절차상의 요건까지 구비하여 협의에 응하지 않는다.[66] 인·허가제도의 목적에서 볼 때에 주된 사업계획에 대한 인허가를 관장하는 행정기관이 관계기관의 장과의 협의를 거쳐 주된 인·허가를 한 이상 그 절차와 별도로 관계 법률에 따른 절차를 거칠 필요는 없다.[67]

채굴계획인가는 채굴계획이 중대한 공익에 배치된다고 할 때에는 산업통상자원부장관이 인가를 거부할 수 있고, 채광계획인가를 거부하는 경우에는 정당한 사유가 제시되어야 하며 자의적으로 인가거부를 하여서는 아니 될 것이므로 채굴계획인가는 기속재량행위에 속한다.[68] 「광업법」 제43조제1항제1호에 의하여 채굴계획인가를 받으면 「공유수면 관리 및 매립에 관한 법률」 제8조에 따른 공유 수면의 점용 및 사용의 허가를 받은 것으로 의제된다. 「공유수면 관리 및 매립에 관한 법률」 제8조에 따른 공유수면의 점용 및 사용의 허가는 공유수면 관리청이 공공 위해의 예방 경감과 공공복리의 증진에 기여함에 적당하다고 인정하는 경우에 그 재량에 의하여 허가의 여부를 결정하여야 한다.[69] 공유수면 점용허가를 필요로 하는 채굴계획 인가신청에 대하여도 공유수면 관리청이 재량적 판단에 의하여 공유수면 점용 허가 여부를 결정할 수 있고, 그 결과 공유수면 점용을 허용하지 않기로 결정하였다면, 채광계획 인가관청은 이를 사유로 하여 채광계획인가를 거부하는 것은 위법하지 않다.[70]

1982년 12월 31일 법률 제3640호로 개정된 (구)「광업법」 제47조의2와 그 부칙 제2항에 의하면 채광계획의 인가에 의한 산림형질변경허가(단 (구)산림법이 1994.

---

64 법제처 법령해석 2012.3.2. 회신 12-0060 해석례 참조.
65 법제처 2007.11.21. 회신 07-0360 해석례.
66 법제처 2009.8.26. 회신 09-0173 해석례.
67 대법원 1992.11.10. 선고, 92누1162.
68 대법원 1993.5.27. 선고 92누19477 판결; 2001.4.13. 선고 2000두5302 판결; 대법원 2002.10.11. 선고 2001두151 판결(채광계획불인가처분취소).
69 대법원 1963.1.17. 선고 62누196 판결; 1990.9.25. 선고 89누5355 판결.
70 대법원 2002.10.11. 선고 2001두151 판결(채광계획불인가처분취소).

12.22. 법률 제4816호로 개정되기 전에는 산림훼손허가)의 의제는 해당 개정 (구)「광업법」이 시행된 후에 받은 채광계획의 인가에 대하여만 적용되므로, 해당 개정 (구)「광업법」이 시행되기 전에 채광계획의 인가를 받은 때에는 채광의 시행을 위하여 산림형질변경이 필요할 경우 별도로 산림형질변경허가를 받아야 한다.[71] 산림형질변경허가는 법령상의 금지 또는 제한지역에 해당하지 않더라도 신청 대상 토지의 현상과 위치 및 주위의 상황 등을 고려하여 국토 및 자연의 유지와 상수원 수질과 같은 환경의 보전 등을 위한 중대한 공익상의 필요가 있을 경우 그 허가를 거부할 수 있고,[72] 이는 산림형질변경 허가기간을 연장하는 경우에도 마찬가지이다.[73]

　　광업권자가 채굴계획의 인가를 받아 산림 안에서 광물을 채굴하는 경우에는 「광업법」 제43조제1항에 따라 "「산림자원의 조성 및 관리에 관한 법률」 제36조제1항·제4항에 따른 입목벌채등의 허가·신고, 「산림보호법」 제9조제1항 및 제2항제1호·제2호에 따른 산림보호구역(산림유전자원보호구역은 제외한다)에서의 행위의 허가·신고" 및 "「산지관리법」 제14조·제15조에 따른 산지전용허가 및 산지전용신고, 같은 법 제15조의2에 따른 산지일시사용허가·신고(산지의 형질을 변경하여 채굴한 후 복구하는 경우에만 해당한다)"한 것으로 간주되고, 광물이 함유되어 있는 암석을 건축용·석공예 또는 토목용으로 사용하기 위하여 채굴하는 경우에는 「산지관리법」 제25조제1항에 의한 토석채취허가를 별도로 받아야 한다.[74]

　　채굴계획인가를 받으면 「광업법」 제43조제1항에 의하여 "「산림자원의 조성 및 관리에 관한 법률」 제36조제1항·제4항에 따른 입목벌채 등의 허가·신고, 「산림보호법」 제9조제1항 및 제2항제1호·제2호에 따른 산림보호구역(산림유전자원보호구역은 제외한다)에서의 행위의 허가·신고" 및 "「산지관리법」 제14조·제15조에 따른 산지전용허가 및 산지전용신고, 같은 법 제15조의2에 따른 산지일시사용허가·신고(산지의 형질을 변경하여 채굴한 후 복구하는 경우에만 해당한다)"에 의한 산림훼손허가를 받은 것으로 간주되어도 채굴계획인가 시 산림훼손에 관하여 조건을 붙일 수 있다. 「산림보호법」에 따라 관할 행정기관이 채굴계획인가를 하면서 산림훼손기간을 정하여 이를 조건으로 인가한 이상 그 기간이 만료되면 광업권자는 산림훼손기

71 대법원 1993.8.24. 선고 93누6928 판결; 1997.11.25. 선고 97누14255 판결; 대법원 2000.07.07. 선고 99두66 판결(산림형질변경허가기간연장신청반려처분취소).
72 대법원 1993.5.27. 선고 93누4854 판결; 1997.9.12. 선고 97누1228 판결.
73 대법원 1997.8.29. 선고 96누15213 판결.
74 대법원 1999.07.23. 선고 99도1981 판결(산림법위반).

간의 연장 또는 새로운 산림훼손허가를 받아야 한다. 또 산림훼손은 국토 및 자연의 유지와 수질 등 환경의 보전에 직접적으로 영향을 미치는 행위이므로 법령이 규정하는 산림훼손 금지 또는 제한 지역에 해당하는 경우는 물론 금지 또는 제한 지역에 해당하지 않더라도 허가관청은 산림훼손허가신청 대상토지의 현상과 위치 및 주위의 상황 등을 고려하여 국토 및 자연의 유지와 환경의 보전 등 중대한 공익상 필요가 있다고 인정될 때에는 허가를 거부할 수 있고, 그 경우 법규에 명문의 근거가 없더라도 거부처분을 할 수 있으며,[75] 이는 산림훼손기간을 연장하는 경우에도 마찬가지이다.[76]

(5) 채굴중단

1) 채굴중단인가

채굴권자가 광물 채굴을 시작한 후에는 원칙적으로 중단을 할 수 없고, 위에서 언급한 사유에 해당하는 경우에만 산업통상자원부장관의 인가를 받아서 채굴을 중단할 수 있다. 또한 채굴중단인가를 받아도 그 기간은 6년을 초과하지 않아야 한다.

채굴권자가 계속하여 1년 이상의 기간 동안 채굴을 중단하려면 기간을 정하여 산업통상자원부장관의 인가를 받아야 한다. 채굴중단인가를 받으려는 채굴권자는 채굴의 중단기간과 그 사유를 적은 채굴중단인가신청서를 산업통상자원부장관에게 제출하여야 한다. 채굴중단인가신청서를 받은 산업통상자원부장관은 채굴중단인가신청일부터 소급한 3년간 광업의 투자실적이 「광업법 시행령」 별표 2에 따른 광업의 투자실적 이상이거나, 광물의 생산실적이 「광업법 시행령」 별표 3에 따른 광물의 생산실적 이상인 경우, 해당 채굴권과 관련하여 소송이 진행 중인 경우, 천재지변이나 그 밖의 불가항력으로 인하여 채굴을 계속할 수 없는 경우에는 채굴중단을 인가할 수 있다.

2) 채굴재개신고

인가를 받아 채굴을 중단한 채굴권자가 채굴을 다시 시작한 경우에는 지체 없이 그 사실을 산업통상자원부장관에게 신고하여야 한다.

---

75 대법원 1995.9.15. 선고 95누6113 판결.
76 대법원 1997.08.29. 선고 96누15213 판결(산림훼손기간연장허가신청불허처분취소등).

(6) 채굴제한

1) 채굴제한 범위의 적합성

가. 장소제한

「광업법」제44조는 관할 관청의 허가나 소유자 또는 이해관계인의 승낙이 없으면 광물을 채굴할 수 없는 장소를 열거적으로 규정하고 있다. 즉, 철도·궤도(軌道)·도로·수도·운하·항만·하천·호(湖)·소지(沼地)·관개(灌漑)시설·배수시설·묘우(廟宇)·교회·사찰의 경내지(境內地)·고적지(古蹟地)·건축물, 그 밖의 영조물의 지표 지하 50미터 이내의 장소 또는 묘지의 지표 지하 30미터 이내의 장소는 관청의 허가를 받거나 소유자나 이해관계인의 승낙을 받아야 채굴할 수 있다.

「광업법」제44조는 채굴과정에서 영조물 등의 안전에 위해를 가할 우려가 있기 때문에, 일정 거리 내에서의 채굴을 제한함으로써 공익상·보안상·종교상·문화상 보호할 가치가 있는 물건들의 채굴행위로 인한 파손방지를 목적으로 하고 있다. 그러므로 「광업법」제44조에 열거되어 있는 시설들은 이러한 목적을 예시한 것에 불과하고, 동조에서 규정한 "그 밖의 영조물"이란 좁은 의미의 공공용물뿐만 아니라 공용물이나 공적보존물 중 위에 열거된 물건들에 준하는 공익상·보안상·종교상·문화상 보호되어야 할 물건들은 모두 이에 포함된다고 보아야 한다. 그러므로 「문화재보호법」에 의하여 "문화재를 보존하여 이를 활용함으로써 국민의 문화적 향상을 도모하는 동시에 인류문화의 발전에 기여할 목적"으로 천연기념물로 지정하고 허가 없이 이의 현상을 변경하거나 기타 관리 보전에 영향을 미치는 행위를 금하고 있는 천호동굴도 당연히 공적보존물로서 「광업법」제44조의 "그 밖의 영조물"에 해당한다.[77]

「광업법」제44조제1항에 따라 광업권자는 철도·궤도·도로·수도·운하·항만·하천·호·소지·관개·배수·시설·묘우·교회·사찰의 경내지·고적지 기타 영조물의 지표지하 50m 이내의 장소나 묘지·건축물의 지표 지하 30m 이내의 장소에서는 각각 관할관청의 허가나 소유자 또는 이해관계인의 승낙 없이 광물을 채굴할 수 없다. 이 규정은 광업의 실시에 따른 영조물과 건물 등의 파괴를 미리 방지하여 공익을 보호하고자 하는 데 그 취지가 있다. 그러므로 영조물 중 도로에는 「도로법」에 따른 도로만이 아니라 일반 공중의 교통을 목적으로 이에 필요한 설비

---

[77] 대법원 1974.06.11. 선고 73다1411 판결(소유물방해제거); 대법원 1981.09.08. 선고 80다2904 판결(소유물방해배재).

와 형태를 갖춘 도로까지도 포함된다. 이러한 이유에서 도로와 그 주위에서 채굴을 하기 위하여는 채굴계획인가와는 별도로 그 도로 관리자의 허가 또는 승낙을 받아야 한다.[78]

나. 시기제한

「광업법」 제44조에 의한 광업권의 제한은 도로 등과 같은 공익상, 보안상, 종교, 문화상 보호할 가치가 있는 물건이 설치될 당시 광업권이 설정되어 있었는지 여부를 구분하지 않는다. 이미 설치되어 있는 영조물과 관련하여서는 광업권설정허가 또는 채굴계획인가 단계에서 영조물의 보호와 관련된 공익과의 관계에 법익의 형량을 거쳐서 광업권설정허가 여부를 결정하거나 채굴계획인가를 할 때에 이미 법익형량을 하기 때문에 「광업법」 제44조에 의한 광업권의 제한은 광업권설정허가 이후 도로 등 영조물이 설치되는 경우에도 적용된다.

다. 심도제한

채굴인가를 받은 후에 채굴등록을 신고한 채굴권자는 원칙적으로 인가를 받은 채굴계획에 따라 채굴을 할 수 있다. 그러나 「광업법」 제44조에 의하면 광업권자는 철도·궤도(軌道)·도로·수도·운하·항만·하천·호(湖)·소지(沼地)·관개(灌漑)시설·배수시설·묘우(廟宇)·교회·사찰의 경내지(境內地)·고적지(古蹟地)·건축물, 그 밖의 영조물의 지표 지하 50미터 이내의 장소 또는 묘지의 지표 지하 30미터 이내의 장소에서는 관할 관청의 허가나 소유자 또는 이해관계인의 승낙이 없으면 광물을 채굴할 수 없다.

현재 우리나라 광산은 지표부근에서 지하 400미터 이내에 부존하는 비금속광을 대상으로 개발이 이루어지고 있다. 대표적인 가행광산은 부존심도 및 가행심도가 150미터 이내에 분포하고 있다.

---

78 대법원 2000.09.08. 선고 98두6104 판결(재결처분취소).

대표적인 가행광산의 부존심도

광종	광산명	50	100	150	200	매장량
몰리브데늄	동원NMC		0–160m →			2.5mt
납석	노화도		50–150m			2.2mt
석회석	태영 청수		50–150m			11.6mt
	삼성 옥동		50–150m			32.8mt
	청림 영월		50–150m			14.3mt

이러한 현행 광산의 광물분포 및 작업실정을 감안할 때, 채굴제한 범위를 확장하는 것은 엄청난 자원손실을 가져올 수 있다. 갱내채굴방식 하에서는 그 손실 정도가 더욱 커질 수 있어 채굴제한 범위를 확장하는 것은 적합하지 않다. 기존에 "광업법 개정법률안"에서 모든 건축물에 대하여 지표 50미터 이내의 장소 및 그 장소의 지하 150미터 이내에서의 채굴을 금지하도록 하였다. 그러나 이와 같은 개정법률안은 「광산안전법」의 적용대상인 "공중이 이용하는 시설물"보다 그 대상물이 확대되어 오히려 「광산안전법」의 내용보다 엄격하게 광산채굴을 제한하는 결과를 가져온다는 이유에서 국회를 통과하지 못하였다. 그러므로 광산개발에 있어서 안전성 확보는 당연히 필요하나 이를 법률로 규율함에 있어서는 「광업법」과 「광산안전법」이 각각 그 역할을 분담하여, 광산보안 문제에 대하여는 「광산안전법」에서 통일적으로 규율하는 것이 법체계상 적합하다. 채굴제한은 그 내용을 정함에 있어서도 우리나라 광산의 광물 분포 및 작업실정을 감안하여 규율할 필요가 있다.

채굴제한은 광물채굴권에 대한 법정 제한이다. 다수의 허가와 인가를 받아 광물채굴단계에 이르게 되어도 광업권자는 「광업법」 제44조 각 호에서 정하고 있는 사유에 해당하게 되면, 다시 관할 관청의 허가나 소유자·이해관계자의 승낙을 받아야 한다. 관할 관청, 소유자 또는 이해관계인은 정당한 이유 없이 허가 또는 승낙을 거부할 수 없다.

2) 채굴제한 필요성에 따른 조치

「광업법」 제44조제2항에 의하면 관할 관청, 소유자 또는 이해관계인은 정당한 이유 없이 허가 또는 승낙을 거부할 수 없도록 정하고 있다. 정당한 이유는 지질 및 광상에 따라 그 광물채굴행위가 영조물 등에 대하여 인용할 수 없는 손해를 가져온다고 인정하는 것을 말한다. 구체적으로 도로 등 영조물의 보존유지의 가치성과 승낙거부로써 광물채굴에 미치는 손해의 정도를 비교형량하여 결정하여야 한다. 채굴제한으로 공익을 보호할 수 없을 때에는 공익장해지로 광업권설정 신청에 대하여 불허가처분을 하거나(광업법 제24조), 이미 광업권의 설정허가를 한 경우에는 해당 광업권을 취소 또는 광구 감소처분을 하거나(광업법 제34조), 광업권 설정 허가 후에 채굴단계에서 채굴계획인가에 의한 채굴을 조정하는 등 별도조치를 취하여야 한다.

3) 채굴제한의 헌법합치성

가. 채굴제한의 재산권적 한계

헌법 제23조제1항에 의하면 "모든 국민의 재산권은 보장"된다. 헌법은 제23조제1항 본문에서 재산권을 기본권으로 보장하고 있으나 단서에서 재산권의 내용과 한계를 법률로 정하도록 하고 있다. 즉, 법률로 재산권을 규제할 수 있도록 헌법은 정하고 있고, 법률로 정하는 재산권 제한의 헌법적 허용 정도는 그 객체가 지닌 사회적 연관성과 기능에 따라 달라진다. 헌법은 재산권의 이용이나 처분이 소유자 개인의 생활영역에 머무르지 않고 일반국민 다수의 일상생활에 큰 영향을 미치는 경우에는 입법자로 하여금 공동체의 이익을 위하여 개인의 재산권을 규제하는 권한을 폭넓게 부여하고 있다. 그러나 입법자가 공공의 필요에 의하여 재산권을 규제하는 경우에도 재산권 제한에 관한 법률 역시 다른 기본권을 제한하는 법률과 동일하게 비례의 원칙을 준수해야 하고, 재산권의 본질적 내용을 침해해서는 안 된다.[79]

광물자원은 국민경제에 광범위하게 영향을 미치는 중요한 자원이다. 광물자원에 대한 균형 있는 개발과 이용을 위해 국가는 특허로 광업권을 부여하고 있다. 광업권은 실행과정에서 토지소유자 및 공공에 미치는 사회적·환경적 영향이 큰 특성을 가지고 있다. 그러므로 입법자는 광업권의 내용과 한계를 정함에 있어 공공의 이익과의 조화를 고려하여 폭넓은 입법재량을 가진다.

....

79 헌재 1998.12.24. 89헌마214.

나. 비례의 원칙에 합치

「광업법」 제44조에 따른 채굴제한은 도로 등 영조물이 광업권자의 채굴로 인하여 파손되는 것을 방지하고, 광업권이 토지소유자 또는 토지사용권자 등의 정당한 토지사용권 및 영조물의 관리권과 충돌할 우려가 있는 경우 이를 조정함으로써 광업권에 따른 채굴로 빈번하게 발생하는 분쟁을 예방하는 것을 목적으로 하고 있다. 「광업법」이 광업권주의를 채택함으로써 토지소유권과 분리된 광업권을 인정하는 이상 광업권이 설정된 토지라 하더라도 토지소유자 또는 토지사용권자와 같은 정당한 토지사용권을 가진 자는 토지를 사용하여 그 지상 또는 지중에 영조물을 설치할 권리가 있고, 공익상 보호할 가치가 있는 영조물들이 설치된 경우에는 이러한 영조물들이 채굴행위로 인하여 파손되는 것을 방지할 필요가 있다. 그러므로 영조물 주변에서 채굴을 제한하는 「광업법」 제44조는 광업권 제한에 관한 목적의 정당성이 인정되며, 일정 거리 내에서는 관할 관청의 허가나 소유자 등의 승낙이 있는 경우에만 채굴할 수 있도록 하는 채굴제한은 헌법적으로 정당한 이와 같은 목적을 달성하기 위하여 효과적이고도 적절한 수단에 해당한다.

「광업법」 제44조는 관청 허가 또는 소유자 등의 승낙을 필요로 하는 범위를 도로 등 영조물 주변 50m로 정하고 있다. 영조물 주변 50m로의 제한은 채굴행위가 미칠 수 있는 영향을 고려할 때 과도하게 넓은 범위라고 볼 수 없고, 동법 제44조제2항에서 관할 관청, 소유자 또는 이해관계인이 정당한 이유 없이 허가 또는 승낙을 거부할 수 없도록 하여 합리적인 이유 없이 광업권이 제한되는 일이 없도록 정하고 있다. 그러므로 채굴행위를 제한하는 「광업법」 제44조는 최소 침해성의 원칙에도 합치한다.

광업권은 설정된 광구에 부존하는 미채굴광물 자체에 대한 소유권을 의미하는 것이 아니다. 광업권설정 시에 광구에 부존하는 광물에 대하여 어떠한 대가를 지불하고 취득하는 것이 아니어서 미채굴 광물에 대하여 갖는 권리가 일반 재산권만큼 보호가치가 확고하지 않다. 광업권설정 후에 영조물 등이 설치되더라도 정당한 권원에 의해 설치된 이상 이를 보호할 가치가 있을 뿐더러 광업권의 설정이 토지소유자의 권리를 지나치게 제한하여서도 안 된다. 「광업법」은 광업권자에게 광업경영을 위하여 타인의 토지를 수용할 권리도 보장하고 있다. 이를 고려할 때에 채굴제한에 관한 「광업법」 제44조가 광업권설정 후에 영조물이 설치되는 경우에도 적용되거나, 영조물의 성질에 따라 채굴에 대한 허가·승낙이 사실상 불가능하게 되는 경우에 적용된다 하더라도 광업권의 제한을 통하여 실현하고자 하는 공익과「광업법」제44조에 따른 채굴제한으로 발생하는 광업권 침해의 정도를 전반적으로 비교형량할 때 양자 사이에 적정한 비례관계가 성립한다. 그러므로「광업법」제44조는 비례의 원칙 중 법익균형성을 충족한다.

채굴제한은 광업권자의 일부 채굴행위를 제한하더라도, 광업권의 특성상 다른 권리와의 충돌가능성이 내재되어 있으며, 채굴제한은 충돌하는 권리 사이의 조정을 위한 최소한의 제한이라는 점에서 광업권자가 수인하여야 하는 재산권의 사회적 제약의 범주에 속한다. 그러므로「광업법」제44조는 헌법 제23조에 따른 재산권에 대한 사회적 제약의 범위 내에서 광업권을 제한한 것으로 비례의 원칙에 위배되지 않고 재산권의 본질적 내용도 침해하지 않는다.

다. 평등원칙에 합치

「광업법」제34조는 고속국도를 설치할 경우에 광업권의 취소 또는 광구 감소처분을 할 수 있도록 하고 있으나 이 경우에 보상하도록 하고 있다. 그러나 일반국도를 설치하는 경우에는「광업법」제44조에 의하여 채굴제한을 하면서 보상규정을 두지 않고 있다. 고속국도나 일반국도의 정상적인 운영은 모두 공익을 위하여 채굴행위로 방해받지 않을 필요성이 있다. 그런데「광업법」제34조는 고속국도를 설치하는 경우에 기존의 광업권에 대하여 보상을 하도록 하고,「광업법」제44조는 일반국도가 설치되는 경우에 채굴제한에 따른 보상규정을 두고 있지 않은 것은 평등원칙에 반할 수 있다. 즉, 고속국도건설과 같은 더 큰 사업을 위해 권리가 제한되는 경우에는 보상을 하면서 그보다 공익을 위한 필요성이 더 작은 일반국도 사업을 위해서는 보상 없는 희생을 강요하는 것은 균형이 맞지 않고, 평등원칙에 반할 수 있다.

앞에서 언급한 바와 같이「광업법」제34조제2항 및 제3항은 국가중요건설사업지 또는 그 인접지역의 광업권이나 광물의 채굴이 국가중요건설사업에 지장을 준다고 인정할 때에는 광업권의 취소 또는 그 지역에 있는 광구의 감소처분을 할 수 있도록 하고, 이 경우에 광업권자에게 보상하도록 정하고 있다. 고속국도는「광업법 시행령」제31조에 따라「광업법」제34조제2항에 따른 "국가중요건설사업지"에 해당한다.

「광업법」제34조에 따른 채굴제한은 광업권의 취소 또는 광구의 감소처분으로서 해당 지역의 광업권이 궁극적으로 소멸되는 처분이다. 이에 반하여「광업법」

제44조에 따른 채굴제한은 해당 영조물 주변 반경 50m 등 일정 범위에서 채굴행위를 제한하는 것일 뿐만 아니라 제한되는 구역에 대해서도 채굴이 전혀 불가능하게 되는 것은 아니고 관청의 허가 또는 토지소유권자 등의 승낙 하에 채굴이 허용되기도 한다. 즉, 위 두 경우는 제한의 정도에 있어서 차이가 있기 때문에 결과적으로 보상 여부가 달라지더라도 이를 차별취급이라고 볼 수 없다. 또한 「광업법」 제34조제1항에 의하면 일반도로와 광업권이 저촉되는 경우에도 50m 범위의 채굴제한으로 공익을 보호하기에 충분하지 않다고 인정되는 경우라면 역시 광업권의 취소 또는 광구 감소처분을 할 수 있다. 그러나 이 경우에는 「광업법」 제34조제3항에 따라 보상을 하여야 한다. 그러므로 고속국도를 설치하는 경우와 일반국도를 설치하는 경우에 각각 「광업법」 제34조와 제44조가 적용됨으로 인하여 보상 여부가 달라진다 하더라도 이를 들어 평등원칙 위반이라 할 수 없다.

4) 채굴제한의 법적 효과

「광업법」 제44조에 따른 채굴제한은 광업의 수행과정에서 공공시설이나 종교시설 그 밖의 건축물이나 묘지 등의 관리운영에 지장을 초래하는 사태의 발생을 미연에 방지하기 위하여, 그 부근에서 광물을 채굴하는 경우에는 관할 관청의 허가나 소유자 또는 이해관계인의 승낙을 얻는 것이 필요하다는 것을 정한 것에 지나지 않는다. 채굴제한은 공공복리를 위하여 광업권에 당연히 따르는 최소한도의 제한이고 부득이한 것으로서 당연히 수인하여야 하는 것이지 특별한 재산상의 희생을 강요하는 것이라고는 할 수 없으므로 광업권자가 채굴제한으로 인하여 손실을 입었다고 하여 이를 이유로 보상을 구할 수 없다.[80] 그리고 이러한 법리는 채굴제한을 받는 광업권의 경제적 가치 유무나 규모 또는 공익사업에 의한 시설이나 건축물 등의 설치시기와 관계없이 「광업법」 제44조에 의한 채굴제한을 받는 광업권 일반에 모두 적용되고, 광업권의 설정 또는 채굴의 개시 이후에 시설이나 건축물 등이 설치된 경우에도 동일하다.[81]

「광업법」 제44조에 따른 채굴제한은 광업 실시에 있어서 공공의 영조물이나 건물 기타 시설이 파괴되는 것을 미연에 방지하기 위하여 광업권에 공법상의 제한을 가한 공법상의 상린관계를 규정한 것이다. 공법상의 상린관계는 행정작용에 의하여 규제 이행되는 것이고 그 위반에 대하여는 같은 법 제102조에 의하여 처벌되

---

80 대법원 2005.6.10. 선고 2005다10876 판결.
81 대법원 2014.3.27. 선고 2010다108197 판결; 대법원 2014.12.11. 선고 2012다70760 판결(손해배상).

는 것일 뿐이고 「민법」상의 상린관계에 관한 규정이 아니다. 그러므로 채굴제한에 관한 규정이 있어도 영조물의 관할 행정청, 소유자 또는 이해관계인에게 광업권자에 대한 사법상 금지청구권이 발생하는 것은 아니다.[82]

「광업법」 제44조에 따른 채굴권의 제한으로 채굴허가권을 가진 관할 관청 또는 채굴동의권을 가진 소유자 또는 이해관계인은 동법 제44조제2항에 따라 정당한 이유 없이 허가 또는 승낙을 거부할 수 없다. 채굴권을 제한하는 「광업법」 제44조는 채굴권의 행사에 따라 공공의 영조물이나 건물 기타 시설의 파괴를 미연에 방지하기 위하여 광업권에 대하여 공법상의 제한을 하는 "강학상 공법상 상린관계"에 해당한다. 공법상의 상린관계는 관할관청의 허가에 의하여 규제가 완결된다. 관할 관청의 허가를 받지 않고 채굴이 제한된 지역에서 채굴하게 되면, 「광업법」 제44조의 위반으로 제102조제4항에 따른 처벌을 받게 되고, 공법상 상린관계는 사법상 소유권 등 물권관계에서 오는 「민법」상의 상린관계와 달리 방해배제 등 청구권이 발생하지 않는다. 그러므로 허가를 받지 않거나 동의를 받지 않고 채굴제한 지역에서 채굴을 한 자에 대하여 허가권을 가진 관청이나 동의권을 가진 소유자 또는 이해관계인에게 광업권자에 대한 채굴금지청구권이 발생하지 아니한다.[83]

3. 광업권의 취소

(1) 광업권 취소의 개념

행정법상 행정처분의 취소는 흠 있는 광업권의 허가로 일단 유효하게 성립한 행정처분에 대하여 취소원인인 흠을 이유로 권한 있는 행정기관이 그 효력의 전부 또는 일부를 상실시키기 위하여 직권으로 행하는 독립된 행정처분을 말한다. 그러므로 광업권의 취소는 강학상 광업권의 허가처분에 흠이 있으나 일단 유효하게 성립한 광업권(탐사권이나 채굴권) 허가의 효력을 상실시키는 행정처분이다. 광업권 취소는 직권취소를 말하고, 행정심판이나 행정소송에 의한 쟁송취소는 광업법상 취소에 포함되지 않는다.

「광업법」 제35조는 광업권의 취소에 관하여 규정하고 있다. 그러나 「광업법」

---

82 대법원 1981.9.8 선고 80다2904 판결; 1976.11.23 선고 75다365 판결; 1988.02.23. 선고 86다카2919 판결(출입금지가처분 및 공사금지가처분).
83 대법원 1976.11.23. 선고 75다365 판결(소유물방해제거).

제35조에 따른 광업권의 취소는 적법하게 성립한 광업권허가에 대하여 사후에 그 효력을 존속시킬 수 없는 새로운 사정의 발생을 이유로 장래에 향하여 그 효력의 전부 또는 일부를 소멸시키는 행정처분의 근거이다. 그러므로 「광업법」 제35조에 따른 광업권의 취소는 강학상 광업권의 철회에 해당한다. 이러한 점은 하자있게 성립한 광업권을 법률적합성 실현을 위하여 효력을 소멸시키는 강학상 광업권 취소와 구별된다.

(2) 광업권 취소의 대상

1) 탐사권의 취소

산업통상자원부장관이 탐사허가를 받은 탐사권자에 대하여 탐사권을 취소할 수 있는 근거를 「광업법」 제35조제1항에서 규정하고 있다. 탐사권의 취소 사유는 탐사계획의 신고(변경신고는 제외한다)를 하지 아니한 경우, 산업통상자원부장관의 허가를 받지 아니하고 굴진탐사를 한 경우, 탐사실적을 제출하지 아니한 경우, 제출한 탐사실적에 대하여 인정을 받지 못한 경우, 이종광물 중복에 따라 그 중복된 부분의 광업이 타인의 광업을 방해하는 경우 이루어진 방해제거명령이나 광업정지명령을 위반한 경우, 「광산안전법」 제15조의2에 따른 명령을 위반한 경우이다.

2) 채굴권의 취소

「광업법」 제35조제2항은 채굴권의 취소사유를 규정하고 있다. 채굴권의 취소는 침익적 행정처분이기 때문에 법률유보원칙에 따라 「광업법」에 명확한 근거를 두어야 한다. 이에 따라 채굴권 취소사유는 채굴계획의 인가를 신청하지 아니한 경우, 인가 신청한 채굴계획에 대하여 인가를 받지 못한 경우, 채굴계획인가를 받은 날부터 3년이 지나도 대통령령으로 정하는 생산실적 또는 투자실적이 없거나 3년간 계속하여 같은 법 제83조에 따른 보고를 하지 아니한 경우, 채굴계획의 인가를 받지 아니하고 광물을 채굴한 경우, 채굴계획의 변경명령을 이행하지 아니한 경우, 인가를 받지 아니하고 계속하여 1년 이상 채굴을 중단한 경우(다만, 채굴을 중단하기 전 3년의 기간에 대통령령으로 정하는 생산실적 또는 투자실적이 있는 경우는 제외한다), 채굴계획과 다르게 채굴행위에 대한 시정명령을 이행하지 아니한 경우, 같은 법 제46조에 따른 명령을 위반한 경우, 「광산안전법」 제15조의2에 따른 명령을 위반한 경우이다.

산업통상자원부장관으로부터 탐광실적을 인정받으면 생산실적이 없어도 3년간 광업권의 취소가 유예되도록 규정한 취지는 광업권설정등록일로부터 3년이 경과하여도 생산실적이 없거나 생산보고가 없는 경우에는 원칙적으로 광업권을 취소할 수 있다는 것이다. 다만, 산업통상자원부장관의 탐광실적 인정이 있으면 그 후 3년 간은 생산실적이나 생산보고가 없어도 그 사후로는 광업권을 취소할 수 없다는 것이고, 다른 광업권취소사유 예컨대, (구)「광업법」(법률 제7678호, 2005. 8. 4. 개정) 제40조를 위반하여 1년 이상 인가 없이 사업을 휴지하였다는 사유가 있어도 탐광실적만 있으면 3년간 광업권 취소를 할 수 없다는 뜻으로는 해석되지 않는다.[84]

채굴권 허가취소는 산업통상자원부장관의 재량행위에 속한다. 판례에 의하면 광업권에 관하여는 1994년 1월 이후 취소처분을 하기 전까지 광물생산보고도 이루어지지 아니하였고, 관할 행정기관의 인가 없이 계속하여 1년 이상 사업을 휴지한 경우에 「광업법」 제35조제2항에 따른 광업권 취소사유에 해당한다. 채굴권자가 광업권에 10여년 동안 수십억원이 투자되었고, 최근에 해당 광업권을 양수하여 광업진흥공사에 배수복구 지원자금 신청을 하여 채광준비작업을 시작하고 있었다는 사유 등은 채굴권 취소를 면할 만한 정당한 사유가 되지 못하며, 그 밖에 광업권의 취소로 인하여 채굴권자가 입게 될 불이익이 그로써 달성하고자 하는 공익목적에 비추어 현저히 크다고 볼 만한 뚜렷한 사정도 없는 경우에 채굴권취소처분이 재량권을 일탈 또는 남용한 것이라고 볼 수 없다. 관할 행정청인 산업통상자원부의 내부지침인 「광업권의 취소요령」에 의하면, 광업권의 취소처분 기준월로부터 3개월 전에 광업권자에게 행정예고를 하도록 규정하고 있어도, 이 요령은 「광업법」에 근거를 둔 규정이 아니고, 광업권의 취소처분을 신중히 하기 위한 행정청 자신의 내부적인 절차규정에 불과하기 때문에 산업통상자원부장관이 발송한 채굴권취소에 관한 행정예고를 송달받지 못하였다고 하더라도 그 사유만으로써 채굴권취소 처분을 위법하다고 할 수 없다.[85]

「광업법」 제42조의2제2항에 의하면 채굴권자가 계속하여 1년 이상의 기간 동안 채굴을 중단하려면 기간을 정하여 산업통상자원부장관의 인가를 받아야 한다. 채굴중단인가는 산업통상자원부장관의 재량행위에 속한다. 이 규정은 광업권의 사후관리를 강화하여 광업권자로 하여금 조속한 광물 개발을 유도함과 동시에 광업

84 대법원 1982.09.28. 선고 81누426 판결(광업권취소처분취소).
85 대법원 1999.05.25. 선고 99두2871 판결[광업권말소(취소)처분취소].

권을 명목상으로 장기간 보유하는 것을 억제함으로써 광업권의 유휴화나 이권화를 방지하기 위한 것이다. 다른 법령에 의한 인가 또는 허가를 받을 수 없어 채광을 계속할 수 없는 사유가 있는 경우에도 1년 이상 사업을 휴지한 때에는 광업권을 취소할 수 있다.[86]

광업권을 취소한 광구에 광업권설정의 선출원이 있으면, 해당 광업권의 출원은 이중광구금지를 위반하지 않기 때문에 광업권을 설정할 수 있다. 이러한 이유에서 광업권이 설정된 후에 관할 행정청의 이미 취소한 광업권을 회복하는 광업권취소에 대한 취소처분은 위법한 처분이 된다. 왜냐하면 새롭게 광업권이 출원되어 설정되어 있기 때문에 이전 광업권 취소에 대한 취소는 이중광업권을 설정하는 것이 되어 「광업법」 제20조를 위반하게 된다.[87]

(3) 광업권 취소의 요건

1) 하자 있게 성립한 광업권

하자 있는 광업권허가의 취소는 행정법 이론에 따른 강학상 행정처분의 취소에 해당한다. 「광업법」에 따른 광업권 허가요건을 충족하지 않았음에도 관할 행정청이 광업권을 허가한 경우에 해당 광업권허가는 하자 있는 광업권허가가 된다. 이 경우에 광업권 허가관청은 법률적합성을 실현하기 위하여 하자 있게 성립한 광업권을 취소할 수 있다. 취소의 효력은 원칙적으로 광업권허가 시로 소급하게 된다. 그러나 광업권허가는 수익적 행정처분이고, 수익적 행정처분에 대한 취소는 단순히 하자가 있는 것만으로 함부로 취소하지 못한다. 광업권의 허가를 받게 되면, 설사 해당 광업권허가에 하자가 있어도 행정처분이 가지는 공정력에 의하여 이에 근거한 법질서를 형성하여 광업권의 행사를 위해 광업권자가 부가적인 행위를 하게 된다. 광업권자는 광업권허가를 신뢰하여 광업권 행사에 필요한 투자 등의 행위를 하였는데, 허가기관이 갑자기 광업권허가의 하자를 이유로 광업권을 취소하게 되면, 광업권자의 신뢰이익을 침해할 수 있다.

하자 있는 광업권허가의 취소는 해당 광업권을 취소함으로써 얻게 되는 가치·이익과 광업권허가의 효력을 유지함으로써 얻게 되는 가치·이익을 비교형량하여 후자가 전자보다 큰 경우에는 광업권 취소가 제한된다.[88] 광업권의 허가를

86 대법원 1997.09.09. 선고 96누10102 판결(광업권등록취소처분취소).
87 대법원 1967.10.23. 선고 67누126 판결(광업권취소처분및광업권출원불허가처분취소).

받은 광업권자가 광업권의 행사를 위하여 자본이나 노력을 집중적으로 투자하였다면 광업권허가에 하자가 있어도 쉽게 해당 광업권을 취소할 수 없게 된다. 그러나 하자 있는 광업권허가를 하게 된 원인의 책임이 광업권자에게 있는 경우에는 신뢰이익이 없기 때문에 허가기관은 광업권허가를 취소할 수 있다. 또한 광업권허가기관이 해당 광업권허가에 하자가 있는 것을 알고 있었음에도 불구하고 상당한 기간 동안 광업권을 취소하지 않게 되면 실권의 법리에 따라 광업권 취소가 제한된다.[89]

2) 적법하게 성립한 광업권

광업권허가에 하자가 없었더라도, 사후에 발생한 사유에 근거하여 해당 광업권을 관할 행정청이 취소할 수 있다. 적법하게 성립한 광업권허가는 수익적 행정처분에 해당한다. 적법하게 설립한 광업권을 취소하기 위해서는 법률에 명확한 근거가 필요하다. 「광업법」 제35조에서 취소의 요건을 명시적으로 정하고 있다. 적법하게 성립한 광업권을 사후에 관할 행정청이 취소하는 것은 강학상 철회에 해당한다. 적법하게 성립한 광업권의 취소는 명확한 법률적 근거가 필요하다. 광업권허가는 기본권 구체화적 성격이 있어 이를 제한하기 위해서는 법률적 근거가 있어야 한다. 「광업법」 제35조에 근거하는 광업권허가의 취소(강학상 철회)는 재량행위에 해당한다. 그러므로 「광업법」 제35조의 요건을 충족한 경우에도 관할 행정기관은 취소로 인한 공익과 광업권을 존속시킴으로써 발생하는 사익을 형량하여 결정하여야 한다.

3) 공익사업 등에 영향을 주는 광업권

「광업법」 제34조는 광업권자의 이익보다 광업으로 인해 침해될 공공의 이익이 더욱 큰 경우에 광업권의 취소 또는 광구의 감소처분을 하도록 산업통상자원부장관에게 의무를 부과하고 있고, 국가중요건설사업지 또는 그 인접 지역의 광업권이나 광물의 채굴이 국가중요건설사업에 지장을 준다고 인정할 때에는 광업권의 취소 또는 그 지역에 있는 광구의 감소처분을 할 수 있는 권한을 부여하고 있다. 공익상 이유와 국가중요건설사업 추진을 이유로 하는 「광업법」 제34조에 따른 광업권 취소는 광업권자에게 보상을 한다. 그러므로 「광업법」 제34조는 광업권자에게 자신의 광업권이 공익을 해한다는 것을 이유로 이를 취소하여 줄 것을 산업통

---

88 대법 1988.5.10. 선고 87누707 판결; 대법 2004.7.22. 선고 2003두7606 판결.
89 대법 1987.9.8. 선고 87누373 판결.

상자원부장관에게 신청할 권리를 부여하는 규정이라고 할 수 없다.[90]

대형조선소 건설은 광구일부가 조선소 건설의 부지로 책정되고 그 조선사업이 국가의 경제개발 계획에 있어서 최우선순위의 중요사업에 속한다고 할지라도 그러한 사정은 「광업법」 제34조제1항에 따른 "광업이 공익을 해하는" 경우에 해당한다고 할 수 없다.[91] 그러므로 산업통상자원부장관이 「광업법」 제34조제1항을 적용하여 광구감소처분을 한 경우에 위법한 행정처분으로 인하여 광업권자에 대한 손해가 발생하였기 때문에 산업통상자원부장관은 「국가배상법」 제2조에 따라 그 손해를 배상할 책임이 있다.[92]

(4) 광업명령의 송달

「광업법 시행령」 제68조에 의하면 "광업에 관한 명령이나 통지를 송달하는 경우에 송달을 받을 당사자의 주소가 분명하지 아니하면 그 명령 또는 통지 내용의 전문을 관보나 일간신문에 게재하여야 한다. 이 경우 관보나 일간신문의 게재일부터 2주일(섬 지역은 20일)이 지난날에 그 명령이나 통지가 송달받을 당사자에게 도달한 것으로 본다." 「광업법 시행령」 제68조에 따른 관보게재일이란 관보발행일자를 뜻하는 것이 아니고 송달문서의 내용을 게재한 관보가 인쇄된 뒤 전국의 각 관보 보급소에 발송, 배포되어 이를 일반인이 열람 또는 구독할 수 있는 상태에 놓이게 된 최초의 시기를 뜻하는 것이다.[93]

---

90 「광업법」 제34조에 따른 광업권의 취소를 신청하였으나 산업통상자원부장관이 거부를 한 경우에 부작위위법확인소송을 제기하게 된다. 이 경우에 부작위위법확인소송에 대한 원고적격이 있는가에 관한 문제가 있다. 이에 관하여 대법원은 "행정소송법 제4조제3호에 규정된 부작위위법확인의 소는 행정청이 당사자의 법규상 또는 조리상의 권리에 기한 신청에 대하여 상당한 기간 내에 그 신청을 인용하는 적극적 처분 또는 각하하거나 기각하는 등의 소극적 처분을 하여야 할 법률상의 응답의무가 있음에도 이를 하지 아니하는 경우에 그 부작위가 위법하다는 것을 확인함으로써 행정청의 응답을 신속하게 하여 부작위 또는 무응답이라고 하는 소극적인 위법상태를 제거하는 것을 목적으로 하는 제도이다. 부작위위법확인소송은 처분의 신청을 한 자로서 부작위의 위법의 확인을 구할 법률상의 이익이 있는 자만이 제기할 수 있다 할 것이며, 이를 통하여 원고가 구하는 행정청의 응답행위는 「행정소송법」 제2조제1항제1호 소정의 처분에 관한 것이라야 하므로, 당사자가 행정청에 대하여 어떠한 행정행위를 하여 줄 것을 신청하지 아니하거나 그러한 신청을 하였더라도 당사자가 행정청에 대하여 그러한 행정행위를 하여 줄 것을 요구할 수 있는 법규상 또는 조리상의 권리를 갖고 있지 아니하든지 또는 행정청이 당사자의 신청에 대하여 거부처분을 한 경우에는 원고적격이 없거나 항고소송의 대상인 위법한 부작위가 있다고 볼 수 없어 그 부작위 위법확인의 소는 부적법하다 할 것이다(대법원 1995.09.15. 선고 95누7345 판결(광업권등록취소); 대법원 1993.4.23. 선고 92누17099 판결; 1992.6.9. 선고 91누11278 판결; 대법원 1995.09.15. 선고 95누7345 판결).
91 대법원 1977.10.11. 선고 77다1039 판결(손해배상).
92 대법원 1977.10.11. 선고 77다1039 판결(손해배상).

(5) 광업권 취소와 손실보상

1) 헌법적으로 보장받는 광업권

헌법 제23조제1항은 재산권을 보장하고, 내용과 한계를 법률로 정하도록 하고 있다. 헌법이 재산권을 보장함으로써 「광업법」에 의하여 보장되는 창설된 광업권은 구체적인 사유재산권으로서 존속보장, 사용과 처분을 보장받는다. 즉, 광업권은 「광업법」이라는 법률에 의하여 창설되었으나, 헌법에 의하여 보장되는 재산권이다. 헌법적으로 보장되는 광업권은 광업권자의 주관적 권리이기 때문에 광업권을 창설한 「광업법」도 헌법적 근거 없이 박탈하거나 제한할 수 없다. 즉, 헌법은 「광업법」에 의하여 형성된 광업권을 박탈하거나 그 내용을 광업권자에게 불리하게 변경하는 경우에 헌법적 근거를 요구하고 있다. 헌법적으로 보장되는 광업권은 결과적으로 광업권자에게 귀속된 광업권의 존속을 보장하게 된다.

2) 광업권에 대한 공용침해

헌법적으로 보장되는 광업권은 일차적으로 광업권자에게 부여되는 광업권의 존속보호에 있다. 그러나 공공의 필요에 의하여 광업권에 대한 침해가 불가피한 경우에 헌법 제23조제1항에 의한 존속보호는 헌법 제23조제3항에 의하여 가치보호로 전환된다. 헌법 제23조제3항은 "공공필요에 의한 재산권의 수용·사용 또는 제한 및 그에 대한 보상은 법률로써 하되, 정당한 보상을 지급하여야 한다."고 규정하고 있다.

광업권의 취소는 재산권에 해당하는 재산권의 수용과 용어적으로 다를 수 있다. 이러한 이유로 헌법은 재산권의 수용·사용·제한만을 공용침해로 정당화할 수 있고, 광업권의 취소를 "수용"에 포함할 수 없기 때문에 광업권의 취소는 헌법적으로 정당화되지 않는 것이라는 주장도 있을 수 있다. 즉, 헌법 제23조제3항에 따른 "수용"을 "재산권을 전면적으로 박탈하여 다른 소유권자에게 이전"하는 것으로 좁게 해석하게 되면, 광업권자의 광업권을 박탈하며, 다른 사람에게 이전하지 않고 소멸시키는 광업권의 취소는 "수용"에 포함되지 않게 된다. 그러나 헌법 제23조제3항에 따른 재산권의 수용은 광업권의 취소와 같이 재산권의 박탈도 포함한다고 보아야 한다.

헌법상 광업권에 대한 공용침해는 특정한 공적 과제를 수행하기 위하여 광업권을 전부 또는 일부를 박탈하는 고권적 행위이다. 그러므로 「광업법」에 의하여

---

93 대법원 1969.11.25. 선고 69누129 판결(광업권설정등록불수리처분취소).

설정한 광업권을 "공공의 이익"이나 "국가중요건설사업"을 위하여 취소하는 행정
처분은 헌법 제23조제3항에 따른 공용침해 중 공용수용에 해당한다. 헌법 제23조
제3항은 공용침해를 할 수 있는 헌법적 근거를 규정함과 동시에 정당한 보상을 하
도록 규정하고 있다. 「광업법」은 헌법 제23소제1항에 나른 광업권을 설칭하는 근
거인 동시에 헌법 제23조제3항에 따른 광업권을 공용침해할 수 있는 법률에 해당
하다. 헌법 제23조제3항은 공용침해는 법률로 할 수 있도록 규정함과 동시에 이에
대하여 정당한 보상을 법률로 정하도록 하고 있다. 그러므로 「광업법」은 "공공의
이익"이나 "국가주요건설사업"을 위하여 필요한 경우에 부여한 광업권을 박탈할
수 있으나 이에 대한 보상을 정당하게 하여야 한다.

3) 광업권 취소목적의 정당성

헌법 제23조제3항은 "공공필요성"을 공용침해의 정당성으로 규정하고 있다.
그러므로 「광업법」 제34조제1항은 "광업이 공익을 침해하는 경우", 동법 제34조제
2항은 "국가중요건설사업에 지장을 주는 경우"에 광업권을 취소하거나 할 수 있도
록 규정하고 있다. 「광업법」 제34조제1항 및 제2항에 따른 광업권의 취소가 헌법
적으로 정당화되기 위하여는 취소사유가 되는 광업의 공익침해성이나 국가중요건
설사업의 지장 없는 추진은 헌법 제23조제3항에 따른 공공필요성에 해당한다. 그
러므로 광업권의 취소에 관한 「광업법」 제34조제1항 및 제2항은 헌법적으로 정당
화되는 공용침해에 해당한다.

4) 광업권 취소의 한계

광업권이 「광업법」 제34조제1항 및 제2항에 근거하여 "공익보호" 또는 "국가
중요건설사업의 지장 없는 추진"을 목적으로 하는 경우에는 무조건 헌법적으로 정
당한가에 관한 문제가 제기될 수 있다. 「광업법」 제34조제1항 및 제2항에 광업권
의 취소는 과잉금지원칙의 구속을 받는다. 광업권 취소의 목적은 위에서 언급한
바와 같이 "공익보호" 또는 "국가중요건설사업의 지장 없는 추진"이다. 그러므로
국가건설사업 중 중요하지 않은 건설사업은 광업권으로 인하여 지장을 받을 수 있
어도 취소할 수 없다. 또한 광업권 취소의 이유가 되는 공익보호나 국가중요건설
사업에 대한 지장이 광업권의 취소 외의 방법으로 달성될 수 없어야 비로소 헌법
합치적 광업권의 취소 행사가 된다. 또한 공익보호나 국가중요건설사업의 추진을
위한 광업권 취소도 항상 정당화되지 않고 과잉금지원칙에 합치하여야 한다. 그러
므로 광업권 취소가 과잉금지원칙에 합치하기 위하여는 광업권의 부분 취소나 물

리적 부담으로도 공익보호나 국가중요건설사업의 원만한 추진이 가능하다면, 광업권을 적게 침해하는 수단을 채택하여야 한다.

5) 손실보상의 대상과 범위

가. 손실보상의 대상

적법하게 성립하여 적법하게 탐사 또는 채굴되고 있는 광업권에 대하여 공익보호와 국가중요건설사업의 추진을 위하여 「광업법」 제34조제1항 또는 제2항에 따라 취소되는 광업권이 손실보상의 대상이다. 그러므로 「광업법」 제35조에 따라 광업권자의 위법한 행위를 이유로 취소되는 광업권은 보상의 대상이 되지 아니한다.

또한 광업권의 취소에 따른 손실보상은 현실적으로 광업권이 실현될 수 있는 광구만을 대상으로 한다. 「광업법」에 따라 채굴권을 허가받아도 채굴을 위하여 「산림보호법」 등과 같은 법률에 따른 추가적인 벌목 등에 대한 허가를 받아야 하나 허가를 받지 못한 광구에서 광물을 채굴할 수 없게 된 경우에는 광업권을 취소하더라도 손실보상대상에서 제외된다. 판례에 의하면 광업권자의 잔여 광구 160헥타르에서 석탄을 채굴하기 위하여 관할 행정기관에 산림훼손허가신청을 하였으나, 해당 광산이 댐에 가까워 수질오염이 예상된다는 이유로 해당 허가신청이 불허가되어 조업을 할 수 없게 됨으로써 광업권은 사실상 모두 상실되었으므로 잔여 광구에 대한 손실보상의무가 있는가에 대하여, 법원은 "산림훼손허가는 관할 행정청이 신청대상 토지의 현상과 위치 및 주위의 상황 등을 고려하여 공익상 필요에 따라 재량으로 허가를 거부할 수 있으므로, 산림훼손허가를 받지 못해 채굴작업을 더 이상 할 수 없게 되었다고 하더라도 그것이 댐 건설과 상당인과관계가 있는 것이라거나 광업권의 행사를 부당히 제한하는 것이라고 할 수 없다."고 하였다.[94]

나. 보상범위

광업권의 취소에 따른 보상대상과 범위는 "관계기관의 장이 지정, 고시한 국가 또는 지방자치단체가 건설하는 중요건설사업지 및 그 인접 지역 안의 광업권이나 광물채굴이 동 사업에 지장을 초래한다고 인정할 때에는 광업권의 취소 또는 광구의 감소처분을 할 수 있고, 이로 인하여 통상 발생하는 손실을 보상하도록 규정하고 있으나, 관계기관의 장이 지정·고시한 국가 또는 지방자치단체가 건설하는 중요건설사업지 및 그 인접 지역 밖의 광업권으로서 광업권을 취소하거나 광구

---

94 대법원 1996.09.20. 선고 96다24545 판결(광업권보상).

의 감소처분을 하지도 아니한 부분에 대하여는 보상하지 않는 것"을 의미한다.[95]

손실보상의 범위는 채굴의 제한에 관한 「광업법」 제44조와의 관계에 의하여 제한을 받는다. 「광업법」 제44조제1항은 광업의 수행과정에서 공공시설이나 종교시설 그 밖의 건축물이나 묘지 등의 관리운영에 지장을 초래하는 사태의 발생을 미연에 방지하기 위하여, 그 부근에서 광물을 채굴하는 경우에는 관할 관청의 허가나 소유자 또는 이해관계인의 승낙을 얻는 것이 필요함을 정한 것에 지나지 않고, 이러한 제한은 공공복리를 위하여 광업권에 당연히 따르는 최소한도의 제한이고 부득이한 것으로서 당연히 수인하여야 하는 것이지 특별한 재산상의 희생을 강요하는 것이라고는 할 수 없으므로, 광업권자가 위와 같은 채굴제한으로 인하여 손실을 입었다고 하여 이를 이유로 보상을 구할 수 없다.[96] 그러므로 손실보상을 위한 광산평가액에서 「광업법」 제44조에 따른 광업권 제한에 속하는 부분은 포함되지 않는다.

6) 손실보상 산정기준

헌법 제23조제3항은 공용침해로 재산권을 수용·사용·제한하는 경우에 "정당한 보상"을 하도록 규정하고 있다. 여기서 "정당한 보상"은 공익과 취소당하는 광업권의 상충하는 법익에 대한 "정당한 법익형량의 결과에서 나오는 보장"을 의미한다. 광업권의 취소에 따른 손실보상에 대한 정당한 보상은 취소되는 광업권에 대한 시장가치(객관적인 재산가치)에 대한 완전한 보상을 말한다.[97]

「광업법」 제34조제4항은 보상할 손실의 범위는 광업권의 취소처분 또는 광구의 감소처분에 따라 통상 발생하는 손실로 하도록 규정하고 있다. 여기서 "보상해야 하는 손실(통상 발생하는 손실)"은 광업권의 취소처분 또는 광구의 감소처분 당시를 기준으로 평가한 광산·광구·시설의 가치, 광업권의 취소처분 또는 광구의 감소처분 시까지 해당 광산개발에 투자된 비용, 광업권의 취소처분 또는 광구의 감소처분 당시의 탐사, 개발 및 채굴상황을 고려하여 정하도록 하고 있다.

「광업법 시행령」 제30조는 "통상 발생하는 손실"에 대한 산정기준을 다음과 같이 정하고 있다. 첫째, 광업권자나 조광권자가 조업 중이거나 정상적으로 생산

95 대법원 1996.09.20. 선고 96다24545 판결.
96 대법원 2005.6.10. 선고 2005다10876; 대법원 2014.12.11. 선고 2012다70760 판결.
97 헌재 1990.6.25. 89헌마107: 헌법 제23조 제3항에서 규정한 "정당한 보상"이란 원칙적으로 피수용재산의 객관적인 재산가치를 완전하게 보상하여야 한다는 완전보상을 뜻하는 것이지만, 공익사업의 시행으로 인한 개발이익은 완전보상의 범위에 포함되는 피수용토지의 객관적 가치 내지 피수용자의 손실이라고는 볼 수 없다.

중에 휴업한 광산으로서 광물의 생산실적이 있는 경우, 「광업법」 제34조제4항제1
호에 따라 산업통상자원부령으로 정하는 자가 광산의 장래 수익성을 고려하여 산
정한 광산평가액에서 이전(移轉)이나 전용(轉用)이 가능한 시설의 잔존가치(殘存價値)
를 뺀 금액에 이전비를 합산한 금액[이 경우 평가된 지역 외의 지역에 해당 광산개발을 목
적으로 취득한 토지·건물 등 부동산이 있는 경우에는 그 부동산에 대하여 「공익사업을 위한 토지
등의 취득 및 보상에 관한 법률」(이하 "토지보상법"이라 한다)에서 정하는 보상기준을 준용하여 산
정한 금액을 더한 금액으로 한다]으로 한다. 둘째, 탐사권자가 탐사를 시작하였거나 탐
사실적을 인정받은 경우와 채굴권자가 채굴계획인가를 받은 후 광물의 생산실적
이 없는 광산인 경우, 해당 광산개발에 투자된 비용과 현재시설의 평가액에서 이
전이나 전용이 가능한 시설의 잔존가치를 뺀 금액에 이전비를 합산한 금액으로 한
다. 셋째, 탐사권자가 등록을 한 후 탐사를 시작하지 아니하였거나 채굴권자가 채
굴계획 인가를 받지 아니한 경우, 등록에 든 비용으로 한다.

　　"광산평가액"과 "현재시설의 평가액"은 「광업법」 제34조제4항제1호에 따라
산업통상자원부령으로 정하는 자 둘 이상이 산정한 평가액을 산술평균하도록 하
고 있다. 수용대상에 대한 손실보상액의 평가는 당해 공공사업의 시행을 직접목적
으로 하는 계획의 승인, 고시로 인한 가격변동을 고려하지 않고 수용재결 당시의
이용 상황, 주위환경 등을 기준으로 하여 적정가격을 정하여야 한다. 수용대상이
사업인가 고시 당시의 토지 또는 권리세목에 누락되었다가 추가된 경우에 보상액
산정의 기준이 되는 사업인정 시기는 최초 사업인정 고시일이다.[98] 그러므로 "도
로가 택지개발사업지구에 편입됨으로써 기존용도가 폐지되었다 하더라도 이는 택
지개발사업의 시행에 의하여 비로소 도로의 용도가 폐지된 것인 만큼 이러한 이유
로 택지개발사업고시일 이후에 용도 폐지된 상태를 위 광업권의 보상액을 평가하
는 데 감안할 수는 없다."[99]

　　7) 광산평가액의 산정자
　　「광업법」에 따른 광업권 취소에 대한 손실보상에 필요한 광산평가액을 산정
할 수 있는 자는 「부동산 가격공시 및 감정평가에 관한 법률」 제2조제9호에 따른
감정평가업자, 국가·지방자치단체의 기관 또는 산업통상자원부장관이 인정하는
기관, 「엔지니어링산업 진흥법」 제2조제4호에 따른 엔지니어링사업자, 「기술사법」

---

98 대법원 2000.09.08. 선고 98두6104 판결(재결처분취소).
99 대법원 2000.09.08. 선고 98두6104 판결(재결처분취소).

제6조에 따라 기술사사무소를 개설한 기술사로서 같은 법 시행령 별표 2의2에 따른 건설(직무 범위가 지질 및 지반인 경우만 해당한다) 또는 광업자원을 직무 분야로 하는 기술사로 제한되어 있다(광업법 시행규칙 제19조). 광산평가액이나 현재시설 평가액을 산정할 수 있는 자를 제한하는 이유는 손실보상의 금액을 둘러싸고 발생할 수 있는 분쟁을 가능한 축소하는 데에 있다.

(6) 광업권 취소와 행정소송

취소소송의 소익은 행정청이 행한 처분에 대하여 불복하여 행정소송을 통하여 취소를 구하기 위하여 필요한 취소소송을 청구할 만한 정당한 법률상 이익을 말한다. 즉, 원고가 처분이 취소된 경우에 현실적으로 법률상 이익이 회복될 수 있는 상태에 있어야 비로소 소익이 있게 된다. 위법한 행정처분의 취소를 구하는 소는 위법한 처분에 의하여 발생한 위법상태를 배제하여 원상으로 회복시키고, 그 처분으로 침해되거나 방해받은 권리와 이익을 보호·구제하고자 하는 소송이므로 비록 그 위법한 처분을 취소한다고 하더라도 원상회복이 불가능한 경우에는 그 취소를 구할 이익이 없다. 「광업법」 제12조제3항, 같은 법 시행령 제4조제1항에 의하여 광업권자는 채굴권 존속기간 연장허가신청을 그 존속기간이 끝나기 1년 전부터 3개월 전까지의 기간에 하여야 한다. 광업권의 존속기간이 만료되어, 광업권 존속기간의 연장허가신청을 하였으나 반려된 경우에 광업권 취소처분이 취소되더라도 광업권의 회복이 불가능하다면, 광업권 취소처분의 취소를 구할 소의 이익이 없다.[100]

Ⅳ. 조광권의 개념 및 행사

1. 조광권의 개념

(1) 조광권 의의와 법적 성질

1) 조광권의 의의

조광권은 "설정행위에 의하여 타인의 광구에서 채굴권의 목적이 되어 있는 광물을 채굴하고 취득하는 권리"이다(광업법 제3조제4호). 광업권은 탐사권과 채굴권을 포함하는 것이나, 조광권은 광업권을 가진 채굴권자의 광구에서 대상이 되는 광물

---

100 대법원 1997.01.24. 선고 95누17403 판결(광업권등록취소처분취소).

을 채굴하고 취득하는 권리이다. 조광권은 기존의 덕대계약(德大契約)을 법적으로
제한된 범위에서 인정한 권리이다. 기존의 덕대계약은 채굴권을 가진 광업권자가
광물채굴에 관한 자기의 권리를 타인에게 수여(덕대)하고, 그 타인은 자기의 자본
과 관리하에 광물을 채굴하여 채굴된 광물의 일부 또는 금전으로 광업권 사용의
대가를 지급하는 광업권의 임대차계약을 말한다. 기존의 덕대계약은 광업권행사에
관한 국가감독을 어렵게 하고, 책임소재를 불명확하게 하여 「광업법」상 허용되는
광업권양도의 절차를 잠탈하는 탈법행위에 해당되어 무효인 계약이었다. 그러나
광업권의 임대차를 무효로 하는 것에 대한 문제가 제기됨으로써 1973년 「광업법」
의 개정으로 조광권 제도가 도입되었다. 조광권 제도의 도입은 현실적으로 광업에
서 덕대계약이 성행하고, 광업에서 관행으로 존속하고 있는 현실을 「광업법」에 반
영한 것이다.

2) 조광권의 법적 성질

조광권의 근원인 광업권은 물권이다. 그러므로 조광권은 「광업법」에서 특별
하게 정하지 않는 한에서 부동산에 관한 「민법」과 그 밖의 법령의 규정을 준용한
다(광업법 제47조제1항). 조광권은 물권이기 때문에 상속 기타 일반승계의 목적이 될
수 있다.

3) 조광권의 제한

조광권은 상속이나 그 밖의 일반승계의 경우 외에는 권리의 목적으로 하거나
타인이 행사하게 할 수 없다(광업법 제47조제2항). 조광권은 시·도지사의 인가를 받
아야 설정될 수 있는 권리이기 때문에 타인에게 행사하도록 하면, 조광권설정의
인가제도는 의미가 없다. 그러므로 조광권은 상속이나 일반승계를 제외하고는 타
인에게 행사할 수 없다.

4) 조광권자의 결격사유

「광업법」은 조광권설정을 관할 행정청의 인가를 전제로 설정할 수 있도록 하
고 있다. 그러나 조광권자에 대하여 결격사유를 두고 있어, 「광업법」 또는 「광산
안전법」을 위반하여 징역의 실형을 선고받고 그 집행이 끝나거나(집행이 끝난 것으
로 보는 경우를 포함한다) 집행이 면제된 날부터 2년이 지나지 아니한 자, 「광업법」
또는 「광산안전법」을 위반하여 징역의 집행유예를 선고받고 그 유예기간에 있는
자, 또는 대표자가 위에서 정하고 있는 사항에 해당하는 법인은 조광권을 설정할
수 없다.

5) 조광권의 존속기간

조광권의 존속기간은 그 채굴권의 존속기간과 같다. 다만, 채굴권자와 조광권
자가 되려는 자 사이의 협의에 따른 경우에는 그러하지 아니하다. 채굴권자와 조
광권자가 되려는 자가 협의하여 조광권의 존속기간을 정하는 경우 그 존속기간은
산업통상자원부장관이 정하는 범위에서 해당 광물의 채굴과 취득에 지장이 없는
기간으로 하여야 한다. 조광권의 존속기간을 연장할 경우에도 또한 같다.

채굴권자 또는 조광권자는 조광기간의 연장이 필요한 경우 조광권의 존속기
간이 끝나기 전에 산업통상자원부장관의 인가를 받아 그 기간을 연장할 수 있다.
채굴권자와 조광권자가 조광권 존속기간의 연장인가를 받으려면 그 존속기간이
끝나기 1년 전부터 3개월 전까지의 기간에 신청서를 산업통상자원부장관에게 제
출하여야 한다. 산업통상자원부장관은 석탄이나 석탄·흑연광에 대한 조광권 존속
기간의 연장인가신청을 받으면 「석탄산업법」 제3조에 따라 산업통상자원부장관이
따로 수립하는 석탄산업의 장기계획을 고려하여 그 인가 여부를 결정하여야 한다.
산업통상자원부장관이 조광권 존속기간의 연장인가신청을 받은 경우 그 조광권자
가 「광산안전법」 제5조에 따른 의무를 이행하지 아니한 경우에는 인가를 하여서
는 아니 된다.

2. 조광권설정 요건

(1) 조광권설정계약

조광권은 광업권 중 채굴권을 전제로 한다. 채굴권자가 직접 광물을 채굴하지
않고, 조광권자에게 채굴을 하도록 함으로써 성립한다. 그러므로 조광권은 사법상
계약에 의하여 채굴권자의 채굴권과 광물취득권을 이전받은 권리라고 할 수 있다.
현행 「광업법」은 조광권의 설정을 허용함으로써 채굴권자만이 해당 광물을 채굴
하여 취득할 수 있게 하지 않고, 채굴권자가 필요에 따라 채굴권을 취득할 권리를
다른 사람에 판매하거나 승계할 수 있도록 함으로써 광물의 채굴과 취득에 대한
시장참여자의 폭을 확대하고 있다.

조광권설정계약은 조광권자가 채굴권자와 소위 덕대계약을 통하여 채굴권과
취득권을 이전받아서 조광권자의 책임과 자본으로 광물을 채굴 및 취득하여야 하
는 것이다. 그러므로 조광권을 설정하지 아니하고, 채굴권자의 책임과 이름으로
채굴을 하는 것은 조광권설정계약(덕대계약)에 해당하지 않는다. 토석채취허가를 받

은 자와의 계약에 의하여 동 허가명의자의 비용과 책임하에 토석을 채취하고 그 채취된 토석의 일부를 동 허가명의자에게 분배하는 내용의 계약은 일종의 도급계약이라 할 것이고 「광업법」상의 덕대계약에 해당되지 않는다.[101]

(2) 조광권의 인가

조광권을 설정하려는 때 조광권자가 되려는 자와 채굴권자는 산업통상자원부장관의 인가를 받아야 한다. 산업통상자원부장관의 인가를 받으려면, 조광권을 설정받으려는 자는 조광권설정인가신청서(전자문서로 된 신청서를 포함한다)에 조광권설정계약서, 개발계획서, 조광권설정구역 광상의 평면도 및 단면도, 주민등록증 등 공공기관이 발행한 본인 및 주소 확인이 가능한 신분증 사본, 산업통상자원부장관이 정하는 재무능력이 있음을 증명하는 서류를 산업통상자원부장관에게 제출하여 조광권설정인가를 신청하여야 한다. 산업통상자원부장관의 조광권설정인가에 관한 권한은 시·도지사에게 위임되어 있으므로 조광권을 설정하려는 자는 시·도지사에게 조광권설정 인가를 신청하여야 한다. 시·도지사는 조광권설정인가 신청을 받으면, 광업원부 등본과 법인 등기사항증명서(「전자정부법」 제36조제1항에 따른 행정정보의 공동이용을 통하여 확인한다)를 확인하여야 한다. 확인을 한 시·도지사가 조광권설정을 인가하는 경우에 조광권설정 인가통지서를 시·도지사 명의로 발부하여야 한다.

(3) 조광권의 등록

조광권자가 되려는 자는 시·도지사로부터 조광권설정의 인가통지서를 받으면 인가통지서를 받은 날부터 60일 이내에 등록세를 납부하고 산업통상자원부장관에게 등록을 신청하여야 한다. 조광권설정의 인가를 받은 자가 조광권설정등록을 하려는 경우에 등록신청서에 등록세영수증명확인서와 영수증명통지서를 첨부하여 산업통상자원부장관에게 제출하여야 한다. 산업통상자원부장관은 이러한 등록신청서류에 갖추어지지 아니한 것이 있으면 기간을 정하여 보완하게 할 수 있다.

조광권등록은 조광원부에 조광권의 설정·변경, 상속이나 그 밖의 일반승계에 따른 조광권의 이전, 조광권의 소멸, 조광권의 존속기간, 공동조광권자(조광권을 공동소유하는 자를 말한다. 이하 같다)의 탈퇴에 관하여 등록한다. 조광권등록에 관하여는 광업권의 등록에 관한 사항을 준용한다.

101 대법원 1983.08.23. 선고 82다카1596 판결(손해배상).

조광권설정등록을 신청하지 아니하면 인가는 효력을 상실한다. 그러므로 조광권설정인가는 등록조건부 인가에 해당한다. 조광권은 등록하지 아니하면 그 효력이 발생하지 않는다. 그러나 상속과 그 밖의 일반 승계로 인한 조광권의 이전, 사망으로 인한 공동조광권자의 탈퇴, 채굴권의 소멸·존속기간만료 또는 혼동으로 인한 조광권의 소멸의 경우에는 조광권은 등록하지 아니하여도 효력이 발생한다.

3. 조광권설정의 효력

조광권의 설정은 채굴권허가를 받지 않은 조광권자에게 광물을 채굴할 수 있는 권리를 부여하게 된다. 그러므로 광업권자가 「광업법」에 규정된 조광권설정의 방법에 의하지 아니하고 광업권자가 아닌 자에게 광물을 채굴케 하는 권리를 부여하거나 그 광업의 관리경영을 일임하는 내용의 계약은 「광업법」에 비추어 무효라고 할 것이다. 공동광업권 설정의 형식을 취하여 광업권자 아닌 자를 공동광업권자로 등록하도록 하였다고 하여도 계약의 내용이 본래의 광업권자가 광업의 관리경영에 참여하지 아니하고 오직 그 상대방인 광업권자 아니었던 자에게 광업의 관리경영을 일임하는 내용으로서 공동광업권자의 명의가입은 단지 상대방의 관리경영권을 확보해 주기 위한 방편으로 볼 수 있으므로 조광권을 설정하지 아니하는 광업의 관리경영계약은 「광업법」에 위반되는 계약으로서 무효이다.[102]

4. 조광권과 채굴권의 관계

(1) 조광권과 채굴권의 상관성

채굴권자는 광구의 감소·분할·합병의 출원, 폐업 등으로 인한 소멸등록의 신청 또는 등록한 광물 종류의 감소 출원을 하려면 조광권자의 동의를 받아야 한다. 조광권의 설정 또는 조광구의 증가가 있을 때에는 「광업법」에 따라 채굴권자가 행한 절차와 그 밖의 행위는 조광권의 범위에서 조광권자에게도 효력을 가진다. 조광권의 소멸 또는 조광구의 감소가 있을 때에는 「광업법」에 따라 조광권자가 행한 절차와 그 밖의 행위는 채굴권의 범위에서 채굴권자에게도 효력을 가진다. 다만, 채굴권이 소멸하여 조광권이 소멸한 경우에는 그러하지 아니하다.

---

102 대법원 1962.1.11. 선고 4294민상608, 609 판결; 대법원 1962.2.15. 선고 4294민상986 판결; 대법원 1966.7.5. 선고 66다423 판결; 대법원 1981.07.28. 선고 81다145 판결(광업권대표등록말소).

(2) 채굴권자의 책임범위

채굴권자가 조광권자에게 조광권설정계약을 체결하는 경우에 조광권자는 해당 광구에서 채굴권자가 가진 채굴권리를 행사할 수 있다. 그러나 채굴권자가 조광권자의 권리행사에 영향을 미치게 되면, 그 범위에서 민·형사상 책임을 채굴권자가 지게 된다. 조광권은 기존에 법적으로 허용되지 아니한 덕대계약을 양성화한 것이다. 조광권설정계약에서 광업권자가 채굴과정에서 조광권자의 피용자에 대하여 지휘, 감독, 통제하는 관계에 있는 경우에는 그 범위 내에서 실질적으로 사용자 관계에 있다.[103] 광부운송업무는 채탄작업과 밀접하게 관련된 업무에 해당한다. 그러므로 광부운송차량 사고는 광의의 광산사고에 포함되기 때문에 광업권자는 조광권자의 피용자에 의한 광부운송차량 전복사고에 대하여 손해배상책임을 지게 된다.[104]

5. 조광권의 폐지

(1) 조광권의 소멸

설정된 조광권은 조광권자가 계약을 이행하지 않는 경우에 채굴권자가 조광권의 소멸에 대해 산업통상자원부장관에게 인가를 받으면 소멸한다. 그러므로 조광권설정계약을 위반하여도 채굴권자가 조광권소멸을 신청하지 않으면 소멸하지 않는다. 조광권을 신청하여 관할 행정청의 인가를 받은 채굴권자는 조광권자가 조광료의 지급을 지체하거나 그 밖에 계약상의 의무를 이행하지 아니하면 3개월 이상의 기간을 정하여 그 이행을 최고(催告)하고, 그 기간에도 이행하지 아니하면 산업통상자원부장관에게 조광권의 소멸을 신청할 수 있다. 채굴권자가 조광권의 소멸신청을 하려면 조광권소멸신청서에 조광권설정계약서, 의무이행최고서를 첨부하여 산업통상자원부장관에게 제출하여야 한다. 산업통상자원부장관은 조광권의 소멸신청을 받으면 조광권자의 의견을 들은 후에 조광권소멸에 대한 인가 여부를 결정하여야 한다. 조광권자가 기업도산 등으로 인하여 광업 경영능력이 거의 없고 계약상의 의무를 이행하지 아니한 경우에 조광권 소멸 신청에 필요한 최고기간은 1개월로 한다.

---

103 대법원 1982.04.27. 선고 81다카957 판결(손해배상).
104 대법원 1982.04.27. 선고 81다카957 판결(손해배상).

(2) 조광권 취소

산업통상자원부장관은 조광권자가 채굴계획의 인가를 신청하지 아니한 경우 등 「광업법」 제57조 각 호의 어느 하나에 해당하면 그 조광권을 취소할 수 있다.

V. 광업권 행사와 토지의 수용·사용

1. 광업권 행사를 위한 토지의 수용과 사용

(1) 헌법 제23조제3항과 광업법상 토지의 수용·사용

헌법 제23조는 제1항에 재산권의 보장, 제2항에 재산권의 사회적 수용성 및 제3항에 재산권의 공용침해와 보상에 관하여 규정하고 있다. 광업권은 헌법 제23조제1항에 따른 재산권으로서 헌법적 보호의 대상에 속한다. 광업권은 사회적 구속성을 받는 재산권이기 때문에 「광업법」에서 손실보상 없이 제한하고 있을 뿐만 아니라 공익의 실현과 국가중요건설사업을 위하여 취소하고 이에 따른 보상을 할 수 있도록 정하고 있다.

「광업법」 제5장은 광업권의 행사에 필요한 경우에 토지출입, 사용 및 수용을 할 수 있도록 하고 보상을 하도록 규정하고 있다. 즉, 「광업법」은 광업권자가 광업권의 행사를 위하여 타인 소유의 토지를 출입할 수 있게 하는 방법의 사용과 일부를 변형하는 방법의 사용을 할 수 있도록 할 뿐만 아니라 수용도 할 수 있도록 하고 있다. 헌법 제23조제3항은 타인 토지의 수용·사용·제한을 위한 필요적 요건으로 "공공필요성"을 요구하고 있다. "공공필요"는 타인 재산권의 수용·사용·제한을 위한 정당화 사유이다. 그러나 타인의 재산권에 대한 수용·사용·제한은 "공공필요성"의 충족만으로는 헌법적으로 정당화되지 않는다. 재산권의 사용·수용·제한을 위한 공공필요성은 사업의 공익에 대한 사항이다. 타인의 재산권을 사용·수용·제한하는 사업은 그 목적이 공공필요성이 있을 때에 비로소 정당화된다. 「광업법」에 따른 광업권의 출원이나 행사는 헌법 제23조제3항에 따른 타인 토지의 수용이나 사용을 위한 정당화 요건으로 "공공필요성"에 해당한다.

헌법적으로 정당화될 수 있는 타인 재산권의 사용·수용·제한은 공공필요성과 동시에 비례원칙에 합치하여야 한다. 비례원칙에 합치하는 재산권의 사용·수용·제한은 공익성이 있는 사업으로 달성하고자 하는 공익과 타인 재산권의 사용·수용·제한으로 침해되는 사익과 법익을 형량할 때에 공익이 월등하게 큰 경

우이다. 그러므로 광업권의 출원이나 행사는 모두 비례원칙에 합치하는 것이라고
할 수 없다. 「광업법」은 토지출입의 방법으로 타인 토지의 사용을 규정하면서(광업
법 제67조) 광업측량이나 현장조사로 제한하고, 타인 토지의 사용과 수용을 할 수
있도록 하면서 갱구의 설치 등(광업법 제70조, 제71조)을 열거적으로 규정하고 있다.
「광업법」은 광업권에 대한 공공성을 인정하고 동시에 광업권의 설정과 행사를 위
하여 비례원칙에 적합한 사항을 갱구설치, 광물의 채굴에 필요한 기계나 설비의
설치 등으로 제한하고 있다.

(2) 타인 토지의 출입

1) 타인 토지 출입허가

헌법 제23조에 의한 공용사용은 타인의 재산권을 소유권자나 점유권자의 의
사에 반하여 일시적으로 사용하는 것을 말한다. 「광업법」 제67조에 의한 광업권
설정이나 행사를 위한 타인 토지의 출입은 재산권 사용방법 중 하나에 속한다.
「광업법」은 광업권 행사에 필요에 의하여 타인 토지를 사용과 수용할 수 있도록
하고, 타인 토지의 사용 방법으로 출입을 위한 사용과 채굴을 위한 사용으로 구분
하여 규정하고 있다. 「광업법」 제67조에 의하면 광업권설정을 출원하려는 자, 조
광권자가 되려는 자, 광업출원인, 조광권설정인가신청자, 광업권자 또는 조광권자
는 광업에 관한 측량 또는 현장조사를 위하여 필요하면 산업통상자원부장관의 허
가를 받아 타인의 토지에 들어가거나 장해물을 제거할 수 있다. 「광업법」 제67조
제3항은 산업통상자원부장관의 허가를 받은 자가 타인의 토지에 들어가거나 장해
물을 제거할 때에는 미리 토지의 소유자와 점유자 또는 장해물의 소유자에게 그
사실을 알릴 의무를 동시에 부과하고 있다.

타인 토지에 출입도 일종의 사용에 해당한다. 그러나 타인 토지 출입허용의
방법으로 인한 재산권 사용은 시간적으로 단기적이고 토지소유권이나 점유권자의
토지사용에 있어 장애적 요소가 극히 제한적이라고 할 수 있다. 그러므로 타인 토
지로의 출입을 광업권의 출원이나 행사를 위하여 허용하는 범위는 비교적 넓게 허
용하여도 헌법적 정당성이 있다고 할 수 있다.

2) 허가요건

토지출입의 허가요건은 광업권의 출원이나 행사에 필수적으로 요구되는 "광업
에 관한 측량 또는 현장조사"이다. 그러므로 광업권의 출원이나 행사와 관련되면

항상 타인 토지에 출입이 허가되지 않고, 오로지 "광업측량이나 현장조사"로 제한된다. 「광업법」 제67조는 광업권의 설정과 행사에 관련된 헌법 제23조제1항에 따른 재산권의 보호와 제23조제3항에 따른 공용침해에 관한 조정의 결과라고 할 수 있다. 광업권의 출원이나 행사를 위하여 가능한 "필요한 최소한"으로 타인의 재산권을 출입하는 방법으로 사용할 수 있는 목적을 "광업측량" 또는 "현장조사"로 제한함으로써 재산권을 보장하고 있는 헌법 제23조제1항에 부합하게 된다.

「광업법」 제68조는 "광업권자나 조광권자는 광업상 급박한 위험을 방지하기 위하여 필요할 때에는 즉시 타인의 토지에 들어가거나 토지를 사용할 수 있다. 이 경우 광업권자나 조광권자는 지체 없이 토지의 소유자와 점유자에게 알려야 한다."고 규정하고 있다. 광업권자나 조광권자가 광업상 급박한 위험방지를 위하여 타인 토지에 출입하는 것은 「광업법」 제67조와는 달리 산업통상자원부장관의 허가 없이도 가능하다. 광업상의 급박한 위험방지는 타인의 토지를 일시적으로 사용하는 것보다 법익의 형량상 공익이 크다고 할 수 있다.

3) 토지의 사용

「광업법」 제70조는 타인 토지의 출입을 제외하고, 타인 토지를 광업권의 실질적 행사를 위하여 사용할 수 있는 법적인 근거를 제공하는 조문이다. 광업권자나 조광권자는 광업권의 행사를 위하여 갱구를 개설하거나 탐사나 채굴에 필요한 기계나 설비를 설치하여야 비로소 실질적인 광업권을 행사할 수 있게 된다. 이를 위하여 「광업법」 제70조에서는 광업권자 또는 조광권자는 갱구(坑口)의 개설, 노천굴(露天掘)에 의한 광물의 채굴, 탐사 또는 광물의 채굴 작업에 필요한 기계 설비의 설치, 갱목(坑木)·화약류·연료나 그 밖의 중요 자재의 적치장 또는 광물·토석·광재 또는 회신(灰燼 : 불에 타고 남은 끄트러기나 재)의 적치장 설치, 선광용 또는 제련용 시설의 설치, 철도·궤도·도로·운하·배수로·지정(池井) 또는 전기공작물의 개설, 광업용 사무소, 광업에 종사하는 자의 숙박시설 또는 보건위생시설의 설치, 그 밖에 광업에 필요한 공작물의 설치를 위하여 필요한 경우에 광구·조광구 또는 그 부근에서 타인의 토지를 사용할 수 있도록 근거를 마련하고 있다.

(3) 토지의 수용

공용수용은 개인의 재산권을 그의 의사에 불문하고 강제적으로 취득하여 소유권을 변경시키는 것이다. 광업권 행사를 위한 타인 토지의 수용은 공용수용에 해당한다. 「광업법」 제71조는 광업권자나 조광권자는 갱구의 개설, 노천굴에 의한 광물의 채굴 또는 광물의 채굴 작업에 필요한 기계 설비의 설치, 토석 또는 광재의 적치장 설치, 선광용 또는 제련용 시설의 설치, 철도·궤도·도로·운하·배수로·지정(池井) 또는 전기공작물의 개설을 위하여 필요한 경우에 광구·조광구 또는 그 부근에서 타인의 토지를 수용할 수 있도록 규정하고 있다.

2. 공용침해에 대한 보상

(1) 사업인정

「광업법」 제72조제1항은 광업권자나 조광권자가 타인의 토지를 사용·수용하려면 산업통상자원부장관의 인정을 받도록 하고 있다. 산업통상자원부장관은 타인 토지의 사용·수용에 대한 인증을 하려는 때에는 토지 소유자와 토지에 관한 권리를 가진 자의 의견을 들어야 한다.

산업통상자원부장관이 광업권자나 조광권자에게 사업인정을 하는 경우에 「공익사업을 위한 토지 등의 취득 및 보상에 관한 법률」(약칭 : 토지보상법) 제20조 제1항에 따른 사업인정으로 간주하도록 「광업법」 제73조제2항은 규정하고 있다. 사업인정은 그 후 일정한 절차를 거칠 것을 조건으로 하여 일정한 내용의 수용권을 설정해 주는 행정처분이다. 사업인정의 효과는 광업권 행사를 위하여 수용할 목적물의 범위가 확정되고 수용권으로 하여금 목적물에 관한 현재 및 장래의 권리자에게 대항할 수 있는 일종의 공법상의 권리로서의 효력을 발생시킨다.[105]

(2) 토지보상법의 적용범위

「광업법」 제73조제1항은 토지의 사용 또는 수용에 관하여 이 법에 규정된 것 외에는 토지보상법을 적용하도록 규정하고 있다. 그러므로 광업권의 설정이나 행사를 위하여 타인 토지를 사용·수용하는 경우에 보상에 관하여 토지보상법이 적용된다.

토지보상법 제49조에 따른 토지수용위원회는 토지 등의 수용과 사용에 관한 재결을 목적으로 설치되었고, 국토교통부에 중앙토지수용위원회를 두고, 특별시·광역시·도·특별자치도에 지방토지수용위원회가 설치되어 있다. 토지보상법은 수

---

[105] 대법원 1993.09.28. 선고 92누10852 판결; 대법원 1994.11.11. 선고 93누19375 판결(토지수용재결처분취소).

용·사용의 일차 단계인 사업인정에 속하는 부분에 관하여 사업의 공익성 판단으로 사업인정기관에 일임하고 그 이후의 구체적인 수용·사용의 결정에 대하여 토지수용위원회에 권한을 부여하고 있다. 토지수용위원회는 행정쟁송에 의하여 사업인정이 취소되지 않는 한 그 기능상 사업인정 자체를 무의미하게 하는 즉, 사업의 시행이 불가능하게 되는 것과 같은 재결을 행할 수는 없다.[106]「광업법」제72조제1항은 광업권 설정이나 행사를 위한「광업법」제70조 또는 제71조에 따른 사업인정을 산업통상자원부장관에게 부여하고 있어, 토지수용위원회가 갱구의 설치에 따른 보상에 대한 재결을 하여야 하는 경우에 사업인정의 취소와 같은 재결은 할 수 없고, 보상금액 등에 관하여서만 재결을 할 수 있다.

VI. 광해배상

1. 광해배상의무

(1) 광해배상의무자

광물을 채굴하기 위한 토지의 굴착, 갱수(坑水)나 폐수의 방류, 폐석이나 광재의 퇴적 또는 광연(鑛烟)의 배출로 인하여 타인에게 현저한 손해를 입힌 경우에는 손해가 발생할 당시에 해당 광업권이 소멸하지 아니한 경우 해당 광구의 광업권자(그 광구에 조광권이 설정되어 있는 경우 그 조광구에서는 해당 조광권자)가, 손해가 발생할 당시에 이미 광업권이 소멸한 경우에는 소멸 당시 그 광구의 광업권자(광업권이 소멸할 때 해당 광업권에 조광권이 설정되어 있었던 경우 그 조광구에서는 해당 조광권자)가 손해를 배상할 의무를 진다.

손해가 둘 이상의 광구 또는 조광구의 광업권자 또는 조광권자의 귀책사유로 발생한 경우에는 각 광업권자 또는 조광권자는 연대하여 손해를 배상할 의무를 진다. 손해가 둘 이상의 광구 또는 조광구의 광업권자 또는 조광권자 중 어느 광업권자 또는 조광권자의 귀책사유에 따른 것인지 분명하지 아니한 때에도 또한 같다. 연대채무자 상호 간의 부담부분은 같은 것으로 추정한다.

손해가 발생한 후에 광업권이 양도된 경우에는 손해가 발생할 당시의 광업권자와 그 후의 광업권자가 연대하여 손해를 배상할 의무를 지고, 손해가 발생한 후에 조광권이 설정된 경우에는 손해가 발생할 당시의 광업권자와 그 후의 조광권자

---

106 대법원 1994.11.11. 선고 93누19375 판결(토지수용재결처분취소).

가 연대하여 손해를 배상할 의무를 진다. 조광권자가 손해를 배상할 경우에는 손해가 발생할 당시의 그 조광권이 설정되어 있던 광구의 광업권자와 그 후의 광업권자가 조광권자와 연대하여 손해를 배상할 의무를 지고, 손해가 발생할 당시에 이미 광업권이 소멸한 때에는 소멸 당시 그 광구의 광업권자가 조광권자와 연대하여 손해를 배상할 의무를 진다. 공동광업권자 또는 공동조광권자는 연대책임이 있다. 광업권을 양수한 자 또는 손해 발생 후의 조광권자가 배상의 의무를 이행한 경우에는 위에서 정하는 바에 따라 손해를 배상할 자에게 상환을 청구할 수 있다.

(2) 배상방법

손해배상은 금전으로 한다. 다만, 배상금액에 비하여 너무 많은 비용을 들이지 아니하고 원상으로 회복할 수 있는 경우에는 피해자는 원상회복을 청구할 수 있다. 배상의무자가 원상회복을 신청한 경우에 법원은 적당하다고 인정하면 금전배상 대신에 원상회복을 명할 수 있다.

2. 소멸시효

손해배상청구권은 피해자가 손해와 배상의무자를 안 날부터 3년간 행사하지 아니하면 시효로 인하여 소멸한다. 손해가 발생한 날부터 10년이 지난 경우에도 또한 같다. 손해배상청구권의 소멸시효 기간은 진행 중인 손해에 대하여는 그 진행이 정지한 날부터 기산(起算)한다. 광해손해배상청구권의 소멸시효는 「민법」과 달리 「광업법」 제정 당시인 1951년부터 도입되어 2007년 동법 개정 때까지 1년 또는 5년의 단기소멸시효였다. 「민법」과 달리 (구)「광업법」에서 광해손해배상청구권의 소멸시효를 단기로 정한 것은 과거 광업에 대한 의존도가 높아 광산개발을 촉진할 필요성이 강하게 요청되던 시대적 상황에서 광해로 인한 손해배상책임을 둘러싼 권리의무관계를 조기에 확정함으로써 광업권자 및 조광권자가 자원개발사업을 안정적으로 수행할 수 있도록 지원하는 데에 있었다.[107]

현재는 우리나라의 산업구조에 있어 국내광업에 대한 의존도가 높지 않아 광업권자에게 특별한 혜택을 부여하면서까지 광산개발을 촉진할 필요성이 크지 않다. 이에 반하여 피해자의 권익보호와 환경의 가치에 대한 인식은 증대하고 있는 것이 현실이다. 그러므로 기존의 「광업법」과 같이 광해로 인한 손해배상청구권에

---

107 광업법 일부개정법률안 심사보고서, 국회 산업자원위원회, 2007.4, 3면 이하.

대해서 단기의 소멸시효를 인정할 필요성은 거의 없어졌다고 할 수 있다. 오히려 형평성 차원에서는 광해로 인한 손해배상청구권의 소멸시효도 「민법」상의 일반 소멸시효와 동일하게 인정하는 것이 적절하여 현행과 같이 소멸시효가 손해를 안 날로부터 3년, 손해가 발생한 날로부터 10년으로 개정되었다.

Ⅶ. 광업법에 따른 이의신청제도

1. 이의신청의 의의

(1) 이의신청의 대상

「광업법」 제8장은 이의신청에 관하여 규정하고 있다. 동법 제90조는 「광업법」에 따른 처분 또는 「광업법」상 명령에 따른 처분에 불복하는 자는 산업통상자원부장관에게 이의신청을 할 수 있다. 그러므로 광업권출원에 대한 허가로서 탐사권출원 허가 또는 채굴권 허가 신청에 대한 거부처분은 이의신청의 대상이 된다. 또한 허가된 광업권에 대한 취소처분도 이의신청의 대상에 속한다.

(2) 이의신청의 절차

「광업법」에 따른 처분에 불복하는 자는 이의신청서를 산업통상자원부장관에 제출할 수 있다(광업법 제90조). 피이의신청인인 처분청은 이의신청서를 접수한 날로부터 10일 이내에 답변서를 작성하여 산업자원부장관에게 제출하여야 한다. 산업통상자원부장관은 이의신청을 받으면 광업조정위원회의 의결을 거쳐 결정한다(광업법 제93조).

이의신청을 의결하기 위하여 산업통상자원부에 두는 광업조정위원회는 이의신청사건에 대하여 서면심사, 당사자 신문, 증거조사, 감정 또는 검증, 당사자 간 조정 등을 거친 후 전원회의를 개최하여 심리(필요 시 구술심리)한 후 의결하고, 산업통상자원부장관에게 통지한다. 산업통상자원부장관은 광업조정위원회의 의결 결과에 따라 재결(각하, 기각, 인용)하여 이의신청을 제기한 자에게 통지한다. 산업통상자원부장관은 광업조정위원회의 의결이 부당하다고 인정하면 1차에 한하여 재의(再議)를 요구할 수 있다(광업법 제94조).

2. 법적 성질

(1) 임의적 절차

「광업법」제8장에 따른 이의신청이 행정심판이나 행정소송의 전심절차에 해당하는지 여부가 문제된다. 「광업법」에 따른 이의신청은 행정심판이나 행정소송의 전심절차로 볼 수 없다. 왜냐하면 행정심판을 청구하기 전에 의무적으로 거쳐야 하는 필요적 이의신청으로 규정하고 있지 않기 때문이다. 「광업법」제90조는 처분에 불복하는 자에게 이의신청을 할 의무를 부여하지 않고, 하나의 권리구제 방법으로 선택의 자유를 부여하고 있다. 그러므로 여기서 이의신청은 행정심판이나 행정소송의 전심절차가 아니라 임의적 절차라 할 수 있다.

(2) 행정심판적 성질

「광업법」제8장에 따른 이의신청을 제기한 자가 이의신청의 결과에 불복하는 경우 「행정심판법」에 따라 행정심판을 청구할 수 있는지에 관해, 「광업법」상의 이의신청을 특별행정심판으로 볼 것인지 아니면 행정심판이 아닌 일반적인 이의신청절차로 보아야 할 것인지가 문제될 수 있다. 「광업법」제8장에 따른 이의신청절차를 특별행정심판으로 본다면 이의신청에 불복하는 경우 「행정심판법」에 따른 행정심판을 제기하지 못한다. 그러므로 「광업법」 또는 동법 시행령, 시행규칙 등에 근거한 행정처분에 불복하여 동법에 따른 이의신청을 거친 후에 이의신청결정에 불복을 하는 경우에는 곧바로 「행정소송법」에 따른 행정소송을 제기하여야 한다.

「광업법」제95조는 "이의신청에 관하여 제90조부터 제94조까지에서 규정한 것 외에는 「행정심판법」을 준용한다."고 규정하고 있다. 이러한 규정에 비추어 「광업법」상 이의신청은 행정심판의 성격을 가지는 것으로 보아야 하고, 「행정심판법」이 아닌 개별법에서 행정심판을 정한다는 점에서 특별행정심판에 해당한다. 그러나 특별행정심판에 해당하는 특허심판이나 조세심판과는 달리 임의적 행정심판 절차라고 할 수 있다. 그러므로 「광업법」상의 이의신청을 의결하는 광업조정위원회는 특별행정심판위원회에 해당한다고 보아야 한다.

3. 이의신청의 효력

「광업법」제91조에서는 "이의신청은 산업통상자원부장관의 처분의 집행을 정지시키지 아니한다. 다만, 산업통상자원부장관은 처분의 집행으로 인하여 회복할 수 없는 손해가 발생한다고 인정할 때에는 신청 또는 직권으로 그 집행을 정지시킬 수 있다."고 규정하고 있다. 이의신청은 「행정심판법」이나 「행정소송법」에서 행정심판의 청구나 행정소송 제기의 효력과 동일하게 집행부정지원칙을 채택하고 있다. 예외적으로 처분의 집행으로 회복할 수 없는 손해가 발생한다고 인정할 때에는 신청 또는 직권으로 그 집행의 정지를 규정하고 있다.

4. 이의신청 의결기관

(1) 광업조정위원회의 구성과 권한

「광업법」은 현행 「행정심판법」이 제정되기 전에 제정된 법률로서 행정청의 처분에 대한 권리구제절차로 이의신청제도를 도입하고 있다. 행정심판에서 의결에 해당하는 재결은 행정심판위원회가 담당한다. 「광업법」은 이의신청에 대한 의결기관으로 제92조에서 광업조정위원회를 두고 있다.

광업조정위원회는 위원장 1명과 10명 이내의 위원으로 구성되고, 위원장은 산업통상자원부의 고위공무원단에 속하는 일반직공무원이나 별정직공무원 중 관련 업무를 담당하는 자로서 산업통상자원부장관이 지명하는 자로 하고, 위원은 관계 부처의 3급 이상 공무원과 광업에 관하여 학식과 경험이 풍부한 자 중에서 산업통상자원부장관이 위촉하는 자로 한다. 산업통상자원부장관은 광업조정위원회의 위원이 심신장애로 인하여 직무를 수행할 수 없게 된 경우, 직무와 관련된 비위사실이 있는 경우, 직무태만·품위손상이나 그 밖의 사유로 인하여 위원으로 적합하지 아니하다고 인정되는 경우, 위원 스스로 직무를 수행하는 것이 곤란하다고 의사를 밝히는 경우에는 해당 위원을 해촉(解囑)할 수 있다.

광업조정위원회의 위원장은 위원회의 사무를 총괄하고, 위원회를 대표한다. 위원장이 불가피한 사유로 직무를 수행할 수 없을 때에는 위원장이 미리 지명한 위원이 그 직무를 대행한다. 위원장은 위원회의 회의를 소집하고, 그 의장이 된다. 위원장이 회의를 소집하려면 회의 개최 5일 전까지 회의의 일시·장소 및 회의 안건을 각 위원에게 서면으로 알려야 한다. 다만, 긴급한 경우에는 그러하지 아니하다. 회의는 위원장을 포함한 재적위원 과반수의 출석과 출석위원 과반수의 찬성으로 의결한다.

위원회에 간사 1명과 서기 몇 명을 두고, 간사와 서기는 산업통상자원부 소속 직원 중에서 산업통상자원부장관이 임명한다. 간사는 위원장의 명을 받아 위원회의 서무를 처리하고, 서기는 간사를 보좌한다. 간사는 광업조정위원회 회의에 참석하여 발언할 수 있다. 간사는 회의록과 의결서를 작성하며, 위원장과 출석위원은 이에 기명날인하여야 한다.

　광업조정위원회에 출석한 위원에게는 예산의 범위에서 수당과 여비를 지급할 수 있다. 다만, 공무원이 그 소관 업무와 직접 관련하여 출석하는 경우에는 그러하지 아니하다. 위원회의 운영에 관하여 「광업법 시행령」에 규정된 것 외에 필요한 사항은 위원회의 의결을 거쳐 위원장이 정한다.

(2) 의결 및 재의

　이의신청은 산업통상자원부장관에게 제출되고, 이의신청을 제출받은 산업통상자원부장관은 광업위원회의 의결을 거쳐 결정된다. 그러므로 이의신청을 받은 산업통상자원부장관은 해당 이의신청에 대한 의결을 광업조정위원회에 요청한다. 산업통상자원부장관의 요청을 받은 광업조정위원회는 이의신청에 대하여 의결을 하고, 의결결과를 산업통상자원부장관에게 송부한다. 광업조정위원회는 이의신청 사건에 대하여 서면심사, 당사자 신문, 증거조사, 감정 또는 검증, 당사자 간 조정 등을 거친 후 전원회의를 개최하여 심리(필요 시 구술심리)한 후 의결한 후에 산업통상자원부장관에게 통지하고, 산업통상자원부장관은 광업조정위원회의 의결에 구속된다. 산업통상자원부장관은 광업조정위원회의 의결이 부당하다고 인정하면 1차에 한하여 재의(再議)를 요구할 수 있다. 그러나 산업통상자원부장관은 광업조정위원회의 의결과 다르게 재결을 하지 못한다.

5. 행정심판법의 준용

　「광업법」 제8장에서 규정하고 있지 아니한 이의신청과 관련된 사항은 「행정심판법」을 준용한다.

제 2 절   전원개발법

Ⅰ. 전원개발법의 개관

1. 전원개발법 체계

(1) 전원개발의 대상

실무에서는 전기, 전력 및 전원의 개념을 일상적으로 사용하고 있으나 그 범위와 대상은 명확하지 않다. 전기는 과학적으로 전자의 흐름에 의해 생성되는 에너지의 한 형태로 설명되고 있다. 전기는 물질의 원자에서 전자가 이동하면서 전류가 흘러서 생성된다. 전기는 순수한 과학적인 요인에 기인하여 사용되고 있다. 이에 반하여 전력은 전기의 힘이라고 파악할 수 있다. 즉, 전력은 전기라는 수단에 의하여 생성되는 힘으로 이해할 수 있다. 전원(電源: power source, power supply)은 전기를 공급하는 장치, 시스템 등으로 전력을 공급하는 원천을 의미하기도 한다. 전원은 전자기기의 구동에 필요한 전력을 공급해 주는 장치인 전원공급장치를 의미하기도 한다.

전기, 전력 및 전원 등의 개념은 실정법에서 빈번하게 사용되고 있으나, 전기와 관련된 법률의 제정이나 해석에 있어 자연과학적 정의에만 매몰되는 것은 적합하지 않다. 실정법률에서 다양한 의미로 사용하고 있는 전기, 전력 및 전원 개념은 해당 법률의 체계 및 관련된 법령규정에 따라 탄력적으로 이해할 필요성이 있다.

전원개념을 제명에서 사용하고 있는「전원개발촉진법」은 전원개발의 촉진을 목적으로 하는 법률이나 '전원'에 대한 뜻은 규정하지 않고 있다. 다만, 법률에서는 "전원설비"라는 용어에 대해서는 정의하고 있는데, 이에 따르면 전원은 발전(發電)·송전(送電) 및 변전(變電)을 포함하고 있다. 그러므로 전원개발법에서 전원은 전기의 생산, 송전 및 변전을 포괄하는 전기공급시스템으로 이해하는 것이 적합하다.

(2) 전원개발법제

전원을 전기공급시스템으로 이해할 경우 강학상 전원개발은 발전소의 건설, 송전망과 배전망의 설치와 관련된 법제라고 할 수 있다. 실정법을 중심으로 분석하면 대표적인 전원개발법제는「전원개발촉진법」이다. 그 밖에 발전소의 건설을 촉진하기 위하여 발전소의 입지로 관련 주변지역 주민에게 발생하는 법률상 이익이나 권리 외 사실상 발생하는 불이익을 보전하기 위한 「발전소주변지역 지원에 관한 법률」이 있다. 전원개발법제에는 동법률을 포함하는 것이 적합하다.

전원개발은 위에서 설명한 바와 같이 발전 외에 송전과 배전을 포함하고 있다. 송전망과 배전망의 구축 없이는 발전소에서 생산한 전기를 사용할 수 없다. 송전망과 배전망의 설치는 이러한 의미에서 전원개발에서 중요한 위상을 가지고 있다. 송전망과 배전망이 설치되는 지역주민은 직접적으로 발생하는 법률상 이익이나 권리의 침해에 대해 「공익사업을 위한 토지등의 취득 및 보상에 관한 법률」에 따라 정당한 보상을 받고 있다. 그러나 송전망과 배전망이 설치되는 지역주민은 법률상 이익이나 권리는 아니지만 사실상의 불이익을 받고 있어, 이러한 불이익을 정당하게 보전하여 송전망이나 배전망의 설치를 촉진할 목적으로 「송·배전설비 주변지역의 보상 및 지원에 관한 법률」이 제정되어 운영되고 있다.

전원개발법제는 위에서 언급한 「전원개발촉진법」, 「발전소주변지역 지원에 관한 법률」 및 「송·변전설비 주변지역의 보상 및 지원에 관한 법률」을 포섭한다.[108]

2. 전원개발법의 제정과 발전

(1) 제 정

현행 전원개발촉진법은 1978년 12월 5일 "전원개발에 관한 특례법"이라는 제명으로 법률 제3131호로 제정되었고, 1979년 1월 1일부터 시행되었다. 동법률의 제정 취지는 지속적인 경제성장과 국민소득증대에 따라 전력수요가 연평균 70% 이상 급신장하였고, 중화학공업의 발전 및 국민생활의 향상으로 전기수요의 지속적인 증가가 예상되었으므로 이에 대처하기 위한 전원설비의 계속적인 확충과 신속한 건설이 필요하였다. 전기생산에 필요한 발전소의 건설과 전력망의 설치에 필요한 건설입지 확보는 복잡한 인·허가절차 및 막대한 자금 소요로 인하여 원활한 전원개발추진이 곤란하였으므로 전원개발을 효율적으로 추진할 목적으로 동법률이 제정되었다.

제정 당시 동법의 적용범위는 전원설비를 설치 또는 개량하는 전원개발사업으로 하였다. 동법률의 핵심적인 사항은 입법 취지에서도 언급된 바와 같이 신속하게 전원개발을 하여 국가에서 필요로 하는 전기를 공급하기 위한 인·허가 의제

---

108 전원개발법제 부분에서는 우선 가장 중요한 법률인 「전원개발촉진법」에 관하여 기술하고, 차후에 관련된 다른 법률에 관한 분석과 해설을 추가할 예정이다.

라고 할 수 있다. 전원개발사업자는 전원개발사업의 실시계획을 작성하여 동력자
원부장관의 승인을 얻도록 하고, 동력자원부장관이 승인을 하고자 할 때에는 미리
관계부처의 장과 협의하고 전원개발사업추진위원회의 심의를 거치도록 하였다. 동
력자원부장관의 실시계획 승인을 받은 경우에는 다른 개발과 관련된 법률상 인·
허가를 받은 것으로 간주하였다.

(2) 발　전

1979년부터 시행된 전원개발에 관한 특례법은 시행 2003년 12월 30일 일부개
정된 법률 제7016호에서 「전원개발촉진법」(이하 "전촉법"이라 한다)으로 제명을 변경
하였다. 기존 "전원개발에 관한 특례법"이 공공개발사업 시행의 일반원칙에 대한
특칙을 규정한 법률로 오해된 측면이 있었다. 발전시설 및 송변전시설 등 전원설
비의 설치를 위한 전원개발사업도 철도·항만·공항 등의 다른 공공사업과 추진절
차, 방법, 내용 등이 유사함에도 불구하고, 많은 국민들과 지방자치단체, 환경단체
등에서 "전원개발에 관한 특례법"은 모든 법률에 우선하는 초법적인 특별법으로
인식하였기 때문이다. 이러한 이유로 다른 공공개발사업에 관한 법률의 제명과 유
사한 명칭으로 변경하여 특별법이라는 오해를 피하고, 전원개발지역주민을 포함한
국민들이 이 법에 대해 가지는 부정적 인식을 완화하기 위한 목적에서 제명을 개
정하였다.

전촉법의 핵심적 개정사항은 과거 보상이 이루어지지 아니하고 설치된 송전
선로 선하용지(線下用地) 등에 대하여 그 토지소유자 및 이해관계인에게 보상하는
사업도 전원개발사업에 포함시킬 수 있게 함으로써, 보상사업이 원활히 추진되고
전원설비를 안정적으로 유지시켜 값싸고 질 좋은 전기를 국민에게 공급하도록 하
고, 전원개발사업에 있어서 의견청취제도를 개선하여 국민의 사유재산권 및 권익
이 보호되도록 개정한 것이다.

3. 전력시스템

(1) 전원설비

전기는 저장이 어렵기 때문에 생산과 소비가 동시에 이루어져야 하는 특징을
가지고 있다. 또한 전기는 안정적인 전력공급을 유지할 때에 활용 가치를 가지는
재화이기 때문에 안정적 공급에 필요한 적정수준의 예비적 전원설비도 확보되어

있어야 한다. 전기의 안정적 공급을 위하여는 전기생산의 원료에 해당하는 연료가 확보되어 있어야 한다. 우리나라는 전기생산에 필요한 화석연료의 해외 의존도가 약 97%에 이를 정도로 높은 국가이다. 또한 우리나라는 지정학적으로 전력계통이 고립되어 있어 주변국과 전력 수출입이 불가능한 국가에 속한다. 국내에서도 전기의 생산은 대부분 해안지역에서, 소비는 수도권 지역에 편중되어 전력의 장거리 수송에 필수적인 송전망을 적지 않게 설치하여야 한다.

전기를 안정적으로 공급하기 위하여 필요한 전원설비를 적기에 설치할 목적으로 제정된 전원개발법에 따르면 전기공급에 필요한 전원설비는 발전·송전 및 변전을 위한 전기사업용 전기설비와 그 부대시설을 말한다.

(2) 전기공급과 전력계통

전력계통(Power System)은 전기를 생산하는 발전소에서 전기를 소비하는 수요자에게 필요한 전기를 공급하기 위해 상호 간에 연결된 전력설비를 말한다. 전력계통은 전기를 생산하는 발전소, 송전을 위해 전압을 높이거나 배전을 위해 전압을 낮추는 변전소, 소비자로부터 멀리 위치한 발전소로부터 소비자 근방에 위치한 변전소까지 전력을 전달하는 고전압 송전망 및 전기소비자를 변전소까지 연결하는 배전선로로 구성되어 있다.

전력계통은 단일 건물에서 자가발전하여 소비하는 계통, 일정한 지역단위에서 전기를 생산하여 자체적으로 소비하는 마이크로그리드와 분산전원, 국가 전체적으로 전기생산과 전기소비를 할 수 있도록 구축하는 국가전력계통, 국경을 넘어서 국가 간 전기생산과 소비를 연결하는 국가간연계계통(super grid)까지 다양한 형태로 존재하고 있다.

발전소는 전력망에 연계되어야 생산한 전기를 소비할 수 있다. 발전소는 각 발전원의 특성으로 전기소비지역과 관계없이 입지하고 있다. 수력발전은 물의 낙차를 이용한 발전을 하기 때문에 대규모 댐이 건설되어야 한다. 그러므로 댐의 건설과 기능에 적합한 산지에 위치한다. 원자력발전소는 발전원의 특성상 대규모 냉각수가 필요하고, 이러한 특성에 기반하여 강이나 바다 근처에 위치하고 있다. 또한 수력발전소, 화력발전소, 원자력발전소와 같은 발전소는 대규모 토지를 필요로 하기 때문에 토지가격이 높은 전기수요지인 도시중심에 설치되지 않고 있다. 발전소에서 발전된 전기를 대규모 수요지인 도시나 산업단지까지 전달하기 위해서 변전소, 송전망을 설치하여야 한다. 송전선을 통하여 전기를 보내는 경우에 송전선로에서 전기손실이 발생하게 된다. 이를 최소화하고 효율을 높이기 위하여 높은 전압으로 송전하여 변전소에서 고전압으로 승압한다. 고압 송전선로를 거쳐 수요지 근처 변전소는 고압의 전기를 저압으로 강압한다. 변전소에서 강압된 전력은 배전선로를 통해서 최종 소비자에게 도달한다.

전촉법은 바로 발전, 송전, 변전에 필요한 설치를 적기에 확보하기 위하여 전원개발의 대상을 발전, 송전, 배전과 그 부대시설로 규정하고 있다(전촉법 제2조제1호).

4. 전원개발법의 존속 필요성

(1) 폐지론

전촉법은 「전기사업법」 등과 중복되는 부분이 있다. 「전기사업법」 제7조의3에서 허가를 받은 발전사업에 대하여 다수의 법률에 따른 허가·인가·승인 등을 받은 것으로 하는 의제규정을 두고 있다. 발전사업에 따른 발전소의 건설과 관련된 개발사업을 원활하고 신속하게 진행하기 위하여 도입하고 있는 인·허가의제제도는 전촉법의 핵심적 내용에 속하는 동법 제6조에 따른 인허가의제규정과 중복된다. 그러므로 발전시설과 송변전시설의 신속한 설치를 위하여 전촉법에서 규정하고 있는 전원개발사업 추진절차를 「전기사업법」으로 이관하고, 논란이 될 수 있는 인·허가의제를 폐지한다면, 전촉법은 독자적으로 존속할 의미가 없어지게 된다. 전원개발사업의 신속한 추진을 위하여 제정된 현행 전촉법은 전원개발사업자가 수립한 전원개발사업 실시계획을 산업통상자원부장관이 승인하는 경우 다른 법률에서 규정하고 있는 다수의 인가·허가·승인 등이 의제되도록 규정하고 있다. 인허가의제 규정이 폐지되면, 송전선로나 발전소 등 전원(電源)설비의 건설을 위하여 「건축법」, 「도로법」 등에 따른 건축허가, 도로점용허가 등과 같이 개별법상의 인·허가를 받아야 하는 문제가 있다.

전촉법 폐지론은 전촉법이 과거 전국적인 전력망이 구축되지 않은 상황에서 전기가 공급되지 않는 지역에 보다 신속하게 전기를 공급하기 위하여 제정된 법률이므로 이미 전국적인 전력망이 구축되어 있어 설비의 부족으로 전기를 공급받지 못하는 지역이 거의 없고, 현재 계획되어 있는 전원설비는 지속적으로 증가하는 전력수요에 대응하는 공급량을 확보하기 위한 것이므로 더 이상 우리나라에서 전원개발을 '촉진'할 필요성이 없다고 주장한다. 발전시설, 송·변전시설 등과 같은 전원설비는 전력산업에 있어 필수적인 시설임에도 불구하고 비선호시설로 인식되어 그 설치를 반대하는 주민들과의 갈등이 지속적으로 발생하고 있다. 특히, 송·변전시설은 '장거리 선로망의 구축', 즉 다수의 지점을 연결하는 연결망 전체의 문제이기 때문에 다른 공익시설에 비해 피해범위가 광범위한 특징이 있다. 전원설비의 구축은 설비의 건설에 대한 주변지역 주민들의 의견 수렴이 중요함에도 전촉법에 따른 전원개발사업 실시계획 승인 시 주민의 의견을 청취하는 수준에 그치고 있어 이해당사자에 대한 의견수렴절차가 부실하다고 할 수 있다. 이러한 측면에서 전촉법에 따라 산업통상자원부장관이 주민의 의견을 청취하는 것보다, 동법률을 폐지하고 개별법에 따른 인·허가를 받도록 하여 다른 행정부처나 지방자치단체장의 의사결정과정에 지역주민의 의견을 반영하도록 하기 위하여 전촉법 폐지를 주장하고 있다.

(2) 존속론

전촉법의 폐지론에 반대하는 존속론에 의하면, 전원개발사업 실시계획은 특정지역에 국한된 전기의 공급도 있으나 전국 단위의 전력망 구축 필요성에 따라 수립되는 경우도 적지 않기 때문에 지방자치단체에서 계획의 타당성을 판단하는 것보다는 중앙부처(산업통상자원부)의 총괄적인 관리가 필요하다고 한다. 우리나라의 경우 현시점에도 인공지능의 확대, 데이터센터의 급증, 산업의 전기화 경향 등으로 전력수요가 지속적으로 증가하고 있어 향후 상당 기간 전력설비의 확충이 필요한 상황인데, 폐지론에 따라 인·허가 의제제도를 삭제하는 경우 지역주민의 민원사항을 고려한 해당 지방자치단체의 인·허가 지연으로 인하여 적기 전력공급이 어려워질 것이라고 전촉법 존속론은 주장하고 있다.

송·변전설비는 두 개 이상의 시·군·구와 시·도를 경유하는 경우가 적지 아니하여 전원개발사업 실시계획 승인에 따른 인·허가 의제제도를 폐지한다면, 전원개발사업자는 전촉법에 따른 의제제도와 가장 유사한 의제사항을 규정하고 있는 「국토의 계획 및 이용에 관한 법률」에 따른 도시·군계획시설사업의 시행자로 지정받은 후 해당 사업에 대한 실시계획 인가를 받아 전원개발사업을 추진할 수 있다. 「국토의 계획 및 이용에 관한 법률」에 따르면 대규모 송전선로 건설과 같은 국가계획의 경우 국토교통부장관이 산업통상자원부장관의 요청에 따라 도시·군관리계획을 입안할 수 있고, 사업시행자(송전선로의 경우 한국전력)를 지정하여 작성된 도시·군계획시설사업 실시계획을 인가할 수 있어, 해당 실시계획 인가에 따라 다수의 법률에서 규정하고 있는 인·허가사항이 의제된다. 이 경우 개별법에 따른 인·허가를 거치도록 하여 지역주민이나 지방자치단체의 장의 의견이 보다 효과적으로 반영되게 하려는 폐지론의 주장과 달리 송전선로 등 전력설비의 설치에 관한 실질적 통제권한을 가진 부처만이 변경되는 결과(산업통상자원부→국토교통부)를 가져올 수도 있다.

전촉법과 국토계획법 비교

구 분	전촉법	국토의 계획 및 이용에 관한 법률
법률 목적	전원개발사업을 효율적으로 추진함으로써 전력수급 안정 도모	국토의 이용·개발과 보전을 위한 계획의 수립 및 집행
사업의 종류	전원개발사업	도시·군계획 시설사업
인허가 절차	전원개발사업자의 신청 → 실시계획 승인	① 도시·군관리계획 결정 ② 사업시행자 지정 → 실시계획 작성 → 인가
승인권자	산업통상자원부장관	국토교통부장관(국가계획의 경우) / 시·도지사, 시장·군수·구청장

II. 전원개발사업과 사업자

1. 전원개발사업

전원개발사업은 발전·송전 및 변전을 위한 전기사업용 전기설비와 그 부대시설에 해당하는 '전원설비를 설치·개량하는 사업' 및 '설치 중이거나 설치된 전원설비의 토지등을 취득하거나 사용권원(使用權原)을 확보하는 사업'을 말한다.

2. 전원개발사업자

전원개발사업자는 전원개발사업을 시행하는 자로서, 「전기사업법」 제7조에 따라 허가를 받은 발전사업자·송전사업자 및 「방사성폐기물 관리법」 제10조에 따른 방사성폐기물 관리사업자를 말한다. 「전기사업법」 제7조에 따라 허가를 받은 발전사업자는 기존의 한국전력공사 외에도 다수의 민간사업자를 포함하고 있다. 현재 민간사업자가 석탄발전설비와 천연가스발전설비를 설치하여 발전사업에 다수 참여하고 있을 뿐만 아니라 재생에너지 확대 정책에 따라 풍력발전사업자와 태양광발전사업자도 대폭 증대되었다. 그러나 발전소를 건설하기 위해 모든 발전사업자가 전촉법에 근거하여 사업을 추진하지는 않는다. 대부분의 재생에너지 발전사업자는 「전기사업법」과 개발 관련 개별법률에 근거하여 사업을 추진하고 있다. 전촉법에 근거하여 전원개발사업을 추진하는 경우는 화력발전, 원자력발전, 천연가스 발전 등과 같은 전통적 발전소를 설치하는 경우이다.

　　전촉법을 제정하던 당시에는 전원개발사업자가 한국전력공사로 제한되었다. 이후 1996년 말 개정된 전촉법에서는 전원개발사업을 효율적으로 시행하기 위하여 필요하다고 통상산업부장관이 인정하는 경우 대통령령이 정하는 바에 따라 그 사업의 일부를 한국전력공사 이외의 발전사업자로 하여금 시행할 수 있도록 하였다. 이는 전원개발사업을 한국전력공사가 독점적으로 수행하고 예외적으로 전기사업자에게 허용하던 제도를 전기수요의 급증에 대비하여 개선한 것으로 민자발전사업의 확대가 절실히 요구되는 당시의 상황을 반영한 것이다.

Ⅲ. 전원개발사업추진위원회

1. 구　성

(1) 협의회 성격의 구성
　　전원개발사업에 관한 중요 사항을 심의하게 하기 위하여 산업통상자원부에 전원개발사업추진위원회를 두고 있다(전촉법 제4조). 동 위원회의 구성과 운영에 관한 사항은 시행령에서 규정하고 있다. 동 위원회의 구성·기능 및 운영에 필요한 사항은 국민의 권리·의무에 직접적인 영향을 미치는 사항이 속하는 것은 아니므로 법률로서 직접 규정해야 할 필요성은 없다.

　　동 위원회의 위원장은 산업통상자원부 제2차관이 되고, 위원은 기획재정부 등의 3급 공무원 또는 고위공무원단에 속하는 일반직공무원 중에서 해당 기관의 장이 지명하는 사람 각 1명이 된다. 동 위원회는 전원개발과 관련된 관할 행정기관의 공무원을 위원으로 하여 구성되고, 지역 전문가 등은 배제되어 있어 위원구성의 다양성이 부족하여 전원개발사업의 이해당사자인 해당 지역주민의 의사가 충실하게 반영되지 않고 있다는 비판을 받고 있다.

현행 법체계에서 관계 행정기관의 공무원으로 구성된 자문·심의·의결 협의체 기구는 협의회 형태로 구성되는 것이 일반적이다. 전원개발사업추진위원회는 협의회가 아니라 위원회이기 때문에 관계 행정기관의 공무원 외에 해당 심의·의결사항에 관하여 중립적이고 전문성 있는 해당 분야의 전문가를 참석하도록 하는 것이 적합하다. 전원개발사업추진위원회의 구성을 현행과 같은 관계 행정기관의 공무원으로 구성을 존속하려면, 그 명칭을 "전원개발추진협의회"로 변경하는 것이 적합하다.

동 위원회에 위원으로 지방자치단체장 등의 협의체 대표와 비영리민간단체의 추천인이 위원으로 참여하게 되면 심의 과정의 절차적 타당성을 높이고, 심의 결과에 대한 수용성이 보다 높아지게 되고 합리적인 결론을 도출하는 데에 기여할 수 있는 측면이 있다.

(2) 주민 추천 위원의 참여

전원개발사업추진위원회의 위원으로 전원개발사업자와 주민대표가 각각 추천한 전문가를 위원으로 위촉하게 하는 경우 해당 위원은 전문적이고 중립적인 의견을 제시하지 못할 우려도 있다. 그러나 전원개발사업추진위원회는 소관 부처 간 제기되는 이견을 조율하는 목적에서 운영되고 있는 점에서 이해당사자를 대변하는 전문가를 위원으로 위촉하는 것은 위원회의 성격에 부합하지 않을 수도 있다.

2. 운 영

전원개발사업추진위원회는 실시계획에 포함하고 있는 사항, 인·허가 등에 관한 사항, 건축허가 등에 관한 사항, 「공익사업을 위한 토지 등의 취득 및 보상에 관한 법률」(이하 "토지보상법"이라 한다)에 따른 사업인정에 관한 사항, 전원개발 예정지구 지정신청서에 관한 사항, 그 밖에 전원개발사업의 시행에 필요한 사항 등에 대하여 심의한다(전촉법 시행령 제6조).

동 위원회는 주로 건축허가 등과 같이 전원개발사업 실시계획 승인으로 의제되는 다른 법률상의 의제대상 법령을 운영하는 행정기관과 협의하기 위하여 소집·운영되고 있다. 동 위원회는 관련 법령의 인·허가와 관련된 사항 이외에도 사업자가 제출한 전원개발사업 실시계획에 대해 심의하며, 실시계획에는 전원설비에 대한 사항, 국토자연환경 보전에 관한 사항 등이 종합적으로 포함되어 있기 때문에 이에 대해 전문적으로 논의할 필요성도 있다.

IV. 전원개발 실시계획의 승인

1. 실시계획 승인·신고의 대상사업

(1) 실시계획 승인 대상사업

"전원개발사업 실시계획"이란 정부의 전력수급기본계획에 따른 전원개발사업의 실시에 관한 세부계획을 말한다(전촉법 제2조제3호). 실시계획에는 '전원설비의 개요', '전원개발사업구역의 위치 및 면적', '전원개발사업의 시행기간', '전원개발사업의 소요자금 및 그 조달에 관한 사항', '공공시설의 설치 및 비용 부담에 관한 사항', '국토자연환경 보전에 관한 사항', '수용하거나 사용할 토지등의 명세(지번·지목을 포함한다)', '토지등의 소유자와 이해관계인(토지보상법 제2조제5호에 따른 관계인을 말한다)의 성명 및 주소', '토지등의 매수 및 보상계획', '공공시설의 이전 및 철거계획과 대체 시설물의 설치계획', '시·군·구청장 및 주민등의 의견에 대한 검토서', '설명회 개최 시 제출된 주민등의 의견에 대한 검토서'가 포함되어야 한다.

전원개발사업자는 전원개발을 하기 위해 실시계획을 수립하고, 산업통상자원부장관의 승인을 받아 수행하는 것이 원칙이다. 그러나 전원개발사업 중 '기존의 전원개발사업구역에서 시행하는 전원개발사업(전력수급의 안정에 중대한 영향을 미치는 전원개발사업으로서 산업통상자원부장관이 인정하는 사업은 제외한다)', '인·허가등의 의제 대상이 되는 법률과 관련이 없는 전원개발사업', '전력수급상 긴급한 송전선로 또는 변전소의 설치 및 개량', '용지를 매수할 필요가 없는 송전선로 또는 변전소의 설치 및 개량', '인·허가등의 일부만이 필요한 경우로서 그 인·허가등의 내용이 경미하여 해당 법령에 따른 인·허가등을 받아 시행하는 것이 효율적이라고 산업통상자원부장관이 인정하는 전원개발사업'은 전촉법에 따른 실시계획의 승인을 받지 않고 전원개발사업을 할 수 있다(전촉법 제5조제1항).

(2) 신고대상 사업

전원개발사업자가 승인받은 실시계획의 내용을 변경하려는 경우 변경승인을 받아야 하나, 예외적으로 산업통상자원부장관에 신고하여야 하는 대상도 있다. 신

고의 대상이 되는 것은 '전원개발사업 시행기간의 변경', '같은 전원개발사업구역
에서의 전원설비의 설치, 위치의 변경 또는 사양(仕樣)의 변경', '지형 사정, 토지소
유자와의 협의 또는 잔여지의 매수 등으로 인한 구역 변경'이다. 산업통상자원부장
관은 변경신고를 받았을 때 그 신고내용이 「군사기지 및 군사시설 보호법」 제13조
에 따른 행정기관의 허가등에 관한 협의협와 관련된 사항인 경우에는 국방부장관
에게 그 내용을 통보하여야 한다. 산업통상자원부장관은 신고를 수리(受理)한 경우
에는 그 사실을 관보에 고시하여야 한다.

2. 실시계획 승인의 사전절차

(1) 관할 지방자치단체의 장의 의견 청취

산업통상자원부장관이 실시계획의 승인 또는 변경승인을 하려는 경우에는 미
리 해당 전원개발사업구역을 관할하는 시장·군수·구청장 및 특별시장·광역시장·
특별자치시장·도지사 또는 특별자치도지사(이하 "관할 지방자치단체의 장"이라 한다)의
의견을 듣고 관계 중앙행정기관의 장과 협의한 후 추진위원회의 심의를 거쳐야 한
다. 그러나 그 실시계획 중 대통령령으로 정하는 경미한 사항의 승인 또는 변경승
인에 대하여는 동 위원회의 심의를 거치지 아니할 수 있다.

전촉법의 제정 당시에는 산업통상자원부장관에게 실시계획의 승인과 관련하
여 관할 지방자치단체의 장의 의견을 청취하도록 하는 법적 의무가 없었다. 1996
년 관계 중앙행정기관의 장과 협의하기 전에 미리 당해 전원개발사업구역을 관할
하는 광역자치단체의 장의 의견을 듣도록 개정하였다. 이는 지방자치제 실시에 따
라 해당 지방자치단체에게 당해 지역에서 시행하게 될 전원개발사업의 실시계획
에 대하여 사전에 충분한 의견을 수렴·반영하려는 것이었다. 지방자치단체의 장
의 의견청취는 실시계획의 수립 시에 사전조사를 통하여 현지실정을 충분히 반영
하고 지역주민 및 지방자치단체 등이 공감대를 가지고 이의 시행에 적극 협조할
수 있도록 필요한 조치를 선행하도록 할 필요성에 기인하고 있다.

현재 전촉법에 따라 산업통상자원부장관이 실시계획의 승인 시에 의견을 청
취해야 하는 지방자치단체는 광역자치단체와 기초자치단체이다. 실제 개발사업과
관련한 각종 인·허가권(도시관리계획 결정, 개발행위 허가, 실시계획 인가, 입목벌채 허가 등)
은 광역 지방자치단체가 아니라 기초 지방자치단체장에게 있다. 이를 고려하여 현
행 전촉법은 기초자치단체를 전원개발사업의 협의 주체에 포함하여 송전선로 건

설 과정에서 사업시행자와 주민들 간의 갈등·대립을 중재할 수 있도록 하고 있다.

송전선로 특성상 하나의 전원개발사업은 다수의 시·군·구 및 시·도에 걸쳐 사업이 추진된다. 전촉법은 실시계획의 승인 시에 기초자치단체와 협의하도록 규정하지 않고, 의견을 청취하도록 규정하고 있다. 전원개발 실시계획의 승인권자인 산업통상자원부장관으로 하여금 개별 기초자치단체의 장과 모두 협의하도록 하는 경우 전원개발사업 전체 일정이 장기간 지연될 수 있다. 또한 개별 기초자치단체의 의견이 상충하거나 특정 기초자치단체가 협의를 거부하는 경우 새로운 갈등과 민원이 발생하여 전원개발사업 자체가 중단될 수도 있다. 이러한 이유에서 전촉법은 산업통상자원부장관에게 지방자치단체와 협의를 할 것이 아니라 의견청취를 하도록 규정하고 있다. 그러나 산업통상자원부장관은 실시계획의 승인 전에 관계 기초자치단체의 의견을 충분하게 청취하여 타당하고 합리적인 의견에 대하여는 실시계획에 반영할 필요성이 있다.

(2) 관계 행정기관의 협의

산업통상자원부장관이 실시계획의 승인 또는 변경승인을 하려는 경우에는 미리 해당 전원개발사업구역을 관할하는 지방자치단체의 장의 의견 청취를 하고, 동시에 관계 중앙행정기관의 장과 협의한 후 위원회의 심의를 거쳐야 한다. 법률상 협의는 주로 상대방의 의견을 구하는 것으로 대등한 행정기관 간에 '협의'를 한다고 할 때 상호 간에 의사를 완전히 합치해야 한다는 것인지, 양쪽이 의견을 교환하는 정도로 충분한 것인지 명확하지 않다. 일반적으로 "협의"는 반드시 해당 내용에 대해서 완전한 의견합치를 의미하는 "동의"를 구해야 하는 것은 아니나, 상대방의 의견에 구속될 필요가 없는 "의견청취"보다는 강한 의견수렴 절차에 해당하는 것은 분명하다.

전촉법은 관할 지방자치단체장으로부터는 의견을 청취하도록 하고, 관계 행정기관과는 협의하도록 하고 있어 의견 교환과 협의를 명시적으로 구분하고 있다. 의제대상 인·허가관청과의 사전협의제도는 주된 인·허가를 함에 있어서 의제대상이 되는 인·허가의 실체적 요건을 갖추고 있는지를 검토하기 위한 제도적 장치로서의 기능을 한다. 이러한 이유에서 대규모 공공개발과 관련한 인·허가의제의 입법례는 특별한 사유가 없는 한 관계 행정기관과의 협의절차를 규정하고 있다. 산업통상자원부장관은 관할 지방자치단체의 장의 의견을 듣거나 관계 중앙행정기관의 장과 협의하려는 경우에는 승인하려는 실시계획의 사본을 관할 지방자치단체의 장이나 관계 중앙행정기관의 장에게 송부하여야 한다.

(3) 의견청취와 협의의 절차

산업통상자원부장관은 전원개발실시계획의 승인 또는 변경승인을 하려면 미리 해당 전원개발사업구역을 관할하는 지방자치단체의 장의 의견을 듣고 관계 중앙행정기관의 장과 협의를 하여야 한다. 산업통상자원부장관이 지방자치단체의 장의 의견이나 관계 중앙행정기관의 장과의 협의를 요청하는 경우에 지방자치단체의 장이 계속 의견을 제출하지 않거나 관계 중앙행정기관의 장이 협의요청에 응하지 않을 경우 전원개발실시계획의 승인 또는 변경승인이 무기한 지연될 우려가 있다. 이러한 점을 고려하여 의견제출 요청을 받거나 협의 요청을 받은 관할 지방자치단체의 장 또는 관계 중앙행정기관의 장은 요청을 받은 날부터 30일 이내에 의견을 제출하도록 하고 그 기간 내에 의견을 제출하지 아니하면 의견이 없는 것으로 보거나 협의가 된 것으로 간주된다. 다만, 관할 지방자치단체의 장 또는 관계 중앙행정기관의 장의 요청이 있는 경우로서 산업통상자원부장관이 필요하다고 인정할 때에는 10일의 범위에서 회신기간을 한 차례 연장할 수 있다.

사전협의를 통한 전원설비의 건설은 지역의 의견을 충분히 반영할 수 있어 전원설비 건설로 인한 갈등과 민원을 상당 부분 완화할 수 있다. 현행 전원개발사업 승인절차에서 기초 지방자치단체장의 의견을 듣도록 하고 있어, 송전선로 건설 과정에서 해당 지역주민의 의견이 상당히 반영될 수 있도록 하고 있으므로 전원개발이 합리적으로 수행될 수 있다.

(4) 실시계획 승인고시

산업통상자원부장관은 실시계획의 승인이나 변경승인을 하였을 때에는 대통령령으로 정하는 바에 따라 이를 관보에 고시하여야 한다.

전원개발사업 실시계획 승인 절차도

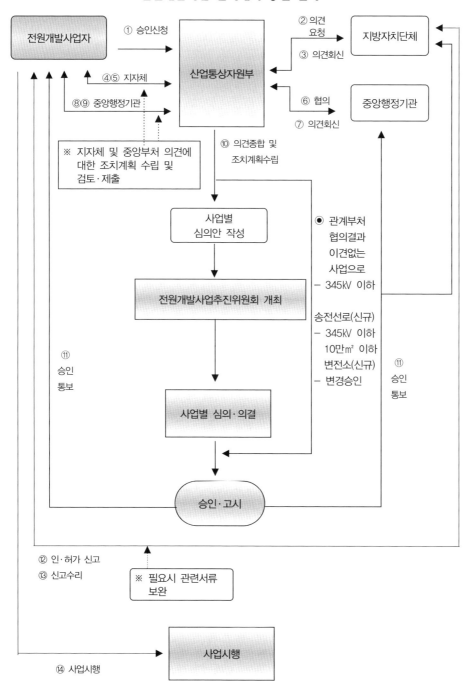

5555

55555

55555555

---

3. 실시계획의 승인과 다른 계획승인과의 관계

발전·송·변전설비와 같은 전원설비는 사업자가 전국적인 전력수급 상황을 고려하여 설치를 결정하고, 전촉법에 따라 산업통상자원부장관의 실시계획 승인을 받아서 실시한다. 그러나 산업단지·대규모공장 등 대규모 전력수요지에 전원을 공급하기 위한 전원설비의 설치는 전원개발사업자(한국전력공사)가 해당 지역의 여건을 고려하여 전촉법과 유사한 인·허가 규정을 두고 있는 「국토의 계획 및 이용에 관한 법률」 제88조, 「산업입지 및 개발에 관한 법률」 제18조에 따른 지방자치단체장의 실시계획 승인을 받아서 실시할 수도 있다.

4. 주민의견 청취

(1) 주민의견 청취의 대상

전원설비의 설치에 대해 최근에는 적기 건설보다도 주민의 충분한 의견수렴을 거쳐 사회적 동의를 받은 설치를 보다 중요한 가치로 보고 있다. 전원개발사업자가 실시계획의 승인 또는 변경승인을 받으려는 경우 승인 또는 변경승인을 신청하기 전에 사업시행계획의 열람 및 설명회를 통하여 대상사업의 시행으로 영향을 받게 되는 지역의 주민 및 관계 전문가 등의 의견을 들어야 하며, 19세 이상인 주민 등 30명 이상의 주민 등이 공청회의 개최를 요구하면 공청회를 개최하여야 한다(전촉법 제5조의2). 다만, '다른 법령에 따라 이미 주민등의 의견을 수렴한 경우', '국방상 기밀을 지켜야 할 필요가 있는 경우', '실시계획의 사업면적 또는 선로(線路)의 길이가 100분의 30의 범위에서 변경되는 경우', '설치된 전원설비의 토지등을 취득하거나 사용권원을 확보하는 사업의 경우'에는 그러하지 아니하다. 전원개발사업자는 청취한 주민등의 의견이 타당하다고 인정할 때에는 이를 실시계획에 반영하여야 한다.

전촉법은 산업통상자원부장관의 승인을 받기 위하여 사업자가 수립하는 계획인 실시계획과 주민의견의 청취를 위한 시행계획을 구분하여 규정하고 있다. 실시계획은 정부의 전력수급기본계획에 따른 전원개발사업의 실시에 관한 세부계획을 말하는 것으로 규정하고 있으나(전촉법 제2조제3호), 시행계획이 무엇인지에 관하여는 특별하게 규정하지 않고 있다. 그러므로 실시계획과 시행계획의 관계를 정립할 필요성이 있다. 전원개발사업자는 우선 시행계획을 수립하여 주민의견을 청취하고, 청취한 주민의견을 반영하여 실시계획을 작성하여 이를 산업통상자원부장관에게 승인을 받기 위하여 제출한다. 이와 같은 체계로 시행계획과 실시계획이 전원개발을 위하여 추진되는 것이라면, 실시계획과 시행계획을 구분하여 전촉법에서 정할 필요성은 적어 보인다. 왜냐하면 시행계획은 실시계획의 일부에 속하기 때문이다. 시행계획은 주민의견 청취를 목적으로 하는 점에서 전원개발사업의 대강적인 사항을 포함하고, 실시계획은 사업의 전반적인 사항을 포함하는 점에서 차이가 있을 뿐이다.

(2) 주민의견 청취의 절차

1) 사업시행계획의 열람 및 설명회 개최

전원개발사업자는 전원개발사업 실시계획의 승인 또는 변경승인을 신청하기 전에 시행계획을 작성하고 열람 및 설명회를 통하여 대상사업의 시행으로 영향을 받게 되는 지역주민 등의 의견을 들어야 한다. 이를 통하여 대상사업 지역의 주민들은 의견수렴 절차 진행 여부를 인지하고 의견을 제시하여 사업자가 실시하는 전원개발사업에 반영함으로써 일방적인 사업추진 및 주민의견 미수렴 등으로 발생할 수 있는 지역주민의 민원 등을 예방할 수 있다.

2) 공청회의 개최

대규모 발전단지에서 생산된 전력을 수요지로 수송하기 위해서는 대용량 송전설비가 필요하다. 전기화, 인공지능의 확대, 전기차의 보급 확대, 데이터센터의 설치를 위하여는 전기공급량의 증대가 필요하고, 전기공급의 확대를 위하여는 송전선로를 지속적으로 증가시킬 수밖에 없다. 송전설비는 주변 지역에 지가의 하락 및 전자파로 인한 불안감 등을 야기하는 대표적인 주민 기피시설의 하나로 인식되고 있다. 이로 인해 송전설비 설치사업과 관련하여 사업주체와 주민들 간에 갈등과 집단민원이 빈번하게 발생하고 있다.[109] 이에 전원개발사업자는 송전선로 경과지 주민 등 이해당사자들의 적극적인 참여를 통한 절차적 타당성을 확보하기 위하여 열람 및 설명회 등의 의견청취를 충분하게 하여야 한다. 또한 전원개발사업자는 19세 이상인 주민 등 30명 이상의 주민 등이 공청회의 개최를 요구하면 공청회를 개최하여야 한다.

---

109 밀양지역의 신고리-북경남 765kV 송전선로 건설을 둘러싸고 사업주체와 주민들 간의 마찰이 심각한 사회문제가 되는 현실을 경험하였다.

특정 지역에만 한정적으로 영향을 미칠 것으로 예상되는 사업의 경우에는 먼저 지역주민들을 대상으로 주민설명회를 개최하도록 하고, 공청회는 주민들의 요구가 있을 경우 개최하는 것이 일반적이며, 「환경영향평가법」[110] 등의 의견청취 절차도 유사한 체계로 주민수용성을 높이고 있다. 공청회는 정책이나 사업이 미치는 영향이 특정지역이나 분야에 한정되지 않고 그 영향이 광범위할 경우에 다양한 이해관계자들의 참여하에 토론 및 의견 수렴이 이루어지도록 한다. 이러한 취지에서 주민설명회를 개최하여 이해당사자인 주민들의 의견을 듣도록 하고, 대통령령으로 정하는 범위의 주민 등이 공청회를 요구하는 경우에 공청회를 개최하도록 하고 있다. 전원개발사업자가 공청회를 개최하여야 함에도 불구하고 이를 개최하지 않고, 실시계획을 신청하여 승인을 받게 되면 해당 실시계획의 승인은 위법하나 취소할 수 있는 행정처분에 해당하고 무효가 아니라는 것이 판례이다.[111]

설명회 및 공청회 비교

설명회	공청회
○ (주체) 전원개발사업자	○ (주체) 전원개발사업자
○ (기간/방식) 시행계획 열람 기간 내에 대상지역 각각의 시·군·구에서 개최	○ (요건) 19세 이상 주민 30명 이상 요구 시
○ (생략 가능) 주민 등의 개최 방해 등의 사유로 개최되지 못하거나 개최되었더라도 정상적으로 진행되지 못한 경우	○ (생략 가능) 주민 등의 개최 방해 등의 사유로 2회 이상 개최되지 못하거나 개최되었더라도 정상적으로 진행되지 못한 경우
○ (생략시 조치)	○ (생략시 조치)
1. 설명회를 생략하게 된 사유 등을 하나 이상의 전국을 보급지역으로 하여 발	1. 공청회를 생략하게 된 사유와 의견을 제출하려는 자의 의견 제출 시기 및

110 「환경영향평가법」 제13조에 따르면 개발기본계획을 수립하려는 행정기관의 장은 개발기본계획에 대한 전략환경영향평가서 초안을 공고·공람하고 설명회를 개최하여 해당 평가 대상지역 주민의 의견을 들어야 한다. 다만, 대통령령으로 정하는 범위의 주민이 공청회의 개최를 요구하면 공청회를 개최하여야 한다.

111 대법원 1990.01.23. 선고 87누947 판결: "도시계획의 수립에 있어서 도시계획법 제16조의2 소정의 공청회를 열지 아니하고 공공용지의 취득 및 손실보상에 관한 특례법 제8조 소정의 이주대책을 수립하지 아니하였더라도 이는 절차상의 위법으로서 취소사유에 불과하고 그 하자가 도시계획결정 또는 도시계획사업시행인가를 무효라고 할 수 있을 정도로 중대하고 명백하다고는 할 수 없으므로 이러한 위법을 선행처분인 도시계획결정이나 사업시행인가 단계에서 다투지 아니하였다면 그 쟁소기간이 이미 도과한 후인 수용재결단계에 있어서는 도시계획수립 행위의 위와 같은 위법을 들어 재결처분의 취소를 구할 수는 없다고 할 것이다."

행하는 일간신문과 해당 지역을 주된 보급지역으로 하여 발행하는 일간신문에 각각 1회 이상 공고
2. 해당 시장·군수·구청장에게 그 기관의 인터넷 홈페이지에 14일 이상 설명자료의 게시 요청

방법 등에 대하여 하나 이상의 전국을 보급지역으로 하여 발행하는 일간신문과 해당 지역을 주된 보급지역으로 하여 발행하는 일간신문에 각각 1회 이상 공고
2. 주관 시·군·구의 인터넷 홈페이지에 14일 이상 게재할 것
3. 주관 시·군·구의 인터넷 홈페이지를 통한 의견 수렴 등 다른 방법으로 주민의 의견을 듣도록 노력할 것

(3) 주민의견 청취 방법

1) 열람 방법

전원개발사업자가 실시계획의 승인이나 변경승인을 받기 위하여 주민 및 관계 전문가 등의 의견을 들으려는 경우에는 사업시행계획을 작성하여 해당 전원개발사업구역을 관할하는 기초 지방자치단체의 장, 관할 기초자치단체 외에 해당 전원개발사업의 시행으로 인하여 영향을 받게 되는 지역을 관할하는 기초 지방자치단체의 장 및 산업통상자원부장관에게 제출한다. 사업시행계획에는 전원개발사업의 목적, 시행자, 전원설비의 개요, 전원개발사업구역의 위치 및 면적, 시행기간을 포함하여야 한다.

주관 기초 지방자치단체의 장은 사업시행계획이 접수된 날부터 10일 이내에 하나 이상의 전국을 보급지역으로 하여 발행하는 일간신문과 해당 지역을 주된 보급지역으로 하여 발행하는 일간신문에 각각 1회 이상 공고하고, 해당 기관의 인터넷 홈페이지에 14일 이상 게재하여 주민 등이 사업시행계획을 열람할 수 있게 하여야 한다. 주관 기초 지방자치단체의 장은 공고를 하려면 열람기간 및 열람장소 등에 대하여 미리 관계 기초 지방자치단체의 장의 의견을 들어 그 내용을 결정하여야 하며, 관계 기초 지방자치단체의 장의 관할 구역에 열람장소가 한 곳 이상 포함되도록 하여야 한다.

산업통상자원부장관은 주관 기초 지방자치단체의 장이 사업시행계획을 접수한 날부터 30일 이내에 공고를 하지 아니하거나 사업시행계획을 열람하게 하지 않는 경우에 주관 기초 지방자치단체의 장에게 통보하고, 주관 기초 지방자치단체의

장을 대신하여 공고 등을 하거나 사업시행계획을 열람하게 할 수 있다(전촉법 제18
조의2).

　　주민 등은 의견 제출기간에 주관 또는 관계 기초 지방자치단체의 장에게 의견
을 제출할 수 있다(전촉법 시행령 제18조의3). 이 경우 주민등으로부터 의견을 제출받
은 관계 기초 지방자치단체의 장은 제출받은 의견을 주관 기초 지방자치단체의 장
에게 통지하여야 한다. 주관 기초지방자치단체의 장은 제출받거나 통지받은 의견
을 열람기간이 끝난 날부터 14일 이내에 전원개발사업자에게 알려야 한다. 전원개
발사업자는 통지받은 주관 또는 관계 기초 지방자치단체의 장 및 주민등의 의견에
대한 검토서를 작성하여야 한다.

　2) 설명회의 개최방법

　　전원개발사업자는 주민 등의 의견을 듣기 위한 설명회를 열람기간에 개최하
여야 한다(전촉법 시행령 제18조의4제1항). 전원개발사업자는 공고한 설명회가 개최 방
해 등의 사유로 개최되지 못하거나 개최는 되었으나 정상적으로 진행되지 못한 경
우에는 설명회를 생략할 수 있다. 이 경우 전원개발사업자는 설명회를 생략하게
된 사유 등을 공고하고, 해당 기초 지방자치단체의 장에게 그 기관의 인터넷 홈페
이지에 설명자료의 게시 요청하여야 하며, 그 밖에 주민 등에게 해당 전원개발사
업에 대한 설명을 하거나 주민 등의 의견을 듣기 위하여 노력하여야 한다. 전원개
발사업자는 설명회 개최 시 제출된 주민 등의 의견에 대한 검토서를 작성하여야
한다.

　3) 공청회의 개최방법

　　전원개발사업자가 공청회를 개최하려는 경우에는 산업통상자원부장관 및 주
관 기초 지방자치단체의 장에게 공청회 개최계획을 제출하여야 한다(전촉법 시행령
제18조의4제2항). 공청회 개최계획을 제출받은 주관 기초 지방자치단체의 장은 공청
회 개최 14일 전까지 공청회의 개최 목적, 개최 일시 및 장소, 전원개발사업의 개
요, 그 밖에 공청회 개최에 필요한 사항을 일간신문에 각각 1회 이상 공고하고, 해
당 기관의 인터넷 홈페이지에 14일 이상 게재하여야 한다.

　　전원개발사업자는 공청회가 개최된 후 7일 이내에 공청회 개최 결과를 산업
통상자원부장관 및 주관 기초 지방자치단체의 장에게 제출하여야 한다. 전원개
발사업자는 공고한 공청회가 개최 방해 등의 사유로 개최되지 못하거나 개최는
되었으나 정상적으로 진행되지 못한 경우에는 공청회를 생략할 수 있다. 「행정

절차법」제38조의2는 공청회가 정상적으로 개최되지 못한 경우에는 온라인 공청회를 실시할 수 있도록 규정하고 있다. 공청회를 생략하는 경우에 전원개발사업자는 공청회 생략 사유와 의견을 제출하려는 자의 의견제출 시기 및 방법 등에 대하여 일간신문에 공고 및 주관 기초지방자치단체의 인터넷 홈페이지에 게재하여야 한다.

5. 송변전설비의 입지선정

(1) 입지선정위원회

2008년 이전에는 송전선로 입지선정 과정에서 지역주민 등의 참여가 사실상 배제되고 사업자 주도의 입지선정이 이루어져 왔다. 그러나 2009년 이후부터 전원개발사업자인 한국전력은 "이해관계자 입지선정 제도"를 도입하고 내부규정에 근거하여 운영해왔다. 이해관계자 입지선정 제도의 도입에 따라 현재 '입지선정위원회'는 송전선로 및 변전소의 입지 선정기준 수립, 대안평가 기준 결정, 경과지(후보지)의 선정 및 최적 경과지(후보지) 추천 등에 관한 업무를 하고 있다. 입지선정위원회는 주민대표(2~4명), 지역 전문가(2~4명), 지방자치단체(2~4명), 갈등조정전문가(1~2명) 등 총 10~18명의 위원으로 구성되며, 입지선정위원회에서 1개의 최적 후보지를 추천하면 전원개발사업자의 내부기구인 입지확정위원회에서 최종 경과지(후보지)를 확정하였다.

송·변전설비는 지역주민이 비선호시설로 인식하고 있어 지역주민 등의 반대가 있으면 전원개발사업의 지연으로 연결된다. 최근 345kV 이상의 송·변전설비 설치에 대한 지방자치단체와 지역주민의 적지 않은 반대 상황에서 기존에 한국전력공사의 내부규정에 근거하여 운영되었던 이해관계자 입지선정제도는 2023년 전촉법 개정을 통하여 법정화되었다. 송·변전설비 건설은 전력수급 안정을 위해 국가적 차원에서 추진되는 사업이라는 점에서 이해관계자 입지선정제도의 법정화는 송·변전설비 입지선정 과정의 절차적 정당성 제고 및 투명성 확보, 사회적 갈등 예방 등에 상당한 기여를 할 수 있다. 입지선정위원회의 법제화는 동 위원회의 법적 지위를 공고히 하고, 입지선정의 투명성·공정성 강화로 전력설비에 대한 주민 수용성을 향상하는 기능을 할 수 있다. 그런데 현재 발전설비의 입지는 전기위원회의 발전사업 허가 심의·의결을 거쳐서 확정되므로 입지선정위원회 결정으로 발전사업의 허가를 받은 입지의 변경이 불가하다. 그러므로 전원개발사업 중 송·변전설비의 입지선정에 대한 심의·의결만을 입지선정위원회가 선정하고, 발전시설의 입지는 심의·의결의 대상에서 제외하고 있다(전촉법 제5조의3제1항).

한국전력공사가 운영하는 주민참여형 입지선정 제도(입지선정위원회)

□ (과거) 한국전력공사가 자체적으로 송전선로 입지선정(2009년 이전)

□ (현행) 지역주민, 관련 전문가 등이 참여하는 입지선정위원회를 구성·운영하여 입지선정(2009년 이후, 한국전력공사 주도)

  ○ 건설계획 확정 → 입지선정위원회 구성·운영(한국전력공사) → 입지선정 자료 제공*

    → 후보지 선정(입지선정위원회) → 주민설명회 → 입지확정

  * 한국전력공사에서는 입지선정에 필요한 과학적 정보만 제공하며, 입지선정위원회에 이해 관계자가 참여

□ (시범) 한국전력공사가 아닌 제3자가 주도하여 입지위원회 구성·운영하고 입지확정

  ○ 건설계획 확정 → 입지선정위원회 구성·운영 → 후보지 선정 → 주민설명회
    → 입지확정

  ○ 시범사업 : 154kV 북오송분기T/L(6km, '20.10), 지역(충북 청주, 세종)

  ○ 시행업체 : (사)한국사회갈등해소센터, 한국종합설계(주) 컨소시엄

(2) 입지선정위원회의 구성

전원개발사업자는 실시계획을 수립하기 위하여 송전 및 변전 설비의 입지를 선정하는 경우 지방자치단체 소속 공무원, 주민대표, 관계 전문가 및 전원개발사업자를 포함하여 입지선정위원회를 구성하여야 한다(전촉법 제5조의3). 입지선정위원회의 구성은 '송전 및 변전 설비가 설치될 구역을 관할하는 기초자치단체 및 광역자치단체에 근무하는 에너지 업무 담당 공무원 중 관할 지방자치단체의 장이 지명하는 공무원', '송전 및 변전 설비가 설치될 구역의 읍·면·동에 거주하는 주민 중 시·군·구청장이 추천하는 주민', '전원개발, 환경보호 또는 송전 및 변전 설비에 관한 전문성과 경험이 풍부한 학계·언론계·사회단체 등에 종사하는 관계 전문가 중 전원개발사업자가 위촉하는 사람', '송전 및 변전 설비의 입지를 선정하는 전원개발사업자'이다.

선로 길이가 짧거나 주변에 민가가 없는 경우 또는 한국전력공사 소유 부지에

시행하는 경우 등과 같이 입지선정위원회 구성이 전원개발사업에 비효율적일 가
능성이 있는 경우에는 입지선정위원회의 구성대상을 제한할 필요가 있다.

(3) 입지선정위원회의 심의·의결사항

입지선정위원회는 위원회의 첫 회의 개최일부터 1년 이내(입지선정위원회의 위
원장이 입지선정을 위하여 필요하다고 인정하는 경우 1년의 범위에서 그 기간을 한 차례 연장할
수 있다)에 '입지선정 기준', '입지선정에 대한 주민 등의 의견청취 절차 및 계획 등
에 관한 사항', '입지선정을 위한 후보 입지 등 선호도 조사', '후보 입지의 도출·평
가·비교 및 최적 입지의 선정', '그 밖에 위원장이 입지선정을 위하여 필요하다고
인정하여 위원회에 상정하는 사항'을 심의·의결한다.

(4) 위원의 위원회 출석의무

위촉된 입지선정위원회 위원은 '해외 체류', '재해 또는 재난', '질병이나 부상
으로 거동이 불편한 경우', '법령에 따라 신체의 자유를 구속당한 경우', '그 밖에
사회통념상 부득이하다고 인정할 만한 상당한 이유가 있는 경우'를 제외하고 입지
선정위원회에 참석하여야 한다. 위원은 전력설비 건설 반대를 이유로 입지선정위
원회 참여 자체를 거부하거나 의도적으로 입지선정을 지연시킬 수도 있기 때문에,
이러한 문제를 방지하기 위하여 위원에게 출석의무를 부여하고 있다.

(5) 입지선정위원회 생략 사항

전원개발사업자는 입지선정위원회가 관할 지방자치단체 소속 공무원 또는 주
민대표의 위촉이나 참석을 거부하거나 전원개발사업자가 관할 지방자치단체의 장
에게 입지선정위원 추천을 요청하였으나 관할 지방자치단체의 장이 요청받은 날
부터 60일 이내 해당하는 소속 공무원을 지명하지 않거나 주민대표 적정 인원수를
추천하지 않거나 민원 발생 우려가 없는 등의 사유로 관할 지방자치단체의 장이
입지선정위원회를 운영할 필요가 없다고 확인하는 경우, 위원으로 지명 또는 추천
된 관할 지방자치단체 소속 공무원 또는 주민대표의 입지선정위원회 회의 불참 등
의 사유로 3회 연속 회의가 정상적으로 진행되지 아니한 경우, 입지선정위원회 회
의 개최 방해, 심의·의결의 지연 등으로 입지선정위원회가 구성된 이후 6개월이
경과하여도 입지선정위원회 첫 회의를 소집 또는 운영하지 못한 경우, 첫 회의 개

최일부터 1년 이내의 기간의 입지선정위원회 운영기간 내에 최종 입지가 선정되지
아니한 경우에 입지선정위원회를 생략하고 입지선정을 할 수 있다.

　입지선정위원회를 생략하는 경우에 전원개발사업자는 입지선정위원회의 생
략 사유를 하나 이상의 전국을 보급지역으로 하여 발행하는 일간신문과 해당 지
역을 주된 보급지역으로 하여 발행하는 일간신문에 각각 1회 이상 게재하여야
한다.

(6) 이격거리설정 제도

　송·변전설비의 설치를 반대하는 이유에는 송·변전설비에서 발생하는 전자파
의 위험도 있다. 전자파위험을 방지하는 제도로 일정 전압 이상의 송·변전설비는
주거지역 또는 공공도서관, 어린이집, 종합병원 등으로부터 일정 이격거리 내에는
입지를 제한하고자 하는 주장도 있다. 이격거리를 두는 목적은 전자파(극저주파
전자계,[112] 이하 '전자계'라 한다)에 따른 피해방지에 있다. 우리나라는 국제비전리
방사선보호위원회의 노출 가이드라인[113]에 따라 산업통상자원부 고시인 「전기설비
기술기준」에서 지상 송전선로에 발생하는 전자파(극저주파 전자계)의 경우 전계가
3.5kV/m 이하, 자계가 83.3μT 이하로 시설하도록 규정하고 있다.[114] 일부 연구
및 언론은 송·변전설비로부터의 극저주파 전자계가 암을 유발하고 신체 활동에
지장을 끼친다고 주장하기도 하나, 송전선로의 전자계가 백혈병 등 암 유발과는
관계가 없다는 상반된 연구도 있다. 전력설비 전자계 노출로 인한 인체 유해성은

---

112 전자계(電磁界)란 전계와 자계가 영향을 미치는 모든 공간으로 전자기장(EMF, Electro Magnetic Field)이라
　고도 한다. 방송과 통신에 이용되는 전파나 태양광선, 적외선, 자외선, X선, 감마선과 달리 전기는 주파수가
　60Hz로 매우 낮은 극저주파(ELF : Extremely Low Frequency)로 먼 공간을 전파해 나가지 못하는 특성을
　가진다. 대한전기학회는 60Hz 전자계와 통신 대역 주파수인 전자파와의 구별을 명확하게 하기 위하여 60Hz
　주파수의 전자파를 "극저주파 전자계"란 용어로 구분지어 부르기로 하였다. 「전기설비기술기준」 제3조에 따른
　"극저주파 전자계(Extremely Low Frequency Electric and Magnetic Fields : ELF EMF)라 함은 0Hz를
　제외한 300Hz 이하의 전계와 자계를 말한다."
113 노출 가이드라인에 의하면 전계는 4.16kV/m, 자계는 200μT를 각각 제한치로 지정하고 있다.
114 현재 WHO 산하 국제암연구소(IARC)는 2002년 극저주파 전자계에 대하여 '인체발암 가능 물질'로 정의되는
　발암성 등급 2B를 부여한 바 있다. 국제암연구소의 발암성 등급 '2B'는 인간발암성에 대한 증거가 제한적이고
　동물실험에서는 불충분한 증거가 있는 물질에 대하여 부여한다. DDT, 클로르데인 등 잘 알려진 독성물질 뿐
　만 아니라 커피, 가솔린, 직업적인 인쇄과정도 포함되어 있다. 부여 근거로는 가정에서 0.3~0.4uT 이상의 극
　저주파 자기장에 노출 시 소아백혈병 위험도가 2배 이상 증가한다는 역학적 연구결과와 동물 실험에서는 증거
　데이터가 불충분하지만 무시할 수 없다는 이유였다고 한다(이동영, "전자파 인체보호기준의 현황과 개선 과
　제", 『이슈와 논점』 제950호, 국회입법조사처).

아직 과학적으로 인정된 바 없다.[115] 대법원 역시 전자계 피해에 대해 객관적인 증거에 의해 증명되지 않는다고 판시한 바 있다.[116]

송전선로 등의 전자계 제한치 설정 및 전력설비의 전자계가 인체에 미치는 영향이 객관적으로 증명되지 않았으나 고압 송전선로 인근 주민들과 일부 환경단체는 전자계에 의한 피해를 계속하여 주장[117]하고 있으며, 전력설비가 들어서는 지역의 주민들은 전자계에 의한 인체 피해를 가장 우려하고 있다.[118]

외국의 경우에 전자계로 인한 피해 우려를 감안하여 고압 송전선로 인근지역에 대해서는 신설 고압 송전선로에서 발생하는 전자계의 노출한계에 대한 제한치를 국제기준보다 강화하거나 학교 및 주거지로부터 이격거리를 유지하도록 한 사례[119]가 있다.

전력설비에서 발생하는 전자계로 인한 인체 피해가 확실하게 증명된 것은 아니나 사전예방원칙[120]에 따라 주거지역 등에 대해 송·변전설비 설치 제한을 하려

---

115 WHO는 FactSheet No.322(2007년 6월)를 통해 '전력설비 전자파 장기 노출에 따른 인체 유해성은 밝혀진 바 없다'고 공식 발표한 바 있다.

116 대법원 2004. 10. 15. 선고 2003두6573 판결: "이 사건 변전소의 건축 후 변전시설의 가동으로 주민들의 건강이나 학생들의 학습 등에 유해한 정도의 전자파가 발생한다거나, 변전소 부지의 성토와 건물의 축조 등으로 인근 지역의 침수가능성이 증대된다거나, 변전시설 또는 인근지역의 침수와 그에 따른 감전 등 사고발생의 우려가 있게 된다거나, 이 사건 변전소 건축공사시에 발생할 것으로 예견되는 소음·진동·분진 및 교통혼잡 등이 인근 주민들이나 학생들이 통상 수인할 수 있는 정도를 넘어서는 것이라고 인정할 수 없다", "안정적인 전력의 공급 등 이 사건 변전소의 공공성 등과 사회통념에 비추어 판단하면 이 사건 변전소의 건축과 그 변전설비의 가동이 개발도상에 있는 주거지역인 연산 1·8동 등 인근 지역의 개발에 어떠한 지장을 초래하는 등으로 도시계획의 내용에 배치된다고 보기도 어렵거니와 그 건축을 제한할 정도의 중대한 공익상의 필요가 있다고 보기 어렵다고 한 다음, 원고의 변전소부지 물색 및 건축계획의 추진과정 등과 인근변전소의 공급용량과 연제구 일대의 전력공급사정 등에 비추어 보면, 이 사건 신청지가 최적의 변전소 부지인지 여부와 이 사건 변전소의 건축 지연으로 빚어질 전력공급의 차질 발생 여부를 단정할 수 없다는 사정만으로는 달리 볼 수 없다는 등의 이유로 이 사건 건축허가신청을 반려한 이 사건 처분은 위법하다."

117 KBS 제보자들 94회 고압 송전탑 공포, '우리 마을을 살려주세요'(10월 29일).

118 765kV 신고리~북경남 송전선로 건설사업(제2구간) 환경영향평가시 제출한 주민의견에 의하면 전체 40건의 의견 중 7건이 전자계의 피해에 대한 의견임(출처 : 송·변전설비에서의 자기장 발생 현황과 규제 기준, 서경규, 2012.12).

119 네덜란드는 어린이들에게 예상되는 자기장 노출이 4mG(1mG = 0.1μT)를 초과하지 않도록 하고 있다. 미국 캘리포니아 교육청은 고압선로 및 철탑과 신설학교 사이에 최소한의 이격거리를 요구하는 가이드라인을 설정한 바 있다. 아일랜드의 전력회사는 현재의 주거지로부터 22m 이내에 새로운 고압선이나 전력설비를 신축하지 못하게 하고 있고, 지방정부는 학교나 보육시설 인근에 전력설비의 신축을 인가하지 않는다.

120 WHO에서는 극저주파 자기장에 대하여 자의적으로 낮은 노출 제한치를 적용하는 것은 적절하지 않다고 지적하면서 전자파가 무해하다는 증거가 있을 때까지 사전예방원칙에 따라 중간정책 수단으로 채택하기를 권고하고 있다. 사전예방원칙은 건강이나 환경 피해가 발생한 후에 복구하기보다는 사전에 예방하는 것이 국민의 건

는 시도도 있다. 다만, 일률적으로 송·변전설비의 설치 제한 또는 이격거리를 설
정하게 되면 송·변전설비 입지 대상 지역이 지나치게 축소되어 향후 증가하는 전
력수요에 대응하기 위한 원활한 송·변전설치가 어려울 수 있다.

　　전력설비 이격거리의 설정은 효율적 송·변전설비의 증설·보수를 어렵게 하
고, 전력설비 전자계 노출로 인한 인체 유해성은 분명한 과학적 근거가 없음에도
송·변전설비 유해성을 인정하게 됨으로써 송·변전설비에 대한 사회적 갈등이 더
욱 심화될 수 있는 문제가 있다. 또한 현재 송·변전설비 인근의 주거지, 학교, 어
린이집, 병원 등이 기설 송·변전설비 이설을 요구할 개연성이 높아서 적지 않은
비용이 필요하고, 이러한 비용은 모두 전기요금에 반영되어 전기요금의 상승을 유
발하게 된다.

강권을 보호하고 비용효과적이라는 원칙이다.

송·변전설비 건설 추진절차

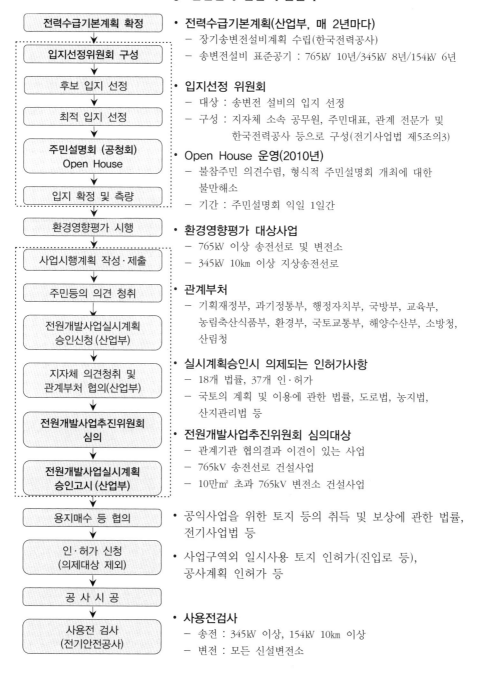

전력수급기본계획 확정

입지선정위원회 구성

후보 입지 선정

최적 입지 선정

주민설명회 (공청회)
Open House

입지 확정 및 측량

환경영향평가 시행

사업시행계획 작성·제출

주민등의 의견 청취

전원개발사업실시계획
승인신청 (산업부)

지자체 의견청취 및
관계부처 협의(산업부)

전원개발사업추진위원회
심의

전원개발사업실시계획
승인고시 (산업부)

용지매수 등 협의

인·허가 신청
(의제대상 제외)

공 사 시 공

사용전 검사
(전기안전공사)

- **전력수급기본계획(산업부, 매 2년마다)**
  - 장기송변전설비계획 수립(한국전력공사)
  - 송변전설비 표준공기 : 765kV 10년/345kV 8년/154kV 6년

- **입지선정 위원회**
  - 대상 : 송변전 설비의 입지 선정
  - 구성 : 지자체 소속 공무원, 주민대표, 관계 전문가 및
    한국전력공사 등으로 구성(전기사업법 제5조의3)

- **Open House 운영(2010년)**
  - 불참주민 의견수렴, 형식적 주민설명회 개최에 대한
    불만해소
  - 기간 : 주민설명회 익일 1일간

- **환경영향평가 대상사업**
  - 765kV 이상 송전선로 및 변전소
  - 345kV 10km 이상 지상송전선로

- **관계부처**
  - 기획재정부, 과기정통부, 행정자치부, 국방부, 교육부,
    농림축산식품부, 환경부, 국토교통부, 해양수산부, 소방청,
    산림청

- **실시계획승인시 의제되는 인허가사항**
  - 18개 법률, 37개 인·허가
  - 국토의 계획 및 이용에 관한 법률, 도로법, 농지법,
    산지관리법 등

- **전원개발사업추진위원회 심의대상**
  - 관계기관 협의결과 이견이 있는 사업
  - 765kV 송전선로 건설사업
  - 10만㎡ 초과 765kV 변전소 건설사업

- 공익사업을 위한 토지 등의 취득 및 보상에 관한 법률,
  전기사업법 등

- 사업구역외 일시사용 토지 인허가(진입로 등),
  공사계획 인허가 등

- **사용전검사**
  - 송전 : 345kV 이상, 154kV 10km 이상
  - 변전 : 모든 신설변전소

6. 인허가의제

(1) 인허가의제의 목적

전원개발사업자가 실시계획의 승인 또는 변경승인을 받았을 때에는 다른 법률에서 정하는 허가·인가·면허·결정·지정·승인·해제·협의 또는 처분 등을 받은 것으로 보고, 실시계획 승인의 고시가 있은 때에는 해당 인·허가등의 고시 또는 공고가 있은 것으로 의제된다(전촉법 제6조). 인허가의제 제도는 인·허가절차의 간소화를 주된 목적으로 한다. 대규모 공공개발사업은 다수 법률에 의하여 다수의 인·허가를 받아야 비로소 해당 개발행위를 할 수 있다. 인허가의제는 개별 법률에서 규정하고 있는 인·허가를 존중하면서 절차를 신속하게 진행하기 위하여 인·허가의 창구를 단일화하여 인·허가를 진행하는 것을 특징으로 한다. 인허가의제 제도는 관련된 다른 법률에서 규정하고 있는 인허가를 면제하는 것이 아니다. 그러므로 인허가의제를 통하여 특정한 사업을 추진함에 있어서 여러 법률에 규정된 각종 인·허가를 받기 위하여 소요되는 시간과 비용이 줄어드는 효과가 있다. 인허가의제 제도는 인·허가절차의 간소화에 관한 목적과 기능을 넘어서서 다른 법률에서 인·허가 제도를 두고 있는 고유한 목적과 입법취지를 훼손하지는 못한다. 그러므로 인허가의제 제도는 인허가의제의 대상이 되는 다른 법률에 따른 인·허가가 가지는 공익이나 이해관계인의 정당한 이익을 침해할 수 없다.

(2) 인허가의제의 대상

1) 의제대상 법률

인허가의제 대상 법률은 현행 전촉법에서 20개 이상을 규정하고 있다. 법률은 본질적으로 지속적으로 개정되고, 제정되는 것을 특징으로 한다. 그러므로 전원개발사업과 관련된 인허가의제 대상 현행법률 외에 추가적으로 관련되는 법률이 제정되거나 개정되는 경우 해당 법률을 추가적으로 인·허가의 대상에 포함하거나 수정할 필요성이 있다. 이하에서는 인·허가대상 법률 중 특별하게 쟁점이 되는 법률을 선별하여 기술하고자 한다.

2) 군사시설법

인허가의제 대상에 「군사기지 및 군사시설 보호법」 제13조에 따른 행정기관의 허가등에 관한 협의를 포함하고 있다. 「군사기지 및 군사시설 보호법」 제9조에 따른 보호구역 또는 군사시설에의 출입허가를 의제하는 사항이다. 동법 제13조는 통제보호구역 내지 부대주둔지에 대한 사람의 출입을 통제함으로써 중요한 군사시설을 보호하고 군작전의 원활한 수행을 담보하여 국가의 안위 보장을 목적으로 한다. 또한 동법 제13조에 따른 출입허가는 구체적인 상황에 따라 개별적으로 판단하여야 할 특성이 있다. 그러므로 전원개발사업 실시계획의 승인에 의하여 통제보호구역 또는 부대주둔지에 대한 출입허가를 일률적으로 의제하는 경우에는 동법 제13조의 입법목적을 훼손할 우려가 있으나 관할 군부대장이 수용할 수 있는 범위에서 협의를 인허가의제 대상에 포함하고 있다.

3) 초지법

전원개발실시계획의 승인으로 의제되는 대상에 「초지법」 제21조의2에 따른 초지에서의 토지의 형질변경 등의 허가, 같은 법 제23조에 따른 초지전용의 허가를 포함하고, 「초지법」 제5조에 따른 초지조성의 허가 및 동법 제17조에 따른 국·공유지의 대부는 포함하지 않고 있다. 초지는 다년생개량목초의 재배에 이용되는 토지 및 사료작물재배지와 목도·진입도로·축사 및 부대시설을 위한 토지이다. 「초지법」 제5조에서는 이러한 초지를 조성하고자 하는 자는 시장·군수의 허가를 받도록 규정하고 있으며, 동법 제17조에서는 국·공유지에 대하여 초지조성의 허가를 받은 자가 보다 간편한 절차와 유리한 조건으로 당해 국·공유지를 대부받을 수 있도록 규정함으로써 초지를 조성하는 자에게 일정한 특혜를 부여하고 있다.

전원개발사업의 추진과 초지의 조성은 관련이 없으며, 초지의 조성과 관련성이 없는 전원개발사업자에 대하여 국·공유지 대부와 관련된 특혜를 부여하는 것은 절차의 간소화를 통하여 전원개발사업의 추진을 지원·촉진하려는 인허가의제 규정의 본래적 취지를 넘어설 뿐만 아니라, 오히려 「초지법」 제5조 및 제17조의 입법취지와 상충되는 측면도 있어 초지조성과 관련된 허가를 포함하지 않고 있다.

4) 해역이용 협의

「해양환경관리법」 제84조에 따른 해역이용의 협의는 인허가의제의 대상에서 제외하고 있다. 해역이용의 협의는 해역이용에 있어서 환경보전 기능을 수행하는 절차로서 이는 「환경정책기본법」상의 사전환경성검토제도에 준한다. 그러므로 각종 개발사업을 추진하는 경우 환경영향평가의 기능을 수행할 수 있도록 마련된 제도를 당해 개발사업의 추진을 위한 인허가로 의제하는 것은 적합하지 않기 때문에 해역이용협의는 의제대상에 포함되어 있지 않다.

5) 산지관리법상 토석채취 허가

인·허가의 의제대상에는 「산지관리법」 제14조·제15조 및 제15조의2에 따른 산지전용허가·산지전용신고 및 산지일시사용허가·신고, 같은 법 제25조에 따른 토석채취허가를 포함하고 있다. 산지전용 제한지역에서 전원개발사업자가 전원개발실시계획 승인 또는 변경승인을 받은 경우에 동 지역에서 산지전용허가, 산지전용신고, 산지일시사용허가 및 토석채취허가를 받은 것으로 의제하게 된다.

발전소 등 전원설비 건설(부지조성, 구조물 축조 등)에 대량의 토사 및 석재 등이 소요되고 사업의 적기 추진을 위해서는 토석의 원활한 공급이 필요하다. 산지에서 토석채취 허가를 의제받지 않게 되면, 발전소 부지 이외의 지역에서는 전원개발사업 실시계획 승인과는 별도로 「산지관리법」에 의한 토석 채취허가를 취득해야 하는 등 인·허가 기간이 장기간 소요된다. 이러한 이유에서 인·허가의제의 대상에 「산지관리법」상 산지전용허가, 산지전용신고 및 산지일시사용허가·신고를 포함하고 있다.

6) 환경영향평가

「환경영향평가법」에 따르면 전원개발사업 승인기관의 장인 산업통상자원부장관은 환경영향평가 대상사업인 전원개발사업의 승인 또는 확정 전에 환경부장관에게 협의를 요청하여야 하고, 환경부장관은 전원개발사업자의 환경영향평가서의 내용 등을 검토하여 산업통상자원부장관에게 협의 내용을 통보하여야 한다. 그리고 산업통상자원부장관은 사업자가 협의 내용을 이행하였는지를 관리·감독하고, 이행하지 아니한 경우에는 필요한 조치를 명하여야 하며, 사업자가 조치명령을 이행하지 아니하여 해당 사업이 환경에 중대한 영향을 미친다고 판단하는 경우에는 그 사업의 전부 또는 일부에 대한 공사중지명령을 하여야 한다.

환경영향평가는 전원개발사업자가 환경부장관과 협의하는 것이 아니라 실시계획을 승인하는 산업통상자원부장관이 환경부장관과 해당 실시계획과 관련하여 협의하는 것이기 때문에 체계적으로 전원개발사업자에 의하여 추진되는 실시계획의 승인에 대한 의제대상에 적합하지 않으므로 제외하고 있다.

7) 원자력안전법

원자력시설의 건설이나 보수가 포함된 전원개발사업 실시계획의 경우에는 산업통상자원부장관과 원자력안전위원회의 협의가 필요하다. 원자력안전위원회는 산업통상자원부와의 협의과정에서 원자력발전소 부지사전승인에 필요한 실질적인 심사를 진행하고 있다. 「전원개발촉진법」은 전원개발사업(電源開發事業)을 효율적으로 추진하여 전력수급의 안정을 도모하기 위한 법률이고, 「원자력안전법」은 원자력의 연구·개발·생산·이용에 따른 안전관리에 관한 사항을 규정하여 방사선에 의한 재해를 방지하고 공공의 안전을 도모하는 것을 목적으로 마련한 법률이다.

전원개발사업 실시계획 승인에 따른 의·허가의제 대상에 전촉법과 제정목적이 상이한 「원자력안전법」상의 인·허가 절차를 포함하는 것은 적합하지 않다. 그러므로 전촉법에 따른 인허가의제에서 원자력발전소 부지의 사전승인을 포함하지 않고 있다. 이로 인하여 원자력안전위원회는 원자력발전소의 건설에 대한 안전성 심사를 독립적으로 한다.

인허가의제 대상 법률현황

구분	법률	인·허가
1	국토의 계획 및 이용에 관한 법률	제30조 도시·군관리계획의 결정 제56조 개발행위의 허가 제86조 도시·군계획시설사업 시행자의 지정 제88조 실시계획의 인가
2	도시개발법	제9조제5항 도시개발구역에서의 행위의 허가
3	도로법	제36조 도로공사 시행의 허가 제61조 도로점용의 허가
4	사도법	제4조 사도(私道)의 개설허가
5	하천법	제30조 하천공사 시행의 허가 제33조 하천의 점용허가 제50조 하천수의 사용허가
6	공유수면 관리 및 매립에 관한 법률	제8조 공유수면의 점용·사용허가 제17조 점용·사용 실시계획의 승인 또는 신고 제28조 공유수면의 매립면허 제35조 국가 등이 시행하는 매립의 협의 또는 승인 제38조 공유수면매립실시계획의 승인
7	수도법	제52조 및 제54조 전용상수도 및 전용공업용수도 설치의 인가
8	자연공원법	제23조 공원구역에서의 행위의 허가
9	농지법	제34조 농지전용(農地轉用)의 허가

구분	법률	인·허가
10	산지관리법	제14조 산지전용허가 제15조 산지전용신고 제15조의2 산지일시사용허가·신고 제25조 토석채취허가
11	산림자원의 조성 및 관리에 관한 법률	제36조제1항·제5항 및 제45조제1항·제2항 입목벌채등의 허가·신고
12	국유림의 경영 및 관리에 관한 법률	제21조 국유림의 대부 또는 사용의 허가
13	사방사업법	제14조 벌채 등의 허가 제20조 사방지(砂防地) 지정의 해제
14	군사기지 및 군사시설 보호법	제13조 행정기관의 허가등에 관한 협의
15	초지법	제21조의2 초지에서의 토지의 형질변경 등의 허가 제23조 초지전용의 허가
16	항만법	제9조제2항 항만공사 시행의 허가 제10조제2항 항만공사 실시계획의 승인
17	장사 등에 관한 법률	제27조제1항 개장허가
18	광업법	제24조에 따른 불허가처분 제34조에 따른 광업권 취소처분 또는 광구 감소처분
19	건축법	제11조 또는 제14조 건축허가
20	주택법	제15조제1항 주택건설사업계획 승인

(3) 직원사택 건설의 간소화

전원개발사업자가 「주택법」에 따른 주택을 건설하려는 경우에는 「주택법」에 따른 서류를 관계 행정기관의 장에게 제출함으로써 「주택법」에 따른 주택건설사업계획 승인을 받은 것으로 간주된다(전촉법 제6조제4항). 그러나 직원사택도 전원설비의 부대시설로서 전원개발사업 실시계획 승인 대상임에도 「주택법」에 의한 사업계획 승인이 인허가 의제대상에는 포함되지 않아 개별법에 의하여 사업계획 승인을 별도로 받고 있다. 주택사업계획 승인은 장기간이 소요되고 사업추진이 지연되는 문제점이 있어 인허가의제의 대상에 포함하고 있다.

7. 전원개발사업 예정지구의 지정고시

(1) 지정절차

산업통상자원부장관은 전원개발사업을 시행하기 위하여 필요하다고 인정할 때에는 전원개발사업자의 신청을 받아 전원개발사업 예정지구를 지정한다. 산업통상자원부장관이 전원개발사업 예정구역을 지정한 경우에는 전원개발사업자의 성명·주소, 예정구역의 명칭·지정목적·위치·면적 및 전원개발사업 예정기간에 관한 사항을 고시하여야 한다. 산업통상자원부장관은 예정지구를 고시한 경우에는 지체 없이 관련 사항을 관계 중앙행정기관의 장과 관할 시·도지사에게 송부하여야 한다. 이 경우 관계 중앙행정기관의 장과 관할 시·도지사는 「전자정부법」 제36조제1항에 따른 행정정보의 공동이용을 통하여 전원개발사업 예정구역의 지적도를 확인하여야 한다.

관할 시·도지사는 예정지구의 지정 관련 서류를 받은 경우에는 지체 없이 해당 사항을 공고하여야 하며, 공고한 날부터 30일 동안 공고 내용과 도면을 일반인에게 열람하게 하여야 한다.

(2) 토지 등의 매수청구

전원개발사업 예정구역의 지정·고시가 있은 때에는 그 구역의 토지소유자는 실시계획의 승인 전이라도 전원개발사업자에게 토지 등의 매수를 청구할 수 있다(전촉법 제12조). 전원개발사업자가 토지등의 매수청구를 받았을 때에는 지체 없이 이를 매수하여야 한다. 전원개발사업 예정구역의 토지소유자가 전원개발사업자에게 매도하는 토지는 「소득세법」 또는 「법인세법」을 적용할 때에는 토지보상법에 따른 수용에 의하여 취득한 것으로 본다. 전원개발사업자에게 토지 등을 매도함으로 인하여 이주하게 되는 자는 이주자로 본다.

V. 토지등의 수용·보상·제한

1. 토지수용

(1) 전원개발사업자의 토지수용·사용권

전원개발사업자는 전원개발사업에 필요한 토지 등을 수용하거나 사용할 수 있다(전촉법 제6조의2). 실시계획의 승인·변경승인 또는 신고 후 전원개발사업자가 전원개발사업구역에서 협의에 의하여 매수한 토지는「소득세법」또는「법인세법」을 적용할 때에는 토지보상법에 따른 수용에 의하여 취득한 것으로 본다.

(2) 공익사업 인정

전원개발사업에 필요한 토지의 수용은 실시계획의 승인·변경승인 및 고시가 있는 때에는 토지보상법 제20조제1항에 따른 사업인정 및 같은 법 제22조에 따른 사업인정의 고시가 있는 것으로 본다.

(3) 수용재결

'출력 10만킬로와트 이상인 발전소의 설치', '전압 154킬로볼트 이상인 변전소 또는 송전선로의 설치', '사업구역이 둘 이상의 특별시·광역시·도 또는 특별자치도에 걸치는 전원개발사업'에 해당하는 전원개발사업구역의 토지 등의 수용과 사용에 관한 재결(裁決)의 관할 토지수용위원회는 중앙토지수용위원회로 하고, 재결의 신청은 전원개발사업 시행기간에 할 수 있다(전촉법 제6조의2).

토지수용법은 토지수용을 위한 재결절차를 지방토지수용위원회와 중앙토지수용위원회를 거치도록 하고 있다. 전촉법은 토지수용법과 달리 국가산업단지개발사업(「산업입지 및 개발에 관한 법률」제22조), 택지개발사업 등 국책사업과 동일하게 일정규모 이상의 전원개발사업구역의 토지 등에 대한 재결은 중앙토지수용위원회에서 관장하도록 하고 있다.

중앙토지수용위원회의 재결은 토지등의 매수에 대한 행정절차를 간소화함으로써 전원개발사업의 효율성을 제고시킬 수 있다. 그러나 토지수용은 헌법적으로 보장되는 재산권의 행사를 강제적으로 매수하는 제도이므로 전원개발사업자는 아무리 공공목적일지라도 가급적 그 활용을 최대한 억제하고 협의매수를 위한 노력을 우선하여야 한다. 토지 등의 수용 또는 사용에 관하여 이 법에 특별한 규정이 있는 경우를 제외하고는 토지보상법을 준용한다.

2. 보 상

기존에 사회통념에 의한 송전선로 선하용지는 미보상 필지가 대부분이었다. 전기가 공급될 당시에 전기공급을 받는 것은 특혜로 국민들이 인식하고 있어, 전기

공급을 위한 송전선로의 설치는 모든 국민이 전기공급을 받기 위하여 수용하여야
하는 것으로 인식하였다. "전원개발사업"은 전원설비의 설치뿐만 아니라 개량하는
사업도 포함하고 있어 이미 설치되어 있는 전원설비의 토지 등에 대해 보상하고 그
사용권원을 확보하는 사업을 추가하여 동 사업의 범위를 확대하게 되었다.

송전선로 선하용지 보상제도의 변천

구 분	사 회 통 념	보상방안 (한국전력공사)
'70년대 초까지	공중위의 송전선 설치가 토지이용에 방해되지 않는다고 인식	실물피해만 보상
'70년대 후반 ~ '80년대 초까지	철탑과 전선의 총체적 방해인식, 철탑 미건립 필지는 송전선 피해가 없다고 봄	철탑 건립필지는 선하용지 포함 보상
'80년대말~	토지공간의 송전선도 토지의 잠재적 이용가치를 방해한다고 인식 - 고층건물 등 입체적 토지이용 증가	신설 송전선로는 선하용지 전면 보상

1995년부터 설치된 송전망 선하용지 보상관련 소송이 지속적으로 증대하여
한국전력공사 등 전원개발사업자는 계속되는 해당 토지소유자의 송전선 철거요구
등으로 안정적 전력설비 운영에 상당한 어려움을 가지게 되었다. 이로 인하여 이
미 설치된 송전선로의 선하용지 보상사업을 전원개발사업에 포함함으로써 설치당
시에 보상을 하지 않고 사용 중인 기설 송전선로 선하용지 소유자 등에게 당해 토
지사용에 대한 보상을 하여, 구분지상권 또는 임차권을 설정하여 국민의 권익보호
와 민원발생을 최소화하고 해당 선하용지의 사용권원을 확보하여 전원설비가 안
정적으로 운영될 수 있도록 하였다.

송전선로 선하지의 보상여부에 대해서는 6·25 전쟁 등으로 확인이 곤란하고,
송전선로 방해 정도(농경지 및 임야이용 실태)에 대한 평가기준 설정과 건설당시의 선
하지 여건과 이후 토지이용 변동상황 파악이 곤란하여 정확한 소요재원을 산출하
기는 쉽지 않다. 이미 설치된 송전선로 선하지에 대하여는 임차권 또는 구분지상
권을 설정함을 원칙으로 하고, 토지소유자가 권리설정을 거부하는 경우 매년 임대
료를 지급하게 되었다.[121]

---

121 송전선로 선하지 보상관련 판례(대법원 1996.05.14. 선고 94다54283 판결)에 따르면 한국전력공사가 그 토

3. 토지에 출입

(1) 타인토지 출입 요건

전원개발사업자는 전원개발사업을 시행하기 위하여 필요한 경우에는 '타인의 토지에 출입하는 행위', '타인의 토지를 일시 사용하는 행위', '나무·흙·돌이나 그 밖의 장애물을 변경하거나 제거하는 행위'를 할 수 있다(전촉법 제6조의3).

전원개발사업자가 타인의 토지에 출입하려는 경우에 관할 지방자치단체의 장의 허가를 받아야 하며, 출입하려는 날의 7일 전까지 그 토지의 소유자·점유자 또는 관리인에게 그 일시와 장소를 알려야 한다. 타인의 토지를 재료 적치장 또는 임시통로로 일시 사용하거나 나무, 흙, 돌, 그 밖의 장애물을 변경 또는 제거하려는 자는 토지의 소유자·점유자 또는 관리인의 동의를 받아야 한다. 이 경우 토지나 장애물의 소유자·점유자 또는 관리인이 현장에 없거나 주소 또는 거소가 불분명하여 그 동의를 받을 수 없는 경우에는 전원개발사업자는 미리 관할 지방자치단체의 장의 허가를 받아야 한다. 토지를 일시 사용하거나 장애물을 변경 또는 제거하려는 자는 토지를 사용하려는 날이나 장애물을 변경 또는 제거하려는 날의 3일 전까지 그 토지나 장애물의 소유자·점유자 또는 관리인에게 알려야 한다.

일출 전이나 일몰 후에는 그 토지 점유자의 승낙 없이 택지나 담장 또는 울타리로 둘러싸인 타인의 토지에 출입할 수 없다. 토지의 점유자는 정당한 사유 없이 전원개발사업을 방해하거나 거부하지 못한다.

(2) 손실보상

타인 토지의 출입으로 손실을 입은 자가 있으면 전원개발사업자가 그 손실을 보상하여야 한다. 손실보상에 관하여는 그 손실을 보상할 자와 손실을 입은 자가 협의하여야 한다. 손실을 보상할 자나 손실을 입은 자는 협의가 성립되지 아니하거나 협의를 할 수 없는 경우에는 중앙토지수용위원회에 재결을 신청할 수 있다.

지 상공에 당초에 그 송전선을 설치함에 있어서 적법하게 그 상공의 공간 사용권을 취득하거나 그에 따른 손실을 보상하지 아니 하였다면 그 송전선의 설치는 설치 당시부터 불법 점유라고 볼 수 있으며, 그 설치 후에도 적법한 사용권을 취득하려고 노력하였다거나 그 사용에 대한 손실을 보상한 사실이 전혀 없고, 그 토지가 현재의 지목은 전이나 도시계획상 일반주거지역에 속하고 주변 토지들의 토지이용 상황이 아파트나 빌라 등이 들어서 있는 사실에 비추어 그 토지도 아파트, 빌라 등의 공동주택의 부지로 이용될 가능성이 농후한 점 및 한국전력공사로서는 지금이라도 전기사업법 등의 규정에 따른 적법한 수용이나 사용절차에 의하여 그 토지의 상공의 사용권을 취득할 수 있는 점 등에 비추어, 토지소유자의 송전선 철거청구가 권리남용에 해당하지 않는다.

4. 구분지상권의 설정

(1) 규정의 목적

전선로 및 전력시설물, 철로 등 철도시설물, 수도관 등 중요 사회기반 시설을 타인의 토지 등에 설치할 때에는 소유권 또는 지상권·구분지상권을 설정하여 해당 시설설치에 필요한 권리를 취득하고 있다. 전력시설물, 철로 등 철도시설물, 수도관 등 중요 사회기반 시설에 관한 사항을 규율하는 「전기사업법」, 「도시철도법」, 「수도법」 등은 타인의 토지에 시설을 설치할 때 소유권 또는 지상권·구분지상권으로 그 권리를 취득하되, 토지소유주 등과 합의가 이루어지지 않을 때에는 사업자가 중앙토지수용위원회의 수용·사용재결을 받아 단독으로 등기를 신청할 수 있도록 규정하고 있다.

전원개발사업자는 전촉법에 따라 전원개발사업으로 승인을 받아 송전철탑 및 송전선로를 설치·운영하는 경우에 전원개발사업자가 중앙토지수용위원회로부터 수용·사용재결을 받아서 단독으로 등기를 신청할 수 있다(전촉법 제6조의4제2항). 그러므로 토지수용·사용재결이 있는 경우 전원개발사업자는 송전시설의 권원을 등기부에 적법하게 등재함으로써 토지소유자 및 승계인, 토지소유권 관련자들과 불필요한 분쟁이 발생할 우려가 없게 된다. 전촉법은 전원개발사업자가 중앙토지수용위원회의 수용·사용재결을 받은 경우에는 해당 권원을 등기신청할 수 있도록 하여 토지소유주 등과의 불필요한 분쟁 소지를 예방할 수 있다.

(2) 효   과

전원개발사업자는 토지의 소유자 및 관계인과 협의가 성립된 경우 지상권 또는 구분지상권을 설정 또는 이전할 수 있고, 중앙토지수용위원회의 수용·사용재결을 받은 경우에는 단독으로 지상권 또는 구분지상권 등기를 신청할 수 있는 법적 근거가 있다(전촉법 제6조의4). 이로 인하여 설정한 지상권 및 구분지상권의 존속기간은 「민법」 제280조 및 제281조에도 불구하고 송전선로가 존속하는 때까지로 지속하게 된다.

전원개발사업자가 송전시설의 권원을 등기부에 등재할 수 없게 되면, 적법한 권원 변동사항이 등기되지 못하는 문제가 있으며, 실제로 최근 송전철탑 및 송전선로 설치 시 중앙토지수용위원회의 사용재결 후 권원을 등기부에 등재하지 못하는 사례가 상당수 발생[122]하고 있다. 법원행정처는 이와 관련하여 사용재결을 받은 경우 지상권[123] 및 구분지상권[124] 설정 등기는 법령상에 근거 규정이 없는 이상 단독으로 신청할 수 없다는 취지로 유권해석을 하고 있다.

　　전촉법은 중앙토지수용위원회 사용재결에도 사용권원 미등기로 인해 부동산 물권변동의 혼란이 초래될 수 있어, 토지소유자의 변경 시 새로운 소유자의 철거 소송 및 보상요구 민원, 등기부등본상 물권 표시 부재로 인한 대항력 상실 등이 우려를 해소하는 효과를 가져왔다. 이로써 지상권 및 구분지상권의 존속기간은 「민법」 제280조 및 제281조에도 불구하고 송전선로가 존속하는 때까지로 함으로써 전원개발사업자와 토지소유주 간 등의 불필요한 분쟁 소지를 없게 하고 있다.

5. 이주대책

(1) 이주대책의 대상자

　　전원개발사업자는 전원개발사업의 시행에 필요한 토지 등[125]을 제공하여 생활의 근거를 상실하게 된 자를 대상으로 이주대책을 수립·실시하여야 한다. 이주대책은 발전소 건설로 인해 발전사업자에게 수용·사용되는 토지 등에 거주하는 주민을 대상으로 한다. 이주대책은 발전소 건설 이후 가동 과정에서 발생하는 오염

---

122 산업통상자원부에 따르면 2021년 2월 현재 중앙토지수용위원회의 재결 후 미등기된 사례는 1,147건에 이르고 있다.

123 한국전력공사가 송전철탑에 대하여 「전기사업법」에 의한 사용재결을 받은 경우 지상권 또는 구분지상권설정등기를 신청할 수 있는지 여부(제정 2013.7.24. [등기선례 제201307-7호, 시행]): 「전기사업법」 제2조제2호의 전기사업자가 타인의 토지에 송전철탑을 설치하기 위하여 「전기사업법」 제89조의2 및 「도시철도법 등에 의한 구분지상권 등기규칙」 제2조제1항에 따라 구분지상권의 설정을 내용으로 하는 사용재결을 받은 경우에는 그 재결서와 보상 또는 공탁을 증명하는 서면 등을 첨부정보로 제공하여 토지사용을 원인으로 하는 구분지상권설정등기를 단독으로 신청할 수 있으나, 지상권설정을 내용으로 하는 사용재결에 관하여는 법령상에 그 근거규정이 없으므로 설령 사업시행자가 지상권설정에 관한 사용재결을 받았다고 하더라도 이에 따른 지상권설정등기를 단독으로 신청할 수 없다.

124 한국전력공사가 토지에 대한 사용재결을 받은 경우 구분지상권설정등기의 단독신청 가부(제정 2020.2.6. [부동산등기선례 제202002-1호, 시행]): 한국전력공사가 전기사업자로서 전기사업의 시행을 위하여 「전기사업법」을 근거로 하여 구분지상권의 설정을 내용으로 하는 사용재결을 받은 경우에는 같은 법 제89조의2제2항에 따라 단독으로 구분지상권설정등기를 신청할 수 있다. 반면 한국전력공사가 전원개발사업자로서 전원개발사업의 시행을 위하여 전원개발법을 근거로 하여 토지의 사용에 관한 재결을 받은 경우에는 같은 법에 '전원개발사업자가 사용재결을 받으면 단독으로 구분지상권설정등기를 신청할 수 있다'는 취지의 규정이 없는 이상 단독으로 구분지상권설정등기를 신청할 수 없다.

125 "토지등"이란 토지·건물 또는 토지에 정착한 물건과 이에 관한 소유권 외의 권리, 광업권, 어업권, 양식업권 및 물 사용에 관한 권리를 말한다.

물질이나 소음 등으로 인해 주변 지역에 거주하는 주민이 건강상·환경상 피해를
방지할 수 있도록 하지는 않는다.

　발전소 주변 지역주민들에게 건강상·환경상 피해가 발생할 경우 「환경오염피
해 배상책임 및 구제에 관한 법률」에 따라 환경책임보험에 가입한 발전사업자로부
터 환경오염피해에 대한 배상을 받거나 환경부장관으로부터 환경오염피해 구제를
받을 수 있다. 이주대책에 관한 일반법인 토지보상법은 사업의 시행으로 인해 생
활의 근거를 상실하게 되는 사람을 이주대책 대상자로 하고 있고, 이주대책 관련
규정을 둔 개별법에서도 거주하는 토지나 건물 등이 수용·사용되는 주민을 대상
으로 하고 있어, 사업주변지역 주민까지 이주대책 대상에 포함하고 있는 입법
례[126]는 예외적이다.

(2) 개별이주자의 지원

1) 개별이주자의 지원 정당성

　전원개발사업자는 전원개발사업의 시행에 필요한 토지 등을 제공하고 생활근
거를 상실하여 이주하게 되는 자 중에서 이주정착지에 이주를 원하지 아니하는 자
에 대하여는 실향 및 생활기반 상실 등을 감안하여 이주정착 및 생활안정에 필요
한 지원을 할 수 있다. 개별이주자의 지원에는 이주정착지를 조성하지 아니하는
경우의 이주자도 포함한다.

　이는 공공사업인 전원개발사업으로 이주하게 되는 자에게 전원개발사업자는
토지보상법이 정하는 바에 따라 토지 등의 재산권 보상과 아울러 주거비, 이사비,
이농(어)비 등을 보상하며, 특히 이주정착지(집단이주지역)에 대하여는 도로·급수시
설·배수시설 등 생활기본시설을 추가로 지원하고 있으나 이주정착지에 이주를 하
지 않은 자(개별이주자)에게는 추가 지원이 없기 때문에 형평을 고려하여 지원근거
를 두고 있다.

2) 지원대상자와 지원금의 종류

　전원개발사업자는 이주자 중에서 이주정착지로 이주하기를 원하지 아니하는
자(이주정착지를 조성하지 아니하는 경우의 이주자를 포함한다)에 대하여 이주정착지의 조성

---

126 「공공폐자원관리시설의 설치·운영 및 주민 지원 등에 관한 법률」이나 「폐기물처리시설 설치촉진 및 주변지역
　　지원 등에 관한 법률」은 시설부지 외에 시설로 인해 건강상·환경상 영향을 받는 주민도 이주대책 대상으로
　　포함하고 있다.

비용을 고려하여 이주정착지원금과 생활안정지원금을 지급할 수 있다(전촉법 시행규칙 제9조의2제1항). 이주정착지원금과 생활안정지원금의 지급대상자는 실시계획 승인고시일·변경승인고시일 또는 전원개발사업 예정구역 지정고시일 현재 해당 구역에 거주하고 있는 사람으로서 '토지보상법 시행령 제41조에 따른 이주정착금 지급대상자', '무허가 건물(관계 법령에 따라 허가를 받거나 신고를 하고 건축하여야 하는 건물을 허가를 받지 않거나 신고를 하지 않고 건축한 건물을 말한다)의 소유자로서 해당 구역에 3년 이상 거주한 사람', '세입자로서 해당 구역에 3년 이상 거주한 사람'이다.

지급대상자에게는 세대당 이주정착지원금과 세대 구성원 1인당 생활안정지원금을 지급하나 생활안정지원금은 세대당 1,200만원 이하로 제한된다.

3) 지원절차

지급대상자가 이주정착지원금과 생활안정지원금을 받으려는 경우에는 이주예정일 3개월 이전까지 전원개발사업자나 이주대책의 수립 및 실시를 위탁받은 지방자치단체의 장에게 지급신청을 하여야 한다.

6. 전원개발사업구역에서 행정기관의 행위제한

(1) 행정처분 제힌

관계 행정기관의 장은 실시계획의 승인 후 전원개발사업구역에서 '도로·철도·교량·운하·수도 및 수로 등과 그 부속물의 설치', '하천유수(河川流水)의 진로변경, 하천 또는 해수면의 매립과 준설(浚渫), 항만의 축조 또는 변경 및 어업권·양식업권의 설정', '건축물의 신축·증축 또는 개축', '토지의 개간, 지반의 굴착(掘鑿)·매립, 그 밖의 토지의 형질변경'에 관한 허가나 그 밖의 처분을 하려는 경우에는 산업통상자원부장관과 협의하여야 한다. 국가 또는 지방자치단체가 직접하는 사업의 경우에도 또한 같다(전촉법 제7조).

(2) 국공유지의 처분제한

전원개발사업구역에 있는 국가 또는 지방자치단체 소유의 토지는 전원개발사업 외의 목적으로 매각하거나 그 밖의 처분을 할 수 없다(전촉법 제8조). 해당 토지는 「국유재산법」 및 「공유재산 및 물품 관리법」에도 불구하고 전원개발사업자에게 수의계약으로 매각할 수 있다.

제3장 에너지사업법론

제 1 절 에너지사업법의 체계

I. 에너지사업의 개념

에너지사업은 생활의 영위를 목적으로 에너지의 생산·운송·저장 등을 하는 경제활동을 말한다. 에너지사업에는 고압가스사업, 액화석유가스사업, 석탄사업, 석유사업 및 전기사업이 포함될 수 있다. 에너지사업법은 에너지사업에 대해 규율하는 법률이고, 대체로 에너지사업의 규제를 내용으로 하고 있다. 에너지사업에 대한 규율은 안정적 공급이 핵심이 되는 에너지의 특성에 기인한다. 에너지의 안정적인 공급을 위하여 에너지사업에 대한 규율이 필수적이다. 에너지사업을 수행할 기술적·경제적 역량이 없는 자가 에너지사업을 수행하는 경우 에너지를 안정적으로 공급받아야 하는 에너지소비자에게 예측하지 못한 피해가 발생할 수 있고, 그 피해의 규모가 적지 않은 경우 사회적 문제를 유발하게 된다. 그러므로 에너지사업자로부터 에너지를 공급받는 소비자의 보호를 위하여 사업의 수행을 위한 진입, 사업 활동 및 퇴출 등 에너지사업에 대한 전반적인 규율이 필요하다.

II. 에너지사업의 유형

1. 가스사업

에너지원인 가스에는 천연가스, 도시가스, 액화석유가스(LPG), 수소가 있다. 천연가스는 발전용·공업용·수소용·가정용으로 사용되고 있고, 액화석유가스는 대부분 운송용으로 사용되고 있으며, 수소는 발전용과 운송용으로 사용되고 있다. 에너지로서 천연가스, 액화석유가스 및 수소는 공급안정성과 가격안정성이 요구되기 때문에 해당 사업자에 대한 허가, 등록 또는 신고를 하도록 하고 있다. 액화석유가스는 프로판이나 부탄을 주성분으로 한 가스를 액화(液化)한 것[기화(氣化)된 것을 포함한다]을 말한다. 도시가스는 천연가스(액화한 것을 포함한다), 배관(配管)을 통하여 공급되는 석유가스, 나프타부생(副生)가스, 바이오가스, 합성천연가스, 그 밖에 메탄이 주성분인 가스로서 도시가스 수급 안정과 에너지 이용효율 향상을 위해 보급할 필요가 있다고 인정되는 가스이다.

도시가스사업은 수요자에게 도시가스를 공급하거나 도시가스를 제조하는 사업(「석유 및 석유대체연료 사업법」에 따른 석유정제업은 제외한다)으로서 가스도매사업, 일반도시가스사업, 도시가스충전사업, 나프타부생가스·바이오가스제조사업 및 합성천연가스제조사업을 말한다. 액화석유가스사업은 액화석유가스 수출입업, 충전사업, 집단공급사업, 배관망공급사업, 판매사업, 위탁운송사업 및 가스용품 제조사업을 말한다. 도시가스사업을 관장하는 법률은 「도시가스사업법」이고, 「액화석유가스 안전관리 및 사업법(약칭 : 액화석유가스법)」은 액화석유사업을 관장한다. 신에너지로서 수소의 사업을 관장하는 법률은 「고압가스 안전관리법」이다.

2. 석유사업

석유는 원유, 천연가스 및 석유제품을 말한다. 석유제품은 휘발유, 등유, 경유, 중유, 윤활유와 이에 준하는 탄화수소유 및 석유가스이다. 석유 중 공업용으로 사용되거나 운송용으로 사용되는 천연가스는 석유로 분류되어, 「석유 및 석유대체연료 사업법(약칭 : 석유사업법)」의 적용을 받는다. 석유대체연료란 석유제품 연소 설비의 근본적인 구조 변경 없이 석유제품을 대체하여 사용할 수 있는 연료(석탄과 천연가스는 제외한다)로서 바이오디젤연료유, 바이오에탄올연료유, 석탄액화연료유, 천연역청유(天然瀝靑油), 유화연료유, 가스액화연료유, 디메틸에테르연료유, 바이오가스연료유, 그 밖에 에너지 이용효율을 높이기 위하여 이용 보급을 확대할 필요가 있고 사용기기[자동차 또는 이와 비슷한 내연기관, 보일러 및 노(爐)를 말한다]에 적합한 품질과 성능 및 안전성 등을 갖추고 있다고 인정하여 산업통상자원부장관이 관계 행정기관의 장과 협의하여 산업통상자원부령으로 정하는 연료이다.

석유사업은 석유정제업, 석유수출입업, 국제석유거래업, 석유판매업을 말하고, 각 사업별로 적용되는 법률규정이 다르다. 또한 석유대체연료사업은 석유대체연료제조·수출입업, 판매업으로 「석유 및 석유대체연료 사업법」의 적용을 받는다.

3. 석탄사업

석탄사업은 석탄광업 및 석탄가공업을 말한다. 석탄사업을 관장하는 법률은 「석탄산업법」이다. 「석탄산업법」은 "석탄사업법"으로 제명의 개정이 필요한 법률이다. 「석탄산업법」은 그 내용이 석탄사업의 규제를 하고 있음에도 불구하고 "석탄사업법"으로 제명을 정하지 않고 「석탄산업법」으로 하고 있다. 「석탄산업법」이라는 제명은 석탄산업의 육성이나 지원을 내용으로 하는 법률일 때 적합하고, 석탄광업이나 석탄가공업에 대한 규제를 내용으로 하는 것은 석탄사업에 대한 "석탄사업법"에 가깝다. 현행 「석탄산업법」은 석탄광업과 석탄가공업에 대한 규제를 내용으로 하고 있다는 점에서 "석탄사업법"이 적합한 제명이라고 할 수 있다.

4. 전기사업

전기사업이란 「전기사업법」에서 관장하고 있으며, 발전사업·송전사업·배전사업·전기판매사업 및 구역전기사업을 포함하는 사업이다. 발전사업은 전기를 생산하여 이를 전력시장을 통하여 전기판매사업자에게 공급하는 것을 주된 목적으로 하는 사업을 한다. 송전사업은 발전소에서 생산된 전기를 배전사업자에게 송전하는 데 필요한 전기설비를 설치·관리하는 것을 주된 목적으로 하는 사업, 배전사업은 발전소로부터 송전된 전기를 전기사용자에게 배전하는 데 필요한 전기설비를 설치·운용하는 것을 주된 목적으로 하는 사업을 말한다. 전기판매사업이란 전기사용자에게 전기를 공급하는 것을 주된 목적으로 하는 사업(전기자동차충전사업은 제외한다)을 말한다.

「전기사업법」상 발전사업은 전기를 생산하는 사업을 말하고, 전기를 생산하는 에너지의 종류에 따라 석탄발전, 천연가스복합발전, 석유발전, 원자력발전, 신에너지발전, 재생에너지발전 및 집단에너지발전으로 구분할 수 있다. 그러나 「전기사업법」에서는 발전하는 에너지원에 따라 전기사업의 유형을 특별하게 구별하지는 않고 있다.

「전기사업법」은 2018년 6월 개정을 통하여 전기신사업을 신설함으로써 전기사업과 전기신사업을 구별하고 있다. 전기신사업이란 전기자동차충전사업 및 소규모전력중개사업을 말한다. 전기자동차충전사업은 「환경친화적 자동차의 개발 및 보급 촉진에 관한 법률」 제2조제3호에 따른 전기자동차(이하 "전기자동차"라 한다)에 전기를 유상으로 공급하는 것을 주된 목적으로 하는 사업을 말하고, 소규모전력중개사업은 소규모 신에너지 및 재생에너지 설비, 전기저장장치, 전기자동차 등에서 생산 또는 저장된 전력을 모아서 전력시장을 통하여 거래하는 것을 주된 목적으로 하는 사업을 말한다. 전기사업이 정부의 허가를 필요로 하는 사업인 데 반하여, 전기신사업은 등록의 대상이 되는 사업이다.

5. 집단에너지사업

집단에너지사업은 두 개 이상의 사용자를 대상으로 열을 공급하거나, 열과 전기를 공급하는 사업을 말한다. 집단에너지사업은 열과 전기를 동시에 공급하는 융합(하이브리드)사업으로 공급의 대상이 되는 열과 전기를 분리하여 공급할 수 없는 특성이 있는 사업이다. 집단에너지사업의 사업성은 열과 전기 매출에 따라 결정되며, 열은 원가주의로 안정적이나, 전기는 변동성이 심한 전력도매시장에서 가격이 결정된다. 이와 같이 집단에너지사업은 열과 전기를 동시에 공급하는 특성으로 인하여 「전기사업법」에 따른 전기사업의 허가 대상이 아니라, 집단에너지사업을 규율하기 위하여 제정된 「집단에너지사업법」에 따라 산업통상자원부장관의 허가를 받아야 하는 사업이다.

III. 법률의 체계

1. 에너지유형별 법체계

에너지사업은 원칙적으로 정부의 허가, 등록 등과 같은 규제를 받는 사업이다. 에너지사업은 에너지에 따른 특성이 있어 에너지종류에 따라 독립된 법률로 운영되고 있다. 현행 에너지사업과 관련된 법률로는 「전기사업법」, 「도시가스사업법」, 「액화석유가스의 안전관리 및 사업법」, 「석유 및 석유대체연료 사업법」, 「석탄산업법」, 「집단에너지사업법」 등이 있다.

에너지사업법은 에너지의 특성상 안정적인 공급을 통하여 해당 에너지사용자를 보호하는 것을 목적으로 하고 있다. 예를 들면, 「도시가스사업법」은 도시가스를 도시의 사용자에게 안정적으로 공급할 수 있는 사업능력이 있는 자에게 사업허가를 하고 있다. 도시가스사업자의 공급역량이 불안정한 경우 열 및 주방용으로 사용되어 생활의 중요한 기능을 하는 도시가스가 하루아침에 공급되지 못하게 될 수 있으며, 이는 도시가스 사용자의 심각한 불편으로 이어지게 된다. 그러므로 도시가스사업에 대한 허가제도를 통하여 도시가스를 안정적으로 공급할 수 있는 사업자로 하여금 도시가스사업을 하도록 허가하고 있다. 바로 여기에 도시가스사업 허가 제도의 정당성이 있다. 위에서 언급한 「전기사업법」 등은 에너지사업이 가지는 이러한 특징 때문에 사업규제를 하는 법률이고, 에너지 분야는 대부분 허가나 등록과 같은 사업규제를 하고 있다.

2. 에너지사업법의 구조

사용자의 생활에 지대한 영향을 미치는 에너지공급사업에 대해서는 허가나 등록 등과 같은 사업규제를 하고 있다. 에너지사업법에서 규제하는 에너지사업규제는 진입규제, 행위규제, 퇴출규제로 분리하여 볼 수 있다. 진입규제는「전기사업법」등과 같은 에너지사업법에 따라 이루어지는 사업허가 또는 등록제도 등을 말한다. 행위규제는 사업 활동에 대한 규제이다. 예를 들면,「전기사업법」에서는 발전사업자가 직접 소비자에게 전기를 판매하지 못하게 하고, 전력거래소를 통하여 전기를 판매할 수 있도록 하고 있다. 또한 전기판매사업자는 시장의 수요와 공급에 따라 최적의 이윤이 발생되는 수준에서 요금을 결정하지 못하고, 정부의 인가를 받은 전기 기본공급약관에 따라 전기요금을 정하게 된다.

에너지사업법은 위와 같이 주로 진입규제, 행위규제 및 퇴출규제로 구성되어 있고, 진입규제의 세부적인 사항은 각 에너지사업을 관장하는 에너지사업법에서 정하고 있다. 에너지는 그 특성별로 공급자, 수요자 및 공급형태 등에서 동일하지 않다. 그러므로 진입규제, 행위규제 및 퇴출규제는 각각 에너지의 특성에 따라서 개별법에서 세부적인 규제의 기준, 절차 또는 방법을 다르게 규정하고 있다. 그중에서도「전기사업법」은 대표적인 에너지사업법으로서, 에너지사업법에서 논의가 필요한 전반적인 사항을 담고 있다는 점에서 이하에서는 전기사업에 관한 사항을 중심으로 자세하게 다루고자 한다.

제 2 절　도시가스사업법

Ⅰ. 도시가스사업의 개관

1. 도시가스의 범위

"도시가스"란 천연가스(액화한 것을 포함한다), 배관(配管)을 통하여 공급되는 석유가스, 나프타부생(副生)가스, 바이오가스 또는 합성천연가스로서 대통령령으로 정하는 것을 말한다(도시가스법[1] 제2조제1호). 도시가스의 범위는 도시가스법의 적용과 관련되며, 그 종류는 다음과 같다.

첫째, 천연가스(액화한 것을 포함한다), 즉 지하에서 자연적으로 생성되는 가연성 가스로서 메탄을 주성분으로 하는 가스를 말한다.

둘째, 천연가스와 일정량을 혼합하거나 이를 대체하여도 가스공급시설 및 가스사용시설의 성능과 안전에 영향을 미치지 않는 것으로서 산업통상자원부장관이 정하여 고시하는 품질기준에 적합한 석유가스,[2] 나프타부생가스,[3] 바이오가스,[4] 합성천연가스,[5] 그 밖에 메탄이 주성분인 가스로서 도시가스 안정과 에너지 이용 효율 향상을 위하여 보급할 필요가 있다고 인정하여 산업통상자원부령으로 정하는 가스 중 배관(配管)을 통하여 공급되는 가스를 말한다.

도시가스는 배관을 통하여 공급되는 가스라는 특징을 가지고 있으나 천연가스는 배관으로 공급되지 않아도 도시가스에 해당한다.

2. 도시가스의 특징·용도·발전 과정

(1) 특 징

일반적으로 도시가스는 대부분 배관을 통하여 공급되는 천연가스에 해당한다. 그러나 최근에는 천연가스가 아닌 액화석유가스(LPG)도 도시가스로서 배관을 통하여 가정이나 산업체에 공급되고 있다. 도시가스의 특징은 청정성, 안전성, 편리성 및 경제성이라고 할 수 있다.

첫째, 천연가스나 액화석유가스(LPG) 또한 채굴, 운송, 저장 및 사용 과정에 적지 않은 이산화탄소를 비롯한 온실가스를 배출하기 때문에 친환경에너지라고는 할 수 없다. 그러나 석탄이나 석유와 같은 연료보다는 온실가스를 적게 배출한다. 도시가스의 특징으로 청정성은 연료로 사용하는 과정에서 인체에 유해한 중금속

---

1 「도시가스사업법」은 도시가스사업과 가스안전을 기술한 장과 절에서 "도시가스법" 또는 "도법"으로 약칭한다.
2 석유가스는 「액화석유가스의 안전관리 및 사업법」 제2조제1호에 따른 액화석유가스 및 「석유 및 석유대체연료 사업법」 제2조제2호 나목에 따른 석유가스를 공기와 혼합하여 제조한 가스이다.
3 나프타부생가스는 나프타 분해공정을 통해 에틸렌, 프로필렌 등을 제조하는 과정에서 부산물로 생성되는 가스로서 메탄이 주성분인 가스 및 이를 다른 도시가스와 혼합하여 제조한 가스이다.
4 바이오가스는 유기성(有機性) 폐기물 등 바이오매스로부터 생성된 기체를 정제한 가스로서 메탄이 주성분인 가스 및 이를 다른 도시가스와 혼합하여 제조한 가스이다.
5 합성천연가스는 석탄을 주원료로 하여 고온·고압의 가스화 공정을 거쳐 생산한 가스로서 메탄이 주성분인 가스 및 이를 다른 도시가스와 혼합하여 제조한 가스이다.

이나 미세먼지 등을 거의 배출하지 않는 점에 있다. 또한 도시가스는 액화과정에서 분진, 황, 질소 등이 제거되어 연소시 미세먼지를 거의 발생시키지 않는다.

둘째, 도시가스의 또 다른 특징은 안전성이다. 도시가스의 안전사고도 발생하고 있으나 도시가스의 사용량을 고려할 때 다른 발화성, 폭발성, 인화성이 있는 연료보다 사고율이 낮아서 인용될 수 있는 수준이다. 또한 도시가스가 공기보다 가벼워 사용이나 저장 중에 누출되어도 대기 중으로 쉽게 날아가서 사고위험이 낮으며, 발화온도가 높아 폭발의 위험이 적은 데에 있다.

셋째, 도시가스는 경제성이 있는 에너지이다. 도시가스는 다른 연료에 비해 열효율이 높으며, 자동차, 유리, 전자, 섬유, 식품, 금속, 열처리 등의 다양한 사업 분야에 사용되는 경제성이 있는 에너지이다.

넷째, 도시가스는 편리성을 특징으로 한다. 도시가스는 매설된 배관으로 공급되므로 석유나 석탄과 같이 별도의 수송 수단이나 저장시설을 필요로 하지 않아서 공간 활용성이 높은 편리성이 있다. 또한 도시가스는 사용 후 석탄재와 같은 쓰레기나 이물질 배출이 없는 편리성을 특징으로 하는 에너지이다.

(2) 용 도

도시가스는 가정의 취사 및 난방, 급탕 연료로서 가정에 공급되고 있을 뿐만 아니라 가정용 외에 업무용, 건물영업용, 산업용까지 광범위하게 사용되고 있다. 건물의 난방 및 냉방용 연료로 사용되는 도시가스는 하절기 냉방용 전력 수요를 대체하여 전력피크 완화에도 기여한다. 도시가스는 가스터빈을 이용한 열병합 발전용 분산전원으로 이용되고, 운송 연료로서 천연가스버스(NGV)와 선박의 연료로도 사용되고 있다.

(3) 발전 과정

1) 천연가스

도시가스의 핵심적 에너지로서 천연가스는 약 5,000년 전부터 사용되었다. 고대 원시인들은 천연가스를 "불타는 샘", "영원한 등불" 등으로 불렀고 자연숭배의 대상 또는 종교적인 신앙의 대상으로 신성시하기도 하였다. 천연가스를 "불타는 샘"으로 불렀던 고대 페르시아와 인도에서는 영원한 불꽃이라 여겨지는 천연가스가 분출되는 주변에 사원들을 건설함으로써 이를 종교적인 도구로 사용하였다. 그러나 천연가스를 발견한 페르시아인이나 인도인들은 천연가스의 에너지로서의 가치나 잠재적인 유용성을 알지 못하여 적극적으로 활용하지 못하였다.

도시가스는 조선말기 개항 직후 일본으로 파견된 개화파인 수신사와 신사유람단을 통하여 우리나라에 알려졌다. 김기수를 필두로 한 일본수신사 일행은 1876년 5월 5일부터 20일간 일본에 체류하면서 거리에서 기름 없이 타는 불인 가스등을 보고 처음으로 천연가스를 인식하였다. 1881년 일본의 문화를 수용하기 위한 신사유람단 일행은 3개월 동안 일본의 신문명을 시찰하고 작성한 시찰내용에 관한 복명서에서 가스등에 대한 묘사를 한 "일동록"에 기록하고 있다.

우리나라의 가스산업은 "일한와사주식회사"가 설립되어 1909년 11월에 서울에 가스를 공급함으로써 시작하였다. "일한와사주식회사"의 설립인가 이전에 권동수 등 여러 사람의 명의로 한국 정부로부터 특허를 받은 것이 우리나라 최초의 가스사업인가라 할 수 있으나 사업을 개시하지는 못하였다. "한국와사전기주식회사"는 1912년 하순부터 부산을 사업지역으로 하여 가스 공급사업을 시작하게 되었다. 1936년에는 평양에 "서선합동전기주식회사"가 설립되었고, 1942년에는 인천 조병창에 연료원을 공급하는 도시가스사업이 시작되었다. 전쟁 발발 직후인 1951년 7월 16일에는 대폭격으로 ㈜경성전기의 가스 생산이 중단되었고, 부산도 연료탄 구입의 어려움과 시설의 노후, 주소비자인 일본인의 철수로 수요가 격감하여 에너지 회사들은 1954년에 결국 폐업을 하였다.

2) 액화석유가스

1951년 국내에 액화석유가스를 수입하여 판매하는 회사가 생긴 이후로 점차 수급이 증가하였다. 6·25전쟁으로 천연가스 공급시설은 상당히 파괴되어 기능을 거의 할 수 없었으며, 1964년 울산에 정유공장이 설립되어 우리나라에서 액화석유가스를 자체적으로 생산할 수 있게 됨으로써 액화석유가스 산업은 비약적인 발전을 하였다. 1970년대부터 정유업체들이 잇따라 설립되었고, 이로 인하여 액화석유가스는 대량으로 생산되었다. 정부도 도시연료의 현대화를 추구하기 위해 도시가스사업을 추진함으로써 그 사용도 보편화되었다.

3. 도시가스사업의 유형

"도시가스사업"이란 수요자에게 도시가스를 공급하거나 도시가스를 제조하는 사업(석유사업법에 따른 석유정제업은 제외한다)으로서 가스도매사업, 일반도시가스사업,

도시가스충전사업, 나프타부생가스·바이오가스제조사업 및 합성천연가스제조사업
을 말한다(도법 제2조제1의2호).

첫째, "가스도매사업"이란 일반도시가스사업자 및 나프타부생가스·바이오가
스제조사업자 외의 자가 일반도시가스사업자, 도시가스충전사업자, 선박용천연가
스사업자 또는 산업통상자원부령으로 정하는 대량수요자에게 도시가스를 공급하
는 사업을 말한다.

둘째, "일반도시가스사업"이란 가스도매사업자 등으로부터 공급받은 도시가스
또는 스스로 제조한 석유가스, 나프타부생가스, 바이오가스를 일반의 수요에 따라
배관을 통하여 수요자에게 공급하는 사업을 말한다.

셋째, "도시가스충전사업"이란 가스도매사업자 등으로부터 공급받은 도시가스
또는 스스로 제조한 나프타부생가스, 바이오가스를 용기, 저장탱크 또는 자동차에
고정된 탱크에 충전하여 공급하는 사업으로서 산업통상자원부령으로 정하는 사업
을 말한다.

넷째, "나프타부생가스·바이오가스제조사업"이란 나프타부생가스·바이오가
스를 스스로 제조하여 자기가 소비하거나 가스도매사업자, 일반도시가스사업자,
일반도시가스사업자의 공급권역 외의 지역에서 도시가스를 사용하려는 자, 일반도
시가스사업자의 공급권역에서 도시가스를 사용하려는 자 중 정당한 사유로 일반
도시가스사업자로부터 도시가스를 공급받지 못하는 자, 월 최대 공급량 합계가 산
업통상자원부령으로 정하는 규모 이하인 나프타부생가스·바이오가스제조사업자
로부터 직접 도시가스를 공급받아 사용하려는 자에게 공급하는 사업(「고압가스 안전
관리법」 제4조에 따른 제조허가를 받아 나프타부생가스를 제조하여 전용배관을 통해 산업통상자원
부령으로 정하는 시설에 직접 공급하는 경우를 제외한다)을 말한다.

다섯째, "합성천연가스제조사업"이란 합성천연가스를 스스로 제조하여 자기가
소비하거나 가스도매사업자에게 공급하거나 해당 합성천연가스제조사업자의 주식
또는 지분의 과반수를 소유한 자로서 해당 합성천연가스를 공급받아 자기가 소비
하려는 자에게 공급하는 사업을 말한다.

여섯째, "천연가스수출입업"이란 천연가스를 수출하거나 수입하는 사업을 말
한다.

일곱째, "자가소비용직수입자"란 자기가 발전용·산업용 등 대통령령으로 정하
는 용도로 소비할 목적으로 천연가스를 직접 수입하는 자를 말한다.

여덟째, "천연가스반출입업"이란 「관세법」 제154조에 따른 보세구역 내에 설치된 저장시설을 이용하여 천연가스를 반출하거나 반입하는 사업을 말한다.

아홉째, "선박용천연가스사업"이란 천연가스를 「선박안전법」 제2조제1호에 따른 선박(건조 또는 수리 중인 선박을 포함한다)에 선박연료(건조검사 또는 선박검사를 받을 때 공급하는 천연가스를 포함한다)로 공급하는 사업을 말한다.

4. 천연가스사업의 체계

(1) 천연가스사업과 관계 행정기관

현재 천연가스 도매사업은 공기업인 한국가스공사가, 소매사업은 수십 개 민간 도시가스회사가 지역별로 분할하여 독점하고 있다. 가스도매사업자인 한국가스공사는 천연가스를 수입하여 발전사업자와 같은 대량수요자와 일반도시가스사업자에게 공급하고 있다. 천연가스의 대량수요자는 월 10만㎥이상의 천연가스를 배관을 통하여 공급받아 사용하는 자 중 ① 일반도시가스사업자의 공급권역 외의 지역에서 천연가스를 사용하는 자 또는 ② 일반도시가스사업자의 공급권역에서 천연가스를 사용하는 자 중 정당한 사유로 일반도시가스사업자로부터 천연가스를 공급받지 못하는 천연가스 사용자, 발전용(시설용량 100㎽ 이상에 한한다)으로 천연가스를 사용하는 자, LNG저장탱크(시험·연구용으로 사용하기 위한 용기를 포함한다)를 설치하고 천연가스를 사용하는 자이다.

소매사업자인 도시가스회사는 일반도시가스사업자로서 한국가스공사에서 공급받은 천연가스를 지역별 수요자(가정 및 산업체 등)에게 독점적으로 공급하고 있다.

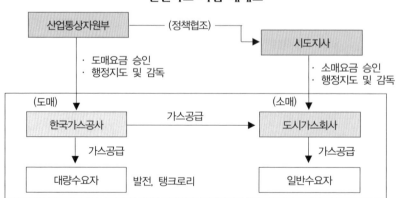

천연가스 사업 체계도

(2) 천연가스배관망

도시가스의 보급과 사용은 가스공급시설 설치를 전제로 한다. 그러므로 가스공급시설을 설치하지 않고는 도시가스사업을 할 수 없다. 가스공급시설에는 가스배관시설, 가스제조시설, 가스충전시설, 나프타부생가스·바이오가스제조시설 및 합성천연가스제조시설이 있다. 도시가스의 보급 확대를 위해서는 가스공급시설에 해당하는 주된 배관망의 설치가 필요하다. 도시가스는 1987년부터 보급되기 시작하였으며 2021년 말을 기준으로 보급률이 전국 83.6%(수도권 90.6%, 지방 76.9%)에 달하고 있다.

국내 도시가스 배관 설치 현황(2021년말 기준)

구분	합계	설치연도별 (단위 : km)		
		20년 이하	21~30년	30년 이상
한국가스공사	5,027	3,038	1,798	191
34개 도시가스사	50,542	31,380	14,602	4,560
계	55,569	34,418 (61.9%)	16,400 (29.5%)	4,751 (8.6%)

자료: 산업통상자원부

Ⅱ. 도시가스법의 제정과 발전

1. 도시가스법의 제정

현행 도시가스법은 가스사업법을 제명으로 하는 1978. 12. 5. 법률 제3133호로 제정되어, 1979년 2월 1일부터 시행되었다. 가스사업법은 도시가스 외에 액화석유가스 사업도 포함하였다. 가스사업법은 국민이 사용하는 에너지가 연탄과 석유에서 가스로 전환되면서 도시가스사업이 대규모화됨에 따라 가스의 안정적 공급과 일반사용자의 이익을 확보하고 가스사업으로 인한 위해를 사전에 방지하며 아울러 가스사업의 건전한 발전을 도모할 목적으로 현행과 같이 도시가스법과 「액화석유가스의 안전관리 및 사업법」(이하 "액화석유가스법"이라 한다)으로 개편되어 지금까지 효력을 발하고 있다.

2. 도시가스법의 발전

가스사업법은 1983. 12. 31. 전부개정을 통해 제명을 현행과 같은 "도시가스사업법"으로 개정하고, 그 내용도 전부 개정하였다. 도시가스법의 제정으로 일반도시가스와 성질 및 공급방법이 다른 액화석유가스에 관한 사항은 액화석유가스법에서 분리하여 규정하게 되었다. 전부개정의 배경은 액화천연가스의 도입과 더불어 수급이 크게 늘어나고 있는 도시가스사업을 합리적으로 육성함과 아울러 도시가스의 공급과 사용에 따른 안전확보에 있었다. 전부개정된 도시가스법은 적용대상을 가스도매사업과 일반도시가스사업으로 분류하여 규정하였다. 주된 내용은 시·도지사로 하여금 도시가스의 보급촉진 등 수급상 필요하다고 인정할 때에는 일반도시가스사업자에게 기간을 정하여 공급지역별·공정별로 가스공급시설을 설치할 것을 명할 수 있도록 한 것이다.

국민소득수준의 향상은 가정연료에 대한 도시가스의 선호도를 증가시켰다. 정부의 에너지다원화정책으로 1987년 액화천연가스가 도입되어 수도권의 도시가스용으로 공급되기 시작하면서 도시가스사업은 급속한 성장을 하였다. 1995년 7월 시행된 도시가스법은 급격히 증가하고 있는 도시가스 수요에 따른 소비자 보호와 도시가스사업의 건전한 육성·발전을 위하여 도시가스사업에 대한 허가제도와 수급체계를 합리적으로 조정하고, 무자격자의 가스시설 시공을 금지하는 등 부실시공을 방지하고, 표준공사비제도 및 계획배관제도의 시행을 제도화하여 도시가스 수요자의 권익 보호를 목적으로 하였다.

Ⅲ. 도시가스사업의 허가와 등록

1. 도시가스사업허가

(1) 허가의 대상

1) 규제사업으로서 도시가스사업

도시가스사업은 허가를 받아야 영위할 수 있는 사업으로 소위 규제사업에 속한다. 도시가스사업의 허가와 관련된 관할 행정기관은 도시가스사업별로 구분하여 관할하고 있다. 가스도매사업 및 합성천연가스제조사업은 산업통상자원부장관의 허가를 받아야 하는 사업이다. 일반도시가스사업 및 나프타부생가스·바이오가스

제조사업은 시·도지사의 허가를 받아야 하고, 도시가스충전사업은 시·군·구청장의 허가를 받아야 한다.

도시가스 사업허가는 사업자에 대한 허가와 사업장과 결합된 허가로 구분된다. 가스도매사업은 사업자에 대한 허가이기 때문에 허가를 받으면, 사업장을 불문하고 모든 사업장에서 허가받은 가스도매사업을 영위할 수 있다. 그러나 도시가스충전사업, 나프타부생가스·바이오가스제조사업 및 합성천연가스제조사업은 사업 자체에 대한 허가이기 때문에 사업소마다 각각의 허가를 받아야 한다. 허가를 받은 사항 중 중요한 사항을 변경하려는 경우에는 변경허가를 받아야 한다. 변경허가를 받아야 하는 중요한 사항은 "도시가스의 종류 또는 열량의 변경", "공급권역 또는 공급능력의 변경", "가스공급시설 중 가스발생설비, 액화가스 저장탱크, 가스홀더의 종류·설치장소 또는 그 수의 변경", "상호의 변경" 또는 "대표자(국가, 지방자치단체 및 「공공기관의 운영에 관한 법률」 제4조제1항에 따른 공공기관을 제외한 법인인 경우만 해당한다)의 변경"이다.

2) 가스도매사업

가스도매사업은 일반도시가스사업자 및 나프타부생가스·바이오가스제조사업자 외의 자가 일반도시가스사업자, 도시가스충전사업자, 선박용천연가스사업자, 월 10만 세제곱미터 이상의 천연가스를 배관을 통하여 공급받아 사용하는 자, 시설용량이 100메가와트 이상의 발전용·열병합용, 수소제조용으로 가스를 사용하는 자, 천연가스 저장탱크(시험·연구용으로 사용하기 위한 용기를 포함한다)를 설치하고 천연가스를 사용하는 자에게 도시가스를 공급하는 사업을 말한다. 도시가스도매사업은 산업통상자원부장관의 허가를 받아야 하는 사업이다(도법 제3조제1항).

가스도매사업은 현재 한국가스공사만 허가를 받아 수행하고 있다. 실제 허가요건을 충족하여도 가스도매사업의 허가는 관할 행정기관에 재량이 폭넓게 부여되어 있다.

3) 일반도시가스사업

일반도시가스사업은 가스도매사업자 등으로부터 공급받은 도시가스 또는 스스로 제조한 석유가스, 나프타부생가스, 바이오가스를 일반의 수요에 따라 배관을 통하여 수요자에게 공급하는 사업을 말한다. 일반도시가스사업은 시·도지사의 허가를 받아야 한다. 일반도시가스사업은 배관을 통하여 가스를 공급하는 특성으로 인하여 해당 지역에 하나의 사업자만이 사업권을 가진다. 그러므로 일반도시가스사업의 허가도 행정기관에게 재량권이 폭넓게 부여되어 있다.

4) 나프타부생가스·바이오가스제조사업

나프타부생가스·바이오가스제조사업은 나프타부생가스·바이오가스를 제조하여 자기가 소비하거나 가스도매사업자 등에게 공급하는 사업을 말한다. 그러나 「고압가스 안전관리법」 제4조에 따른 제조허가를 받아 나프타부생가스를 제조하여 전용배관을 통해 산업통상자원부령으로 정하는 시설에 직접 공급하는 사업은 제외된다. 도시가스는 배관을 통하여 공급되는 석유가스·나프타부생가스·바이오가스 등이고, 도시가스법은 일반도시가스사업의 범위에 제조한 도시가스를 수요자에게 공급하는 사업도 포함하고 있다. 그러므로 일반도시가스사업자가 석유가스·나프타부생가스·바이오가스 등을 제조하여 수요자에게 공급하여도 적법한 사업에 속한다.

도시가스법은 2014년부터 나프타부생가스제조사업과 바이오가스제조사업을 도시가스사업의 일종으로 도입하여 도시가스사업자가 소유한 배관을 통해 공급할 수 있도록 함으로써 석유화학공장의 나프타분해시설에서 발생한 나프타부생가스의 이용이 확대되었다. 그러나 도시가스사업자가 소유한 배관이 아닌 공장간 설치된 전용배관 등을 통해 인근 석유회학공장에 공급하는 행위는 규제 없이 적법하게 할 수 있도록 도시가스법이 개정되었다. 도시가스법에 따른 안전·품질·수급 관련 규제는 도시가스사업자의 배관을 이용하여 나프타부생가스를 공급하는 것에 해당되기 때문에 인근 공장간 전용배관을 통해 공급하는 경우에는 도시가스법의 적용 예외로 규정하더라도 도시가스법의 입법 취지에 반하지 않는다. 석유화학공장의 나프타분해공정설비는 안전관리를 위하여 「고압가스 안전관리법」에 따른 특정제조허가[6]로 규제를 하고 있다.

바이오가스 등은 천연가스와 성분이 달라 도시가스 배관망 부식 등의 문제가 있었다. 정부는 「천연가스 외의 가스제조시설기준 등에 관한 특례 고시」를 제정하여 바이오가스를 도시가스사업자가 설치한 도시가스배관이 아니라 바이오가스 전용배관을 통해 공급하도록 하고 있다. 그러나 바이오가스 등의 안정적 공급을 위해서는 도시가스 배관망을 이용하게 할 필요성이 있다. 또한 바이오가스는 천연가

---

6 「고압가스안전관리법」에 따른 고압가스 제조허가의 종류와 그 대상범위는 고압가스 특정제조이고, 고압가스 특정제조허가의 대상은 석유화학공업자(석유화학공업 관련사업자를 포함한다)의 석유화학공업시설(석유화학 관련시설을 포함한다) 또는 그 부대시설에서 고압가스를 제조하는 것으로서 그 저장능력이 100톤 이상이거나 처리능력이 1만 세제곱미터 이상인 것이다.

스와 성분이 다르고 국내에서 제조하여 공급되는 특성이 있으므로 일반도시가스
사업과 구분하여 별도의 요건에 의한 허가를 받도록 하고 있다.

　　국내 유기성 폐자원의 적정한 처리를 목적으로 2022년 제정된 「유기성 폐자
원을 활용한 바이오가스의 생산 및 이용 촉진법」이 2023. 12. 31. 시행되었다. 국
내 유기성 폐자원은 2019년도 기준 하수찌꺼기 약 422만 톤, 분뇨 약 1만 톤, 음식
물폐기물 약 522만 톤, 가축분뇨 약 7,126만 톤이 발생하고 있으나, 처리량이 가장
많은 가축분뇨의 경우 81.4%가 퇴비·액비화되고 있는 반면에 바이오가스화는
1.3%에 불과하고, 음식물폐기물 역시 약 74.3%가 사료화·퇴비화되고 있는 반면에
바이오가스화는 12.7%에 불과하다.

　　지금까지 국내 유기성 폐자원으로 음식물쓰레기는 퇴비·사료 중심으로 재활
용되었다. 그러나 퇴비 수요가 지속적으로 감소하고 있으나 공급은 과잉된 수급
불균형이 지속되고 있고, 퇴비 과다 살포로 인한 수질·토양 오염을 막기 위해 오
염원 관리 및 환경기준이 강화되는 추세에 있어 음식물폐기물의 퇴비·사료화는
한계에 직면하여 축소가 불가피하다. 음식물과 같은 유기성폐기물의 퇴비화·사료
화시설의 가동 저하를 대체하는 방법으로 바이오가스화 확대의 필요성이 증가하
여 동법률을 제정하게 되었다. 동법률은 바이오가스 의무생산자를 지방자치단체의
장과 일정규모 이상의 유기성 폐자원을 배출하거나 처리하는 사업자로 규정하고,
바이오가스의무생산자에게 바이오가스의 생산목표를 설정하여 관리하도록 하고 있
다.[7] 그러므로 동법률에 따른 바이오가스 의무생산자는 도시가스법에 따라 시·도
지사의 제조사업허가를 받아야 한다.

　　5) 합성천연가스제조사업

　　합성천연가스제조사업은 합성천연가스를 제조하여 자기가 소비하거나 가스도
매사업자에게 공급하거나 해당 합성천연가스제조사업자의 주식 또는 지분의 과반
수를 소유한 자로서 해당 합성천연가스를 공급받아 자기가 소비하려는 자에게 공
급하는 사업을 말한다(도법 제2조제4호의4). 합성천연가스(SNG: Synthetic Natural Gas)는
석탄을 불완전 연소시켜 일산화탄소·수소(CO, H_2) 등을 생산하고, 이를 합성하여
메탄을 생산하는 방법으로 제조되는 가스이다.[8] 합성천연가스는 가격이 저렴하고

---

7 덴마크는 생산된 바이오가스의 도시가스 사용목표를 2020년 23%에서 2023년 30%로 상향 조정하는 등 음식
　물폐기물, 가축분뇨 등을 통한 바이오가스를 생산·이용하여 순환경제를 구축하고 재생에너지를 확대하는 데에
　활용하고 있다.
8 합성천연가스는 프로판 등 고열량 성분이 없어 천연가스보다 열량이 낮으며, 천연가스에는 없는 수소(H_2)를 포함

매장량이 풍부한 석탄을 이용하므로 경제성과 공급안정성이 높고 석탄 이용방식과 비교하면, 오염물질 배출이 현저히 줄어드는 등 환경개선 효과가 있다. 합성천연가스를 도시가스에 포함함으로써 도시가스 공급원이 다양화되고, 도시가스 요금 인하 유도 등의 효과도 있다.

합성천연가스는 수입, 도매(가스도매사업), 소매(일반도시가스사업) 과정을 거쳐 공급되는 천연가스와 달리 국내에서 생산되는 점을 고려하여 별도 도시가스사업의 유형으로 규정하고 있다. 합성천연가스제조사업을 하려는 자는 그 사업소마다 산업통상자원부장관의 허가를 받아야 하고 허가받은 사항 중에서 중요 사항을 변경하려는 경우에도 허가를 받아야 한다(도법 제3조제5항). 합성천연가스는 나프타부생가스·바이오가스와 달리 대량 생산이 가능하여 사업허가 단계에서 국가 전체의 도시가스 수급 상황을 고려할 필요가 있으므로 허가권자를 산업통상자원부장관으로 정하고 있다.

(2) 도시가스사업의 허가 기준

1) 적극적 허가기준

가스도매사업과 일반노시가스사업의 허가기준은 '사업이 공공의 이익과 일반수요에 적합한 경제 규모일 것', '사업을 적절하게 수행하는 데에 필요한 재원(財源)과 기술적 능력이 있을 것', '도시가스의 안정적 공급을 위하여 적합한 공급시설을 설치·유지할 능력이 있을 것'이다(도법 제3조제7항). 가스도매사업과 일반도시가스사업의 허가기준은 추상적으로 규정하고 있고, 세부적인 기준의 충족 여부에 관하여는 행정규칙으로 정하고 있다.

가스도매사업과 일반도시가스사업 허가의 세부기준은 '도시가스를 공급하려는 권역이 다른 도시가스사업자의 공급권역과 중복되지 아니할 것', '도시가스사업이 적정하게 수행될 수 있도록 자기자본 비율이 도시가스 공급 개시 연도까지는 30퍼센트 이상이고, 개시 연도의 다음 해부터는 계속 20퍼센트 이상 유지되도록 사업계획이 수립되어 있을 것', '도시가스가 공급권역에서 안정적으로 공급될 수 있도록 원료 조달 및 간선 배관망 건설에 관한 사업계획이 수립되어 있을 것', '도시가스공급이 특정지역에 편중되지 아니할 것', '도시가스의 안정적 공급을 위하여 예비시설을 갖출 것(천연가스를 가스도매사업자의 배관으로부터 공급받지 아니하는 일반도시가스

하고 있다.

사업자만 해당한다)', '천연가스를 도시가스 원료로 사용할 계획인 경우에는 사업계획이 천연가스를 공급받는 데 적합할 것'이다.

　　도시가스충전사업 허가기준은 '사업의 개시 또는 변경으로 국민의 생명보호 및 재산상의 위해방지와 재해발생 방지에 지장이 없을 것', '한국가스안전공사의 기술검토 결과 안전성이 확보된다고 인정될 것', '시장·군수·구청장이 국민의 생명보호 및 재산상의 위해방지와 재해발생 방지를 위하여 설치를 금지한 지역에 해당 시설을 설치하지 아니할 것'이다(도법 제3조제8항).

　　나프타부생가스·바이오가스제조사업 또는 합성천연가스제조사업의 허가기준은 '나프타부생가스·바이오가스 또는 합성천연가스를 제조·공급하는 데에 적합한 가스공급시설을 설치·유지할 능력이 있을 것', '한국가스안전공사의 기술검토 결과 안전성이 확보된다고 인정될 것', '사업을 적절하게 수행하는 데에 필요한 재원과 기술적 능력이 있을 것', '가스수요량을 고려하여 가스공급시설이 필요 이상으로 중복되지 아니할 것'이다(도법 제3조제9항). 석유화학공장의 나프타분해공정설비는 「고압가스 안전관리법」의 특정제조허가를 받아야 하기 때문에 이중적 규제를 받는 문제가 있다. 그러나 「고압가스 안전관리법」에 따른 특정제조허가와 도시가스법에 따른 나프타부생가스 제조허가의 안전기준은 차이가 거의 없을 정도로 미미하다. 나프타부생가스의 품질·수급 관련 규제는 도시가스사업자의 배관을 이용하는 경우에 적용되고, 인근 공장간 전용배관을 통해 공급하는 경우는 도법을 적용받지 않고, 수요자와 공급자가 협의하여 품질기준을 정할 수 있다.

고압가스 특정제조허가와 나프타부생가스 제조허가와의 비교

구분 ＼ 법령	고압가스 안전관리법	도시가스법
허가	고압가스 특정제조 허가 (제4조제1항)	나프타부생가스 제조사업자 허가 (제3조제4항)
공사계획 승인 등	해당없음	가스공급시설의 설치공사시 또는 변경공사시 시장·군수·구청장의 승인(제3조제4항)
안전관리규정 등	사업 개시 전 제조시설의 안전유지에 관하여 안전관리규정을 정하고 이를 허가관청에 제출(제11조)	사업 개시 전 가스공급시설의 안전유지에 관하여 안전관리규정을 정하고 이를 허가관청에 제출(제26조)

구분 \ 법령	고압가스 안전관리법	도시가스법
안전관리규정 준수 여부 확인·평가	완성검사 후 6개월이 되는 날 및 매5년이 지난 날의 전후 30일 이내에 안전관리규정 준수 여부 확인·평가 실시(제11조제6항 및 규칙 제20조)	가스공급시설의 정기검사 또는 수시검사 시 안전관리규정 준수 여부 확인·평가 실시(제26조제5항 및 규칙 제41조)
안전성평가 등	안전성 평가 후 안전성향상계획을 작성하여 허가관청에 제출 또는 사무소 비치(제13조의2 및 영 제11조)	해당없음
완성검사 등	제조소 : 중간·완성검사(제16조제1항) 제조소 밖의 고압가스배관 : 시공감리(제16조제2항)	제조소 및 제조소 밖의 배관 : 시공감리(제15조제1항)
정기검사	최초 완성검사증명서를 발급 받은 날 기준으로 매4년(전후 15일)마다 (제16조의2 및 규칙 제30조제2항)	최초 시공감리증명서를 발급 받은 날 기준으로 매년(전후 30일)마다 (제17조 및 규칙 제25조제3항제1호)
정밀안전 검진(진단)	고압가스제조시설로서 다음의 시설은 4년마다 정밀안전검진을 받아야 함 ·특수반응설비가 설치된 시설 ·완성검사를 받은 날부터 15년이 경과한 시설 (제16조의3 및 규칙 제33조·제34조)	도심지에 설치된 고압가스배관은 시공감리를 받은 후 15년 및 그 이후 매 5년마다, 중압가스배관은 시공감리를 받은 후 20년 및 그 이후 매 5년마다 정밀안전진단을 받아야 함 (제17조의2 및 규칙 제27조의2·제27조의3)
안전관리자	총괄자(1명), 부총괄자(1명), 책임자(1명), 안전관리원(2명) 선임 (제15조 및 영 제12조제3항 별표 3)	좌동 (제29조 및 영 제15조제3항 별표 1)
안전교육	안전관리책임자 및 안전관리원은 신규종사 후 6개월 이내 및 그 이후 3년이 되는 해에 안전교육을 받아야 함(제23조, 규칙 제51조 및 별표 31)	좌동 (제30조, 규칙 제50조 및 별표 14)

구분 \ 법령	고압가스 안전관리법	도시가스법
보험가입	사고로 인한 타인의 생명·신체나 재산상의 손해를 보상하기 위한 보험가입 ·대인 : 1인당 8천만원 ·대물 : 50억원 (제25조 및 규칙 제53조 및 별표 33의2)	좌동 ·대인 : 1인당 8천만원 ·대물 : 10억원 (제43조 및 규칙 제64조 및 별표 17의2)

2) 소극적 허가기준(결격사유)

가스사업을 하려는 자가 적극적인 허기기준을 충족하여도 결격사유에 해당하는 경우에는 허가를 받을 수 없다. 도시가스사업의 허가를 받을 수 없는 결격사유는 피성년후견인, 파산선고를 받고 복권되지 아니한 자 등으로 도시가스법 제4조에서 열거적으로 규정하고 있다. 결격사유는 가스사업 허가에서 중요한 소극적 기준으로 결격사유에 해당하는 경우에 해당 허가는 무효가 된다. 법률에서 결격사유에 해당하는 경우에 허가를 취소하여야 하는 것으로 규정하고 있으나 허가 당시에 결격사유에 해당함에도 불구하고 가스사업 허가를 하였다면, 해당 가스사업허가는 취소할 수 있는 사유가 아니라 처음부터 허가의 효력이 발생하지 않는 무효인 허가이다. 가스사업 허가를 받은 후에 결격사유가 사후에 발생한 경우에는 가스사업 허가의 취소사유에 해당한다.

파산제도는 채무자가 경제적 파탄상태에 빠져 그의 자력으로는 도저히 모든 채권자에 대한 채무를 갚을 수 없는 상태에 이르렀을 때 이에 대처하기 위한 법률적 수단으로서 강제적으로 그의 총재산을 관리·환가하여 총채권자에게 공평한 금전적 만족을 주는 것을 목적으로 하는 재판상의 절차이다. 파산제도는 한편으로는 주어진 상황에서 모든 채권자에게 공평하고 최대한의 만족을 제공한다는 것과 다른 한편으로는 그 시점에서 파산자의 모든 채무를 정리함으로써 파산자의 장래의 경제적 갱생을 도모하는 취지를 모두 갖고 있다. 특히 기업이 아닌 개인이 경제적 파탄상태 빠지게 되면, 파산선고 시점에 채무자의 재산이 거의 없는 상태가 되어 채권자가 채권의 회수를 기대할 수 없는 것이 일반적이라는 점을 고려할 때, 개인 파산제도는 파산자의 사회적·경제적 갱생이 주된 목적이라고 할 수 있다. 그러나 우리나라의 현행 법제도에 의하면 파산 관계법뿐만 아니라 각종 개별법에 파산으로 인한 불이익규정들이 산재하고 있어 일단 파산선고를 받은 자는 공·사법상의 광범위한 제한을 받게 된다.⁹ 이에 따라 파산자가 일반인과 같은 수준의 정상적인 경제생활을 영위하기란 매우 힘들어지게 되는 것이 현실이다. 이러한 공·사법상의 광범위한 제한 내지 불이익 관련 규정에 대해서는 개인파산제도의 활성화를 저해하여 제도의 도입취지 자체를 무색하게 할 뿐만 아니라, 나아가 파산자의 생존권과 행복추구권 등 헌법상 보장된 기본적 권리들을 과도하게 제한하고 있다는 지적이 제기되고 있다.

한편 파산은 본인의 책임하에 이루어진 채권·채무관계에 있어 일방의 채무불이행으로 인하여 발생하는 것으로서 이로 인하여 거래상대방에게는 일정한 재산상의 피해가 발생하고, 사회·경제적으로는 건전한 거래질서와 사회적 신뢰에 손상을 입히는 결과가 초래된 것이므로 사회적 책임이 완전히 면제되지 않은 파산자에 대하여 일정한 법적 제한을 가하는 것은 불가피한 측면이 있다. 또한 파산자의 자유와 권리를 일정 부분 제한함으로써 얻고자 하는 법적 이익이 국가의 안전보장, 질서의 유지 또는 공공복리 등과 밀접하게 관련된 공익에 해당하는 경우에는 경제적으로 불안정한 상태에 있는 파산자의 권리를 일정부분 제한하는 것이 보다 합리적인 선택이 될 수도 있다.

결격사유는 특정한 신분 또는 자격의 부여나 인·허가의 대상에서 배제되는 인적·소극적 요건을 의미한다. 이는 대체로 일반 국민의 건강·안전 또는 재산에 중대한 영향을 미치는 전문적인 분야에 종사하여서는 아니 될 사람을 원천적으로 배제하여 당해 분야에 종사하는 자의 자질을 일정 수준 이상으로 유지함으로써 공공복리의 증진과 질서유지라는 공익을 달성하기 위한 최소한의 장치에 해당한다.¹⁰ 그러므로 개별법상의 규정이 국민의 직업선택의 자유 또는 경제활동의 자유와 밀접하게 관련된 경우에 "파산선고를 받고 복권되지 아니한 자"를 결격사유로 규정

---

9 파산선고를 받은 채무자는 후견인, 유언집행자, 친족회원, 수탁자, 공익법인의 임원, 공무원, 변호사, 공증인, 변리사, 공인회계사, 부동산중개업자, 사립학교교원, 의료인 등이 될 수 없고, 주식회사 또는 유한회사의 이사 또는 감사가 파산선고를 받으면 회사와의 위임관계가 종료되며, 합명회사 또는 합자회사의 사원은 파산의 사유로 퇴사하고, 익명조합에서 영업자 또는 익명조합원의 파산은 조합계약의 종료사유가 되는 등 많은 공·사법상의 제약규정이 존재한다.

10 결격사유는 무차별적으로 적용되는 것이므로 결격사유에 해당하는 자를 무조건 특정분야에서 배제함으로써 그의 자유와 권리를 제한하는 효과가 있다. 그러므로 법률에 결격사유를 규정할 때는 과잉규제가 되지 않아야 한다.

하고자 할 때에는 채무자가 파산선고를 받음으로 인하여 그 업무수행에 본질적인 장애를 초래하는 것인지 여부에 대한 검토와 함께 해당 결격사유 규정을 통하여 달성하고자 하는 공익과 결격사유 규정으로 인하여 제한받는 파산자의 이익에 대한 비교형량을 거쳐 사안별로 그 타당성을 신중하게 검토할 필요가 있다.

(3) 허가 절차

도시가스 허가를 관할하는 행정기관으로서 산업통상자원부장관, 시·도지사 또는 시장·군수·구청장은 도시가스사업 허가를 하면 7일 이내에 그 허가 사항을 관할 소방서장에게 통보하여야 한다(도법 제3조제12항).

2. 천연가스수출입업의 등록

(1) 등록의무

천연가스수출입업은 천연가스를 수출하거나 수입하는 사업으로 판매를 목적으로 하는 수출입업과 발전용·산업용으로 자가소비를 목적으로 하는 수출입업이 있다. 천연가스수출입업자는 산업통상자원부장관에게 등록하여야 한다. 등록한 사항 중 성명 및 상호, 법인의 경우 그 대표자, 주된 영업소의 소재지, 천연가스 저장시설의 소재지 및 규모를 변경하려는 경우에 변경등록을 하여야 한다(도법 제10조의2).

천연가스수출입업은 대부분 (구)석유사업법에 규정되어 있었고, 자가소비용 천연가스직수입은 (구)석유사업법과 도시가스법에 혼재하여 규정[11]되어 있었으나 현재는 도시가스법에서 통합하여 규정하고 있다. 자가소비용 직수입제도는 1995년 석유사업법 개정으로 1997년 1월부터 사전승인제도로 도입되었고,[12] 2001년 1월부터 천연가스 산업의 경쟁촉진과 천연가스를 대량으로 소비하는 자의 선택권 확대 등을 위해 등록제로 전환되었다.[13] 국내에서 사용되고 있는 천연가스는 거의

---

11 천연가스 수출입 등록은 (구)석유사업법에서 규정하고, 가스공급시설설치 및 수급조정명령 등은 (구)도시가스법에 각각 규정되어 있었다.

12 1995.12.29. 석유사업법 개정으로 천연가스 수출입계약 또는 수송계약을 체결하는 경우 미리 통상산업부장관의 승인을 얻도록 개정하여 1997.1.1.부터 시행하였다.

13 1998.9.23. 「석유사업법」 개정 시 천연가스 수출입계약의 사전승인제를 사후신고제로 변경하였고, 2001.1.1.부터 이를 시행하였다. 2004.10.22. 「석유사업법」은 「석유 및 석유대체연료 사업법」으로 전부 개정되었다. 2007.12.21. 「석유 및 석유대체연료 사업법」에서 규정한 천연가스 수출입 관련 조항은 도시가스법으로 이관되었다.

전량을 수입에 의존하고 있고, 이 중 자가소비용 직수입 물량은 2013년 기준 국가 전체 도입물량의 3.5%에 불과하였으나 2020년 기준 22.1%를 차지하여 꾸준히 상승하고 있다. 2023년 8월 기준 18개 업체가 천연가스 자가소비용직수입자로 등록되어 있다.

천연가스 자가소비용 직수입 현황

구분	'13	'14	'15	'16	'17	'18	'19	'20	'21	'22
직수입 물량(만톤)	141	137	188	216	465	614	728	906	860	738
비중(%)	3.5	3.6	5.7	6.3	12.3	13.9	17.8	22.1	18.4	15.7

자료: 산업통상자원부

(2) 등록요건

천연가스수출입업의 등록요건은 '도시가스사업자의 경우에는 사업개시연도의 천연가스 내수판매계획량의 30일분에 해당하는 양을 저장할 수 있는 저장시설을 갖출 것', '자가소비용직수입자의 경우에는 사업개시 연도의 천연가스 자가소비계획량의 30일분에 해당하는 양을 서상할 수 있는 저장시설을 갖출 것', '선박용천연가스사업자의 경우에는 사업개시연도의 천연가스 판매계획량의 30일분에 해당하는 양을 저장할 수 있는 저장시설을 갖출 것'이다.

천연가스수출입업의 등록을 한 자는 해당 사업개시 연도의 다음 연도부터는 '도시가스사업자의 경우에는 전년도 천연가스 내수판매량의 30일분에 해당하는 양을 저장할 수 있는 저장시설', '자가소비용직수입자의 경우에는 전년도 천연가스 자가소비량의 30일분에 해당하는 양을 저장할 수 있는 저장시설', '선박용천연가스사업자의 경우에는 전년도 천연가스 판매량의 30일분에 해당하는 양을 저장할 수 있는 저장시설'을 갖추고 있어야 한다.

저장시설은 천연가스수출입업의 등록을 하려는 자 또는 등록을 한 자가 소유하거나 독점적으로 사용하기 위하여 임차한 액화천연가스 저장탱크를 말한다. 이 경우 저장시설을 여러 사용자가 공동으로 사용하는 경우도 포함하되, 해당 저장시설의 총용량은 각 사용자의 사용 용량을 모두 합한 것보다 많아야 한다.

(3) 조건부 등록

천연가스수출입업은 산업통상자원부장관에게 등록하여야 영위할 수 있는 사업이다. 천연가스수출입업의 본등록을 신청하려는 자가 대통령령으로 정하는 기간(5년) 이내에 등록요건에서 정하는 시설을 갖출 것을 조건으로 조건부 등록을 신청할 수 있다(도법 제10조의3). 조건부 등록 신청을 받은 산업통상자원부장관은 14일 이내에 이를 심사하여 조건부 등록 여부를 통지하여야 한다. 산업통상자원부장관은 조건부 등록을 한 자가 본등록을 신청하면 등록요건에 적합한지 확인한 후 본등록을 하여야 한다. 조건부 등록을 신청하려는 자는 천연가스수출입업 등록신청서에 사업계획서를 첨부하여 산업통상자원부장관에게 신청하여야 한다. 사업계획서에는 '천연가스 저장시설의 현황, 건설 또는 보유 계획(소재지 및 저장능력을 포함한다)', '천연가스 수입연도 이후 5년간의 천연가스 수급 계획(수출입 및 판매·사용계획을 포함한다)'을 포함하여야 한다.

천연가스수출입업자는 도시가스사업자인 천연가스수출입업자와 자가소비용직수입자인 천연가스수출입업자로 분류된다. 도시가스사업자인 천연가스수출입업자는 국내에서 가스도매사업을 하는 한국가스공사뿐이다. 그러므로 조건부등록은 현실적으로 자가소비용직수입자가 조건부 등록을 하는 경우에만 적용된다.

(구)도시가스법은 조건부 등록을 한 자가 정당한 사유 없이 5년 이내에 등록요건에서 정하는 시설을 갖추지 아니하면 그 조건부 등록을 취소하도록 규정하였으나 현행 도시가스법은 이를 삭제하고 있다. 이는 조건부 등록을 한 자가 5년 이내에 시설을 갖추지 않았다는 이유로 조건부 등록을 취소하는 경우에 해당 사업자가 다시 조건부 등록을 신청함으로써 행정절차의 반복에 따르는 불필요한 부담을 줄이려는 데에 있다.

3. 천연가스반출입업의 신고

(1) 도입상 쟁점

도시가스에 관한 업종은 도시가스사업(가스도매사업, 일반도시가스사업, 도시가스충전사업), 천연가스수출입업, 자가소비용직수입업 및 천연가스반출입업으로 제한되고 있다. 천연가스반출입업이란 「관세법」 제154조에 따른 보세구역[14] 내에 설치된 저

---

[14] 보세구역이란 「관세법」에서 정하고 있는 외국물품을 관세 등의 세금을 납부하지 않은 상태에서 보관, 제조·가공, 건설, 판매, 전시할 수 있도록 허용한 구역으로 지정보세구역(지정장치장, 세관검사장)과 특허보세구역(보세

장시설을 이용하여 천연가스를 반출하거나 반입하는 사업을 말한다(도법 제2조제9호의2). 천연가스반출입업은 가장 최근에 도입된 도시가스사업이다.

천연가스반출입업의 도입과 관련하여 천연가스반출입업을 법정 업종으로 도입할 필요성에 대한 입법적 논의가 있었다. 도시가스법에 규정하지 아니한 천연가스사업은 민간이 자유로이 영위할 수 있는 업역[15]으로 이미 해당 사업을 할 수 있었으나 도입에 관하여 대립되는 견해가 있었다. 민간의 액화천연가스 트레이딩 등 신사업 진출을 촉진하되, 글로벌 에너지기업의 국내 가스시장 교란가능성을 사전에 방지하기 위하여 필요하다는 천연가스반출입업 도입에 찬성하는 견해[16]와 당시 도시가스법에서도 천연가스수출입자가 보세구역을 지정받으면 반출입업 수행이 가능하고, 직수입자가 반출입업을 영위하면서 보세구역 반입물량을 다른 직수입자에게 판매할 수 있게 되면 수급불안 문제를 초래할 수 있다는 논거를 들어 반대하는 견해가 대립하였다.[17]

(2) 신고대상

천연가스반출입업을 하려는 자는 산업통상자원부장관에게 신고하여야 한다. 신고한 사항 중 전연가스 저장시설의 규모 등 대통령령으로 정하는 중요 사항을 변경하려는 경우에도 변경신고를 하여야 한다(도법 제10조의2제3항). 산업통상자원부장관은 신고 또는 변경신고를 받은 경우 그 내용을 검토하여 도시가스법에 적합하면 신고를 수리하여야 한다.

도시가스사업은 허가(가스도매사업: 산업통상자원부장관의 허가, 일반도시가스사업: 시·도지사의 허가, 도시가스충전사업: 시장·군수·구청장의 허가)를 받아야 사업을 영위할 수 있고, 천연가스수출입업은 등록을 하여야 사업을 할 수 있다. 이에 반하여 천연가스반출입업은 진입규제(허가제, 등록제, 신고제 등) 중 가장 완화된 형태인 신고제로 운영되고 있다. 부정한 신고에 대한 제재 수단으로 영업장 폐쇄명령을 관할 행정기

창고, 보세공장, 보세전시장, 보세건설장, 보세판매장) 및 종합보세구역으로 구분된다.

15 법률에서 규제하지 않는 업역은 헌법이 보장하는 기본권으로서 직업(영업) 자유에 따라 국민의 자유로운 사업영위가 허용된다.

16 정부는 동북아 액화천연가스 시장 잠재력, 셰일가스 공급 확대 등 국제 에너지시장 환경변화에 대한 민간의 탄력적 대응이 가능할 것으로 기대된다는 입장이었다.

17 천연가스반출입업의 도입이 필요하다는 입장은 산업통상자원부에서 제시한 의견이며, 반대하는 입장은 민주노총 공공운수노조 한국가스공사지부에서 제시한 의견이었다.

관이 할 수 있다는 점에서 천연가스반출입업의 신고제는 '수리를 요하는 신고'가
아니라 「행정절차법」 제40조에 따른 '행정청에 일정한 사항을 통지함으로써 의무
가 끝나는 수리를 요하지 아니 하는 신고'에 해당한다. 또한 도시가스법은 천연가
스반출입업의 신고와 관련하여 "신고·변경신고를 받은 날부터 5일 이내에 신고수
리 여부를 신고인에게 통지"하도록 규정하고 있다. 이는 「행정기본법」 제34조에
따라 "신고의 수리가 필요하다고 명시되어 있는 경우"로서 수리를 요하는 신고에
해당한다.

천연가스반출입업을 낮은 수준의 진입규제인 신고제를 규정하고 있는 이유는
천연가스반출입업이 외국으로의 판매를 목적으로 하는 것이어서[18] 국내 수급에 영
향을 미치지 않기 때문이다.

(3) 신고절차

천연가스반출입업의 신고를 하려는 자는 천연가스의 최초 반입 또는 반출 예
정일 30일 이전에 천연가스반출입업 신고서(전자문서로 된 신청서를 포함한다)에 사업
계획서를 첨부하여 산업통상자원부장관에게 제출하여야 한다. 사업계획서에는 '보
세구역 현황(명칭 및 소재지를 포함한다)', '천연가스 저장시설의 현황, 건설 또는 임차
계획(소재지 및 저장능력을 포함한다)', '증발가스의 처분계획'이 포함되어야 한다.

4. 선박용천연가스사업의 등록

(1) 등록대상

도시가스법은 '선박용천연가스사업'을 도시가스사업과 구분되는 별도의 사업
으로 규정하고 있다. 선박용천연가스사업은 천연가스를 선박(건조 또는 수리 중인 선
박을 포함한다)에 선박연료(건조검사 또는 선박검사를 받을 때 공급하는 천연가스를 포함한다)
로 공급하는 사업을 말한다. 선박용천연가스사업을 하려는 자는 선박용천연가스사
업의 등록 요건을 갖추어 산업통상자원부장관에게 등록하여야 한다. 등록한 사항
중 천연가스 저장시설의 규모 등 대통령령으로 정하는 중요 사항을 변경하려는 경
우에는 변경 등록을 하여야 한다.

국제해사기구(International Maritime Organization, IMO)는 선박에 사용하는 연료유

---

18 도시가스법은 반입한 천연가스를 가스도매사업자 외의 국내 제3자에게 처분하지 못하도록 규정하고, 예외로 증
   발가스는 자가소비용직수입자에 대한 판매를 허용하고 있다.

안에 황 함유량 기준을 2020년 0.5%로 제한하는 방안을 확정하였다. 황산화물 배출 규제에 대한 대응방안으로 사용하고 있는 고유황유(Heavy Fuel Oil, HFO)보다 약 50~60% 정도 높은 가격의 저유황유(Marine Gas Oil, MGO)를 사용하거나 고유황유를 계속 쓰면서 탈황장치인 스크러버(Scrubber)를 설치하는 방안 및 선박연료로 황산화물 배출이 거의 없는 액화천연가스(LNG: Liquefied Natural Gas)를 사용하는 방안이 있다. 선박에 사용하는 연료를 액화천연가스로 사용하기 위해서는 액화천연가스 연료탱크 및 액화천연가스 연료엔진 장치를 설치하여야 한다.

벙커링(Bunkering)은 선박연료 공급 자체를 의미한다. LNG 벙커링은 LNG 추진 선박에 LNG를 공급하는 사업으로 ① 선박에 탱크로리로 공급하는 방식(Truck to Ship), ② 선박에서 선박으로 공급하는 방식(Ship tp Ship), ③ 저장탱크에서 선박으로 공급하는 방식(Tank to Ship)이 있다. 가스도매사업자와 LNG 선박충전사업자는 LNG 벙커링 사업을 할 수 있다. LNG 벙커링 방식은 선박에 탱크로리로 공급하는 방식(Truck to Ship)에 한정되어 있다. 또한 LNG 벙커링 시장은 시장에서의 수요와 공급에 따라 물량 및 가격이 결정되는 경쟁시장으로 비규제시장에 해당한다. 이에 반하여 도시가스 시장은 천연가스 수입 시 정부의 승인을 받아야 하고 요금도 정부 또는 지방자치단체의 승인에 의해 결정되는 등 규제시장에 속한다. 이를 위하여 도시가스법은 LNG 벙커링 영역을 기존의 규제시장과 구분되는 별도의 사업영역으로 분리하고, 자유로운 시장 진입 및 사업자 간 LNG 거래를 허용하여 경쟁을 촉진하고, LNG 물량 및 가격 규제를 완화할 목적으로 선박용천연가스사업을 도입하였다.

(2) 등록요건

선박용천연가스사업의 등록요건으로 시설기준은 '저장탱크, 자동차에 고정된 탱크, 천연가스공급 중 하나에 해당하는 시설을 갖출 것', '1억원 이상의 자본금을 갖출 것'이다. 선박용천연가스사업을 등록한 자가 천연가스를 직접 수입하여 선박용천연가스사업을 하려는 경우에는 천연가스수출입업 등록기준에 적합하게 등록하여야 한다. 등록한 사항 중 천연가스 저장시설의 규모 등 대통령령으로 정하는 중요 사항을 변경하려는 경우에는 변경 등록을 하여야 한다.

선박을 건조한 자 중 '천연가스를 운반하기 위한 선박을 건조한 자', '천연가스를 연료로 사용하는 선박을 건조한 자'가 「선박안전법」 제11조에 따른 임시항해

검사에 합격한 선박을 소유자에게 인도할 경우에는 선박용천연가스사업을 등록하지 아니하고도 해당 선박 내의 잔존 천연가스를 포함하여 선박을 인도할 수 있다.

5. 사업 및 처분효과의 승계

(1) 사업승계

1) 승계신고

도시가스사업자, 천연가스수출입업자 및 천연가스반출입업자(이하 "도시가스사업자등"이라 한다)의 지위를 승계하려는 자는 관할 행정기관에 신고하여야 한다. 사업승계 신고의무자는 '도시가스사업자등이 그 사업의 전부 또는 일부를 양도한 경우 그 양수인(讓受人)', '법인인 도시가스사업자등이 다른 법인과 합병한 경우 합병 후 존속하는 법인이나 합병에 따라 설립된 법인'이다. 도시가스사업자등이 주식회사인 경우에 해당 회사를 지배할 목적으로 주식을 양수한 자는 사업을 승계하여도 신고할 의무가 없다. 이 점은 전기사업법상 사업자의 지위승계와 구별된다(도법 제7조제1항).

경매, 환가, 압류재산의 매각 절차에 따라 도시가스사업자등의 가스공급시설의 전부를 인수한 자가 종전의 도시가스사업자등의 지위를 승계하려는 경우에는 관할 행정기관에 신고하여야 한다. 도시가스사업자등이 사망한 경우 그 상속인이 도시가스사업자등의 지위를 승계하려면 피상속인이 다른 도시가스사업 승계와 동일하게 해당 서류를 첨부하여 관할 행정기관에 신고하여야 한다.

2) 사업승계 신고절차

도시가스사업자등의 지위를 승계하려는 자는 양도·합병 또는 인수한 날부터 30일 이내에 지위승계 신고서에 도시가스사업등 허가증 및 지위승계 원인을 증명하는 서류를 첨부하여 관할 행정기관에 신고하여야 한다. 상속에 따른 지위승계를 받고자 하는 자는 피상속인이 사망한 날로부터 30일 이내에 관할 행정기관에 신고하여야 한다.

3) 사업승계 신고의 법적 성질

관할 행정기관은 사업승계 신고를 받은 경우 그 내용을 검토한 후에 신고를 수리하도록 하고 있고, 검토 사항은 결격사유에 해당 여부 등을 포함하는 점에서 수리를 요하는 신고에 해당한다.

4) 사업승계일

사업승계 신고가 관할 행정기관에 수리된 경우에는 양수인, 합병으로 설립되거나 합병 후 존속하는 법인 또는 도시가스사업자의 가스공급시설의 전부를 인수한 자는 그 양도일, 합병일 또는 인수일부터 종전 도시가스사업자의 지위를 승계한다. 즉, 신고일이나 신고수립일이 사업승계일이 아니고, 사업승계는 양수일, 합병일 또는 인수일이 사업승계일에 해당한다. 이는 사업의 영속성을 보장하고, 동시에 사업승계를 위한 신고가 실질적으로 인가와 동일한 성질을 가지기 때문이다.

상속에 따른 사업승계와 관련된 신고가 수리된 경우에는 상속인은 피상속인의 도시가스사업자로서의 지위를 승계하며, 피상속인이 사망한 날부터 신고가 수리된 날까지의 기간 동안은 피상속인에 대한 도시가스사업의 허가를 상속인에 대한 도시가스사업의 허가로 본다.

(2) 처분효과 승계

도시가스사업자의 지위승계가 있으면 종전의 도시가스사업자에 대한 사업의 정지 또는 제한처분(사업의 정지 또는 제한명령에 갈음하여 부과하는 과징금을 포함한다)의 효과는 처분기간이 만료된 날부터 1년간 그 지위를 승계받은 자에게 승계되며, 처분의 절차가 진행 중이면 지위승계를 받은 자에게 그 절차를 속행할 수 있다. 다만, 상속에 의하여 승계 외의 방법으로 사업승계를 받은 경우에는 그 처분 또는 위반사실을 알지 못하였음을 증명하는 경우에는 처분효과는 승계되지 아니 한다.

6. 허가의 취소 · 영업정지와 과징금

(1) 허가의 취소

도시가스사업자등이 거짓이나 그 밖의 부정한 방법으로 허가를 받거나 허가기준에 미달하게 되거나 고의나 과실로 공중(公衆) 또는 사용자에게 현저한 위해(危害)를 끼치거나 결격사유에 해당하는 경우에 도시가스등의 사업허가를 취소하여야 한다(도법 제9조제1항). 이 경우 관할 행정기관은 필수적으로 취소를 하여야 하므로 재량권이 없다.

도시가스사업등의 허가취소는 강학상 소급효가 있어, 허가시점으로 소급하여 효력을 가진다. 그러나 동일한 허가취소라 하더라도 허가기준에 미달하게 되거나 고의나 과실로 현저한 위해를 끼치게 된 경우에는 강학상 철회에 해당하여 취소

시점부터 취소의 효력이 있고, 소급하지 않는다. 허가 당시에 결격사유에 해당을 이유로 한 취소는 강학상 효력을 소급하여 소멸시키는 것이 아니라 무효인 사업허가에 해당하여 처음부터 자동적으로 효력이 없는 것이다. 그럼에도 불구하고 관할 행정기관이 도법 제9조에 따라 허가를 취소하는 것은 단순히 효력이 없음을 확인하는 것이며 해당 취소로 사업허가의 효력이 소멸되는 것은 아니다. 왜냐하면 결격사유에 해당하면 자동적으로 사업허가의 효력이 없는 것이기 때문에 효력을 취소할 대상이 없었고, 해당 취소는 단지 효력이 허가 당시부터 없었음을 확인하는 행위에 지나지 않는다. 그러나 허가를 받은 후에 결격사유에 해당하는 경우에는 허가의 취소를 하여야 한다.

(2) 영업정지

가스 공급계획의 변경 명령을 위반하거나 법령을 위반하여 도시가스를 공급하거나 공급규정의 변경 승인 신청 명령을 위반한 경우에 관할 행정기관은 사업허가의 정지나 제한을 명할 수 있다. 도시가스사업 등의 허가에 따른 사업허가의 정지는 해당 사업허가를 일정기간 동안 효력을 중단시키는 명령적 행정처분에 해당한다. 이 경우에 관할 행정기관은 6개월 이내의 기간을 정하여 사업허가의 정지나 제한을 할 수 있도록 도시가스법에서 규정하고 있다. 관할 행정기관은 사업정지 또는 제한 사유에 해당하는 경우에 그 요인을 고려하여 6개월의 범위 안에서 사업정지나 제한을 할 수 있는 재량권을 가지고 있다.

(3) 영업정지 대체적 과징금

사업허가 정지명령이나 제한명령을 하는 경우에 이에 갈음하여 3천만 원 이하의 과징금을 부과할 수 있다(도법 제10조). 도시가스사업은 도시가스의 사용자에게 미치는 영향이 적지 않다. 사업허가 정지처분은 사업자에게는 사업정지 기간 동안 도시가스사업을 하지 못하는 불이익을 부여함으로써 도시가스법상 의무이행이나 위법행위 제재효과가 있다. 그러나 사업정지 기간 동안 해당 도시가스의 사용자는 적지 않는 불편함을 받아야 한다. 사용자는 전혀 위법한 행위를 하지 않고도 심대한 불이익을 받는 결과가 발생하는 것을 방지하기 위하여 사업정지를 갈음하여 과징금을 부과할 수 있도록 하고 있다.

Ⅳ. 도시가스사업자의 의무

1. 사업개시 등의 신고의무

(1) 사업개시 등 신고의무자

도시가스사업자, 천연가스수출입자 및 천연가스반출입자는 그 사업을 개시하려는 경우 및 사업의 전부 또는 일부를 휴업하거나 폐업하려는 경우에는 관할 행정기관에 신고하여야 한다(도법 제8조, 제10조의4). 도시가스사업자의 사업 개시 등의 신고기간은 제한이 없다. 그러나 천연가스수출입자 및 천연가스반출입자는 신고사유가 발생한 날로부터 30일 이내에 도시가스사업등의 개시(휴업·폐업)신고서를 관할 행정기관에 제출하여야 한다. 관할 행정기관은 신고를 받은 경우 그 내용을 검토하여 적합한 경우에 신고를 수리하여야 한다. 사업개시 등의 신고도 수리를 요하는 신고로서 신고요건을 갖춘 경우에는 관할 행정기관에게 수리의무를 부여하고 있다.

(2) 사업개시 신고의무

도시가스법은 도시가스사업자등에게 사업개시 등을 하는 경우에 신고히도록 하고 있으나 천연가스수출입업자에게 사업 등록 후 일정기간 안에 사업을 개시해야 하는 의무는 부여하지 않고 있다. 그러나 (구)도시가스법은 천연가스출입업자에게 사업 등록을 한 날로부터 6개월 이내에 사업을 개시할 의무도 부여하였고, 이를 위반한 경우에 등록취소를 할 수 있도록 하였다.

천연가스수출입업 등록을 한 후 불가피한 사유로 사업이 지연될 경우 등록을 취소하게 되면, 해당 천연가스수출입업자는 다시 재등록을 할 수 있다. 천연가스수출입업자는 도시가스사업자인 천연가스수출입업자와 자가소비용직수입자인 천연가스수출입업자로 분류된다. 도시가스사업자인 천연가스수출입업자는 가스도매사업을 하는 한국가스공사뿐이기 때문에 사업개시 의무조항은 현실적으로 자가소비용직수입자에 적용되었다. 자가소비용직수입자는 가스도매사업자인 한국가스공사와 달리 자기가 소비할 목적으로 천연가스를 직접 수입하는 자이다. 그러므로 사업개시가 지연되더라도 도시가스 수급에 직접적인 영향을 미치지 않기 때문에 등록 후 6개월 이내에 사업개시 의무를 부여할 규제의 필요성이 없다. 또한 도시가스법은 사업개시 의무가 없어도 사업 개시 후 1년 이상 계속하여 천연가스수출입업을 하지 않는 경우에는 등록취소를 할 수 있어 가스수급관리 등에 실질적인 문제를 초래하지는 않는다. 이와 같은 이유에서 천연가스수출입자에게 사업개시의 신고의무를 부여하지 않고 있다.

2. 천연가스 수출입 승인과 신고의무

(1) 도시가스사업자의 천연가스 수출입 승인

천연가스수출입자는 도시가스사업자와 자가소비용직수입자로 구분된다. 도시가스사업자인 천연가스수출입업자는 천연가스의 수입계약·수출계약 또는 수송계약을 체결하려면 도시가스 수급상의 필요성과 가격의 적정성 등의 요건을 모두 갖추어 산업통상자원부장관의 승인을 받아야 하고, 승인을 받은 계약의 내용을 변경하려는 경우에 변경 승인을 받아야 한다(도법 제10조의5).

도시가스사업자인 천연가스수출입업자는 체결하려는 천연가스의 수입계약·수출계약 또는 수송계약이 6만 톤 이하인 천연가스의 수입계약과 이에 따른 수송계약에 해당하는 경우에는 그 계약 체결 이후 산업통상자원부장관에게 신고하여야 한다. 한국가스공사의 천연가스 현물계약에 한하여 사전승인을 받지 않고, 사후신고제로 규정한 것은 신속한 의사결정이 필요한 국제 천연가스 현물시장 상황에 적시에 대처할 수 있도록 하기 위해서이다.

(2) 자가소비용직수입자의 천연가스 수출입 신고

자가소비용직수입자인 천연가스수출입업자는 천연가스의 수입계약·수출계약 또는 수송계약을 체결한 때에는 산업통상자원부장관에게 신고하여야 한다. 자가소비용직수입자는 자기가 발전용·산업용·열병합용·열전용(專用) 설비용으로 소비할 목적으로 천연가스를 직접 수입하는 자이다. 자가소비용직수입자는 천연가스의 수입계약·수출계약을 체결하려면 그 계약을 체결하기 전에 수입·수출의 물량 규모 및 시기 등을 산업통상자원부장관에게 미리 통보하여야 한다. 사전통보는 계약 체결 직전(30일 전)에 단순히 통보하는 것으로서 가스수급안정에는 중요하지 않다. 그럼에도 불구하고 사전통보제의 도입은 정부로 하여금 국가 전체적으로 천연가스의 수급안정을 위해 직수입 예정 물량과 시기를 사전에 파악하도록 하고, 필요시 선제적 대응수단을 확보하는 것을 목적으로 한다. 그런데 정부는 자가소비용직수입자가 매년 말 향후 5년간의 수급계획을 제출하고 있기 때문에 사전통보를 받지 않아도(도법 제39조의4) 직수입자의 수입 예정 물량 및 시기를 파악할 수 있는 수단이 있다. 이러한 측면에서 자가소비용직수입자의 계약체결에 대한 사전통보제는 규제의 정당성이 충분하지 않다.

자가소비용직수입자의 천연가스 수입의 용도는 발전용, 산업용, 열병합용 및 열전용 설비용으로 제한된다. 발전용은 전기(電氣)를 생산하는 용도를 말하고, 산업용은 제조업의 제조공정용 원료 또는 연료(제조부대시설의 운영에 필요한 연료를 포함한다)로 사용하는 용도이고, 열병합용은 전기와 열을 함께 생산하는 용도이며, 열 전용(專用) 설비용은 열만을 생산하는 용도를 말한다.

자가소비용직수입제도는 1995년 도입 당시에는 사전승인제로 규정하였다가 2001년부터 사후신고제로 변경되었다. 당시 사후신고제로 전환한 취지는 "천연가스산업의 경쟁촉진, 천연가스를 대량으로 소비하는 자의 선택권 확대와 가스공급능력의 확충"이었다. 자가소비용직수입자가 임의로 직수입 계획을 변경하거나 직수입 물량을 급격히 증감시킬 경우 국가적인 천연가스 수급 불안 및 소비자 요금 인상 등을 초래할 우려가 있어 직수입에 대한 감독을 위한 것이다. 자가소비용직수입자의 천연가스 수입계획은 사후신고제로 규정하고 있으나 직수입계약 체결 전에 통보하도록 하고 있다. 또한 산업통상자원부장관은 도시가스의 수급상 필요하다고 인정하면 자가소비용직수입자에게 가스공급계획의 변경 등 조정명령을 할 수 있다.

(3) 반입·반출계약 등의 신고

천연가스반출입업자는 천연가스를 반입·반출하기 위한 계약 또는 수송계약을 체결한 때에는 산업통상자원부령으로 정하는 바에 따라 산업통상자원부장관에게 신고하여야 하고 이를 변경하는 경우에도 신고하여야 한다(도법 제10조의5제5항).

(4) 신고통지의무

산업통상자원부장관은 천연가스수출입업자, 천연가스반출입업자 등이 신고·변경신고를 받은 날부터 5일 이내에 신고수리 여부를 신고인에게 통지하여야 하고, 해당 기간 내에 신고수리 여부 또는 민원 처리 관련 법령에 따른 처리기간의 연장을 신고인에게 통지하지 아니하면 그 기간(민원 처리 관련 법령에 따라 처리기간이 연장 또는 재연장된 경우에는 해당 처리기간을 말한다)이 끝난 날의 다음 날에 신고를 수리

한 것으로 본다. 산업통상자원부장관이 천연가스수출입자 등의 신고를 받은 경우
에 신고수리 여부를 신고인에게 통지하도록 하고 있다. 여기서 신고는 수리를 요
하는 신고에 해당한다.

3. 도시가스의 수입·처분제한

(1) 자가소비용천연가스 추가수입제한

천연가스 자가소비용직수입자는 직수입하는 천연가스 대상물량을 자기가 소
비할 목적으로 발전·산업용 등으로 수입하거나 설비의 신설이나 증설 또는 연료
대체 등으로 발생하는 신규 수요가 발생하는 경우를 제외하고는 추가적으로 수입
을 할 수 없다(도법 제10조의9). 자기가 소비할 목적으로 산업용 천연가스를 수입하
는 사업자는 산업설비의 신·증설, 연료대체 등을 통해 추가로 신규수요를 창출하
는 경우 동 신규수요 물량은 국가 전체적인 TOP(Take or Pay)[19] 발생이 되지 않기
때문에 해당 천연가스 물량의 직수입을 할 수 있도록 하고 있다.

자가소비용직수입자는 가스도매사업자인 천연가스수출입업자와 체결한 가스
공급에 관한 계약이 해지 또는 만료되거나 그 계약에서 자가소비용직수입으로 전
환할 수 있다고 정한 경우 발전용 천연가스를 수입할 수 있다. 이 경우에 산업통
상자원부장관은 수급상 필요하다고 인정하면 자가소비용직수입자의 발전용 천연
가스 수입을 제한할 수 있다. 자가소비용직수입자는 그 밖의 경우에는 도시가스사
업자로부터 공급받기로 계약이 체결되어 있는 물량에 대해서는 별도로 천연가스
를 수입하지 못한다. 예를 들면, 자가소비용직수입자가 가스도매사업자와 계약한
물량은 수입하지 못한다. 왜냐하면 자가소비용직수입자가 가스도매사업자인 한국
가스공사로부터 공급받기로 계약되어 있는 물량 등을 직수입으로 대체하게 되면
국가적인 TOP를 발생시키고 소비자 요금인상 요인이 될 수 있기 때문이다.

(2) 자가소비용직수입자 등의 처분제한

1) 국내 제3자에 대한 처분제한

자가소비용직수입자란 자기가 발전용, 산업용, 열병합용, 열전용(專用) 설비용
으로 소비할 목적으로 천연가스를 직접 수입하는 자를 말한다. 자가소비용직수입
자는 수입한 천연가스를 원칙적으로 국내의 제3자에게 처분할 수 없다(도법 제10조

---

19 상품구입자가 일정기간, 일정량의 상품을 인도받지 않더라도 대금을 지불해야 하는 계약이다.

의6). 다만, 예외적으로 국외에 판매하거나 '자가소비용직수입자의 가스제조시설·가스배관시설·가스사용시설에 고장 또는 파손 등의 장애가 발생하여 수입한 천연가스의 자가소비가 사실상 불가능하게 된 경우', '자가소비용직수입자의 폐업·파산 등으로 정상적인 사업수행이 불가능하게 된 경우', '자가소비용직수입자의 가스제조시설·가스배관시설·가스사용시설의 효율적 운영을 위하여 산업통상자원부장관이 필요하다고 인정하는 경우'에는 자가소비용직수입자는 수입한 천연가스를 국내의 제3자에게 처분할 수 있다. 자가소비용 직수입자가 제3자에게 천연가스를 자유롭게 처분할 수 있도록 허용할 경우에는 국내 가스시장에 혼란이 초래될 우려가 있다. 그러므로 자가소비용직수입자가 수입한 천연가스는 원칙적으로 제3자에 대한 처분이 금지된다. 자가소비용 천연가스의 직수입은 제3자에 대한 처분을 목적으로 하지 않고, 수입자가 자기가 사용할 목적으로 수입하기 때문이다.

　　자가소비용직수입자는 천연가스를 예외적으로 국내의 제3자에게 처분하는 경우에도 '가스도매사업자에 대한 판매', '가스도매사업자와의 교환', '다른 자가소비용직수입자와의 교환', '합성천연가스제조사업자와의 교환', '선박용천연가스사업자와의 교환'의 방법으로만 처분할 수 있도록 처분규제를 받고 있다. 그러므로 '직수입자 간의 교환' 방식 외에 '직수입자 간의 판매'도 허용되지 않는다. 자가소비용직수입자가 천연가스를 처분한 경우에는 처분한 날부터 7일 이내에 산업통상자원부장관에게 신고하여야 한다. 또한 가스도매사업자에게 판매하는 경우에 가스도매사업자는 구매조건을 미리 정하여 산업통상자원부장관에게 신고하여야 한다.

　　자가소비용직수입자는 수입한 천연가스를 원칙적으로 국내의 제3자에게 처분할 수 없으나 수입 물량을 해외에는 판매할 수 있다. 이는 직수입자가 수급상 발생하는 여유 물량을 해외로 판매하여 수익창출을 할 수 있게 하려는 것으로, 국내 수급과 무관한 직수입 물량의 해외 재판매를 통하여 민간의 효율적 수급 관리와 트레이딩 사업 진출 기반을 마련하도록 하고 있다.

　　자가소비용직수입자의 처분제한은 원래 자가소비용직수입자가 수입한 천연가스를 "제3자"에게 처분할 수 없도록 하여 국내 및 해외 판매를 모두 금지하였으나, 2014년 1월 도시가스법의 개정으로 "국내의 제3자"에게 처분할 수 없도록 하나 해외 판매는 허용하였다. 그러나 국제 에너지시장의 환경 변화에 민간사업자들이 탄력적으로 대응하여 새로운 사업기회를 활용할 수 있도록 하고, 해외투자 및 공급선 다변화를 통한 국가 수급안정을 위해서는 직수입자 간 천연가스 교환과 더불어 판매도 허용할 필요가 있다는 의견이 지속적으로 제기되고 있다.

2) 국내 처분제한의 견해 대립

첫째, 국내 처분 허용에 찬성하는 의견이다. 자가소비용직수입자에 대한 직수입 물량의 국내 처분 허용은 직수입자의 수급 효율성을 제고하고, 직수입자 간 물량 판매를 허용하더라도 다수의 직수입자가 난립한다거나 국가적 수급상황을 악화시키지 않는다는 점 등을 논거로 제시하고 있다. 또한 자가소비용직수입자 간의 처분허용은 다양한 시장 참여자가 국가 수급관리에 참여함으로써 에너지안보 강화에 기여할 수 있으며, 자가소비용직수입자의 천연가스 재고 처분이 용이하여 천연가스저장비용의 절감과 터미널 저장공간의 활용을 극대화할 수 있고, 자가소비량보다 충분한 천연가스 물량 확보를 가능하게 한다는 의견이다. 또한 저가의 천연가스를 대량으로 국내에 도입하여 전력생산비용을 절감할 수 있다는 점[20] 등에서 국내의 제3자 판매를 허용하여야 한다는 의견이다.

둘째, 국내 처분 허용을 반대하는 의견이다. 자가소비용직수입자 간 판매가 아니라 물량 교환으로도 직수입자의 수급조절이 충분히 가능하며 국내 처분제한을 완화하여 판매를 허용하게 되면, 다수의 직수입자 난립과 중소규모 발전용·산업용으로의 직수입 대상이 확대되어 국가적 수급상황이 악화될 수 있다는 이유에서 국내 처분을 반대한다는 견해이다. 또한 자가소비용직수입자의 국내 제3자 판매를 허용하는 경우에 천연가스의 국가적 수급상황이 악화될 우려가 있다고 한다. 왜냐하면 가스도매사업자인 한국가스공사는 안정적으로 천연가스를 공급하기 위해 천연가스의 국제가격과 상관없이 국가가스수급계획에 필요한 장기계약을 체결하여 수급의 완급을 조절하고 있으나 자가소비용직수입자가 자가소비용도 외에 판매용도로 수입을 확대하게 되면 국내 천연가스 수급체계에 변동성이 확대되고 가스요금 인상요인으로 작용할 가능성이 있기 때문이라고 주장한다.[21] 뿐만 아니라 국내의 제3자에 판매를 허용하게 되면, 자가소비용직수입자는 사실상 가스도매사업자의 지위를 부여받게 되고, 이는 자가소비용직수입자와 가스도매사업자를 엄격히 구분하고 있는 현행 도시가스법의 취지와 부합하지 않게 되고,[22] 천연가스의

---

20 천연가스는 전력 생산의 연료로 사용되고 있다.
21 예를 들면 천연가스 국제가격이 급등하는 경우 자가소비용직수입자가 예정했던 수입을 포기하거나 한정된 물량만을 구매하게 되면, 천연가스의 수급 및 비축 의무를 지닌 한국가스공사가 고가의 현물구매를 확대하게 되고, 이로 인해 도입가격 상승이 초래될 가능성이 있다고 한다.
22 천연가스 수급관리를 체계적·효율적으로 시행하기 위해 가스도매사업자에게 공급, 비축 및 안전관리규정 준수

우회 직수입을 합법화하는 부작용이 발생할 수 있다고 주장한다.[23]

자가소비용직수입자가 반출입업을 동시에 영위하게 되면, 보세구역에 반입한 천연가스를 가스도매사업자 또는 다른 직수입자에 대한 판매 등의 방법으로 처분을 허용하는 것이 된다. 이는 다른 반출입업자와 달리 직수입자가 반출입업을 겸업하여 반출입업을 통해 보세구역으로 반입한 천연가스 물량도 직수입으로 반입한 물량과 동일한 방식으로 국내 처분을 허용하게 된다. 직수입 물량과 반출입 물량은 엄격하게 구분될 필요성이 있다. 즉, 직수입으로 반입한 물량은 직수입 처분방식(국내판매를 금지하되, 가스도매사업자에 대한 판매와 다른 직수입자와의 교환 허용)에 따르도록 하고, 반출입 물량은 반출입 처분방식(국내판매를 금지하되, 가스도매사업자에 대한 판매와 직수입자에 대한 증발가스 판매 허용)이 적용하는 것이 현행 도시가스법의 체계에 부합한다.

(3) 천연가스반출입업자의 처분제한

천연가스반출입업자는 보세구역에 반입한 천연가스를 가스도매사업자를 제외한 국내 제3자에게 처분하지 못하고, 증발가스에 한하여 가스도매사업자나 자가소비용직수입자에게 판매할 수 있다. 이는 천연가스반출입업자는 천연가스를 국내에 판매하지 못하도록 하되, 가스도매업자(한국가스공사)에 대해서는 판매할 수 있도록 함으로써 가스공사가 스팟구매를 할 경우 가격·운송 등의 조건을 고려하여 천연가스반출입업자로부터 구매할 수 있도록 하고, 자연적으로 기화되는 증발가스는 조속히 처분할 필요가 있어서 국내 처분을 할 수 있도록 하고 있다.

(4) 나프타부생가스·바이오가스제조사업자의 공급제한

나프타부생가스·바이오가스 제조사업자는 스스로 제조한 도시가스를 가스도매사업자, 일반도시가스사업자, 일반도시가스사업자의 공급권역 외의 지역에서 도시가스를 사용하려는 자, 일반도시가스사업자의 공급권역에서 도시가스를 사용하려는 자 중 정당한 사유로 일반도시가스사업자로부터 도시가스를 공급받지 못하

의무를 부여하고 있으나, 자가소비용직수입자에게는 이와 같은 의무규정이 없으며, 가스도매사업자에 대한 판매·교환, 다른 자가소비용직수입자와의 교환 및 해외 재판매가 가능하기 때문에 자가소비용직수입자에게 천연가스 잉여 및 부족 물량이 발생할 경우 수급조절이 가능하다.

23 현재 대기업인 자가소비용직수입자가 자회사인 해외 트레이딩 법인을 설립하여 계열사 또는 산업용 수요자에게 천연가스를 판매하는 우회 직수입이 편법으로 운용되고 있는 행위가 합법화하게 된다.

는 자, 월 최대 공급량 합계가 1만 세제곱미터 이하인 나프타부생가스·바이오가스 제조사업자로부터 직접 도시가스를 공급받아 사용하려는 자에게만 공급할 수 있고, 그 밖의 사업자 등에게 공급할 수 없다(도법 제8조의3).

바이오가스 생산 및 공급도

폐기물관리법, 가축분뇨법 등 적용대상 시설 (바이오가스화 시설)	도시가스사업법 적용대상 시설 (바이오가스제조시설)

<유기성폐자원> 음식물, 하수슬러지, 가축분뇨 등 → 혐기소화설비 → 전처리설비(탈황·탈수) → 가스품질향상설비(압축·정제·열량조절·부취제 주입)

자체발전용   열원공급

월 1만Nm³ 이하 / 월 1만Nm³ 이상 → 일반도시가스사업자

난방·전력   CNG충전   수소제조

(5) 합성천연가스 제조사업자의 처분제한

합성천연가스 제조사업자는 제조한 합성천연가스를 자가소비 또는 가스도매사업자에게 공급하거나, 해당 합성천연가스 제조사업자의 주식 또는 지분의 과반수를 소유한 자로서 해당 합성천연가스를 공급받아 자기가 소비하려는 자에게만 처분할 수 있고, 제3자에게 처분할 수 없다. 다만, 합성천연가스 제조사업자는 합성천연가스의 수급안정과 효율적인 처리, 합성천연가스 제조사업자가 합성천연가스를 제조하였으나 가스배관시설 또는 가스사용시설에 고장 또는 파손 등의 장애로 자기가 소비하는 것이 사실상 불가능한 경우 또는 합성천연가스 제조사업자의 가스제조시설·가스배관시설 또는 가스사용시설의 효율적 운영을 위하여 산업통상자원부장관이 필요하다고 인정하는 경우에 일정한 처분절차와 방법으로 합성천연가스를 제3자에게 처분할 수 있다(도법 제8조의2). 이는 자가소비용직수입업자의 처분제한과 동일하다.

합성천연가스의 처분은 가스도매사업자와의 교환, 자가소비용직수입자와의 교환, 다른 합성천연가스 제조사업자와의 교환 또는 선박용천연가스사업자와의 교

환의 방법으로 하여야 한다. 합성천연가스 제조사업자는 합성천연가스를 처분한 경우에는 처분한 날부터 7일 이내에 산업통상자원부장관에게 신고하여야 한다.

합성천연가스 제조사업자는 제조한 합성천연가스를 가스도매사업자에게 공급할 수 있다. 도시가스법은 도·소매업분리를 원칙으로 하고 있다. 합성천연가스의 판매도 도시가스법에 따른 도·소매업 분리원칙을 따르도록 하고 있어, 제조한 합성가스의 판매는 상당한 규제를 받고 있다. 합성천연가스 제조사업은 대규모 투자가 수반되므로 외부투자 조달을 위한 별도 법인(SPC) 설립이 불가피하다. 합성천연가스 제조사업자(SPC)가 모회사에 공급하는 것은 사실상 자가소비라고 할 수 있으므로 모회사 등에 대한 공급을 허용할 필요가 있다. 현행 도시가스법에 따르면 합성천연가스 제조사업자는 제조한 합성천연가스를 자기가 소비할 수 있고, 자기가 소비하는 사업은 자가소비용직수입사업 천연가스 대상물량과 동일하게 처분제한의 대상이 된다. 그런데 자기가 소비할 수 있는 물량을 자가소비용직수입과 동일하게 '설비의 신설 또는 증설이나 연료의 대체 등에 따라 신규 수요가 발생하는 경우' 등으로 한정할 경우 전력수요의 급격한 증가로 인한 가스수요 급증 등에 대처하기 어렵고, 자가소비용직수입과 달리 합성천연가스는 스스로 제조할 수 있는 물량에 한계가 있어 자가소비가 가스도매사업자의 천연가스 구매력 등 가스수급에 미치는 영향이 크지 않다. 그러므로 합성천연가스 제조사업자의 물량 처분은 물량제한을 없애거나 '수요증가로 인한 물량'도 사용할 수 있도록 할 필요도 있다. 제3자에 대한 합성천연가스의 처분허용은 처분절차 및 방법 등에 따라 제3자에게 처분할 수 있도록 하는 것이다. '자가소비용직수입자 간 교환방식'의 처분은 합성천연가스 제조사업자에게도 허용될 뿐만 아니라 제조한 합성천연가스 중 잉여량의 경우에는 '합성천연가스 제조사업자 간 교환방식'을 포함하여 '합성천연가스 제조사업자와 자가소비용직수입자 간 교환방식'의 처분도 허용된다.

합성천연가스의 배관이용에 관해 전용배관을 사용하도록 할 것인지 아니면 가스도매사업자 등의 배관을 사용할 수 있게 할 것인지 의견대립이 있다. 종래 바이오가스 등은 천연가스와 성분이 달라 도시가스 배관망 부식 등의 문제가 있었다. 이에 산업통상자원부장관은 「천연가스 외의 가스제조시설기준 등에 관한 특례고시」를 제정하여 전용배관[24]으로 합성천연가스를 공급할 수 있도록 하였다. 그러

---

24 전용배관은 천연가스와 같은 품질의 도시가스를 요구하지 않는 수요자를 대상으로 석유가스·나프타부생가스·바이오가스 등 천연가스 외의 도시가스를 공급하는 배관이다.

나 전용배관만을 이용하도록 할 경우 대규모 배관망 공사가 필요하므로 합성천연가스가 배관시설이용규정 등을 충족하는 경우 가스도매사업자 등의 배관을 사용할 수 있게 할 필요가 있다.

(6) 액화천연가스 냉열이용자의 천연가스 처분제한

액화천연가스 냉열이용자는 냉열이용과정에서 발생되는 천연가스를 자기가 소비하거나 가스도매사업자, 일반도시가스사업자 또는 액화천연가스 냉열이용자가 주식 또는 지분의 과반수를 소유한 자로서 냉열이용과정에서 발생하는 천연가스를 공급받아 자기가 소비하려는 자에게만 처분할 수 있고, 제3자에게 처분하지 못한다(도법 제8조의4).

냉열(Cold Energy)이란 초저온(−162℃)의 액화천연가스(LNG)를 기화시킬 때 이용할 수 있는 에너지이다. 냉열에너지는 기술발전으로 액화탄산가스·드라이아이스 등의 제조, 냉동창고·냉열발전 등에 활용할 수 있다.[25] 우리나라는 그동안 액화천연가스를 기화시키는 과정에서 발생하는 냉열[26]을 대부분 바다에 버렸다. 기화과정에 발생하는 천연가스 역시도 활용하지 못하였다. 냉열에너지 이용 과정에서 부수하여 발생하는 천연가스는 자가소비할 수도 있고, 자회사 또는 가스도매사업자, 일반도시가스사업자에게 공급할 수 있으나 일반 수요자에게 공급은 제한된다.

4. 비축의무

(1) 가스도매사업자의 비축의무

천연가스수출입업의 등록기준 중 시설기준은 일정 규모 이상의 저장시설을 갖추는 것이다(도법 시행령 제3조제1항). 가스도매사업자인 한국가스공사에 대하여 천연가스 내수판매계획량의 30일분에 해당하는 양을 저장할 수 있는 저장시설을 갖추도록 하고, 자가소비용직수입자에 대해서는 자가소비계획량의 30일분에 해당하는 양을 저장할 수 있는 저장시설을 갖추도록 하고 있다.

가스도매사업자는 저장시설 요건 외에 에너지 수급안정을 제고하기 위하여 적정 재고 비축의무를 부과받고 있다. 즉, 비축의무는 예상하지 못한 급작스런 수요증

---

25 일본의 경우 공기액화, 냉열발전, 냉동창고 등에 냉열을 활용하는 등 냉열 활용산업이 활성화되어 있으나 우리나라는 산업적 활용도가 낮다.
26 LNG 인수기지 인근의 바닷물을 통과하는 과정에서 LNG는 기화되고 주변 바닷물은 차가워지는 과정을 거친다.

가나 계획했던 수입에 차질이 발생하여 공급부족이 초래될 가능성에 대비하는 것을 목적으로 한다. 이를 통하여 가스도매사업자가 물량부족에 직면할 경우에 발생할 수 있는 가스도매사업자의 피해뿐만 아니라 국가경제에 악영향을 방지할 수 있다.

가스도매사업자는 천연가스 비축의무를 해당 월의 일평균 천연가스 재고량을 천연가스 비축의무량 이상으로 유지하여야 한다(도법 제10조의10). 그러나 해외에서 가스전을 직접 개발하여 수입하는 경우에는 비축의무 적용을 면제 또는 경감할 수 있도록 하고 있다. 해외에서 가스전을 직접 개발하여 수입하는 경우 비축의무 적용을 면제 또는 경감할 수 있도록 한 것은 자주개발물량을 도입확보 물량으로 인정하여 해외가스전 개발 동기를 부여하는 등의 효과를 거두기 위한 것이다. 비축의무를 위반하면 3천만 원 이하의 과태료가 부과된다. 도시가스사업자 중 비축의무자는 유일하게 가스도매사업자로 제한된다. 천연가스 수입업자 중 자가소비용직 수입자는 비축의무를 부과받지 않고 있다. 천연가스 수입업자는 수입한 천연가스를 자가소비용으로만 사용할 수 있고, 제3자에 대한 판매가 금지되어 있어 제3자의 천연가스 수급에 영향을 미치지 않기 때문에 비축의무를 부여하지 않고 있다.

스페인·이탈리아 등도 가스공급자나 수입업자에 대해 다음과 같은 비축의무를 부과하고 있다.

천연가스 비축의무 해외 사례

국가	덴마크	프랑스	스페인	폴란드	이탈리아
대상	시설운영자 (배관)	가스공급자	가스공급자	수입업자	수입업자
내용	정상기온에서 60일, −14℃ 이하 3일 연속될 경우에도 공급이 중단되지 않는 가스량을 저장	11월 1일 기준으로 다가오는 최고수요를 감당할 수 있는 수준까지 재고 확보	동절기 : 전년도 판매량의 20일분 (전략비축 10일, 상업재고 10일)	30일분 수입량	계약된 수입물량의 10% (약 5bcm)

자료: 산업통상자원부

(2) 비축의무량과 보고의무

비축의무자로서 가스도매사업자는 해당 월의 일평균 천연가스 재고량을 천연가스 비축의무량 이상으로 유지하여야 한다. 천연가스 재고량은 '가스제조시설의 저장설비', '가스도매사업자가 소유 또는 이용하고 있는 배관시설', '국내의 전용항구에서 하역 중이거나 하역대기 중인 천연가스 수송선'의 시설 또는 선박 내에 있는 물량(통관되지 않은 물량을 포함한다)을 합산하여 산정한다. 저장설비를 안정적으로 관리하기 위해 반드시 유지해야 하는 재고량으로서 실제 사용이 불가능한 물량은 제외한다(도법 시행령 제6조의4).

　　가스도매사업자는 해당 월의 천연가스 비축의무 이행 여부를 다음 달 말일까지 산업통상자원부장관에게 보고하여야 한다.

V. 도시가스의 안정적 공급

1. 사업자의 가스공급계획 작성·제출의무

　　도시가스법의 핵심적 원리는 가스의 안정적 공급이다. 도시가스법은 가스의 안정적 공급을 위하여 도시가스사업자에게 도시가스의 공급계획을 작성하여 제출하도록 요구하고 있다(도법 제18조). 일반도시가스사업자, 가스도매사업자, 합성천연가스 제조사업자 및 나프타부생가스·바이오가스 제조사업자는 다음 연도 이후 5년간의 '공급권역에 대한 연도별·행정구역별 가스공급계획서(합성천연가스 제조사업자 또는 나프타부생가스·바이오가스 제조사업자의 경우에는 연도별 가스 생산 및 공급 계획서를 말한다)', '가스공급시설의 현황 및 확충 계획', '전년도에 제출한 가스공급계획과 다른 경우에는 그 사유서', '시설투자계획', '그 밖에 가스공급에 필요한 사항'을 포함하는 가스공급계획을 작성하여 매년 산업통상자원부장관 또는 시·도지사에게 제출하여야 한다(도법 제18조).

　　일반도시가스사업자는 다음 연도 이후 5년간의 가스공급계획을 작성하여 매년 11월 말일까지 시·도지사에게 제출하여야 하며 이 경우 가스도매사업자와 협의하여야 한다. 가스도매사업자 및 합성천연가스 제조사업자의 경우에는 다음 연도 이후 5년간의 가스공급계획을 작성하여 매년 12월 말일까지 산업통상자원부장관에게 제출하여야 하며, 이때 합성천연가스 제조사업자는 가스도매사업자와 협의하여야 한다. 나프타부생가스·바이오가스 제조사업자는 다음 연도 이후 5년간의 가스공급계획을 작성하여 일반도시가스사업자와 같이 매년 11월 말일까지 시·도지사에게 제출하여야 하며, 가스도매사업자 또는 일반도시가스사업자와 협의하여야 한다.

도시가스사업자가 가스공급계획을 변경한 경우에는 미리 산업통상자원부장관 또는 시·도지사에게 보고하여야 한다. 산업통상자원부장관 또는 시·도지사는 제출받은 가스공급계획이 사회적·경제적 사정의 변동으로 적절하지 못하게 되어 공공의 이익 증진에 지장을 가져올 염려가 있다고 인정되면 도시가스사업자에게 적절한 기간을 정하여 그 가스공급계획을 변경하도록 명할 수 있다.

2. 도시가스사업자의 공급의무

(1) 가스도매사업자의 공급의무

가스도매사업자는 공급규정에서 별도로 정한 사유나 그 밖에 정당한 사유 없이는 일반도시가스사업자, 도시가스충전사업자 또는 산업통상자원부령으로 정하는 대량수요자에게 공급하기로 한 천연가스의 공급을 거절하거나 공급을 중단할 수 없다. 다만, 액화천연가스냉열이용자가 도시가스법 제8조의4를 위반하여 천연가스를 처분하는 경우에는 해당 액화천연가스냉열이용자에 대하여 천연가스 공급을 중단할 수 있다(도법 제19조제1항). 그러나 가스도매사업자는 산업통상자원부장관에게 제출하는 가스공급계획에 공급의무가 반영된 경우 외에는 자가소비용직수입자에게 천연가스를 공급할 의무가 없다. 이는 자가소비용직수입자가 국제 가스가격이 오르는 경우 예정했던 직수입을 하지 않고 가스도매사업자인 한국가스공사에 공급을 요청함[27]으로써 한국가스공사가 스팟구매[28] 등을 하게 됨에 따라 손해가 발생하는 것을 방지하기 위한 것이다.

가스도매사업자인 한국가스공사는 요금 등 공급조건에 관한 공급규정을 정하여 산업통상자원부장관의 승인을 받도록 하고 있다. 「천연가스 공급규정」은 가스공급신청에 대하여 원칙적으로 가스도매사업자인 한국가스공사에게 공급동의를 하도록 하고 있다. 한국가스공사는 장기 천연가스 수급계획에 명시된 천연가스직수입 예정사업자가 직수입 예정일에 수입을 못하거나 포기한 후 직수입을 예정하였던 물량을 한국가스공사 또는 일반도시가스사업자를 통하여 공급 신청하는 경

---

27 2004년에 GS 3개사(GS칼텍스, GS파워, GS EPS)가 연간 190만톤 규모의 직수입 계획을 정부에 제출하였는데, 2007년에 국제 LNG 시장상황이 좋지 않다는 이유로 GS파워, GS EPS가 직수입을 포기하고 가스공사에 공급을 요청하였으며, 이에 따라 가스공사가 고가의 스팟 구매를 하게 되어 소비자 피해유발 논란이 제기되었다.
28 한국가스공사는 중장기계약 위주로 천연가스 소요물량을 수입한다. 수요예측을 벗어나서 증가한 소요물량은 단기 및 스팟계약으로 소요물량을 확보한다.

우 등 특별한 사유에 해당하여 공급을 거절할 수 있다.

(2) 일반도시가스사업자의 공급의무

일반도시가스사업자는 정당한 사유 없이 허가받은 공급권역 안에서 가스수요자에게 도시가스의 공급을 거절하거나 중단할 수 없다(도법 제19조제3항). 이를 위반한 경우에 산업통상자원부장관은 가스공급권역의 조정명령 또는 사업의 통폐합명령을 내릴 수 있다.

일반도시가스사업자가 일반도시가스가 공급되고 있는 지역에 난방방식을 「집단에너지사업법」에 따른 지역난방으로 채택할 경우 경제성 부족을 이유로 취사용 도시가스 공급 및 지역난방열에 필요한 도시가스 공급을 거부하는 사례가 있었다. 일반도시가스사업자의 공급거부는 국민의 난방방식 선택권을 제한하여 난방시장에서 공정한 경쟁을 저해할 뿐만 아니라, 신규 택지개발지구에 대한 집단에너지 보급추진으로 인한 에너지의 효율적인 이용을 통해 얻을 수 있는 국가적인 에너지 절약 및 환경개선 효과를 저해하게 된다. 그러므로 일반도시가스사업자의 가스공급의무는 난방방식에 대한 소비자 선택권을 보호하고 안정적인 에너지 공급을 위하여 도입되었다.

도시가스사업자는 에너지사업자 간의 영역다툼이 발생하는 경우에도 해당 지역주민이 사용하는 도시가스의 공급을 중단하여서는 아니 된다. 이를 통하여 도시가스사업자의 가스공급거부로 인하여 발생할 수 있는 사회적 손실을 방지하고, 해당 지역주민의 에너지선택권 및 편익을 보장하게 된다. 그러나 도시가스사업은 민간사업자가 영위하는 네트워크 산업으로 막대한 시설투자비가 소요되며 투하자본의 회수에 장기간이 소요되는 장치산업이라는 특성을 고려할 때, 일반도시가스사업자에게 일방적으로 공급의무만을 강제하기는 어렵다. 경제성이 없는 지역에 대해서도 취사전용 도시가스의 공급강제는 일반도시가스사업자의 재산권 행사 및 영업자유를 침해할 수 있다. 도시가스사업자가 경제성이 결여된 지역에서 가스공급을 위하여 투입해야 하는 가스공급시설 설치 및 유지비용은 당해 도시가스사업자가 제공하는 도시가스요금의 전반적인 상승으로 이어지게 될 것이고, 결국 이는 지역난방을 공급받지 않는 도시가스 수요자에게 부담이 전가되는 불합리한 결과를 초래하는 문제도 있다.

이 때문에 도시가스사업자에게 공급의무를 부과함으로 인하여 발생할 수 있는 부작용을 방지하기 위한 공급의무의 예외가 도시가스법에 규정되어 있다(도법 제19 조제3항). 일반도시가스사업자는 '가스공급시설의 설치가 필요한 지역으로 가스공급을 신청하는 가구 수가 시·도 고시로 정하는 수 미만인 경우', '철도·고속철도, 상·하수도, 하천, 암반 등 지형이 특수하여 가스공급시설 설치가 기술적으로 곤란하거나 시설의 안전확보가 곤란한 경우', ' 가스공급시설을 설치하려는 지역이 개인소유 지역으로서 해당 지역의 소유자 또는 점유자가 가스공급시설의 설치를 승낙하지 아니하는 경우', '도시가스 공급을 요청하는 지역이 가스공급시설 끝부분의 배관에 인접한 지역으로서 끝부분의 배관에서 측정한 도시가스압력이 1킬로파스칼부터 2.5킬로파스칼까지의 범위를 유지하지 못하여 불완전한 도시가스 공급이 발생하는 경우', '다른 법령에서 정하는 바에 따라 가스공급시설에 대한 공사가 제한되어 있는 경우', '그 밖의 정당한 사유가 있는 경우'에는 가스공급을 하지 않을 수 있다.

(3) 가스공급시설 설치비용 분담

가스공급시설 분담금은 가스공급시설 투자비의 전부 또는 일부를 가스사용자가 분담하게 하는 비용이다. 도시가스공급의무의 이행은 우선 가스공급시설을 설치함으로써 가능하다. 가스공급시설의 설치에는 적지 않은 비용이 발생하기 때문에 비용분담에 관한 문제가 발생한다. 일반도시가스사업자는 가스공급시설 설치비용의 전부 또는 일부를 도시가스의 공급 또는 가스공급에 관한 계약의 변경을 요청하는 자에게 분담시킬 수 있다(도법 제19조의2). 일반도시가스사업자가 가스공급시설 설치비용을 분담시키는 경우에 '가스 소비량', '취사용·주택난방용·영업용 및 산업용 등 가스 소비의 유형', '가스의 배관·공급설비 및 그 부속설비의 규모'의 기준을 준수하여야 한다. 고객이 납부해야 할 시설분담금은 일반 시설분담금과 일정한 조건에 해당하는 경우에 추가되는 수요가부담 시설분담금 및 취사전용 시설분담금이 있다. 수요가부담 시설분담금은 경제성 미달지역의 가스사용자에게 가스공급시설 투자비의 일부를 추가적으로 분담하도록 하는 선제적 부과요금이다.

주택건설사업, 택지개발사업 등을 시행하는 개발사업자가 가스공급시설을 설치할 것을 요청할 경우 일반도시가스사업자는 경제성 부족을 이유로 해당 요청을 거절하면 가스공급의무를 위반하게 된다. 이 경우에 가스공급시설 설치를 요청한 자에게 설치비용을 분담하게 할 수 있다. 사업자 간 비용분담 분쟁사례[29]를 보면,

---

29 서울고등법원 제5민사부 판결(사건 2013나2010183 부당이득금, 2013.10.17. 판결): "구 도시가스사업법 상

도시가스법에 따른 '도시가스의 공급을 요청하는 자'에는 개발사업자가 포함되어 있다. 가스공급설비 설치비용을 개발사업자에게 분담하도록 한 취지는 투자비 미회수분을 선제적으로 부과하여 가스요금으로 충당할 수 있도록 하려는 것이라고 할 수 있다.[30] 또한 일반도시가스사업자만 설치비용을 부담하게 되면 그 부담은 해당 도시가스사업자의 공급권역에 있는 모든 가스사용자에게 분산[31]된다. 그러나 개발사업자가 설치비용을 분담하게 하면 그 분담분만큼은 수혜자인 개발지역 입주자에게만 귀속됨으로써 수익자부담 원칙에 합치한다. 이러한 측면에서 '공급시설의 설치를 요청하는 자'에게 비용분담을 할 수 있도록 한 도시가스법은 개발사업자를 고려한 것이라고 할 수 있다.

(4) 설치비용 지원

일반도시가스사업자는 도시가스 공급의무를 부담하나 경제성이 미흡하거나(가스공급신청 가구 수가 시·도 고시로 정하는 수 미만인 경우[32]) 지리·환경 등 지역 여건상 가스공급이 부적절한 경우에는 공급의무가 없다(도법 제19조제3항). 또한 일반도시가스사업자는 가스공급시설 설치비용의 전부 또는 일부를 도시가스 공급을 요청하는 자 등에게 분담하게 할 수 있으며(도법 제19조의2), 공급의무 예외 사유에 해당하여 도시가스를 공급하기 어려운 경우에는 국가나 지방자치단체가 설치비용의 전부 또는 일부를 지원할 수 있다(도법 제19조의3).

의 '가스사용자' 문언의 제한적 의미에 따라 발생한 문제점을 해소하고, 가스사용자가 확정되지 아니하는 택지개발사업 등에서 가스공급시설의 설치 등을 요청하는 택지개발사업시행자 등에게도 시설분담금을 부담하게 하기 위하여 현행법과 같은 내용으로 개정이 이루어진 사정을 알 수 있다. 이러한 점에 비추어 보면, 현행 도시가스사업법 제19조의2제1항에 규정된 '가스의 공급을 요청하는 자'에는 가스공급시설의 설치를 요청한 원고와 같은 주택사업시행자 등이 당연히 포함된다고 보아야 하므로, 이와 다른 전제에 서 있는 원고의 주장은 이유없다."

30 서울고등법원 제5민사부 판결(사건 2013나2010183 부당이득금, 2013.10.17. 판결): "사업주체가 도시가스사업법 제19조의2를 비롯한 관련 규정 및 고시 등에 규정된 산식에 따라 산정된 시설분담금(앞서 본 바와 같이 원고가 납부한 '수요가 시설분담금'은 경제성이 미달하는 지역의 도시가스 공급요청자에게 수익자 부담의 원칙에 따라 피고의 투자비 미 회수분 등에 기초한 일정한 금액을 산정하여 추가 분담하도록 하는 선 부과요금으로서 실제 지출된 해당 가스시설의 설치비용과는 무관한 내용이다)을 부담함으로써 결과적으로는 주택법상의 간선시설의 설치비용을 일부 부담하는 것과 같은 경제적 효과가 발생할 가능성이 있다고 하더라도, 이를 두고 강행법규인 주택법의 취지에 정면으로 위반한다고 단정할 수 없다."

31 일반도시가스사업자가 부담한 설치비용의 일부는 해당 시·도의 도시가스요금 산정시 도시가스요금 인상요인으로 반영되어, 설치비용을 동일공급권역 전체 도시가스수요자가 부담하는 교차보조가 발생한다.

32 시·도별로 배관 100m당 20가구~77가구를 하한으로 정하고 있다.

　　지방자치단체는 조례에 따라 경제성 미달지역 등의 주민들이 도시가스 공급을 요청하는 경우 신청 세대가 부담해야 하는 시설분담금(수요가부담 시설부담금) 중 일부를 지자체가 보조할 수 있도록 하고 있으나 예산이 확보되는 범위에서 지원하기 때문에 충분하게 지원하지 못하고 있다.[33] 2011년 국가와 지자체의 재정적 지원 근거는 도시가스법에 도입되었으나 국가재정을 통한 지원은 도시가스 공급배관 건설비와 사용자시설 설치비에 대한 융자사업이 전부이다.

　　보편적 이용이 필요한 전기와 달리 도시가스는 LPG, 등유 등 대체 연료가 존재하고, 경제성이 극히 미흡한 지역에까지 도시가스 공급을 무리하게 확대하는 경우 막대한 재정부담[34] 및 사회적 비효율[35]의 문제가 제기될 가능성도 배제할 수 없는 점이 고려되었다.

3. 공급규정

(1) 공급규정의 승인

　　가스도매사업자는 도시가스의 요금이나 그 밖의 공급조건에 관한 공급규정을 정하거나 변경하는 경우에 산업통상자원부장관의 승인을 받아야 하고, 일반도시가스사업자가 공급규정을 정하거나 변경하려는 경우에 시·도지사의 승인을 받아야 한다(도법 제20조제1항·제2항).

　　가스도매사업자의 도매요금(원료비＋도매공급비)에 대해서는 산업통상자원부장관이, 일반도시가스사업자의 소매요금(원료비＋도매공급비＋소매공급비)에 대해서는 시·도지사가 승인권을 가진다. 이러한 공급규정 승인권에 대한 가스요금 감독은 도매공급비와 소매공급비의 적정성 통제에 주안점을 두고 있다.

(2) 공급규정의 승인기준

　　산업통상자원부장관 또는 시·도지사는 공급규정 기준을 승인하려는 경우에 요금의 적절성, 요금명확성, 가스공급자와 사용자간 또는 가스사용자 간의 책임과

---

33 지방자치단체별 조례의 예로는 「수원시 도시가스 공급관 설치 보조금 지원 조례」 등을 들 수 있다.

34 산업통상자원부는 2019년 기준 읍·면 단위 평균 도시가스보급률은 43.7%(참고자료)로 대부분 경제성이 현격히 떨어지는 지역으로, 경제성이 부족한 미공급지역에 재정 투입 시 약 2,200km 배관건설을 위해 최소 2조원 이상의 투자비가 발생할 것으로 추산하고 있다.

35 국비 지원을 통해 도시가스공급시설 설치를 요청한 일부 사례의 경우에 투자비 회수에 최대 354년이 소요될 것으로 분석된 경우도 있다.

가스공급시설 및 가스사용시설에 대한 비용 부담액의 적절성과 명확성, 부당차별
금지성을 고려하여야 한다(도법 제20조제3항).

　　공급규정에는 '도시가스 공급량의 측정 방법 및 소비 유형별 요금 산정', '요금
의 납부 및 정산 방법', '가스공급자의 공급 의무와 가스사용자의 계약 준수 의무',
'도시가스의 공급중지·사용제한 및 그 해제, 계약 해지에 관한 사유', '수급 안정을
위한 제도적 장치', '도시가스의 성분·열량 및 압력', '가스공급 지점의 증설 및 개
설에 관한 기준'에 관한 사항이 적정하고 명확하게 규정되어 있어야 한다.

(3) 산업통상자원부장관의 시·도지사에 대한 조치명령

　　산업통상자원부장관은 일반도시가스사업자의 공급규정 중 도시가스 요금과
공급조건 및 비용의 부담에 관한 사항이 적절하지 못하여 도시가스의 수급 불균형
을 초래할 우려가 있거나 가스사용자의 보호를 위하여 이를 개선할 필요가 있다고
인정되면 시·도지사에게 공급규정의 내용변경을 위해 필요한 조치를 명하여야 한
다(도법 제20조제6항).

(4) 행정기관의 공급규정 감독

　　산업통상자원부장관 또는 시·도지사는 공급규정이 사회적·경제적 사정의 변
동으로 적절하지 못하게 되어 공공의 이익 증진에 지장을 가져올 염려가 있다고
인정되면 가스도매사업자 또는 일반도시가스사업자에게 적절한 기간을 정하여 그
공급규정의 변경승인을 신청할 것을 명할 수 있다(도법 제20조제7항).

　　도시가스 소매요금의 최종 승인권이 있는 시·도지사는 물가영향을 고려하여
요금인상을 통제할 수 있다. 일반도시가스사업자에게 발생하는 추가비용을 소매요
금에 적정하게 반영하지 못할 경우에 도시가스회사의 경영여건을 압박하는 요인
으로 작용할 수 있다. 도시가스사업자가 도시가스요금과 공급조건, 비용부담 등에
관한 사항을 '공급규정'으로 정하여 산업통상자원부장관 또는 시·도지사의 승인을
받도록 하고, 일반도시가스사업자의 공급규정 중 도시가스 요금과 공급조건 및 비
용의 부담에 관한 사항이 적절하지 못하여 도시가스의 수급 불균형을 초래할 우려
가 있거나 가스사용자의 보호를 위하여 이를 개선할 필요가 있다고 인정되면 산업
통상자원부장관이 시·도지사에게 공급규정의 내용 변경을 위해 필요한 조치를 하
게 할 수 있다.

산업통상자원부장관은 일반도시가스사업자가 공급비용을 산정함에 있어서 적용할 기준을 제공할 목적으로 「도시가스회사 공급비용 산정기준」을 제정하여 운영하고 있다. 이러한 법체계에 따라 공급규정은 도시가스 연결 및 철거 비용에 관한 내용을 정하고 있다.

산업통상자원부장관은 시·도지사 또는 일반도시가스사업자에 대하여 시·도지사가 승인한 공급규정에 따른 도시가스 요금의 산정, 요금의 납부방법, 비용의 부담에 관한 자료의 제출을 요구할 수 있다.

(5) 공급규정의 작성 및 비치의무

가스도매사업자 또는 일반도시가스사업자는 승인받은 공급규정을 사무소 또는 영업소 등 열람하기 쉬운 곳에 비치하고, 가스사용자가 요구할 때에는 해당 공급규정의 사본을 교부하여 이를 알 수 있도록 하여야 한다(도법 제20조의2).

(6) 도시가스요금체계

1) 총괄원가주의

공급규정의 핵심적인 사항은 도시가스 요금이다. 도시가스요금체계는 총괄원가주의를 채택하고 있다. 총괄원가는 적정원가에 적정투자보수를 합산한 금액이다. 도시가스는 총괄원가만 기본요금과 단위당 요금으로 회수하는 구조로 총괄원가를 초과한 이득이 발생할 수 없다. 지방자치단체는 총괄원가의 객관성 및 공정성을 확보하기 위해 매년 회계법인 등 외부전문기관으로부터 용역을 시행하고 있다. 총괄원가주의의 출발점이 되는 적정원가는 인건비, 공급설비 감가상각비, 고객센터 지급수수료, 기타 판매관리비 등으로 구성되고, 전년도 실적을 기반으로 인원, 투자계획, 수요 예측 등으로 당해 연도 적정원가를 산정한다.

투자보수는 도시가스 공급설비 장부가액에 일정분의 운전자금을 합한 금액에 해당하는 요금에 투자보수율을 고려하여 산정한다. 요금은 유형자산, 무형자산 및 운전자금 등으로 구성되고, 운전자금은 임금, 원자재비 등 기업이 영업활동을 하는 데 필수적인 경영자금을 포함한다. 투자보수율은 자기자본보수율과 타인자본보수율로 구성된다. 자기자본보수는 회사의 투자에 대한 보수이고, 타인자본보수는 금융기관 차입에 대한 이자비용이다.

2) 도시가스요금구조

도시가스요금은 유통과정에 따라 도매요금과 소매요금으로 구분된다. 도매요금은 원료비(LNG도입가와 도입부대비)와 도매공급비용(가스공사 공급비용)으로 구성되며, 기획재정부장관과 협의 후에 산업통상자원부장관의 승인을 거쳐 전국적으로 동일하게 적용된다. 원료비는 국제유가·환율 변동 등에 따른 LNG 도입가의 변동을 매 홀수월(민수용) 또는 매달(그 외 용도) 요금에 반영하는 원료비연동제로 운영된다. 민수용은 빈번한 요금조정을 방지하기 위해 변동폭이 ±3% 이내일 경우 자동적으로 동결하고 있다.

소매요금은 도매요금(정부승인요금)에 시·도지사 승인사항인 소매공급비용(도시가스사 공급비용)을 가산하여 책정한다. 소매공급비용은 도시가스사별 투자비 규모, 인구 밀집도에 따른 판매량 등 여건에 따라 지역별 공급비용에 차이가 발생한다.

도시가스 요금구성

도시가스 요금 (민수용)	=	원료비 (정산단가 포함)	+	도매공급비	+	소매공급비
		LNG 수입단가 (유가에 4개월 후행) + 전년도 정산단가		가스공사 공급비용+마진		도시가스사 공급비용+마진
		매 홀수월 등		매년 5월		매년 7월

↓ 용도구분

민수용		상업용				도시가스발전용(100MW↓)		
주택용	일반용	산업용	업무 난방용	냉난방용	수송용	열병 합용	연료전지용	열전용

※ 상업용, 도시가스발전용(100MW 미만), 발전용(100MW 이상) : 매월 원료비, 매년 5월 공급비 산정

공급시설 설치비 회수요소는 다음과 같다.

공급시설 설치비 회수 요소

구 분	공급자	소비자
공급시설 (인입배관 포함)	시설설치비 100% 부담 (단, 인입배관은 50% 부담[2])	① 요금상 감가상각비 　　– 가스사용 종료 시까지 매월 납부(도시가스사에 납부) 　　– 공급권역 내 소비자가 동일수준 납부 ② 일반 시설분담금 　　– 최초 공급개시일에 1회 납부(도시가스사에 납부) 　　– 선부과요금, 동일수준 납부 ③ 인입배관[1] 설치비(소비자 부담 50%) 　　– 인입배관 설치 시 1회 납부(인입배관 설치업체에 납부) 　　– 공사비, 납부수준 상이 ┄┄┄┄┄┄┄┄┄┄┄┄┄┄┄┄┄┄┄┄┄┄┄┄ **조건 해당 시 납부** ④ 취사전용 시설분담금 　　– 집단에너지 공급권역 내 소비자 　　– 최초 공급개시일에 1회 납부(도시가스사에 납부) 　　– 선부과요금, 납부수준 상이(전환 시기) ⑤ 수요가부담 시설분담금 　　– 경제성 미달지역 내 소비자 　　– 최초 공급개시일에 1회 납부(도시가스사에 납부) 　　– 선부과요금, 납부수준 상이(세대수)

1) 도로와 평행하게 설치된 공급관에서 분기되어 사용자의 토지경계까지 설치된 배관(일반도시가스사업자의 공급규정상 정의)
2) 서울, 울산, 충남, 충북, 경남, 세종은 도시가스사가 인입배관 설치비를 100% 부담하고, 해당비용은 전액 요금에 반영

3) 용도별 요금제

현재 도시가스요금은 도시가스사업자가 용도별로 공급규정에 포함하여 산업통상자원부장관 또는 시·도지사의 승인을 받아야 한다. 도시가스의 도매요금은 산업통상자원부장관의 승인을 받아야 하고, 소매요금은 시·도지사의 승인을 받아야 한다(도법 제20조). 도시가스용 천연가스요금은 도시가스사업자가 공급규정에서 용도별로 정하여 산업통상자원부장관(한국가스공사) 또는 시·도지사의 승인을 받아 정하고, 구체적인 요금체계는 도시가스사업자 별로 다르나 대체로 도매요금은 5종, 소매요금은 10종으로 구성되어 있다.

　　주택용과 난방용은 계절 간 수요격차가 커서 설비이용률이 현저하게 낮아 단위당 원가가 많이 발생한다. 이와 비교할 때 산업용 및 일반용은 원가를 적게 발생시키므로 도시가스용 총원가를 계절별 수요격차를 기준으로 용도별로 배분하여 차등요금을 적용하고 있다. 이와 같은 도시가스 요금체계 중에서 현재 학교에서 사용하는 도시가스는 주택·난방용(업무난방용) 요금을 적용하고 있다. 다만, 취사용 중 계량기가 구분되는 경우는 일반용 요금을 적용하고 있어, 산업용요금과 주택용 요금 간에는 세제곱미터당 101원의 소매요금 차이가 있다.

현행 도시가스 요금체계

도 매 요 금	소매요금(서울시기준)	비 고
○ 주택·난방용	○ 취사, 개별, 중앙, 업무난방	주택용 또는 난방용 수요
○ 일 반 용	○ 영 업 용 1, 2	목욕탕, 소각장, 식당, 이미용 업소 등
○ 냉 방 용	○ 냉 방 용	냉방기설치후 5~9월 사용 수요
○ 산 업 용	○ 산 업 용	산업체의 제조공정용 수요
○ 열병합 및 집단에너지용	○ 지역난방, 기타	지역난방, 건물열병합 수요

　　도시가스도 일종의 상품이므로 수요·공급의 원칙에 따라 가격이 결정되어야 하나 사업성격상 일반공산품과는 달리 지역적인 독점이 이루어지고 있어 도시가스요금을 포함한 공급규정에 대하여 정부가 승인하고 있다. 요금체계와 요금수준에 대하여 정부의 승인을 받도록 하는 것은 시장에 대한 정부의 과도한 개입이라고 할 수 있으나 독점적인 시장에 대한 정부의 개입은 시장질서원리에 반한다고 할 수 없다.

4) 사회취약계층 요금할인의 법제화

　　기초생활수급권자 또는 차상위계층에 해당하는 장애인에 대하여 도시가스요금을 할인하도록 하는 도시가스법의 개정에 대한 입법적 요구는 지속적으로 발생하고 있다. 이는 도시가스요금이 국민생활의 기초가 되는 난방비와 직결되기 때문이다. 기초생활수급권자 또는 차상위계층에 해당하는 장애인에 대해서는 도시가스요금을 할인함으로써 생계가 곤란한 장애인에 대한 사회보장을 강화할 수 있다. 도시가스는 민간도시가스회사의 사업영역에 해당하여 할인제도의 도입이 용이하지 아니할 뿐만 아니라, 국가 또는 지방자치단체가 손실분의 보상을 위한 예산을 적정하게 확보하지 못하는 경우에는 민간사업자가 손실을 입게 된다. 또한 다양한 에너지원 중 도시가스를 사용하는 장애인에 대해서만 국가예산으로 지원을 하는 경우에는 연탄이나 등유 등 다른 연료를 사용하는 장애인과의 관계에서의 형평성 논란과 함께 장애인이 아니라도 국가의 지원이 필요한 사회적 약자, 예를 들면 장애인이 아닌 기초생활수급권자, 독거노인, 소년소녀가장, 국가유공자 등에 대한 지원 여부를 둘러싼 형평성 논란이 있을 수 있다.

장애인 또는 기초생활수급권자와 같은 사회적 약자를 지원하기 위한 사회보장정책 내지 사회안전망의 확보는 먼저 복지예산의 확대를 통한 직접지원을 현재보다 강화하고, 그러한 직접지원만으로는 충분하지 못한 경우에 한하여 보완적인 수단으로 도시가스요금 할인과 같은 지원방안을 강구하는 것이 적합하다.

도시가스요금의 할인에 대한 사항도 행정기관의 승인을 받아야 비로소 확정되는 공급규정에서 정하고 있다. 공급규정은 산업통상자원부장관의 「도시가스요금 경감지침」을 따르도록 규정하고 있어 사실상 도시가스 요금 할인에 대한 사항은 산업통상자원부장관의 지침에서 정할 수 있다. 사회적 취약계층에 대하여 도시가스요금을 감면할 수 있는 법적 근거는 도시가스법에서 직접 규정하지 않고 있으나 「도시가스요금 경감지침」을 근거로 2009년부터 사회적배려대상자에 대한 요금감면 제도를 시행하고 있다.[36] 동 지침은 장애인, 국가유공자, 독립유공·상이자, 기초생활수급자, 차상위계층, 다자녀가구를 대상으로 하여 대상별·용도별·계절별로 감면액을 차등 적용하고 있다.

공급규정은 도시가스사업자가 도시가스요금이나 그 밖의 안전관리, 공사비 등 공급조건에 관한 사항을 정한 규정으로서 17개 광역자치단체 모두 사회적배려대상자에 대한 요금감면에 관한 사항을 포함하고 있으며, 구체적인 내용은 산업통상자원부의 '사회적배려대상자에 대한 도시가스요금 경감지침'을 따르도록 하고 있다. 일반도시가스사업자의 공급규정에 기초생활수급자·차상위계층·다자녀가구 등 사회적 취약계층의 가스요금할인 항목을 포함하도록 하는 것은 산업통상자원부의 지침으로도 충분히 가능하다. 민간사업자인 도시가스 회사가 자체적으로 시행하는 요금할인은 원칙적으로 시장에서 요구하는 사적자치원칙으로 자율적으로 정하는

---

36 산업통상자원부는 내부지침에 따라 사회적배려대상자 외에 사회복지시설, 특별재난지역(자연재난)에 대해서도 도시가스 요금경감 제도를 시행 중이며, 2020년 기준 총지원액은 약 1,430억 원이다.

것이어야 시장경제원칙에 합치한다. 현재 헌법상 규정하고 있는 시장경제원칙을 훼손하면서 실질적으로 의미가 없는 사항을 법률로 규정하는 것은 적합하지 않다.

4. 가스공급량 측정의 적정성 확보

(1) 가스공급량 측정의 적정성 확보 필요성

가스도매사업자는 일반도시가스사업자에게 0°C, 1기압 상태에서 부피를 계량하여 공급가액을 산출한다. 가스도매업자로부터 천연가스를 공급받아 최종소비자에게 판매하는 일반도시가스사업자는 상온 상압 상태에서 부피를 계량하여 소비자에 대한 판매가액을 산출하는 경우에 도시가스가 기체로 상온 상압에서 부피가 팽창한다는 사실을 이용한 부적합한 측정방법으로 부당이득을 취할 수 있다. 일반도시가스사업자는 이러한 문제를 해결하기 위하여 도시가스를 공급할 때 온도와 압력의 차이 등으로 인하여 발생할 수 있는 가스공급량의 측정오차를 바로잡기 위하여 보정계수를 적용하는 등 대통령령으로 정하는 바에 따라 가스공급량 측정의 적정성 확보조치를 취하여야 한다(도법 제21조제1항). 이를 통하여 일반도시가스사업자가 연료용 천연가스를 가스도매사업자인 한국가스공사로부터 구매하여 소비자에게 판매하는 과정에서 구매량과 판매량의 측정방법을 다르게 적용함에 따라 부당한 이익이 발생하는 문제를 해소할 수 있다.

(2) 도시가스 판매량 차이발생의 원인

특정 도시가스사업자의 천연가스 판매량과 구매량은 일치하여야 한다. 그러나 1996년부터 도시가스의 판매량이 구매량을 초과하여 일반도시가스사업자가 부당한 이익을 취하는 문제가 발생하게 되었다. 도시가스의 유통과정에서 도시가스사의 구매량과 판매량에 차이가 발생하는 주된 원인은 크게 세 가지의 요인으로 정리할 수 있다.[37]

첫째, 원인의 하나는 온도 및 압력의 차이에 따른 도시가스의 부피변화이다. 도시가스는 기체상태로 배관을 통하여 공급되므로 온도와 압력의 변화에 따라 부피가 팽창 또는 수축을 하여 판매량과 구매량의 차이가 발생한다. 일반도시가스사

---

37 도시가스 판매량 차이를 초래하는 요인은 온도 및 압력에 따른 가스부피의 변화, 계량기의 허용오차, 검침시차의 차이 등 3대 주요원인 외에도 요금징수의 주기, 자료입력의 오차, 매입·매출 원장의 관리미진, 도시가스사의 자체소비, 배관내 재고, 검침의 부정확 등 여러 요인이 있을 수 있으나, 그 영향은 상대적으로 미미하여 세 가지 주된 요인만이 검토의 대상이 되는 것으로 이해된다.

업자가 도매사업자인 한국가스공사로부터 가스를 구매할 때에는 0℃, 1기압을 기준으로 부피를 계측하여 구매한다. 그런데 일반도시가스사업자가 일반 소비자에게 가스를 판매할 때는 상온, 상압의 상태에서 가스의 부피를 계측하고 있다. 이와 같은 시스템하에서는 도시가스사의 구매량과 판매량에서 차이가 발생할 수밖에 없다.[38] 도시가스의 도매거래와 소매거래의 거래량 측정방법이 다른 데에 그 이유가 있다. 한국가스공사가 도매거래를 하는 경우에 한국가스공사의 85개 수급지점에서 계량이 이루어지고 거래도 대용량으로 이루어짐에 따라 85개의 수급지점에 온압보정기를 설치하여 0℃, 1기압의 일정한 거래조건에서 거래량을 계측하고 있다. 이에 반하여 일반도시가스사업자는 약 1,000만 가구에 이르는 개별소비자 모두에게 온압보정기의 설치를 할 수 없고 도시가스 거래량도 소량이라서 도시가스사와 개별소비자 간의 소매거래에서는 별도의 온압보정 없이 실온과 실기압에서 계량을 하고 있다.[39]

둘째, 또 다른 원인은 계량기 자체의 오차에 있다. 현행 「계량에 관한 법률」에 따르면 ±2.25%의 가스계량기 사용공차를 인정하고 있다. 그러므로 법률이 인정한 계량기를 사용할 경우에도 일정 정도의 사용공차의 범위에서 오차는 발생할 수 있으며, 그 영향으로 가스판매량의 차이도 일부 발생한다.

셋째, 검침시차의 차이에 그 원인을 찾을 수 있다. 도매사업자인 한국가스공사는 각 지역별 도시가스사업자가 가스를 공급받는 85개 수급지점에서 월 1회 일시검침(원격검침)을 실시한다. 그러나 소매사업자인 도시가스사는 1,000만 가구가 넘는 소비자를 대상으로 검침원이 수작업을 통하여 검침을 한다. 또한 규모가 큰 도시가스사는 인력 및 비용여건상 공급권역 내의 소비자를 월 4회 내지 6회로 나누어 검침을 실시하고 있다. 이에 따라 도시가스사의 검침에는 일정한 시차가 있고, 이로 인하여 매년 구매량과 판매량이 완벽하게 일치할 수 없다.

이와 같은 도시가스 판매량 차이의 발생원인 중 「계량에 관한 법률」에서 인정하는 계량기의 사용공차는 도시가스 판매량 차이에 그다지 크지 않다. 현재 사용되고 있는 개별 계량기는 양(+)의 사용공차를 가질 수도 있고, 음(−)의 사용공차를 가질 수도 있기 때문에 이론상으로는 전국에서 사용되고 있는 모든 계량기의

---

38 온도가 1℃ 상승하면 도시가스의 부피는 0.37% 팽창하고, 압력이 0.001기압 상승하면 부피는 0.1% 수축한다.
39 중앙난방APT, 산업용 등 대용량으로 도시가스를 사용하는 수요가의 경우에는 온압보정기를 설치하여 온도와 압력을 도매의 공급조건인 Normal 기준(0℃, 1기압)으로 보정하여 계량이 이루어지고 있는 경우가 있다.

사용공차를 합할 경우 그 오차는 "0"으로 수렴하게 되며, 현실적으로도 거의 "0"에 가까운 수치로 수렴되게 될 가능성이 높다. 그러므로 계량기의 오차로 인한 가스 판매량의 차이는 낮다. 또한 검침시점의 차이로 인하여 발생하는 거래량의 불일치는 일시적인 현상이다. 그러므로 장기에 걸쳐 거래량을 측정하는 경우에는 전년도의 미검침 재고량이 다음 연도의 거래량에 반영되기 때문에 대부분의 불일치가 자연적으로 해소된다. 그러므로 수년 이상의 장기간을 대상으로 도시가스사의 구매량과 판매량을 측정하는 경우에는 검침시점의 차이로 인한 영향도 매우 미미하다고 할 수 있다. 그러므로 도시가스 판매량의 차이 및 이로 인한 도시가스사의 부당이득 내지 초과수입은 도매거래와 소매거래의 가스거래량 측정방법을 서로 달리함으로써 발생하고 있다. 소매거래에는 온도와 압력의 차이로 인한 가스의 부피변화를 전혀 고려하지 않고 가스사용량을 계량하여 가스사용요금을 부과하고 있다.

(3) 도시가스 판매량 차이의 해소

도시가스 판매량의 차이 발생으로 인하여 발생하는 문제를 해소하기 위하여 도시가스법은 보정계수를 적용하거나 온압보정장치를 설치하게 하고 있다(도법 시행령 제11조). 일반도시가스사업자는 도시가스 공급량 측정의 적정성을 확보할 수 있도록 시·도지사가 정하여 고시한 보정계수(補正係數)를 공급규정에서 정한 바에 따라 적용하거나 가스사용자가 온압보정장치를 설치하여 온압보정장치로 측정된 도시가스 공급량을 적용한다.

온압보정장치 설치는 가스사용자에게 추가적인 비용을 발생하게 한다. 가스사용자가 온압보정장치를 설치하게 되면 가스사용자가 사용한 가스량은 0℃와 1기압을 기준으로 보정되어 계량된다. 그러면 도시가스사업자는 온압보정장치로 측정된 가스사용량에 따라 가스요금을 부과함으로써 적정한 요금의 부과가 가능하다. 다만, 현재 가정용 소형 온압보정기는 개발초기단계에 있어 보급에 상당한 시일이 걸릴 것으로 예상되고, 그 가격도 1개당 최저 약 4만원을 상회할 것으로 예상되어 상당한 규모의 추가적 비용이 발생한다는 지적이 있다.

온압보정계수의 적용은 도시가스사의 공급권역 내에서 지역별로 온도와 압력을 측정하여 산정한 보정계수를 일반계량기에 의해 측정된 가스사용량에 적용하여 보정된 가스사용량을 산출한 후 이를 기준으로 가스소매요금을 부과하는 것이다. 도시가스법은 도시가스 판매량의 차이 해소를 위하여 온압보정장치의 설치와 온압보정계수의 적용을 모두 가능하도록 규정하고 있다. 온압보정기의 설치는 장치의 개발·보급에 상당한 시일이 소요되고, 보급비용도 적지 않게 소요되기 때문에 가스사용자에게 설치를 하도록 의무화하지 않고 있다. 도시가스법은 도시가스 판매량 차이를 가스요금에 반영하여 소비자에게 즉시 환원하면서도 그 비용은 최소화하기 위하여 도시가스사로 하여금 온압보정계수를 개발하여 적용할 수 있도록 하고 있다.

(4) 정부의 경비부담

산업통상자원부장관 또는 시·도지사는 가스공급량 측정의 적정성 확보조치를 하려는 일반도시가스사업자에게 대통령령으로 정하는 바에 따라 필요한 지원을 할 수 있다(도법 제21조제2항). 온압보정장치 설치비용을 도시가스사가 부담하는 경우에 결과적으로 소비자에게 요금상승의 방식으로 부과된다. 그런데 도시가스요금과 가스시설에 대한 비용부담 등은 공급규정에서 별도로 정할 수 있다. 가스사용시설의 하나에 해당하는 온압보정기의 설치비용 부담도 공급규정에서 정하도록 하는 것이 타당하다고 할 수 있다.

가스사용시설의 설치비용은 당해 시설의 소유권자인 가스사용자가 부담하는 것이 원칙이다. 그러므로 온압보정기의 설치비용도 공급규정에서 정하는 바에 따라 가스사용자로 하여금 부담하도록 하는 것이 합리적이라고 할 수 있다. 그러나 온도와 압력의 차이로 인하여 발생하는 가스의 부피 변화를 적정하게 고려하여 소비자가 실제로 사용한 가스량을 보다 정확하게 측정할 의무는 도시가스사에게 있다. 이에 따라 도시가스사가 가스사용량 측정의 적정성 확보 의무를 이행하는 방안의 하나로 온압보정기 설치는 그 비용도 당연히 도시가스사가 부담하는 것이 합리적이다. 그런데 도시가스사업자에 의한 온압보정기의 설치는 상당한 비용이 소요되기 때문에 도시가스사가 전액을 부담함으로써 발생할 수 있는 손실분을 정부 또는 시·도지사가 지원할 수 있도록 하고 있다.

(5) 시·도지사의 적정성 확보 감독

시·도지사는 가스공급량 측정의 적정성 확보를 위하여 필요하다고 인정하면 일반도시가스사업자에게 조치한 사항을 보고하게 하거나 그 소속 공무원으로 하여금 해당 사무소에 출입하여 장부·서류 및 시설과 그 밖의 물건을 검사하게 할 수 있다(도법 제21조제3항). 이는 일반도시가스사업자가 가스사용량 측정의 적정성 확보를 위한 사업이나 업무를 적정하게 수행하고 있는지 등에 대한 관리·감독을 위하여 산업통상자원부장관에게 보고요구권·출입검사권 및 시정명령권을 부여하고 있는 것이다. 이 경우 출입·검사하는 공무원은 그 권한을 표시하는 증표를 지니고 이를 관계인에게 내보여야 한다.

시·도지사는 일반도시가스사업장에 출입하여 검사를 하려면 7일 전까지 검사의 일시·이유·내용 등을 포함한 검사계획을 관계인에게 통보하여야 한다. 다만, 긴급히 검사할 필요가 있거나 사전통보 시 증거인멸 등으로 검사의 목적을 달성하기 어렵다고 인정하는 경우에는 그러하지 아니하다. 시·도지사는 보고를 받거나 검사한 결과 개선할 필요가 있다고 인정되면 해당 일반도시가스사업자에게 시정하도록 명할 수 있다.

5. 도시가스의 품질관리

(1) 도시가스사업자의 품질유지의무

산업통상자원부장관은 도시가스의 적정한 품질을 확보하기 위하여 연소성(燃燒性)·열량·유해성분 및 냄새가 나는 물질 농도 등의 도시가스 품질관리를 위한 「도시가스의 품질기준 등에 관한 고시」를 제정하여 운영하고 있다. 도시가스사업자와 자가소비용직수입자는 공급·소비하거나 공급·소비할 목적으로 저장·운송 또는 보관하는 도시가스를 도시가스 품질기준에 맞도록 도시가스 품질을 유지하여야 한다(도법 제25조). 도시가스사업자는 품질기준에 적합한 공급여부를 이행하기 위하여 품질검사를 받아야 한다.

(2) 품질검사

가스도매사업자, 석유가스를 제조하는 일반도시가스사업자, 도시가스충전사업자, 나프타부생가스·바이오가스제조사업자, 합성천연가스제조사업자, 자가소비용직수입자 및 액화천연가스냉열이용자(자가소비 또는 액화천연가스냉열이용자가 주식 또는 지분의 과반수를 소유한 자로서 냉열이용과정에서 발생하는 천연가스를 공급받아 자기가 소비하려는 자는 제외한다)는 도시가스를 공급·소비하려는 경우 「도시가스 품질기준 등에 관한 고시」에 따른 도시가스 품질기준에 맞는지를 확인하기 위하여 도시가스 품질검사기관으로부터 품질검사를 받아야 한다(도법 제25조의2).

배관을 통해 공급되는 도시가스의 특성상 정기검사를 받아야 하는 가스사업자는 배관에 가스를 공급하는 사업자로 가스도매사업자, 석유가스를 제조하는 일반도시가스사업자, 도시가스충전사업자, 나프타부생가스·바이오가스제조사업자, 합성천연가스제조사업자, 자가소비용직수입자 및 액화천연가스냉열이용자로 한정된다. 주배관으로 공급받은 가스를 단순히 감압하여 공급하는 일반도시가스사업자 등은 공급받은 가스의 품질변화 가능성이 없어, 정기검사를 받지 않는다. 그러나 도시가스를 압축하여 수송용 연료(CNG) 등으로 공급하는 도시가스 충전사업자는 이미 품질검사를 받은 가스를 배관 등으로 공급받아 차량에 충전하거나 충전을 위한 압축 과정에서 압축기의 윤활유가 가스에 혼입되는 오일전이(Oil Carry-over) 현상이 발생하여 품질변화를 야기할 수도 있다. 품질기준을 충족하지 못하는 도시가스의 경우 기술적 측면에서 차량에 유입된 오일이 배관·압력조정기·인젝터 등을 막아 연료 공급차단으로 인한 부품손상 및 사고발생 가능성이 있어, 가스품질 변화가 초래되는 단계에서는 품질검사를 받도록 하고 있다. 바이오가스도 차량에 사용하는 경우에 품질수준이 낮은 경우에 부품손상, 가스누출 우려가 있어 품질검사의 대상에 포함하고 있다(도법 제25조의2).

품질검사는 정기검사와 수시검사로 구분하여 운영된다(도법 시행규칙 제35조). 도시가스사업자 등은 도시가스의 종류에 따라 월별 또는 분기별로 한국산업표준에 정하는 방법으로 정기검사를 받아야 한다. 관할 행정기관은 품질 유지를 위하여 필요하면 도시가스사업자와 자가소비용직수입자가 공급·소비하거나 공급·소비할 목적으로 저장·운송 또는 보관하는 도시가스에 대하여 품질검사를 할 수 있다.

VI. 가스시설의 설치·관리

1. 가스시설의 승인·신고

(1) 가스공급시설·사용시설의 범위

도시가스사업은 가스공급시설을 갖추어야 비로소 수행할 수 있는 사업이다. 가스공급시설이란 도시가스를 제조하거나 공급하기 위한 시설로서 가스제조시설, 가스배관시설, 가스충전시설, 나프타부생가스·바이오가스제조시설 및 합성천연가스제조시설을 말한다(도법 제2조제5호). 가스제조시설은 도시가스의 하역·저장·기화·송출 시설 및 그 부속설비를 말하며, 가스배관시설은 도시가스제조사업소로부

터 가스사용자가 소유하거나 점유하고 있는 토지의 경계(공동주택등으로서 가스사용자
가 구분하여 소유하거나 점유하는 건축물의 외벽에 계량기가 설치된 경우에는 그 계량기의 전단밸
브, 계량기가 건축물의 내부에 설치된 경우에는 건축물의 외벽)까지 이르는 배관·공급설비
및 그 부속설비를 말한다. 가스충전시설은 도시가스충전사업소 안에서 도시가스를
충전하기 위하여 설치하는 저장설비, 처리설비, 압축가스설비, 충전설비 및 그 부
속설비이고, 나프타부생가스 제조시설은 나프타부생가스제조사업소 안에서 나프
타부생가스를 제조하기 위하여 설치하는 가스품질향상설비, 저장설비, 기화설비,
송출설비 및 그 부속설비를 말한다. 바이오가스제조시설은 바이오가스제조사업소
안에서 바이오가스를 제조하기 위하여 설치하는 전처리설비, 가스품질향상설비,
저장설비, 기화설비, 송출설비 및 그 부속설비이고, 합성천연가스제조시설은 합성
천연가스제조사업소 안에서 합성천연가스를 제조하기 위하여 설치하는 제조설비,
가스품질향상설비, 저장설비, 기화설비, 송출설비 및 그 부속설비를 말한다.

　　가스사용시설이란 가스공급시설 외의 가스사용자의 시설로서 내관·연소기 및
그 부속설비(선박에 설치된 것은 제외한다), 공동주택등의 외벽에 설치된 가스계량기,
도시가스를 연료로 사용하는 자동차, 자동차용 압축천연가스 완속충전설비를 말한
다(도법 제2조제6호).

(2) 시설공사계획의 승인 등

　　도시가스사업자는 제조소, 공급소, 사업소 외의 가스공급시설의 설치공사나
변경공사를 하려면 그 공사계획에 대하여 시설·기술기준, 인력기준 등의 요건을
모두 갖추어 산업통상자원부장관 또는 시장·군수·구청장의 승인을 받아야 하고
(도법 제11조제1항), 승인을 받은 사항 중 중요 사항을 변경하려는 경우에는 변경승인
을 받아야 한다. 또한 도시가스사업자가 승인을 받은 공사계획에 따라 가스공급시
설의 설치공사나 변경공사 중 산업통상자원부령으로 정하는 가스공급시설의 공사
를 하려면 그 공사계획을 산업통상자원부장관 또는 시장·군수·구청장에게 신고하
여야 하고, 신고한 사항 중 산업통상자원부령으로 정하는 중요 사항을 변경하려는
경우에도 신고를 하여야 한다. 산업통상자원부장관 또는 시장·군수·구청장은 가
스공급시설의 설치·변경공사의 신고 또는 변경신고를 받은 경우 그 내용을 검토
하여 적합한 경우에 신고를 수리하여야 한다. 그러므로 여기서 신고는 수리를 요
하는 신고에 해당하여 실제로 등록과 유사한 규제에 해당한다. 가스공급시설의 설

치계획과 공사에 대하여 승인이나 신고를 하도록 하는 것은 도시가스의 안전성 확보를 위한 목적도 있으나 주된 목적은 도시가스의 공급을 적합하게 할 수 있는 시설을 설치하도록 하는 데에 있다.

「주택법」이나 그 밖의 다른 법률에 따라 도시가스를 사용하는 자의 부담으로 가스공급시설을 설치하거나 변경하는 경우에는 그 가스공급시설 공사를 하는 자가 도시가스사업자를 대신하여 공사계획의 승인 또는 변경승인을 신청하거나 공사계획의 신고 또는 변경신고를 할 수 있고, 이 경우 그 가스공급시설 공사자는 그 사실을 도시가스사업자에게 알려야 한다. 공사계획의 승인·변경승인을 받으려는 자, 공사계획의 신고·변경신고를 받으려는 자 및 최고사용압력이 저압인 사용자공급관을 50미터 이상 설치하거나 변경하는 공사를 하려는 자는 해당 공사계획에 대하여 미리 가스안전전문기관인 한국가스안전공사의 의견을 들어야 한다.

(3) 비상공급시설의 설치의무

도시가스사업자는 가스공급시설이 멸실·손괴되거나 재해, 그 밖의 긴급한 사유로 공사계획의 승인을 받을 수 없거나 공사계획의 신고를 할 수 없으면 비상공급시설을 설치한 후 산업통상자원부장관 또는 시장·군수·구청장에게 그 사실을 신고하여야 한다(도법 제11조의2). 이 경우에 신고가 신고서의 기재사항 및 첨부서류에 흠이 없고, 법령 등에 규정된 형식상의 요건을 충족하는 경우에는 신고서가 접수기관에 도달된 때에 신고된 것으로 본다.

가스의 안정적 공급은 도법의 핵심적인 가치에 속한다. 따라서 가스를 안정적으로 공급하기 위하여 가스공급시설에 문제가 발생한 경우에는 가능한 신속하게 가스를 공급하도록 행정기관의 공사계획의 승인이나 공사의 신고없이 우선적으로 공사를 할 수 있는 예외적인 규정을 두고 있다.

(4) 공공토지사용 허가의무

도시가스사업자는 국가, 지방자치단체, 그 밖의 공공기관이 관리하는 공공용 토지의 지상 또는 지하에 가스공급시설을 설치할 필요가 있는 경우 해당 공공용 토지의 효용을 방해하지 아니하는 범위에서 관리자의 허가를 받아 해당 공공용 토지를 사용할 수 있다(도법 제11조의3). 해당 공공용 토지의 관리자는 정당한 사유 없이 해당 공공용 토지의 사용을 거부하여서는 아니 된다. 도시가스의 공급은 사용

자에게 적지 않은 편익을 제공한다. 도시가스의 보편적 공급은 국가에게 부여된
에너지 분야의 핵심적 과제이고, 이러한 과제를 수행하면서 발생할 수 있는 배관
등의 설치를 위하여 공공토지를 사용할 수 있다. 공공토지의 유지관리보다는 국민
이 보편적으로 도시가스를 사용할 수 있도록 하는 가치가 높다는 것을 도시가스법
에서 확인하고 있다.

2. 가스시설의 공사

(1) 시공자의 자격

가스공급시설과 사용시설의 공사는 가스공급에 적합하게 시공되어야 한다. 적
합한 시공자는 우선 「건설산업기본법」 제9조에 따라 가스시설시공업의 등록을 한
자(시공자)로 제한된다. 동법 제9조에 따르면 건설업을 하려는 자는 업종별로 국토
교통부장관에게 등록을 하여야 한다.[40] 동법률은 시공업을 종합시공업과 전문시공
업으로 구분하고, 전문시공업에 기계설비 · 가스공사업을 두고 있다. 또한 동법은
가스시설공사업을 1종, 2종 및 3종으로 구분하고 있다. 가스공급시설의 공사를 하
기 위하여는 동법에 따른 가스시설공사업으로 등록을 한 자이어야 한다. 동법에
따른 등록기준은 기술능력, 자본금(개인인 경우에는 자산평가액을 말한다), 시설 · 장비 및
그 밖에 필요한 사항으로 동법 시행령 제13조에서 세부적으로 규정하고 있다.

(2) 시공업자의 시공내용 통보의무

산업통상자원부령으로 정하는 규모 이상의 가스공급시설 또는 가스사용시설
의 설치공사나 변경공사를 시공 · 관리하려는 시공자는 산업통상자원부령으로 정하
는 바에 따라 해당 도시가스사업자가 가스공급시설의 공사계획, 가스공급능력 등
에 미치는 영향을 검토할 수 있도록 시공할 내용을 도시가스사업자에게 미리 알려
주어야 한다(도법 제12조). 도시가스사업자는 시공할 내용에 대하여 검토한 결과를
그 시공자와 도시가스를 사용하려는 자에게 알려주어야 한다. 가스공급시설과 사
용시설의 공사는 가스의 공급과 사용에 적합하게 시공되어야 적합한 기능을 수행
할 수 있다.

---

40 현행 에너지법체계에서 전기분야는 전기공사와 관련된 독립된 법률로 「전기공사업법」이 제정되어 운영되고 있
   다. 동법률은 시공, 기술관리 및 도급 등에 관하여 규정하고 있다. 그러나 가스분야는 전기공사와 달리 (가칭)
   가스공사업법이 없어, 도시가스법에서 일부를 규정하고 있다. 도시가스 공사의 체계적인 관리와 사업을 위하여
   가스분야에서도 독립된 법률로 "가스공사업법"의 제정이 필요하다.

시공자는 가스공급시설 또는 가스사용시설의 설치공사나 변경공사를 하는 경우에는 시설별로 시설기준과 기술기준에 적합하도록 시공·관리하여야 한다. 도시가스법 시행규칙(제17조)은 가스도매사업, 일반도시가스사업, 나프타부생가스제조사업, 바이오가스제조사업, 합성천연가스제조사업, 선박용천연가스사업 및 가스사용시설별로 각각 가스공급시설의 시설기준과 기술기준을 정하고 있다. 도시가스사업자가 시공자의 시공내용에 대해 검토하는 사항은 바로 해당 도시가스업의 운영에 필요한 시설의 시설기준과 기술기준에의 적합성 여부이다.

(3) 시공기록등의 보존·제출의무

시공이 완료되면 가스공급시설과 사용시설이 설치되며 해당 시설을 사용하면서 시설의 고장이나 해당 시설로 인한 사고가 발생할 수 있다. 이 경우에 책임관계가 명확하도록 시공자로 하여금 가스공급시설 또는 가스사용시설의 설치공사나 변경공사를 완공하면 산업통상자원부령으로 정하는 바에 따라 그 시공기록·완공도면(전산보조기억장치에 입력된 경우에는 그 입력된 자료로 할 수 있다), 그 밖에 필요한 서류를 작성·보존하도록 하고 있다(도법 제14조). 시공기록등의 작성과 보존은 사고 등이 발생한 경우에 공사설계에 하자가 있는지 아니면 시공에 하자가 있는지를 명확하게 할 수 있다. 이를 통하여 시공자에게 공사계획을 엄격하게 준수할 수 있는 동인을 부여한다.

시공자는 작성하여 보존하고 있는 가스사용시설의 시공기록등의 사본을 도시가스사업자 및 산업통상자원부령으로 정하는 가스사용시설(이하 "특정가스사용시설"이라 한다)에서 도시가스를 사용하는 자에게 내주어야 한다. 도시가스사업자는 시공자로부터 가스공급시설이나 가스사용시설의 시공기록등의 사본을 받은 경우에는 그 중 완공도면의 사본을 산업통상자원부령으로 정하는 바에 따라 산업통상자원부장관 또는 시장·군수·구청장에게 제출하여야 한다.

(4) 시공감리

도시가스사업자는 산업통상자원부령으로 정하는 가스공급시설의 설치공사나 변경공사를 하는 경우에는 산업통상자원부장관 또는 시장·군수·구청장의 감리를 받아야 한다(도법 제15조제1항). 다만, 「건설기술 진흥법」 제39조제2항에 따른 건설사업관리를 받는 경우에는 산업통상자원부령으로 정하는 바에 따라 그 감리를 받지

아니할 수 있다. 감리란 공사가 관계 법령이나 기준, 설계도서 또는 그 밖의 관계
서류 등에 따라 적정하게 시행될 수 있도록 관리하거나 시공관리·품질관리·안전
관리 등에 대한 기술지도를 하는 사업관리 업무를 말한다(건설기술 진흥법 제2조제5
호). 가스시설은 상당한 부분이 지하에 매설되기 때문에 시설공사는 완공하게 되
면, 시공이 적합하게 진행되었는지를 시각으로 파악할 수 없다. 시공과정에서 감
리를 받도록 하는 것은 시공과정 중 설계에서 요구한 사항을 적합하게 수행하도록
하기 위한 것이다. 그러므로 도시가스사업자는 가스공급시설의 설치공사나 변경공
사를 한 경우 그 감리자로부터 사용 적합 판정을 받은 경우가 아니면 이를 사용할
수 없다(도법 제15조제2항).

  도시가스사업자는 건설사업관리를 받으려면 공사착공 전과 완공 후에 그 건
설사업관리에 관한 사항을 산업통상자원부장관 또는 시장·군수·구청장과 한국가
스안전공사에 통보하여야 한다. 「건설산업기본법」 제2조제8호에 따른 건설사업관
리란 건설공사에 관한 기획, 타당성 조사, 분석, 설계, 조달, 계약, 시공관리, 감리,
평가 또는 사후관리 등에 관한 관리를 수행하는 것을 말한다. 즉, 건설사업관리는
공기단축 예산절감 및 품질 확보를 위하여 건설공사의 기획단계에서 설계·시공
및 시공후 유지관리 단계에 이르기까지 발주자가 필요로 하는 모든 관리업무를 위
탁받아 수행하는 전문공사관리 활동이다. 건설사업관리에는 감리를 포함하고 있
어, 건설사업관리를 받은 경우에 감리를 대체할 수 있도록 하는 것은 당연하다.

(5) 중간검사

  특정가스사용시설에서 도시가스를 사용하는 자(특정가스사용시설의 사용자)는 특
정가스사용시설의 설치공사나 변경공사를 하려면 그 공사계획에 대하여 미리 한
국가스안전공사의 의견을 들어야 한다. 다만, 산업통상자원부령으로 정하는 자에
대하여는 이를 면제할 수 있다. 도시가스충전사업자는 가스충전시설의 설치공사나
변경공사를 할 때에는 산업통상자원부령으로 정하는 바에 따라 그 공사의 공정별
(工程別)로 시장·군수·구청장의 중간검사를 받아야 한다(도법 제15조제5항). 공사의
공정별 중간검사는 실질적으로 감리와 유사한 효과가 있다. 일반적으로 감리는 공
사 현장에서 공사의 매단계마다 현장에서 감독을 하는 것이고, 중간검사는 일부
공사가 완료된 경우에 해당 완료된 일부 공사에 대하여 감독하는 것이다. 중간검
사를 받아야 하는 공사는 도시가스공급시설과 사용시설 중 유일하게 가스충전시

설의 설치공사와 변경공사로 제한된다.

중간검사의 대상은 도시가스충전시설의 공정으로 '가스설비 또는 배관의 설치가 완료되어 기밀시험 또는 내압시험을 할 수 있는 상태의 공정', '저장탱크를 지하에 매설하기 직전의 공정', '배관을 지하에 설치하는 경우 한국가스안전공사가 지정하는 부분을 매몰하기 직전의 공정', '한국가스안전공사가 지정하는 부분의 비파괴시험을 하는 공정', '방호벽 또는 저장탱크의 기초설치 공정', '내진설계(耐震設計) 대상 설비의 기초설치 공정'이다(도법 시행규칙 제21조제3항). 중간검사의 대상은 설치공사가 완료된 후에는 실제 해당 공사의 적합함을 검사하는 것에 적지 않은 어려움이 있는 공사이다.

(6) 완성검사

도시가스충전사업자 및 특정가스사용시설의 사용자는 가스충전시설 및 특정가스사용시설의 설치공사나 변경공사를 완공하면 시장·군수·구청장의 완성검사를 받아 이에 합격한 경우에만 사용할 수 있다. 완성검사는 가스공급시설과 사용시설의 설치공사를 완성한 후에 공사계획에 따라 공사가 진행되어 해당 가스공급시설과 사용시설의 기능이 적합하게 작동하는지를 확인하는 사실행위에 해당한다. 완성검사의 대상이 되는 가스충전시설 및 특정가스사용시설의 설치공사 또는 변경공사는 '가스충전시설의 설치공사', '특정가스사용시설의 설치공사', '가스충전시설의 변경에 따른 공사', '도시가스 사용량의 증가로 인하여 특정가스사용시설로 전환되는 가스사용시설의 변경공사' 등이다. 완성검사의 검사기준에 관하여는 도시가스법 시행규칙 제23조에서 세부적으로 규정하고 있다.

완성검사 자체는 사실행위에 해당하나, 완성검사 결과 해당 공사가 완성검사기준에 적합함을 검토하고 확인하여 검사에 합격을 알려주는 합격증이나 완공검사필증을 교부하는 것은 행정처분에 해당한다. 왜냐하면 도시가스충전사업자 및 특정가스사용시설의 사용자는 시장·군수·구청장의 완성검사를 받아 이에 합격한 경우에만 사용할 수 있기 때문이다(도법 제15조제6항). 완성검사 합격은 도시가스 공급시설을 사용할 수 있는 권리를 부여한다는 점에서 완성검사 합격증 교부는 행정처분에 해당한다.

(7) 공급시설의 임시사용 승인

산업통상자원부장관 또는 시장·군수·구청장은 가스공급시설의 설치공사나 변경공사의 전부가 완성되기 전이라도 도시가스 수급상의 필요성과 해당 공급시설의 안전한 사용 가능성 등의 요건을 모두 갖춘 경우에는 그 사용기간 및 방법을 정하여 해당 가스공급시설을 임시로 사용하게 할 수 있다. 임시로 사용하는 가스공급시설은 사용기간 동안에만 그 사용방법에 따라 사용하여야 한다. 임시사용 승인과 관련된 사용기간과 사용방법은 부관에 해당하고, 사용기간은 기한에 해당하며, 사용방법은 부담에 해당한다.

(8) 타인 토지의 사용시 협의의무

일반도시가스사업자는 그 사업을 수행하기 위하여 필요한 경우에는 현재의 사용방법을 방해하지 아니하는 범위에서 다른 자의 토지에 가스배관시설을 설치할 수 있다(도법 제42조의2). 이 경우 일반도시가스사업자는 가스배관시설의 설치방법 및 존속기간 등에 대하여 미리 그 토지의 소유자 또는 점유자와 협의하여야 한다. 일반도시가스사업자는 가스배관시설을 설치하려는 토지의 소유자 또는 점유자의 소재확인이 현저히 곤란한 경우에는 전국적으로 배포되는 둘 이상의 일간신문에 2회 이상 공고하여야 하며, 그 공고한 날부터 30일 이상이 지나고도 토지의 소유자 또는 점유자를 알 수 없거나 그 주소·거소·영업소 또는 사무소를 알 수 없어 협의를 할 수 없으면 해당 토지 소재지를 관할하는 시·도지사의 허가를 받아 그 토지를 사용할 수 있다.

도시가스법은 일반도시가스사업자의 가스공급시설[41] 설치에 대하여 ① 일반도시가스사업자가 다음 연도 이후 5년간의 가스공급계획을 작성하여 매년 11월 말일까지 시·도지사에게 제출하도록 하고, ② 시·도지사는 일반도시가스사업자가 제출한 가스공급계획을 기초로 하여 매년 3월 말일까지 해당 연도를 포함한 2년간의 지역별 가스공급시설 공사계획을 수립하여 공고하도록 하며, ③ 일반도시가스사업자는 시·도지사가 공고한 지역별 가스공급시설 공사계획에 따라 가스공급시설을 설치하도록 그 절차를 규정하고 있다.

일반도시가스사업자가 사유지에 가스배관시설을 설치하려면 토지소유자의 동의를 얻거나 다음의 「공익사업을 위한 토지 등의 취득 및 보상에 관한 법률」에 따

---

41 도시가스를 제조하거나 공급하기 위한 시설로서 가스제조시설, 가스배관시설 및 가스충전시설을 말한다.

른 절차 등에 따라야 한다.

공익사업을 위한 토지 등의 취득 및 보상에 관한 법률에 따른 절차

구 분	주요내용
적용 대상	• 관계법률에 따라 허가·인가 등을 받아 공익을 목적으로 시행하는 철도, 도로, 수도, 전기, 전기통신, 방송, 가스사업 등 • 그밖에 다른 법률에 따라 토지 등을 수용(사용)할 수 있는 사업
처리 절차	• 사업인정 신청(사업자 → 국토부) ⇒ 의견청취(국토부 ↔ 관계 중앙행정기관, 시·도지사, 시·군·구) ⇒ 사업인정 고시(국토부) ⇒ 보상계획 통지·열람, 보상액산정 등 토지소유자 협의(사업자) ⇒ 토지수용위원회 재결(협의 미성립) ⇒ (이의신청 및 행정소송) ⇒ 보상금 지급 또는 공탁 ⇒ 사업개시
소유자 또는 주소를 알수 없는 경우	• 토지소유자, 관계인에게 보상협의요청서 통지 : 시·군·구 게시판에 14일 이상 공고로 갈음 • 토지수용위원회에 제출하는 협의경위서에 토지소유자, 관계인이 서명 또는 날인 : 서명(날인) 생략 및 그 사유만 기재 • 소유자에게 보상금 지급 : 토지 소재지의 공탁소에 보상금을 공탁
보상금 산정	• 토지가격 또는 토지사용료에 입체이용저해률을 곱하여 산정 • 토지사용료는 임대사례비교법 등을 적용

도시가스법은 일정 규모 이하의 가스배관시설을 설치하려는 경우로서 토지소유자 또는 점유자를 알 수 없거나 그 주소 등을 알 수 없는 경우에는 「공익사업을 위한 토지 등의 취득 및 보상에 관한 법률」에 따른 사업인정 등의 절차를 통해 시장·군수·구청장의 허가를 받아 타인의 토지를 사용할 수 있도록 규정하고 있다. 도시가스를 공급받음으로써 누리게 될 가스사용자들의 편익이 가스배관시설의 설치에 따르는 토지소유자의 재산권 침해보다 큰 경우에도 소유자 불분명 등의 사유로 도시가스 공급이 이루어지지 못하는 문제를 해소하기 위하여 「공익사업을 위한 토지 등의 취득 및 보상에 관한 법률」의 절차에 대한 예외적인 간소절차를 도시가스법에서 도입하고 있다.

3. 가스공급시설의 공동이용

나프타부생가스·바이오가스제조사업자, 합성천연가스제조사업자, 자가소비용직수입자 또는 선박용천연가스사업자는 가스공급시설을 보유한 자와 협의하여 그 가스공급시설을 공동이용할 수 있다. 가스배관시설을 보유한 가스도매사업자는 설비능력의 범위에서 배관시설 이용규정으로 정하는 바에 따라 나프타부생가스·바이오가스제조사업자, 합성천연가스제조사업자, 자가소비용직수입자 또는 선박용천연가스사업자에게 가스배관시설의 이용을 제공하여야 한다. 가스공급시설을 공동이용하려는 나프타부생가스·바이오가스제조사업자, 합성천연가스제조사업자, 자가소비용직수입자 또는 선박용천연가스사업자는 공사계획에 가스공급시설의 공동이용에 관한 계획을 포함시켜야 한다. 도시가스사업자 외의 가스공급시설 설치자는 시설이용의 효율을 높이기 위하여 가스공급시설을 직접 사용하거나 다른 사업자에게 가스공급시설을 이용하게 할 수 있다(도법 제39조의6).

가스공급시설의 소유 및 종류에 따라 가스도매사업자 소유의 가스배관시설에 대해서는 공동이용을 의무화하고, 가스도매사업자 소유의 제조시설과 일반도시가스사업자 소유의 배관시설은 당사자 간의 협의에 의하여 공동으로 이용할 수 있다. 가스공급시설은 공기업 또는 민간기업의 소유이지만 이는 한편으로는 국가기간설비에 해당한다. 그러므로 공동이용은 가스공급설비 활용의 효율성을 제고할 수 있다.

사업자간의 개별적인 협상에 따라 가스공급설비의 이용조건 등을 정하는 제한적인 방식의 공동이용제도는 그 협상에 많은 시간과 비용이 소모되어 국가기간설비의 효율적인 활용이 제대로 이루어지지 못하는 경우가 적지 않았다. 이에 따라 가스공급시설의 설비별 특성을 감안하여 전국 환산망으로 구성된 가스도매사업자의 가스배관시설의 이용제공을 의무화하여 중복투자 방지와 운영의 효율성을 제고하도록 하고 있다.

가스공급시설을 공동이용하는 경우에는 설비효율 증진과 가스품질 유지를 위해 공동이용 형태에 따른 기본원칙과 이용절차 등을 정하도록 하고 있다. 가스도매사업자의 배관시설 이용규정은 산업통상자원부장관의 승인을 받아 사용토록 하고, 사업자 간 협의에 의하여 공동이용이 가능한 가스도매사업자의 제조시설과 일반도시가스사업자의 배관시설에 대한 이용요령은 신고하고 있다.

VII. 행정기관의 권한과 의무

1. 사업조정명령권

산업통상자원부장관은 도시가스의 수급상 필요하다고 인정하면 '가스공급시설 공사계획의 조정', '가스공급계획의 조정', '둘 이상의 시·도를 공급지역으로 하는 경우 공급지역의 조정', '도시가스 요금 등 공급조건의 조정', '도시가스의 열량·압력 및 연소성의 조정', '가스공급시설의 공동이용에 관한 조정', '천연가스 수출입 물량의 규모·시기 등의 조정'을 도시가스사업자 또는 자가소비용직수입자에게 명할 수 있다(도법 제40조제1항).

산업통상자원부장관이 사업조정명령권을 행사하기 위한 요건은 '도시가스의 수급상 필요'이다. 가스공급권역 조정 및 사업 통폐합 명령 대상자는 일반도시가스사업자와 자가소비용직수입자로 한정하고 있다. 조정명령은 국내 가스요금의 적정성 통제가 아니라 수입가격(원료비)의 적정성 통제에 초점을 두고 있다.

2. 가스공급지역의 조정 및 사업통폐합 명령권

일반도시가스사업의 허가를 받은 공급권역이 대통령령으로 정하는 일정 기간이 경과한 후 택지개발예정지구로 지정되거나 광역개발권역·개발촉진지구 등으로의 지정 또는 용도지역의 변경 등이 발생함으로써 공급권역의 특성이 허가 당시와는 현저히 변화하였다고 판단되는 경우에 시·도지사가 산업통상자원부장관과 협의하여 도시가스공급권역을 조정하거나 사업의 통·폐합을 명할 수 있도록 하고 있다(도법 제40조제2항). 산업통상자원부장관 또는 시·도지사는 원활한 도시가스 수급과 공익상 필요하다고 인정하는 경우 및 일반도시가스사업자가 공급의무를 위반하여 도시가스의 공급을 거절하거나 공급이 중단되게 하였을 경우에는 가스공급권역의 조정 및 사업의 통폐합을 명할 수 있다. 일반도시가스사업자가 가스공급을 하지 않으면 공급권역 조정 등을 통해 다른 사업자가 공급하도록 조정할 필요성이 있다.

이는 일반도시가스사업자가 사업허가를 받은 구역이 일정기간이 경과된 시점에 그 특성이 현저히 변화하였을 때, 해당 지역주민의 선택에 따라 도시가스 이외에 집단에너지를 함께 사용할 수 있도록 하는 것을 목적으로 하고 있다. 이를 통하여 해당 지역 소비자는 에너지 선택권을 적극적으로 보장받을 수 있다. 일반도

시가스사업구역으로 허가를 받은 지역에서 새로운 택지의 개발 및 광역개발 등을
통하여 이주한 주민과 기존 지역주민이 집단에너지를 사용하고자 요구하는 경우
에 일반도시가스사업자가 지역적 배타성을 이용하여 지역난방열원용 가스와 취사
용가스의 공급을 거부하는 사례가 발생함에 따라 산업통상자원부와 시·도지사로
하여금 사업자 간의 분쟁을 조정할 수 있는 제도적 보완 장치를 마련하여 소비자
의 에너지 선택권의 보장을 담보하고 있다.

3. 가스사용의 제한

산업통상자원부장관은 일시적으로 도시가스의 공급이 부족하여 긴급히 가스
사용을 제한하지 아니하면 국민생활에 지장을 주거나 공공의 이익을 해칠 우려가
현저하다고 인정될 경우에는 필요한 범위에서 '사용량의 한도', '사용 용도', '사용
제한 기간'에 관한 사항을 정하여 가스사용자에게 도시가스의 사용을 제한할 수
있다(도법 제24조). 산업통상자원부장관은 도시가스사업자에게 도시가스 사용제한에
필요한 범위에서 가스공급의 제한을 명할 수 있다.

4. 행정기관의 가스수급계획 수립의무

(1) 시·도지사의 가스수급계획

가스공급의 안정성을 확보하기 위하여 우선 가스수급이 안정화되어야 한다.
시·도지사는 '지역별·연도별·사업자별 수요·공급계획', '가스공급시설의 확충 및
시설투자 계획' 등을 포함하는 다음 연도 이후 5년간의 가스수급계획을 작성하여
매년 12월 말일까지 산업통상자원부장관에게 제출하여야 한다. 이 경우 가스수급
계획에는 도시가스가 공급되지 아니하는 지역의 도시가스 공급을 촉진하기 위한
지원 등 도시가스 보급확대계획이 포함되어야 한다(도법 제18조의2).

시·도지사가 수립하여 산업통상자원부장관에게 제출하는 가스수급계획에는
'도시가스 미공급지역에 대한 지원계획 및 도시가스 보급확대계획'이 포함되도록
의무화하고 있다. 또한 산업통상자원부장관이 수립하는 가스수급계획에 '도시가스
미공급지역에 대한 지원계획 및 도시가스 보급확대계획'이 포함되도록 노력하여야
한다. 수도권과 광역시 등 대도시 외의 지역은 도시가스 보급률이 낮다. 도시가스
는 배관을 이용하여 공급하는 장치산업으로 배관설치를 위하여 대규모 투자비가
발생한다. 지방은 수요 밀집도가 낮아 시설투자 대비 경제성이 부족하여 도시가스

보급확대를 제한하는 요인이 되기 때문에 수도권을 제외한 지역에는 도시가스의 보급속도가 느리다. 이러한 문제를 해결하고자 도시가스법은 명시적으로 시·도지사에게 가스수급계획을 작성하여 실행하도록 하고 있다.

(2) 산업통상자원부장관의 중·장기 가스수급계획

산업통상자원부장관은 '도시가스의 수요·공급 계획(지역별 수급계획을 포함한다)', '가스공급시설의 확충 및 시설투자 계획', '도시가스의 수입 및 비상대비 비축계획', '도시가스의 보급촉진을 위한 대책' 등을 내용으로 매년 해당 연도를 포함한 5년간 가스수급계획을 수립하여야 한다. 또한 산업통상자원부장관은 '천연가스의 수급에 관한 장기 전망', '천연가스의 공급설비계획', '천연가스의 투자계획'을 내용으로 하여 2년마다 해당 연도를 포함한 10년 이상의 기간에 걸친 장기 천연가스 수급계획을 수립하여야 한다. 산업통상자원부장관은 장기 및 중기 가스수급계획에 도시가스가 공급되지 아니하는 지역의 도시가스 공급을 촉진하기 위한 지원 등 도시가스 보급확대계획이 포함되도록 노력하여야 한다.

도시가스 보급촉진을 위하여 도시가스법 시행규칙은 시·도지사가 수립하는 가스수급계획에 '도시가스의 보급 촉진을 위한 시원'을 포함하노록 하고, 산업통상자원부장관이 수립하는 5년간의 가스수급계획에는 '지역의 도시가스 공급을 촉진하기 위한 지원 등 도시가스 보급확대계획을 포함하도록 노력할 것을 요구하고 있다.

도시가스는 오염물질 배출이 적어 환경친화적이고, 다른 연료에 비해 상대적으로 가격이 저렴하며, 최근 셰일가스 개발 등으로 전 세계적 부존량이 많은 등의 장점이 있다. 그러나 수도권과 광역시 등 대도시를 제외한 다른 지역은 도시가스 보급률이 낮다. 도시가스 공급은 가스도매사업자(한국가스공사)가 일반도시가스사업자에게 도시가스를 도매로 공급하고, 일반도시가스사업자는 수요자에게 도시가스를 소매로 공급하는 체계로 이루어지고 있다. 도시가스 공급시설(배관시설)을 살펴보면 한국가스공사가 액화천연가스 인수기지부터 정압관리소(GS)[42]까지 주배관을 설치하고, 일반도시가스사업자가 정압관리소부터 수요자까지 공급배관을 설치한다. 수요자는 자신의 토지 경계 안에서 배관을 설치한다.

---

42 정압관리소(GS: Governer Station)는 가스 배관에서 고압의 가스를 소비자가 요구하는 압력으로 감압하여 공급하는 관리소이다.

도시가스 공급배관

한국가스공사 주배관   일반도시가스회사 공급배관   수요자 배관

자료: 산업통상자원부

이와 관련하여 산업통상자원부는 제13차~제15차 장기 천연가스수급계획에 따라 중앙정부 차원의 도시가스 보급(한국가스공사의 주배관망 설치)을 완료하였으며, 2022년 말 기준 전국 229개 지방자치단체 중 216개 지방자치단체에 대해 도시가스를 공급하고 있다. 그런데 2023년 2월 말 기준 수도권과 광역시의 도시가스 보급률은 90%를 넘고 있으나 농어촌 지역이 많은 지방권의 보급률은 평균 50%를 조금 넘고 있다.

(3) 가스수급계획의 법적 성질

가스수급계획은 법규성이 없는 행정계획이다. 그러므로 시·도지사 또는 산업통상자원부장관이 수립한 가스수급계획이 이행되지 않거나 해당 가스수급계획에서 신속하게 도시가스공급을 도입하지 않아도 해당 가스수급계획의 위법성을 소송으로 다툴 수 없다.

그러나 가스수급계획은 법정계획으로 도시가스법은 시·도지사와 산업통상자원부장관에게 가스수급계획을 주기적으로 수립하도록 규정하고 있다. 해당 행정기관이 가스수급계획을 수립하지 않거나 수립한 가스수급계획을 이행하지 않는 경우에 법률을 위반한 행위가 되어, 여론과 국정감사 등에서 해당 가스수급계획의 미이행에 대한 책임을 져야 한다.

제 3 절 석유 및 석유대체연료 사업법

I. 석유사업법의 제정과 변천

1. 석유의 어원

석유는 "돌[石]이나 바위[岩] 사이의 기름"이라는 뜻이다. 석유를 영어로 'Petroleum', 프랑스어의 'Petrole'라고 사용하나 모두 라틴어의 'Petra[岩·石]'와 'Oleum[油]'에서 어원을 두고 있다. 독일어로 석유를 의미하는 'Erdöl'은 'Erde(대지)'와 'öl(기름)'의 합성에 기초하고 있다. 일본에서는 메이지 시대에 등화용 석유가 수입되어 이를 '석탄유'와 '석뇌유'로 불렸다가 현재 '석유'라는 명칭으로 사용되고 있다. 우리나라는 1880년 일본에 수호사절단으로 파견된 이동인이 처음으로 석유를 들여오면서 일본에서 사용하던 석유라는 명칭을 사용하게 되었다.

땅속에서 채굴하여 정제하기 전의 석유를 원유(crude oil)라고 하고, 이를 정제한 것을 석유제품(petroleum products)이라고 한다. 그러므로 원유는 천연상태 그대로의 액체 탄화수소 혼합물을 말하고, 원유를 정제한 석유제품은 휘발유, 나프타, 경유, 등유, 중유 등을 말한다. 「석유 및 대체연료 사업법」[43]도 이에 따라 석유를 원유, 천연가스(액화한 것을 포함한다) 및 석유제품을 포함하는 것으로 정의하고 있다(석유사업법 제2조제1호).

2. 원유의 지표유종

원유는 지하의 유층(油層)에서 액체상태로 채굴한 탄화수소의 혼합물이다. 원유는 적갈색이나 흑갈색을 띠고 있으며, 점도가 높은 탄화수소를 주성분으로 하는 황, 질소, 산소 화합물 등이 섞여 있는 혼합물이다. 원유는 미국석유협회(American Petroleum Institute, API)가 제정한 화학적 석유비중 표시 방법에 따라 33도 이상을 경질유(輕質油), 30에서 33도까지를 중질유(中質油), 30도 이하를 중질유(重質油)로 분류되고 있다.

땅속의 바위 사이에 존재하는 원유라 하더라도 그 성분과 성상이 모두 동일하지 않다. 세계적으로 원유의 주요 유종은 현재 Dubai유, Brent유 및 WTI유로 구

---

43 현행 석유사업과 관련된 법률은 「석유사업 및 석유대체연료 사업법」이다. 이 책에서는 「석유사업 및 석유대체연료 사업법」을 약칭으로 석유사업법으로 사용한다.

분된다. Dubai유는 아랍에미리트산 중질유로 아시아에서 거래되는 원유가격의 기준으로 사용된다. Brent유는 영국 북해산 경질유로 유럽과 아프리카 지역에서 거래되는 원유가격의 기준 유종이다. WTI유는 미국 텍사스산 경질유로 미국 원유시장의 대표적 유종으로 미국 내에서만 소비되나, 세계 석유시장 동향과 미국의 국제석유정책을 분석·예측하는데 유용하게 사용되고 있다.

3. 석유와 경제

석유는 현대 사회를 있게 한 거대한 축의 하나임을 부인할 수 없다. 우리나라가 산업화시대에 진입하면서 석유는 한국 경제를 견인하는 중요한 에너지로 부상하였다. 석유는 1970년대 초반까지 다른 에너지에 비해 상대적으로 저가에 공급되었고, 연료 효율이 높아 산업 전반에 활용되었다. 그러나 1973년 아랍권과 이스라엘의 제4차 중동전쟁에서 유발된 제1차 석유파동으로 인해 석유가격이 1년 사이에 4배로 급등하면서 우리나라 경제에 적지 않은 영향을 미치게 되었고, 이를 계기로 석유의 중요성이 부각되었다. 아랍 산유국이 중심이 된 석유수출국기구(Organization of the Petroleum Exporting Countries, OPEC)[44]의 일방적인 감산과 석유 가격 인상은 세계 경제를 암흑기로 몰고 갔다.

제1차 석유파동으로 많은 난관에 직면한 우리나라 경제는 1975년 8.3%의 경제성장률을 기록하였고, 석유 사용량도 9.5% 증가하였다. 제1차 석유파동의 어려움에서 벗어나 점차 안정을 찾아가던 우리나라 경제는 1978년 10월 이란에서 시작한 석유수출 중단으로 발발한 제2차 석유파동으로 또다시 어려움에 직면하게 되었다. 제2차 석유파동이 발생하기 직전인 1977년 우리나라는 1억 5,450만 배럴의 원유를 수입하고 있었고, 원유 수입금은 국민 총생산액의 5.2%, 총수입액의 17.5%를 차지하였다. 제2차 석유파동의 여파로 1978년 말부터 우리 경제는 침체에 빠졌다. 1979년에는 박정희 전 대통령이 갑작스럽게 서거하면서 정치와 사회까지 혼란에 휩싸였고, 1980년 경제성장률은 마이너스로 돌아섰다. 다시 한번 우리 경제에서 석유의 중요성을 인식하게 되었다. 경제 전체로 보면 2020년 기준 한국은

---

44 석유수출국기구는 회원국의 석유정책 통일과 조정을 통하여 상호이익 도모와 국제석유시장의 불필요한 유가변동을 방지할 목적으로 1960년 9월에 설립되었다. 회원국은 사우디아라비아, 이란 등 중동국가들이고, 다른 국가도 가입과 탈퇴를 하고 있다. 현재 본부는 오스트리아 Wien에 두고 있다. 석유수출국기구의 사무총장이 주요 의사결정을 주도 하며, 동 기구의 주된 활동은 정기총회와 임시총회를 통하여 회원국의 석유생산량을 결정하는 것이다.

OECD 회원국(37개국) 중 원유의존도 1위이다. 이로써 우리나라 경제는 국제유가 상승시 상대적으로 비용상승 압력이 크게 작용한다. 그 결과 다른 국가들보다 우리나라 제품의 가격상승 압력이 원유가격에 지대한 영향을 받게 되어 우리나라 제품의 상대가격 상승에 따른 매출 감소로 산업경쟁력의 약화를 초래하게 된다.

4. 석유사업법의 제정과 개정

석유사업법은 1970년 1월 1일 제정 법률 제2183호로 제정되었다. 그러나 석유사업법의 핵심 사항인 석유정제업 허가제도는 이미 1962년 7월 24일 시행된 대한석유공사법(법률 제1111호)에서 도입된 것이며,[45] 이는 1999년 3월 24일부터 시행된 개정 석유사업법에 따라 석유정제업 허가제가 등록제로 개정되어 현재에 이르고 있다.

석유사업법은 1968년 12월 9일 정부가 제안하여 같은 해 12월 20일 국회를 통과하였고, 1970년 1월 1일에 공포되었다. 제정 당시 석유사업법은 "석유정제사업자 등의 사업활동을 조정하여 석유의 안정되고 저렴한 공급을 확보"를 일차적 목적으로 하였다. 석유사업법은 정유사업의 육성과 발전, 원유의 도입, 석유 유통 및 가격의 효율직 관리 등 석유산업 전반을 관장하는 석유사업과 관련된 법률로 자리매김하였다. 다만 제정 당시 석유사업법은 석유의 안정적 확보와 석유산업의 건전한 육성을 주된 목적으로 하였던 탓에 석유사업 관리에 필요한 규제제도가 충분하지 못하였다.

제1차 석유파동 이후 1975년 7월 25일 석유사업법은 전부개정을 통해 석유판매업을 신고제에서 허가제로 전환하고, 석유수급 대상을 확대하였으며, 석유배급 조치에 관한 정부의 권한을 추가하였다. 1977년 12월 31일 개정된 석유사업법은 석유의 수급안정, 석유개발사업 및 석유가격 안정을 효율적으로 추진하기 위하여 석유사업기금을 설치하였다.[46] 1977년 정부는 유가파동에 대비하여 석유제품의 소

---

45 대한석유공사법은 1970년 2월 7일 현행 석유사업법이 시행됨과 동시에 대한석유공사법 폐지에 관한 법률에 따라 폐지되었다.

46 1977년 12월 16일 정부조직법 개정으로 동력자원부가 신설됨에 따라 동력자원부가 석유사업법을 관장하게 되었다. 정부는 제1·2차 석유파동을 겪으면서 석유를 비롯한 에너지를 체계적으로 관리할 필요성을 절감하게 되었고, 이에 에너지 공급과 수요를 총괄하고 자원외교를 담당할 중앙행정기관으로서 동력자원부를 출범시키게 되었다. 동력자원부는 상공부로부터 동력개발국과 광무국을, 과학기술처로부터 자원조사관실을, 공업진흥청에서 열관리과와 가스과를 흡수하였으며, 에너지정책 수행을 소관 업무로 하게 되었다.

비억제를 위해 휘발유의 특별소비세를 3배 이상 인상하였으나, 휘발유의 특별소비세 인상은 소비억제에 효과는 있었으나 가짜휘발유 범람의 원인을 제공하는 등 부작용도 있었다.

석유사업법은 2005년에 정부의 제안으로 제명이 「석유 및 석유대체연료사업법」으로 전부 개정된 후 여러 번 개정을 거쳐 현재에 이르고 있으며, 석유와 석유대체연료에 관한 사업을 관장하는 법률로서 위상을 유지하고 있다.

II. 석유와 석유대체연료 사업의 특성과 범위

1. 석유제품의 대상과 특징

(1) 석유제품 특징

석유사업법에 따른 사업규제는 시장의 공정한 형성과 소비자의 보호를 주된 목적으로 하고 있다. 석유사업 규제의 정당성은 석유사업의 대상이 되는 석유제품이 일반상품과 명확히 구별되는 점에서 찾을 수 있다. 석유제품과 관련된 석유사업은 다양한 형태로 시장에 등장하고 있다. 우선 석유사업은 석유제품의 제조사업, 수출입사업, 판매사업 등으로 구별되고, 해당 사업별로 각각의 고유한 특징을 가지고 있다. 석유사업 중에서도 자유롭게 시장질서가 형성되는 사업도 있고, 정부의 개입 없이는 공정한 시장질서가 유지될 수 없는 사업도 있다. 이러한 이유에서 석유사업법은 사업별 특성을 고려하여 공정한 시장 형성을 목적으로 규제를 하고 있다.

석유제품은 다음과 같은 특징이 있다. 첫째, 석유제품은 수급 및 가격의 안정과 비상시를 대비해야 하는 전략물자의 성격을 지니고 있다. 둘째, 석유제품은 엄격한 품질관리가 필요하나 일반공산품 등과 달리 외관상 구분이 쉽지 않다. 셋째, 석유제품은 인화성과 발화성 물질로서 엄격한 안전관리가 필요하다. 넷째, 석유제품은 고율의 세금이 부과됨으로써 불법거래 및 불량제품의 유통 가능성이 높다. 석유사업 규제는 석유제품이 가지는 위와 같은 특징에 기인한다.

(2) 석유제품의 범위

석유제품에는 다음 세 종류가 있다. 첫째, 휘발유, 등유, 경유, 중유, 윤활유이다. 둘째, 탄화수소유로 항공유, 용제(溶劑), 아스팔트, 나프타, 윤활기유, 석유중간제품[석유제품 생산공정에 원료용으로 투입되는 잔사유(殘渣油) 및 유분(溜分)을 말한다] 및 부생연료유(副生燃料油: 등유나 중유를 대체하여 연료유로 사용되는 부산물인 석유제품을 말한다)이다. 셋째, 석유가스로 프로판·부탄 및 이를 혼합한 연료용 가스이다.

석유제품의 법률상 적용범위는 자연과학적으로 정하여지는 것이 아니고, 석유 정제 기술이나 정책 또는 법제에 따라 정하여진다. (구)석유사업법은 탄화수소유에 포함되는 윤활기유와 석유중간제품의 범위를 정함에 있어서 윤활기유에 조유(粗油)를 포함하고, 유분(溜分)을 석유중간제품으로 정의하였으나, 현행 석유사업법에서는 윤활기유에서 조유를 제외하고, 석유중간제품에 '석유제품 생산공정에 원료용으로 투입되는 잔사유'를 추가하였다. 이는 당시 정유사가 원유보다 원가경쟁력이 높은 잔사유를 외부에서 조달하여 석유제품 공정 원료로 투입하는 사례가 증가한 것에 기인한다. 이처럼 석유제품 공정 원료로 잔사유 투입이 늘어나고 있었으나, (구)석유사업법에서는 공정 원료용 잔사유 거래 또는 수입 시 명확한 기준이 없어 유사유종인 벙커－C유로 거래 또는 수입됨으로써 그에 따른 비용[47]이 발생하는 등 효율성이 저하되고 있었다. 이러한 비효율성을 극복할 목적으로 현행 석유사업법은 잔사유의 거래 또는 수입에 제한을 없애고 고부가가치화(저급의 잔사유를 활용하여 고품질의 경길유를 생산)를 촉진할 목석에서 석유제품에 잔사유를 포함하였다.

2. 석유대체연료의 개념과 범위

(1) 석유대체연료의 개념

석유사업법은 석유대체연료를 "석유제품 연소 설비의 근본적인 구조 변경 없이 석유제품을 대체하거나 석유제품에 혼합하여 사용할 수 있는 연료로서 바이오연료(생물유기체를 변환시켜 생산한 연료를 말한다), 재생합성연료(수소와 재생탄소를 합성하여 생산한 연료를 말한다) 등 대통령령으로 정하는 것"으로 정의하고 석유대체연료의 구체적인 종류를 대통령령으로 정하도록 하고 있다. 석유대체연료는 고정된 개념이 아니라 석유사업법 시행령 개정을 통하여 지속적으로 확대될 수 있을 뿐만 아니라 축소될 수도 있다.

(2) 석유대체연료의 대상

석유대체연료는 석유제품 연소 설비의 근본적인 구조 변경 없이 석유제품을

---

47 생산공정용 잔사유는 벙커-C유로 거래하는 경우 벙커-C유의 품질기준 충족을 위하여 비용이 발생한다.

대체하여 사용할 수 있는 연료(석탄과 천연가스는 제외한다)로, 바이오디젤연료유, 바이오에탄올연료유, 석탄액화연료유, 천연역청유, 유화연료유, 가스액화연료유, 디메틸에테르연료유, 바이오가스연료유, 바이오중유의 9개 연료가 석유대체연료에 해당한다. 석유사업법은 석유대체연료의 친환경 여부와 상관없이 석유제품을 대체하는 모든 연료를 포괄하며,[48] 석유대체연료가 석유제품을 100% 대체하는 경우뿐만 아니라 석유제품에 일부 혼합하는 방식으로 사용될 수 있도록 허용하고 있다.

　　석유대체연료에는 바이오연료유와 같은 친환경 석유대체연료와 단순히 석유를 대체하는 대체연료유가 있으며, 친환경 석유대체연료에는 바이오디젤연료유, 바이오에탄올연료유, 바이오가스연료유, 바이오중유가 포함된다.

석유대체연료 종류

바이오연료류를 포함하지 않은 석유대체연료(5개)		바이오연료류를 포함한 친환경 석유대체연료(4개)	
근거	종류	근거	종류
시행령 제5조제3호	석탄액화연료유	시행령 제5조제1호	바이오디젤연료유
시행령 제5조제4호	천연역청유	시행령 제5조제2호	바이오에탄올연료유
시행령 제5조제5호	유화연료유	시행령 제5조제8호	바이오가스연료유
시행령 제5조제6호	가스액화연료유	시행규칙 제3조의3	바이오중유
시행령 제5조제7호	디메틸에테르연료유		

　　석유 사용에 따른 온실가스 배출과 에너지안보 문제는 지속적으로 석유의존도를 낮추어야 하는 요인에 속한다. 석유 의존도를 낮추고 환경을 보호하기 위하여 친환경 석유대체연료의 보급을 지속적으로 확대할 필요성이 있다. 유럽연합은 2025년부터 유럽연합 안에서 사용되는 모든 항공유에 친환경 석유대체연료를 섞어서 사용하는 것을 의무화하는 등 전 세계적으로 온실가스 감축 수단으로서 친환경 석유대체연료의 도입을 적극적으로 추진하고 있다.

　　최근 개정된 석유사업법은 석유 및 석유대체연료의 정제·제조·유통·사용 과정에서의 탄소 감축, 석유대체연료의 이용·보급 확대, 석유대체연료의 원료 확보, 그 밖에 대통령령으로 정하는 사업에 대하여 정부가 지원할 수 있도록 함으로써 친환경 석유대체연료의 이용과 보급을 촉진할 수 있는 법적 기반을 마련하였다.

---

48 석탄 등 화석연료로부터 생산한 제품(석탄액화연료유, 유화연료유)도 포함하고 있다.

또한 석유대체연료에 친환경 석유대체연료를 포함하고, 국내에서 생산하지 아니하는 친환경 석유대체연료 수입에 부과금을 면제할 수 있도록 하며, 친환경 석유대체연료의 사용자와 개발·생산자 등에 대한 지원 근거를 마련함으로써 친환경 석유대체연료 사용의 확대를 통해 탄소중립을 달성하도록 하고 있다.

(3) 친환경 연료

1) 친환경 석유제품의 사용지원

석유정제업은 석유를 정제하여 석유제품을 제조하는 사업이다(석유사업법 제2조 제4호). (구)석유사업법은 석유정제업자에게 석유 또는 휘발유, 등유 등만을 정제원료로 사용할 수 있도록 하였으나, 현행 석유사업법은 석유정제 과정에 폐플라스틱 열분해유, 폐타이어 열분해유(폐플라스틱이나 폐타이어를 화학적으로 재활용해 석유 유사물질로 변환시킨 물질) 등을 원유와 희석하여 석유정제 공정에 투입할 수 있도록 허용하고 있다. 이처럼 석유정제 방법을 확대함으로써 생활·사업장 폐기물 등을 재활용하여 환경문제 해결에 기여할 수 있도록 하였다.

2050 탄소중립 목표[49] 달성을 위한 온실가스 감축이 필요하고, 이를 위하여 국제적으로 화석연료에 대한 환경규제가 강화되고 있나.[50] 국제 환경규제 강화에 대응하고 탄소중립 사회로의 이행을 위해 미국, 유럽 등 주요국은 석유 기반의 연료를 대체할 수 있는 바이오연료[51] 등 친환경 연료의 개발 및 이용 확대를 위한 다양한 정책과 법률을 시행하고 있다. 세부적인 내용으로 미국과 유럽은 석유 기반 연료의 대체를 위하여 바이오연료 등 친환경 석유대체연료를 도입하고 있다. 우리

---

49 국제사회는 「파리협정」을 통해 지구의 평균 기온 상승을 산업화 이전 대비 1.5℃이내로 제한하기 위해 노력할 것을 합의하였다. 2018년 10월 제48차 IPCC(the Intergovernmental Panel on Climate Change: 기후변화에 관한 정부 간 협의체) 총회는 「지구온난화 1.5℃ 특별보고서」를 채택하여, 「파리협정」의 1.5℃ 목표를 달성하기 위해서는 2030년까지 탄소배출량을 2010년 대비 최소 45% 감축해야 하며, 2050년까지 탄소순배출 제로(net-zero)를 달성해야 한다는 내용을 제시하였다.

50 국제민간항공기구(International Civil Aviation Organization, CAO)는 2027년부터 탄소감축상쇄제도(Carbon Offsetting and Reduction Scheme for International Aviation, CORSIA)를 의무화하여 전 세계 기준 배출량('21~'23: '19년 배출량, '24년 이후: '19년 배출량의 85%) 대비 온실가스를 초과 배출하는 항공사가 배출권 구매의무를 부담하도록 하였다. 또한 국제해사기구(International Maritime Organization, IMO)는 국제 해운분야 온실가스 감축목표를 2050년까지 2008년 대비 50% 감축에서 순배출량 0(Net-Zero)으로 상향 결정하였다.

51 바이오연료는 바이오매스(biomass)를 원료로 하여 얻어지는 생성물로서 열화학적, 생물화학적, 물리화학적 변환과정을 통해 고체, 액체, 기체 형태로 만들어진 연료이다. 바이오연료는 대형 트럭, 선박, 항공 등 현재 화석연료가 대부분이나 탄소감축이 쉽지 아니한 수송부문의 탈탄소화에 핵심적인 역할을 할 것으로 기대된다.

나라의 경우 친환경 석유대체연료의 보급 확대와 관련 산업육성을 위한 정책적 지원이 상대적으로 미흡하였고, 관련 법률인 석유사업법에서 이에 관한 제도 도입이 상당히 늦었다. 다만 최근 석유사업법 개정을 통해 친환경 석유대체연료의 상용화와 보급 확대 및 관련 산업의 경쟁력 강화를 위한 제도와 관련 규정을 추가하였다. 석유사업법 개정으로 친환경 석유대체연료의 생산과 사용을 증대하여 온실가스 감축 및 석유의존도 완화에 기여하고, 에너지 신산업인 바이오연료 산업의 육성에 기여할 수 있을 것으로 기대된다.

2) 친환경 석유제품의 범위

친환경 석유제품은 바이오연료와 재생합성연료로 구분할 수 있다. 바이오연료는 생물자원 등을 이용해 석유제품과 화학적으로 유사하며, 기존 내연기관·인프라의 구조변경 없이 사용가능한 친환경 연료이다. 바이오연료에는 경유를 대체하는 바이오디젤, 휘발유를 대체하는 바이오에탄올, 천연가스를 대체하는 바이오가스, 항공유를 대체하는 바이오항공유[52] 등이 있다.

재생합성연료(e-fuel)는 (청정)수소와 재생 탄소(대기중에서 포집하거나 생물에서 유래한 탄소) 등을 합성하여 생산한 연료이다.

3. 석유 및 석유대체연료사업의 유형

(1) 석유사업의 유형

석유사업법은 석유사업을 석유정제업, 석유수출입업, 국제석유거래업, 석유판매업으로 제한하고 있다. 헌법에 의하여 보장되는 직업의 자유로 모든 국민에게 석유사업으로의 진입이 자유로워야 하나, 전략물자로서 중요성, 안전관리 및 공정한 시장질서 필요성과 같은 석유사업의 특징에 따라 석유사업에 대해서는 직업의 자유가 일부 제한된다. 석유사업법에 따른 석유사업의 등록과 신고 의무는 직업선택의 자유의 제한이다. 그러나 석유사업의 등록요건이나 신고기준은 석유사업을 하려는 자가 사업에 필요한 노력을 기함으로써 충분하게 도달할 수 있어, 비례원칙에 합치하는 기본권 제한으로 헌법적 정당성이 인정된다.

---

52 국제항공산업계에서는 화석연료를 사용하면서 배출되는 온실가스에 대한 감축 목표와 이행 수단으로 국제민간항공기구 제37차 총회(2010년)에서 2020년 이후부터 탄소배출량을 증가시키지 않는 온실가스 감축목표(Carbon Neutral Growth from 2020, CNG2020)와 함께 연비개선을 매년 2% 달성한다는 목표를 선언했다. 항공업계에서는 발생하는 온실가스 배출량을 저감하기 위한 수단으로서의 항공기 제작 및 운항 기술에는 한계가 있음을 인정하고 온실가스 감축목표를 달성하기 위한 수단으로서 연료 및 시장기반 조치를 활용하고 있다.

석유사업법은 석유사업의 종류를 네 가지로 한정하고 있으나 석유와 관련한 사업은 시장의 수요에 따라 새롭게 등장할 수 있다. 새롭게 등장하는 석유사업에 대해서는 기존 석유사업에 포함되지 않으므로 해당 사업을 적법하게 할 수 없다는 견해와 법률에서 규제하는 사업이 아니므로 해당 사업을 적법하게 할 수 있다는 견해가 있을 수 있다. 헌법상 직업의 자유는 사업자에게 부여된 기본권으로 법률에서 금지하지 않는 사업을 할 수 있도록 한다. 그러므로 석유저장업이나 석유운송업은 석유사업법에서 규제하지 않는 석유사업으로 사업자는 이에 관한 석유사업을 영위할 수 있다고 하겠다. 새로운 석유사업으로 인하여 발생할 수 있는 소비자 피해나 공급안정성을 확보할 필요성이 있어 규제할 필요성이 있는 때에는 석유사업법을 개정하여 해당 석유사업을 규제할 수 있다. 이하에서는 석유사업법에서 규정하고 있는 석유사업에 관하여 기술한다.

(2) 석유대체연료사업의 유형

석유대체연료사업은 석유대체연료 제조·수출입업과 판매업으로 구분된다. 석유대체연료 제조·수출입업은 석유대체연료를 제조하거나 수출·수입하는 사업이고, 석유대체연료 판매업은 석유내체연료 판매를 업으로 하는 것이다(석유사업법 제2조).

Ⅲ. 석유 및 석유대체연료 사업의 유형별 진입규제

1. 석유정제업

(1) 석유정제업의 개념

석유정제업이란 석유를 정제하여 석유제품(부산물인 석유제품은 제외한다)을 제조하는 사업을 말한다(석유사업법 제2조제4호). 석유정제[53]는 원유를 증류하여 석유제품(휘발유, 나프타, 등유, 경유, 중유 등)과 석유부산물(반제품)을 제조하는 공정을 말하고, 정제하는 기기와 시설을 갖춘 사업장을 정유공장이라 한다. 석유를 정제하는 공정은 크게 두 가지로 구분할 수 있다. 하나는 원유를 구성하는 물질의 물리·화학적 특성을 이용하여 추출, 흡수 등의 방법을 통해 필요한 것만 분리하는 공정이고, 다른 하나는 촉매, 중합 반응 등의 화학적 변화를 통해 원유를 구성하는 기본구조인

---

53 정제(精製)란 물질에 섞인 불순물을 없애 더 순수하게 하는 것을 말한다.

탄화수소의 구조를 변화시켜 다른 물질로 전환하는 공정이다.

(?) 석유정제업의 등록·신고 대상

1) 등록제의 도입

석유사업법에 따른 석유는 원유, 천연가스(액화한 것을 포함한다) 및 석유제품을
말한다(석유사업법 제2조제1호). 석유사업법은 석유를 정제하여 석유제품을 제조하는
석유정제업에 대하여 해당 사업을 영위하기 위해서는 등록을 하도록 하고 있다(석
유사업법 제5조).[54] 그러므로 석유정제업은 등록을 하지 않고는 수행할 수 없는 사업
으로 직업선택의 자유를 제한하는 사업에 속한다. 석유정제업은 등록요건을 갖추
어 산업통상자원부장관에게 등록을 신청하여야 하고, 등록신청을 한 자가 등록요
건을 충족한 경우라면 산업통상자원부장관은 등록을 하여야 하므로 석유정제업의
등록은 기속행위에 속하고, 등록 여부에 대한 재량은 산업통상자원부장관에게 없
다.[55] 이러한 측면에서 석유정제업 등록제는 허가제보다 기본권 제한의 정도가 현
저히 약한 규제라고 할 수 있다.

2) 예외적 신고제 도입

석유정제업은 원칙적으로 등록을 하여야 하는 사업이다. 그러나 아스팔트, 윤
활기유 또는 윤활유를 제조하는 석유정제업은 예외적으로 신고대상 사업에 속하
는 사업이다(석유사업법 제5조제2항). 1982년 (구)석유사업법은 석유제품 외의 물품을
제조하면서 생산되는 LPG, 등유, 경유와 같은 부산물에서 생산되는 석유제품을 석
유정제로 보는 것이 적합하지 않고, 외국에서도 석유정제업으로 보지 않아서 해당
사업을 허가의 대상으로 하지 않고 신고 대상으로 하였다. 이에 따라 석유제품 중
아스팔트, 윤활기유 또는 윤활유를 제조하는 석유정제업을 하려는 자는 산업통상

---

54 1970년 1월 1일 제정 당시 석유사업법(법률 제2183호)은 석유정제업을 석유판매업과 함께 등록이 아니라 허
  가를 받아야 하는 사업으로 규정하였다. 1995년 12월 개정 석유사업법은 현행과 같이 석유정제업을 등록대상
  으로 개정하였다. (구)석유사업법에 따른 석유정제업의 허가제는 석유정제업의 신규진입을 제한함으로써 국내정
  유산업의 대외경쟁력을 약화시키고 시장기능에 의한 자원의 효율적인 배분을 저해하였다. 또한 석유정제업을
  허가제에서 등록제로 개정은 국내석유산업에 대한 대외개방을 위한 정책의 일환이었다.
55 행정처분은 법령상 행정청에 대한 구속의 정도를 기준으로 기속행위와 재량행위로 구분된다. 기속행위는 행정청
  에게 행정처분을 할 수 있는 권한을 부여하면서 정책적·행정적 판단의 여지를 부여하지 않는 것으로 근거법령
  에서 규정하고 있는 요건이 충족되는 경우에 반드시 해당 행정처분을 하여야 하는 것이다. 이에 반하여 재량행
  위는 행정청에게 정책적·행정적 판단의 여지를 부여하는 행정처분으로 법령상 요건을 충족하여도 허가 등의
  행정처분을 하지 않을 수 있도록 하는 행정처분을 말한다.

자원부장관에게 석유정제업 신고를 하여야 한다.

　아스팔트, 윤활기유 또는 윤활유를 제조하는 석유정제업의 신고는 행정기관이 그 신고와 관련하여 석유정제업 결격사유의 해당 여부와 소재지, 정제공정 및 정제능력, 생산, 수출입 및 판매 계획의 타당성 등을 확인하여 수리 여부를 판단하여야 하는 등 실질적 심사가 이뤄진다는 점에서 수리를 필요로 하는 신고에 해당한다. 그러므로 윤활유 등 석유제품의 석유정제업을 신고하는 것만으로 곧바로 신고의무가 완수되지 않고, 관할 행정기관의 수리를 하여야 비로소 석유정제업자는 해당 사업을 영위할 수 있다.

(3) 등록유형

1) 조건부등록

가. 조건부등록의 개념

　석유사업법은 석유정제업, 석유수출입업 및 석유판매업(이하 "석유정제업등"이라한다)에 대하여 조건부 등록제도를 도입하고 있다(제11조). 조건부등록이란 다른 행정절차 진행상의 편의를 위하여 등록 당시 시점에는 등록요건을 충족하지 못해도 일정 기간 내에 등록요건을 갖출 것을 조건으로 하는 등록을 말한다. 석유정제업등을 영위하기 위하여 석유정제업자 등은 정제시설, 저장시설, 판매시설 등 일정한 시설과 재무능력에 해당하는 등록요건을 갖추어야 한다. 그러므로 조건부등록을 한 석유정제업자 등은 등록 즉시 석유사업법에 따른 석유사업을 영위할 수 없고, 조건부등록에 합치하게 본등록을 하여야 비로소 석유사업자등으로서 권리와 의무를 가지게 된다.

　석유정제업등을 하려는 자는 우선 석유정제업등의 등록을 한 후에 등록요건에 해당하는 제조시설이나 저장시설을 설치한다. 석유정제업자 등은 등록요건에 해당하는 시설의 설치를 위하여 「국토의 계획 및 이용에 관한 법률」, 「농지법」 등 다수의 법률에 따라 개별적인 개발허가나 인가 등을 받아야 하는데, 이 때문에 시설의 완공 시점까지 상당한 기간이 소요된다. 이 때 시설 설치가 완료되어 석유정제업자 등이 다시 등록 신청을 하는 경우에 등록기준 등이 변경되기도 하는데, 석유정제업자 등은 변경된 등록기준에 적합하지 아니하여 등록하지 못하거나 다시 개정된 등록기준에 적합하게 시설개선을 위하여 상당한 시간과 자금을 투자하여야 한다. 문제는 이미 설치한 시설을 변경된 등록기준에 적합하게 개조할 수 없는 경우이며, 결국 대규모 투자를 한 시설을 석유정제업에 사용할 수 없게 된다. 조건부 등록은 이와 같은 문제를 해결할 목적으로 도입되었다.

조건부등록을 한 석유정제업자 등은 등록한 익월부터 석유수급상황기록부, 석유수출입상황기록부, 거래상황기록부 등을 보고할 의무를 부담하고, 석유정제업자 및 석유수출입업자는 내수판매량의 일정 비율을 비축해야 하는 등 각종 석유사업법상의 의무를 부과받는다. 이를 이행하지 아니한 경우에 사업정지처분 등 행정처분과 동시에 형사처벌을 받을 수 있다. 그러므로 석유정제업등의 조건부등록은 석유사업자에게 부과되는 각종 의무의 발생 시점을 실제 사업을 하는 달부터 부과할 수 있도록 한다. 이러한 측면에서 조건부등록은 석유사업의 이행과 등록제도의 현실성을 반영한 제도라고 할 수 있다.

나. 조건부등록 이행기간

조건부등록을 통해 석유사업을 하려는 자는 석유사업법에서 정하는 기간 내에 등록 요건에서 정하는 시설을 갖추어야 한다. 석유정제업을 하려는 자의 경우 3년, 석유수출입업을 하려는 자의 경우 2년, 석유판매업을 하려는 자의 경우 1년의 기간 안에 등록요건을 갖추어 본등록을 신청하여야 한다. 행정관청은 등록요건의 적합성 여부를 확인한 후 본등록을 받는다. 이와 같이 등록기간을 정함으로써 석유사업자의 의무이행 등과 관련된 등록시점에 관한 논란을 해소할 수 있다.

관할 행정기관은 조건부등록을 한 자가 정당한 사유 없이 조건부등록 기간 안에 등록요건에서 정하는 시설을 갖추지 아니한 경우에는 조건부등록을 취소하여야 한다(석유사업법 제11조제4항). 조건부등록의 미이행으로 인한 조건부등록의 취소는 관할 행정기관에게 재량이 없는 기속행위에 해당한다. 물론 정당한 사유가 있는 경우에는 취소하지 않을 수 있으므로 정당한 사유에 관한 해석에 정책적인 요소를 포함할 수 있다.

석유사업법은 조건부등록 기간을 정하고 있으나 정당한 사유가 있어도 해당 기간을 연장할 수 없도록 하고 있다. 시설공사는 해당 공사의 인·허가 과정에서 다양한 변수가 발생할 수 있다. 그러므로 조건부등록을 하고 석유사업을 하려는 자가 이행기간을 초과하여 시설공사를 진행하여도 이행기간의 연장을 할 수 없는 문제가 있을 수 있다. 시설공사의 특성을 고려하여 정당한 사유가 있는 경우에 이행기간을 연장할 수 있도록 할 필요성이 있다.

다. 등록 요건의 확인

석유정제업등을 하려는 자는 조건부등록을 한 후에 본등록을 관할 행정기관
에 신청하여야 한다. 본등록은 조건부등록 단계에서 석유사업등의 요건을 이미 심
사하였기 때문에 단순히 석유사업을 수행한다는 통보적 성질을 가진다. 그러므로
석유사업을 하려는 자는 조건부등록 이후에 요건을 충족하지 않은 상태에서 영업
을 개시할 수도 있다. 조건부등록 후 석유사업자가 등록 요건을 모두 충족했는지
를 행정기관이 확인하는 것은 쉽지 않다. 또한 조건부등록을 한 석유정제업자 등
이 등록 요건을 갖추고 영업을 개시하는 경우에도 영업개시 시점에 대한 분쟁이
발생할 수 있을 뿐만 아니라 석유사업자에게 부과된 의무이행 시점과 관련하여서
도 논란이 발생할 수가 있다. 이와 같은 문제를 해결하기 위하여 관할 행정기관은
조건부등록을 한 석유사업자가 시설의 준공 후에 본등록을 신청하면 등록 요건을
모두 갖추었는지를 확인한 후 본등록을 받도록 하고 있다(석유사업법 제11조제3항).

2) 본등록

본등록은 등록 요건을 갖추어 현실적으로 석유사업을 하기 위한 등록이다. 본
등록은 조건부등록이라는 과정을 거친 후에 본등록을 하는 경우와 조건부등록 없
이 곧바로 본등록을 하는 경우도 있다. 본등록을 한 석유사업자는 석유사업법에
따른 석유사업자로서 권리와 의무를 가지게 된다. 그러므로 본등록을 한 석유사업
자는 사업착수 신고, 폐쇄신고, 부과금납부의무 등의 석유사업자로서 의무를 이행
하여야 한다.

관할 행정기관은 석유사업자가 조건부등록을 한 후에 본등록을 하는 경우에
본등록의 시점에 등록기준에 적합하지 아니하여도 조건부등록의 시점에 요구한
요구조건을 갖추었다면, 본등록을 하여야 한다. 이 점이 조건부등록 후 본등록을
하는 석유사업법에 따른 등록제도의 특징이다.

(4) 석유정제업의 적극적 등록등 요건

석유정제업의 등록요건은 석유정제업의 영위를 위하여 필요한 시설요건을 갖
추어야 하고, 결격사유와 등록제한에 해당하지 않아야 한다. 시설요건은 다시 석
유정제시설과 저장시설에 관한 요건으로 구분된다. 석유정제시설의 요건은 상압증
류시설, 감압증류시설, 개질시설(改質施設), 탈황시설(脫黃施設), 분해시설 중 하나 이
상의 시설을 갖추는 것이다. 저장시설 요건으로 사업개시연도 석유 내수판매계획

량의 40일분에 해당하는 양을 저장할 수 있는 시설을 갖추어야 한다(석유사업법 시행령 제9조).

　　등록이나 신고를 한 석유정제업자가 등록이나 신고한 사항을 변경하려는 경우에는 변경등록과 변경신고를 하여야 한다. 석유정제업의 변경등록은 성명 또는 상호, 대표자, 석유저장시설의 소재지 또는 규모(등록된 석유저장시설의 100분의 20 미만 증가하거나 감소하는 경우는 제외한다) 또는 석유정제시설의 소재지 또는 정제능력(등록된 석유정제시설의 정제능력 합계의 100분의 20 미만이 증가하거나 감소하는 경우는 제외한다)의 변경이 있는 경우를 대상으로 한다. 변경신고를 하여야 하는 경우는 성명 또는 상호, 대표자, 생산시설의 소재지 또는 생산능력(신고한 생산시설의 생산능력 합계의 100분의 50 미만이 증가하거나 감소하는 경우는 제외한다)에 변경이 있는 경우이다.

석유사업별 등록요건 및 비축의무

구　분		등록요건 (시설기준)	비축의무
석유정제업자		① 상압증류시설, 감압증류시설, 탈황시설 등 정제시설 ② 내수판매량의 40일분에 해당하는 양의 저장시설	연간 일평균 내수판매량의 40일분
석유수출입업자		내수판매량의 30일분과 5천㎘ 중 많은 양을 저장할 수 있는 저장시설	연간 일평균 내수판매량 30일분 * 프로판, 부탄 수출입업자
국제석유거래업자 (신설)		없음 (신고)	없음
석유판매업자	일반대리점	① 700㎘ 이상 저장시설 ② 50㎘ 이상 수송장비	없음
	용제대리점	① 150㎘ 이상 저장시설 ② 20㎘ 이상 수송장비	없음
	주유소	① (서울) 40㎘ 이상 저장시설, (그 외) 20㎘이상 ② 주유기 1대 이상 ③ 공중화장실 1개 이상	없음
	일반판매소	없음 (신고) * 신고시 「위험물안전관리법」상 저장소 완공검사 필증 필요	없음

(5) 소극적 등록·신고요건

1) 결격사유

가. 결격사유의 대상

석유정제업자로 등록하려는 자는 통상적으로 개인이 아니라 법인이다. 법인의 대표자는 미성년자, 피성년후견인, 파산선고를 받고 복권되지 아니한 자, 석유사업법을 위반하여 징역형의 실형을 선고받고 그 집행이 끝나거나(집행이 끝난 것으로 보는 경우를 포함한다) 집행이 면제된 날부터 2년이 지나지 아니한 자, 석유사업법을 위반하여 징역형의 집행유예를 선고받고 그 유예기간 중에 있는 자가 아니어야 한다. 법인은 석유정제업의 등록이 취소되거나 영업장이 폐쇄된 후 2년이 지나지 아니하여야 한다. 윤활유등 석유정제업의 신고에도 결격사유와 신고제한에 관한 사항은 등록과 동일하게 적용된다.

나. 미성년자

민법에서 미성년자에 관하여 규정하지 않고, 성년을 19세에 이른 자로 규정하고 있다(민법 제4조). 그러므로 미성년자는 19세 미만의 사람을 말한다. 미성년자는 완전한 법률행위능력을 인정받지 못하고, 제한된 범위에서 권리능력을 인정받는 사람이다. 미성년자가 법률행위를 하려면 법정대리인의 동의를 얻어야 한다.

다. 피성년후견인

2013년 7월 1일부터 시행된 「민법」은 기존의 금치산·한정치산 제도를 폐지하고, 이를 성년후견·한정후견 제도로 대체하였다. 피한정후견인은 행위무능력자인 종전 한정치산자와 달리 원칙적으로 온전한 행위능력을 보유한 행위능력자이기 때문에 피한정후견인은 일률적으로 법률행위에서 배제되지 않는다. 석유사업법상 결격사유에 해당하는 자로 피한정후견인(및 피한정후견인이 대표자인 법인)은 삭제되고, 피성년후견인을 포함하고 있다.

석유사업법에 따른 결격사유에 해당하는 피성년후견인은 질병, 장애, 노령, 그 밖의 사유로 인한 정신적 제약으로 사무를 처리할 능력이 지속적으로 결여된 사람에 대해서 가정법원이 성년후견개시를 심판한 사람이다.

라. 파산선고 후 미복권자

석유사업법은 결격사유에 파산선고를 받고 복권되지 아니한 자를 포함하고 있다. 개인파산제도는 채무자가 경제적 파탄상태에 빠져 그의 자력으로는 모든 채권자에 대한 채무를 갚을 수 없는 상태에 이르렀을 때 이에 대처하기 위한 법률적 수단으로서 강제적으로 그의 총재산을 관리·환가하여 총채권자에게 공평한 금전적 만족을 주는 것을 목적으로 하는 재판상의 절차이다. 파산제도는 한편으로 주어진 상황 하에서 모든 채권자에게 공평하고 최대한의 만족을 제공하고, 다른 한편으로 그 시점에서 파산자의 모든 채무를 정리함으로써 파산자의 사회적·경제적 갱생을 도모하는 기능을 한다. 그런데 우리나라의 현행 법제도는 파산 관계법뿐만 아니라 각종 개별법에 파산으로 인한 불이익규정들이 산재하고 있어 일단 파산선고를 받은 자는 공·사법상의 광범위한 제한[56]을 받게 되며, 이에 따라 파산자가 일반인과 같은 수준의 정상적인 경제생활을 영위하기가 매우 힘든 상황에 직면하게 된다. 파산자에 대한 공·사법상의 광범위한 제한과 불이익은 개인파산제도의 활성화를 저해하여 제도의 도입취지 자체를 무색하게 할 뿐만 아니라 파산자의 생존권과 행복추구권 등 헌법상 보장된 기본적 권리들을 과도하게 제한하고 있다는 견해가 있다.[57]

　　한편 파산은 본인의 책임하에 이루어진 채권·채무관계에 있어 일방의 채무불이행으로 인하여 거래상대방에게 재산상의 피해를 발생시키고, 사회·경제적으로는 건전한 거래질서와 사회적 신뢰에 손상을 입히는 결과를 초래한다. 그러므로 사회적 책임이 완전히 면제되지 않은 파산자에게 일정한 법적 제한을 가하는 것은 불가피한 측면이 있다는 점도 고려할 필요가 있다는 의견도 있다. 또한 파산자의 자유와 권리를 일정 부분 제한함으로써 얻고자 하는 법적 이익이 국가의 안전보장, 질서의 유지 또는 공공복리 등과 밀접하게 관련된 공익에 해당하는 경우에는 경제적으로 불안정한 상태에 있는 파산자의 권리를 일정 부분 제한하는 것이 보다 합리적일 수 있다.

　　석유정제업 등록·신고의 결격사유는 특정한 신분 또는 자격의 부여나 인·허가의 대상에서 배제되는 인적·소극적 요건에 해당한다. 이는 대체로 일반 국민의

---

56 파산선고를 받은 채무자는 후견인, 유언집행자, 친족회원, 수탁자, 공익법인의 임원, 공무원, 변호사, 공증인, 변리사, 공인회계사, 부동산중개업자, 사립학교교원, 의료인 등이 될 수 없다. 또한 주식회사 또는 유한회사의 이사 또는 감사는 파산선고를 받으면 회사와의 위임관계가 종료되며, 합명회사 또는 합자회사의 사원은 파산의 사유로 퇴사하고, 익명조합에서 영업자 또는 익명조합원의 파산은 조합계약의 종료사유가 되는 등 공·사법상의 적지 않은 제약을 받게 된다.

57 이와 관련하여 개인파산자가 채권에 대한 변제능력을 상실하였다고 하여도 개별 직무행위를 수행함에는 별다른 영향을 미치지 않는 경우가 있다는 점에서 위임인과의 신뢰관계가 중요하지 않은 경우 등에 있어서는 결격사유에서 "파산선고를 받고 복권되지 아니한 자"를 제외하여 파산자에 대한 차별적 불이익을 제거하고 개인파산제도의 활성화를 하자는 견해도 있다.

건강·안전 또는 재산에 중대한 영향을 미치는 전문적인 분야에 종사하여서는 아니 될 사람을 원천적으로 배제하여 당해 분야에 종사하는 자의 자질을 일정 수준 이상으로 유지하여 공공복리의 증진과 질서유지라는 공익을 달성하기 위한 최소한의 장치에 해당한다.[58]

석유사업은 국민의 직업선택의 자유, 경제활동의 자유와 밀접하게 관련된 사업이다. 석유정제업은 대규모 장치산업인 동시에 석유의 안정적인 수급과 비상시 대응능력 향상을 위해서도 일정 기준의 정제시설과 저장시설을 갖출 것을 그 등록요건으로 하고 있으며, 일정 규모의 저장시설을 갖추어야 가능한 석유수출입업·판매업 등록에 있어서도 동일한 요건을 요구하고 있다. 또한 석유정제업의 영위를 위하여 요구되는 재원조달 능력을 파산자가 갖추고 있기는 쉽지 않고, 석유정제업을 비롯한 석유사업은 모두 국민의 신체·재산상의 안전이나 국가적 이익과 매우 밀접한 연관성을 가지고 있는 분야들에 해당한다. 그러므로 "파산선고를 받고 복권되지 아니한 자"를 결격사유에 포함한 것은 파산선고를 받은 자가 그 사업을 수행함에 있어 얻는 사익과 석유사업법에 따른 결격사유를 통하여 달성하고자 하는 공익을 비교형량할 때 공익이 크기 때문에 그 정당성이 있다고 할 수 있다.

마. 등록취소후 2년 미경과자

관할 행정기관은 석유정제업자 등 석유사업자가 결격사유에 해당하게 되면 등록을 취소하거나 영업장 폐쇄를 명해야 한다(석유사업법 제13조제1항제4호). 이로 인하여 석유사업의 등록이 취소되거나 영업장이 폐쇄된 자는 결격사유가 해소되더라도 등록취소 후에 2년이 경과하지 않게 되면 석유사업법 제6조제6호의 결격사유에 해당하여 석유사업자로 등록 또는 신고를 할 수 없다. 그러나 결격사유로 미성년자, 피성년후견인, 파산자에 해당하여 등록취소나 영업장 폐쇄 명령을 받은 자는 2년이 지나지 아니하여도 등록이나 신고를 할 수 있다.

(구)석유사업법에 의하면 성년 도달, 파산 복권 등으로 결격사유가 해소되더라도 2년간은 석유사업의 등록이나 신고를 할 수 없었다. 그런데 석유사업법을 위반한 범죄행위로 징역형(집행유예 포함)을 받은 경우 등 다른 결격사유와 달리, 미성년자, 피성년후견인, 파산자는 당사자에게 책임을 묻기 어려운 경우가 많고, 범죄행

---

[58] 결격사유는 무차별적으로 적용된다. 결격사유에 해당하는 자는 해당 분야에서 무조건적 배제됨으로써 결격사유에 해당하는 자의 자유와 권리를 제한하게 된다. 그러므로 법률에 결격사유를 규정할 때는 과잉규제가 되지 않도록 하여야 한다.

위 경력과 동일한 수준의 위험성이 있다고 보기 어렵다. 그럼에도 불구하고 (구)석유사업법을 위반한 범죄행위로 징역형을 받은 경우와 동일하게 2년간 등록이나 신고를 제한하는 것은 과도한 측면이 있었다. 이러한 이유에서 현행 석유사업법은 이를 반영하여 미성년자, 피성년후견인 및 파산자의 경우에는 등록취소나 영업장 폐쇄된 후에 2년간 결격사유에서 제외하고 있다.

2) 등록제한

석유정제업의 등록을 하려는 자는 등록이 취소된 경우 또는 영업장이 폐쇄되거나 사업정지처분을 받고 2년이 지나기 전에는 그 영업에 사용하였던 시설의 전부 또는 등록요건 시설을 이용하여 석유사업에 대한 등록을 할 수 없다. 등록취소 또는 영업장 폐쇄명령을 받은 석유정제업자가 명의만 변경하여 새로이 등록 또는 신고를 하는 경우 실질적으로 계속 영업을 영위하는 것과 동일한 결과가 있게 된다. 이로써 법령 위반으로 인한 석유정제업의 등록 취소나 영업장 폐쇄 등의 행정처분이 의미가 없게 된다. 석유정제업 등록제한은 영업에 사용하였던 시설의 전부 또는 중요시설을 이용하여 등록이나 신고를 하는 경우를 제한하여 행정처분의 실효성을 확보하는 기능을 한다. 석유사업 등록 또는 신고의 제한은 명의만을 달리하고 동일한 저장시설 등을 활용하여 계속적으로 영업하는 편법행위를 방지할 수 있다.

가짜석유제품 제조 등에 대한 제재의 실효성을 제고하기 위하여 가짜석유제품을 제조·유통·판매하다가 적발된 경우 석유사업자로 하여금 사업정지 기간에 상당하는 기간 동안 해당 처분을 받은 사실을 게시하도록 하고 있다(석유사업법 제14조의2). 석유사업자가 이를 회피하기 위해 폐업신고를 한 후 명의만 달리하여 동일한 시설을 활용해 영업을 계속하는 편법행위를 방지하기 위하여 석유사업자가 사업정지처분을 받은 경우에 등록을 할 수 없도록 정하고 있는 것이다.

석유사업은 사업자의 경력·학식·기능 등과 같은 인적 사항을 등록·신고 요건으로 하지 않고, 석유저장탱크 등 물적 설비의 구비 여부 등 대물적인 사항을 요건으로 한다. 석유사업의 등록·신고는 물적 행정처분으로서 인적 행정처분이나 혼합적 행정처분과 달리 행정처분을 이전할 수 있다.[59] 또한 석유사업법에서

---

[59] 행정처분은 이전성의 여부를 기준으로 대인적 행정처분, 대물적 행정처분 및 혼합적 행정처분으로 구분하고 있다. 대인적 행정처분은 의사면허, 공인중개사자격처분 등과 같이 처분상대방의 지식·능력 등과 같은 인적 사항을 기준으로 행하여지는 행정처분인 반면, 대물적 행정처분은 건축허가, 전기사업허가, 석유사업허가, 집단에너지사업 허가 등과 같이 물적인 사항을 기준으로 행하여지는 행정처분을 말한다. 혼합적 행정처분은 인적 사항과 물적 사항 모두를 해당 행정처분의 요건으로 하는 행정처분이다. 대인적 행정처분은 원칙적으로 일신전속적이기

는 사업정지처분의 효과 승계도 규정하고 있어(석유사업법 제8조) 석유사업 등록·
신고가 물적 행정처분으로서 이전성이 인정됨을 알 수 있다. 등록취소, 영업장
폐쇄 또는 명의 변경의 경우에 등록·신고요건에 해당하는 시설을 2년 동안 이용
하지 못하도록 하는 등록 등의 제한은 일종의 처분효과의 승계에 해당한다고 할
수 있다. 그러므로 등록취소, 영업장 폐쇄 및 사업정지처분을 받은 석유사업을
승계한 자에 대하여도 등록 또는 신고의 제한을 두는 것은 법체계적인 정당성을
가지고 있다.

(6) 등록·신고절차

석유정제업의 등록 절차로 우선 석유정제업 등록신청서에 사업계획서[60]를 첨
부하여 한국석유관리원에 제출하여야 한다. 석유정제업의 변경등록을 하려는 자는
변경등록을 하여야 하는 사항이 변경된 날부터 30일 이내에 석유정제업 변경등록
신청서에 변경내용을 증명하는 서류를 첨부하여 한국석유관리원에 제출하여야 한
다. 등록이나 변경등록 신청을 받은 한국석유관리원은 행정정보의 공동이용을 통
하여 법인 등기사항증명서와 신청내용을 확인하고 그 결과를 산업통상자원부장관
에게 통지하여야 한다. 통지를 받은 산업통상자원부장관은 석유정제업의 등록 또
는 변경등록을 한 경우에는 해당 신청인에게 석유정제업 등록증을 발급 또는 재발
급하고 그 사실을 한국석유관리원에 통지하여야 한다. 통지를 받은 한국석유관리
원은 석유정제업 등록대장에 그 사실을 기재하여야 한다.

때문에 타인에게 이전이나 상속될 수 없으나 대물적 행정처분은 상속이나 이전을 할 수 있다. 판례(대법
1979.10.30.선고 79누190)에 의하면 건축허가는 대물적 허가의 성질을 가지는 것으로 그 허가의 효과가 허가
대상 건축물에 대한 권리 변동에 수반하여 이전된다.

60 사업계획서에는 석유정제시설의 현황 자료 또는 건설 및 보유계획(소재지, 정제공정 및 정제능력을 포함한다),
석유저장시설의 현황 자료 또는 건설 및 보유계획(소재지 및 저장능력을 포함한다), 해당 연도 이후 5년간의 석
유 수급계획(생산, 수출입 및 판매 계획을 포함한다)을 포함하여야 한다.

등록 및 신고절차

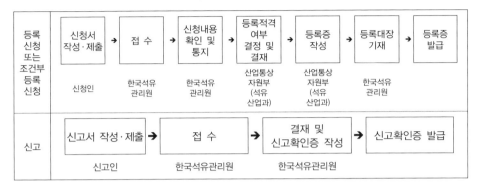

2. 석유수출입업

(1) 석유수출입업 등록

석유수출입업은 석유를 수출하거나 수입하는 사업을 말한다. 석유수출입업(천
연가스수출입업 및 액화석유가스수출입업은 제외된다)을 하려는 자는 산업통상자원부장관
에게 등록하여야 한다(석유사업법 제9조제1항). 석유사업법은 제정 당시 석유수출입업
에 대해 신고제를 취하였으나, 1995년 12월 석유사업법 개정을 통하여 현행과 같
이 등록제로 변경하였다. 석유수출입업에 대한 신고제 아래에서는 신고요건을 위
반하여도 석유수출입업을 취소할 수 없었다.[61] 또한 당시 대외적으로 석유사업이
자율화·개방화됨으로써 국내 석유정제업자와 수출입업자가 국내시장에서 경쟁관
계에 놓이게 되었는데, 경쟁관계에 있는 사업자 간 규제를 동일하게 하기 위하여
석유사업법은 석유수출입업자에게도 석유정제업자와 동일하게 등록제로 개정한
것이다.

석유사업법은 석유에 천연가스와 액화석유가스를 포함하고 있으나 등록의무
가 있는 석유수출입업에서는 천연가스수출입업과 액화석유가스수출입업을 제외하
고 있다. 왜냐하면 천연가스수출입업은 「도시가스사업법」 제10조의2에서 별도로
등록을 하도록 규정하고, 액화석유가스수출입업은 「액화석유가스의 안전관리 및
사업법」 제17조에서 별도로 등록을 하도록 규정하고 있어, 각 법률이 관장하는 사

---

61 석유사업 신고제는 법률에서 부여된 의무를 신고한 석유사업자가 위반하여도 취소를 하지 못하고, 사업자에 대
하여 영업장 폐쇄 등의 조치만 할 수 있다. 신고제는 관련 법률에 특별한 규정이 없는 한 신고요건과 관련된
서류를 관할 행정기관에 제출하는 것으로 신고의무가 완료되기 때문이다.

업에 대하여는 해당 법률에서 정하는 것이 적합하기 때문이다. 천연가스 도입의 특수성, 국내 천연가스 시장규모 및 천연가스 수급이 국민경제에 미치는 영향을 고려하여 「도시가스사업법」이 제정[62]됨으로써 법체계의 정합성을 유지하기 위하여 천연가스수출입업을 석유사업법에서 제외하게 되었다.

석유정제업자로 등록한 자는 대통령령이 정하는 기준물량 이상의 석유를 수입하는 경우 별도로 석유수출입업의 등록을 하여야 한다. 석유사업법 제정 당시 석유정제업 등록을 한 석유정제업자는 석유수출입업에 대해 별도의 등록을 하지 않고 석유수출입업을 할 수 있었다. 이로 인하여 석유정제업자는 「액화석유가스의 안전 및 사업관리법」에 따라 석유가스 수입승인을 받을 경우 액화석유가스(LPG)의 수출입업도 영위할 수 있었다. 석유정제업자에 대한 석유수출입업 등록이 면제됨으로써 석유정제업자가 LPG 저장시설을 갖추지 않고서도 석유가스수출입업을 할 수 있도록 하는 것은 기존 LPG 수입업자와의 불공정한 경쟁을 초래한다. 왜냐하면 저장시설을 갖추어 등록을 한 석유수출입업자는 저장시설을 갖추지 않고서도 LPG를 수입하는 석유수출입업자와 비교할 때 저장시설에 대한 적지 않은 투자를 함으로써 투자비용에서 불이익한 위치에 있게 되어 공정한 경쟁이 되지 못하기 때문이다. 또한 석유수출입업자도 LPG를 수입하는 경우 공급과잉에 따라 국내 가스 수급 안정을 저해할 수 있다. 그러므로 석유정제업자로 등록한 자도 석유를 수입하고자 할 경우 일정한 저장시설을 갖추어 별도의 석유수출입업 등록을 하도록 하고 있다.

석유수출입업은 등록하지 않고도 석유수출입업을 할 수 있는 경우도 있다(석유사업법 제9조제1항 각호). 석유정제업의 등록을 한 자가 석유수출입업을 하는 경우(해당 연도에 수입하는 석유가스의 양이 5만톤 이상인 경우는 제외한다), 아스팔트, 윤활기유 또는 윤활유를 수출입하거나 1회 수출입 물량이 「위험물안전관리법 시행령」 제3조 및 별표 1에 따른 지정수량 미만인 석유제품등의 수출입업을 하는 경우, 석유수출만을 업으로 하는 경우, 자기가 사용할 목적으로 해당 연도에 수입하는 석유의 양이 10만 킬로리터 이하인 경우, 자가사용을 목적으로 수입한 석유제품의 일부를 수출하거나 부산물인 석유제품을 수출하는 경우, 한국석유공사가 석유비축시책을 시행하기 위하여 석유를 수출입하는 경우에는 석유수출입업 등록을 하지 않고 석유수출입업을 할 수 있다.

62 현행 「도시가스사업법」 1983.12.31. 공포되어 1984.7.1. 법률 제3705호 시행되었다.

(2) 석유수출입업의 등록요건

석유수출입업은 등록을 하여야 영위할 수 있는 사업으로, 석유사업법은 석유수출입업의 등록요건을 적극적 요건과 소극적 요건으로 규정하고 있다. 석유수출입업 적극적 등록요건은 인적 요건이 아니라 석유수출입업을 영위하기 위한 물적 요건으로 석유저장시설의 구비이다. 석유수출입업 등록요건으로 저장시설의 규모는 석유수출입업의 유형과 유종에 따라서 다르다. 소극적 등록요건으로는 석유정제업과 동일하게 결격사유와 등록제한 사유에 해당하지 않아야 한다.

석유수출입업 등록요건으로 사업개시연도의 석유 내수판매계획량의 15일분에 해당하는 양과 2천 5백킬로리터 중 많은 양을 저장할 수 있는 저장시설(석유수입을 대행하려는 경우에는 그 수입석유를 공급받는 자가 갖추고 있는 석유저장시설을 포함한다)을 갖추어야 한다. 그러나 예외적으로 석유가스를 수입하려는 경우에는 사업개시연도 석유가스 내수판매계획량의 15일분에 해당하는 양을 저장할 수 있는 저장시설을 갖추면 된다. 다만 석유정제업자가 석유가스를 수입하려는 경우에는 사업개시연도 석유 내수판매계획량의 40일분에 해당하는 양을 저장할 수 있는 저장시설 외에 해당 연도 석유가스 수입계획량의 15일분에 해당하는 양을 저장할 수 있는 저장시설을 추가로 갖추어야 한다. 또한 자기가 사용하기 위하여 석유를 수입하려는 경우에는 자기가 독점적으로 사용하는 저장시설로서 자기 소유의 저장시설 또는 1년 이상의 임차기간을 정하여 임차한 저장시설을 갖추면 등록요건을 충족한다. 국내 수요에 비하여 생산이 현저히 부족한 석유제품 중 항공유(경비행기 연료 또는 이와 유사한 용도로 사용하는 것만 해당한다)를 수입하려는 경우에는 사업개시연도 내수판매계획량의 45일분에 해당하는 양을 저장할 수 있는 저장시설을 갖추어야 한다. 이처럼 석유사업법은 등록요건을 원칙과 예외로 분리하여 규정하고 있다.

석유사업법은 석유수급 안정 등을 위해 석유사업자에게 일정량의 비축의무를 부과함으로써 석유사업자로 하여금 국가 전체 석유비축량의 일부를 담당하도록 하고 있다. 이러한 특수한 사정에 따라 석유사업법은 사업자별 비축의무량에 상응하여, 석유수출입업의 등록요건을 정하고 있다. 석유수출입업의 등록요건을 완화하면, 석유수출입업자의 비축의무량도 감축된다. 석유수출입업자의 비축의무량을 감축하는 경우 석유정제업자와 같은 다른 석유사업자의 비축의무량을 상대적으로 증가시키거나 정부비축 부분을 상향 조정해야 하는 반사적 효과를 수반하게 된다. 그러므로 석유수출입업 등록요건의 완화는 국가 석유비축사업에 적지 않은 영향을 미치게 된다.

(3) 석유수출입업 등록절차

석유수출입업의 등록을 하려는 자는 석유의 최초 수입통관 예정일 30일 전에 석유수출입업 등록신청서(전자문서로 된 신청서를 포함한다)에 사업계획서와 수입대행 계약서(석유 수입을 대행하는 경우에만 첨부한다)를 첨부하여 한국석유관리원에 제출하여야 한다. 등록신청을 받은 한국석유관리원은 행정정보의 공동이용을 통하여 법인 등기사항증명서(법인인 경우만 해당한다)와 신청내용을 확인하고, 그 결과를 주된 영업소의 소재지를 관할하는 시·도지사에게 통지하여야 한다.

한국석유관리원의 통지를 받은 시·도지사는 석유수출입업의 등록을 한 경우에는 해당 신청인에게 석유수출입업 등록증을 발급하고 그 사실을 한국석유관리원에 통지하여야 한다. 시·도지사의 통지를 받은 한국석유관리원은 석유수출입업 등록대장에 그 사실을 기재하여야 한다.

석유수출입업 등록 절차

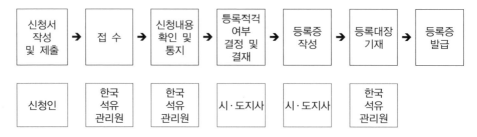

3. 국제석유거래업

(1) 국제석유거래업의 도입 배경

석유사업법 제정 당시 석유사업은 석유정제업, 석유수출입업 및 석유판매업으로 제한되었다. 점차 석유사업 환경이 변화함으로써 새로운 유형의 석유사업이 등장하게 되었다. 국제석유거래업은 비교적 최근에 도입된 석유사업이다. 정부는 동북아 지역의 국제 석유거래 중심지로의 도약을 위해 2008년 제1차 국가에너지기본계획부터 "동북아 오일허브 프로젝트"를 국정과제로 선정하여 추진하였다.

오일허브는 대규모 석유정제·가공·저장시설, 물류, 석유거래 관련 금융서비

스가 융·복합된 석유거래의 국제적 중심지를 말한다. 오일허브는 석유 물동량이
많은 지역에서 석유저장시설을 바탕으로 정제, 가공, 수송, 보관 등이 활성화되면
서 오일허브로 태동하게 되는 석유거래의 발전적 형태이다.[63] 석유거래가 활성화
되면 시장은 대출이나 보험 등 관련 금융서비스와 선물 등 파생상품거래가 확대되
어 국제 금융중심지로 발전하기도 한다.

오일허브의 개념 및 발전단계

자료 : 에너지분야 창조경제 실현을 위한 동북아 오일허브 추진대책(2014.3.12., 관계부처 합동)

    해당 프로젝트 1단계로 저장시설의 확충을 위해 한국석유공사와 정유사 등이
2013년 여수에 상업용 저장시설을 건설·운영하였고, 그 이후 울산에 저장시설을
추가로 건설할 계획이었다.[64] 그러나 대규모 저장시설을 기반으로 국제석유거래가
활성화되는 단계로 나아가기 위해서는 제품별 국제수요에 따라 저장시설에서 석유
제품을 혼합 제조하여 부가가치를 창출할 수 있는 제도적 기반을 갖추고, 세제혜택
을 부여하는 등 거래업자를 유인할 수 있는 여건을 조성할 필요성이 제기되었다.[65]
    국제석유거래업은 위와 같은 배경하에서 석유사업법에 도입된 석유사업이다.
석유사업법은 국제석유거래업을 도입하여 석유거래업자에게 합법적인 사업자로서

---

63 세계 3대 오일허브는 미국 걸프만, 유럽 암스텔담-로테르담-앤트워프 및 싱가포르이다.
64 울산에 추가적으로 설치하는 저장시설 건설계획에 대하여 국회예산정책처는 여수의 저장시설 활용도와 정부·민
   간 석유정제업자의 비축시설 대여를 통해 확보되는 저장시설의 규모를 고려하여 추진할 필요가 있다는 의견을
   제시하였다(공기업 사업영역 확장 평가와 개선과제, 국회예산정책처 사업평가현안분석 제55호, 20면 이하).
65 국회는 2014년 산업통상자원부에 대한 국정감사에서 혼합 석유에 대한 규제를 폐지하여 동북아 오일허브 사업
   을 적극적으로 추진할 것을 요구하였다(2014년도 국정감사 결과보고서, 172면).

지위를 부여하고 종합보세구역 내에서 석유제품을 혼합 제조할 수 있도록 허용하고 있다.

(2) 국제석유거래업의 정의

국제석유거래업이란 보세구역[66]에서 석유를 거래하는 사업 또는 종합보세구역[67]에서 석유제품에 다른 석유제품(등급이 다른 석유제품을 포함한다), 석유화학제품 또는 탄소와 수소가 들어있는 물질을 혼합하는 방법으로 석유제품 등을 혼합하여 석유제품을 제조(종합보세구역에서 종합보세사업장을 설치·운영하는 자에게 위탁하여 제조하는 경우를 포함한다)하여 그 제품을 보세구역에서 거래하는 사업을 말한다.

(3) 국제석유거래업의 특징

국제석유거래업은 다음과 같은 특징을 가지고 있다. 첫째, 석유사업법은 석유제품의 혼합제조를 금지[68]하고 있음에도 국제석유거래업의 경우 예외적으로 보세구역 등의 특정 구역에서 석유제품 등을 혼합하여 석유제품을 제조할 수 있다. 국제석유거래업자의 주요 거래유형은 동일한 제품을 판매하는 단순 차익거래 및 서로 다른 제품을 혼합하여 새로운 제품을 제조하여 판매하는 혼합제조거래로 구분된다. 국제석유거래업이 아니어도 단순 차익거래는 허용되고 있으나 혼합제조 거래는 허용되지 아니하여 국제석유거래업을 석유사업법에 도입하게 되었다.

둘째, 오일허브로의 발전을 위하여 외국 간의 중개거래는 국제석유거래업에 보세구역이라는 장소적 제한을 두어 허용하고, 국내수급에 영향을 주는 수입이나 국내 제품의 수출을 위한 통관은 석유수출입업자가 영위[69]할 수 있다. 이로 인하

---

66 보세구역은 효율적인 화물관리와 관세행정의 필요에 따라 세관장이 지정하거나 특허한 장소로서 보세구역의 종류는 「관세법」 제154조에 따라 지정보세구역, 특허보세구역, 종합보세구역으로 구분된다.

67 종합보세구역은 동일 장소에서 기존 특허보세구역의 기능(장치, 보관, 제조, 가공, 전시, 건설, 판매)을 복합적으로 수행하는 보세구역으로서 「관세법」 제197조에 따라 관세청장이 직권으로 또는 관계 중앙행정기관의 장이나 지방자치단체의 장, 그 밖에 종합보세구역을 운영하려는 자의 요청에 따라 무역진흥에 기여 정도, 외국물품의 반입·반출 물량 등을 고려하여 지정할 수 있다. 종합보세구역으로는 대덕테크노밸리, 구미국가산업단지 등이 있다.

68 혼합제조를 허용하기 위해 종합보세구역 내에서 수출목적으로 석유제품을 혼합제조하는 경우 가짜석유 제조의 예외에 해당하는 것으로 석유사업법 제29조제2항제5호의2에서 규정하고 있다. 그러나 석유사업법 제2조제4호에서 석유제품의 제조를 석유정제업자에게만 허용하고 있고, 등록하지 아니한 석유제조는 형사처벌 대상으로 규정하고 있다. 혼합제조는 여전히 등록하지 아니한 제조에 해당되어 허용되지 않는다.

69 EU ARA의 오일허브에서는 보세구역에서 통관 전의 원유 및 석유제품을 혼합하여 국내로 반입하는 내수 목적

여 국제석유거래업자는 종합보세구역 안에서 혼합제조, 보세구역 안에서 거래 및 수출을 할 수 있다. 석유수출입업자는 보세구역 안에서 거래, 통관 후 국내판매 및 수출을 할 수 있으며, 석유정제업자는 정제한 석유제품 제조와 판매까지 가능하다. 국제석유거래업자에게 허용되는 제조방식은 석유제품 등을 혼합하여 석유제품을 제조하는 것으로 제한되기 때문에 '석유를 정제하여 석유제품을 제조'하는 석유정제업자와도 구분된다.

(4) 국제석유거래업자의 진입신고

국제석유거래업을 하려는 자는 산업통상자원부장관에게 신고하여야 하고, 신고사항의 변경, 사업의 개시·휴업 및 폐업의 경우에도 신고하도록 하여야 한다. 그러나 석유제품의 혼합제조를 하지 않고 보세구역 내에서 거래만 하는 경우는 신고의무의 대상에 포함되지 않는다. 다른 석유사업은 시설요건을 갖추어 등록할 의무를 부과하는 것과 달리, 국제석유거래업은 신고하도록 하여 외국 사업자 등의 진입을 용이하게 하고 있다. 국제석유거래업을 하는 자는 일반적으로 저장시설을 임차하여 사용하므로 등록제가 아니라 신고제로 사업을 할 수 있도록 한다. 또한 다른 석유사업자는 국내 석유수급의 안정을 위해 1년 이내에 사업을 개시할 의무를 부과하고 있으나 국제석유거래업자에게는 1년 이내 사업개시의무가 부과되지 않는다. 이는 국제석유거래업자의 거래는 보세구역에서만 이루어져 국내 석유수급에 직접적으로 영향을 미치지 않는다는 점과 정책적으로 오일허브 육성을 고려한 것에 기인하고 있다.

석유사업법은 국제석유거래업자에 대하여 단순 차익거래만 하려는 경우에 신고할 의무를 부과하지 않고, 품질보정 거래나 혼합제조 거래를 하려는 경우에 신고를 의무화하고 있다. 단순 차익거래의 경우에 신고의무를 부여하지 않는 것은 보세구역 안에서는 자유롭게 거래할 수 있도록 하기 위함이다.

4. 석유판매업

(1) 석유판매업의 등록·신고 대상

석유판매업이란 석유판매를 업(業)으로 하는 것을 말한다. 석유판매업은 규제

의 혼합제조도 허용하나 혼합제조의 면허를 구별하여 운영하고 있다. 싱가포르 오일허브는 원료의 출처와 목적지(수출 또는 내수)와 무관하게 제조를 포함한 모든 부가활동이 가능하도록 하고 있다.

유형에 따라 등록판매업과 신고판매업으로 구분된다. 등록 석유판매업은 일반대리
점, 용제대리점, 주유소, 용제판매소, 부산물인 석유제품 생산판매업, 부생연료류
판매소이다. 이에 반하여 신고 석유판매업은 일반판매소, 항공유판매소, 특수판매
소이다. 또한 윤활유나 아스팔트만을 판매하는 자는 등록이나 신고를 하지 않고서
도 석유판매업을 영위할 수 있어 해당 사업은 소위 자유업이다.

　　부산물인 석유제품의 판매업은 석유화학사 등과 같이 부산물인 석유제품을
직접 생산하여 판매하는 경우와 부생연료유판매소와 같이 판매만을 하는 경우로
구분할 수 있다. 석유판매업을 하려는 자는 업종별로 광역자치단체의 장 또는 기
초자치단체의 장에게 등록 또는 신고를 하여야 한다. 석유판매업의 종류가 다양하
기 때문에 등록 및 신고요건도 다음과 같이 종류별로 다르다.

석유판매업의 종류

구분	석유판매업의 종류	취급석유제품
등록 대상	일반대리점	석유제품(용제·석유중간제품 및 부생연료유를 제외한다)
	용제대리점	용제
	주유소	휘발유·등유·경유
	용제판매소	용제
	부산물인 석유제품 판매업 (자기가 생산한 부산물인 석유제품을 석유정제업자가 아닌 자에게 판매하고자 하는 경우에 한한다)	부산물인 석유제품
	부생연료유판매소	부생연료유
신고 대상	일반판매소	등유·경유
	항공유판매업	항공유
	특수판매소	산업자원부장관이 지정·고시하는 석유제품

※비고 : 윤활유 또는 아스팔트만을 판매하고자 하는 자는 등록 또는 신고대상 석유판매업에서
　　　　제외한다.

　　석유판매업 등록제는 1995년 석유사업법이 개정되면서 도입되었다. 1995년
개정 이전의 석유사업법은 석유판매업을 허가제로 규정하였다. 석유판매업의 등록
제로의 개정은 석유판매업의 신규진출을 완화하여 소비자의 편익과 만족도를 향

상하는 데 목적이 있었다. 석유 유통구조는 정유사, 대리점, 주유소 그리고 소비자로 전달되는 4단계로 형성되어 있어 석유판매업의 허가제가 유통기능의 발전을 사실상 저해하는 측면도 있었기 때문이다.

(2) 비법정 판매업

석유판매업은 일반대리점, 용제대리점, 주유소, 일반판매소, 용제판매소, 부생연료유판매소 및 특수판매소로 구분하여 등록요건을 각각 다르게 규정하고, 각 영업장에 따라 영업범위, 영업방법 및 취급유종을 다르게 규정하고 있다(석유사업법 시행령 제13조·제15조). 석유대체연료 판매업도 동일한 방식으로 정하고 있다. 석유사업법 시행령은 석유나 석유대체연료 판매업의 종류별로 시설기준 등 등록요건을 달리 정하고 있는데, 법령에서 등록요건 등 등록에 필요한 사항이 규정되지 아니한 판매업의 경우 등록을 하지 못하게 되어 결과적으로 판매업을 할 수 없다. 석유사업법령에서는 특정 석유판매업 또는 석유대체연료 판매업에 대해 명시적으로 규정하고 있는 것은 아니지만 석유사업법 시행령에서 석유판매업 또는 석유대체연료 판매업의 종류로 규정되지 아니한 판매업은 실제 등록을 할 수 없다.

이러한 측면에서 석유사업법령에서 열거되지 아니한 새로운 방식의 석유나 석유대체연료 판매업은 실질적으로 판매사업이 금지된다. 이는 「헌법」 제15조에서 보장하는 직업의 자유를 침해할 수 있다. 새로운 형태의 석유판매업을 금지하기 위해서는 「헌법」 제37조제2항에서 규정하고 있는 법률유보원칙에 따라 석유사업법에서 명시적으로 특정 석유판매업을 금지하거나 법률에서 열거한 석유판매업 외에 허용되지 않도록 규정하여야 하나, 현행 석유사업법과 동법 시행령은 법률상 열거되지 아니한 석유판매업의 금지 규정을 두지 않아 법률유보원칙을 위반하고 있다. 시장경제 하에서는 석유사업법령에서 정하지 않은 새로운 형태의 판매업이 자유롭게 등장할 수 있다. 이러한 상황에서 새로운 형태의 석유판매업을 금지하기 위해서는 법률에서 이를 명시적으로 규정하여야 한다. 이뿐만 아니라 석유사업법령에서 정하지 않는 새로운 형태의 석유나 석유대체연료 판매업을 하려는 자가 등록 또는 신고를 하지 않고 해당 사업을 할 수 있게 되는 경우 이들의 판매행위는 무등록자 등의 영업행위로 처벌이 불가능할 뿐만 아니라, 석유판매업 또는 석유대체연료판매업을 등록 또는 신고한 자에게 요구되는 행위의무도 부여받지 않게 됨으로써 등록 또는 신고한 판매업자는 역차별을 받기 때문에 법률에서 열거되지 아니한 석유판매업의 금지를 명확히 하여야 한다.

　　관할 행정청이 무등록 석유나 석유대체연료판매업자를 단속하는 경우, 그 단
속 대상은 석유사업법에서 정한 판매사업에 한하며, 판매업자가 아닌 자의 변칙
적 판매행위(①주유소·일반판매소에서 구매하여 실소비자에게 판매, ②대리점에서 구매하여 주
유소·일반판매소에 판매, ③수출입업체에서 구매하여 대리점에 판매, ④수출입업체가 대리점에서
구매 등)에 대해서는 석유사업법을 적용하여 단속할 수 없게 된다. 이에 석유사업
법은 유통질서를 확립하고, 석유판매업자가 아닌 자들의 변칙적인 석유판매행위
를 제한하기 위하여 법령에서 정하지 않은 형태의 석유판매업을 할 수 없도록 하
는 일반적인 금지규정을 두고 있다(석유사업법 제39조제2항 본문).

등록 또는 신고대상 석유판매업의 종류와 취급석유제품 등

종　류	취급석유제품	등록요건	영업범위 및 방법
일반대리점	석유제품 (용제 및 부생연료유 제외)	• 저장시설: 700kℓ이상 • 수송장비 : 50kℓ이상 • 자본금 : 납입자본금 또는 출자총액이 1억원 이상	− 석유정제업자·석유수출입업자에게 공급받아 − 주유소·일반판매소 또는 실소비자에게 판매
용제대리점	용제	• 저장시설 : 150kℓ이상 • 수송장비 : 20kℓ이상 • 자본금: 납입자본금 또는 출자총액이 5천만원 이상	− 석유정제업자·석유수출입업자 또는 부산물인 석유제품 판매업자로부터 공급받아 − 용제판매소 또는 실소비자에게 판매
주유소 (서울시기준)	휘발유·등유·경유	• 저장시설 : 40kℓ이상 • 주유기 4대이상	− 석유정제업자·석유수출입업자·일반대리점업자로부터 공급받아 − 실소비자에게 판매
용제판매소	용제	• 출자총액 3천만원이상	− 석유정제업자·석유수출입업자·부산물인 석유제품판매업자·용제대리점으로부터 공급받아 − 실소비자에게 판매

종　류	취급석유제품	등록요건	영업범위 및 방법
부생연료유 판매소	부생연료유	• 저장시설 : 40kℓ이상 • 수송장비 : 10kℓ이상	−부산물인 석유제품 판매업 　자로부터 부생연료유를 공 　급받아 −실소비자에게 판매
일반판매소	등유·경유	(신고대상)	−석유정제업자·석유수출입업 　자 또는 일반대리점업자로부 　터 공급받아 −실소비자에게 판매
특수판매소	산업자원부 장관이 지정· 고시하는 석유제품	(신고대상)	−현재 없음

석유사업법은 누구든지 법령에서 정하지 아니한 판매업을 할 수 없도록 제한하고 있다. 이 경우 석유의 수급안정 및 물류비 절감이라는 필요성 때문에 행해지던 정유사 간 제품교환, 수입사 간 거래, 수입사의 국내 구매행위 및 정유사·석유가스수입사·부산물인 석유제품 판매업자 간의 제품(LPG) 판매도 금지하는 문제가 있어 석유사업법은 일정한 예외를 두고 있다(석유사업법 제39조제2항 단서).

석유제품 정제업자·수출입업자 상호 간 또는 석유정제업자와 수출입업자 간의 제품교환을 통하여 석유제품의 수급안정을 기대할 수 있다. 그러나 석유정제업자와 수출입업자 간의 제품교환이 허용될 경우 석유수출입업자들은 정유회사 등 석유정제업자로부터 잉여 석유제품을 저렴한 가격으로 구매하여 국내에 공급함으로써 국내 석유 유통질서를 교란시킬 우려도 있어 석유정제업자와 수출입업자 간의 제품교환에 대하여는 이를 제한적으로 허용하고 있다(석유사업법 시행령 제44조제3항).

(3) 석유판매업의 등록·신고요건과 관할 기관

석유판매업의 등록요건은 석유사업법 시행령 별표 2에서 규정하고 있다. 석유판매업은 위에서 기술한 바와 같이 그 종류가 다양해 등록기준인 시설기준과 자본금도 석유판매업의 종류에 따라 각각 다르다. 일반대리점은 700킬로리터 이상 저장할 수 있는 지상 또는 지하 저장시설과 50킬로리터 이상 수송할 수 있는 수송장비를 갖추어야 하고, 납입자본금 또는 출자총액이 1억원 이상이어야 한다. 부산물인 석유제품 생산판매업의 경우 시설기준은 없고, 다만 출자총액이 3천만원 이상이어야 한다.

　석유판매업 등록 또는 신고를 한 자가 등록한 사항 중 시설 소재지 등을 변경하려는 경우에는 등록 또는 신고를 한 관할 행정기관에 변경등록 또는 변경신고를 하여야 한다.

석유판매업의 종류 및 등록·신고처

업 종	구분	종 류	등록처 / 신고처
석유 판매업	등록 사업	일반대리점	시·도지사
		용제대리점	
		주유소	특별자치도지사 또는 시장·군수·구청장 *경제자유구역 : 시·도지사
		용제판매소	
		부산물인 석유제품 판매업 (부생연료유판매소 제외)	산업통상자원부장관
		부생연료유판매소	시·도지사 또는 시장·군수·구청장
	신고 사업	일반판매소	특별자치도지사 또는 시장·군수·구청장 *경제자유구역 : 시·도지사
		항공유판매업	
		특수판매소	

(4) 석유판매업 신고제도

　석유판매업 중 일반판매소, 항공유판매업 및 특수판매소의 경우 시·도지사 또는 시장·군수·구청장에게 신고함으로써 석유판매업을 할 수 있다. 그리고 신고한 사항 중 시설 소재지 등의 사항을 변경하려는 경우에는 시·도지사 또는 시장·군수·구청장에게 변경신고를 하여야 한다. 시·도지사 또는 시장·군수·구청장은 신고·변경신고를 받은 날부터 7일 이내에 신고수리 여부를 신고인에게 통지하여야 한다(석유사업법 제10조제4항). 시·도지사 또는 시장·군수·구청장이 7일 이내에 신고수리 여부 또는 민원 처리 관련 법령에 따른 처리기간의 연장을 신고인에게 통지하지 아니하면 그 기간(민원 처리 관련 법령에 따라 처리기간이 연장 또는 재연장된 경우에는 해당 처리기간을 말한다)이 끝난 날의 다음 날에 신고를 수리한 것으로 본다(석유사업법 제10조제5항).

　일반적으로 신고는 법적 효과, 신고수리의 의미 및 수리거부에 대한 쟁송가능성 등에서 차이가 있어 수리가 필요한 신고와 수리를 필요로 하지 않는 신고로 구별할 필요가 있다. 법률에서 수리가 필요한 신고임을 명시적으로 규정하지 않는 경우 수리의 요건에 관한 실질적 심사규정을 두고 있는지, 수리거부 또는 신고수리의 취소근거 규정 여부 등을 종합적으로 고려하여 판단[70]한다. 석유판매업 신고는 수리를 요하는 신고로서 신고에 필요한 서류를 관할 행정기관에 제출함으로써 신고의무가 완료되는 것이 아니고, 관할 행정기관이 신고의 수리를 함으로써 신고의무가 완료되는 소위 '수리를 요하는 신고'에 해당한다. 그러므로 석유판매업을 하기 위해 신고를 하려는 자는 신고함으로써 곧바로 석유판매업을 적법하게 할 수 있는 것이 아니고, 관할 행정기관으로부터 신고수리 여부에 대한 통지를 받아야 한다.

　석유판매업 신고제도는 국민 생활 및 기업활동과 밀접하게 관련되어 있어 신고의 처리절차를 법령에서 명확하게 규정하고 있다. 석유판매업뿐만 아니라 석유정제업 신고에서도 신고·변경신고를 받은 경우 7일 이내에 신고수리 여부를 신고인에게 통지하도록 하고, 그 기간 내에 신고수리 여부나 처리기간의 연장 여부를 통지하지 아니한 경우에는 신고수리를 한 것으로 간주(看做)한다. 이처럼 신고 절차를 명확히 규정한 것은 관련 민원의 투명하고 신속한 처리와 일선 행정기관의 적극행정을 유도하기 위한 것이다.

　석유정제업·판매업 신고와 달리 석유정제업자·석유수출입업자 또는 석유판매업자의 사업의 개시·휴업 및 폐업신고는 별도의 수리행위가 필요하지 않은 신고이다. 따라서 신고서의 기재사항 및 첨부서류에 흠이 없고 법령 등에 규정된 형식상의 요건을 충족하면 신고서가 접수기관에 도달된 때에 신고의무가 완료된다. 석유사업법은 석유정제업·판매업 신고의 경우 수리를 요하는 신고로 보아 신고수리 여부의 통지의무 및 미통지시 신고수리 간주에 관한 규정을 두고, 사업의 개시·휴업 및 폐업 신고는 수리를 요하지 않는 신고로 보아 통지의무 및 신고수리 간주에 관한 규정을 두고 있지 않다. 석유판매업 신고제도는 집행과정에서 처리지연 등 부당한 행정처리로 행정의 예측가능성과 신뢰도 저하를 유발해 왔던 문제를

---

70 대법원 2011.9.8. 선고 2010도7034 판결.

개선하기 위해 정부가 추진한 대책의 일환이다. 수리를 요하는 신고의 경우에도 7일 이내에 신고의 수리 여부나 처리기간 연장을 통지하지 않으면 7일이 경과한 다음날 신고한 것으로 간주로 됨으로써 공무원의 자의적 해석, 부당한 접수거부, 처리지연과 같은 소극적 행위행태를 방지할 수 있도록 하고 있다.

(5) 석유판매업 등록·신고의 절차

석유판매업 중 일반대리점 및 용제대리점의 등록을 하려는 자는 석유판매업(일반대리점·용제대리점) 등록신청서에 사업계획서, 부동산 매매계약서 등 투자내용을 확인할 수 있는 서류, 석유저장시설의 현황 자료, 수송장비 명세서 등을 첨부하여 한국석유관리원에 제출하여야 하고, 항만운송관련사업의 등록을 한 자가 선박급유업을 하기 위하여 일반대리점의 등록을 하려는 경우에는 해당 서류를 항만운송사업등록증 사본으로 대체할 수 있다.

석유판매업 중 주유소의 등록을 하려는 자는 석유판매업(주유소) 등록신청서에 지하 석유저장시설의 현황 자료 또는 건설 및 보유계획서, 주유기 명세서, 공중화장실 명세서 등의 첨부하여 특별자치시장, 특별자치도지사 또는 시장·군수·구청장에게 제출하여야 하고, 산업통상자원부장관이 지정한 경제자유구역 주유소의 등록을 하려는 자는 시·도지사에게 제출하여야 한다.

석유판매업 중 용제판매소의 등록을 하려는 자는 석유판매업(용제판매소) 등록신청서에 투자내용 확인 서류(개인사업자인 경우에만 첨부한다), 옥외탱크저장소의 완공검사필증 등을 첨부하여 특별자치시장, 특별자치도지사 또는 시장·군수·구청장에게 제출하여야 하고, 경제자유구역에서 용제판매소의 등록을 하려는 자는 시·도지사에게 제출하여야 한다.

부산물인 석유제품 생산판매업의 등록을 하려는 자는 석유판매업(부산물인 석유제품 생산판매업) 등록신청서에 사업계획서 및 투자내용 확인서류를 첨부하여 한국석유관리원에 제출하여야 한다.

석유판매업 중 부생연료유판매소의 등록을 하려는 자는 석유판매업(부생연료유판매소) 등록신청서에 석유저장시설 현황자료 또는 건설 및 보유계획서와 수송장비 명세서 또는 보유계획서를 첨부하여 한국석유관리원에 제출하여야 한다.

석유판매업 중 일반판매소, 항공유판매업 또는 특수판매소의 신고를 하려는 자는 석유판매업(일반판매소·항공유판매업·특수판매소) 신고서에 옥외탱크저장소의 완공검사필증 사본 등의 서류와 그 서류에 포함된 저장소 또는 취급소가 독점적인 사용권을 가지고 있는 시설임을 증명하는 서류를 첨부하여 특별자치시장, 특별자치도지사 또는 시장·군수·구청장에게 제출하여야 하고, 경제자유구역에서 일반판매소, 항공유판매업 또는 특수판매소의 신고를 하려는 자는 시·도지사에게 제출하여야 한다.

등록신청을 받은 특별자치시장, 특별자치도지사, 시장·군수·구청장 또는 한국석유관리원은 행정정보의 공동이용을 통하여 법인 등기사항증명서를 확인하여야 한다. 등록신청 또는 신고를 받은 특별자치시장, 특별자치도지사 또는 시장·군수·구청장은 석유판매업(주유소·용제판매소) 등록대장 또는 석유판매업(일반판매소·항공유판매업·특수판매소) 신고대장에 그 사실을 기재하고, 해당 신청인 또는 신고인에게 석유판매업(주유소·용제판매소) 등록증 또는 석유판매업(일반판매소·항공유판매업·특수판매소) 신고확인증을 발급하여야 한다. 등록신청을 받은 한국석유관리원은 신청 내용을 확인하고 그 결과를 산업통상자원부장관 또는 시·도지사에게 통지하여야 하고, 통지를 받은 산업통상자원부장관 또는 시·도지사는 석유판매업(일반대리점·용제대리점·부산물인 석유제품 생산판매업·부생연료유판매소)의 등록을 한 경우에는 해당 신청인에게 석유판매업 등록증을 발급하고 그 사실을 한국석유관리원에 통지하여야 한다. 이를 통지받은 한국석유관리원은 석유판매업(일반대리점·용제대리점·부생연료유판매소) 등록대장 및 석유판매업(부산물인 석유제품 생산판매업) 등록대장에 그 사실을 기재하여야 한다.

5. 석유대체연료 제조·수출입업

(1) 등록·변경등록

석유사업법은 연료시장에서 석유제품과 석유대체연료 간 공정한 경쟁 여건을 조성하고 석유대체연료사용에 따른 품질·안전의 확보와 환경·소비자피해의 예방을 목적으로 석유대체연료 제조·수출입업에 대한 등록제도를 두고 있다.

석유대체연료 제조·수출입업을 하려는 자는 "석유대체연료의 수출만을 업으로 하는 경우"와 "해당 연도 수입량이 1만킬로리터 이하인 석유대체연료를 자기가 사용할 목적으로 수입하는 경우"를 제외하고 산업통상자원부장관에게 등록하여야 한다. 등록을 한 석유대체연료 제조·수출입자가 등록사항 중 성명 또는 상호, 대표자(법인인 경우), 주된 영업소의 소재지(석유대체연료를 수출입하는 경우), 석유대체연료 저장시설의 소재지 또는 규모(자기 소유 석유대체연료 저장시설이 등록된 전체 석유대체연료 저장시설 합계의 100분의 20 미만 증가하거나 감소하는 경우는 제외한다), 석유대체연료 제조시설의 소재지 또는 제조능력(등록된 석유대체연료 제조시설의 제조능력 합계의 100분의 20 미만이 증가하거나 감소하는 경우는 제외한다)을 변경하려는 경우에는 산업통상자원부장관에게 변경등록을 하여야 한다.

(2) 등록요건

석유대체연료 제조·수출입업의 시설기준 등 등록요건은 제조시설 요건과 저장시설 요건으로 구분된다. 제조시설 요건으로는 배합·혼합시설 등 석유대체연료 제조시설(석유대체연료를 제조하는 경우만 해당한다)을 갖추어야 한다. 저장시설 요건으로는 사업개시 연도 석유대체연료 내수판매계획량의 30일분(자기가 사용하기 위하여 석유대체연료를 수입하려는 경우에는 20일분)에 해당하는 양을 저장할 수 있는 저장시설을 갖추어야 한다.

(3) 등록절차

석유대체연료 제조·수출입업의 등록을 하려는 자는 석유대체연료 제조·수출입업 등록신청서에 사업계획서와 해당 석유대체연료의 품질시험서를 첨부하여 한국석유관리원에 제출하여야 한다. 사업계획서에는 석유대체연료 제조시설의 현황 자료 또는 건설 및 보유계획(소재지, 제조공정 및 제조능력을 포함한다), 석유대체연료 저장시설의 현황 자료 또는 건설 및 보유계획(소재지 및 저장능력을 포함한다), 해당 연도 이후 5년간의 석유대체연료 수급계획(생산, 수출입 및 판매 계획을 포함한다)이 포함되어야 한다. 품질시험서에는 해당 석유대체연료의 성분분석 및 성능평가 결과 등에 대한 내용이 포함되어야 한다.

등록신청을 받은 한국석유관리원은 법인 등기사항증명서(법인인 경우만 해당한다) 및 신청내용을 확인하고, 그 결과를 산업통상자원부장관에게 통지하여야 한다. 통지를 받은 산업통상자원부장관은 석유대체연료 제조·수출입업의 등록을 한 경우에는 해당 신청인에게 석유대체연료 제조·수출입업 등록증을 발급하고 한국석유관리원에 그 사실을 통지하여야 한다. 통지를 받은 한국석유관리원은 석유대체연료 제조·수출입업 등록대장에 그 사실을 기재하여야 한다.

6. 석유대체연료 판매업

(1) 석유대체연료 판매업의 대상

석유대체연료 판매업에는 석유대체연료대리점, 석유대체연료주유소 및 석유대체연료 판매소가 있다. 판매업의 종류에 따른 판매하는 석유대체연료가 각각 다르다.

석유대체연료 판매업 종류별 판매대상

구분	석유대체연료 판매업의 종류	취급 석유대체연료
등록 대상	석유대체연료대리점	○ 석유대체연료 (바이오디젤 또는 바이오에탄올을 제외한다)
	석유대체연료주유소	○ 바이오디젤연료유 (바이오디젤을 제외한다), 바이오에탄올연료유(바이오에탄올을 제외한다), 석탄액화연료유
	석유대체연료판매소	○ 휘발유·경유·등유를 대체하여 사용할 수 있는 제5조제6호의 석유대체연료로서 산업자원부령으로 정하는 연료 ○ 유화연료유 ○ 등유·중유를 대체하여 사용할 수 있는 제5조제6호의 석유대체연료로서 산업자원부령으로 정하는 연료

(2) 등록요건

석유대체연료 판매업의 등록요건은 판매업의 종류별로 다르다. 석유대체연료 대리점은 시설기준과 자본금을 등록요건으로 하고 있다. 이에 반하여 석유대체연료주유소와 판매소는 시설기준만을 등록요건으로 정하고 있다. 석유대체연료 대리점의 경우 저장시설 및 수송장비를 등록을 한 시·도에 설치하여야 한다.

(3) 등록절차

석유대체연료 판매업 중 석유대체연료 대리점의 등록을 하려는 자는 등록신청서에 사업계획서(석유대체연료 공급자와 체결한 석유대체연료 공급계약의 내용을 포함한다), 투자내용 확인 서류(개인사업자인 경우에만 첨부한다), 석유대체연료 저장시설의 현황자료 또는 건설 및 보유계획서(독점적인 사용권을 가지고 있는 시설임을 증명하는 서류를 포함한다), 수송장비 명세서 또는 보유계획서(독점적인 사용권을 가지고 있는 시설임을 증명하는 서류를 포함한다)를 첨부하여 주된 영업소의 소재지를 관할하는 시·도지사에게 제출하여야 한다. 신청을 받은 시·도지사는 행정정보의 공동이용을 통하여 법인등기사항증명서(법인인 경우만 해당한다)를 확인하여야 한다.

석유대체연료 판매업 중 석유대체연료 주유소의 등록을 하려는 자는 등록신청서에 지하 석유대체연료 저장시설의 현황 자료 또는 건설 및 보유계획서(저장시설 및 주유기의 배치도면과 자기 소유 또는 독점적으로 사용하기 위하여 임차한 시설임을 증명하는 서류를 포함한다), 주유기 명세서, 공중화장실 명세서 또는 건설계획서, 시·도지사 또는 시장·군수·구청장이 등록요건을 추가로 정한 경우에는 그 요건에 적합함을 증명하는 서류를 첨부하여 특별자치시장, 특별자치도지사 또는 시장·군수·구청장에게 제출하여야 한다.

석유대체연료 판매업 중 석유대체연료 판매소의 등록을 하려는 자는 등록신청서에 석유대체연료 저장시설의 현황 자료 또는 건설 및 보유계획서(독점적인 사용권을 가지고 있는 시설임을 증명하는 서류를 포함한다)를 첨부하여 특별자치시장, 특별자치도지사 또는 시장·군수·구청장에게 제출하여야 한다. 다만, 경제자유구역에서 석유대체연료 판매소의 등록을 하려는 자는 시·도지사에게 제출하여야 한다.

시·도지사 또는 시장·군수·구청장은 석유대체연료 판매업의 등록을 한 경우에는 석유대체연료 판매업 등록대장에 그 사실을 기재하고, 해당 신청인에게 석유대체연료 판매업 등록증을 발급하여야 한다.

7. 석유사업자·석유대체연료사업자의 지위·처분효과 승계

(1) 지위승계

석유사업자 및 석유대체연료사업자의 지위승계는 석유사업법에 따라 등록 또는 신고를 필요로 하는 석유정제업자, 석유수출입업자, 국제석유거래업자, 석유판매업자, 석유대체연료 제조·수출입업자 및 석유대체연료 판매업자 모두에 공통적으로 적용된다. 등록·신고를 한 석유사업자 또는 석유대체연료사업자가 해당 사업을 전부 양도한 경우에 그 양수인, 사망한 경우에 그 상속인, 합병하는 경우에 합병 후 존속하는 법인이나 합병으로 설립된 법인이 그 지위를 승계한다. 또한 경매, 환가, 압류재산의 매각 등에 의하여 석유사업 또는 석유대체연료사업 시설을 전부 인수한 자는 석유사업자 또는 석유대체연료사업자의 지위를 승계한다.

석유사업법에 따른 사업자의 지위 승계는 해당 석유사업의 연속성을 보장하여 이용자의 편익을 증대하는 기능을 한다.

(2) 처분효과의 승계

사업양도 등에 의해 석유사업자 또는 석유대체연료사업자의 지위를 승계하는 경우 종전 석유사업자 또는 석유대체연료사업자에 대한 사업정지·과징금부과 처분의 효과는 새로운 사업자에게 승계된다. 다만, 새로운 사업자(상속으로 승계받은 자는 제외한다)가 석유사업이나 석유대체연료사업을 승계하는 경우에 그 처분이나 위반 사실을 알지 못하였음을 증명하는 경우에는 처분효과를 승계하지 않도록 하고 있다.

기존에는 처분승계효과의 승계기간을 1년으로 제한하였으나 현행 석유사업법은 처분효과의 승계기간 제한(1년)을 삭제하였다.[71] 처분효과의 승계기간 폐지는 일정 기간 위반행위의 횟수에 따른 가중처분 회피를 위한 수단으로 악용되는 것을 막기 위해 도입되었다.

석유사업 또는 석유대체연료사업이 양도·상속·합병을 한 경우에 그 양수인·상속인 또는 합병에 의해 설립된 법인은 종전 사업자의 지위를 승계한다. 법령위반으로 종전 사업자가 사업정지처분 등을 받은 경우 그 사업을 승계받은 사업자는 사업정지처분 뿐만 아니라 사업정지처분으로 인한 효과 등도 승계하게 된다. 절차가 진행 중인 행정처분도 새로운 사업자에 대하여 그 절차를 계속하여 진행된다. 그러나 지위승계를 받은 새로운 사업자가 그 처분이나 위반의 사실을 알지 못하였음을 증명하는 경우에는 해당 행정처분이나 위반행위는 더 이상 승계되지 않는다. 지위승계를 받은 자가 종전 사업자의 위반행위 및 과거 행정처분사항 등을 알지

---

71 구 석유사업법(2014.1.21. 법률 제12294호로 개정되기 전의 것)은 제8조에서 '제7조에 따라 석유정제업자의 지위가 승계되면 종전의 석유정제업자에 대한 제13조제1항에 따른 사업정지처분(제14조에 따라 사업정지를 갈음하여 부과하는 과징금부과처분을 포함한다)의 효과는 처분기간이 끝난 날부터 1년간 새로운 석유정제업자에게 승계'된다고 정함으로써 처분효과 승계기간의 제한 규정을 두었다.

못하고 사업의 인수·영업을 하는 경우 지위승계 전의 위반행위로 인한 행정처분 (가중처벌 포함)으로 수인할 수 없는 피해가 발생할 수 있어 이를 예측가능한 범위 내에서만 불이익을 줄 목적으로 이같이 규정하고 있다.

Ⅳ. 사업자의 적극적 행위의무

1. 사업의 개시·휴업·폐업의 신고의무

(1) 사업개시의무

석유정제업자, 석유수출입업자, 석유판매업자, 석유대체연료 제조·수출입업 자 또는 석유대체연료 판매업자는 그 사업의 등록 또는 신고를 한 날부터 6개월 이내에 사업을 시작하여야 한다(석유사업법 제12조·제32조·제33조). 사업자는 등록이 나 신고를 통해 사업자로서의 지위를 부여받는 한편, 석유사업 또는 석유대체연 료사업을 수행할 의무를 부여받는다. 그러므로 등록이나 신고를 한 사업자는 등 록이나 신고한 석유사업 또는 석유대체연료사업을 일정 기간 안에 실제 사업을 수행하여야 한다. 관할 행정기관은 석유사업 또는 석유대체연료사업 등록 후 6개 월 안에 해당 사업을 개시하지 않으면 그 등록을 취소하거나 영업장 폐쇄를 명하 여야 한다.

(2) 사업의 개시·휴업 및 폐업신고

석유정제업자, 석유수출입업자, 국제석유거래업자, 석유판매업자, 석유대체연 료 제조·수출입업자 또는 석유대체연료 판매업자는 그 사업을 개시·휴업 또는 폐 업을 한 경우에 해당일로부터 30일 이내에 관할 행정기관 또는 한국석유관리원에 신고하여야 한다. 이 경우 석유대체연료 제조·수출입업 또는 석유대체연료 판매업 의 사업개시 신고를 할 때에는 석유대체연료 제조·수출입업 또는 석유대체연료 판매업의 등록 요건인 시설기준을 갖춘 것을 증명하는 서류를 첨부하여야 한다. 사업자가 사업을 할 목적으로 등록 또는 신고를 한 후에 실제 영업을 개시하지 않 거나 휴업·폐업한 경우 관할 행정기관이 이를 인지하지 못하여 관련 사업자에게 행정처분을 함으로써 발생하는 문제를 방지하고, 사업의 개시·휴업 및 폐업을 하 는 경우 발생하는 민원 및 분쟁을 방지하기 위하여 사업자에게 사업 개시·휴업· 폐업의 신고의무를 부여하고 있다.

사업자가 일방적으로 휴업이나 폐업을 하는 경우 관할 행정기관으로서는 매일 현장을 점검하지 않기 때문에 사업자가 휴·폐업 사실을 알리지 않는 한 그 사실을 알 수 없다. 사업자가 휴·폐업 사실을 관할 행정기관에 알리지 않게 되면 관할 행정기관은 사업에 관한 보고의무 등 석유사업법에 따라 사업자에 부과된 의무를 사업자가 이행하지 않는 것으로 인식하게 된다. 이로 인하여 행정기관은 사업자에게 석유사업법에 따른 의무 위반으로 불이익한 처분을 하게 된다. 또한 지방세법에 따라 면허세를 납부해야 하는 석유정제업자 등이 폐업 사실을 관할 행정관청에 신고하지 않게 되면 사업 수행 여부와 관계없이 면허세를 납부하여야 하는 문제도 발생한다. 이와 같은 이유에서 석유사업법은 사업자로 하여금 그 사업을 개시·휴업 또는 폐업한 때에는 행정기관에 신고할 의무를 부여하고, 이러한 신고 의무를 위반한 경우에 과태료를 부과할 수 있도록 하고 있다.

(3) 관계 중앙행정기관에 통보

석유판매업자인 주유소 사업자가 그 시설을 폐쇄하기 위해서는 「위험물안전관리법」에 따라 위험물저장시설의 철거 등 용도폐지를 확인[72]받아야 하고, 「토양환경보전법」에 따라 토양오염도 조사를 받은 후에 토양정화 등의 조치[73]를 하여야 한다. 그런데 주유소 사업자가 시·도지사 또는 시장·군수·구청장에 폐업신고를 하는 경우 관할 행정기관의 토양정화 조치 또는 안전조치 여부의 확인 없이 폐업 신고를 수리할 수 있다는 문제가 발생한다. 이를 해결하기 위하여 시·도지사 또는 시장·군수·구청장에게 석유판매업자가 휴업 또는 폐업 신고를 받은 때에 그 내용을 산업통상자원부장관, 환경부장관 및 소방청장에게 통보하도록 하고 있다(석유사업법 제12조제4항). 이처럼 주유소 휴·폐업 정보를 공유하도록 함으로써 토양환경과 소방 관련 업무가 연계적으로 수행될 수 있다. 지방자치단체와 중앙행정기관 간의

---

72 주유소의 저장시설은 「위험물안전관리법」에 따른 저장소(지하탱크저장소)로 동법 제11조 및 동법 시행규칙 제23조에 따르면 저장소의 용도를 폐지(장래에 대하여 위험물시설로서의 기능을 완전히 상실시키는 것)하는 경우 그 용도폐지를 시·도지사 또는 소방서장에 신고하여야 하고, 신고서를 받은 시·도지사 또는 소방서장은 해당 주유소를 현장 확인한 후 위험물시설의 철거 등 용도폐지에 필요한 안전조치를 한 것을 확인한 후 최종적으로 용도폐지 신고를 수리한다.

73 주유소는 특정토양오염관리 대상시설(「토양환경보전법 시행규칙」 [별표2] 석유류의 저장시설)로서 사용종료 전 토양검사기관에 토양오염도 조사를 의뢰하여 검사결과 '불검출' 등 토양환경보전법 폐쇄 신고 기준(불검출 또는 복원)을 충족한 경우에 주유소 사업자가 관할 행정청(시·군·구)에 특정토양오염관리대상시설의 폐쇄를 신고하고 최종적으로 관할 행정기관이 폐쇄 신고를 수리한다.

주유소 폐쇄에 관한 정보공유는 석유판매업자가 폐업신고를 하고도 저장시설 등
의 시설물을 철거하지 않고 방치함으로써 발생할 수 있는 화재·폭발 등의 위험
및 환경오염을 방지할 수 있게 한다.

(4) 신고의 법적 성질

석유사업의 개시·휴업 및 폐업 신고는 신고서의 기재사항과 첨부서류에 흠이
없는지 등을 형식적으로 심사하고 있어 수리가 필요하지 않은 신고에 해당한다.
수리가 필요하지 않은 신고는 기재사항에 흠이 없고 필요한 구비서류가 첨부되어
있으며 형식상의 요건을 충족하면 별도의 규정이 없더라도 「행정절차법」 제40조
제2항[74]에 따라 신고된 것으로 본다. 그럼에도 석유사업법은 이를 명시적으로 규
정하여 수리가 필요하지 않은 신고임을 명확히 하고 있다(석유사업법 제12조제3항).

2. 석유제품 판매가격의 보고·표시의무

(1) 판매가격 보고

석유정제업자·석유수출입업자 및 석유판매업자는 산업통상자원부장관에게 석
유제품 판매가격을 보고하여야 한다(석유사업법 제38조의2제1항). 석유사업자별 보고
대상, 보고내용, 보고방법 및 보고기한에 대하여는 석유사업법 시행령 별표 4에서
구체적으로 정하고 있다. 석유사업법 시행령 별표 4에 따르면 석유정제업자는 자
동차용 휘발유(1호, 2호), 등유(1호, 2호), 경유(자동차용)에 대하여 매주 목요일 전자적
방법으로 판매대상별(주유소, 일반대리점, 일반판매소 및 석유판매업자 외의 판매처로 구분한
다) 내수판매량, 내수매출액 및 내수매출단가를 보고하여야 한다. 석유제품 판매가
격을 보고받은 산업통상자원부장관은 거래의 투명성을 높여 경쟁을 촉진하고 석
유제품 가격의 적정화를 위하여 영업비밀을 침해하지 아니하는 범위에서 석유정제
업자·석유수출입업자 및 석유판매업자의 석유제품 판매가격을 공개한다(석유사업법
제38조의2제2항).

석유사업법은 석유사업자 또는 석유대체연료 사업자로부터 보고받은 정보·자
료와 석유정제업자·석유수출입업자·석유판매업자로부터 보고받은 석유제품 판매

---

74 「행정절차법」 제40조제2항에 따르면 신고가 "신고서의 기재사항에 흠이 없을 것", "필요한 구비서류가 첨부되
    어 있을 것", "그 밖에 법령등에 규정된 형식상의 요건에 적합할 것"의 요건을 갖춘 경우에는 접수기관에 도달
    된 때에 신고 의무가 이행된 것으로 본다.

가격에 관한 정보·자료를 다른 사람·기관에 제공 또는 누설하거나 정해진 목적[75] 외의 용도로 사용하는 것을 금지하고 있다. 이를 위반한 경우에 5년 이하의 징역 또는 2억원 이하의 벌금에 처하게 된다. 석유사업자 또는 석유대체연료 사업자로부터 보고받은 정보·자료에 대한 비밀유지 규정은 석유사업자 또는 석유대체연료 사업자의 영업상 비밀을 보호하기 위함이다.

(2) 판매가격 표시사항과 방법

석유판매업자(부산물인 석유제품 생산판매업자, 일반대리점, 용제대리점, 주유소, 부생연료 유판매소로 제한된다)는 가격표시판을 설치하는 방법으로 석유제품 판매가격을 표시하여야 한다. 석유판매업자는 석유제품 판매가격을 표시하는 경우에는 가격정보를 소비자가 쉽게 알아볼 수 있는 곳에 가격표시판을 설치하는 방법으로 석유제품 판매가격을 표시하여야 한다(석유사업법 시행령 제42조의2제5항). 석유판매업자의 판매가격표시와 관련하여 가격표시를 위한 가격표시판의 종류, 표시위치 또는 표시방법 등에 관한 세부사항은 산업통상자원부 고시 「석유류 가격표시제 등 실시요령」에서 세부적으로 규정하고 있다. 석유제품 판매가격의 표시의무를 위반하면 1천만원 이하의 과태료가 부과된다.

석유판매업자는 「옥외광고물 등의 관리와 옥외광고산업 진흥에 관한 법률 시행령」(이하 "옥외광고물법 시행령"이라 한다) 제12조제8항 및 제16조제1항에도 불구하고 가격표시판을 추가로 설치하거나 가격표시와 관련된 도형 등을 따로 표시 또는 사용할 수 있다. 주유소 등 석유판매업자의 가격표시판과 관련하여 옥외광고물법 시행령에 따른 일반적 표시방법과 별도로 산업통상자원부장관이 고시하는 가격표시판의 종류, 위치, 설치방법 등을 준수하도록 함으로써 옥외광고물법 시행령의 적용을 배제한다. 이는 석유판매업자로 하여금 소비자가 석유제품 판매가격을 쉽게 인식할 수 있도록 표시하게 하여 소비자의 알권리 및 선택권의 보호를 위한 것이다.

석유판매업자는 석유정제업자 또는 석유수출입업자로부터 석유제품을 구매하여 판매하는 주유소 등으로 석유제품을 수입하지 않는 석유사업자이다. 따라서 석유판매업자는 자체 수입원가가 존재하지 않기 때문에 구매한 석유제품의 수입원가를 추적하여 공개하기에는 어려움이 있다.

---

75 가짜석유제품 제조 등의 금지의무 위반여부 확인을 위한 용도 등 대통령령으로 정하는 목적으로 사용하는 것은 허용하고 있다.

(3) 혼합판매 표시의무화

2012년 9월 정부가 발표한 석유제품의 복수상표 자율판매 제도(혼합판매 제도)에 따라 특정 정유사의 상표나 상호를 표시하는 폴 주유소[76]는 해당 정유사와의 계약에 따라 일정량 타사 또는 수입제품을 혼합하여 판매할 수 있다. 이 경우에 혼합판매를 하는 폴 주유소 등은 계약에서 정하는 대로 혼합판매를 한다는 사실을 표시하여야 하나, 현재 혼합판매 계약이 체결된 사례나 혼합판매 표시를 하고 있는 사례는 없다. 혼합판매 사실을 표시하지 아니한 혼합판매는 「표시·광고의 공정화에 관한 법률」 제3조 및 관련 고시에 따라 공정거래위원회에서 시정조치, 과징금 등의 조치를 할 수 있다. 그러나 혼합판매 표시의무를 완화하려는 정부의 정책방향[77]에 따라 실질적인 제재가 이뤄지지 않고 있다.

혼합판매 표시제에 관하여는 찬성과 반대의견이 있다. 혼합판매 표시제 도입을 찬성하는 견해에서는 특정 상표의 석유제품을 선호하는 소비자의 알권리와 선택권을 보호할 필요가 있고, 음성적인 혼합판매로 인해 품질문제가 발생한 경우 책임소재가 불분명하여 소비자가 충분한 보상을 받기 어려우며, 석유제품 질을 향상하려는 정유사의 상표가치를 보호할 필요가 있고, 혼합판매로 인한 이익을 소비자가 아닌 주유소가 취하게 될 우려가 있다는 점을 그 이유로 든다. 이에 반하여 혼합판매 표시제 도입을 반대하는 견해에서는 정유사 단계에서 이미 물량교환[78]이 이루어지고 있어 주유소 단계에서 혼합판매 여부를 표시하는 것이 소비자의 선택권을 침해하지 않고, 석유제품을 혼합하더라도 품질기준에 부합하므로[79] 규제할 필요성이 낮고, 오히려 혼합판매 표시를 의무화하게 되면 현재 관행적으로 이뤄지

---

76 1992년 7월부터 2008년까지 폴 사인(pole sign) 제도가 도입되었다. 폴 사인 제도란 특정 정유회사의 상표나 상호를 내걸고 해당 회사로부터 공급받는 석유제품을 판매하도록 하는 제도이다. 이 제도로 인해 석유판매업자는 주유소에 특정 정유사의 상표나 상호를 표시해야 했다. 국내 특정 정유사가 아닌 여러 정유업체나 석유수입사를 통해 공급받는 석유를 판매하는 주유소는 폴 사인을 걸지 않고 석유제품의 판매가 허용되고 있다.

77 2012년 3월 23일 물가관계장관회의에서 주유소의 혼합판매가 활성화될 수 있도록 혼합판매와 관련한 표시의무를 완화하기로 결정함에 따라 표시의무 완화 방안의 일환으로 2012년 5월 1일 「부당표시·광고의 유형 및 기준고시」에서 석유제품의 혼합판매를 부당한 표시·광고 예시규정에서 삭제하였다. 예를 들면, 하나의 영업장소에서 A, B, C 석유정제업자가 공급한 제품을 판매함에도 불구하고, B, C 석유정제업자가 공급한 제품을 판매한다는 사실을 표시광고하지 않고, 마치 A 석유정제업자가 공급한 제품만을 판매하는 것처럼 A 석유정제업자의 상표 또는 상호만을 표시광고하는 경우이다.

78 물량교환이란 타 정유사가 정제한 석유제품을 받아 자사 브랜드로 공급하는 것을 의미한다. 2014년 평균 정유사간 물량교환 비중은 휘발유 40.3%, 경유는 33.9% 수준이다.

79 한국석유관리원은 2011년 3월 연구결과(정유사별 석유제품 혼합에 따른 품질 및 차량성능평가 연구) 혼합판매를 하더라도 품질특성 및 차량 성능에 특별한 문제가 없는 것으로 확인하였다고 발표하였다.

고 있는 저가의 타사 제품이나 수입제품의 혼합판매를 실질적으로 제한하게 되어 석유 유통시장의 경쟁 촉진을 저해하고 정유사의 수직계열화가 강화될 우려가 있다는 것이다.

석유제품 혼합판매 제도는 석유제품 유통구조 개선 효과를 기대하며 추진된 제도이다. 다만 실제 제도 시행 후 2년 6개월 동안 제도에 참여하는 주유소가 없었는데, 이는 폴 주유소 입장에서는 혼합판매에 대한 소비자의 부정적 인식에 따른 매출 저하와 기존 정유사와의 계약 갱신에 따르는 비용을 부담하기보다는 음성적인 혼합판매를 할 유인이 컸기 때문이다. 또한 공급 측면에서는 국내수요 대비 초과 생산량과 수입제품 등이 저가로 공급되고 있었고, 규제 측면에서는 정부의 혼합판매 장려 정책 기조로 사실상 혼합판매 표시 규제를 방치하고 있어 혼합판매 표시의무를 두더라도 정책 실효성이 낮아 최종적으로 도입하지 않았다.

(4) 옥탄가 표시제

석유판매업자는 가격표시판을 설치하는 방법으로 석유제품 판매가격을 표시하여야 한다. 이에 따라 주유소에서는 경유, 보통휘발유, 고급휘발유 등 석유제품에 따라 가격을 표시하고 있다. 그런데 우리나라 석유제품 품질기준에 따르면 옥탄값 기준으로 보통휘발유는 옥탄값 91 이상 94 미만, 고급휘발유는 94 이상으로 규정하고 있어서 동일한 제품도 주유소별로 옥탄값의 차이가 날 수 있다. 특히 수입차 차량제조업체는 자사 차량에 옥탄값이 94 이상인 고급휘발유를 사용하도록 권장하고 있다. 최근 수입차 판매가 증가하면서 보통휘발유보다 비싼 고급휘발유의 수요가 증가하고 있다. 소비자는 주유소별 고급휘발유의 정확한 옥탄값을 알지 못한 상태로 고급휘발유를 주유하고 있어 "주유소 가격표시판 옥탄값 표시제" 도입의 필요성이 제기되었다. "주유소 가격표시판 옥탄값 표시제"는 소비자가 옥탄값을 석유제품 선택의 기준으로 활용할 수 있어 국민의 알권리를 증대할 수 있다는 측면이 있다.

시중에서 유통·판매되는 석유제품의 품질이 옥탄값 등 석유제품 품질기준에 맞는지를 한국석유관리원이 검사하고 있으므로 고급휘발유의 옥탄값은 사실상 관리되고 있다고 할 수 있다. 또한 석유판매업자(주유소)는 기존 재고에 새로운 휘발유를 혼합하는 방식으로 석유제품을 공급받고 있으므로 현실적·기술적으로 실시간 정확한 옥탄값을 확인하기에는 어려움이 있다. 석유제품에는 옥탄값을 품질기준으로 하지 않는 등유, 경유, 중유, 윤활유와 이에 준하는 탄화수소유 및 석유가스가 포함되어 있으므로 제품별 옥탄값을 가격표시판에 모두 표시하도록 하는 것은 적절하지 않다. 또한 옥탄값의 기준은 범위값으로 정하고 있어 임의의 특정 옥탄값 표시는 실익이 없고, 주유소가 유류저장탱크에 보관되어 있는 석유제품에 대한 옥탄값을 측정하거나 확인할 수 있는 방법이 없어 현행 석유사업법은 옥탄값의 표시를 도입하지 않고 있다.

3. 비축의무

(1) 비축의무자

석유사업법은 석유의 안정적 공급을 주된 목적으로 하는 법률이다. 석유와 석유대체연료의 공급안정성을 위한 제도로 석유사업법은 비축제도를 두고 있다. 석유 및 석유대체연료 비축제도는 석유 및 석유대체연료 사업자에 대한 비축의무 부여를 기반으로 한다.

석유사업법에 따른 석유 비축의무자는 석유정제업자, 원유·석유제품 수출입업자 및 부산물인 석유제품의 석유정제업자 또는 석유가스를 수입하는 자가 아닌 자에게 판매하는 부산물인 석유제품 생산판매업자이다. 이에 반하여 석유대체연료 비축의무자는 석유대체연료 제조·수출입업자이나 자기가 사용하기 위하여 석유대체연료를 수입하는 자에게는 석유대체연료 비축의무를 부여하지 않고 있다.

석유정제·수출입업자에게 부여되고 있는 석유비축의무는 전쟁 발발 또는 원유공급의 감축이나 중단 등의 석유위기사태에 대비하기 위하여 일정 물량의 원유 또는 석유제품을 비축하는 에너지수급 안정대책에 속한다. 우리나라는 석유에 대한 중동의존도가 높고, 자주개발원유 확보율이 상당히 낮아서 국민경제의 안정을 위해서는 전략적 석유비축이 필요하다.

석유 및 석유대체연료의 시장 점유율이 상승하는 경우에 제조시설의 화재발생이나 제조국의 수출규제 등으로 제조·수입 등 공급망에서 문제가 발생할 수 있다. 이 경우에 석유나 석유대체연료의 공급이 중단되어 석유시장에 혼란이 발생할 수 있다. 석유대체연료도 석유와 같이 제조·수출입업자에게 비축의무를 부과하는 것은 비상시 필요한 물량을 사전에 확보함으로써 에너지의 안정적 공급을 위한 것이다.

(2) 석유비축계획과 비축량산정기준

산업통상자원부장관은 석유 수급과 석유가격의 안정을 위하여 석유비축목표를 설정하고 해당 비축목표를 달성하기 위한 석유비축계획을 수립하여야 한다.[80] 비축계획에는 석유비축목표, 비축할 석유의 종류와 물량, 석유비축시설, 그 밖에 석유비축에 관한 중요 사항을 포함하여야 한다. 산업통상자원부장관은 매연도 개시 1개월 전까지 석유비축계획을 수립하여야 하며, 석유비축계획 중 비축주체, 비축대상 유종(油種), 정부부문의 비축목표량 등 중요 사항을 고시하여야 한다. 고시된 사항을 변경한 경우에는 지체 없이 그 변경 사항을 고시하여야 한다.

핵심자원 비축 의무자·비축량·비축기준 법령명시유무 현황

구분	근거법		의무자	비축량	비축기준 법령명시유무
석유	석유 및 석유대체 연료 사업법	제15조	산업부장관	360천B (2023년)	×
		제17조	석유정제업자	연간 일평균 내수판매량의 40일분	○
			석유제품생산 판매업자	연간 일평균 내수판매량의 30일분	○
액화석유가스 (LPG)	액화석유 가스사업법	제20조	LPG 수출입업자	연간 일평균 내수판매량의 15일분	×
천연가스 (LNG)	도시가스 사업법	제10조의10	가스도매 사업자	해당절기 내수판매량의 일평균 판매량의 9일분	×
무연탄	석탄 산업법	제28조	정부	11,100톤	×
주요광물 (비축의무 없음)	한국광해 광업 공단법	제8조	한국광해 광업공단	64.5일분 (50~100일)	×
	조달사업에 관한 법률	제29조	조달청장	40.2일분 (30~60일)	×

*자료: 산업통상자원부

---

80 석유비축계획은 1980년 이후 2021년 11월까지 제4차 석유비축계획이 수립되었다. 현재 제4차 석유비축계획에 따라 2025년까지 146백만배럴의 비축시설과 100.1백만배럴의 비축유를 확보할 계획이다.

석유비축계획 수립 현황

(단위: 백만배럴)

목표	1차	2차	3차	4차
기간	'80~'89	'90~'03	'95~'13	'14~'25
비축시설	43.6	95.5	146.0	146.0
비축유	38.1	74.6	93.9	100.1

*자료: 산업통상자원부

산업통상자원부장관이 석유비축계획을 수립할 때 석유비축 목표·물량을 명확한 기준 없이 산정하고 있어 정부의 예산사정 등에 따라 석유비축이 제대로 이루어지지 못할 우려가 있다. 그러므로 석유비축량의 산정기준은 다음과 같은 다양한 요인을 고려하여 정할 필요성이 있다.

첫째, 우리나라는 국제에너지기구(IEA) 회원국이고 또한 원유를 해외에서 전량 수입하므로 정부가 석유비축계획을 수립할 때 국제에너지기구(IEA) 기준, 국내 석유수요전망, 국내외 석유시장 변화 등 다양한 요소를 반영하여 석유비축기준을 마련하여야 한다.[81] 둘째, 석유 수급사정이나 그 밖의 경제 상황이 현저하게 변동하여 산업통상자원부장관이 석유비축계획의 변경이 필요하다고 인정하는 때에는 이를 변경할 수 있다(석유사업법 제15조제3항). 이와 같이 변화하는 환경에 탄력적으로 대응할 수 있도록 하고 있음에도 "전년도 일소비량"만을 석유비축량 산정기준으로 하는 것은 석유 수급사정 등에 따른 석유비축계획의 변경을 어렵게 한다.

(3) 비축대상

석유사업자가 비축하여야 하는 석유제품은 원유, 휘발유, 등유, 경유, 중유, 항공유, 프로판 및 부탄이다. 석유대체연료의 비축대상은 바이오디젤연료유, 바이오에탄올연료유, 석탄액화연료유, 천연역청유(天然瀝靑油), 유화연료유, 가스액화연료유, 디메틸에테르연료유, 바이오가스연료유, 바이오중류이다.

(4) 비축의무량

석유비축의무자와 석유대체연료비축의무자가 비축하여야 하는 석유 또는 석

---

81 2017년 감사원은 석유비축계획에 에너지기본계획의 수요전망 방법을 반영하고 국제적으로 통용되는 국제에너지기구(IEA) 기준을 고려하여 비축목표량을 산정할 것을 지적하였다.

유대체연료의 양은 연간 내수판매량의 일평균 판매량의 60일분의 범위에서 산업통상자원부장관이 정하여 고시하는 양이다. 이 경우 비축의무량 중 비축의무자가 정상적인 영업을 위하여 통상적으로 보유한다고 인정되는 운영재고량도 함께 고시하여야 한다.

<석유사업자의 등록기준과 석유비축의무량>

구 분	등록기준	석유비축의무량
석유 정제업	– 석유정제시설 – 저장시설(내수판매계획량의 60일분 or 생산계획 　량의 45일분 중 많은 양)	연간 일평균내수판매 량의 40일분
석유 수출입법	– 일반 : 내수판매계획량의 45일분 or 7,500킬로리 　터 중 많은 양의 저장시설 – 석유가스수입자 : 내수판매계획량의 35일분에 해 　당하는 저장시설 – 자가용, 항공유 등은 별도로 규정	연간 일평균내수판매 량의 30일분
석유 판매업	– 일반대리점 : 700킬로리터 이상 저장시설, 50킬 　로리터 이상 수송시설, 1억 이상 자본금 – 그 밖에 용제대리점, 주유소, 용제판매소, 부생연 　료유판매소는 별도로 규정	부산물인　석유제품 판매업 : 연간 일평 균내수판매량의　30 일분

(5) 비축의무의 대행

　석유비축의무자는 시설기준 등 요건을 모두 갖춘 석유비축대행업자에게 석유비축의무를 대행하게 할 수 있다. 석유비축대행업은 비축시설이 혐오시설로 인식되어 석유비축의무자가 비축시설의 입지를 확보하는데 어려움이 있어 이를 극복하기 위하여 도입된 제도이다. 비축시설의 설치가 쉽지 않아 비축의무자에게 비축의무가 과중한 부담이 되는 문제를 석유비축대행업제도를 통해 해결하고자 한 것이다. 비축대행은 석유비축에만 가능하고, 석유대체연료의 비축에는 적용되지 않는다. 그러므로 석유대체연료 사업자는 직접 저장시설을 설치하거나 대여하여 석유대체연료를 비축하여야 한다.

　석유비축대행업의 시설기준으로서 원유 또는 석유제품(석유가스는 제외한다)의 비축대행업의 경우 원유 또는 석유제품 1만킬로리터 이상의 저장시설을 갖추어야 하고,

석유가스의 비축대행업의 경우 석유가스 3천톤 이상의 저장시설을 갖추어야 한다.

(6) 석유비축시설의 안전성 검사

산업통상자원부장관은 비축계획에 따른 석유비축목표를 달성하기 위하여 필요한 시책을 마련하여야 하고, 필요한 경우 석유비축시책을 한국석유공사로 하여금 시행하게 할 수 있다. 이에 따라 한국석유공사는 석유비축시설(9개 비축기지)을 설치하고, 비축사업을 시행하고 있다. 산업통상자원부장관은 석유비축시책의 시행을 위한 한국석유공사의 석유비축시설에 대하여 안전성을 검사할 수 있다.

석유비축시설에 대한 안전성 검사는 석유사업법 외에 「위험물안전관리법」과 같은 법 시행규칙에 따라 정기점검(연 1회)과 구조안전점검(최초 12년, 이후 11년마다)이 실시되고 있다. 그런데 「위험물안전관리법」에 따른 점검은 위치·구조 및 설비에 관한 기준의 준수 여부와 부식 위험성 여부 등에 대한 외형점검 위주로 진행되고 있다. 석유사업법은 한국석유공사의 석유비축시설에 기능과 작동상태(소방설비 작동점검 등)에 대한 검사를 할 수 있는 근거를 두고, 검사기준을 정하여 운용하고 있다.

4. 위반사실 게시문 부착

관할 행정기관은 석유정제업자·석유수출입업자 또는 석유판매업자가 가짜석유제품을 제조·수입·저장·운송·보관 또는 판매함으로써 사업정지처분 또는 과징금처분을 2회 이상 받은 경우 관계 공무원으로 하여금 행정처분의 내용 및 사유 등을 명시한 게시문을 사업정지기간에 상당하는 기간 동안 해당 사업자의 영업장에 붙이게 하여야 한다(석유사업법 제14조의2). 행정처분의 내용 및 사유 등을 명시한 게시문은 사업자가 영업장에 직접 부착하는 것이 아니고, 관계 공무원이 사업자의 영업장에 붙인다. 즉 행정기관은 행정처분 게시문을 붙일 수 있는 권한을 가지고, 사업자는 그에 대한 수인의무를 진다.

법 위반사실에 대한 게시문 부착의 취지는 가짜석유제품의 제조 등 금지의무 위반에 대한 단속의 실효성을 높이고 소비자의 알권리를 보호하는데 있다. 이에 반해 사업자로서는 게시문 부착으로 인해 해당 영업장에 대한 소비자의 신뢰가 저하됨으로써 적법한 석유제품의 판매에도 소비자의 신뢰를 얻지 못하여 영업 전체에 대한 불이익을 받을 수 있어 영업의 자유 및 재산권을 과도하게 침해하는 결과를 낳을 수 있다. 다만 관할 행정기관으로부터 등록·신고를 하여 적법하게 사업을 영위하는 사업자가 가짜석유제품 제조 등의 위법행위를 하는 것은 소비자의 기대를 저버릴 뿐만 아니라 정부정책에 대한 불신을 초래한다는 점에서 사회적 비난가능성이 높다고 할 수 있다. 또한 등록·신고를 한 사업자는 이미 설치되어 있는 저장시설 등을 위법행위에 쉽게 사용할 수 있어 대규모로 가짜석유제품을 제조 또는 판매할 수 있고, 이로 인해 소비자 피해가 적지 않을 수 있다. 따라서 법 위반사실 게시문을 부착함으로써 사업자의 영업의 자유 및 재산권이 침해되는 정도가 그를 통해 실현하고자 하는 소비자 알권리 보호 등의 공익에 비해 현저하다고 보기 어렵다.

V. 사업자의 소극적 행위의무(금지행위)

1. 석유 및 석유대체연료 사업자의 금지행위

(1) 차량용 연료 외의 연료 사용금지

등유, 부생연료유, 바이오디젤, 바이오에탄올, 용제 윤활유, 윤활기유, 선박용 경유 및 석유중간제품과 같은 비차량용 연료는 자동차, 건설기계, 농업기계 및 「군수품관리법」에 따른 차량의 연료로 사용할 수 없다(석유사업법 제39조제3항). 이 규정은 비차량용 연료의 사용행위와 이로 인하여 발생할 수 있는 여러 부작용의 방지를 목적으로 한다. 비차량용 연료를 자동차나 건설기계에 사용함으로써 자동차 등의 엔진손상, 대기오염물질 배출량 증가, 세금의 탈루 등 여러 부작용이 발생할 수 있다. 이를 방지할 목적으로 석유판매업자 외에 최종소비자에게도 사용이 금지된다.

비차량용 연료의 차량 사용금지를 위반한 자에 대하여 과태료가 부과될 수 있다. 비차량용 연료 사용으로 발생하는 부작용 중 차량엔진의 성능저하 등은 행위자 본인이 감수할 문제임에도 이를 법률적으로 금지하는 것은 한편으론 사용자의 자유를 침해할 수 있다. 등유 등의 비차량용 연료의 차량 사용은 휘발유 등 차량용 연료에 부과되는 세금의 탈루 행위라고 할 수 없고, 비차량용 연료 사용시 발생하는 대기오염물질 배출 증가에 대해서는 「대기환경보전법」 등 관련 법에 따라 규제하는 것이 적합하다. 비차량용 연료 사용급증의 주된 원인은 석유제품 간 가격차이에 기인하고, 석유제품 간 가격차이의 주된 원인은 석유제품별로 부과되는 각종 조세와 준조세의 차이에 있다. 그러므로 비차량용 연료의 차량 사용에 대한 비난가능성과 책임성이 비차량용 연료 사용자에게만 있다고 할 수 없다. 요컨대 비차량용 연료의 차량 사용이 비록 정상적인 소비활동이라고 할 수는 없으나, 이

를 전면적으로 금지하고 그 위반 행위에 대해 과태료를 부과하는 것에 대해 개인
의 자유에 대한 과도한 제한이라고 볼 여지가 없지 않다.

(2) 정량미달 판매행위 금지

석유사업법은 석유 및 석유대체연료를 대통령령으로 정하는 사용공차(使用公
差)를 벗어나 정량에 미달하게 판매하는 행위를 금지한다(석유사업법 제39조제1항제2
호). 석유사업법 시행령은 「계량에 관한 법률 시행령」 별표 7에 따른 계량기별 사
용공차를 적용하도록 규정하고 있다. 동 별표는 주유기의 사용공차를 계량기 검정
기준(국가기술표준원 고시)에서 정하는 최대허용오차의 1.5배의 값으로 규정하고 있
다. 국가기술표준원에서 정하여 고시한 「액체용 계량기(주유기, LPG미터, 오일미터) 기
술기준」은 국제법정계량기구(Organization of International Legal Metrology, OILM)의 권고
기준을 적용하여 최대허용오차를 ±0.5%로 정하고 있다. 그러므로 현재 석유 및
석유대체연료의 판매 시 정량에 미달하게 판매할 수 있는 오차 범위는 ±0.75%가
적용된다.[82] 정량에 미달하는 경우에 그만큼 소비자가 손해를 보게 되므로 석유사
업법에서는 정량미달 판매를 금지하고 있다.

주유기 오차 구간별 현황

오차 구간(mL)	건수(건)	비율(%)	
−150 초과	202	2.6	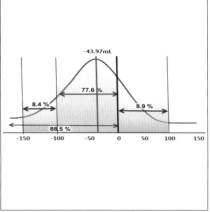
−150 이상 −100 미만	663	8.4	
−100 이상 −50 미만	2,494	31.7	
−50 이상 0 이하	3,604	45.8	
0 초과 50미만	699	8.9	
50 이상 100 미만	162	2.1	
100 이상 150 미만	30	0.4	
150 이상	5	0.1	
계	7,859	100	

*자료: 기계전기전자시험연구원(검정기관) 및 석유관리원(단속기관) 측정치('11~'12년).
       산업통상자원부 보도자료에서 재인용

---

82 석유제품 정량의 사용오차와 관련하여 석유사업법에 따른 ±0.5% 기준과 「계량에 관한 법률」에 따른
   ±0.75% 기준이 이원적으로 병존할 수 있는 문제가 있다. 이러한 문제로 인하여 석유사업법 시행령에서는
   「계량에 관한 법률」에 따른 주유기 사용오차를 따르도록 하고 있다.

(3) 부피증가 판매행위금지

석유사업자 및 석유대체연료사업자는 인위적으로 열을 가하는 등 부당하게 석유 및 석유대체연료의 부피를 증가시켜 판매해서는 아니 된다(석유사업법 제39조제1항제3호). 이를 위반한 경우에는 행정기관은 행정제재, 공표, 벌칙 등의 제재를 할 수 있다. 석유 등에 열을 가하여 부피를 증가시켜 판매하는 행위는 정량미달 판매 금지를 회피하기 위한 방법으로서 실질적으로는 정량미달 판매와 동일한 성격을 가진다.

석유 등에 열을 가하는 행위는 「위험물안전관리법」 제5조제3항 및 같은 법 시행규칙에 따른 위험물의 저장 및 취급기준을 위반한 것으로 동법에 따른 벌칙(500만원 이하의 벌금)이 부과될 수 있다. 「위험물안전관리법」을 위반하지 아니하는 범위의 행위라 하더라도 열을 가하여 부피를 팽창시켜 판매함으로써 소비자 피해를 초래하는 경우에는 행정기관이 석유사업법에 따라 행정제재, 공표, 벌칙(2년 이하의 징역 또는 5천만원 이하의 벌금) 등을 부과할 수 있다.

(4) 석유판매업자의 유가보조금 관련 거짓 서류의 발급금지

석유사업법은 「화물자동차 운수사업법」에 따라 운수사업자에게 지급되는 유가보조금에 대한 부정수령 행위를 차단하기 위하여 석유판매업자에게 허위 세금계산서 발급 등을 금지하고 있다(석유사업법 제39조제4항제1호·제2호). 이를 위반하는 경우 등록취소 등의 행정상 제재를 받게 된다. 유가보조금 부정수령에 대하여 관할 행정기관은 「화물자동차 운수사업법」에 따라 운수사업자에 대한 보조금 반환 명령을 할 수 있을 뿐만 아니라 석유판매업자에도 의무를 부과하고, 운수사업자에 대하여 유가보조금 지급정지 및 운송사업 허가취소를 할 수 있도록 함으로써 유가보조금 부정수급행위를 차단할 수 있다. 불법적인 유가보조금 수령행위의 금지를 위해서는 석유판매업자에 의무를 부과하는 것이 적합하다.

(5) 불법판매목적 영업시설의 설치 등 금지

석유사업자에게는 가짜석유제품 취급, 석유제품 정량 미달 판매 또는 부당 부피 증가 판매를 목적으로 영업시설을 설치·개조하거나 그 설치·개조한 영업시설을 양수·임차하여 사용하는 행위가 금지된다(석유사업법 제39조제1항제1호·제4호). 이를 위반한 경우 석유사업자는 등록취소 및 영업장폐쇄 강제, 과징금처분 금지, 벌칙(5년 이하의 징역, 2억원 이하의 벌금) 부과 등의 처벌을 받게 된다.

불법 영업시설 설치·개조행위는 가짜석유제품 제조·판매, 석유제품 정량미달 판매 등의 위법행위를 하기 위한 예비적 준비행위에 해당한다. 저장시설 이중 설치, 저장시설 개조, 주유기 개조 및 원격수신장치 설치 등의 수법으로 불법 영업시설을 설치·개조함으로써 가짜석유제품 제조·판매, 정량 미달 판매 또는 부당 부피증가 판매가 이루어지게 된다. 따라서 불법적으로 영업시설을 설치·개조하는 행위를 금지함으로써 가짜석유제품 판매 등을 원천적으로 차단할 수 있다. 해당 금지행위 위반에 따른 사후조치 등의 내용은 비례의 원칙 및 과잉금지원칙에 위반되지 않아야 한다.

석유사업법은 불법 목적으로 영업시설 설치·개조행위를 한 석유사업자 및 석유대체연료사업자에 대하여 등록취소나 영업장 폐쇄를 명할 것을 기속행위로 규정하지 않고, 재량행위로 정하고 있다. 가짜석유제품 취급 및 정량미달 판매 사업자에게 등록취소(영업장 폐쇄) 또는 사업정지 처분을 선택적으로 부과할 수 있도록 규정하고 있어, 그 준비행위에 해당하는 영업시설 설치·개조 등의 행위에 대하여 등록취소 등을 기속적으로 규정하는 것은 적합하지 않기 때문이다. 석유사업법은 가짜석유제품 취급 및 정량미달 판매 사업자에게 사업정지처분에 갈음한 과징금 처분 규정을 두고 있다. 비례의 원칙 측면에서 가짜석유제품 취급 및 정량 미달 판매의 준비행위에 해당하는 불법 영업시설 설치·개조행위에 대하여도 영업정지 대체 과징금을 부과할 수 있도록 하는 것이 비례원칙에 적합하다.

(6) 면세유 판매금지

석유류에 대한 면세로는 외국항행선박이나 원양어업선박에 사용하는 석유에 대한 면세와 농업·임업 또는 어업용 석유류에 대한 부가세 면제가 있다.

면세유에 대해서는 첫째, 석유사업자 및 석유대체연료사업자가 외국항행선박 또는 원양어업선박에 사용해야 하는 석유류를 외국항행선박 또는 원양어업선박의 연료 외의 용도로 반출하거나 반출된 사실을 알면서 취득하는 행위는 금지된다. 둘째, 석유판매업자는 농업·임업 또는 어업에 사용하여야 하는 석유류를 농업·임업 또는 어업 외의 다른 용도로 판매할 수 없다.[83]

---

83 「조세특례제한법」 및 「농·축산·임·어업용 기자재 및 석유류에 대한 부가가치세 영세율 및 면세 적용 등에 관한 특례규정」은 농업·임업 또는 어업에 사용하기 위한 석유류의 공급에 대해서는 부가가치세 등을 면제하도록

농·임업용 면세유와 어업용 면세유의 공급체계

□ 농업용 면세유 공급체계(임업용 면세유 공급체계 동일)

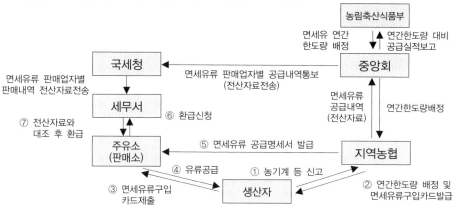

□ 어업용 면세유 공급체계(임업용 면세유 공급체계 동일)

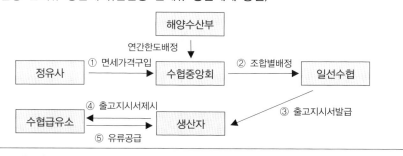

*자료: 농림어업용 석유류 간접세 면제, 2018. 9, 기획재정부

면세유 불법유통은 석유사업법에 따른 금지행위로서 영업정지, 영업장 폐쇄 등의 행정처분을 받을 수 있다. 면세유 불법유통은 석유사업법에 따른 금지행위에 속할 뿐만 아니라 「조세범 처벌법」에 따른 형사처벌 대상에도 속한다.

하고 있다(조세특례제한법 제106조의2). 농·임업용 면세유는 농민이 직접 주유소에서 구입하고 있으나, 어업용 면세유는 수산업협동조합중앙회가 석유정제업자로부터 면세유를 구입하여 ① 자체 급유시설이 있는 경우 급유소, 직영주유소 등을 이용하여 어민들에게 직접 공급하고, ② 수산업협동조합중앙회에 자체 급유시설이 없는 경우 해양수산부의 「어업용 면세유류 공급 및 사후관리 요령」에 따라 수산업협동조합중앙회와 면세유류 공급대행 계약을 체결한 공급대행주유소가 어민들에게 보관된 면세유를 공급하고 있다.

(7) 건전한 유통질서를 해치는 행위의 금지

석유사업법은 석유 및 석유대체연료의 건전한 유통질서를 해치는 행위의 금지를 규정하고, 같은 법 시행령에서 유통질서를 해치는 행위를 10개 행위로 규정하고 있다(석유사업법 시행령 제43조제1항). 이에 따라 석유판매업별 또는 석유대체연료 판매업별 영업 범위나 영업방법을 위반하여 석유제품이나 석유대체연료를 공급하거나 공급받는 행위, 석유판매업 및 석유대체연료 판매업의 종류별 취급제품이 아닌 제품(석유제품 연소 설비의 근본적인 구조 변경 없이 석유제품을 대체하여 사용할 수 있는 연료로서 석유대체연료가 아닌 연료를 포함한다)을 보관하거나 공급하는 행위, 특정 지역 또는 전국적인 수급 안정에 차질을 가져올 정도로 석유제품이나 석유대체연료의 가격을 인상 또는 인하하여 공급하는 행위 등은 금지된다.

2. 사업자 외의 금지행위

(1) 판매금지의 허용행위

석유판매업자를 제외하고는 원칙적으로 석유판매업은 금지된다. 다만, 예외적으로 석유정제업자 또는 석유수출입업자 상호 간에 석유를 판매하는 행위, 석유정제업자·석유수출입업자 또는 부산물인 석유제품 생산판매업자 상호 간에 산업통상자원부령으로 정하는 석유제품을 판매하는 행위, 건설업자가 건설공사 사업장에서 자기가 소유하고 있는 시설 중 대통령령으로 정하는 시설을 이용하여 그 건설공사에 사용되는 건설기계에 석유 대금을 받지 아니하고 석유를 직접 공급하는 행위, 석유공사가 석유비축시책을 시행하기 위하여 석유를 판매하는 행위, 시·도지사 또는 시장·군수·구청장이 천재지변이나 그 밖에 이에 준하는 사태의 발생으로 관할구역의 석유 수급에 중대한 차질이 생기거나 생길 우려가 있는 경우에 국민생활의 안정을 도모하기 위하여 필요하다고 인정하여 내린 석유수급 안정 조치로서 주유소 및 일반판매소가 실소비자에게 주유기가 부착된 차량이나 계량용기를 이용하여 이동판매 등을 하는 행위는 허용된다.

(2) 석유사업자 상호 간 판매행위

석유사업법은 석유정제업자 또는 석유수출입업자 상호 간에 석유를 판매하는 행위를 허용하고 있다. 석유정제업자와 석유수출입업자는 필요에 따라 상호 간 판매를 통하여 탄력적인 석유사업을 영위할 수 있다.

(3) 건설기계 주유행위

석유판매업자가 아닌 건설업자가 해당 건설공사에 사용되는 건설기계에 대하여 그 건설공사의 사업장 안에서 자기소유시설을 이용하여 석유 대금을 받지 아니하고 석유를 직접 공급할 수 있다. 석유사업법과 「위험물안전관리법」에 따르면 일반 자동차는 물론이고 건설기계 중 덤프트럭과 콘크리트믹서트럭 등 이동이 가능한 차량은 주유설비가 고정된 장소(주유소)에서만 주유하는 것이 원칙이다. 다만 이에 따라 댐, 항만 등의 건설공사장에서 사용되는 건설기계가 주유소 등 주유설비가 고정된 장소로 이동하여 주유함으로써 많은 시간과 비용이 소요되어 건설공사를 효율적으로 진행할 수 없다는 것이 문제되었다. 이러한 문제를 고려하여 주유소 이용여건이 열악한 건설공사장 내에서 사용하는 건설기계에 대해 주유의 편의성 제고와 원거리 이동주유에 따른 연료비 부담 완화를 위하여 석유사업법은 건설업자가 자기소유의 저장시설을 이용하여 대가를 지급받지 않고 건설기계에 대하여도 석유를 직접 공급할 수 있도록 허용하고 있다. 다만 덤프트럭과 콘크리트믹서트럭의 경우에는 간이탱크저장소, 이동탱크저장소 또는 자가용 주유취급소를 이용하는 경우에만 직접 주유가 가능하다.

VI. 행정기관의 처분권한

1. 등록취소·영업장폐쇄

(1) 등록취소와 영업장 폐쇄

석유사업법은 석유사업자에 대하여 행위의무를 부여하고, 해당 의무를 이행하지 않는 경우에 등록취소 등의 처분을 할 수 있는 권한을 관할 행정기관에 부여하고 있다. 관할 행정기관은 석유사업자가 의무를 이행하지 않는 경우에 그 석유정제업 등의 등록을 취소하거나 그 석유사업자에게 영업장 폐쇄(신고한 사업자에 한한다) 또는 6개월 이내의 기간을 정하여 그 사업의 전부 또는 일부의 정지를 명할 수 있다(석유사업법 제13조).

등록 석유사업자가 실제로 폐업하거나 등록 후 1년 이상 사업을 개시하지 않는 경우 또는 사업개시 후 장기간 영업행위를 하지 않는 경우에도 행정관청은 직권으로 등록을 취소할 수 있도록 함으로써 석유의 수급관리 및 현황파악 등을 적합하게 수행할 수 있다. 석유사업의 등록취소나 영업장 폐쇄 등의 행정처분은 실제로 영업활동을 하지 않는 석유사업자에게 부과될 수 있는 각종 의무불이행에 대하여 민원 및 분쟁의 발생을 사전에 방지할 수 있다. 등록취소는 침익적 행정처분에 해당한다. 그러므로 관할 행정기관은 석유사업자의 등록취소을 위해서는 법치행정원칙에 따라 법률상 근거가 있어야 등록취소를 적법하게 할 수 있다. 영업장 폐쇄는 그 자체가 행정처분이 아니라 침익적 사실행위에 해당한다. 행정청이 행하는 침익적 사실행위도 법치국가원칙으로 침해유보설에 따라 법률적 근거를 필요로 한다.

(2) 등록취소의 요건

1) 장물인 석유제품의 취득 등을 한 석유판매업자의 등록취소

송유관설치자 및 송유관관리자가 운송·저장 또는 보관하는 석유제품을 절취하여 양도·운반·보관하거나 이를 절취한 자로부터 장물임을 알면서 취득·양도·운반·보관 또는 이러한 행위를 알선한 석유판매업자에 대해서는 그 석유판매업의 등록을 취소할 수 있다. 이는 송유관에서 절취한 석유제품의 유통경로를 차단함으로써 송유관 도유사건을 근절하는 것을 목적으로 한다.

석유판매업자가 취득·양도·보관·판매 또는 알선의 대상인 석유제품이 장물인 점을 알고 있었는지의 여부와 관계없이 객관적으로 당해 제품이 장물이라는 사실만으로 석유판매업의 등록취소를 하는 부당함을 방지하기 위하여 장물인 것을 알면서 취득·양도·운반·보관·알선한 경우에 등록취소 외에 영업장 폐쇄 또는 사업정지처분을 할 수 있도록 규정하고 있다. 석유제품의 장물 여부를 알지 못하는 경우에 등록취소 등의 불이익 처분을 하게 되면 책임의 원칙이나 비례의 원칙에 위배된다. 물론 장물 여부에 대한 인지에 관하여 과실의 정도를 고려하여 불이익 처분을 할 수 있으나, 이 경우에는 어느 정도의 과실에 대하여 석유판매업자에게 책임을 물어야 할 것인가에 관한 문제를 해결하여야 한다.

장물의 "알선"은 장물의 취득·양도·운반·보관의 행위와 병렬적으로 규정되어 있다. 그러므로 알선의 의미는 장물의 취득·양도·운반·보관 행위를 알선한 자에 대한 제재가 아니라 장물 자체를 알선한 자에 대한 제재를 말한다.

2) 사업정지명령 위반 석유사업자의 등록취소

석유사업법은 사업정지명령을 받은 석유정제업자, 석유수출입업자 또는 석유판매업자가 이를 위반하여 사업정지 기간 중에 영업을 계속한 때에는 관할 행정기

관이 그 등록을 취소하거나 영업장 폐쇄를 명하도록 규정하고 있다(석유사업법 제13
조제6항). 이는 석유정제업자 등이 관할 행정기관의 사업정지명령을 받고도 영업을
계속하는 경우에 이를 제재할 수 있는 법적 수단에 해당한다. 관할 행정기관의 사
업정지명령을 위반하여 영업을 계속하는 경우에는 석유사업자의 등록 자체를 취소
할 수 있도록 함으로써 법위반행위에 대한 제재조치의 실효성을 확보할 수 있다.

(3) 국제석유거래업자에 대한 제재처분

석유사업법은 국제석유거래업자가 석유사업법에 따른 의무이행을 하지 않는
경우 사업정지, 영업장 폐쇄, 과징금 등의 행정처분을 할 수 있는 근거를 두고 있
다. 거짓이나 부정한 방법으로 국제석유거래업 신고한 경우, 폐업한 경우, 결격사
유에 해당하게 된 경우, 보세구역 밖에서 석유를 거래하거나 종합보세구역 밖에서
석유제품을 제조한 경우에는 영업장을 폐쇄하도록 규정하고 있다(석유사업법 제13조
제3항 단서).

석유사업법은 국제석유거래업자가 휴업 또는 폐업을 하지 않고 1년 이상 사업
을 하지 아니하는 경우 사업정지 또는 영업장 폐쇄를 할 수 있도록 하며, 검사를
방해·거부 또는 기피하거나 석유사업법 제39조에 따른 금지행위를 위반한 경우
사업정지·영업장 폐쇄를 명하거나 사업정지를 갈음한 과징금을 부과할 수 있도록
규정하고 있다.

국제석유거래업자는 다른 석유사업자와 달리 보세구역·종합보세구역이라는
제한된 장소에서만 거래·혼합제조를 할 수 있다. 그러므로 장소제한을 위반한 경
우 관할 행정기관은 국제석유거래업자에 대하여 행정제재를 할 수 있다. 국제석유
거래업자는 수출·수입을 할 수 없다는 점을 고려하여 다른 석유사업자와 달리 국
내 수급안정과 관련된 의무를 부담하지 않는다. 국제석유거래업자의 혼합제조는
가짜석유 제조에서 제외하고 있어 가짜석유 근절과 관련된 의무도 부담하지 않기
때문에 해당 의무위반에 대한 행정처분 근거도 두지 않고 있다. 또한 국제석유거
래업자 외의 다른 석유사업자가 사업 개시 이후 휴업 또는 폐업을 하지 않고 1년
이상 사업을 하지 않으면 영업장을 의무적으로 폐쇄하도록 한 것에 반해, 국제석
유거래업자에 대하여는 사업정지나 영업장 폐쇄를 명할 수 있도록 관할 행정기관
에게 재량권을 부여하여 행정처분 수준을 완화하고 있다. 국제석유거래업을 제외
한 다른 석유사업자는 국내수급의 안정과 밀접한 관련이 있으나 국제석유거래업

자는 이와 직접적인 관련이 없어 공익에 대한 침해정도가 크지 않기 때문이다.

2. 수입·판매부과금 부과권

(1) 수입·판매부과금 대상

산업통상자원부장관은 석유 수급과 석유가격의 안정을 위하여 "석유를 수입하거나 석유제품을 판매하는 석유정제업자·석유수출입업자 또는 석유판매업자"와 "국제 석유가격의 현저한 등락으로 인하여 지나치게 많은 이윤을 얻게 되는 석유정제업자 또는 석유수출입업자" 및 "석유대체연료를 수입하거나 판매하는 석유대체연료 제조·수출입업자"로부터 석유 수급과 석유가격의 안정을 위하여 수입부과금 또는 판매부과금을 징수할 수 있다(석유사업법 제18조·제37조). 예외적으로 석유정제업자·석유수출입업자 또는 부산물인 석유제품 생산판매업자가 다른 석유비축의무자에게 부과금면제비축량에 해당하는 석유를 비축용으로 판매하는 경우 또는 석유비축의무를 이행하기 위하여 석유를 수입하는 경우 등에는 부과금을 부과하지 않는다.

석유대체연료 제조·수출입자의 부과금 납부는 석유의 수급과 가격안정을 위한 것이다. 부과된 부과금은 "에너지 및 자원사업 특별회계"에 세입으로 귀속되어, 석유비축·자원개발 등의 사업에 사용된다.

(2) 부과금의 법적 성질

석유 및 석유대체연료 수입판매부과금은 「부담금관리 기본법」에 따른 부담금에 속한다. 부담금이란 중앙행정기관의 장, 지방자치단체의 장, 행정권한을 위탁받은 공공단체 또는 법인의 장 등 법률에 따라 금전적 부담의 부과권한을 부여받은 자가 분담금, 부과금, 기여금, 그 밖의 명칭에도 불구하고 재화 또는 용역의 제공과 관계없이 특정 공익사업과 관련하여 법률에서 정하는 바에 따라 부과하는 조세 외의 금전지급의무(특정한 의무이행을 담보하기 위한 예치금 또는 보증금의 성격을 가진 것은 제외한다)를 말한다.[84]

부담금은 특정한 공익사업에 드는 경비의 충당을 목적으로 하기 때문에 국가 또는 지방자치단체의 일반재정수입을 목적으로 하는 조세와 구별된다. 조세 중 목

---

84 부담금은 1961년 도입되기 시작해 경제개발기인 1980년대 큰 폭으로 증가하여 2023년 8월 현재 90개에 달하고 있다.

적세는 특정 사업의 경비에 충당하기 위한 것이라는 점에서 부담금과 그 성질이 유사하나 일반개인의 담세능력이 표준으로 부과된다는 점에서 특정 사업과의 특별이해관계에 따라 부과되는 부담금과 구분된다. 부담금은 반대급부가 없는 점에서 정부서비스에 대한 반대급부로 납부하는 수수료와 구별되고, 시설·재산 사용의 대가로 납부하는 사용료와도 구별된다.

(3) 부과금의 금액

석유를 수입하거나 석유제품을 판매하는 석유정제업자·석유수출입업자 또는 석유판매업자가 납부하여야 하는 부과금은 수입하는 석유 또는 판매하는 석유제품 1리터당 36원(천연가스 및 석유가스의 경우에는 그 가스를 액화하였을 때를 기준으로 1리터당 36원에 상당하는 금액)의 범위에서 석유제품에 따라 구체적으로 다르다. 국제 석유가격의 현저한 등락으로 인하여 지나치게 많은 이윤을 얻게 되는 석유정제업자 또는 석유수출입업자에 대한 부과금은 수입 석유가격과 국내 석유가격과의 차액을 초과하지 아니하는 범위에서 산업통상자원부장관이 기획재정부장관과 협의하여 고시하는 금액이다.

(4) 부과금의 납부기한

부과금 납부대상자는 수입한 석유에 대한 부과금의 경우에 「관세법」 제248조에 따른 수입신고가 수리된 날, 판매하는 석유제품에 대한 부과금의 경우에 해당 석유제품의 판매일이 속한 달의 다음 달 말일까지 「한국은행법」에 따른 한국은행에 해당 부과금을 내야 한다. 국제 석유가격의 현저한 등락으로 인하여 지나치게 많은 이윤을 얻게 되는 석유정제업자 또는 석유수출입업자는 부과금이 고시된 날부터 3개월 이내에 한국은행에 해당 부과금을 내야 한다.

(5) 납부방법

부과금 징수는 한국석유공사가 위탁받아서 수행하고 있다. 부과금을 내려는 자는 석유수입(석유 판매) 부과금 신고서를 한국석유공사의 장에게 제출해야 한다. 한국석유공사는 신고서를 제출받은 경우에 신고내용을 확인한 후 석유 수입(석유 판매) 부과금 납부서 겸 영수증을 발급하여야 하고, 석유 수입부과금 징수대상자가 석유 수입부과금을 내고 확인을 요청하는 경우에는 석유 수입(석유 판매·석유대체연료 수입) 부과금 납부 확인서에 따른 납부 확인을 하여야 한다.

부과금 징수절차

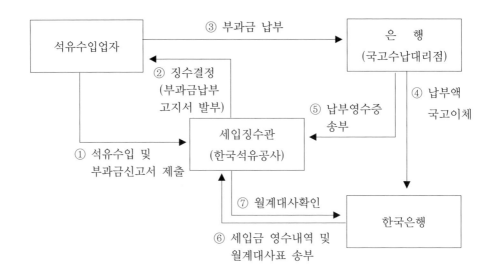

(6) 가산금

산업통상자원부장관은 부과금 징수대상자가 납부기한까지 부과금을 내지 아니하면 그 납부기한의 다음 날부터 납부한 날까지의 기간에 대하여 가산금을 징수한다. 석유사업법은 가산금 산정과 관련하여 가산금 징수 기간을 60개월로 하고, 부과금의 이율을 체납일수 1일당 1만분의 1로 규정하고 있다.

부담금과 관련한 기본적인 사항을 규정하고 있는 「부담금관리 기본법」은 부담금 납부의무자가 납부기한을 지키지 아니하는 경우 해당 법령에서 정하는 바에 따라 가산금을 부과·징수할 수 있도록 하고 있다. 이에 따른 가산금은 체납된 부담금의 100분의 3에 상당하는 금액을 초과하지 못하도록 하고 있다. 「부담금관리 기본법」에서 가산금의 상한을 정하고 있는 것은 부담금의 가산금 요율이 헌법상 의무인 국세에 대한 가산금 요율보다 높게 산정할 합리적인 이유가 없기 때문이다. 「부담금관리 기본법」에 따른 가산금은 부담금을 납부기한까지 완납하지 아니한 경우에 부과하는 정액 가산금(제5조의3제2항제1호)과 체납된 부담금을 납부하지 아니한 경우에 더하여 부과하는 추가 가산금으로 구성되어 있다.

부담금의 가산금은 「국세징수법」의 가산금과 같이 일종의 집행벌적 성격을 지니는 것으로서 부담금 체납에 따라 가산금이 부과됨에도 불구하고 이를 납부하지 않는 경우 그 체납기간에 따라 가산금을 계속 부과하여 부담금 및 가산금을 징수하려는 취지라 할 수 있다. 「부담금관리 기본법」에서 가산금을 정액 가산금과 체납기간에 따른 가산금으로 구분한 것과 달리 석유사업법은 정액 가산금을 별도로 두지 않고, 체납기간에 따른 가산금만을 정하고 있다.[85]

석유사업법 및 부담금관리 기본법 가산금 부과체계 비교

구분	석유사업법	부담금관리 기본법
정액 가산금*	없음	3/100
추가 가산금*	체납일수 1일당 1/10000	매1개월 초과 시 12/1000
가산금 징수 기한	최대 60개월	없음
산정방식	체납액×0.0001×체납일수	(체납액×0.03) + (체납액 ×0.012×개월 수) *기한없음
가산금 부과요율	월 0.304% × 60개월	3% + 월 1.2% × 기한없음
가산금 한도	체납액 × 18.25%	한도없음 (다만, 60개월 한정할 경우 체납액 × 75%)

*부담금관리 기본법 제5조의3 제2항의 제1호(정액가산금), 제2호(추가가산금)

(7) 과오납금의 환급

석유사업법은 석유 등의 수입·판매부과금이 과오납(過誤納)된 경우에 그 과오납금에 가산금을 붙여 환급하도록 규정하고 있다. 산업통상자원부장관은 부과금이나 과오납금의 환급에 있어 실제로 환급하여야 할 금액을 초과하여 환급한 경우에 그 과다환급된 금액을 징수하여야 하고, 이 경우 과다환급한 날의 다음날부터 징수 결정을 하는 날까지의 기간에 대하여 가산금을 붙여 징수할 수 있다. 과다환급

---

85 석유수입부과금의 경우 별도의 납부기한이 설정되어있지 않고, 수입신고가 수리된 날 부과금을 납부하도록 규정되어 있어 수입신고가 수리된 날 부과금을 납부하지 않으면 다음 날부터 가산금이 부과된다.

금의 징수 등에 관한 세부적인 사항은 「석유의 수입·판매부과금의 징수, 징수유예
및 환급에 관한 고시」에서 정하고 있다.

환급 절차

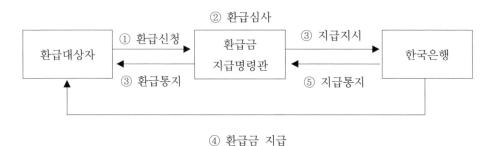

④ 환급금 지급

3. 영업정지 대체 과징금 부과권

(1) 과징금제도 도입의 목적

산업통상자원부장관, 시·도지사 또는 시장·군수·구청장은 석유정제업자·석
유수출입업자·국제석유거래업자 또는 석유판매업자가 석유사업법 등을 위반한 경
우에 등록취소나 영업정지 처분을 할 수 있다(석유사업법 제13조). 석유사업법을 위반
한 석유사업자에 대해서는 제재조치로서 영업정지 처분이 가해져야 하나, 실제 그
영업정지로 인해 소비자에게 예측하지 못하는 손해발생, 석유수급 및 장기원유공
급계약의 불이행 등 제반 문제가 발생하여 국민경제에 막대한 영향을 초래할 우려
가 있게 된다. 석유사업법은 석유사업자의 영업정지로 인하여 발생할 수 있는 현
실적인 문제를 해결하기 위하여 사업정지처분에 갈음하여 과징금 부과처분을 할
수 있도록 하고 있다.[86]

영업정지 처분에 갈음한 과징금 부과처분은 해당 사업자의 사업정지로 인해
주변 이용자 등에게 심한 불편을 주거나 공익을 해할 우려가 있는 경우 사업은 계
속하도록 하되, 그 기간 발생한 부당이득에 대하여는 국고로 환수하려는 제도이
다.[87] 과징금은 금전적 제재를 내용으로 하므로 벌금, 과태료 등과 실질적으로 유

---

86 영업정지 대체 과징금제도는 현실성있고 효율적인 규제조치를 마련하기 위하여 1982년 개정 석유사업법에서
   도입되었다.
87 행정법상 의무이행 제도는 행정벌, 강제집행, 즉시강제, 위반사실의 공표 등이 있다. 1980년 이후 과징금제도
   도입이 꾸준하게 증가하여 새로운 의무이행 확보수단으로 정착되고 있다. 그러나 최근까지도 과징금에 대한 개

사한 측면이 있다. 현행 우리나라 법령에서 도입하고 있는 과징금제도의 상당 부분은 영업정지에 갈음하는 과징금으로 정착되어 있다.[88]

(2) 과징금 부과기준

영업정지대체 과징금제도는 사업자의 과도한 부담을 완화하고, 영업정지로 인해 이용자가 겪는 불편을 해소할 수 있는 장점이 있다. 그러나 영업정지대체 과징금이 지나치게 낮은 경우에는 제재 실효성이 확보되지 않아 위법행위 제재 효과가 미흡할 수 있다. 과징금의 부과기준 및 산정기준은 석유사업법 시행규칙 별표 2에서 자세하게 규정하고 있다. 산업통상자원부장관, 시·도지사 또는 시장·군수·구청장은 사업 규모, 위반 정도 및 위반 횟수 등을 고려하여 과징금 금액의 2분의 1의 범위에서 과징금을 가중하거나 감경할 수 있으나 가중하는 경우에도 과징금의 총액은 석유사업법에서 정하고 있는 금액을 초과할 수 없다.

(3) 과징금 부과절차

산업통상자원부장관, 시·도지사 또는 시장·군수·구청장은 영업정지 대체 과징금을 부과하려면 과징금을 낼 것을 서면으로 통지하여야 하고, 통지서에는 위반행위의 종류와 과징금의 금액을 분명하게 적어야 한다. 통지를 받은 자는 통지를 받은 날부터 20일 이내에 과징금을 산업통상자원부장관, 시·도지사 또는 시장·군수·구청장이 정하는 수납기관에 납부하여야 한다. 과징금을 받은 수납기관은 그 납부자에게 영수증을 발급하고, 지체 없이 그 사실을 산업통상자원부장관, 시·도지사 또는 시장·군수·구청장에게 통지하여야 한다.

념이나 성격이 정확히 확립되지 않아 다의적으로 활용되고 있으며, 실정법상 그 유형도 매우 다양하게 규정하고 있다. 행정기본법에 따르면 행정청은 법령등에 따른 의무를 위반한 자에 대하여 법률로 정하는 바에 따라 그 위반행위에 대한 제재로서 과징금을 부과할 수 있고, 과징금의 근거가 되는 법률에는 과징금에 관하여 '부과·징수 주체', '부과 사유', '상한액', '가산금을 징수하려는 경우 그 사항', '과징금 또는 가산금 체납 시 강제징수를 하려는 경우 그 사항'을 명확하게 규정하여야 한다.

88 「국가를 당사자로 하는 계약에 관한 법률」에서 도입하고 있는 부정당업자의 입찰감가제한 대체 과징금은 사용자나 소비자의 보호보다는 공공조달참여기업의 부담을 경감하고 안정적인 경영활동을 하게 하는 것이 목적이다. 또 다른 과징금의 유형으로는 법령을 위반하여 얻은 경제적 이익을 박탈함으로써 불법적으로 취득한 사업수익을 환수하여 법령준수를 도모할 목적으로 도입하는 사업정지 대체 과징금도 있다.

(4) 과징금납부 이행수단

산업통상자원부장관, 시·도지사 또는 시장·군수·구청장은 석유 및 석유대체
연료사업자가 과징금을 납부기한까지 납부하지 않는 경우에는 국세 체납처분의
예 또는 「지방행정제재·부과금의 징수 등에 관한 법률」에 따라 징수하거나, 해당
과징금부과처분을 취소하고, 석유정제업·석유수출입업·국제석유거래업 또는 석
유판매업의 사업정지 처분을 하도록 정하고 있다(석유사업법 제14조제5항). 당해 과징
금 부과처분을 취소하고 원래의 사업정지처분을 할 수 있도록 하는 것은 법집행의
실효성을 제고하는 효과가 있다.

일반적으로 사업정지처분에 갈음한 과징금 부과처분은 이용자의 불편을 초래
하는 등의 공익적 측면을 고려하여 사업자로 하여금 사업을 계속하게 하는 대신
그에 상응하는 금전적 제재수단을 부과하는 것이다. 그러나 사업자가 과징금 납부
를 체납하였다는 이유로 사업정지처분을 하는 것은 영업정지 대체 과징금제도의
도입 취지에 적합하지 않다. 행정법의 기본원리로 신뢰보호원칙에 따르면 행정청
이 영업정지처분에 갈음한 과징금 처분을 하게 되면 사업자에게는 영업정지처분
이 없을 것이라는 신뢰가 형성되므로 이를 법적으로 보호할 필요가 있다. 하자없
는 행정행위(적법하게 발하여진 영업정지 대체 과징금부과 처분)를 철회하려면 철회를 하
는 공익과 이로 인하여 침해되는 사익을 비교형량하여 침해되는 사익보다 철회하
는 공익이 월등히 큰 경우에 적법한 철회가 된다. 하지만 영업정지 대체 과징금을
체납하였다는 이유로 과징금처분을 취소하고 새로운 영업정지처분을 하는 공익이
석유사업자의 사익보다 월등하게 크다고 판단하기에는 어려움이 있다. 물론 구체
적인 사례에 따라서 공익이 사익보다 클 수 있으나 일반적으로 공익이 사익보다
크다고 할 수 없다.

석유 및 석유대체연료 사업자가 영업정지 대체 과징금을 체납하고, 납부하여
야 할 재산을 빼돌리거나 영업을 계속하는 경우에는 과징금 징수를 위한 강제집행
절차를 신속히 진행하는 등 체납과징금에 대한 징수관리를 보다 엄격하게 하는 것
이 적합하다.

(5) 영업정지대체 과징금 불가사유

석유사업법은 석유사업자의 위법행위에 대하여 영업정지처분을 하여야 하는
경우에 영업정지 대체 과징금을 부과하나 다음의 경우에는 반드시 영업정지처분

을 하도록 규정하고 있다(석유사업법 제14조제1항 후문).

첫째, 석유사업법 제29조제1항제1호를 위반하여 착색제(着色劑)를 제거·첨가하거나 식별제(識別劑)를 제거할 수 있는 시설·장치 등을 설치·개조하여 가짜석유제품을 제조·판매한 경우

둘째, 석유사업법 제30조제1항에 따른 명령을 위반하거나 봉인을 훼손한 경우

셋째, 석유사업법 제39조제1항제1호를 위반하여 가짜석유제품 제조 등을 목적으로 영업시설을 설치·개조하거나 그 설치·개조한 영업시설을 양수·임차하여 사용하는 행위

넷째, 석유사업법 제39조제1항제4호를 위반하여 정량 미달 판매 또는 부당 부피 증가 판매를 목적으로 영업시설을 설치·개조하거나 그 설치·개조한 영업시설을 양수·임차하여 사용하는 행위

가짜 석유제품 관련 의무위반에 대한 과징금처분 제한은 위법성의 정도가 중한 행위를 대상으로 하고 있다.

4. 석유수급조정명령

(1) 석유수급조정명령제도의 도입

석유는 중요한 에너지인 동시에 국가 경제에 미치는 영향이 막대한 전략물자이기 때문에 국민생활의 안정과 국가경제의 원활한 운용을 위해서는 수급 안정이 필요하다. 그러나 석유는 매장량 대부분이 국제 정치적으로 불안한 중동지역에 편중되어 있어 외부적 충격에 취약한 수급구조를 가지고 있다. 국내외 석유사정의 악화로 석유수급에 중대한 차질이 생기거나 생길 우려가 있거나 석유유통질서의 문란으로 인하여 국민생활의 안정과 국민경제의 원활한 운영을 해치거나 해칠 우려가 있는 경우에 석유수급의 안정을 기하기 위하여 산업통상자원부장관이 석유수급조정명령을 할 수 있는 석유수급조정명령제도가 2005년 개정 석유사업법에서 도입되었다.

(2) 수급조정명령의 요건

산업통상자원부장관은 석유정제업자·석유수출입업자·석유판매업자·석유비축대행업자 송유관설치자 및 송유관관리자, 석유화학제품의 제조·판매업자, 석유제품 또는 석유화학제품의 월 사용량이 10킬로리터 이상의 석유제품 또는 석유화

학제품을 소비하는 자에게 수급조정명령을 할 수 있다(석유사업법 제21조제1항).

　　석유수급조정명령의 법적 성질은 명령적 행정처분에 해당한다. 산업통상자원
부장관이 발하는 수급조정명령은 그 대상자에게 새로운 의무를 부여하게 됨으로
써 침익적 행정처분이 된다. 침익적 행정처분은 법률유보원칙에 따라 법률에 명시
적인 규정이 있어야 한다. 또한 석유수급조정명령은 사업자의 기본권을 제한하기
때문에 법률에서 수급조정명령의 요건을 규정하여야 하고, 이러한 요건은 과잉금
지원칙에 적합하여야 한다.

　　산업통상자원부장관이 석유수급조정명령을 발하기 위한 요건은 석유사업법
제21조제1항에서 열거적으로 규정하고 있다. 조정명령의 요건은 "국내외 석유 사
정의 악화로 인하여 석유 수급에 중대한 차질이 생기거나 생길 우려가 있는 경우"
또는 "석유 유통질서의 문란으로 인하여 국민생활의 안정과 국민경제의 원활한 운
용을 해치거나 해칠 우려가 있는 경우"로 제한되고, 그 목적은 "석유수급의 안정"
에 두어야 한다.

(3) 수급조정명령 대상자

　　석유수급 안정을 위하여 석유사업법은 제정 당시 석유정제업자 및 석유판매
업자에게만 관할 행정청이 조정명령을 할 수 있도록 규정하였다. 석유사업법은
1982년 개정을 통하여 조정명령의 요건을 구체화하였고, 석유산업 위축 등과 같은
부작용을 최소화하기 위하여 조정명령의 발동사유가 해소된 경우에는 지체 없이
조정명령을 해제하도록 개정하였다. 석유사업법은 2004년 말 전부개정을 통하여
수급조정명령의 대상자를 대폭 확대하였다. 당시 석유비축의무자인 석유사업자가
석유비축대행업자에게 비축을 대행시키는 경우에도 석유사업자가 비축유 방출명
령의 대상자가 됨으로써 관할 행정청이 다시 석유비축대행업자에게 조정명령을
하는 이중구조의 문제가 있었다. 또한 산업통상자원부장관이 석유비축대행업자에
게 직접 조정명령을 발하는 경우에 임의로 이를 거부하거나 이행을 지체하여 비축
유의 적기 방출이 어려울 수 있다는 점에서 석유비축대행업자에게 직접 석유수급
안정을 위한 명령을 할 수 있도록 조정명령 대상자에 석유비축대행업자도 포함하
게 되었다.

　　현행 석유사업법은 수급조정명령의 대상자에 대한송유관공사도 포함하고 있
다. 대한송유관공사는 국내 석유의 원활한 수송과 수급안정을 위해 1990년 설립되

었으나 이후 정부의 공기업민영화 방침에 따라 2001년 민영기업으로 전환되었다. 이에 따라 산업통상자원부장관이 대한송유관공사에 수급조정명령을 할 수 있으려 면 기본권 주체인 대한송유관공사를 수급조정명령 대상자로 명시적으로 규정하여 야 했고, 이에 석유사업법에서 대한송유관공사를 수급조정명령 대상자로 포함하게 되었다.

대한송유관공사는 국내 석유제품의 23.9%를 수송하는 중요 시설인 송유관을 운영하고 있다. 대한송유관공사는 영업활동에 필요한 경우에 송유관 가동을 중지 시키거나 송유관 이용을 제한하여 국내 석유수급의 안정을 저해하는 행위를 할 수 도 있다. 석유사업법 제21조제1항 본문에서 석유수급안정을 위한 명령의 대상으로 "송유관설치자 및 송유관관리자"를 포함한 것은 석유수급안정을 저해하는 행위가 있을 때 이를 중단시킬 수 있는 필요가 있기 때문이다.

(4) 수급조정명령의 종류

수급조정명령의 종류는 석유사업법 제21조제1항에서 열거적으로 규정하고 있 다. 이에 따라 산업통상자원부장관은 수급조정명령을 하여야 하는 상황이 발생한 경우 해당 상황을 극복하기에 적합한 지역별·주요수급자별 석유의 배정 명령, 석 유정제시설의 정제능력·가동 및 조업, 석유정제업자의 석유제품 종류별 생산 비 율, 석유의 비축량 및 석유저장시설의 사용 등을 명할 수 있다. 산업통상자원부장 관의 수급조정명령을 위반한 자에 대하여는 2년 이하의 징역 또는 5천만 원 이하 의 벌금에 처한다.[89]

수급조정명령의 종류에는 '석유와 석유화학제품의 유통시설 및 그 사용', '석 유와 석유화학제품의 유통구조 및 유통경로', '석유와 석유화학제품의 유통거래질

---

89 대법 2010.12.23. 선고 2008도2182 판결: 산업자원부장관이 산업자원부 공고 제2003-59호로 발령한 용제 수급조정명령에는 '용제생산업체는 용제수급상황기록부를 작성하여 산업자원부에 보고하여야 한다'라고 규정하 고 있다. 그런데 기록에 의하면 산업자원부장관이 발령한 위 용제수급조정명령은 용제수급상황기록부의 작성과 관련하여 보고주기, 보고기한, 보고방법 등을 규정함과 아울러 용제판매실적이 없는 경우에도 반드시 보고하도 록 하고, 거래상황을 사업장에서 검사·확인이 가능하도록 장부 및 관련 서류를 비치·보관하도록 요구하고 있 을 뿐 더 나아가 보고의 진실성 여부에 대하여는 어떠한 명시적인 요구도 하고 있지 아니함을 알 수 있다. 한편 구 법 제46조 제5호는 ' 제21조 제1항의 규정에 의한 명령을 위반한 자'라고만 규정하고 있을 뿐 '산업자원 부장관의 명령에 따른 보고를 하지 않거나 허위보고를 한 자'라고 규정하고 있지 아니하다. 이와 같은 사정들을 앞서 본 법리에 비추어 살펴보면, 용제생산업체가 산업자원부장관의 용제수급조정명령에 따라 용제수급상황기 록부를 작성하여 보고를 한 이상 그 보고내용 중에 허위의 내용이 포함되어 있다고 하더라도, 이러한 행위를 들어 구 법 제46조 제5호, 제21조 제1항에서 정한 '명령 위반'에 해당한다고 해석할 수는 없다고 할 것이다.

서의 확립'에 관한 수급조정명령이 있다. 석유는 고율의 세금이 부과되고 소비자가
단순히 외관으로 품질·성능 및 계량을 확인하기 어려워 가짜석유제품의 제조·판
매 가능성이 비교적 높다.[90] 가짜휘발유의 핵심 성분인 톨루엔은 석유화학제품에
속하는 물질로, 석유에 대해서만 수급조정명령을 할 수 있도록 하는 경우에 톨루
엔 등과 같은 석유화학제품에 대해서는 적절한 제재조치를 할 수 없게 된다. 따라
서 석유화학제품을 이용한 가짜석유제품의 유통을 방지하기 위하여 수급조정명령
의 대상에 석유뿐만 아니라 석유화학제품도 포함하고 있다. 이를 통하여 가짜휘발
유 등 가짜석유제품의 제조·판매를 효율적으로 차단할 수 있다.

　　가짜휘발유의 원료인 용제(석유제품), 톨루엔(석유화학제품) 등은 대부분 공업용
원료로 사용되는 제품이다. 공업용 원료를 사용하여 가짜휘발유를 제조하게 되면
석유제품에 부과되는 고율의 세금을 거의 납부하지 않고 석유제품과 가격경쟁을
함으로써 석유시장 질서를 파괴할 수 있다. 가짜휘발유는 대부분 주원료 또는 부
원료로 사용하여 제조되고 일반인에게는 유통되지 않는 제품이다. 그러므로 용제
또는 톨루엔 등의 최종소비자(용제 및 톨루엔 등을 주원료 또는 부원료로 사용하여 최종제품
을 생산하는 자)에게 사용 용도 및 물량 등을 신고하도록 하고, 관할 행정기관이 신
고사항을 점검하여 정상적인 생산활동을 위한 사용 여부를 확인한다면 유사휘발
유의 원료로 전용되는 것을 최대한으로 방지할 수 있게 된다. 이를 위하여 현행
석유사업법 제21조제1항제12호에서 월 사용량이 10킬로리터 이상의 석유화학제품
소비자(주요소비자로 약칭, 용제 및 톨루엔 등을 주원료 또는 부원료로 사용하여 최종제품을 생산
하는 자) 및 판매자를 수급조정명령의 대상에 포함시키고 있다.

(5) 수급조정명령의 해제

　　산업통상자원부장관은 석유수급조정명령을 한 사유가 없어졌다고 인정할 때
에는 지체 없이 그 명령을 해제하여야 한다. 산업통상자원부장관이 발하는 수급
조정명령은 시장기능이 정상적으로 작동하지 못하는 환경에 대응하기 위한 임시
적 조치이다. 그러므로 시장기능이 다시 정상적으로 작동한 때에 가능한 한 신속
하게 수급조정명령을 해제하도록 하는 것이 시장경제질서를 바탕으로 하는 헌법

---

90 과거 '세녹스', 'LP파워' 등 가짜휘발유의 판매급증으로 석유유통질서에 적지 않은 문제가 발생한데 대해 산업
　통상자원부장관은 가짜휘발유의 원료인 용제(석유제품)에 대한 수급조정명령을 발동하여 가짜휘발유 원료로 공
　급되지 못하게 하였다.

에 합치한다. 그러므로 수급조정명령을 해제하여야 함에도 이를 해제하지 않고 사업자에게 수급조정명령을 유지하는 경우에 사업자가 해당 수급조정명령을 위반 하였다면, 그 수급조정명령은 위법한 것으로서 사업자는 그에 따라야 할 의무가 없게 된다.

(6) 대기환경기준의 완화 요구

석유사업법은 산업통상자원부장관으로 하여금 석유수급에 중대한 차질이 발생하거나 발생할 우려가 있는 경우에는 환경부장관에게 「대기환경보전법」에 따른 석유제품에 대한 배출오염기준 완화를 요청할 수 있다(석유사업법 제21조제3항). 이 경우 환경부장관은 특별한 이유가 없으면 이에 협조하여야 한다.

「대기환경보전법」 제41조에 따르면 환경부장관은 연료용 유류 및 그 밖의 연료에 대하여 관계 중앙행정기관의 장과 협의하여 그 종류별로 황의 함유 허용기준을 정할 수 있다. 황함유기준이 정하여진 연료에 대하여 환경부장관은 그 공급지역과 사용시설의 범위를 정하고 관계 중앙행정기관의 장에게 지역별 또는 사용시설별로 필요한 연료의 공급을 요청할 수 있다. 공급지역 또는 사용시설에 연료를 공급·판매하거나 같은 지역 또는 시설에서 연료를 사용하려는 자는 황함유기준을 초과하는 연료를 공급·판매하거나 사용하여서는 아니 된다. 자동차연료·첨가제 또는 촉매제를 제조·수입하려는 자는 환경부령으로 정하는 제조기준에 맞도록 제조하여야 한다(대기환경보전법 제74조제1항).

「대기환경보전법」은 환경부장관이 정하는 연료용 유류·연료의 황함유기준과 자동차연료 등의 제조기준의 준수를 요구하고, 이를 위반한 경우에 5년 이하의 징역이나 5천 만원 이하의 벌금에 처하도록 규정하고 있다. 그러나 환경부장관이 정하는 황함유기준이나 자동차연료 등의 제조기준은 산업통상자원부장관이 석유수입에 중대한 차질이 발생하거나 발생할 우려가 있는 경우에 그 완화를 요청할 수 있고, 요청을 받은 환경부장관은 해당 기준을 완화하도록 하고 있다. 산업통상자원부장관의 기준 완화 요구에 대기환경에 중대한 오염으로 인하여 해당 지역의 주민이나 국민에게 신체적 위해가 발생할 우려가 있는 경우와 같은 특별한 사유가 있는 경우에는 예외적으로 완화하지 않을 수 있다.

석유는 환경오염물질로서 평상시에는 품질 및 환경기준의 준수가 필요하다. 그러나 석유수급상 위기가 발생하거나 우려가 있는 경우 환경기준의 준수보다 국민경제 운용이 더 중요하게 되는 경우가 있다. 산업통상자원부장관이 대기환경기준 완화를 환경부장관에게 요청할 수 있도록 하는 이유는 바로 여기에 있다. 석유수급에 중대한 차질이 발생하거나 발생할 우려가 있는 경우 석유공급물량을 최대한 확보하고, 비축유 방출 등을 원활히 하기 위해서는 품질 및 환경기준의 완화, 품질기준의 단순화 등의 단계별 위기대응계획이 필요하다.

5. 석유배급 등의 조치권

산업통상자원부장관은 전시·사변·천재지변이나 그 밖에 이에 준하는 사태의 발생 또는 국내외 석유 사정의 악화로 인하여 석유 수급에 중대한 차질이 생기거나 생길 우려가 있는 경우로서 수급조정명령만으로는 석유의 수급안정을 확보할 수 없다고 인정한 경우에는 '석유의 배급', '석유 양도·양수의 제한 또는 금지', '석유 사용의 제한 또는 금지', '그 밖에 석유 수급의 안정을 위하여 대통령령으로 정하는 사항'에 관한 조치를 할 수 있다(석유사업법 제22조제1항). 산업통상자원부장관이 석유의 배급 등에 관한 조치를 하려면 '석유의 유통경로 조정에 관한 사항', '지역별·유종별·용도별 및 수요자별 석유의 배급기준, 배급절차, 그 밖에 배급에 필요한 사항' 및 '석유의 양도·양수·사용의 제한 또는 금지 대상과 유종별 제한 수량에 관한 사항'을 지체 없이 고시하여야 한다.

석유의 양도·양수의 금지, 석유사용의 제한이나 금지는 석유사업자 및 국민의 기본권에 대한 중대한 제한이다. 그러므로 석유 양도·양수 또는 석유사용의 제한이나 금지의 요건에 관하여는 엄격하게 해석하여야 하고, 석유수급과 안정을 위한 불가피한 경우에 해당 조치를 하여야 비로소 헌법적 정당성을 가질 수 있다. 산업통상자원부장관은 해당 조치를 한 사유가 없어졌다고 인정할 때에는 지체없이 그 조치를 해제하여야 한다(석유사업법 제22조제2항).

6. 석유판매가격의 최고·최저액 지정권

(1) 석유가격의 자유화

정부에 의한 석유가격 통제제도는 정부에서 결정한 유가가 일정 기간 유지됨으로써 경제주체의 유가에 대한 안정적 예측을 가능하게 하고, 단기적으로는 물가안정에 기여할 목적으로 도입되었다. 또한 과점 상태의 국내 석유사업자들의 가격담합을 통한 석유가격 인상가능성을 방지함으로써 경제안정에 도움을 줄 수 있다.

그러나 정부에 의한 석유가격의 통제는 사업자의 자율성과 자원배분의 효율성을 저해할 수 있고, 고시 가격의 경직성으로 여러 조정 요인이 한꺼번에 반영되는 경우 가격 변동이 클 수 있다는 부작용도 분명히 있다.

1980년대부터 국제석유시장의 안정세와 세계적인 탈냉전기류의 확산이라는 외부적 요인과 더불어 강력한 정부규제와 보호를 수반한 자원배분의 효율성 저해 등을 극복하기 위하여 석유산업계의 자율과 경쟁을 통해 효율성을 높여야 한다는 인식이 확산되었다. 정부의 석유 정책도 점진적으로 규제를 완화하고 시장기능에 맡기는 방향으로 발전해 갔다. 정부는 석유산업에서의 시장경쟁 여건이 조성되었다고 판단하여 석유제품에 대해 규제를 완화하기 시작하여 공유와 용제(1983년 2월), 아스팔트(1988년 11월) 등 단계적으로 가격 자유화를 추진하였다. 1991년에는 주요 석유제품인 휘발유와 등유의 가격을 자유화하고자 했으나, 실제로 휘발유·등유 가격은 시장경쟁에 의해 결정되기 보다는 정부의 행정지도에 따라 가격이 결정됨에 따라 실질적인 자유화가 정착되지 못하였다. 정부는 전면적 가격자유화를 위한 준비단계로 1994년 2월부터 유가연동제를 실시하였다.

유가연동제는 원유 도입 단가와 환율 등 원가 요인과 국제시장의 석유제품 수급상황에 의한 제품가격 등락 요인이 국내제품가격과 연동돼 매월 조정되는 제도이다. 국내에서 유가연동제는 1996년 말까지 운영되었고, 국제 제품가격과 국내 제품가격 사이의 괴리를 줄이고 시장경제 자유화 및 개방화 상황에 적응할 수 있도록 자유화의 기반조성에 기여하였다.

(2) 가격 자유화의 보완으로 최고·최저액 지정

석유제품 가격의 자유화는 석유사업자로 하여금 판매가격을 정하도록 하는 시장경제에 적합한 제도이다. 석유가격 자유화로 인한 부작용을 방지하기 위하여 석유사업법은 석유판매가격의 최고액과 최저액 지정제도를 도입하였다. 석유판매가격 최고·최저액 지정제도는 석유수입·판매 가격이 현저하게 등락하거나 등락할 우려가 있는 경우 국민생활의 안정과 국민경제의 원활한 운용을 위하여 필요하다고 인정될 때 산업통상자원부장관이 석유판매가격의 최고액 또는 최저액을 정할 수 있도록 하는 제도이다(석유사업법 제23조).

산업통상자원부장관은 석유판매가격의 최고액 또는 최저액을 정하였을 때에는 이를 고시하여야 한다. 정부는 필요한 경우에 석유판매가격의 최고액 또는 최저액 지정으로 인하여 석유정제업자·석유수출입업자 또는 석유판매업자가 입은 손실을 보전하기 위한 재정지원을 할 수 있다. 시장경제질서를 기본으로 하는 헌법 질서에서 정부에 의한 가격개입은 시장경제질서에 대한 상당한 위험에 야기할 수 있다. 그러므로 석유가격의 최고액과 최저액을 정하는 경우에 과잉금지원칙이 엄격히 준수되어야 한다.

7. 석유판매가격의 공개권

(1) 공개의 목적

석유사업법은 석유수급안정 및 석유유통질서 확립을 위해 석유판매업자 등이 거래상황기록부 등 석유수급에 관한 자료를 산업통상자원부장관에게 보고하도록 하고 있다. 정부는 이에 따라 석유수급의 안정을 도모하고 가짜석유제품의 제조와 판매 등 불법행위를 효과적으로 차단하기 위해 석유사업자로부터 거래정보를 보고받아 수급보고시스템을 운영하고 있다. 산업통상자원부장관은 거래의 투명성을 높여 경쟁을 촉진하고 석유제품 가격의 적정화를 위하여 영업비밀을 침해하지 아니하는 범위에서 석유정제업자·석유수출입업자 및 석유판매업자의 석유제품 판매가격을 공개한다(석유사업법 제38조의2제2항). 국제유가의 급등 또는 급락과 같이 특별한 사정이 있는 때에 석유제품의 유통 및 가격에 관한 정보공개를 요구할 수 있는 권한을 산업통상자원부장관에게 부여하고, 석유사업자가 직접 가격정보를 공개하도록 하지는 않고 있다.

석유제품 판매가격 공개제도는 석유제품 유통과정의 투명성 제고, 가격과 품질의 경쟁촉진을 목적으로 한다. 석유가격 공개제도는 국민이 품질 좋고 저렴한 석유제품을 선택할 수 있도록 2009년에 도입된 제도로서 석유제품 가격자유화로 인한 부작용 방지에 기여하고 있다.

석유정제업자는 원유 수입원가에 정제·유통비용과 이윤을 더해 석유제품 가격을 책정하지 않고, 환율을 반영한 국제제품가(MOPS)[91]에 관세·부과금, 유통비용 및 이윤을 더해 가격을 책정하고 있다. 그 결과 수입원가와 판매가격 간에 직접적 관련성이 없어서 수입원가가 공개되더라도 이를 토대로 판매가격의 적정성 여부를 판단하기 어렵다.

---

91 싱가폴 국제제품가격(Mean Of Platts' Singapore, MOPS)은 싱가폴 현물시장에서 거래되는 석유제품가격으로 Platts사가 발표하고 있다.

(2) 정보제공의 한계

석유수급에 관한 정보는 석유판매업자 등의 영업비밀에 해당하므로 다른 사람 또는 기관에 제공하지 못한다. 다만, 공익실현을 위하여 관계 기관이 자료를 요청하는 경우로서 '국세의 부과·징수, 조세쟁송 및 조세범 소추를 위하여 해당 세무관서의 장이 요청하는 경우', '범죄의 수사를 위하여 해당 수사기관의 장이 요청하는 경우', '통계의 작성을 위하여 통계청장이 요청하는 경우', '정책수립, 정책연구 등 공익목적으로 다른 법률에 따라 국가기관, 지방자치단체, 공공기관 또는 한국은행의 장이 요청하는 경우', '법원의 제출명령 또는 법관이 발부한 영장에 따라 요청하는 경우', '학술연구, 통계작성 등 비영리 목적으로 요청하는 정보 또는 자료에 대하여 업무위탁을 받은 자가 산업통상자원부장관의 승인을 받아 설치한 위원회의 심의를 거쳐 해당 정보 또는 자료를 제공하기로 결정한 경우'에는 해당 정보나 자료의 제공을 예외적으로 허용하고 있다. 사업자의 영업비밀이 침해되지 않는 범위에서 석유수급에 관한 정보를 공익적인 목적으로 활용하도록 함으로써 공익에 기여할 수 있도록 하고 있다.

석유수급에 관한 정보와 자료는 석유유통질서 확립을 위하여 관계 행정기관과 정보 공유가 필요한 경우에도 활용할 수 있다.[92] 석유수급 관련 정보는 에너지·환경·교통분야 등 산업 전반에 대한 정책수립 및 연구목적의 통계자료로 활용가치가 높아 석유수급정보를 효율적으로 활용할 필요성이 있다. 석유수급정보를 타 기관에 제공할 수 있도록 하는 규정은 비밀유지의무와 타 법률상 정보제출 의무 간의 상충을 유발할 수 있으나, 가짜석유제품의 제조·판매행위 등 불법행위를 효과적으로 적발하고 석유거래정보를 효율적으로 활용할 수 있다는 점을 간과할 수 없다.

8. 보고 · 검사권

관할 행정기관은 석유정제업자, 석유수출입업자, 석유판매업자, 국제석유거래업자 또는 석유대체연료 제조업자, 판매업자에게 그 사업에 관한 보고를 명하거나, 소속 공무원으로 해당 사업자가 명령이나 의무의 위반 여부에 대한 확인이 필

---

92 한국석유관리원은 이동판매차량을 위한 불법행위와 면세유·유가보조금 부정수급 등의 불법행위 적발을 위해 국토교통부(유가보조금), 국립농산물품질관리원(면세유)과 합동점검을 실시하고 있다. 효율적인 행정집행을 위한 석유수급정보 활용은 필요하고, 수급정보 활용 및 기관 간 정보 공유 확대가 필요하다.

요하다고 인정되는 자의 사무소 또는 사업장(영업에 사용되는 차량을 포함한다)에 출입하여 장부·서류·시설 등 물건을 검사하거나 시료(試料)를 채취하게 할 수 있다(석유사업법 제38조제1항). 보고 또는 검사의 대상에 석유사업자 외에 송유관사업자를 포함한 것은 대한송유관공사의 민영화에 따른 행정명령을 위한 법적 장치가 필요하기 때문이다.

9. 가짜석유제품 제조 등에 대한 게시문 부착명령권

관할 행정기관은 석유정제업자·석유수출입업자 또는 석유판매업자가 가짜석유제품을 제조·수입·저장·운송·보관 또는 판매함으로써 사업정지처분 또는 과징금처분을 2회 이상 받은 경우 관계 공무원으로 하여금 행정처분의 내용 및 사유 등을 명시한 게시문을 사업정지 기간에 상당하는 기간 동안 해당 사업자의 영업장에 붙이게 하여야 한다(석유사업법 제14조의2).

10. 법령위반사실의 공표권

(1) 공표의 절차와 방법

관할 행정기관은 석유사업자 또는 석유대체연료 사업자의 석유제품·석유대체연료의 품질이 품질기준에 맞지 아니한 경우에는 위반사실을 공표할 수 있고, 가짜석유제품 제조 등의 금지의무를 위반한 경우 등에 위반 사실을 공표하여야 한다(석유사업법 제39조의2). 공표는 의무이행 확보를 위한 제재수단으로서 침익적 사실행위에 해당한다.

위반사실 등의 공표는 법령상 의무위반이나 불이행에 대하여 그 사실을 일반 국민에게 공표하여 일반 국민이 이를 알게 하여 공표된 사업자의 명예 등을 저해하는 행정상 실효성 확보 수단이다. 공표 그 자체는 행정처분에 해당하지 않는다. 왜냐하면 공표로 인하여 해당 사업자의 권리와 의무에 직접적인 변화를 초래하지 않기 때문이다. 그러나 위법한 공표로 인하여 명예나 신용을 침해받은 사업자는 행정상 손해배상청구소송을 하여 그 손해의 배상을 구할 수 있다.[93]

품질검사 결과 석유제품 또는 석유대체연료의 품질이 법에서 정한 품질기준에 맞지 아니한 것으로 판명된 경우에 산업통상자원부장관이 그 사실을 공표할 수 있도록 재량에 맡기고 있다. 다만, 가짜석유제품의 제조 등의 금지의무를 위반한

---

93 대법원 1998.5.22. 선고 97다57689 판결.

것으로 밝혀진 경우에는 공표를 반드시 하여야 하는 기속행위로 규정하고 있다. 이를 통해 가짜석유제품의 제조나 판매행위 등을 보다 효과적으로 억제할 수 있다. 또한 시·도지사가 공표권한을 위임받아 행사함으로 인하여 발생하고 있는 위반사업자 간 제재의 형평성 문제를 해소할 수 있다.

(2) 공표권의 한계

법령 위반사실에 대한 공표는 분명히 제재수단으로서 성질을 가지고 있고, 경우에 따라서는 위반자에게 벌금형과 같은 형벌보다도 더 큰 사회적 제재로 작용할 가능성이 있다. 관할 행정기관은 석유사업법 위반사실을 이유로 등록취소나 사업정지, 과징금, 징역이나 벌금 등의 제재를 가할 수 있고, 동시에 위반사업자와 위반사실까지 공표할 수 있는데 이러한 경우에는 사실상 위반자를 이중처벌하는 결과를 초래할 수도 있다. 또한 관할 행정기관이 경미한 법위반사실에 대해서까지 의무적으로 공표를 하게 하는 경우에 구체적 타당성의 결여 또는 과잉제재의 문제를 야기할 수도 있다. 의무이행확보 수단으로 공표는 위법·부당한 경우에 사전적 및 사후적 구제절차가 법적으로나 사실적으로 거의 불가능하며, 그 실효성도 크지 않다. 그러므로 위반 사실의 판명 시 그 공표에 대해서는 공표의 기준·방법·절차 등이 보다 구체화되어야 한다. 이에 따라 석유사업법령은 위반사실을 공표하기 전에 보다 신중한 조사 및 절차를 거치도록 하기 위하여 공표 전에 공표 대상자에게 소명자료를 제출하거나 의견을 진술할 수 있는 기회를 주도록 하고 있다. 또한 법위반행위 중 경미한 위반사실 등은 공표하지 않을 수 있도록 하여 구체적 타당성을 제고할 수 있도록 하고 있다.

최고판매가격 위반과 같이 실현가능성이 적은 의무위반행위 또는 거래처 변경·유지를 대가로 금품을 수수하는 행위와 같이 석유제품 소비자의 이해와는 직접적인 관련이 없는 의무위반행위 등은 공표의 대상으로 하기에 적합하지 않다. 공표(公表)의 제도적 취지와 성격을 고려할 때, 의무위반행위 중 소비자의 선택권 보장과 관련이 있는 의무위반행위만을 필요 최소한의 기준으로 선택하여야 하고, 공표의 대상이 되는 의무위반행위는 법률에 명시적으로 규정할 필요성이 있다.

11. 공제조합 인가권

(1) 석유판매업의 폐업지원

석유판매업자(주유소) 수는 적정 수를 크게 초과하고 있고, 이로 인해 주유소 간에 과당경쟁이 벌어지고 있어 다수의 주유소가 경영난으로 휴업 또는 폐업하고 있다. 이에 따라 경제성 없는 주유소에 대한 구조조정의 목적으로 폐업하는 주유소에 대한 정책적 지원이 필요할 수 있다. 석유사업법은 석유판매업자가 폐업한 경우에는 신고의무를 부여하고 있다(석유사업법 제12조). 그러나 석유판매업자의 원활한 구조조정을 통한 석유유통시장의 건전화를 위하여 경영악화 등으로 폐업하는 석유판매업자에 대해 폐업에 소요되는 비용의 조달과 재기를 위해 지원하는 제도는 없다.[94]

주유소의 폐업에는 시설철거비용, 토양정화비용 등이 소요된다.[95] 경영난에 처한 주유소가 폐업 비용을 적시에 충당하지 못하여 폐업을 하지 못하고 휴업상태에 머물게 되면 석유유통시장의 구조조정은 원활하게 이루어지지 못한다. 문제는 정부가 특정 업종의 사업자에 대해 폐업비용을 직접적으로 지원하는 것이 타 업종과의 형평성 문제를 유발한다는 것이다. 정부 및 지방자치단체에 의한 직접적 폐업지원은 시장에 정부가 개입하여 헌법상 시장질서를 붕괴할 수 있고, 따라서 석탄광 폐광지원, 천일염전의 폐전지원과 같이 수입개방 등 정책환경의 변화나 환경보전 등 주요 정부정책의 추진에 대응하기 위한 지원에 한정된다. 그러므로 주유소 폐업지원은 정부가 원인을 제공하는 정책환경의 변화가 아니라 사업자의 관장영역에 속하는 경영환경의 변화 등에 따른 것으로 위헌성 문제와 형평성 문제가 초래될 수 있다.

(2) 공제사업

주유소로 등록한 석유판매업자는 상호협동과 자주적인 경제활동 및 경제적

---

94 경영악화 등으로 폐업하는 석유판매업자에 대한 지원은 폐업지원자금의 융자알선 및 신용보증지원, 대체사업의 주선, 재기에 필요한 사업지원, 폐업지원자금 지급에 관한 지급보증, 폐업한 석유판매시설의 거래를 촉진하기 위하여 유휴시설의 거래 중개, 매매에 관한 정보제공 등을 들 수 있다.

95 한국주유소협회 조사결과, 면적 990㎡(300평), 주유기 10기, 지하탱크 6기를 기준으로 약 7천만 원의 시설철거비용이 소요된다. 또한 토양정화비용으로 주유소당 7,000만 원(990m2 기준)에서 2억 원 정도 소요되는 것으로 추정된다.

지위향상을 도모하는 데 필요한 보증과 융자 등을 위하여 산업통상자원부장관의 인가를 받아 공제조합을 설립할 수 있다(석유사업법 제12조의2). 해당 공제조합은 조합원의 경영안정에 필요한 자금의 융자사업, 조합원의 경영을 합리화하기 위한 지원사업, 조합원의 전업 및 폐업에 드는 자금의 일부를 지원하는 사업, 조합원의 경영활동에서 발생할 수 있는 타인의 피해를 보상하기 위한 공제사업, 조합원에 대한 경영상담·진단지도 및 교육훈련에 관한 사업, 조합원 및 조합원에 고용된 자의 복지향상을 위한 사업을 할 수 있다.

주유소공제조합은 조합원의 출자금, 공제부금, 예탁금 또는 출연금 등으로 재원을 조성하고, 이에 대해 정부가 예산의 범위에서 출연하거나 보조할 수 있도록 하여 정부가 공제조합의 재원 조성을 지원할 수 있도록 하고 있다.

Ⅶ. 석유제품 및 석유대체연료의 품질관리

1. 석유 및 석유대체연료 품질관리제도

(1) 품질검사의 필요성

석유제품 및 석유대체연료는 산업통상자원부장관이 고시한 품질기준에 적합하여야 한다(석유사업법 제24조제3항). 제조·저장·운송·판매되는 석유제품과 석유대체연료는 품질기준에 적합성 여부를 관할 행정기관이나 소비자가 단순히 외관적으로 알 수 없다. 따라서 품질기준에 적합한 석유제품이나 석유대체연료의 제조·저장·운송·판매를 위하여는 신뢰성 있는 기관에 의한 품질검사가 요구된다. 이를 위하여 석유사업법은 특수법인인 한국석유관리원과 산업통상자원부장관이 품질검사를 할 수 있는 역량이 있다고 지정한 기관만이 품질검사를 할 수 있도록 하고 있다.

(2) 품질기준

석유시장의 개방화와 사업자유화의 확대로 인하여 석유나 석유대체연료 공급자는 석유정제업자와 석유수출입업자 등으로 다원화되고 있다. 이에 따라 국내외 석유사업자에 의해 다양한 석유제품과 석유대체연료가 시장에서 판매되고 있다. 석유와 석유대체연료 시장의 개방화와 석유사업의 자유화는 필연적으로 시장에서 다양한 종류의 석유제품과 석유대체연료가 유통되도록 하였다. 다른 한편 품질기준을 충족하지 못하는 석유제품 또는 석유대체연료의 공급 또한 가능하게 되어 소비자의 이익을 침해할 가능성을 높였다.

산업통상자원부장관은 석유제품과 석유대체연료의 적정한 품질을 확보하기 위하여 석유제품에 대한 품질기준을 정할 수 있다. 이 경우 「대기환경보전법」에서 정한 석유제품에 관한 기준에 관하여는 미리 환경부장관과 협의하여야 한다. 석유제품의 품질기준은 「석유제품의 품질기준과 검사방법 및 검사수료에 관한 고시」 별표 1에서 품질기준의 대상이 되는 석유제품별로 각각 달리하여 정하고 있다.

2. 석유대체연료 품질관리제도의 도입

(1) 품질기준

산업통상자원부장관은 석유제품과 석유대체연료가 품질기준 없이 유통되어 소비자 피해, 품질, 안전, 환경 등에서 사회적인 문제를 발생시킬 가능성이 있어 품질기준을 정하여 고시하고 있다. 석유나 석유대체연료는 제품의 특성상 소비자가 품질·상표·계량 등을 확인하기 쉽지 않기 때문에 별도의 품질기준이 없다면 소비자 피해 또는 환경오염문제 등의 문제를 발생시킬 수 있다. 또한 석유나 석유대체연료는 제조·수입되어 일정한 포장용기에 담겨 유통되는 것이 아니고 대량으로 유통되기 때문에 유통과정의 관리 소홀로 인하여 다른 제품과 혼입되어 소비자에게 품질이 저하된 제품이 판매될 수도 있다. 석유사업법은 품질기준에 적합하지 아니한 석유제품이나 석유대체연료의 유통을 금지하며, 석유제품이나 석유대체연료의 판매 또는 인도 시 품질검사를 실시할 수 있도록 하고 있다(석유사업법 제24조·제31조).

(2) 품질검사의 대상 석유제품과 석유대체연료

석유사업자는 판매하는 석유제품과 석유대체연료가 품질기준에 적합함을 확인하기 위한 품질검사를 받아야 한다. 품질기준 적합성을 검사받아야 하는 석유제품은 모든 석유제품이 아니라 자동차용 휘발유, 등유, 경유, 용제, 중유, 항공유, 부생연료유, 석유가스, 윤활유[그리스(grease)로서 정제광유함유량이 100분의 70 이상인 것] 및 아스팔트로 제한된다(석유사업법 시행규칙 제28조). 이 중 「산업표준화법」 제15조에 따라 인증을 받은 윤활유, 수출물품에 사용하기 위하여 판매하거나 인도(引渡)하는 석유제품은 품질검사를 받지 아니할 수 있다. 이처럼 품질검사의 대상에 속하지 아니한 석유제품은 품질검사를 받지 않고도 제조·저장·운송·판매될 수 있다.

석유제품과 달리 석유대체연료의 경우 품질검사 대상이 일부 석유대체연료로 제한되지 아니한다. 따라서 판매 또는 인도하거나 판매 또는 인도할 목적으로 제조·수입·저장·운송 또는 보관하고 있는 모든 석유대체연료는 품질검사를 받아야 한다.

(3) 품질검사 대상사업자

석유사업법은 품질검사 대상사업자를 의무적 대상사업자와 임의적 대상사업자로 구분하고 있다. 의무적 품질검사 대상사업자는 석유정제업자·석유수출입업자 또는 부산물인 석유제품을 생산하여 석유판매업을 하려는 자 및 석유대체연료 제조·수출입업자이다. 임의적 품질검사는 석유제품의 생산·수입단계에서 실시하는 필수 검사 이후 유통단계에서도 품질수준을 유지할 수 있도록 실시하고 있는 것으로 현재 대상사업자는 석유정제업자·석유수출입업자·석유판매업자·석유비축대행업자·송유관설치자·송유관관리자 및 수산업협동조합 중앙회와 조합이다.

수산업협동조합은 「조세특례제한법」 제106조의2에 따라 어업용 면세유류를 공급하는 관리기관으로서 자체 급유시설을 운영함으로써 석유유통의 일부를 담당하고 있다. 다만 수산업협동조합은 수협중앙회가 정유사로부터 직접 면세유를 구매하여 단위수협을 거쳐 공급하기 때문에 다양한 경로로 석유제품을 공급받는 일반 주유소 등과 달리 품질문제가 발생할 우려가 비교적 낮다. (구)석유사업법은 임의적 품질검사 대상을 석유사업자로 제한하였고, 이에 따라 수산업협동조합은 석유판매업의 등록·신고 뿐만 아니라 품질검사도 면제받았다. 이후 2004년부터 품질검사 대상이 석유사업자에서 송유관사업자나 비축의무 대행사업자 등 비석유사업자까지 확대하게 되었다. 품질검사제도의 목적이 소비자 보호에 있다는 점을 고려하여 현행 석유사업법은 수산업협동조합도 품질검사 대상사업자로 포함하고 있으나, 다른 석유사업자와 달리 산업통상자원부장관이 품질을 유지하기 위하여 필요하다고 인정하는 경우에 한하여 품질검사를 할 수 있도록 하고 있다.

수산업협동조합은 석유의 직접 공급을 원칙으로 하나, 일반 주유소 시설의 일부를 임차하여 공급하는 공급대행 주유소도 다수 운영하고 최종 공급단계에서는 별도의 품질검사를 하지 않고 있다. 따라서 품질검사가 가능한 농업용·임업용 면세유[96]와 마찬가지로 어업용 면세유에 대한 품질검사가 필요하다.

---

96 면세유류를 공급하는 관리기관인 농협과 산림조합 중 산림조합은 자체 공급시설 없이 석유판매업자를 거쳐 공

(4) 품질검사기관

품질검사기관은 한국석유관리원이나 산업통상자원부장관이 지정하는 기관이다. 품질검사를 받아야 하는 석유정제업자·석유수출입업자 또는 석유판매업자는 법률에서 정하고 있는 품질검사기관으로부터 품질검사를 받아야 한다. 그러나 예외적으로 검사시설과 검사인력을 갖춘 석유정제업자 또는 석유수출입업자로서 산업통상자원부장관의 승인을 받은 자는 자체검사로 이를 대체할 수 있다. 자체검사자는 품질기준에 적합함을 스스로 검사하는 경우 품질검사기관으로부터 품질검사를 받은 것과 같은 효과를 얻는다.

석유제품의 판매 또는 인도 전의 품질검사를 실시할 수 있는 기관은 복수화되어 있고 동시에 자체검사로 품질검사를 대체할 수 있다. 한국석유관리원은 독점적으로 품질검사기관으로 지정받아 업무를 수행하고 있다. 품질관리기관의 복수화와 자체검사제는 경쟁을 통해 품질검사 서비스의 질을 향상시키고, 독점에 따른 검사지연 등을 방지하며, 동시에 석유제품의 생산자와 수출입업자로 하여금 자율적인 품질관리를 유도하고 있다. 그러나 품질검사기관의 복수화와 자체검사제도의 도입은 품질검사기관 간에 경쟁을 심화하여 품질검사의 질적 저하가 우려되기도 한다.

석유제품의 출하 전 검사는 석유정제업자와 수출입업자의 책임을 강화할 수 있는 장점이 있다. 석유제품의 유통단계검사는 석유제품의 품질유지와 유사석유제품의 제조 및 판매를 방지하기 위하여 필요한 경우 시중에 판매·인도·저장·수송하고 있는 석유제품에 대하여 실시하는 품질검사이다. 유통단계검사는 검사의 특징상 정기검사가 아닌 수시검사로서 주로 주유소 등 석유판매업자를 대상으로 실시되고 있다. 유통단계검사는 석유품질관리와 소비자 보호에 우선적인 목적을 두고 있다. 품질검사기관과 자체검사기관은 검사기록을 작성·보관하여야 하고, 검사실적을 산업통상자원부장관에게 보고하여야 한다(석유사업법 제25조제1항).

3. 품질보정

(1) 개 념

석유정제업자, 석유수출입업자, 국제석유거래업자, 부산물인 석유제품 생산판매업자, 「송유관 안전관리법」에 따른 송유관설치자, 송유관관리자 및 송유관에 딸

급하고 있어 품질검사를 받고 있고, 농협은 자체 공급시설인 농협주유소 등이 있으나 과세유도 함께 취급하며 다양한 공급원을 통해 석유제품을 공급받고 있어 석유판매업 등록·신고를 해야하기 때문에 품질검사를 받는다.

린 저장시설 관리자 및 한국석유공사는 판매하거나 인도하려는 석유제품의 품질이 품질기준에 맞지 아니한 경우에는 그 석유제품의 품질을 품질기준에 맞도록 보정하는 행위(이하 "품질보정행위"라 한다)를 할 수 있다(석유사업법 제26조제1항). 석유제품의 품질보정은 가짜석유제품 제조와 명확하게 구분된다.

(2) 품질보정행위가 허용되는 자

석유사업법은 품질보정행위를 허용하나 품질보정행위를 할 수 있는 자를 석유정제업자, 석유수출입업자, 국제석유거래업자, 부산물인 석유제품 생산판매업자, 석유대체연료 제조·수출입업자, 송유관설치자·송유관관리자·송유관에 딸린 저장시설 관리자 및 한국석유공사로 제한하고 있다. 이에 따라 석유사업법에 따라 허용되는 석유 또는 석유대체연료 품질보정행위는 석유 또는 석유대체연료 판매업자에게는 허용되지 않는다.

(3) 품질보정행위의 장소

품질보정행위를 할 수 있도록 허용된 자는 제한된 장소에서만 품질보정행위를 할 수 있다. 품질보정행위를 할 수 있는 장소는 석유사업법에서 제한적으로 규정하고 있다. 품질보정행위는 그 자체가 일정 부분 위험성이 있다. 이러한 이유로 품질보정행위를 적법하게 할 수 있는 장소는 등록된 석유정제시설과 석유저장시설의 소재지, 부산물인 석유제품의 제조시설 소재지, 보세구역, 송유관설치자 및 송유관관리자가 설치·운영하는 송유관에 딸린 저장시설 또는 한국석유공사 소유의 석유저장시설로 제한된다.

(4) 절 차

석유제품 품질보정을 한 자는 품질보정행위를 완료한 경우에는 품질이 보정된 석유제품을 판매하거나 인도하기 전에 품질보정 일자, 품질보정행위의 장소, 품질보정에 사용한 제품의 명칭·수량 및 품질보정 방법 등 품질보정 내역을 한국석유관리원이나 품질검사기관에 통지하고 품질검사를 받아야 한다.

(5) 방 법

석유제품 품질보정을 하려는 자는 품질기준에 맞지 아니하는 석유제품에 이를

개선할 수 있는 첨가제, 식별제 또는 착색제를 혼합하거나 그 석유제품과 동일한
유종의 석유제품을 혼합하는 방법으로 품질을 보정하여야 한다. 다만, 석유정제시
설의 소재지 또는 부산물인 석유제품 제조시설의 소재지에서 품질보정을 하는 경
우에는 품질기준에 맞게 다시 정제하는 방법으로 보정할 수 있다. 품질보정행위는
국제석유거래의 주요 유형 중 '품질보정 거래'가 가능하도록 허용하는 것으로, 다
른 유종을 혼합 제조하는 '혼합제조 거래'를 허용한다면 같은 유종 내에서 품질을
조정하는 수준의 품질보정 행위도 허용하는 것이 합리적이다.

4. 석유대체연료의 혼합

(1) 석유대체연료 혼합의 필요성

　　석유정제업자 또는 석유수출입업자는 제조 또는 수입한 석유제품을 판매하거
나 인도하기 전에 해당 석유제품에 품질기준에 따라 석유대체연료를 혼합하는 행
위를 할 수 있다(석유사업법 제26조의2제1항). 허용되는 석유대체연료 혼합행위자는 석
유정제업자와 석유수출입업자로 제한된다. 허용되는 석유대체연료의 혼합은 가짜
석유제품 제조에 속하지 않는다(석유사업법 제29조제2항제3호). 금지되는 가짜석유제품
은 등급이 다른 석유제품 간의 혼합, 석유제품에 석유화학제품의 혼합, 석유화학
제품에 다른 석유화학제품을 혼합하는 것으로 허용되는 석유대체연료의 혼합과
명확하게 구별되어야 한다. 석유제품을 정제하거나 수입한 후에 그 석유제품에 석
유대체연료를 혼합하는 행위는 법률상 금지되어 있는 가짜석유제품 제조행위에
해당하지 않는다.

　　석유대체연료 보급정책에 따라 경유 및 휘발유 등 석유제품에 바이오디젤 또
는 바이오에탄올와 같은 석유대체연료를 일정 수준 혼합 사용할 수 있도록 석유
제품의 품질기준을 규정하고 있다. 휘발유에 혼합되어 사용되는 바이오에탄올은
수분을 흡수하는 특성이 있어 석유판매업자나 실소비자에게 인도 또는 판매하는
시점에서 직접 혼합사용할 수 있도록 허용하고 있다. 석유제품에 석유대체연료
혼합을 허용하는 것은 석유의 수급안정 및 친환경성 제고의 정책적 차원에서 추
진되는 것이다. 그러므로 석유정제업자나 석유수출입업자는 석유를 정제하거나
수입한 후에도 일정한 요건 아래에서는 석유제품에 석유대체연료를 혼합·판매할
수 있다.

(2) 혼합구조

석유제품에 석유대체연료의 혼합은 혼합사용기준에 적합하여야 한다. 석유제품의 석유대체연료 혼합사용 품질기준은 자동차용 경유에는 바이오디젤 함량 5% 이하, 자동차용 휘발유에는 바이오에탄올 함량 6.7% 이하[MTBE(메틸 t−부틸 에테르)의 대체사용을 허용]로 정하고 있다.

석유제품(경유)에 석유대체연료(바이오디젤)의 혼합 유통구조

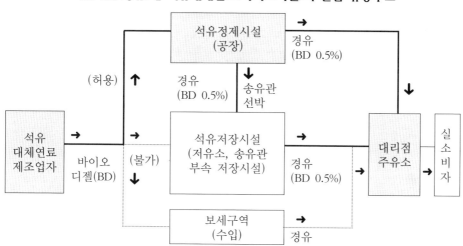

(3) 석유대체연료 혼합행위의 장소제한

석유대체연료의 혼합행위 장소는 등록된 석유정제시설 및 석유저장시설의 소재지, 보세구역,[97] 송유관설치자 및 송유관관리자가 설치·운영하는 송유관에 딸린 저장시설 또는 한국석유공사 소유의 석유저장시설로 제한된다.

석유사업법은 가짜석유제품의 제조·수입·저장·운송·보관·판매 등을 금지하면서 품질보정행위를 가짜석유제품의 제조에서 제외하고 있다. 가짜석유제품 제조에서 제외되는 행위에는 보세구역 내 수출 목적의 석유대체연료 혼합행위도 포함된다. 이는 석유제품에 대한 수출상대국의 기준이 우리나라와 상이할 수 있는 점 등을 고려한 규정이다. 수출 석유제품에 대해서는 가짜석유제품에 관한 우리나라 기준을 일률적으로 적용하지 않고, 수출상대국의 품질기준에 맞추기 위하여 보세구역에서 석유대체연료의 혼합행위를 허용하고, 수출상대국의 기준을 따르도록 하

97 「관세법」에 따른 보세구역은 다음 표와 같이 지정보세구역, 특허보세구역, 종합보세구역으로 구별된다.

고 있다.

5. 가짜석유제품 제조등의 금지

(1) 가짜석유제품의 개념

가짜석유제품[98]이란 조연제(助燃劑), 첨가제(다른 법률에서 규정하는 경우를 포함한다), 그 밖에 어떠한 명칭이든 '석유제품에 다른 석유제품(등급이 다른 석유제품을 포함한다)을 혼합하는 방법', '석유제품에 석유화학제품[석유로부터 물리·화학적 공정을 거쳐 제조되는 제품 중 석유제품을 제외한 유기화학제품으로서 나프타, 액화석유가스 또는 천연가스 등을 원료로 하여 나프타 분해공정, 벤젠·톨루엔·크실렌 추출공정 또는 합성가스 생산공정을 거쳐 생산된 탄화수소 물질(탄화수소와 그 밖의 물질과의 혼합물을 포함한다)]을 혼합하는 방법', '석유화학제품에 다른 석유화학제품을 혼합하는 방법' 또는 '석유제품이나 석유화학제품에 탄소와 수소가 들어 있는 물질을 혼합하는 방법' 중 어느 하나의 방법으로 제조된 것으로서 자동차, 건설기계, 농업기계, 「군수품관리법」에 따른 차량(휘발유 또는 경유를 연료로 사용하는 것만을 말한다)의 연료로 사용하거나 사용하게 할 목적으로 제조된 것을 말하며, 여기서 석유대체연료는 제외된다(석유사업법 제2조제10호).

구분	개 념	종 류	설치목적
지정	■ 국가지자체·공항(항만)시설 관리법인이 소유 또는 관리하는 토지·건물 기타의 시설을 지정 ■ 지정권자 : 세관장	■ 지정장치장 ■ 세관검사장	■ 통관편의, 일시장치 및 검사목적 ■ 행정상 공공의 목적
특허	■ 사인의 토지, 건물 중 신청하는 경우 ■ 특허권자 : 세관장	■ 보세창고 ■ 보세공장 ■ 보세건설장 ■ 보세전시장 ■ 보세판매장	■ 장치, 제조, 전시, 건설 및 판매 목적 ■ 사인의 이익추구
종합	■ 특정지역 중 지정 ■ 지정권자 : 관세청장	■ 종합보세구역	■ 수출 및 물류촉진 ■ 개인 및 공공이익 (투자촉진 등 조화)

98 석유사업법은 현행 '가짜석유제품'이라는 용어를 사용하기 전에는 '유사석유제품'이라는 용어를 사용하였다. 2011.11.14. 개정된 석유사업법(법률 제11081호)에서부터 '유사석유제품'을 '가짜석유제품'으로 용어를 변경하여 규정하고 있다. 유사(類似)란 사전적으로 "서로 비슷함"을 의미하는 것으로 정상적인 석유제품과 비교하여 품질이나 성능이 크게 다르지 않다는 오해를 가져올 염려가 있었다. 이에 기존의 '유사석유제품'을 대체하여 현행과 같이 '가짜석유제품'이라는 용어를 사용함으로써 석유제품과 전혀 다른 물건이라는 사실을 국민에 각인시킬 수 있다는 효과가 있다.

석유사업법이 첨가제에 대하여 특별히 정의하지 않고 있는 것에 반해 「대기환경보전법」은 첨가제 관리에 관한 규정을 두고 있다. 일반적으로 자동차 연료의 불완전연소에 따른 탄소퇴적물로 인해 차량의 성능저하, 배기가스 증가, 노킹 문제, 연료 소비 증가, 수명 단축 등이 발생하는데, 이러한 문제를 방지·제거하기 위하여 첨가제가 사용된다. 첨가제는 완성된 석유제품에 첨가되는 물질이고, 따라서 석유제품의 품질과 유통질서에 직접적인 영향을 미친다. 하지만 석유사업법은 「대기환경보전법」과의 관계에 따라 첨가제의 품질기준·제조기준·첨가비율 및 판매방법 등의 요건을 특별히 규정하고 있지는 아니다. 이는 「대기환경보전법」과 같은 법 시행령 및 시행규칙에서 첨가제에 관하여 특별하게 규정하고 있어 첨가제라는 동일한 용어에 대하여 석유사업법에서 다른 내용을 규정하게 되면 국민에 혼란을 초래할 수 있기 때문이다.

(2) 가짜석유제품의 피해 사항

가짜석유제품은 탈세로 인하여 석유 관련 세수 감소에 상당한 영향을 미친다. 또한 가짜석유제품은 석유제품 소비자에 대하여 차량의 연비 및 출력 감소를 초래하고, 연료장치 부식으로 엔진 고장을 유발하며, 인체에 치명적 유해물질인 톨루엔과 메탄올을 다량 함유하여 현기증, 마비, 구토 등을 야기할 뿐만 아니라 화재·폭발사고 발생 빈도를 높인다.

가짜석유제품은 대기환경에도 상당히 부정적으로 작용한다. 알코올을 함유한 가짜휘발유는 정품휘발유에 비해 알데히드(총량)를 약 62% 증가시킨다. 또한 가짜석유제품의 배출가스는 정품휘발유에 비해 이산화탄소 2.5배, 벤젠 5배, 톨루엔 12배의 유해가스를 배출한다. 또한 가짜석유제품은 석유 유통질서의 문란을 초래한다. 가짜석유제품 유통으로 선의의 석유사업자에게 판매량 감소를 초래하여 선량한 석유판매업자의 정당한 영업활동을 저해하는 문제를 야기하기도 한다.

(3) 가짜석유제품의 제조등 금지

1) 가짜석유제품의 제조 등의 유형

석유사업법은 가짜석유제품의 제조·수입·저장·운송·보관 및 판매를 금지할 뿐만 아니라 가짜석유제품임을 알면서 사용하거나 판매하는 행위도 금지하고 있다(석유사업법 제29조). 석유제품은 우리나라에서 높은 세율로 세금이 부과되고 소비자가 품질·성능을 파악하거나 판매량을 확인하기 쉽지 않다는 특징이 있다. 석유제품이 가지는 이와 같은 특성으로 인하여 가짜석유제품의 제조·판매가 지속해서 발생하고 있다. 가짜석유제품의 제조·판매는 탈세·환경오염·자동차의 성능저하,[99] 석유유통질서 교란 및 석유수급 불안정 등의 사회적 문제를 초래한다.

가짜석유제품의 제조등을 합법적으로 차단하기 위하여 산업통상자원부장관, 시·도지사 및 시·군·구청장은 가짜석유제품의 제조·판매·운송 등을 중지하거나 제조장·판매소의 폐쇄·철거 명령, 시설철거·폐쇄 등의 행정처분과 행정대집행을 할 수 있다.

2) 가짜석유제품 판매행위

가짜석유제품을 제조·사용할 목적으로 석유제품, 석유화학제품 및 석유대체연료 등을 공급·판매·저장·운송 또는 보관하는 행위는 금지된다. 이는 가짜석유제품의 판매방식을 혼합된 제품 판매(원캔 방식)에서 개별제품 판매(투캔 방식)로 전환하는 것을 방지하기 위한 것이다.

가짜석유제품은 석유제품 또는 석유화학제품을 서로 혼합한 것이다. 이로 인하여 혼합하지 않은 개별제품을 각각 판매한 후 구매자가 이를 직접 혼합하여 사용하도록 하는 방식은 석유사업법에 따라 단속하거나 처벌할 수 없는 문제가 있다.[100] 그러므로 가짜석유제품의 구매자가 용제, 톨루엔 등의 원료를 구매하여 직접 가짜석유제품을 만들어 사용하도록 유도하는 편법을 통해 가짜석유제품을 제조·유통하는 행위를 차단하기 위하여 가짜석유제품의 원료 공급자도 가짜석유제품을 직접 제조·판매한 자에 준하여 처벌할 수 있도록 하고 있다. 그러나 이 규정을 통해 가짜석유제품의 편법 유통을 차단할 수는 있으나, 외형상 정상적인 거래행위를 한 자에 대해 "가짜석유제품으로 제조·사용하게 하려는 목적"이 있었는지를 파악하여 입증해야 하는 문제가 남는다.

가짜석유제품으로 제조·사용하게 하려는 목적으로 가짜석유제품의 원료를 판매한 자에 대해서는 가짜석유제품 제조의 교사범이나 방조범으로 처벌이 가능하다.

---

99 가짜 휘발유는 공인연비의 약 7%, 실주행연비 약 18% 감소를 초래하고, 가짜 경유는 정상 경유 대비 2~5% 출력 감소를 가져 온다.

100 구매자가 유사석유제품의 원료 2종을 각각 구입하여 직접 이를 혼입하는 방법을 사용하였을 경우에는 유사석유제품의 원료를 판매한 사업자에 대하여 유사석유제품 제조행위로 처벌할 수 없으므로, 별도의 입법적 해결이 필요하다는 취지의 판결(대전지방법원 판결 2006고단2647)이 있다.

3) 가짜석유제품의 사용행위

가짜 석유제품임을 알면서 사용하거나 등록·신고하지 아니한 자가 판매하는 가짜석유제품을 사용하는 자는 3천만 원 이하의 과태료를 부과받을 수 있다. 가짜석유제품은 제조, 운송, 저장 및 판매만 금지되는 것이 아니라 그 사용도 금지된다. 따라서 이를 위반한 사용자에 대하여도 과태료를 부과할 수 있다. 가짜석유제품의 사용자에 대한 과태료 부과는 가짜석유제품의 수요를 효과적으로 차단하고 석유제품의 품질과 유통질서를 확보할 수 있는 대책이라고 할 수 있다.[101]

가짜석유제품 사용자에 대한 과태료 부과는 가짜석유제품임을 알면서 사용하는 자로 제한하고 있다. 노상에서 판매되는 가짜석유제품은 일반 국민도 해당 제품이 가짜석유제품이란 것을 쉽게 알 수 있으나, 주유소 등에서 판매되는 석유제품의 경우에는 일반 국민이 정상 제품인지 가짜석유제품인지를 식별하기 어렵다. 따라서 주유소 등에서 판매하는 가짜석유제품의 경우, 그 석유제품이 가짜석유제품이란 사실을 알지 못한 국민에게 과태료가 부과되지 않도록 하기 위하여 "가짜석유제품임을 알면서 이를 사용한 자"만을 과태료 부과대상으로 규정하고 있다.

가짜석유제품의 제조·판매행위의 경우 범죄로 규정하여 제조자 및 판매자를 형벌 부과 대상으로 정하고 있는 것에 반해, 그 사용자에 대해서는 과태료 부과 대상으로 정하고 있다.[102] 가짜석유제품의 소비자(사용자)에 대하여 형벌에 처하지 않고, 과태료를 부과할 수 있도록 규정함으로써 가짜석유제품의 구매유혹에 쉽게 빠질 수 있다는 문제가 있으며, 사용자에 대한 과태료 부과를 통해서는 가짜석유제품의 사용이 근절되지 않는다는 비판도 있다.

가짜석유제품이 계속 유통되는 주된 이유는 석유제품 간 세금의 차등 부과로 인한 가짜석유제품과 정상 제품 간의 상당한 가격 차이에 있다. 세금이 적게 부과되는 석유제품(용제)과 석유화학제품(톨루엔, 메탄올)을 혼합하여 제조한 가짜석유제품의 유통가격은 휘발유 등 정상적으로 유통되는 석유제품의 유통가격에 비해 상당히 저렴하다. 따라서 석유제품의 제조자·판매자 및 사용자는 가짜석유제품을

---

101 형벌은 원칙적으로 고의범을 처벌하고, 과실범은 처벌할 수 있는 특별한 규정이 있는 경우에만 처벌할 수 있다(형법 제13조 및 제14조). 이에 반하여 과태료는 고의·과실을 구별하지 않고 동일하게 과태료를 부과할 수 있다(질서위반행위규제법 제7조).

102 석유사업법 제44조 및 제49조는 가짜석유제품 관련 금지의무를 위반한 행위자를 처벌하면서 가짜석유제품 사용행위를 제외한 제조·수입 등의 다른 위반행위에 대하여는 형벌(5년 이하의 징역 또는 2억원 이하의 벌금)에 처하고, 사용행위는 처벌 수준을 낮추어 과태료(3천만원 이하의 과태료)를 부과하도록 하고 있다.

제조·판매 및 사용함으로써 적지 않은 금전적 이익을 얻을 수 있다. 정부가 세금을 차등 부과함으로써 정상 제품과 가짜석유제품 사이에 가격 차이가 발생하고, 이 가격 차이에 기인해 가짜석유제품의 제조자·판매자 및 사용자가 비정상적인 금전적 이익을 얻게 되는데, 이러한 비정상적 금전적 이익을 얻지 못하도록 할 때 비로소 가짜석유제품의 유통이 근본적으로 차단될 수 있을 것이다.

(4) 가짜석유제품의 제조중지명령

산업통상자원부장관, 시·도지사 또는 시장·군수·구청장은 가짜석유제품의 제조·저장·운송·판매를 금지하고 있는 석유사업법을 위반하였거나 위반한 것으로 인정되는 자에게 '가짜석유제품의 제조·판매·운송 또는 사용의 중지명령', '석유제품·석유화학제품·석유대체연료 또는 탄소와 수소가 들어 있는 물질의 공급·판매·운송의 중지명령', '가짜석유제품의 제조·공급 등에 사용된 시설·차량 등 물건에 대한 사용정지명령 및 봉인 조치', '가짜석유제품 또는 물질의 폐기명령', '가짜석유제품 제조장·판매소·저장시설의 폐쇄 또는 철거 명령'을 할 수 있다.

관할 행정기관은 가짜석유제품의 제조·판매·운송 등의 중지 또는 제조장·판매소의 폐쇄·철거 명령, 시설철거·폐쇄 등의 행정처분과 행정대집행을 할 수 있다. 행정대집행은 법률에 의하여 직접 명령된 작위의무를 그 의무이행자가 이행하지 않는 경우에 당해 행정청이 그 의무를 스스로 행하거나 제3자로 하여금 이를 행하게 하는 것을 말한다(행정대집행법 제2조).

(5) 허가등의 취소 요청

대표적인 가짜석유제품인 세녹스 및 LP-Power 등은 「대기환경보전법」에 따른 첨가제로 인정될 수 있다. (구)「대기환경보전법」에서는 첨가제를 "탄소와 수소만으로 구성된 물질을 제외한 화학물질로서 자동차의 연료에 소량을 첨가함으로써 자동차의 성능을 향상시키거나 자동차 배출물질을 저감시키는 화학물질로 환경부령으로 정하는 것"으로 정의하였다.[103] (구)「대기환경보전법」에 따르면 환경부령으로 정하는 제조기준에 적합한 경우에는 첨가제를 제조할 수 있었다. 다만 (구)「대기환경보전법」에 따른 첨가제의 제조가 석유유통질서의 파괴 및 탈세 등의 사회적 문제를 일으키면서 석유사업법의 입법 취지와는 상반된 결과가 나타나게 되

---

103 2005.12.29. 법률 제7779호로 개정(2006. 12. 30. 시행)되기 전의 「대기환경보전법」을 말한다.

었다.[104]

　석유사업법과 「대기환경보전법」 간 상충문제를 해결하기 위하여 석유사업법
은 현행과 같이 관계 행정기관으로부터 허가·인가·면허 및 등록을 받은 자가 가
짜석유제품 제조 등의 행위를 하는 경우 산업통상자원부장관, 시·도지사 또는 시
장·군수·구청장이 그 사업의 정지 및 허가 등을 취소하도록 관계 행정기관에 요
청할 수 있도록 하고, 이 때 관계 행정기관은 특별한 사유가 없는 한 요청에 적극
협력하도록 규정하고 있다.[105]

(6) 가짜석유제품 신고포상금

1) 신고포상금제도의 도입목적

　산업통상자원부장관은 가짜석유제품을 제조하거나 판매한 자 또는 등유, 부생
연료유, 바이오디젤, 바이오에탄올, 용제, 윤활유, 윤활기유, 선박용 경유 및 석유
중간제품을 자동차 및 건설기계·농업기계·군용의 연료로 판매하는 행위를 한 자
를 관계 행정기관이나 수사기관에 제보 또는 고발한 자에 대하여 예산의 범위에서
포상금을 지급할 수 있다(석유사업법 제41조의2). 신고포상금은 위법행위의 방지, 공
공복리의 증진 등을 위하여 국민의 신고에 대하여 행정기관이 지급하는 경비이다.

　신고포상금제도는 석유유통질서를 저해하는 가짜석유제품 제조 등의 위반행
위를 더욱 효과적으로 적발하기 위한 것이다. 신고포상금제도를 석유사업법에서
명시적으로 규정한 것은 신고포상금 운영의 투명성과 집행의 적정성 확보를 위한
것이며, 신고포상금의 구체적인 지급기준과 지급방법에 관하여는 「가짜석유제품
신고포상금 지급 등 운영에 관한 고시」에서 정하고 있다.

---

104 세녹스 및 LP-Power 등은 석유사업법상 가짜석유제품임에도 불구하고 환경부로부터 자동차용 첨가제 적합
　　인정을 받고 판매되기 시작하였다. 이에 대하여 당시 산업자원부는 여러 차례 환경부에 첨가제 인정취소를 요
　　청하였으나, 당시 환경부는 환경에 유해하지 않다는 판단으로 산업자원부가 요청한 첨가제 인정취소를 거부하
　　였다. 이로 인하여 가짜석유제품이 자동차 등의 첨가제로 판매될 수 있게 되었고, 당시 서울지방법원은 "세녹
　　스 및 LP-Power가 유사석유제품이 아니므로 제조업자는 무죄"라고 선고하기도 하였다(2003고단4662,
　　2003.11.20. 선고). 해당 판결에서 무죄로 판단한 이유는 "석유사업법 제26조는 위헌의 소지가 있어 제한적
　　으로 해석해야 할 것인 바, 세녹스는 유사석유제품으로 볼 수 없다"는 것이었다. 그 이후 세녹스와 LP-Power
　　및 기타 첨가제의 판매가 성행하는 문제가 발생하였다.
105 「대기환경보전법」도 석유사업법과의 충돌문제를 해결하기 위하여 첨가제의 요건에 "「석유 및 석유대체연료 사
　　업법」 제2조제10호에 따른 가짜석유제품 또는 같은 조 제11호에 따른 석유대체연료에 해당하지 아니하는 물
　　질"을 추가하였다.

2) 신고대상

신고의 대상자는 가짜석유제품 제조 등의 행위를 한 자와 등유 등을 자동차 및 건설기계의 연료로 판매하는 자이다. 등유 등을 자동차 등의 연료로 판매하는 것은 가짜석유제품의 제조·판매보다 차량고장, 대기오염 및 세금 탈루 등 더 큰 폐해를 낳는다. 그러므로 가짜석유제품의 제조 등과 함께 해당 행위도 신고포상금 지급을 위한 신고대상 행위에 포함하게 되었다.

제 4 절   전기사업법

I. 전기사업법의 연혁과 원칙

1. 전기사업법의 연혁과 변천

(1) 제 정

현행 「전기사업법」은 법률 제953호로 1961년 12월 31일 국회를 통과하고, 1962년 1월 1일부터 시행되었다. 동법률은 전기사업에 관한 기본제도를 확립하여 전기사업의 건전한 발달을 도모하고 공공의 복리에 이바지하려는 목적으로 제정되었다. 전기사업을 경영하고자 하는 자는 상공부장관의 허가를 받도록 함으로써 「전기사업법」 제정 당시부터 진입규제제도를 도입하였다. 제정 당시 동법률은 전기사업자가 정당한 이유 없이 전기의 공급을 거절할 수 없도록 하였고, 전기사업의 양도나 합병을 하는 경우에도 상공부장관의 허가를 받도록 하였다.

(2) 환경친화적 전력수급 반영

1996년 12월 30일 개정되고 1997년 7월 1일부터 시행된 「전기사업법」은 방사성폐기물관리의 안전성과 효율성을 높이기 위하여 방사성폐기물의 관리사업을 한국전력공사가 수행하도록 하고, 환경친화적인 전력수급을 위하여 장기전력수급계획에 환경관리에 관한 사항을 포함하도록 하였다. 통상산업부장관이 전력을 원활하게 공급하기 위하여 수립하는 장기전력수급계획에 수요관리, 기술개발 및 환경관리 등에 관한 사항을 포함시키도록 하였다.

또한 당시 개정법률에서는 원자력 발전연료를 제조·공급하고자 하는 자에게 장기적인 원자력발전연료의 제조·공급계획을 작성하여 통상산업부장관의 승인을 얻도록 하였고, 종전에는 전기사업용 전기설비 또는 자가용 전기설비의 설치 또는 변경공사를 할 경우에는 공사계획을 신고한 후 20일 또는 15일이 지나야 공사를 개시할 수 있던 것을 공사계획을 신고한 후 바로 공사를 개시할 수 있도록 규제를 완화하였다.

현재 전력수급기본계획에 해당하는 장기전력수급계획에서는 기존에는 전력수급에 관한 장기전망·전기설비계획·투자계획을 고려하도록 하다가, 당시 「전기사업법」의 개정으로 전력수급에 관한 기본방향, 수요관리·기술개발·환경관리·발전용연료의 수급에 관한 사항 등 5개 사항을 추가적으로 계획에 포함하도록 하였다.

(3) 특정전기사업의 도입

1999년 2월 8일 개정되어 1999년 8월 9일부터 시행된 「전기사업법」은 기존에 일반전기사업과 발전사업만을 포함하고 있었던 전기사업에 특정전기사업제도를 도입하고, 자가발전설비 보유기업의 전기 판매 허용범위를 확대하는 등 전기사업에의 진입규제를 완화하여 전력산업의 경쟁을 촉진하고자 하였다. 한편, 전기설비의 효율적 이용을 위하여 전기공급 선택약관제도 및 전기탁송제도를 도입하고 전기사업용 전기설비의 양도에 대한 인가제도 등 전력산업에 대한 각종 규제를 완화하였다.

당시 전기사업은 일반전기사업과 발전사업만이 허용되어 전력산업에의 진입은 사실상 불가능하였다. 1998년 「전기사업법」의 개정으로 전기를 발전하여 특정한 공급지점의 소비자에게 공급하는 특정전기사업을 허가할 수 있도록 하고, 일반전기사업자의 특정전기사업자에 대한 보완적 전기공급, 송배전설비의 상호접속 및 이용을 제공하는 근거를 마련하였다. 특정전기사업제도의 도입은 전면적인 전력산업 개방의 전 단계로서의 의미를 가지게 되었다. 동법률의 개정으로 특정전기사업에 소요되는 전기부족이 생긴 경우 일반전기사업자가 전기를 공급하기 위한 보완공급계약의 조건이나 특정전기사업자가 한국전력공사의 송·배전선을 사용해야 할 경우 전기탁송에 관한 조건들이 일반전기사업자의 우월적 지위에 의하여 특정전기사업자에게 불리하게 결정되지 않도록 하여 특정전기사업이 적정하게 운용될 수 있는 여건을 조성하였다.

동법률의 또 다른 주요 개정사항은 전기설비의 효율적 사용을 위하여 필요한 범위 내에서 기본공급약관과 다른 요금 기타 공급조건을 정하여 소비자가 선택하여 적용받을 수 있는 선택공급약관제도를 도입한 것이다. 기존 법률에서 전기 판매를 독점하고 있는 일반전기사업자는 전기요금, 기타 공급조건에 관한 전기공급 규정을 정하여 인가를 받도록 하였으나 개정법률은 전기공급규정을 전기공급약관으로 개편하여 전기공급조건이 사적 계약이라는 점을 분명히 하고 있으며 인가대상인 기본공급약관 외에 전기설비의 효율적 활용을 위하여 필요한 범위 안에서 일반전기사업자 또는 특정전기사업자가 선택공급약관을 작성하여 소비자가 선택하는 경우 이를 적용할 수 있도록 하였다.

(4) 전기사업의 경쟁체제도입

2000년 12월 23일 개정되어 2001년 2월 24일 시행된 「전기사업법」은 한국전력공사가 독점하고 있는 전력산업에 경쟁체제를 도입하기 위하여 전기사업을 발전사업·송전사업·배전사업·전기판매사업으로 세분화하고, 전력거래가 경쟁에 의하여 이루어질 수 있도록 전력시장제도를 도입하는 등 전력산업의 기본제도를 개편하였다. 동법률에서는 기존에 일반전기사업을 한국전력공사가 발전부터 판매까지 수직적으로 독점하고 있던 것을 기능별로 사업영역을 구분하여 일정한 요건을 갖춘 법인에 대하여 누구든지 전기사업을 할 수 있도록 하고, 이에 필요한 새로운 전력시장을 형성함으로써 전기사업을 경쟁체제로 전환하였다. 그리고 전기사업은 국가의 기간산업이며 막대한 투자가 소요되는 점을 감안하여 전기위원회의 심의를 거쳐 산업자원부장관의 허가를 받도록 하였다.

개정법률은 발전사업자 및 전기판매사업자에게 정당한 사유가 없이는 전기의 공급을 거부할 수 없도록 하고, 전기사업자로 하여금 그가 공급하는 전기의 품질 유지의무를 부여하고, 전기판매사업자는 요금 기타 공급조건을 정한 약관을 작성하여 산업자원부장관의 인가를 받도록 하고, 전기요금 청구시 비용을 항목별로 구분하여 명시하도록 하였다.

개정 「전기사업법」은 전력량계를 설치·관리하도록 하고, 송·배전사업자가 전기설비를 차별 없이 이용하게 하고, 전력거래가격의 부당형성을 목적으로 한 허위자료 제출과 전력거래소의 급전지시 불이행 등을 금지행위로 규정하여 금지행위를 한 경우에는 그 행위의 중지를 명하거나 과징금 부과 등의 조치를 할 수 있도록 하였다.

(5) 전기신사업의 도입

2018년 6월 12일 법률 제15644호로 2018년 12월 13일 시행된 「전기사업법」은 기존의 전기사업과 구별되는 전기자동차충전사업 및 소규모전력중개사업을 전기신사업으로 정하고 등록제도를 도입하였다. 동법률은 전기신사업자와 전기사업자가 전력거래를 할 수 있도록 하며, 전기자동차충전사업자와 소규모전력중개사업자가 전력시장에서 직접 거래할 수 있도록 하는 등 전기신사업을 도입함으로써 에너지신산업에 대한 투자를 촉진하고 전기공급자를 다양화하여 전기사용자의 편의를 도모할 목적으로 개정되었다.

개정법률은 전기자동차의 확산에 대응하여 전기자동차에 전기를 유상으로 공급하는 것을 주된 목적으로 하는 사업을 산업통상자원부장관에게 등록하여 할 수 있도록 하였다. 전기자동차충전사업의 등록을 한 자가 사업을 원활히 수행할 수 있도록 필요한 전력을 전기판매사업자 또는 구역전기사업자와 거래를 하거나 사업을 위하여 필요한 경우에는 전력시장에서 전력거래를 할 수 있도록 하며, 전기사용자의 편의를 위하여 충전요금을 표시하도록 하였다.

한편, 동법률에서는 소규모전력중개사업을 도입하였다. 신에너지 및 재생에너지 설비, 전기저장장치 등의 소규모전력자원을 모집·관리하고, 소규모전력자원에서 생산된 전력을 전력시장을 통하여 거래하는 것을 주된 목적으로 하는 사업을 산업통상자원부장관에게 등록하여 할 수 있도록 하였다. 한국전력거래소는 소규모전력중개사업의 등록을 한 자가 소규모전력자원을 모집·관리할 수 있도록 소규모전력중개시장을 개설하고, 소규모전력중개시장의 운영에 관한 규칙을 산업통상자원부장관의 승인을 받아 정하도록 하였다.

2. 「전기사업법」의 기본원칙

(1) 전기사용자 보호의 원칙

전기사업자와 전기신사업자는 전기사용자의 이익을 보호하여야 한다(전기사업법 제4조). 전기사용자 보호의 내용은 전기의 안정적인 공급, 전기품질의 유지, 전기신뢰도 유지를 통하여 전기사용자가 전기사용에 불편함이 없도록 하는 것이다. 전기사용자 보호는 전기사용자에게 공정한 전기요금을 부과하는 것도 포함한다.

(2) 환경보호의 원칙

전기사업자 등은 「전기사업법」에 따라 전기설비를 설치하고 전기사업 및 전기신사업을 할 때 자연환경 및 생활환경을 적정하게 관리·보존하는 데 필요한 조치를 마련하여야 한다(전기사업법 제5조). 「전기사업법」에서는 이러한 전기사업의 환경보호원칙을 천명하고 있다. 이 규정은 전기사업자에게 온실가스 배출을 줄이는 등 환경에 관한 사회적 책임을 다할 의무를 부여하는 내용을 포함하고 있다. 2015년 12월 제21차 유엔기후변화협약(UNFCC) 당사국총회에서 파리기후변화협정(Paris agreement)을 채택하면서 우리나라는 2030년까지 2030년 배출전망치 대비 37%를 감축하는 것을 온실가스 감축목표(INDC)로 제출하였다. 정부는 이 목표를 달성하기 위해 2016년 12월 '2030 국가온실가스감축 기본로드맵'을 발표하였고, 온실가스 배출의 주범 중 한 분야인 발전부문은 국내에서 가장 많은 6,450만톤(BAU대비 19.4%)을 감축할 계획이다. 이러한 목표를 달성하기 위해서는 정부 차원에서 노력뿐만 아니라 전기사업자들의 노력 역시 필수적이라고 할 수 있다.

(3) 보편적 공급의 원칙

전기사업자와 전기신사업자는 전기의 보편적 공급에 이바지할 의무가 있다(전기사업법 제6조). 전기의 보편적 공급은 「전기사업법」의 원칙에 속하지만, 전기의 보편적 공급이 무엇인지에 대한 구체적인 내용은 명확하지 않다. 현행 「전기사업법」 제2조제15호는 "보편적 공급"을 전기사용자가 언제 어디서나 적정한 요금으로 전기를 사용할 수 있도록 전기를 공급하는 것으로 정의하고 있다. '전기의 보편적 공급' 규정은 2000년 「전기사업법」 전면 개정 시 도서·벽지 주민에 대한 전기공급과 장애인·노인 등 사회적 약자에 대한 전기요금 감면 등 전기사업이 경쟁체제로 전환됨에 따른 사각지대가 발생하지 않도록 규정된 것이라 할 수 있다.

「전기사업법」 제6조는 전기의 보편적 공급의 기준을 전기기술의 발전 정도, 전기의 보급 정도, 공공의 이익과 안전, 사회복지의 증진으로 정하고 있다. 그러나 전기의 보편적 공급에 저소득층에 대한 복지가 포함될 수 있는가는 논란이 되고 있다.

II. 전기사업의 허가 등

1. 전력산업의 구조

정부는 2000년 12월 23일 「전력산업구조개편촉진에관한법률」(한시법 : 2009.12.31.)을 제정하고, 「전기사업법」의 개정을 통하여 기존의 전력산업 분야의 독점적 시장 체제에서 경쟁체제로 전환하는 정책적 변경을 하였다. 당시 전력산업구조개편 기본계획으로 다음 표와 같이 추진전략을 수립하였다.

전력산업구조개편 기본계획

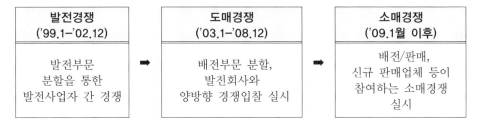

전력산업구조개편 기본계획에 따라 발전회사를 5개의 화력발전회사, 1개의 원자력수력발전사로 분할하고, 전기위원회·전력거래소를 설립하였다. 2002년 7월 1차로 남동발전사의 매각을 추진하였으나 시장여건 악화로 경영권 매각을 중단하고, 증시상장도 중단하였다. 참여정부 초기에 배전분할을 추진했으나 노사정위원회의 권고로 2006년 9월 한국전력의 독립사업부제를 시행하고 구조개편을 사실상 중단하였다.

전력산업구조개편은 사회적 갈등이 극심하여 원래 수립한 계획을 중단하고, 현행 전력산업 구조를 유지하면서 운영상 효율성을 제고하는 방향으로 정책을 변경하였다. 그동안 발전경쟁을 통해 연료구매비 절감 등 효율성이 상당히 향상된 성과가 있었다고 분석하고, 이를 바탕으로 발전과 판매의 경쟁을 더욱 확대하고 발전회사에 자율과 책임을 부여해야 한다는 방향으로 대안이 제시되었다. 이로써 현재와 같이 발전부문은 한국수력원자력·화력발전 5사체제를 유지하고, 판매부문은 전기요금 현실화 등 판매경쟁을 위한 여건을 조성·추진하며, 계통과 시장부문은 계통운영의 공정성 확보를 위해 전력거래소가 담당하기로 결정되었다. 그 결과 우리나라의 전력산업은 다음 표와 같은 구조로 되어 있다.

전력산업의 구조

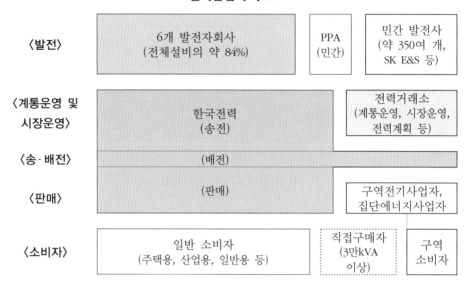

| 〈발전〉 | 6개 발전자회사 (전체설비의 약 84%) | PPA (민간) | 민간 발전사 (약 350여 개, SK E&S 등) |

| 〈계통운영 및 시장운영〉 | 한국전력 (송전) | 전력거래소 (계통운영, 시장운영, 전력계획 등) |

〈송·배전〉 (배전)

〈판매〉 (판매) 구역전기사업자, 집단에너지사업자

〈소비자〉 일반 소비자 (주택용, 산업용, 일반용 등) 직접구매자 (3만kVA 이상) 구역 소비자

2. 전기사업의 허가

(1) 전기사업 종류의 변천

　전기사업은 1962년 「전기사업법」 제정 당시 "일반의 수요에 응하여 전기를 공급하는 일반전기사업", "일반운송용철도 또는 궤도의 동력에 전기를 사용하는 전기철도사업"과 "이들 사업에 전기를 공급하기 위하여 발전 또는 송전을 하는 사업"으로 분류되어 전기사업의 종류가 제한되었다. 제정 당시 전기사업은 상공부장관의 허가를 받아야 하는 허가사업이었다. 1973년 11월 1일부터 시행된 「전기사업법」은 전기사업을 일반전기사업과 발전사업으로 분류하여 운영하였다. 동법률에 따른 일반전기사업이란 일반의 수요에 응하여 전기를 공급하는 사업을 말하고, 특정전기사업이란 일반전기사업자에게 일반전기사업용 전기를 공급하는 것을 주된 목적으로 하는 사업을 의미했다. 그러므로 1973년 개정된 「전기사업법」에서도 전기사업은 한국전력만이 허가를 받아서 할 수 있는 독점사업이었다.

　1998년 8월 9일부터 시행된 「전기사업법」은 일반전기사업과 발전사업인 전기사업에 특정전기사업제도를 추가하였다. 특정전기사업은 전기를 발전하거나 보완공급계약에 따라 전기를 공급받아 특정공급지점의 수요에 응하여 전기를 공급하는 사업이다. 특정전기사업제도의 도입은 자가발전설비 보유기업의 전기 판매 허용범위를 확대하는 등 전기사업에의 진입규제를 완화하는 출발점이 되었다. 2000년 전면 개정된 현행 「전기사업법」은 전기사업을 발전사업·송전사업·배전사업 및 전기판매사업으로 구분하고 산업통상자원부장관의 허가를 받도록 하고 있다.

전기사업 종류의 확대는 그동안 한국전력공사가 발전부터 판매까지 수직적으로 독점하고 있었던 일반전기사업의 사업영역을 기능별로 구분하고, 일정한 요건을 갖춘 법인은 누구든지 전기사업을 할 수 있도록 하고 이에 필요한 새로운 전력시장을 형성함으로써 전기사업을 경쟁체제로 전환하려는 것이었다. 전기사업은 국가의 기간산업이며 막대한 투자가 소요되는 사업임을 감안하여 전기위원회의 심의를 거쳐 산업통상자원부장관의 허가를 받도록 하고 있다. 전기는 모든 국민에게 필수불가결한 재화로서 최소한의 전기공급을 받을 수 있게 하는 것이 국가의 책무이다.

(2) 일반적 전기사업의 종류

1) 발전사업
「전기사업법」은 전기사업을 발전사업·송전사업·배전사업·전기판매사업 및 구역전기사업으로 구분하여 정의하고 있으므로, 그 외의 관련 사업은 전기사업에서 제외하고 있다. 발전사업은 전기를 생산하고, 이를 전력시장을 통하여 전기판매사업자에게 공급하는 것을 주된 목적으로 하는 사업이다.

2) 송전사업
송전사업이란 발전소에서 생산된 전기를 배전사업자에게 송전하는 데 필요한 전기설비를 설치·관리하는 것을 주된 목적으로 하는 사업이다.

3) 배전사업
배전사업이란 발전소로부터 송전된 전기를 전기사용자에게 배전하는 데 필요한 전기설비를 설치·운용하는 것을 주된 목적으로 하는 사업이다.

4) 전기판매사업
전기판매사업이란 전기사용자에게 전기를 공급하는 것을 주된 목적으로 하는 사업(전기자동차충전사업은 제외한다)이다.

(3) 특수전기사업으로 구역전기사업

1) 개념과 도입취지

구역전기사업이란 3만5천 킬로와트(kW) 이하의 발전설비를 갖추고 특정한 공급구역의 수요에 맞추어 전기를 생산하여 전력시장을 통하지 아니하고 그 공급구역의 전기사용자에게 공급하는 것을 주된 목적으로 하는 사업을 말한다. 구역전기사업은 신규 개발지역 등에 열병합발전설비를 갖추고 전기와 열을 동시에 생산하여 허가받은 공급구역 내의 소비자에게 직접 판매하되, 부족하거나 남는 전력은 거래할 수 있는 사업에 속한다. 구역전기사업은 2004년 6월부터 시행된 「전기사업법」에서 도입되었다. 구역전기사업은 「집단에너지사업법」에 따른 집단에너지사업자로서 이미 집단에너지 공급대상지역에서 전기를 공급하고 있는 자 등을 구역전기사업자로 의제한다.

「전기사업법」에서 기존의 전기사업에 구역전기사업을 추가하여 전기사업자의 범위를 확대한 것은 기존의 전기설비의 특성상 발전소는 주로 해안에 위치한 반면 전력수요의 대부분은 수도권에 편중되어 있어 송전선로 건설비용 및 송전손실과 혼잡비용이 크며, 특정한 계통에 대한 집중도의 심화 및 과부하로 인하여 태풍 등의 사고 발생 시 대규모 정전사태의 위험이 초래될 수 있기 때문이다. 구역전기사업을 도입한 구체적 이유는 다음과 같다.

첫째, 발전소 입지난 등의 해결을 목적으로 도입되었다. 경제발전 및 생활수준의 향상에 따라 전력수요는 꾸준히 증가하는 데 비해 해당 지역주민들의 반대로 원자력발전소, 석탄발전소뿐만 아니라 가스발전소와 같은 대규모 발전소는 현실적으로 신규건설이 어려운 측면이 있다.

둘째, 에너지절약을 위한 집단에너지사업(열병합발전) 확대보급이 필요하게 되었다. 집단에너지사업은 열과 전기를 동시에 생산하여 에너지 이용의 효율성이 일반발전과 비교할 때에 약 80% 이상 높다고 평가된다.

셋째, 전기판매시장 경쟁 및 민간사업자 참여 확대를 통한 전력산업의 경쟁력을 강화할 목적으로 도입되었다. 전기판매시장은 현재와 같이 한국전력공사가 독점하고 있고 경쟁자가 없기 때문에 전기판매 구조가 개선될 수 있는 기반이 부족하다. 구역전기사업자로 하여금 전기판매시장에서 판매사업을 할 수 있도록 허용함으로써 전기판매시장에서의 경쟁이 촉진될 수 있다.

2) 분산전원으로서 기능

「전기사업법」에 따라 모든 발전사업자는 전력시장을 통해서만 전력을 거래하여야 한다(전기사업법 제31조제1항). 그러나 이미 집단에너지사업의 허가를 받아 집단에너지 공급구역 내에 전기를 공급하고 있는 자는 2000년 전부개정된 「전기사업법」 부칙 제5조에 따라 예외적으로 2004년 2월 24일까지 전력직판이 허용되었다. 당시 집단에너지사업자가 한시적으로 공급구역 내의 전기사용자에게 전력을 직접 판매 또는 준비 중에 있었으나 2004년 2월 25일 이후, 즉, 전부개정된 「전기사업법」 시행 3년 이후에는 전력시장을 통하지 아니하고 전력을 직접 공급할 수 없게 되는 문제점이 있었다. 직접 판매 중인 집단에너지사업자들은 공급구역 내의 열과 전기에 대한 직접 판매를 전제로 계통을 설계·운영하고 있고, 전력시장을 통하여 전력을 판매하게 되는 경우 수전설비 설치비 등 적지 않은 추가비용이 소요될 뿐만 아니라, 직접 판매에서 전력시장에서의 판매로 전환하는 공급방식의 변경에 따른 손실액이 연간 약 2,550억 원에 이를 것으로 추정되었다. 공급방식을 변경할 경우에는 해당 집단에너지사업자의 수익성 악화는 물론, 비용전가(열요금 63.7% 인상)에 따른 산업단지 입주 기업체의 경쟁력을 저하시킬 우려가 있으므로 2004년 2월 25일 전에 직접 판매를 계속할 수 있는 근거 규정을 마련할 필요가 있었다.

구역전기사업은 전형적인 분산전원에 속한다. 분산전원은 산업단지, 주택단지, 건물군 등 특정한 수요지와 기능적으로 결합되어 발전·배전 및 전기판매사업을 겸업하면서 당해 지역에 대한 전력공급을 담당하는 전기사업의 유형이다. 구역전기사업은 냉·난방과 전기를 통합한 종합에너지 수요의 증대, 에너지 생산에 있어 경제성·효율성과 입지선정의 용이성 등을 고려할 때 열병합발전이 현실적이다. 구역형 집단에너지시스템(CES)은 소규모의 열병합 분산형전원을 뜻하는 것으로서 신규 산업단지 및 신도시와 도심 재개발지역 등은 향후 분산형전원 개발의 최적 입지가 될 수 있다.

유럽 및 일본 등 국가는 이미 에너지이용 효율의 향상을 위해 분산전원을 1970년대부터 활발하게 보급하고 있다. 우리나라의 일부 대형빌딩이나 아파트단지에서 분산전원을 설치·가동 중인 경우도 있으나 자가용전기설비 또는 비상용 예비전원으로서 기능을 하고, 전기를 필요로 하는 자에게는 전력공급을 할 수 없다. 구역전기사업은 분산전원의 개발로 수도권전원을 개발할 수 있고, 발전소 입지난 해소 및 안정적 전력수급 확보가 가능하며, 지중화 등을 포함한 송전선로 건설비용 및 송전손실을 감소시킬 수 있는 장점이 있다. 수도권지역의 전압강하 방지 및 부하분산 등으로 전력계통의 안정을 도모하며, 열과 전기를 동시에 생산하는 열병합발전설비를 활용함으로써 대기오염을 감소시키고 에너지이용 효율 향상에 의한 에너지 절감을 기할 수 있는 장점이 있다는 점에서 구역전기사업제도의 필요성이 인정되었다. 그러나 구역전기사업의 범위를 지나치게 확대하는 경우 상대적으로 가격이 높은 일반용·주택용 전력을 잠식하게 되어 농사용·산업용 전력을 보조하기 위하여 구역전기사업자의 공급대상이 아닌 고객의 비용부담이 증가하게 될 소지가 있다. 또한 구역전기사업자에 대해서만 발전·배전 및 판매사업의 겸업을 허용함으로써 타 전기사업자와의 형평상의 문제가 발생될 수 있다. 한편, 전기설비의 중복설치로 인한 자원의 낭비를 방지하기 위하여 배전사업과 마찬가지로 구역전기사업도 기존 구역전기사업자 및 배전사업자와 공급구역 또는 사업구역이 중복되지 아니할 것을 허가의 소극적 요건으로 할 필요도 있다.

3) 구역전기사업제도의 폐지문제

구역전기사업은 위에서 언급한 바와 같은 이유에서 도입되었으나, 도입목적과는 달리 전기판매시장에서 충분한 역할을 하지 못하고 있다. 이러한 배경에서 구역전기사업제도의 실패를 인정하고 다음과 같은 입장에서 폐지를 주장하는 견해도 나타나고 있다. 우선 구역전기사업의 분산형전원 효과와 관련하여, 구역전기사업자는 「전기사업법」상 특정 공급구역 전력수요의 60% 수준의 공급능력만 갖추면 되고 열수요가 부족한 하절기(6월~9월)에는 발전기 가동의무가 없다. 이로 인하여 구역전기사업자는 하절기에는 열수요 부족으로 인해 자체발전 대신 전력시장에서 전력을 구매하여 판매하게 되고, 결국 구역전기사업자의 발전량이 급감하여 분산형전원의 효과가 미흡하다. 또한 수도권은 전력이 부족하고, 지방은 잉여전력이 발생하고 있는데 수도권이 아닌 지방에 구역전기사업자의 열병합발전소를 설치하는 것은 분산형전원의 취지에 어긋난다.

열병합발전의 특성상 열과 전기를 동시에 생산할 때 효율성이 제고되나 열수요의 경우 동절기에 편중되어 있으므로 겨울을 제외한 나머지 계절은 열손실[106]로 인해 에너지 이용의 효율이 낮다. 하절기에는 열수요 부족하여 구역전기사업자가 자체 발전량을 줄이기 때문에 투자된 설비의 유휴화 현상이 발생하며, 이는 설비

---

[106] 열은 저장이 가능하나, 전기는 저장이 불가능하여 생산과 동시에 소비되는 특성이 있으므로 전력수요에 맞추어 실시간으로 발전하는 것이 필요하다.

의 중복투자라는 지적과 함께 전력피크를 평준화하려는 전력수요관리에도 역행한다는 지적이 있다.

　반면에 구역전기사업제도의 존치를 다음과 같은 이유에서 주장하는 견해도 있다. 우선 분산형전원의 효과와 관련하여 유사시에는 언제든지 구역전기사업자의 발전기를 가동하게 할 수 있으므로 예비전력의 역할을 수행할 수 있고, 구역전기사업자는 급전지시에 응하여 당초 목적대로 분산형전원의 기능을 하고 있다고 본다. 열병합발전의 전력계통 기여도[107]로 인해 연간 844~1,054억 원의 비용절감 효과가 발생한다는 것이다. 구역전기사업자가 상대적으로 전력예비율이 낮은 시간대인 오전 11시~오후 8시에 집중적으로 발전기를 가동하고 있으므로 이러한 측면에서 분산형전원의 역할을 한다고 할 수 있다는 것이다. 그러므로 구역전기사업은 실제 '발전소의 입지 또는 전력계통에 기여'하고, '하절기 첨두부하를 완화'하며, '유사시 예비전력의 역할'을 하고 있다고 한다.

　설비 중복투자 문제의 경우 하절기에 구역전기사업자가 자체 발전량을 줄이고 외부에서 전력을 수전하더라도 발전회사가 추가로 신규설비를 갖추어야 하는 것은 아니며 예비전력을 활용한다고 볼 수 있다. 발전설비는 정부의 전력수급기본계획을 통해 국가 전체는 적정수준으로 건설되고 있으므로 설비의 중복투자 문제는 발생하지 않는다. 그러나 신규 설비투자의 필요성 측면이 아닌, 구역전기사업자가 투자한 발전설비의 유휴화 측면에서는 설비의 중복투자 논란이 제기될 여지가 없지는 않다. 에너지 이용 효율성 문제의 경우 구역전기사업의 도입 배경 중 하나는 열과 전기를 동시에 생산하여 에너지 이용의 효율성을 제고하려는 것인바, 미국 환경청(EPA)의 연구결과[108] 열병합발전은 열과 전기를 각각 생산하는 방식에 비해 효율성이 약 20~30퍼센트 높은 것으로 알려져 있다. 그러나 이에 대하여 열병합발전은 생산한 열과 전기를 모두 활용하지 않을 경우 기존의 개별발전방식보다 오히려 효율성이 낮을 수 있다는 지적도 있다.

　첫째, 현재 상업운전 중인 구역전기사업자는 대부분 사업개시 후 일정기간이 경과하지 않은 사업초기에는 장치산업의 특성상 투자비가 크나 입주율이 낮아 설비 이용율이 저조한 실정이므로 정상적인 운영이 되기 전까지는 충분한 역할을 하

---

107 전력계통 기여도란 송전손실 및 송전설비 건설비용 등의 절감 정도를 말한다.
108 같은 양의 열과 전기를 생산하기 위해 투입되는 연료량을 기준으로 효율을 계산할 경우, 열병합발전의 효율이 열과 전기를 각각 생산하는 방식보다 26% 우수하다는 미국 환경청(EPA)의 연구결과가 제시되어 있다.

지 못할 수밖에 없다. 그러므로 구역전기사업의 운영실적만을 기준으로 분산형전원으로서의 역할 및 에너지 이용의 효율성 등을 평가하여 제도의 폐지 여부를 결정하기보다는 공급지역의 입주율 등을 고려하여 사업자의 정상적인 운영실적을 기준으로 합리적인 논의가 가능한 시점에서 제도에 대한 분석 및 평가 등이 이루어질 필요가 있다.

둘째, 정부는 분산형전원 개발 및 에너지 이용의 효율화 등 에너지 정책적 측면에서 필요성을 인정하여 구역전기사업제도를 도입하였다. 아직 제도의 유효성 여부에 대한 논란이 진행되고 있는 상황에서 제도의 폐지를 결정하게 될 경우 정부 정책실패의 책임 문제 및 정책의 신뢰성 훼손 문제 등이 제기될 수 있으므로, 제도의 폐지 여부를 결정하기에 앞서 이러한 측면을 충분히 고려하는 것이 필요하다.

셋째, 기존 사업자에 대한 대책 문제로서, 제도가 폐지되더라도 기존 사업자는 종전 규정을 적용하여 현행과 같이 구역전기사업의 영위가 가능하며, 기존 사업자가 희망하는 경우 발전사업으로의 전환이 가능하다고 하나, 제도 자체가 폐지된 상황에서 기존 사업자의 지위 유지는 실질적으로 어려울 것으로 보인다. 사업자들이 대부분 사업초기 상태임을 감안하면 제도의 개선 등을 통한 사업성 제고의 기회를 상실한 채 사업을 포기하는 결과로 이어질 가능성이 있다.

(4) 겸업금지

「전기사업법」에 따르면 동일인에게는 두 종류 이상의 전기사업을 허가할 수 없는 것이 원칙이다. 그러나 예외적으로 배전사업과 전기판매사업을 겸업하는 경우, 도서지역에서 전기사업을 하는 경우, 「집단에너지사업법」 제48조에 따라 발전사업의 허가를 받은 것으로 보는 집단에너지사업자가 같은 법 제9조에 따라 허가받은 공급구역에 전기를 공급하려는 경우에는 전기판매사업을 겸업할 수 있다.

현행 「전기사업법」은 전기사업과 전기신사업을 구분하고 있기 때문에, 「전기사업법」에 따른 전기사업에는 전기신사업이 포함되지 않는다. 그럼에도 불구하고 「전기사업법」에 전기신사업을 포함하고 있어 「전기사업법」이 스스로 모순적인 모습을 나타내고 있다. 장기적으로 전기신사업은 다양한 형태로 등장할 수 있고, 이러한 전기신사업을 기존의 전통적인 전기사업에 포함하지 않고 별도로 규율하려면 전기신사업에 관해 관장하는 법률을 분리하여 제정할 필요가 있다.

(5) 전기사업허가의 법적 성질

전기사업은 산업통상자원부장관 또는 시·도지사의 허가를 필요로 하는 사업이다. 「전기사업법」 제7조에 따르면 "전기사업의 종류별 또는 규모별로 산업통상자원부장관 또는 시·도지사의 허가를 받아야" 한다. 전기사업의 허가는 강학상 허가로 보거나 산업통상자원부장관에게 폭넓은 재량이 부여되어 있다는 점에서 특허로 볼 수 있다. 전기사업허가는 건축허가나 영업허가와 같은 통제를 목적으로 하는 허가와는 구별된다. 전기사업허가는 국가나 공동체의 특정된 자원의 할당을 위한 조정적 허가라고 할 수 있다. 조정적 허가는 기본적으로 시장참여자에게 동일한 기회를 부여하고 행정청이 시장참여자 중에서 관련된 자원을 가장 효율적으로 분배할 수 있는 자에게 허가를 하는 것이라고 할 수 있다. 전기사업허가는 무분별한 발전소, 송전선, 배전선의 건설로 인하여 발생할 수 있는 국가의 자원을 효율적으로 배분하는 데에도 그 정당성이 있는 조정적 허가에 속한다.

다른 한편으로 전기사업허가가 특허인지도 검토할 필요가 있다. 특허는 설권행위로서 특정인에게 헌법적으로 부여되지 아니한 권리를 행정청이 법률에 근거하여 부여하는 것이다. 허가가 소극적으로 공공의 안전이나 질서유지와 같은 위험방지를 목적으로 하는 데 반하여 특허는 적극적으로 공공복리증진을 목적으로 한다. 전기사업허가는 공익사업이 무분별하게 확대되는 것을 사전에 방지하는 것을 목적으로 하고 있다는 점에서는 특허에 해당한다고 볼 수 있다. 그러나 전기사업을 하는 것은 전기사업을 하려는 자의 기본권에 속하고, 전기사업의 허가는 결과적으로 기본권으로서 보장되고 있는 직업의 자유에 속하는 사업을 할 수 있도록 하는 것으로 설권행위라고 할 수는 없다. 전기사업허가는 설권행위에 속하지 않는다는 점에서 특허라고 할 수 없다. 결과적으로 전기사업허가는 허가이나 조정적 허가로서 주무관청에 재량권이 부여된 행정행위로 보는 것이 적합하다.

(6) 전기사업허가의 기준

전기사업의 허가기준은 다음과 같다(전기사업법 제7조제5항). 첫째, 전기사업을 적정하게 수행하는 데 필요한 재무능력 및 기술능력이 있어야 한다. 신청자의 재무능력은 소요금액과 재원조달계획의 구체성, 실현가능성 여부와 해당 신청자의 신용평가의 양호성을 말한다. 기술능력은 전기설비건설계획 및 운영계획의 구체성, 실현가능성 여부, 전기설비를 건설하고 운영할 수 있는 기술인력 확보계획의 구체적 제시 여부를 말한다.

둘째, 전기사업이 계획대로 수행될 수 있어야 한다. 이것은 전기설비 건설 예정지역의 수용(受用) 정도가 높아야 하는 것이고, 계획이 구체적이며 실현 가능하여야 하고, 발전소를 적기에 준공하고 발전사업을 지속적·안정적으로 운영할 수 있어야 하는 것을 말한다.

셋째, 배전사업 및 구역전기사업의 경우 둘 이상의 배전사업자의 사업구역 또는 구역전기사업자의 특정한 공급구역 중 그 전부 또는 일부가 중복되지 않아야 한다.

넷째, 구역전기사업의 경우 특정한 공급구역의 전력수요의 60퍼센트 이상의 공급능력을 갖추고, 그 사업으로 인하여 인근 지역의 전기사용자에 대한 다른 전기사업자의 전기공급에 차질이 없어야 한다.

다섯째, 발전소나 발전연료가 특정 지역에 편중되어 전력계통의 운영에 지장을 주지 않아야 한다.

여섯째, 발전연료가 어느 지역에 편중되어 전력계통의 운영에 지장을 주지 않아야 한다.

일곱째, 「신에너지 및 재생에너지 개발·이용·보급 촉진법」 제2조에 따른 태양에너지 중 태양광, 풍력, 연료전지를 이용하는 발전사업의 경우 발전사업 내용에 대한 사전고지를 통하여 주민 의견수렴 절차를 거쳐야 한다.

여덟째, 전력수급기본계획에 부합하여야 한다.

아홉째, 「기후위기 대응을 위한 탄소중립·녹색성장 기본법」(이하 "탄소중립기본법"이라 한다) 제8조제1항에 따른 중장기 국가 온실가스 감축 목표의 달성에 지장을 주지 않아야 한다.

(7) 전기사업허가의 절차

1) 발전사업허가의 절차

우선 발전사업허가는 전력수급기본계획에 부합하는 것을 허가기준으로 하고 있다는 점을 주의하여야 한다. 발전사업을 하려는 자, 즉 발전소를 건설하여 전력거래소에서 전력을 판매하려는 자는 석탄발전, 천연가스발전, 원자력발전 중 어떠한 발전소를 건설할 것인가를 결정하여야 한다. 발전소의 종류를 정하여 발전사업허가를 받으려는 자는 전력거래소에 요청한 발전사업 의향서를 제출하여 전력수급기본계획에 정해진 발전용량을 할당받을 수 있는지에 관하여 우선적으로 확인을 받아야 한다.

발전사업허가를 받으려는 자는 전기사업허가신청서(전자문서로 된 신청서를 포함한다)에 사업계획서, 정관, 대차대조표 및 손익계산서(신청자가 법인인 경우만 해당하며, 설립 중인 법인의 경우에는 정관만 제출한다), 신청자(발전설비용량 3천킬로와트 이하인 신청자는 제외한다)의 주주명부, 「전기사업법 시행령」 제4조의2에 따른 의견수렴 결과(「신에너지 및 재생에너지 개발·이용·보급 촉진법」 제2조에 따른 태양에너지 중 태양광, 풍력, 연료전지를 이용하는 발전사업인 경우만 해당한다), 인허가 의제를 받으려는 경우 관련 법률에서 정하는 관련 서류를 첨부하여 산업통상자원부장관에게 허가를 신청하여야 한다. 다만, 발전설비용량이 3천 킬로와트 이하인 발전사업의 허가를 받으려는 자는 시·도지사에게 발전사업허가를 신청하여야 한다.

발전사업의 허가를 받은 자는 발전소 건설을 위하여 우선 환경영향평가를 받고, 공사계획 인가를 거쳐 건설에 착수하게 된다. 전기사업허가는 재무능력·기술능력 등 법으로 정한 허가 요건을 충족하면 일단 허가를 하고, 그 후 주민들의 의견수렴이 필요한 환경 관련 사항들은 환경영향평가를 받으면서 의무적으로 주민들의 의견을 듣는 공청회를 거치게 된다. 절차를 요약하면 다음과 같다.

① 전력수급기본계획 반영[전기사업법 제25조](신·재생, 집단에너지사업 제외), ② 전기사업허가[전기사업법 제7조], ③ 관련 법률에 따른 협의 등(환경영향평가 등), ④ 전원개발실시계획 승인[전원개발촉진법 제5조](전력수급기본계획 반영된 사업만 해당), ⑤ 공사계획 인가[전기사업법 제61조], ⑥ 사업개시 신고[전기사업법 제9조]

발전사업허가와 발전소건설 추진절차

(사업자 자체업무)		(중앙부처 협의필요)
부지선정(지점예비/세부조사)	→	**전력수급기본계획 반영**
⇩		↓
		발전사업 허가
		↓
건설타당성조사		**전략환경영향평가**(공유수면매립 시)
⇩		↓
건설기본계획 확정	→	**공유수면매립기본계획 반영**
⇩		↓
세부추진계획 수립		**환경영향평가**
⇩		**사전재해영향성 검토**
기자재/공사 발주		**교통영향분석**
⇩		**해역이용협의**
기자재/공사 계약		
		↓
대비공사 착공	←	**전원개발사업실시계획 승인**
⇩		↓
본공사 착공(본관기초굴착)	←	**공사계획 인가**
⇩		↓
기자재 제작 및 시공		
⇩		
발전소 준공	→	**사업개시 신고**

2) 발전소건설의 환경영향평가

전기사업 중 발전사업을 하려는 자는 「전기사업법」 제7조에 따른 발전사업 허가를 받은 후, 「환경영향평가법」상 환경영향평가 등 관련 법령에 따른 협의를 거쳐 사업을 진행한다. 「환경영향평가법」은 발전설비 용량 등에 따라 환경영향평가 또는 소규모 환경영향평가를 실시하도록 하고 있다. 환경영향평가법에 따른 환경영향평가 또는 소규모환경영향평가의 대상은 다음과 같다.

환경영향평가 대상 발전사업

구 분	대 상	협의요청시기
환경영향평가	발전시설용량이 10MW 이상인 발전소, 댐 및 저수지 건설 수반 시에는 3MW 이상인 것, 태양광·풍력·연료전지 발전소 또는 발전사업용 전기저장장치는 100MW 이상인 것, 해양소수력 발전소는 30MW 이상인 것	「전원개발촉진법」 제5조제1항 실시계획 승인 전 (전원개발사업)
		「전기사업법」 제61조 또는 「전기안전관리법」 제8조에 따른 공사계획의 인가 또는 신고 전(전원개발사업 외)
소규모 환경영향평가	(예시) 「국토계획법」 제6조제2호 관리지역 중 사업계획 면적이 다음 이상인 것 1) 보전관리지역 : 5,000㎡ 2) 생산관리지역 : 7,500㎡ 3) 계획관리지역 : 10,000㎡	개발행위 허가 이전 등

(8) 전기사업 허가의 취소 및 사업정지

1) 허가취소 등의 법적 성질

전기사업의 취소와 사업정지는 대표적인 침익적 행정처분이다. 그러므로 법치행정원칙에 따라 「전기사업법」에 전기사업의 취소와 사업정지에 관한 명확한 근거를 두고 있다. 즉, 사업자가 전기사업의 결격사유에 해당하는 경우 전기사업을 취소하도록 하고 있다. 전기사업허가의 취소와 사업정지는 원칙적으로 행정기관의 재량에 해당한다. 그러나 「전기사업법」 제12조는 반드시 허가를 취소하여야 하는 사유를 열거하고 있다. 반드시 허가를 취소하여야 하는 사유는 결격사유에 해당하는 경우, 준비기간에 전기설비의 설치 및 사업을 시작하지 아니한 경우, 원자력발전사업자에 대한 외국인의 투자가 「외국인투자 촉진법」 제2조제1항제4호에 해당하게 된 경우, 거짓이나 그 밖의 부정한 방법으로 전기사업허가를 받거나 변경허가를 받은 경우, 산업통상자원부장관이 정하여 고시하는 시점까지 정당한 사유 없이 전기설비공사계획 인가를 받지 못하여 공사에 착수하지 못하는 경우이며, 이때 산업통상자원부장관은 전기위원회의 심의를 거쳐 그 허가를 반드시 취소하여야 한다.

전기사업허가의 취소와 사업정지처분은 그 효과가 전기사업자 또는 전기신사업자의 권리를 제한하는 측면에서 침익적 행정처분이고, 침익적 행정처분은 법률 유보원칙에 따른 법률상 근거가 필요하다.

2) 사업정지대체 과징금의 법적 성질

사업정지는 6개월 이내에서 허가권자가 처분을 할 수 있으나 전기사업은 전기 사업자가 영업을 정지하는 경우 전기사용자에게 심한 불편을 주거나 공익을 해칠 우려가 있는 경우에는 사업정지명령을 갈음하여 5천만원 이하의 과징금을 부과할 수 있다. 여기서의 과징금은 대표적인 영업정지대체 과징금이다. 영업정지를 대체하는 과징금 제도는 사업자의 법령 위반행위에 대한 행정제재 수단인 영업정지 처분에 갈음하여 과징금을 부과할 수 있도록 하는 제도이다. 대체과징금 제도는 사업자의 과도한 부담을 완화하고, 영업정지로 인해 이용자가 겪는 불편을 해소할 수 있는 장점이 있는 제도이다. 그러나 대체과징금이 지나치게 낮게 설정된 경우 제재 실효성이 확보되지 않아 위법행위 제재 효과가 미흡할 수 있다. 영업정지대체 과징금은 영업정지 기간, 사업자 매출액과 관계없이 정액과징금을 부과하는 경우에는 영업정지 기간, 매출액을 고려한 부과기준을 정하여야 한다.

3) 사업허가 취소 또는 사업정지 절차

전기사업허가의 취소와 사업정지를 할 수 있는 처분권한은 산업통상자원부장관에게 있다(전기사업법 제12조). 산업통상자원부장관이 허가취소 또는 사업정지를 하는 경우 전기위원회의 심의라는 절차를 거쳐야 한다. 한편, 산업통상자원부장관은 허가를 취소하는 경우 청문을 거쳐야 하나, 「전기사업법」 제13조는 사업정지의 경우에는 청문절차를 반드시 거치도록 규정하지 않고 있다. 청문의 절차 등은 「행정절차법」에 따라 진행된다.

(9) 전기사업의 양수·합병·분할

1) 양수 등의 인가

전기사업은 공공성이 있는 사업이므로 「전기사업법」은 사업 자체에 대한 허가제도와 전기사업의 양수, 분할·합병, 경영권 지배목적의 주식취득에 대하여 인가를 받도록 하고 있다(전기사업법 제10조제1항). 전기사업의 전부 또는 일부를 양수하려는 자, 전기사업자인 법인을 분할하거나 합병하려는 자 및 전기사업자(발전설비의 규모가 2만 킬로와트 미만인 발전사업자는 제외한다)의 경영권을 실질적으로 지배하려는 목적으로 주식을 취득하려는 자로서 대통령령으로 정하는 기준에 해당하는 자는 허가권자의 인가를 받아야 한다.

2) 양수 등 인가의 법적 성질

인가는 특정한 법률행위의 효력을 보충하여 그 법률상의 효력을 완성시켜 주는 보충적 행정행위이다.[109] 발전사업은 발전사업을 개시하기 전에 양수, 분할·합병 또는 주식취득과 같은 사법상 법률행위를 하더라도 그 양수인, 분할·합병을 한 법인 또는 주식취득자가 인가를 받지 않는 경우 해당 사법상 법률행위는 효력을 발하지 못한다. 그러므로 발전사업의 양수 등은 양도인과 양수인 간(분할·합병 법인 간, 주식매도자와 취득자 간)에 양수도계약이 있어야 하고, 해당 계약에는 양수도계약 조건이 정하여져야 한다. 이후 해당 양수도계약을 기초로 허가청에 양수도인가를 신청하게 된다. 그러나 해당 양수도계약은 허가청의 인가를 받을 것을 전제로 한 것이기 때문에 인가를 받을 때까지는 법률상 미완성의 법률행위로 양수도계약의 효력이 전혀 발생하지 않는다. 그러나 사후에 행정청의 인가를 받는 경우에는 해당 양수도계약은 소급하여 유효한 계약이 되고, 인가를 받지 못하는 경우에는 무효로 확정되게 되므로 인가를 받기 전까지는 유동적 무효의 상태에 있게 된다. 그러므로 행정청의 양수도 등의 인가를 받기 이전에 체결한 양수도 등 계약은 「전기사업법」을 위반한 것이 아니다.

3) 인가기준

허가권자는 전기사업 양수, 분할·합병, 경영권지배목적 주식취득에 대한 인가 시 해당 전기사업의 허가기준에 적합한지, 양수 또는 분할·합병 등으로 인하여 전력수급에 지장을 주거나 전력의 품질이 낮아지는 등 공공의 이익을 현저하게 해칠 우려가 없는지, 사업 준비기간 안에 사업개시를 하였는지를 기준으로 인가를 하여야 한다(전기사업법 제10조). 그 중 사업 준비기간 안에 사업개시를 하였는지의 인가기준은 태양광 발전사업에 한정된다. 태양광 발전사업에 대하여 사업 준비기간 내에 사업개시를 하도록 규정한 이유는 태양광 발전에 대한 투기가 적지 않은 것에 기인한다. 태양광 발전에 대한 투기는 태양광 발전소를 설치하는 부지에 대한 투기와 발전사업허가권 등에 대한 시세차익을 노리는 투기가 있다. 투기성 태양광 발전소 분양사업의 경우 사업개시 완료 후에 분양을 하는 경우도 있으나, 상당수 분양이 발전사업 허가 이후 및 개발행위 허가 이전에 행해지고 있다. 태양광 발전소 분양 계약을 체결한 이후에 주민 민원 등으로 개발행위 허가를 받지 못하거나

---

109 대법원 2007.12.27. 선고 2005두9651 판결.

접속 용량이 부족하여 계통 연결을 하지 못하는 경우가 발생하여 발전소를 양수받은 자의 사업 개시가 지연될 수도 있다. 태양광 발전사업에 준비기간 내 사업개시 의무는 이러한 종류의 투기를 방지하기 위한 것이다. 다만, 태양광 발전사업의 경우에도 사업 영위가 곤란한 정당한 사유가 있는 경우는 인가기준으로 사업개시 여부를 심사하지 않을 수 있는 예외를 정하고 있다.

4) 인가절차

허가권자가 사업의 양수·합병·분할에 대해 인가를 하는 경우에는 인가를 한 날부터 10일 이내에 양수 또는 분할·합병 당사자의 성명(법인의 경우에는 명칭 및 대표자의 성명) 및 주소, 내용 및 예정 연월일을 공고하여야 한다. 인가를 하려는 경우 그 전기설비가 원자력발전소인 경우 허가권자는 원자력안전위원회와 협의하여야 한다.

(10) 전기사업과 처분효과의 승계

1) 사업승계

전기사업은 법인이 아닌 전기사업자가 사망한 경우 그 상속인, 전기사업의 양수자, 합병으로 설립되는 법인, 분할에 의하여 설립되는 법인, 경매·환가·압류재산 매각으로 시설인수의 신고가 수리된 자는 전기사업자의 지위를 승계한다고 규정하고 있다(전기사업법 제11조). 경매, 환가(換價), 압류재산의 매각 등의 사유로 기존에 허가를 받은 전기사업자의 사업용 시설 전부를 인수(引受)한 자는 그 승계사실을 신고만 하면 자동적으로 종전의 전기사업자의 지위를 승계한다. 전기사업자의 사업용 시설을 인수한 자가 그 시설을 이용하여 새로 전기사업을 하기 위해서는 「전기사업법」 제7조에 따라 산업통상자원부장관의 인가를 받아야 한다. 그런데 이 경우 종전의 전기사업자가 자신의 허가를 반납하거나 전기사업의 승계절차를 거쳐야 한다.

경매·환가·압류재산의 매각 등의 경우에는 종전의 전기사업자의 의사에 따라 인수가 되지 않는다. 종전의 전기사업자가 이러한 반납 또는 양수절차에 비협조적인 경우가 많아 이들의 사업용 시설을 인수한 자가 전기사업인가를 받는 데 어려움이 있었다. 이러한 문제점을 해결하기 위하여 경매·환가·압류재산의 매각 등의 경우 인수자는 신고만으로 전기사업자의 지위를 승계하게 되었고, 종전의 전기사업자가 받은 허가는 자동적으로 효력을 상실한다(전기사업법 제11조제1항제5

호). 「전기사업법」 제7조제5항은 전기사업의 허가 시에 전기사업자가 안정적으로 전기를 공급할 수 있는 능력이 있는지 여부를 검토하기 위해 재무능력·기술능력 등을 허가기준으로 규정하고, 전기사업의 전부를 양수하려는 자의 경우 허가권자의 인가를 받도록 하고 있다. 그러므로 경매·환가·압류재산의 매각 등으로 전기사업용 시설 전부를 인수한 자 역시도 이러한 허가기준 충족 여부를 검토할 필요성이 있다. 그래서 경매·환가·압류재산의 매각 등을 통한 인수 이후 전기사업의 신고는 수리를 요하는 신고로 정하고 있다. 즉, 수리를 요하는 신고는 실제 인가와 동일하다.

2) 처분효과의 승계

상속, 전기사업의 양수, 전기사업자인 법인의 합병 또는 분할, 경매·환가(換價)·압류재산의 매각 등으로 인한 전기사업자의 사업용 시설 전부의 인수(引受) 등의 사실관계가 있고 산업통상자원부장관의 인가를 받거나 신고를 하여 전기사업자의 지위가 승계된 경우에 종전의 전기사업자에 대한 사업정지처분의 효과는 새로운 전기사업자에게 승계된다(전기사업법 제11조의2).

전기사업의 허가는 허가받은 사람의 기능·지식 등 개인의 주관적 사정을 고려하여 공법상 지위를 부여하는 대인적 허가가 아니라 물적 설비·지리적 여건 등 객관적 사정을 고려해 지위를 부여하는 대물적 허가에 해당한다. 그러므로 전기사업이 승계될 경우 그 사업에 부과된 사업정지처분 등의 하자도 같이 승계된다. 그러나 승계인이 사업정지처분 등의 하자가 있는 사실을 알지 못한 경우에도 그 하자를 그대로 승계하도록 하는 것은 승계인에게 지나치게 불리하다. 그러므로 포괄적 승계인 상속의 경우를 제외하고는 승계인이 처분 또는 위반사실을 몰랐을 경우 그 처분의 효과가 승계되지 않도록 하되, 몰랐다는 사실에 대한 입증책임은 승계인으로 하여금 부담하게 할 필요가 있다.

3. 전기신사업의 등록

(1) 전기신사업 등록제도 도입배경

1) 도입 배경

현행 「전기사업법」은 2001년 전부개정을 통하여 발전·송전·배전·판매사업만 허용하고, 이후 2004년에 일부개정을 통하여 특정 구역의 전기소비자에게 직접 전기를 공급하는 구역전기사업자 제도를 도입한 이후로 별다른 변화 없이 지금까지 이어지고 있다. 그러나 최근 신·재생에너지 발전사업, 전기차 관련 사업 등 예전에는 없었던 새로운 전기사업 모델들이 등장하고 있다. 전기사업분야에서 새롭게 등장하는 사업모델은 기존의 대형 전기사업자를 대상으로 적용하여 온「전기사업법」의 적용에 적합하지 않았다. 새로운 유형의 전기사업을 기반으로 한 전기산업의 확산을 위해서는, 기존의 대형 전기사업자들과는 다른 형태로 에너지 신산업을 뒷받침할 수 있는 법체계 마련이 필요하게 되었다. 예를 들면, 전기차 충전사업은 엄격한 의미에서 전기사용자에게 전기를 공급하는「전기사업법」상 전기판매사업에 해당하여「전기사업법」제7조제1항에 따라 미리 산업통상자원부 장관(또는 시·도지사)의 허가를 받아야 한다. 그러나 당시에 국가와 지방자치단체가 적극적으로 전기자동차 충전시설의 설치에 대하여 보조금을 지급하였으나「전기사업법」에 따른 허가를 받지 않고 운영하여 위법한 상태가 방치되고 있었고, 이를 위한 법률적 근거 마련이 시급한 상황이었다.

당시 정부는 에너지신산업 유형 중 현재 수요가 있을 것으로 예상되는 전기자동차충전사업, 소규모전기공급사업, 소규모전력중개사업 등 3가지 유형의 사업 확산을 위해 기존의 전기사업자와는 별도의 법체계를 마련할 목적으로「전기사업법」의 개정을 시도하였으나 소규모전기공급사업이 삭제되고, 전기자동차충전사업과 소규모전력중개사업만 도입되었다. 전기신사업은 일정한 요건을 갖추면 등록만으로 사업을 수행할 수 있고, 약관도 신고만 하면 사용할 수 있다는 점에서 전기판매사업보다 훨씬 용이하게 시작할 수 있는 사업이 되었다.

2) 전기판매사업의 개방시도

전기판매사업은 허가사업에 속하므로, 허가요건을 갖춘 사업자가 전기판매사업을 수행할 수 있도록「전기사업법」에서 정하고 있다. 그러나 실제 우리나라 전기판매사업자는 한국전력공사가 독점하고 있다. 전기신사업의 도입은 전력판매시장에 민간 참여 확대의 첫 단계에 해당한다. 전기신사업은 전기자동차충전사업과 소규모전력중개사업으로 정하고, 누구든 등록요건을 갖추면 전기신사업을 할 수 있도록 규정하고 있다(전기사업법 제7조의2제1항).

전기판매사업의 개방은 일단 신·재생에너지와 관련된 특정 분야부터 소규모로 민간에 개방하고, 시장의 반응이라든가 민간 참여 확대의 장단점 등을 파악한 뒤 향후 점점 전력판매시장의 민간 참여 폭을 넓히려는 정책으로 2018년 도입되었다.

3) 전기판매시장의 개방 논의

전력판매시장 개방을 찬성하는 입장은 다음과 같은 주장을 한다.

첫째, 전력소비의 효율성을 제고할 수 있다. 즉, 전기판매시장이 개방되지 않고 지금과 같이 독점체제를 유지하는 경우에 전기요금은 정부의 인가를 받아서 정해지기 때문에 전기요금에 비용이 제대로 반영되지 못하거나 요금조정이 적시에 이루어지지 못하여 전력소비에 비효율이 발생할 수 있다. 둘째, 소비자의 선택권 확장에 기여한다. 전기판매시장 개방은 다양한 전기요금 제도를 개발하게 하여 소비자들에게 선택권을 줄 수 있다. 셋째, 중·장기적으로 전기요금의 인하에 기여한다. 전기판매시장을 개방하는 경우에 중·장기적으로 전기판매사업자는 경쟁을 통해 전기 공급서비스의 품질을 높이고, 전기요금을 낮추게 된다. 넷째, 전기판매시장은 필연적으로 개방되어야 하는 시장이다. 현재 OECD 회원국 중 공공기관이 100% 독점적으로 전력을 판매하는 나라는 한국과 이스라엘뿐이다. 전력판매시장은 언젠가는 개방되어야 하는 시장이기 때문에 가능한 신속하게 개방할 필요가 있다.

전력판매시장 개방을 반대하는 입장은 다음과 같은 주장을 한다.

첫째, 전기판매시장의 개방은 전기요금과 직결된다. 한국전력공사가 국내 전기판매시장을 독점적으로 운영하면서 규모의 경제를 통해 전기요금의 수준을 OECD 국가들 중에서도 하위권으로 유지하고 있다. 이익 창출이 가장 큰 목적인 민간에 전력판매시장을 개방하는 경우에 연료비 상승 등 가격 인상 요인이 최종소비자에게 그대로 반영되어 전기요금이 오를 수밖에 없다. 둘째, 낙후 지역의 전기공급을 위하여 전기요금의 인상이 불가피하다. 현재 전기판매사업자인 한국전력공사는 수익성이 떨어지는 벽지·도서 지역에도 적지 않은 손해를 보면서 전기를 공급하고 있다. 전기판매시장의 개방으로 낙후지역의 전기요금은 상승할 수밖에 없다. 셋째, 특히 농수산업용 전기요금의 상승폭이 클 수밖에 없다. 전력판매시장을 개방하는 경우에 새롭게 진입하는 전기판매사업자는 대규모 일반용, 산업용, 대용량 주택 등 수익성이 높은 전기를 주로 공급할 가능성이 크고, 결국 전기요금이 원가 이상인 구간은 민간이 가져가고 원가 이하인 구간만 공기업인 한국전력공사가 맡을 개연성도 적지 않다. 이렇게 될 경우 결국 한국전력공사의 재무상황이 악화되어 가정용이나 농업용 전기요금을 올릴 수밖에 없다. 전기판매사업자로 새롭게 참여하는 전기판매사업자가 무임승차해 좋은 사업만 차지하는 일이 없도록 공익성 확보를 위해 전력판매시장의 민간 개방은 적절하지 않다는 주장이 있을 수 있다.

(2) 전기신사업의 종류

전기신사업의 범위는 전기자동차충전사업, 소규모전력중개사업, 재생에너지전기공급사업, 통합발전소사업 및 재생에너지전기저장판매사업으로 한정된다(전기사업법 제2조제12호의2). 전기자동차충전사업은 전기자동차[전기 공급원으로부터 충전받은 전기에너지를 동력원(動力源)으로 사용하는 자동차]에 전기를 유상으로 공급하는 것을 주된 목적으로 하는 사업으로, 그 규모나 종류에 특별한 제한은 없다(전기사업법 제2조제12호의4). 전기자동차충전사업은 엄격한 의미에서는 전기사용자에게 전기를 공급하는 것을 주된 목적으로 하는 「전기사업법」상 전기판매사업에 해당하여 「전기사업법」 제7조제1항에 따라 미리 산업통상자원부 장관의 허가를 받아야만 사업 수행이 가능한 사업이다. 그러나 「전기사업법」은 전기판매사업 중 전기자동차충전사업에 대한 특례를 두지 않고, 전기판매사업의 정의 조항에서 전기자동차충전사업을 제외시키고, 별도로 전기신사업이라는 개념을 만들어 전기자동차충전사업을 전기신사업의 일부로 분류하고 있다. 이와 함께 전기신사업은 허가 대신 산업통상자원부장관에게 등록을 하는 것만으로 사업을 할 수 있도록 하고, 공급약관도 산업통상자원부장관의 인가 없이 신고만 하면 사용할 수 있도록 하고 있다.

전기신사업의 하나인 소규모전력중개사업은 전력거래소가 개설하는 시장에서 소규모의 신·재생에너지 설비, 전기저장장치(ESS), 전기자동차 등 설비를 모집·관리하고, 이 전기설비들에서 생산된 전력을 거래하는 것을 주된 목적으로 하는 사업을 말한다. 소규모전력중개사업의 대상 설비는 발전설비용량 1천킬로와트 이하의 신에너지 및 재생에너지 설비, 충전·방전설비용량 1천킬로와트 이하의 전기저장장치 또는 전기자동차로 제한된다. 재생에너지전기공급사업은 재생에너지를 이용하여 생산한 전기를 전기사용자에게 공급하는 것을 주된 목적으로 하는 사업이다(전기사업법 제2조제12호의8). 통합발전소사업은 정보통신 및 자동제어 기술을 이용해 대통령령으로 정하는 에너지자원을 연결·제어하여 하나의 발전소처럼 운영하는 시스템을 활용하는 사업을 말한다. 통합발전소사업은 재생에너지 보급 확대에 따른 간헐성과 변동성을 완화하기 위하여 태양광·풍력 등 신재생에너지가 주 자원이 되고, 신재생에너지의 변동성을 완화할 수 있는 전기저장장치, 수요자원 등이 보조자원으로 참여하는 통합발전소를 구성하여 전력시장에 참여하게 된다. 통합발전소에서 생산 또는 저장한 전력이 전력시장에서 거래될 수 있게 하기 위하여 한국전력거래소 회원으로 '전력시장에서 전력거래를 하는 통합발전소사업자'를 추가하였다. 재생에너지전기저장판매사업은 재생에너지를 이용하여 생산한 전기를 전기저장장치에 저장하여 전기사용자에게 판매하는 것을 주된 목적으로 하는 사업으로 산업통상자원부령으로 정하는 것을 말한다.

(3) 전기사업과 전기신산업의 관계

1) 전기판매사업과 전기신사업의 구별

전기신사업은 사업수행 요건, 결격사유 및 등록 · 허가 취소사유 등에서 기존 전기판매사업과 기본적으로 사업규제의 구조를 동일하게 하고 있으나 새롭게 등장하는 사업이고 그 규모가 비교적 소규모임을 감안하여 전기신사업의 확산을 위하여 기존의 전기판매사업에 비해 규제를 많이 완화하고 있다.

전기판매사업은 위에서 언급한 바와 같이 산업통상자원부장관(또는 시 · 도지사)의 허가를 받아야 하나 전기신사업은 등록기준에 적합한 자본금 · 인력 · 시설 등을 갖추고 등록을 신청할 경우에 결격사유에 해당하지 않는 한 산업통상자원부장관이 등록을 하여야 하는 기속행위로 규정하고 있다. 또한 공급약관의 작성과 사업양수도 전기판매사업에 대하여 산업통상자원부장관(또는 시 · 도지사)의 인가를 받아야 하는 반면, 전기신사업은 산업통상자원부장관에게 신고로 가능하도록 하고 있다. 현재 한국전력공사가 독점하고 있는 전기판매사업과 같은 수준의 엄격한 요건을 요구할 경우 사실상 그 요건을 모두 충족시킬 수 있는 전기신사업자가 많지 않아 전력판매시장의 일부를 개방하려는 기본목적에 부합하지 않을 수 있어 전기신사업에 대하여 규제를 완화하고 있다.

전기신사업으로 전기자동차충전사업은 주유소나 LNG 충전소와 비교하더라도 사업규제가 완화되어 있으나 자격 미달업체의 난립으로 인한 소비자의 피해방지를 위하여 자본금 · 인력 · 시설 요건, 약관 요건 등을 정하게 하고 있다.

전기판매사업의 수행 요건과의 차이점

	전기신사업	전기판매사업
사업수행요건	일정한 자본금·인력·시설 등을 갖추고 등록할 경우 결격사유가 없는 한 가능	「전기사업법」 제7조제5항 및 산업통상자원부령으로 정하는 요건들을 갖추었다는 점에 대하여 전기위원회의 심의를 거쳐 산업통상자원부장관의 허가를 받아야 가능
사업의 양수·승계 요건	산업통상자원부장관에게 신고	산업통상자원부장관의 인가
사업준비기간	별도 조항 없음	산업통상자원부장관이 지정, 10년을 넘을 수 없음
약관유효요건	산업통상자원부장관에게 신고, 단 약관의 요건에 대한 세부기준은 고시로 정함	산업통상자원부장관의 인가

2) 전기신사업과 전기사업의 중복성

현재 세계적으로 기후변화에 대한 대응을 위해 재생에너지 공급을 확대하는 노력을 강화하고 있다. 기업활동에 필요한 전력의 100%를 재생에너지로 공급하려는 RE100 캠페인에 적지 않은 국내기업이 가입하였고, 협력업체에도 재생에너지를 사용할 것을 요구하고 있어 재생에너지 사용이 기업의 수출경쟁력에도 지대한 영향을 미치게 되었다. RE100에 가입한 기업은 자체적으로 재생에너지 설비를 갖추거나 녹색요금제·인증서구매·전력구매계약(Power Purchase Agreement, PPA) 제도 등을 통해서 재생에너지 전력을 조달하고 있다. 재생에너지전기공급사업은 재생에너지로 생산한 전기에 대해 직접 PPA를 허용하도록 하고 있다.

재생에너지전기공급사업은 전기판매사업에서 제외되는 전기신사업으로 분류된다. 재생에너지전기공급사업은 생산된 전기를 최종 소비자에게 공급하는 사업이라는 점에서 사실상 전기판매사업에 속한다. 기존 발전사업자가 재생에너지전기공급사업자로 등록하는 경우 강제적 시장거래 원칙과 두 종류 이상 전기사업 겸업금지 원칙에 대한 예외로 적용을 받게 된다.

Ⅲ. 행정기관의 업무

1. 관계행정기관의 권한과 의무

(1) 전력산업기반조성계획의 수립

1) 수립주기와 절차

산업통상자원부장관은 전력산업의 지속적인 발전과 전력수급의 안정을 위하여 전력산업의 기반조성을 위한 계획을 3년 단위로 수립·시행하여야 한다(전기사업법 제47조). 전력산업기반조성계획에는 전력산업발전의 기본방향, 전력산업기반기금의 사용과 관련된 사업, 전력산업전문인력의 양성, 전력 분야의 연구기관 및 단체의 육성·지원, 「석탄산업법」 제3조에 따른 석탄산업장기계획상 발전용 공급량의 사용, 그 밖에 전력산업의 기반조성을 위하여 필요한 사항을 포함한다. 전력산업기반조성계획은 전력정책심의회의 심의를 거쳐서 확정된다.

2) 법적 성질

전력산업기반조성계획은 전형적인 행정계획에 해당한다. 행정계획은 특정된 법형식에 구속되지 않고 다양한 형태로 수립되고 시행된다.[110] 전력산업기반조성계획은 특별한 구속력을 가진 계획이라고 할 수 없기 때문에 해당 계획에 포함된 내용에 대해 행정청이 법적인 구속을 받지는 않으나 사실상의 구속을 받게 된다. 전력산업기반조성계획과 관련된 법적 문제는 전력산업기반조성기금의 사용과 관련된 사안에서 발생할 수 있다. 특히, 계획보장과 관련하여 전력산업기반기금의 사용에 관한 계획과 동일하게 집행이 되지 않는 경우 관련된 당사자가 계획준수청구권이나 계획존속청구권을 가지는가에 관한 문제가 있다. 그러나 전력산업기반조성계획의 수립은 산업통상자원부장관에게 부여된 의무에 해당하고, 계획의 내용에 관하여 특정된 사람이나 법인에게 권리를 부여하는 것이 아니다. 그러므로 전력산업기반조성계획에 의하여 침해될 권리도 없어 계획준수청구권은 성립되지 않는다.

(2) 전력수급기본계획

1) 전력수급기본계획의 수립의무

산업통상자원부장관은 전력수급의 안정을 위하여 2년마다 15년을 단위로 하는 전력수급기본계획을 수립하여야 한다(전기사업법 제25조제1항). 전력수급기본계획

---

110 정남철, 한국행정법론(제3판), 법문사, 2023, 206면.

은 전력산업이 경쟁체제로 전환되는 경우 발전사업에 대한 투자가 민간기업에 의해 자율적·분산적으로 수행되기 때문에 현행과 같이 장기적으로 전력수급계획을 중앙집권적·구속적으로 수립, 시행하는 것은 적절치 않다. 현재와 같은 전력수급기본계획은 전력공급의 예측성 확보와 전력수급의 균형유지를 위하여 민간부문의 투자계획·공급계획 등 전력수급의 기초자료를 입수하여 전력수급을 유도하기 위한 것이므로 잠정적으로 유지될 필요가 있다.

2) 포함사항

전력수급기본계획은 행정계획으로 전력수급의 기본방향, 전력수요전망, 수요관리목표, 적정예비율, 전원믹스, 신재생에너지비중, 발전설비계획 및 주요 송전·변전설비계획, 분산형전원의 확대 등의 내용을 담고 있다. 전력수급의 기본방향, 전력수급의 장기전망, 그 밖에 전력수급에 관하여 필요하다고 인정하는 사항을 포함하고 있다.

3) 법적 성질

전력수급기본계획은 다른 에너지 관련 계획과는 달리 발전사업의 허가를 위한 중요한 기준을 제시한다. 전력수급기본계획은 발전사업자의 경영안정이나 재산권을 목적으로 하는 것이 아니라 전력수급의 기본방향이나 장기전망에 대한 사항을 수립하는 정부의 지침적인 성질을 가지고 있다. 그러므로 전력수급기본계획은 그 자체가 국민의 권리를 제약하거나 의무를 부과하는 것이 아니다. 그러나 관할 행정기관 전력수급기본계획에 부합하지 않는다는 이유로 전기사업 허가나 전원개발사업 실시계획 승인을 거부하는 경우에는 처분성이 인정되어 항고소송의 대상이 될 수 있다. 이러한 점에서 전력수급기본계획은 정부의 일방적인 정책방향을 제시하는 지침적 성질을 가지는 동시에 처분적 성질이 있는 계획에 해당한다.

4) 수립절차

가. 관계중앙행정기관과 협의와 공청회

산업통상자원부장관은 전력수급기본계획을 수립하거나 변경하려는 경우에 관계 중앙행정기관의 장과 협의하고 공청회를 거쳐 의견을 수렴한 후에 전력정책심의회의 심의를 거쳐서 확정한다(전기사업법 제25조제2항). 전력수급기본계획의 확정절차는 기본계획의 절차적 투명성과 정당성을 확보하게 한다.

전력수급기본계획은 전력산업의 전반적인 방향을 결정하는 정책결정적인 기능을 하고 있다. 전력수급기본계획은 탄소중립기본법 제8조에 따른 온실가스 감축

국가목표에 부합하여야 한다. 이를 위한 산업통상자원부장관은 수립한 전력수급기본계획을 전략환경영향평가서를 작성하여 환경부와 협의를 거쳐 온실가스 감축 국가목표[111]에 부합하도록 하고 있다. 전력수급기본계획의 수립기관인 산업통상자원부는 「환경영향평가법 시행령」 개정에 따라 2018년 1월부터 전력수급기본계획 수립 전 전략환경영향평가[112]를 거쳐야 한다. 전력수급정책은 정부, 발전사업자, 송전사업자, 환경단체, 전문가 및 지역주민들 간에 다양한 의견들이 대립하고 있으므로, 이를 충분히 수렴하여 기본계획을 수립하도록 공청회를 거쳐 정하고 있다. 그러나 산업통상자원부장관이 책임질 수 없는 사유로 공청회가 정상적으로 진행되지 못하는 등 정당한 사유가 있는 경우에는 공청회를 개최하지 아니할 수 있으며 이 경우 대통령령으로 정하는 바에 따라 공청회에 준하는 방법으로 의견을 들어야 한다.

나. 국회 상임위원회에 보고

산업통상자원부장관은 전력수급기본계획을 확정한 때에는 지체 없이 이를 공고하고, 관계 중앙행정기관의 장에게 통보하여야 한다. 산업통상자원부장관은 기본계획을 수립하거나 변경하는 경우 국회 소관 상임위원회에 보고하여야 한다(전기사업법 제25조제5항).

5) 수립주기

일반적으로 행정계획은 수립주기와 계획기간을 법률이나 시행령에서 정하고 있다. 전력수급기본계획 수립주기는 「전기사업법 시행령」에서 2년으로 정하고 있으나 계획기간에 관하여는 정하지 않고 있다. 그러나 관례상 전력수급기본계획은 법령상 근거규정 없이 15년으로 설정하여 운용하고 있다. 15년의 계획기간이 급변하는 전력산업의 흐름과 기술발전 속도에 비추어 볼 때 지나치게 장기적이라는 관점도 있으나 발전소 건설의 특징으로 볼 때 적합하다는 견해도 있다. 이것을 정리하면 다음과 같다.

첫째, 전력수급기본계획의 계획기간을 법령에서 정할 필요성에 관하여 고찰하면, 기본계획의 기간과 주기를 법률에서 직접 규정할 경우 현재 산업통상자원부가

---

111 우리나라는 2020년의 국가 온실가스 총배출량을 2020년의 온실가스 배출 전망치(8억 1,300만 톤) 대비 100분의 30까지 감축(5억 6,910만 톤)하기로 하였다.

112 전략환경영향평가는 환경에 영향을 미치는 상위계획을 수립할 때, 환경보전계획과의 부합 여부 확인 및 대안의 설정·분석 등을 통하여 환경적 측면에서 해당 계획의 적정성 및 입지의 타당성 등을 검토하여 국토의 지속가능한 발전을 도모하는 것을 말한다.

임의로 결정하고 있는 기본계획의 기간과 주기를 국민의 대표인 국회가 직접 국민들의 의견을 반영하여 결정할 수 있다는 장점이 있다. 그러나 계획기간의 수정이 필요한 경우 법률을 개정하여야 하기 때문에 절차가 복잡하고 많은 시간이 소요되므로 탄력적인 운용이 어렵다는 단점이 있다. 전력수급기본계획은 10년 이상을 계획기간으로 하는 장기계획이다. 장기계획은 그 기간이나 주기를 상황에 따라 수시로 변동시킬 필요성이 적다는 특징이 있다. 현행법상 에너지 분야의 대부분의 기본계획들은 계획기간과 계획주기를 법률에서 직접 규정하고 있다. 이러한 점에서 전력수급기본계획도 다른 에너지 관련 기본계획과 같이 계획기간과 주기를 법령에서 규정할 필요가 있다고 할 것이다. 한편, 「저탄소 녹색성장 기본법」에 근거하고 있는 에너지기본계획, 기후변화대응 기본계획, 지속가능발전 기본계획은 모두 법률에서 계획기간을 규정하고, 신·재생에너지기본계획, 장기 천연가스 수급계획은 법률에서 기본계획의 기간을 10년 이상으로만 규정한 채 정확한 기간을 행정부가 정하도록 위임하고 있다. 이러한 점에서 기간의 하한 또는 상한을 법률에서 정하고 정확한 기간은 시행령에 위임하는 입법방안도 적합하다고 할 수 있다.

둘째, 전력수급기본계획의 수립주기는 2년이다. 전력수급기본계획은 절차적으로 복잡하고, 장기적인 전력수급목표와 관련되어 있다. 또한 전력수급기본계획은 2018년 1월부터 수립 전 전략환경영향평가[113]를 받아야 하고, 이에 필요한 기간이 6개월 이상이 소요된다. 전력수급기본계획은 수립·변경을 하는 경우 기초조사·관계부처 협의·공청회·전력정책심의회를 거쳐야 하고, 국회에 보고해야 하는 중요한 계획이다. 이와 같이 중요한 계획으로 복잡한 절차를 거쳐야 하는 계획은 안정성과 신뢰성을 유지하기에 2년 주기는 지나치게 단기라고 할 수 있다. 전력수급기본계획은 해당 계획의 안정성, 신뢰성, 행정의 효율성 등을 고려하여 오히려 계획수립주기를 5년으로 하는 것이 적합하다.

셋째, 전력수급기본계획의 기간은 통상 15년이나, 계획기간을 10년으로 단축하여 실행가능성을 높이는 것이 적합하다는 견해도 있을 수 있다.[114] 그러나 고압의 송전설비(765kV) 및 원자력발전소의 경우 사업허가부터 준공까지 건설기간만 평균적으로 10년이 소요되고 건설계획 수립 등 준비기간과 불확실성까지 고려할 경

---

113 환경에 영향을 미치는 상위계획을 수립할 때, 환경보전계획과의 부합 여부 확인 및 대안의 설정·분석 등을 통하여 환경적 측면에서 해당 계획의 적정성 및 입지의 타당성 등을 검토하여 국토의 지속가능한 발전을 도모하는 것을 말한다.

114 전기사업법 일부개정안(홍익표 의원 대표발의안), 의안번호 5339, 발의연월일 2017.1.31. 참조.

우 15년 이상의 계획기간이 필요하다. 현재 에너지 분야의 다른 기본계획들인 에너지기본계획이나 신·재생에너지기본계획 등의 경우 15년 또는 20년의 기간을 두고 있으므로 이들과의 정합성을 고려하여서도 현재와 같이 15년을 계획기간으로 하는 것이 적합하다.

에너지 분야 주요 국가장기계획 기간 및 주기

구 분	계획기간	수립주기
전력수급기본계획	15년	2년
에너지기본계획	20년	5년
신·재생에너지기본계획	20년	5년
장기 천연가스 수급계획	15년	2년

6) 다른 계획과의 관계

전력수급기본계획은 탄소중립기본법 제8조에 따른 온실가스 감축 목표에 부합하도록 노력하여야 한다. 온실가스감축목표는 탄소중립기본법 제10조에 따른 국가 탄소중립 녹색성장 기본계획에서 설정된다. 그러므로 전력수급기본계획은 기후변화대응 기본계획의 하위 계획에 속하게 된다. 또한 전력수급기본계획은 에너지기본계획에도 합치하여야 한다. 에너지기본계획은 에너지 분야의 최상위에 위치한다. 그러므로 모든 에너지 관련 행정계획은 에너지기본계획과 정합성을 이루어야 한다. 계획 간에 정합성을 이루지 못하게 되면, 해당 계획은 실행될 수 없게 된다.

(3) 기초조사

1) 환경 등 분야에 관한 기초조사

전력수급기본계획은 발전사업의 허가와 직접적인 관련이 있다. 전력수급기본계획에 따른 발전량은 결과적으로 발전소의 건설로 달성될 수 있으므로, 해당 발전소를 건설하려는 지역에 실제 발전소 건설에 장애가 되는 요소가 없어야 한다. 이를 위하여 전력수급기본계획에 따라 발전사업을 하려는 자에 대하여 환경분야와 경제·사회분야에 대한 기초조사를 하도록 의무를 부여하고 있다. 산업통상자원부장관은 기본계획을 수립하는 때에는 발전사업을 하려는 자에게 해당 지역에 미치는 영향을 포함한 기초조사와 지역주민·관계전문가 등에 대한 의견청취를 실시하도록 하여야 한다(전기사업법 제25조의2).

2) 지역주민 등의 의견청취

발전사업 예정자는 지역주민·관계전문가 등에 대한 의견청취를 위하여 해당 발전사업의 개요, 기초조사의 결과, 의견제출의 시기 및 방법을 지역신문 및 사업 예정자의 인터넷 홈페이지에 게재하여 해당 발전사업에 대한 의견을 들어야 한다. 다른 법령에 따라 의견청취에 준하는 절차를 거친 것으로 산업통상자원부장관이 인정하는 경우 그 절차로 의견청취를 갈음할 수 있다. 산업통상자원부장관은 기초 조사와 의견청취를 실시할 것과, 그 결과의 제출기한을 기본계획 수립 예정일 3개 월 전까지 사업예정자에게 알려야 한다. 사업예정자는 기초조사와 의견청취 결과 를 제출기한까지 산업통상자원부장관에게 제출하여야 한다(전기사업법 시행령 제16조 의2).

(4) 심의기구로서 전력정책심의회

전력수급 및 전력산업기반조성에 관한 중요 사항을 심의하기 위하여 산업통 상자원부에 전력정책심의회를 둔다. 전력정책심의회는 기본계획, 전력산업기반조 성계획, 전력산업기반조성계획의 시행계획, 그 밖에 전력산업의 발전에 중요한 사 항으로서 산업통상자원부장관이 심의에 부치는 사항을 심의하는 자문위원회에 속 한다. 전력정책심의회는 위원장 1명을 포함한 30명 이내의 위원으로 구성한다.

(5) 전기의 수급조절권

「전기사업법」은 천재지변, 전시·사변, 경제사정의 급격한 변동, 그 밖에 이에 준하는 사태로 인하여 전력시장이 정상적으로 운영될 수 없는 경우에 효율적인 전 력수급을 위하여 정부가 통제 및 조절할 수 있는 장치를 마련하였다. 산업통상자 원부장관은 「전기사업법」에 따라 천재지변, 전시·사변, 경제사정의 급격한 변동, 그 밖에 이에 준하는 사태가 발생하여 공공의 이익을 위하여 특히 필요하다고 인 정하는 경우 전기사업자 또는 자가용전기설비를 설치한 자에게 특정한 전기판매 사업자 또는 구역전기사업자에 대한 전기의 공급, 특정한 전기사용자에 대한 전기 의 공급, 특정한 전기판매사업자·구역전기사업자 또는 전기사용자에 대한 송전용 또는 배전용 전기설비의 이용을 명할 수 있다(전기사업법 제29조). 한편 이에 따라 전 기공급 또는 전기설비의 이용제공을 한 자가 손실을 입은 경우 정당한 보상을 하도록 명시하여(전기사업법 제30조) 전기사업자 등이 불측의 손해를 입는 일이 없도록 하였다.

산업통상자원부장관이 긴급수급조절명령권의 행사를 한 경우 당사자 간에 지급 또는 수령할 금액과 그 밖에 필요한 사항에 관하여는 당사자 간의 협의로 정하도록 하고 있다. 당사자 간에 협의가 성립하지 아니한 경우에는 전기위원회의 재결을 통하여 해결할 수 있도록 하고 있다.

2. 전기위원회

(1) 독립규제기관으로서 전기위원회

국가에 의한 시장독점적 산업분야에 해당하는 정보·통신, 방송, 전력 등은 민간의 역량이 강화됨으로써 점진적으로 경쟁을 전제로 하는 시장경제체제로 전환되고 있다. 국가독점적으로 시작한 산업분야라도 민간이 충분하게 국가의 기반산업을 수행할 수 있게 됨으로써 해당 산업분야에서 시장이 가지는 효율성을 수용하기 위하여 경쟁체제로 전환될 필요성이 강조되었다. 전력산업 역시 외국의 전력회사가 국내 전력사업을 할 수 있게 된 현실에서 국제경쟁력을 가지도록 하기 위하여 소위 민영화를 통한 시장경쟁체제로 전환하게 되었다.

전기위원회의 설치 필요성은 그 배후에 전기위원회가 규제기관으로 설립하기 위한 업무인 전기분야에 대한 규제업무가 존재하여야 한다. 규제는 헌법과 행정법적으로 헌법에 의하여 보장되는 기본권의 제한이다. 기본권의 제한은 국가의 질서유지, 공공복리, 안전보장을 위하여 필요한 경우에 제한할 수 있도록 헌법 제37조제2항에서 규정하고 있다. 국내법은 일반적으로 안전, 환경, 소비자보호, 경제질서로서 공정거래 등과 같은 사유가 있는 경우에만 기본권의 제한에 해당하는 규제를 정당화하고 있으며, 기타 정당화되지 않은 사유로는 기본권 제한을 할 수 없다. 규제는 기본권의 제한에 해당하기 때문에 국가나 지방자치단체에 의하여 개인의 자유에 해당하는 기본권을 제한하려면, 법치국가의 원칙에 따라 법률에서 필요한 최소한으로 제한하여야 한다. 전기분야에 대한 정부의 규제는 전기사업자에 대한 규제를 말하고, 이는 곧 전기사업자의 사업활동에서 발생할 수 있는 전기안전을 목적으로 하는 규제, 전기의 생산과정에 발생할 수 있는 환경침해에 대한 규제, 전기사업 중 발전, 송전, 배전 및 판매 활동에서 발생할 수 있는 공정거래, 소비자보호에 관한 업무가 필요하다는 데에서 출발할 수밖에 없다.

전기사업분야에서 전기위원회의 특별한 기능은 전기사업의 특성상 독과점 형태로 사업주체가 형성될 수밖에 없고, 독과점 형태의 사업에서 시장실패를 발생하게 하는 불공정거래, 담합 등이 쉽게 일어날 수 있어 전문성을 가진 행정기관이 필요하게 된다. 규제기관은 시장실패가 발생하지 않도록 사전예방적 조치로서 전기사업에 대한 진입규제를 하고, 전기사업에 진입한 사업자에 대한 행위규제를 하고, 소비자보호를 위하여 퇴출규제를 하게 된다. 전력분야에 대한 사업은 원칙적으로 자유롭게 보장하나 일정한 규제를 통하여 전력분야의 시장이 파괴되지 않도록 하는 역할을 하게 된다. 그러나 전기사업자의 진입규제, 행위규제, 퇴출규제는 사업자라는 국민의 직업자유에 대한 제한이기 때문에 법률에 제한에 관한 명시적인 근거가 있어야 한다. 전기분야에서 전기사업자에 대한 규제는 이러한 헌법적인 요구에 해당하는 법치국가원칙에 따라 「전기사업법」이 관장하고 있다.

전기사업분야에 대한 규제는 전기산업분야에서 사업자와 소비자의 이익을 조정하고, 사업자간에 공정한 경쟁을 통하여 전력분야의 효율성을 실현하는 측면에서 전력분야에서 다양한 이해관계자등의 이익을 조정하는 기능을 하게 된다. 규제기관은 전력분야에서 전기사업자와 소비자의 이해를 조정하고 정의로운 시스템을 구축하기 위한 규범과 규칙을 수립하는 준입법적인 기능을 하고, 조정업무와 같은 준사법적인 업무를 수행하기도 한다. 전력분야에서 규제는 바로 정치적·정책적·경제적·산업적인 관점에서 전력분야의 전문성을 기반으로 효과적이며 효율적으로 규제업무를 수행할 수 있는 제도가 요구된다.

(2) 전기위원회의 설립과 구성

1) 전기위원회의 설립 배경

전기분야는 한국전력이 장기간 독점적으로 발전업무, 송전업무, 배전업무 및 판매업무를 통합적으로 수행하여 왔다. IMF를 경험하면서 독점사업자인 한국전력에 의하여 운영되어온 전력산업에 가능하면 다양한 사업자들이 참여할 수 있도록 하자는 요구가 커지게 되었다. 전기도 일종의 재화라는 점에서 전기를 생산하는 발전사업자 역시 경쟁력이 있는 경우에 전력산업분야에 진입할 수 있도록 하는 것이 시장경제원칙에 부합한다. 이는 발전분야 뿐만 아니라 송전, 배전을 포함하여 판매분야도 동일하다. 정부는 이러한 시장의 요구에 부응하기 위하여 전력산업의 구조개편을 하게 되었다. 전력시장에는 발전회사가 전기소비자에게 직접 판매할 수 있는 방식이 있을 수 있다. 또한 발전회사가 전기를 판매회사에게 전력시장에서 판매하고, 전기판매회사는 발전사업자로부터 구매한 전기를 전기소비자에게 다시 판매할 수도 있다.

전기위원회는 전력산업의 구조개편을 위하여 전부개정된 2000년 12월 23일 「전기사업법」에 따라 신설된 행정조직이다. 전기위원회는 의사결정의 독립성 보장 차원에서 보면 분명하게 독립성을 가지고 있는 독립규제위원회에 속한다. 전기위원회는 전력시장이 원활하게 작동할 수 있도록 전기사업의 진입규제·행위규제·퇴출규제업무를 수행하고, 전기판매사업자의 공급약관의 인가 등을 심의하는 업무, 경쟁촉진 및 불공정 행위 규제, 소비자 권익보호, 독점부문의 시장력 남용 규제, 전력시장 및 전력계통 운영에 대한 감시 등을 수행한다.

전기위원회는 설립 후 2001년 5월 7일 제1차 회의를 개최함으로써 비로소 활동을 하게 되었다. 제1차 회의에서 전기위원회는 내부 운영체제를 구축하고, 한국전력의 발전회사를 현재와 같이 한국수력원자력, 남동발전, 남부발전, 동서발전, 서부발전, 중부발전으로 분할하였다. 또한 발전회사가 생산한 전기를 판매하는 소위 전기도매시장에 해당하는 전력거래소의 운영규칙도 심의하여 의결하였다.

2) 전기위원회의 구성

전기위원회의 위원장을 포함한 위원은 산업통상자원부장관의 제청으로 대통령이 임명 또는 위촉한다. 「전기사업법」 제53조제2항에 의하면 "전기위원회는 위원장 1명을 포함한 9명 이내의 위원으로 구성하되, 위원 중 대통령령으로 정하는 수의 위원은 상임으로 한다."고 규정하고 있다. 전기위원회의 위원은 상임위원과 비상임위원으로 구성하도록 하고 있고, 상임위원을 대통령령으로 정하도록 하고 있으나 대통령령에서 특별하게 규정하지 않아, 현재는 산업통상자원부 에너지자원실장이 겸임하고 있다. 전기위원회는 「전기사업법」에 따라 각종 심의를 담당하는 심의위원회로 운영되고 있으나, 「전기사업법」이 전기위원회의 위원 중 일정 수의 위원을 상임으로 하도록 하는 입법취지는 행정위원회로 운영하기 위한 것이었다고 할 수 있다. 그러므로 상임위원이 없는 현재 전기위원회의 운영은 입법취지에 부합하는 것은 아니라고 할 수 있다.

또한 전기위원회의 사무를 처리하기 위하여 「전기사업법」 제53조제4항에 따라 전기위원회에 사무기구를 둔다. 사무기구는 산업통상자원부의 행정조직으로 운영되고 있다.

(3) 전기위원회의 위원

1) 위원의 전문성 보장

「전기사업법」 제53조제3항에 따라 전기위원회의 위원장을 포함한 위원은 산업통상자원부장관의 제청으로 대통령이 임명 또는 위촉한다. 전기위원회 위원은 전력분야의 진흥과 육성을 수행하고 있는바 산업통상자원부장관으로부터 독립적으로 운영하도록 하기 위하여 임명권자를 대통령으로 규정하고 있다. 그러나 산업통상자원부장관의 제청을 전제로 하는 점에서 산업통상자원부장관으로부터 완전하게 독립하였다고 할 수 없는 점이 특징이다.

전기위원회 위원의 자격은 「전기사업법」 제54조제1항에서 규정하고 있다. 이에 의하면 전기위원회의 위원은 3급 이상의 공무원으로 있거나 있었던 사람, 판사ㆍ검사 또는 변호사로서 10년 이상 있거나 있었던 사람, 대학에서 법률학ㆍ경제학ㆍ경영학ㆍ전기공학이나 그 밖의 전기 관련 학과를 전공한 사람으로서 「고등교육법」에 따른 학교나 공인된 연구기관에서 부교수 이상으로 있거나 있었던 사람 또는 이에 상당하는 자리에 10년 이상 있거나 있었던 사람, 전기 관련 기업의 대표자나 상임임원으로 5년 이상 있었거나 전기 관련 기업에서 15년 이상 종사한 경력이 있는 사람, 전기 관련 단체 또는 소비자보호 관련 단체에서 10년 이상 종사한 경력이 있는 사람으로 제한하고 있다. 전기위원회의 위원의 자격을 제한하는 것은 독립규제기관에서 요구되는 전문성을 확보하기 위한 목적이다.

2) 위원의 독립성 보장

전기위원회 위원은 전력산업 전반에 대한 충분한 이론과 경험을 갖춘 공무원 또는 민간인이 되며, 위원의 신분은 보장된다. 「전기사업법」 제55조는 전기위원회의 위원에 대하여 금고 이상의 형을 선고받거나 심신쇠약으로 장기간 직무를 수행할 수 없게 된 경우를 제외하고는 그 의사에 반하여 해임 또는 해촉되지 아니하도록 규정하고 있다. 위원의 신분보장은 외부기관이나 이해관계자의 영향에서 벗어나 중립적인 지위에서 공정한 의사결정을 할 수 있는 환경을 실질적으로 보장할 때에 가능하다. 위원의 임기는 3년이고, 연임할 수 있다. 전기위원회 위원의 신분 보장을 통하여 전력분야의 규제를 합리적ㆍ전문적ㆍ독립적으로 심의하도록 하고 있다.

(4) 전기위원회의 기능

「전기사업법」은 전기위원회의 업무를 크게 심의업무, 건의업무 및 재정업무로

구분하여 부여하고 있다.「전기사업법」제56조제1항은 전기위원회의 심의업무, 동
조 제2항은 건의업무, 제57조는 재정업무를 규정하고 있다.

　1) 심의업무

　「전기사업법」제56조제1항은 전기위원회의 심의대상을 규정하고 있다.「전기
사업법」제7조에 따른 전기사업의 허가 또는 변경허가에 관한 사항, 전기사업의
양수 또는 법인의 분할·합병에 대한 인가에 관한 사항 등을 심의한다. 전기위원회
는 전기사업의 공정한 경쟁환경 조성, 전기사용자의 권익보호에 관한 사항의 심의
와 전기사업과 관련된 분쟁의 재정을 담당하기 위하여 산업통상자원부에 설치되
어 있다(전기사업법 제53조). 전기위원회는 한국전력공사의 분할이 이루어지고 전력
거래소가 설립됨에 따라 공정한 경쟁환경을 조성하기 위해 공정하고 투명한 규칙
제정과 시장감시를 위한 심판자의 역할을 한다. 산업통상자원부는 산업과 에너지
정책 수립의 기능을 수행하고 전기위원회는 전력시장의 감시·감독·분쟁조정과
인·허가 등 규제업무에 관한 심의업무를 수행한다. 전기위원회의 규제기능과 산
업통상자원부의 정책수립기능 그리고 공정거래위원회의 소비자보호 및 분쟁조정
업무는 중복 또는 혼선이 일어날 수 있다. 그러므로 소비자보호와 분쟁업무는 전
기위원회의 업무가 공정거래위원회와 중복되나 해당 업무에서 특별적인 지위를
가지고 있어 우선적으로 전기위원회가 수행하게 된다.

　　전기위원회는 행정위원회가 아니라 산업통상자원부의 업무에 대한 사전심의
를 수행하는 심의기관에 속하나 업무의 성질상 독립적인 업무수행이 가능하다. 전
기위원회는 심의기능만 있고 의결기능이 없는 관계로 인·허가에 대한 분쟁이 있
을 경우 공정성 시비가 제기될 우려가 있다. 특히, 전기위원회는 정부의 영향을 벗
어나 독립적인 입장에서 공정경쟁을 감시하고 이로 인해 전력거래시장에서 실질
적으로 유효한 경쟁이 이루어질 수 있도록 하여야 하는 과제를 가지고 있다. 전기
위원회에 공정경쟁에 대한 감시장치가 미비된 경우 발전자회사의 매각가치에도
상당한 영향을 미치게 된다. 선진국은 전기분야의 공정경쟁을 보장하기 위하여 전
력규제청과 같은 독립된 규제기관을 두고 있다.

　2) 건의업무

　「전기사업법」제56조제2항에 의하면 전기위원회는 산업통상자원부장관에게
전력시장의 관리·운영 등에 필요한 사항에 관한 건의를 할 수 있다. 여기서 건의
는 자문에 해당하는 법적 성질을 가지고 있어 산업통상자원부장관을 구속하지 못

한다. 그러나 이 규정은 전기위원회의 위상을 정립하는 것으로 전력시장의 관리·운영에 관하여 전기위원회가 규제하지 않고, 산업통상자원부장관이 전력시장을 관리·운영을 하는 것에 대해 건의한다는 점에서 전력시장의 감시업무를 직접 수행하지는 않는 제한적 독립규제기관임을 의미하게 된다.

3) 재정업무

재정(裁定)업무는 전기사업자 간이나 전기사업자와 소비자 간에 분쟁이 발생하는 경우에 분쟁조정업무를 수행하는 준사법적 업무이다. 재정제도는 사업영역 안에서 분쟁이 발생하는 경우에 법적 소송을 통할 경우 전문성 결여 및 비용과 시간 부담이 과도하여 전문 행정기관에서 준사법적으로 해결해주는 제도로서 환경, 통신, 노동분야 등에서 활용되고 있다. 전기위원회의 재정제도는 전기사업과 관련하여 당사자 간에 분쟁이 발생하는 경우에 법원에 의한 소송으로 발생할 수 있는 시간과 비용 등을 절감할 수 있게 한다. 전기위원회는 전기사업자 간, 전기사업자와 이해관계인 간에 분쟁이 발생한 경우 전문성에 기초하여 적합하게 분쟁을 조정하기 위하여 재정권한을 가지고 있다(전기사업법 57조). 전기위원회의 재정제도는 전력산업구조개편으로 다양한 전기사업자가 출현함에 따라 이들 간 분쟁을 신속하고 효과적으로 해결하여 공정한 사업 환경을 조성하고 경쟁을 촉진하기 위하여 도입되었다.

전기사업자 등 또는 전기사용자 등은 전기사업 등과 관련한 송전용 또는 배전용 전기설비 이용요금, 공급약관에 관한 사항, 전력 수급조절에 따른 보상, 설비이설 비용의 부담, 타인 토지의 사용에 따른 보상, 전기사업 관련 분쟁이나 타법에서 전기위원회의 재정사항으로 규정한 사항에 관하여 당사자 간에 협의가 이루어지지 아니하거나 협의를 할 수 없는 경우에는 전기위원회에 재정을 신청할 수 있다. 전기분야에서 재정신청을 할 수 있는 대상은 열거적 방식으로 규정하고 있으므로 열거되어 있지 아니한 전기분야에 관하여는 재정신청을 할 수 없다.

전기위원회는 재정신청을 받은 경우 그 사실을 다른 당사자에게 통지하고 기간을 정하여 의견을 진술할 기회를 주어야 한다. 전기위원회는 재정신청에 대하여 재정을 한 경우에는 지체 없이 재정서의 정본을 당사자에게 송달하여야 한다. 전기위원회가 재정을 한 경우 그 재정의 내용에 대하여 재정서의 정본(正本)이 당사자에게 송달된 날부터 60일 이내에 다른 당사자를 피고로 하는 소송이 제기되지 아니하거나 그 소송이 취하(取下)된 경우에는 당사자 간에 그 재정의 내용과 동일한 합의가 성립된 것으로 본다(전기사업법 제57조제4항).

　　재정을 신청하려는 자는 ① 당사자·대리인 또는 대표당사자의 성명 및 주소, ② 재정신청의 취지 및 이유, ③ 분쟁의 내용, ④ 당사자 간 협의 경과, ⑤ 그 밖에 이용 조건 및 당사자 간 협의 사항이 포함된 협정서 사본 등 산업통상자원부장관이 필요하다고 인정하는 서류를 포함한 재정신청서를 전기위원회에 제출하여야 한다. 전기위원회는 재정의 신청 내용이 미비하거나 명확하지 아니한 경우에는 상당한 기간을 정하여 보완을 요구할 수 있으며, 당사자가 그 기간에 보완을 하지 아니한 때에는 사유를 명시하여 재정신청을 각하할 수 있다. 전기위원회는 재정의 대상에 해당하지 아니하거나 재정신청이 적법하지 아니한 경우에는 해당 재정신청을 각하하고, 그 사유를 당사자에게 알려야 한다. 당사자·대리인 또는 대표당사자가 감정(鑑定)을 신청한 경우에는 전기위원회는 필요하다고 인정하면 관계 전문기관 또는 전문가에게 감정을 의뢰할 수 있다. 이 경우 감정인의 감정 및 출석에 관한 수당과 여비, 그 밖에 필요한 비용은 감정을 신청한 자가 부담한다.

　4) 재정불복의 상대방

　　전기사업자 또는 전기사용자 등이 전기위원회의 재정 결과에 불복하여 소송을 제기할 경우 다른 당사자를 피고로 소송을 제기하도록 하고, 재정의 신청·각하·철회 등 세부 처리절차는 시행령에 위임하여 근거조항을 마련하도록 하고 있다. 전기위원회를 도입할 당시 「전기사업법」은 전기위원회의 재정에 대한 불복소송의 상대방에 대하여 명시적으로 규정하고 있지 않았다. 이로 인해 법 해석에 대한 혼란이 발생하자, 전기위원회의 훈령인 (구)전기위원회재정규정을 통해 전기위원회(산업통상자원부)를 상대로 행정소송을 제기하도록 규정하였고, 이에 따라 신청인에게 과중한 부담으로 작용하여 전기위원회에 재정신청 자체를 회피하는 결과가 초래되었다.[115] 그래서 현행 「전기사업법」은 전기위원회 재정에 대한 불복 소송의 상대방을 다른 당사자로 규정하게 되었다.

---

115 전기사업자는 산업통상자원부로부터 직·간접적인 영향을 받고 있다. 그러므로 산업통상자원부장관을 상대로 소송을 제기하는 것이 현실적으로 어렵기 때문에 전기사업자의 권리가 실질적으로 행사되지 못할 가능성이 있었다.

Ⅳ. 전기사업자의 의무

1. 전기사업자의 일반적 의무

(1) 전기공급의무

발전사업자, 전기판매사업자 및 전기자동차충전사업자는 정당한 사유 없이 전기의 공급을 거부하여서는 아니 된다(전기사업법 제14조). 발전사업자 등의 전기공급의무는 전기가 모든 국민에게 필수 불가결한 성격을 가지고 있으므로 전력산업이 경쟁체제로 전환되더라도 전기사용자가 언제 어디서나 적정한 품질과 요금으로 전기를 사용할 수 있도록 보장하는 데에 있다. 전력산업의 경쟁체제로의 전환에 따라 전기사업자 등에게 직접적으로 공급의무를 부여하는 것은 시장경제원칙에 반할 수 있으나 전기도매요금과 전기소매요금에 대한 적정가격을 정부가 보장하기 때문에, 정당한 사유 없이 발전기의 운전이나 전기판매를 거부하지 못하도록 금지하는 것은 헌법적 정당성을 가진다. 무조건적인 전기공급의무를 발전사업자 등에게 부여하는 것이 아니라, 정당한 사유가 있는 경우에는 헌법상 비례의 원칙에 적합하게 전기공급의무를 면제하고 있으므로 전기공급의무에 대한 정당성이 인정된다.

전기공급의무는 다음의 경우에 면제된다.

첫째, 전기요금을 납기일까지 납부하지 아니한 전기사용자가 납기일의 다음 날부터 전기공급약관에서 정하는 기한까지 해당 요금을 납부하지 아니하는 경우이다. 전기사용자가 전기요금을 2개월 이상 체납할 경우 단전조치를 실시할 수 있다. 특히 전기요금을 납부하지 못할 정도의 빈곤가구에 대한 단전조치는 최소한의 기초생활을 유지할 권리를 침해할 수도 있어 주거용 전기사용자의 경우 현재 '주거용 주택'에 대하여는 전기요금을 체납하더라도 단전을 실시하지 않고 있다. 이는 에너지의 보편적 공급의무에 근거한 것이다. 기본공급약관 제15조[116]에 따르면 주거용 주택에 대하여는 단전을 실시하지 않고 220W(전등 20W 2개, 25인치 TV 1대, 냉장고 420ℓ 1대)로 제한하여 전기를 공급하는 전류제한 공급제도를 실시하고 있다. 그

---

116 "기본공급약관" 제15조(고객의 책임으로 인한 전기사용계약의 해지) ① 한전은 고객이 요금을 납기일부터 2개월이 되는 날까지 납부하지 않을 경우에는 전기사용계약을 해지할 수 있습니다. 이때 한전은 해지예정일 7일 전까지 고객에게 해지를 예고하고 요금납부를 최고합니다. 다만, 주거용인 주택용 전력 고객에 대하여는 해지를 하지 않고 전류제한기를 설치하여 전기공급을 제한할 수 있으며, 혹서기, 혹한기 등 부득이한 사정이 있는 경우에는 전류제한기의 설치를 유예할 수 있습니다.

러나 혹서기(7~9월)·혹한기(12~2월)에는 전기제한공급 없이 공급을 실시하고 있다. 이러한 전기공급 제한조치에 대하여는 사전에 전류제한기 부설 예고서 등을 발송하여 미리 안내하고 있다.

둘째, 전기의 공급을 요청하는 자가 불합리한 조건을 제시하거나 전기판매사업자 또는 전기자동차충전사업자의 정당한 조건에 따르지 아니하고 다른 방법으로 전기의 공급을 요청하는 경우이다.

셋째, 발전사업자가 「전기사업법」 제5조에 따라 환경을 적정하게 관리·보존하는 데 필요한 조치로서 전기공급을 정지하는 경우이다. 「전기사업법」 제5조에 의하면 전기사업자 등은 전기설비를 설치하여 전기사업 및 전기신사업을 할 때에는 자연환경 및 생활환경을 적정하게 관리·보존하는 데 필요한 조치를 마련하여야 한다. 전기사업자 등이 법률상 부여된 자연환경과 생활환경을 관리·보존할 목적으로 전기공급을 하지 않을 수 있도록 함으로써 법률규정 간의 상충문제를 조정하고 있다. 그러나 한국전력거래소 전력계통의 운영을 위하여 전기공급을 지시한 발전사업자는 자연환경이나 생활환경의 관리나 보존을 목적으로 공급의무의 이행을 거부하지 못한다.

넷째, 전기사용자가 「전기사업법」 제18조제1항에 따른 전기의 품질에 적합하지 아니한 전기의 공급을 요청하는 경우이다. 「전기사업법」 제18조제1항에 의하면 전기사업자 등은 그가 공급하는 전기의 품질을 표준전압·표준주파수 및 허용오차의 범위에서 유지하여야 한다. 이는 전기사업자 등에 부여된 전기품질유지의무와 전기공급의무를 조정하는 기능을 한다.

다섯째, 발전사업자가 발전용 전기설비의 정기적인 보수기간 중 전기의 공급을 요청하는 경우이다. 발전설비는 정기적으로 정비를 통하여 발전설비의 수명을 연장할 수 있고, 안정적으로 전력을 생산할 수 있다. 그러므로 일정한 기간 사용 후에는 보수를 위한 기간이 필요하고, 해당 보수기간에는 발전을 할 수 없다.

여섯째, 전기를 대량으로 사용하려는 자가 사용량이 5천킬로와트 이상 1만킬로와트 미만인 경우에 사용 예정일 1년 전, 사용량이 1만킬로와트 이상 10만킬로와트 미만인 경우에 사용 예정일 2년 전, 사용량이 10만킬로와트 이상 30만킬로와트 미만인 경우에 사용 예정일 3년 전, 사용량이 30만킬로와트 이상인 경우에 사용 예정일 4년 전까지 전기판매사업자에게 미리 전기의 공급을 요청하지 아니하는 경우이다. 전기판매사업자는 대규모의 전력을 공급하기 위하여 전기공급에 필요한 설비를 구축하여야 하기 때문에 전기공급의무의 정당한 거부사유에 해당한다.

일곱째, 일반용전기설비의 사용전점검을 받지 아니하고 전기공급을 요청하는 경우이다.

여덟째, 시장·군수·구청장(자치구의 구청장을 말한다. 이하 같다) 또는 그 밖의 행정기관의 장이 전기공급의 정지를 요청하는 경우이다. 발전사업자는 미세먼지가 극심한 경우에 일정기간동안 관할 지방자치단체의 장이 특정한 발전기의 운영정지를 명하는 경우에 이에 따라야 하는 의무가 있다. 이러한 의무의 이행을 위한 발전기는 정지되어 불가피하게 전력공급을 할 수 없는 경우가 있다.

아홉째, 재난이나 그 밖의 비상사태로 인하여 전기공급이 불가능한 경우이다.

(2) 전기설비 설치 후 사업개시의무

1) 준비기간

전기사업자는 산업통상자원부장관이 지정한 준비기간에 사업에 필요한 전기설비를 설치하고 사업을 시작하여야 한다. 준비기간은 전기사업 허가를 받은 자가 전력수급기본계획에 따른 전기를 적기에 공급하도록 하는 것을 목적으로 한다. 준비기간은 10년을 넘을 수 없으며, 전기사업별 또는 전기설비별로 세부적인 준비기간은 10년 이내에서 각각 정하여진다. 다만, 산업통상자원부장관이 정당한 사유가 있다고 인정하는 경우에는 준비기간을 연장할 수 있다. 산업통상자원부장관은 전기사업을 허가할 때 필요하다고 인정하면 전기사업별 또는 전기설비별로 구분하여 준비기간을 지정할 수 있다.

준비기간을 둘러싼 쟁점은 크게 2가지가 있다. 첫째, 10년 미만의 준비기간은 연장기간을 포함하는지 여부에 관한 것이다. 둘째, 준비기간 위반에 따른 사업허가의 취소를 기속행위로 규정한 「전기사업법」 조항의 과잉금지원칙 위반 여부에 관한 것이다.

우선 준비기간에 연장기간이 포함되는지 여부에 관하여는 준비기간은 연장할 수 있으나 연장하더라도 최초 전기사업허가에서 정한 준비기간을 포함하여 10년을 초과하여 연장할 수 없다는 견해(한정설)이다. 이 견해의 논거는 준비기간이 10년 이내로 함에도 불구하고 준비기간을 연장하여 10년을 넘길 수 있게 되면, 준비기간 도입목적인 전기사업의 불확실성 제거라는 취지에 반한다는 것이다. 다른 견해는 준비기간의 연장에 대해서는 한계가 없으므로, 연장에 대한 정당한 사유가 있는 경우에 최초 부여받은 준비기간과 연장한 준비기간이 10년을 넘어갈 수 있다고 한다(무한정설).

 준비기간에 대해서는 사업허가를 받은 후 사업개시까지에 필요한 개발사업의 인·허가기간과 전기설비의 설치공사기간을 포함하여 전기사업별로 「발전사업세부허가기준, 전기요금산정기준, 전력량계허용오차 및 전력계통운영업무에 관한 고시」에서 정하고 있다. 전기사업 허가에 따른 개발사업의 인·허가와 설치공사는 다양한 요인에 의하여 기간이 결정된다. 10년의 준비기간을 초과하여 연장을 하지 않는 경우 전력수급에 오히려 악영향을 미치게 된다. 전력수급기본계획에 따라 필요로 하는 전기를 공급하여야 하나 허가를 받은 사업자가 개발사업의 인·허가를 받아서 설치공사를 진행하는 과정에 10년이 경과하였다는 이유로 준비기간 연장을 하지 않게 되면 해당 준비기간제도는 과잉금지원칙에 반할 수 있다. 그러므로 준비기간은 최초 전기사업 허가를 할 때에 10년을 넘어서는 아니 되고, 정당한 사유가 있어 연장하는 준비기간을 포함하여서는 10년을 넘을 수 있다고 보아야 한다.

 둘째, 「전기사업법」은 준비기간 안에 사업개시를 하지 못하는 경우에 허가청이 전기사업 허가를 취소하여야 한다고 규정하여 기속행위로 정하고 있다(「전기사업법」 제12조제1항). 준비기간 경과로 인하여 전기사업의 허가취소를 받은 전기사업자는 결격사유에 해당하게 되므로 2년 이내에 전기사업을 수행할 수 없다(「전기사업법」 제8조제1항제5호). 전기사업 중 발전사업 허가는 개별 사업별로 허가를 받아서 진행한다. 그러므로 비교적 규모가 큰 사업자는 다수의 발전사업 허가를 받아 사업을 영위할 뿐만 아니라 지속적으로 새로운 발전사업을 기획하여 사업을 진행하고 있다. 그런데 준비기간의 도과로 인하여 특정된 발전사업허가가 취소되면, 2년 동안 더 이상 새로운 사업을 할 수 없게 된다. 이는 사업자에게 과도한 것으로서 헌법상 과잉금지원칙에 반한다고 할 수 있다. 그러므로 준비기간의 위반에 따른 전기사업 허가 취소는 기속행위로 규정하는 것은 적합하지 않고 재량행위로 개정할 필요성이 있다.

 2) 사업개시 신고의무

 전기사업자는 사업을 시작한 경우에는 지체 없이 그 사실을 산업통상자원부장관에게 신고하여야 한다. 다만, 발전사업자의 경우에는 최초로 전력거래를 한 날부터 30일 이내에 신고하여야 한다. 사업개시 신고기한의 '지체 없이'는 시간적 즉시성이 강하게 요구되지만 정당한 또는 합리적인 이유에 기한 지체가 허용되는 것으로 해석되고, 사정이 허락하는 한 가장 신속하게 하여야 한다는 것이다.[117] 법률상 '지체 없이'로 규정한 현행 규정에도 불구하고, 태양광 등 전기사업자들은 기한이 명시되어 있지 않은 점을 악용하여 사업 시작 후 신재생에너지 공급의무화제도의 고정가격계약 체결 등 공급인증서 판매와 같은 금전적 수익 관련 현안을 우선 처리하고, 사업개시 신고는 길게는 수개월 뒤에 할 수 있다. 허가권자는 사업의 개시 여부를 신속히 알 필요가 있다. 그러므로 법률규정의 '지체 없이'를 명확하게 하기 위하여, 전기사업자 중 사업 개시 여부가 전력거래와는 관계가 없는 송·배전사업자, 구역전기사업자는 제외하고 발전사업자에 대해서만 최초로 전력거래를 한 날로부터 30일 이내에 신고하도록 정하였다.

(3) 전기품질유지의무

1) 전기품질의 기준

전기는 절대적으로 안정적인 공급을 필요로 하는 재화이다. 전기사용자는 전기를 사용하기 위한 기기·기계·설비를 사용하여 생산활동이나 소비활동을 하게 된다. 전기공급의 단절은 단순히 해당 전기 자체를 사용하지 않는 것으로 끝나지 않고, 이와 연계된 생활과 생산활동이 중단되어 사회적 파급효과가 아주 큰 사건으로 발전하게 된다. 전기품질을 결정하는 요소로서 전압과 주파수의 불안정은 TV·냉장고와 같은 가전제품과 공작기계의 고장확률을 증가시키고 수명을 단축하며, 전자기기의 오작동이나 회로파괴로 작동을 멈추게 하기도 한다. 반도체 생산공장은 전기품질에 아주 민감하다. 그러므로 전기사업자나 전기신사업자는 공급하는 전기의 품질을 유지하여야 한다(전기사업법 제18조제1항). 전기품질은 전압과 주파수에 의하여 결정된다. 전기사업자와 전기신사업자에게 부여된 전기품질유지는 표준전압, 표준주파수의 허용오차로 정하고 있다. 전기품질 중 전압은 110볼트 표준전압의 경우에 허용오차를 상하 6볼트로, 220볼트 표준전압의 경우 허용오차를 상하 13볼트, 380볼트 표준전압의 경우 허용오차를 상하 38볼트로 정하고 있다(전기사업법 시행규칙 별표 3). 또한 전기품질과 관련된 주파수는 60헤르츠를 표준주파수로 정하고 허용오차를 상하 0.2헤르츠로 정하고 있다. 그러므로 전기사업자와 전기신사업자는 위에서 정하고 있는·전압과 주파수로 전기품질을 유지하여야 한다.

---

117 『법제이론과 실제』, 국회 법제실, 2024.

2) 전기품질 측정·기록·보전의무

전기사업자 중 발전사업자와 송전사업자는 전압과 주파수를, 배전사업자와 전기판매사업자는 전압을, 한국전력거래소는 주파수를 매년 1회 이상 측정하여야 하며 측정 결과를 기록하여 3년간 보존하여야 한다(전기사업법 제18조제2항).

3) 전기품질관리 조치명령

산업통상자원부장관은 전기사업자 등이 공급하는 전기의 품질이 적합하게 유지되지 아니하여 전기사용자의 이익을 해친다고 인정하는 경우에는 전기위원회의 심의를 거쳐 그 전기사업자 등에게 전기설비의 수리 또는 개조, 전기설비의 운용방법의 개선, 그 밖에 필요한 조치를 할 것을 명할 수 있다. 산업통상자원부의 전기품질 유지를 위한 개선명령은 침익적 행정처분으로 법률유보원칙에 따른 법률적 근거가 필요하고, 이에 관한 법률적 근거는 「전기사업법」 제18조제3항에 해당한다.

(4) 전력량계 설치·관리의무

1) 전력량계의 설치 및 관리

전기사업자의 또 다른 의무는 전력량계의 설치와 관리이다. 전력량계란 계기용변성기와 조합하여 전기에너지의 생산과 소비를 측정, 기록, 저장하는 전자식 계량장치로 전기공급시설이나 전기를 사용하는 시설 등에 설치된다(「발전사업세부허가기준, 전기요금산정기준, 전력량계허용오차 및 전력계통운영업무에 관한 고시」 제28조제2호). "계기용변성기"란 전력량계와 함께 사용되는 전류 및 전압의 변성용기기로서 계기용변류기, 계기용변압기 및 계기용 변압변류기의 총칭을 말한다(동 고시 제28조제3호). 전력량계는 전기요금을 산정하는 근거를 제공한다. 전력량계는 기계식, 전자식, 고압용으로 구별된다. 전자식 전력계는 시간대별로 전력거래량을 측정할 수 있다.

2) 전력량계 설치·관리의무자

시간대별 전력거래량을 측정할 수 있는 전력량계는 전자식 전력량계로서 설치·관리의무자는 전력시장에서 전력거래를 하는 발전사업자, 자가용전기설비를 설치한 자 및 구역전기사업자, 배전사업자, 전력시장에서 전력을 직접 구매하는 전기사용자이다(전기사업법 제19조).

3) 전력량계의 허용오차

"오차"란 측정치가 참값과 비교하여 초과 또는 부족할 경우 그 과부족치를 참값에 대한 백분율로 나타낸 것을 말한다. 허용오차는 인간의 인식능력이나 판단력의 한계에 기인하여 합리적으로 수용될 수 있는 상대오차의 크기를 의미한다. 전력량계의 허용오차범위는 「발전사업세부허가기준, 전기요금산정기준, 전력량계허용오차 및 전력계통운영업무에 관한 고시」 제29조에서 정하고 있으며, 이에 따르면 전력량계의 허용오차범위 및 측정방법 등은 「계량에 관한 법률」 제23조제2항에 따라 산업통상자원부장관이 고시한 「전력량계 기술기준」에 따르고, 계기용변성기의 허용오차 적용범위는 KSC 1707에 따른다.

(5) 전력설비의 이용·제공의무

1) 송배전설비의 이용차별금지

송전사업자와 배전사업자는 전력시장의 공정한 경쟁을 위하여 그 전기설비를 다른 전기사업자 등 또는 전력을 전력시장에서 직접 구매하는 전기사용자에게 차별 없이 이용하게 할 의무가 있다(전기사업법 제20조제1항). 송전사업자의 송전설비 이용상 차별금지의 대상은 송전설비이다. 송전설비(송전용전기설비)는 송전사업자가 소유하는 송전선로, 변압기, 개폐장치, 모선, 무효전력보상설비 및 이에 부속하는 전기설비의 집합체를 말하며 공용송전망과 접속설비로 구성되어 있다. 배전설비(배전용전기설비)란 발전소 또는 변전소에서 다른 발전소나 변전소를 거치지 않고 전기사용장소에 이르는 2만2천9백볼트 이하의 전선로와 이에 속하는 개폐장치, 변압기 및 기타 부속설비로서 배전사업자가 소유하는 것을 말하며, 공용배전설비와 접속설비로 구성되어 있다. 송·배전설비의 이용차별금지는 전기사용자에게 동일한 이용조건과 이용요금을 적용하여야 한다는 것을 의미한다. 현재 송배전사업자인 한국전력공사는 송·배전설비의 이용차별금지를 위하여 자체적으로 "송·배전용 전기설비 이용규정"을 제정하여 운영하고 있다.

2) 전기통신선로설비의 대여

전기사업자는 발전사업자·송전사업자·배전사업자·전기판매사업자 및 구역전기사업자이다. 전기사업자는 전기사업에 필요한 설비를 갖추고 있으며 이러한 설비를 전기사업에 사용하여야 한다. 「지능정보화 기본법」 제37조에 따르면 「전기통신사업법」 제6조에 따른 기간통신사업자, 「방송법」 제2조에 따른 종합유선방송사업자 및 중계유선방송사업자는 도로, 철도, 지하철도, 상·하수도, 전기설비, 전기통신회선설비 등을 건설·운용·관리하는 기관의 장에 대하여 필요한 비용부담을 조건으로 전기통신 선로설비(「방송법」 제80조에 따른 전송·선로설비를 포함한다)의 설치를 위한 관로 등의 건설 또는 대여를 요청할 수 있고, 관로 등의 건설 또는 대여에 관한 합의가 이루어지지 아니할 경우 기간통신사업자 등이 과학기술정보통신부장관에게 조정을 요청할 수 있으며, 이러한 조정요청을 받은 과학기술정보통신부장관은 조정요청을 받아 조정을 할 경우 관계 중앙행정기관의 장과 사전에 협의하도록 정하고 있다.

전기사업자는 사업용으로 사용하고 있는 전기통신선로설비의 설치를 필요로 하는 자에게 전기설비를 대여할 수 있고, 대여조건이나 요금 등에 관하여 협의가 되지 아니하여 조정과정에서 산업통상자원부장관이 협의한 경우에 협의된 조건에 따라 전기설비를 대여하여야 한다. 전기설비를 대여 받아 전기통신선로설비를 설치하는 자는 전기설비의 안전관리에 관한 기술기준을 준수하여야 한다.

(6) 전기설비의 정보공개의무

우리나라의 송·배전사업자는 현재 한국전력공사이다. 송·배전사업자는 태양광 발전사업 허가 과정에서 지방자치단체의 전력계통 연계가능 여부 검토 의뢰에 대한 사전기술검토 및 발전사업허가 이후 태양광 발전사업자의 전력수급계약 신청 시 주변압기, 배전선로 등 전력계통 연계가능용량 초과 여부 등의 기술검토를 실시하고 있다.

태양광 발전사업의 증가는 최근 변전소 등 전력계통 연계용량 부족 현상을 점차 심화시키고 있다. 태양광 발전사업은 투자단계에서 전력계통 접속가능 여부가 중요한 요인에 해당한다. 전기설비의 정보공개는 전력계통별 누적연계용량 및 연계가능용량과 전력수급계약을 신청한 순서 등을 상시적으로 조회할 수 있게 한다. 송·배전사업자인 한국전력공사는 변전소, 주변압기 및 배전선로 등 전력계통별 실시간 정확한 누적연계용량과 연계가능용량을 발전사업 희망자 등이 정확하게 알 수 있도록 하는 공시 시스템과 사후적으로 기술검토 과정 등을 검증할 수 있는 시스템 등 기술검토의 절차와 내용을 투명하게 관리·운영하는 방안을 마련하지 않고 있었다. 이러한 배경에서 「전기사업법」은 송전사업자 또는 배전사업자는 그 전기설비를 다른 전기사업자가 이용할 수 있도록 전기설비 용량 및 전기사업자의 이용 현황 등 전기설비의 정보를 공개하도록 규정하고 있다(전기사업법 제20조의2). 태양광발전사업과 직접적 관계가 있는 송·배전전선로의 전기설비용량 등에 대한 정보공개는 망중립성에 기여할 수 있다.

2. 전기사업자의 특별의무

(1) 특정행위 금지의무

1) 금지행위의 목적과 실행

「전기사업법」 제21조는 전기사업자 일반에 대해 전력시장에의 공정한 경쟁 등을 해치는 행위를 방지하기 위하여 금지행위를 정하고 있다. 이러한 금지행위를 위반하는 경우에 사실조사[118]를 통한 시정요구[119]를 하거나 과징금의 부과[120] 또는 벌칙[121]을 부과하여 행정의 실효성을 확보하는 수단을 정하고 있다. 전력시장의 공정한 경쟁을 해치는 행위 방지를 위한 금지행위는 다음과 같다.

첫째, 전력거래가격을 부당하게 높게 형성할 목적으로 발전소에서 생산되는 전기에 대한 거짓 자료를 한국전력거래소에 제출하는 행위는 금지된다. 이는 발전 사업자가 발전기의 입찰가격, 가동능력 또는 기술특성에 관한 자료를 거짓으로 작성·제출하여 그 발전사업자가 공급하는 전력거래가격이 적정 가격을 초과하는 경우가 해당된다.

둘째, 송전용 또는 배전용 전기설비의 이용을 제공할 때 부당하게 차별을 하거나 이용을 제공하는 의무를 이행하지 아니하는 행위 또는 지연하는 행위는 금지된다. 여기에 포함되는 행위는 설비 이용에 관한 전기설비의 이용자와의 협의를 부당하게 지연하거나 기피하는 행위, 전기설비의 이용요금 또는 이용조건을 이용자 간에 부당하게 차별하는 행위, 전기설비의 이용 제공을 정당한 이유 없이 거부하거나 지연하는 행위, 이용을 제공하고 있는 전기설비의 유지 및 보수 등을 정당한 이유 없이 거절하는 행위, 위의 금지행위에 준하여 전기설비의 이용 제공을 부당하게 차별하거나 이용 제공 의무를 지연 또는 기피하는 행위로서 산업통상자원부령으로 정하는 행위가 포함된다.

셋째, 송·배전용 전기설비 관련 정보의 공정이용의무는 송전용 또는 배전용

---

[118] 「전기사업법」 제22조(사실조사 등).
[119] 「전기사업법」 제23조(금지행위에 대한 조치).
[120] 「전기사업법」 제24조(금지행위에 대한 과징금의 부과·징수).
[121] 「전기사업법」 제101조(벌칙) 다음 각 호의 어느 하나에 해당하는 자는 3년 이하의 징역 또는 3천만원 이하의 벌금에 처하거나 이를 병과(倂科)할 수 있다.
   2. 제21조제1항에 따른 금지행위를 한 자

전기설비의 이용을 제공함으로 인하여 알게 된 정보 등을 자신의 사적 이익을 위해 부당하게 사용하거나 이러한 정보 등을 이용하여 다른 전기사업자 등의 영업활동 또는 전기사용자의 이익을 부당하게 해치는 행위를 말한다. 여기에는 전기설비의 이용 제공을 통하여 알게 된 정보를 해당 전기사업자의 동의 없이 제3자에게 제공함으로써 그 전기사업자의 영업활동 또는 전기사용자의 이익을 침해하는 행위, 전기설비의 이용 제공을 통하여 알게 된 정보를 이용하여 해당 전기사업자의 전기설비 이용요금의 산정(算定)에 불이익을 주는 행위, 위에 준하여 다른 전기사업자에 관한 정보를 이용하여 다른 전기사업자의 영업활동 또는 전기사용자의 이익을 부당하게 침해하는 행위로서 산업통상자원부령으로 정하는 행위를 포함한다.

넷째, 수익을 부당하게 분류하여 전기요금이나 송전용 또는 배전용 전기설비의 이용요금을 부당하게 산정하는 행위는 금지된다. 여기에 속하는 금지행위는 기업회계기준 등을 위반하여 전기요금 또는 전기설비의 이용요금을 산정하는 행위, 전기사업과 다른 사업을 겸업하거나 복수(複數)의 전기사업을 하는 경우로서 다른 사업에의 보조금 지급 등의 수단을 통하여 부당한 전기요금 또는 전기설비의 이용요금을 산정하는 행위, 위에 준하여 전기요금 또는 전기설비의 이용요금을 부당하게 산정하는 행위로서 산업통상자원부령으로 정하는 행위를 포함한다.

다섯째, 전기사용자의 이용침해금지로서 전기사업자등의 업무처리 지연 등 전기공급 과정에서 전기사용자의 이익을 현저하게 해치는 행위이다. 여기에는 정당한 이유 없이 전기공급을 거부하거나 전기공급을 정지하는 행위, 전기사용자로부터 전기공급에 관한 업무처리를 요청받은 경우 정당한 이유 없이 지연하는 행위, 공급약관을 위반하거나 공급약관에 규정되지 아니한 방식으로 전기를 공급하는 행위, 정당한 이유 없이 전기사용자를 차별하여 전기사용자에게 불이익을 주는 행위, 위에 준하여 전기사용자의 이익을 현저하게 해치는 행위로서 산업통상자원부령으로 정하는 행위가 포함된다.

여섯째, 전력거래소의 지시불이행 금지로서 전력계통의 운영에 관한 한국전력거래소의 지시를 정당한 사유 없이 이행하지 아니하는 행위이다. 여기에는 발전사업자·송전사업자 또는 배전사업자가 한국전력거래소의 전력계통의 운영에 관한 지시를 정당한 이유 없이 이행하지 아니하는 행위, 「전기사업법」 제45조제3항에 따라 전력계통의 운영업무를 수행하는 송전사업자 또는 배전사업자가 해당 전력계통의 운영에 관한 한국전력거래소의 지시를 기간 내에 이행하지 아니하는 행위가 포함된다.

　2) 사실조사

　허가권자는 공공의 이익을 보호하기 위하여 필요하다고 인정되거나 전기사업자 등이 금지행위를 한 것으로 인정되는 경우에는 전기위원회 소속 공무원, 허가권자가 시·도지사인 전기사업자의 경우에는 해당 시·도 소속 공무원으로 하여금 이를 확인하기 위하여 필요한 조사를 하게 할 수 있다(전기사업법 제22조제1항). 허가권자는 사실조사를 위하여 필요한 경우에는 전기사업자 등에게 필요한 자료나 물건의 제출을 명할 수 있으며, 전기위원회 소속 공무원으로 하여금 전기사업자 등의 사무소와 사업장 또는 전기사업자 등의 업무를 위탁받아 취급하는 자의 사업장에 출입하여 장부·서류나 그 밖의 자료 또는 물건을 조사하게 할 수 있다. 전기사업자 등의 사무소와 사업장 또는 전기사업자 등의 업무를 위탁받아 취급하는 자의 사업장에 출입하여 조사하려는 공무원은 조사할 때 해당 사무소 또는 사업장의 관계인을 참석시켜야 한다.

　허가권자는 사실조사를 하는 경우에는 조사 7일 전까지 조사 일시, 조사 이유 및 조사 내용 등을 포함한 조사계획을 조사대상자에게 알려야 한다. 다만, 긴급한 경우나 사전에 알리면 증거인멸 등으로 조사목적을 달성할 수 없다고 인정하는 경우에는 그러하지 아니하다. 사실조사를 위해 출입·조사하는 자는 그 권한을 표시하는 증표를 지니고 이를 관계인에게 내보여야 하며, 조사 시 그 조사의 일시·목적 등을 기록한 서류를 관계인에게 내주어야 한다.

　여기서 사실조사는 행정조사에 해당한다. 「행정조사기본법」에 따른 행정조사는 행정기관이 정책을 결정하거나 직무를 수행하는 데 필요한 정보나 자료를 수집하기 위하여 현장조사·문서열람·시료채취 등을 하거나 조사대상자에게 보고요구·자료제출요구 및 출석·진술요구를 행하는 활동을 말한다. 산업통상자원부장관이나 시·도지사가 허가권자로서 조사권한을 발동함에 있어서 전기사업자 등 피조사자에게 조사내용이나 조사기간 등에 대한 정보를 사전에 7일 전까지 제공하도록 하여 행정의 투명성 및 예측가능성을 제고하고 있다. 행정조사에 있어서 사전통지제도는 피조사자의 권리·의무와 직접 관련되는 사항이므로 법률에 직접 규정하는 것이 법치주의 원리에 부합한다.

　현행 법률에서 행정조사는 관리감독,[122] 위반확인,[123] 사실확인,[124] 실태조사[125]

---

122 관리감독은 행정기관이 관리감독차원에서 피감독사업자(체)의 전반적 업무상황을 파악하기 위한 조사로서 금

등과 같은 다양한 법률용어로 사용되고 있다. 행정기관이 실시하는 행정조사는 법령의 실효성 확보 등을 위하여 불가피한 측면이 있으나, 유사·동일한 사안에 대하여 여러 부처가 중복적인 조사를 실시하고 있어 조사대상자의 부담을 가중시키고, 행정조사의 요건이 불명확하여 예측가능성을 떨어뜨리고, 적법절차 등 통제장치가 미흡하여 국민의 권리를 침해할 우려가 있다는 비판이 제기되어 왔다. 행정조사가 가지는 이와 같은 문제를 해결하기 위하여 「행정조사기본법」이 2007년 5월 17일 공포되어 시행되고 있다.

「행정조사기본법」은 행정기관이 출석·자료제출 등을 요구하거나 현장조사를 하는 경우 조사의 사유·대상·내용 등을 사전에 통지하지 아니하여 자의적인 행정조사가 이루어질 수 있으므로 행정조사의 대상자에게 조사내용 등을 미리 통지하게 함으로써 행정조사의 투명성과 예측가능성을 높이고 조사대상자의 협력을 유도할 수 있도록 행정조사의 효율성을 제고하기 위하여 행정조사를 실시하고자 하는 행정기관의 장으로 하여금 출석요구서, 보고요구서·자료제출요구서 및 현장출입조사서를 조사개시 7일 전까지 조사대상자에게 서면으로 통지하여야 하도록 정하고 있다. 그러므로 「전기사업법」 제22조제3항 및 제4항은 「행정조사기본법」과 중복된다.

3) 금지행위에 대한 조치

전기사업의 허가권자는 전기사업자 등이 금지행위를 한 것으로 인정하는 경우에는 전기위원회의 심의를 거쳐 전기사업자에게 송전용 또는 배전용 전기설비의 이용제공, 내부 규정 등의 변경, 정보의 공개, 금지행위의 중지, 금지행위를 하여 시정조치를 명령받은 사실에 대한 공표, 금지행위로 인한 위법사항의 원상회복을 위하여 필요한 조치를 명하거나 금지행위에 관여한 임직원의 징계를 요구할 수 있다. 허가권자의 명령을 받은 전기사업자 등은 허가권자가 정한 기간에 이를 이행하여야 한다. 허가권자는 천재지변이나 그 밖의 부득이한 사유로 전기사업자 등이 그 기간에

융기관 건전성 검사 등을 말한다.

123 위반확인은 사업자의 법 또는 규제 위반사실을 확인하여 위반자에게 행정처분을 실시하기 위한 조사로서 부당내부거래 조사 등을 말한다.

124 사실확인은 행정처분 등의 전단계로 단순한 사실확인을 위한 조사로서 납세액결정을 위한 세무조사, 고용의무 확인을 위한 장애인 실태조사 등을 말한다.

125 실태조사는 행정계획의 수립, 정책입안 등을 위한 전반적인 동향 및 실태파악을 위한 조사로서 인력수급실태조사, 독과점시장 구조조사 등을 말한다.

명령을 이행할 수 없다고 인정되는 경우에는 그 이행 기간을 연장할 수 있다.

　　4) 금지행위 위반에 대한 과징금의 부과와 징수

　　허가권자는 전기사업자 등이 「전기사업법」 제21조제1항에 따른 금지행위를
한 경우에는 전기위원회의 심의(전기신사업자와 허가권자가 시·도지사인 전기사업자의 경우
는 제외한다)를 거쳐 그 전기사업자 등의 매출액의 100분의 5의 범위에서 과징금을
부과·징수할 수 있다. 그러나 매출액이 없거나 매출액의 산정이 곤란한 경우로서
대통령령으로 정하는 경우에는 10억원 이하의 과징금을 부과·징수할 수 있다. 과
징금을 부과하려는 경우에는 해당 위반행위를 조사·확인한 후 위반행위의 종류와
해당 과징금의 금액 등을 구체적으로 밝혀 이를 낼 것을 통지하여야 한다. 통지를
받은 자는 통지를 받은 날부터 30일 이내에, 천재지변이나 그 밖의 부득이한 사유
로 그 기간에 과징금을 낼 수 없을 때에는 그 사유가 없어진 날부터 7일 이내 과
징금을 산업통상자원부장관이 지정하는 수납기관에 납부해야 한다.

　　금지행위 위반에 대한 과징금은 행정의 실효성 확보수단으로서 의무를 위반
하거나 이행하지 않는 경우 행정청이 의무자에게 부과·징수하는 금전적 제재로서
영업대체 과징금과 구별된다.[126] 금지행위 위반에 대한 과징금은 행정상 제재금에
해당한다. 행정권에는 행정목적 실현을 위하여 행정법규 위반자에 대한 제재의 권
한도 포함되어 있다. 특정한 행위를 금지하여 행정목적을 실현하는 것은 '제재를
통한 억지'로 행정규제의 본원적 기능에 속한다. 여기서 과징금은 특정한 행위금지
라는 행정목적을 실현하기 위하여 그 위반행위에 대하여 제재를 가하는 행정상의
제재금으로서의 기본적 성격에 부당이득환수적 요소도 부가되어 있다. 이 과징금
은 헌법 제13조제1항에서 금지하는 국가형벌권 행사로서의 '처벌'에 해당하지 않
을 뿐만 아니라 형사처벌과 아울러 과징금을 병과하더라도 이중처벌금지원칙에
위반되지 않는다.[127]

(2) 전기설비계획과 전기공급계획의 신고의무

　　국가는 전기의 안정적인 공급에 대한 의무가 있다. 정부는 전기의 안정적인
공급을 위하여 전기수요를 예측하고, 이에 적합한 전기공급을 하여야 하고, 전기

---

126 박정훈, "협의의 행정벌과 광의의 행정벌 – 행정상 제재수단과 법치주의적 안전장치", 『서울대학교 법학』, 제
　　41권 제4호(2001), 314면 참조.
127 헌재 2003.7.24. 2001헌가25.

공급에 필요한 전기설비를 전기사업자로 하여금 설치하도록 하여야 한다. 이를 위하여 「전기사업법」 제26조는 전기사업자에게 매년 12월 말까지 계획기간을 3년 이상으로 한 전기설비의 시설계획 및 전기공급계획을 작성하여 산업통상자원부장관에게 신고하도록 정하고 있다. 전기설비시설계획 및 전기공급계획의 제출의무자는 전기사업자로 정하고 있어, 발전사업자, 송·배전사업자 및 판매사업자를 포함한다. 그러나 동법 시행규칙을 종합할 때 전기설비시설계획 및 전기공급계획의 신고의무자에 판매사업자는 포함되지 않는다.

    전기사업자는 전기설비시설계획 신고서 및 전기공급계획 신고서에 전기설비의 설치이유서, 연도별 공사비명세서, 연도별·월별 발전계획 및 자가소비전력량을 적은 서류(발전사업자만 해당한다), 전기설비시설계획서를 작성하여 산업통상자원부장관에게 제출하여야 한다(전기사업법 시행규칙 제21조). 여기서 신고는 수리를 요하지 아니 하는 신고에 해당하여 행정청의 수리를 필요로 하지 아니 한다. 또한 전기사업자가 행하는 전기설비시설계획과 전기공급계획의 신고는 단순한 사실의 통지에 불과하다.

(3) 송배전설비의 설치·관리의무

    전기의 안정적인 공급은 전기수요를 충당할 수 있을 정도로 발전, 송전, 배전에 필요한 설비가 갖추어질 때에 가능하게 된다. 발전사업자가 전기수요에 필요로 하는 발전설비를 갖추어도 송배전사업자가 송전설비나 배전설비를 충분하게 설치하지 못하는 경우에 전기가 안정적으로 공급될 수 없다.

    송전사업자·배전사업자 및 구역전기사업자는 전기의 수요·공급의 변화에 따라 전기를 원활하게 송전 또는 배전할 수 있도록 산업통상자원부장관이 정하여 고시하는 기준에 적합한 설비를 갖추고 이를 유지·관리하여야 한다(전기사업법 제27조). 이에 따라 「송전용 전기설비 시설기준」이 제정되어 있으며, 동 고시는 송전용 전기설비의 시설기준을 정하고 있으나 「전기사업법」 제27조에 따른 배전용 전기설비의 시설기준을 정하지 않고 있다.

(4) 전력계통 신뢰도 유지의무

1) 전력계통 신뢰도
전력계통 신뢰도는 양질의 전력을 안정적으로 공급할 수 있는 능력 수준을 말한다. 「전기사업법」 제2조제14호에 따른 "전력계통"이란 전기의 원활한 흐름과 품질유지를 위하여 전기의 흐름을 통제·관리하는 체제를 말한다. 그러므로 전력계통 신뢰도는 전기의 흐름을 통제·관리하는 체제가 전력품질을 유지하도록 할 수 있는 능력수준이라고 할 수 있다. 즉, 전력계통 신뢰도란 전력계통을 구성하는 제반 설비 및 운영체계 등이 주어진 조건에서 의도된 기능을 적정하게 수행할 수 있는 능력이다. 전력계통의 신뢰도는 전력설비에 예기치 못한 고장이 발생하더라도 소비자가 필요로 하는 전력수요를 공급해 줄 수 있는 정도의 전력설비 적정성과 전력설비에 예기치 못한 고장이 발생하여 광역정전으로 확대되지 않고 견딜 수 있는 안정성(Security)으로 구성된다.

전력계통 신뢰도 유지기준을 낮게 설정하면 당연히 전기설비 등을 적게 시설하게 되나 정전발생 가능성이 높아진다. 그러나 전력계통 신뢰도 유지기준을 높게 설정하면 정전발생 가능성은 낮게 되나 신뢰도 유지를 위한 설비를 많이 설치하게 되고 이에 따른 설비운영비용도 상승하게 된다.

전력공급비용은 전력계통 신뢰도 유지기준에 따라 변화하게 되나 최종적으로 전기소비자가 부담한다. 그러므로 고신뢰도 고비용, 저신뢰도 저비용이라는 경제원칙은 전력계통 신뢰도에도 적용된다. 전력계통 신뢰도는 전기의 안정적 전력공급을 전제로 경제성이 최적화되도록 하여야 한다. 전력계통 신뢰도 유지기준은 국민에게 투자대비 최대 만족을 줄 수 있는 국민적 공감이 가능한 수준이어야만 한다. 이러한 측면에서 전력계통 신뢰도 유지기준은 지금의 전력계통 신뢰도 수준이 국가적으로 투자 대비 효용측면에서 적정한지 여부를 검토한 후에 설정되어야 한다.

2) 법률적 사항

전력계통 신뢰도는 국가별로 전력시장 환경에 따라 다르나 정부의 감독을 필요로 하여 법률에서 정하고 있으며, 이를 근거로 관리·규제하고 있다. 미국의 경우 NERC(North American Electric Reliability Corporation), 일본의 경우 ESCJ(Electric Power System Council of Japan)의 중립적 기관 설립을 통해 신뢰도 기준의 제·개정 및 관리, 신뢰도 기준의 준수여부 감시 등을 하고 있다.

「전기사업법」은 산업통상자원부장관으로 하여금 전력계통의 신뢰도 유지를 위한 기준을 정하여 고시하도록 하고(전기사업법 제27조의2), 한국전력거래소와 전기사업자에게 신뢰도 유지기준에 따라 전력계통의 신뢰도를 유지할 의무를 부여하고 있다. 정부에서 정한 신뢰도 유지기준의 준수 여부를 산업통상자원부장관이 감시·평가·조사("전력계통 신뢰도 관리"라 한다)를 하고, 그 결과를 공개하여야 한다. 산업통상자원부장관은 전력계통 신뢰도 관리를 위하여 필요한 때에는 한국전력거래소 및 전기사업자에게 자료의 제출을 요구할 수 있고, 자료 제출을 요구받은 자는 특별한 사유가 없으면 이에 따라야 한다. 산업통상자원부장관은 전력계통의 신뢰도가 유지기준에 적합하게 유지되지 아니하여 전기사용자의 이익을 해친다고 인정하는 경우에는 전기위원회의 심의를 거쳐 한국전력거래소 및 전기사업자에게 필요한 조치를 할 것을 명할 수 있다.

(5) 원자력발전연료의 제조·공급계획서의 작성 및 승인의무

우리나라의 발전량 중 원자력은 31.7퍼센트의 전력을 충당하고 있을 정도로 중요한 발전원에 해당한다. 현재 원자력발전의 비중이 비교적 높은 우리나라는 전력계통의 안정에 원자력발전에 사용되는 원자력발전연료의 안정적인 공급이 결정적으로 중요하다. 원자력발전연료는 우라늄이다. 그러나 자연 상태의 우라늄을 원자력발전소의 연료로 사용하기 위해선 원자력발전설비에 사용할 수 있는 구조로 가공하여 제조하여야 한다. 자연에서 채굴한 우라늄은 먼저 새끼손톱만 한 크기의 단단한 알갱이로 된 소결체로 가공된다. 소결체 300여 개는 특수한 금속 튜브에 넣어 연료봉으로 만들어진다. 연료봉 200여 개를 튼튼한 금속 구조물에 고정하면 비로소 원전에 사용할 연료가 된다. 우리나라의 원자력발전소는 연료봉을 약 150여 다발씩 묶어 사용한다. 흔히 알려진 것과 달리 천연 우라늄은 이처럼 여러 공정을 거쳐야 연료로 사용된다.

원자력발전의 안정을 위하여 원자력발전연료를 원자력발전사업자에게 제조·공급하려는 자는 장기적인 원자력발전연료의 제조·공급계획을 작성하여 산업통상자원부장관의 승인을 받아야 하고, 승인받은 사항을 변경하려는 경우에도 또한 승인을 받아야 한다(전기사업법 제28조). 원자력발전연료의 제조·공급자는 원자력발전연료의 제조·공급계획을 원자력발전연료의 정련(精鍊)·변환 및 가공 사업별로 작성하여야 한다.

원자력발전연료 제조·공급계획에 대한 산업통상자원부장관의 승인은 재량행위에 속한다. 왜냐하면 정부의 원자력발전의 전력공급에 대한 정책과 전력수급기본계획에 따라 승인여부가 결정되기 때문이다. 원자력발전연료의 제조·공급계획의 승인기준 중 "원자력발전연료 제조·공급계획이 국가의 원자력산업과 관련한 정책에 부합할 것"을 「전기사업법 시행령」 제18조에서 정하고 있다.

V. 전력거래체계

1. 전력도매시장

(1) 전력시장 거래의 원칙

전력거래는 발전사업자와 전기판매업자가 전력시장에서 거래하는 것을 원칙으로 한다. 다만, 예외적으로 전력계통에 연결되어 있지 아니한 도서지역에서 전력을 거래하는 경우와 신·재생에너지발전사업자가 1천킬로와트 이하의 발전설비 용량을 이용하여 생산한 전력을 거래하는 경우에는 전력시장을 통하지 않고, 발전사업자와 사용자가 직접 전력거래를 할 수 있다.

전력시장에서 전력공급자는 발전사업자 외에 구역전기사업자와 수요관리사업자이다. 「지능형전력망의 구축 및 이용촉진에 관한 법률」(이하 "지능형전력망법"이라 한다) 제12조제1항에 따라 지능형전력망 서비스 제공사업자로 등록한 자 중 대통령령으로 정하는 자(이하 "수요관리사업자"라 한다)는 전력시장운영규칙으로 정하는 바에 따라 전력시장에서 전력거래를 할 수 있다(전기사업법 제31조제5항). 수요관리사업자는 전력공급 상황 및 피크 부하율에 따라 전력사용량을 조정(수요반응 : Demand Response)할 수 있는 고객을 발굴하여 고객이 감축 가능한 용량을 전력거래소와 계약한 후에 예비전력 부족 시 거래소의 지시에 따라 고객의 전력수요를 원격 제어·감축하는 사업자이다. 지능형 수요관리는 전력감축 시행지시 10~30분 이내에 부하감축이 가능하여 전력수급상황에 신속하게 반응할 수 있다. 따라서 수요관리가 감축지시를 하는데 최소 1~7일 간의 예고기간을 두어야 함에 따라 발생할 수 있는 비용[128]을 최소화할 수 있다는 장점이 있다. 이는 지능형전력망(smart-grid) 기술을 활용한 중소규모의 신규 수요자원(빌딩, 마트, 연수원 등)을 발굴할 수 있다는 점에서 기존 수요관리가 제철소, 시멘트공장 등과 같은 대형 산업용 설비 위주로 추진됨에 따른 수요자원 개발 포화 문제에 대한 대안이 되고 있다.

---

128 기존 수요관리 제도는 부하관리가 필요하지 않은 경우(예비력 500만㎾ 이상)에도, 수요예측 오류가 있을 경우 이미 최대 3개월 전에 계약한 부하량의 감축이 이루어지기 때문에 실제 전력피크와 무관한 비용이 발생하게 된다.

수요관리사업자가 발전사업자와 동일하게 직접 전력거래에 참여할 수 있게됨으로써 공급자원과 동일하게 수요자원도 전력시장을 통해서 거래할 수 있게 되었다. 전력수급이 불안정한 상황을 해결하기 위한 방법으로 발전설비(공급자원)의 추가건설을 통해 공급 가능한 전력을 확보하는 방법과 수요관리를 통해서 최대전력 수요를 감축하는 방법으로 구분할 수 있다. 수요관리사업자의 전력시장 참여가 활발해지면, 발전소 추가건설 억제에 따른 설비투자비가 절감되고 이산화탄소의 감축 효과를 기대할 수 있다.

(2) 전력시장 거래의 예외

전력시장에서 전력거래의 원칙에 대한 예외로 직접 전력판매제도(PPA, Power Purchasement Agreement)를 재생에너지전기공급사업자 등에게 허용하고 있다(전기사업법 제16조의5). 재생에너지전기공급사업자 및 재생에너지전기저장판매사업자는 재생에너지를 이용하여 생산한 전기를 전력시장을 거치지 않고 전기사용자에게 공급할 수 있다. 송전제약발생지역전기공급사업자의 경우 '송전제약으로 발전설비의 최적 활용이 곤란한 지역에 위치한 발전설비를 이용하여 생산한 전기를 공급할 것', '전기사용자의 수전설비가 발전설비 인접지역에 위치하고 신규 시설일 것'이라는 요건을 갖춘 경우에 생산한 전기를 전력시장을 거치지 않고 전기사용자에게 공급할 수 있다. 재생에너지전기공급사업자, 재생에너지전기저장판매사업자 및 송전제약발생지역전기공급사업자는 전기사용자에게 전기를 공급하는 경우 요금과 그 밖의 공급조건 등을 개별적으로 협의하여 계약할 수 있다.

직접 전력판매제도는 재생에너지전기공급사업자, 재생에너지전기저장판매사업자 및 송전제약발생지역전기공급사업자 외에는 전력시장을 통한 전력공급만 허용한다. 그러므로 전기자동차충전사업자는 직접 생산하는 전기가 아닌 일반적으로 전력시장을 통해 공급되는 전기를 활용하여 전기자동차충전소를 운영하고 있었다. 2023년 개정「전기사업법」은 전기자동차충전사업자도 대통령령으로 정하는 범위에서 재생에너지를 이용하여 생산한 전기를 전력시장을 거치지 아니하고 전기자동차에 공급할 수 있도록 직접 전력판매를 허용함에 따라, 전기자동차충전사업자도 직접 전기자동차 사용자에게 충전용으로 전기를 판매할 수 있게 되었다. 이 경우 분산형 전원의 확대로 송·배전 관련 비용, 전력시장에서 발생할 수 있는 거래비용 등 사회적 비용이 절감되고, 사업성 증대로 인한 전기충전소의 보급 활성화에도 기여하는 효과가 있다. 위와 같이 전력시장을 거치지 않고 공급되는 전기는 신·재생에너지 공급인증서 발급대상이 되지 아니한다.

(3) 전력시장에서 전력판매자

전력생산자는 「전기사업법」에 따라 전력시장에서 전기를 판매하거나 한국전력공사와 계약을 통하여 전기를 판매하도록 하고 있다. 전력시장에서 전력의 판매자는 발전사업자, 구역전기사업 및 수요관리사업자이다. 전기의 생산은 전기설비가 있어야 한다. 전기설비는 전기사업용 전기설비, 자가용 전기설비, 일반용 전기설비로 구분된다. 베란다 태양광 등 주택 태양광설비의 대부분은 설비 용량이 10kW 미만인 일반용 전기설비에 해당한다. 「전기사업법」은 전기사업용 전기설비로 생산한 전기는 전력시장에서 전력거래를 하는 것을 원칙으로 하고, 자가용 전기설비를 설치한 자가 생산한 전력에 대해서는 원칙적으로 전력시장에서 전력거래를 허용하지 않으나, 예외적인 경우에 한하여 전력거래를 허용하고 있다. 주택 태양광 등 일반용 전기설비에서 생산한 전기에 대해서는 전력거래에 관한 법률 근거가 없다. 자가용 전기설비는 「소규모 신·재생에너지 발전전력 등의 거래에 관한 지침」에서 2018년 11월부터 상계거래 현금정산을 실시하고 있다. 그러나 일반용 전기설비는 법률 근거가 없어 상계거래만 허용되고, 미상계 잉여전력량에 대해 현금정산이 이루어지지 않고 있다.

주택용 태양광 발전설비에서 생산한 전력량이 소비량보다 많은 경우에 잉여 전력량이 발생할 수 있다. 이 경우에 「전기사업법」에 현금정산에 대한 법률적 근거가 없어 상계거래에 따른 전기요금은 차감이나 익월로 이월만 가능하고 현금정산이 불가능하다. 일반용 전기설비에 속하는 주택용 태양광으로 발전된 전기에 대하여 발전한 전력량만큼의 대가를 현금으로 정산하는 것은 너무나 당연하다. 때문에 자가용 전기설비를 설치한 자와 일반용 전기설비를 설치한 자에 대해 차별을 두어야 할 특별한 이유가 없다. 일반용 전기설비에 대한 상계거래는 현금정산을 통해 주택용 태양광의 편익이 증가하여 재생에너지 보급에 기여할 수 있다.

전력거래방법은 전력시장에서 거래하는 방법과 전력시장을 통하지 아니하고 전기판매사업자인 한국전력공사와 거래하는 방법으로 구분할 수 있다. 상계거래 현금정산은 전력시장을 통하지 아니하는 거래에 해당한다. 「전기사업법」 제31조 제2항은 자가용 전기설비의 전력시장 거래 금지 원칙을 규정하면서 단서에서 예외

적인 허용을 명시하고 있다. 이 규정은 자가용 전기설비의 생산전력을 전력시장에
서 거래할 수 있음을 의미한다. 그러나 동법 제31조제2항의 위임을 받은 동법 시
행령 제19조제2항제1호는 전력시장 외 거래인 상계거래 현금정산에 대해 규정하
고 있으므로, 법률에서 자가용 전기설비에 대한 상계거래 현금정산의 법적 근거를
마련하는 입법적 보완이 필요하다. 「전기사업법」에서 자가용 또는 일반용 전기설
비를 설치한 자가 전력시장에서 거래하거나 전력시장을 통하지 아니하고 한국전
력공사와 직접 거래하는 것은 원칙적으로 금지하고, 단서조항을 통해 상계거래 현
금정산과 같이 예외적인 경우에 한하여 전력시장에서 거래하거나 직접 한국전력
공사와 전력거래를 할 수 있도록 시행령으로 위임하는 근거를 둘 필요가 있다.

(4) 신재생에너지 등 우선구매원칙

「전기사업법」은 전기판매사업자가 소규모 발전사업자·자가용전기설비설치
자·신재생에너지발전사업자·집단에너지사업자·수력발전사업자가 생산하는 전
력을 우선적으로 구매할 수 있도록 특례를 두고 있다. 전기판매사업자는 전력시
장에서 전력을 구매하는 경우에 설비용량이 2만킬로와트 이하인 발전사업자, 자
가용전기설비를 설치한 자, 신에너지 및 재생에너지를 이용하여 전기를 생산하
는 발전사업자, 집단에너지사업자, 수력발전사업자가 생산한 전력을 전력시장운
영규칙으로 정하는 바에 따라 우선적으로 구매할 수 있다.

(5) 전기판매자의 전력시장에서 독점구매원칙

전기사용자는 전력시장에서 전력을 발전사업자로부터 직접 구매할 수 없고
전기판매사업자만이 전력시장에서 발전사업자가 생산한 전기를 구입할 수 있도록
하고 있다(전기사업법 제31조). 그러나 예외적으로 수전설비(受電設備)의 용량이 3만킬
로볼트암페어 이상인 전기사용자는 전기판매사업자를 통하지 않고 전력시장에서
전기를 직접 구매할 수 있다. 전력거래를 반드시 전력시장에서 하는 이유는 전력
산업의 구조개편에 따른 경쟁시장을 조기에 형성토록 하고, 대체에너지·집단에너
지 등 경쟁에 적합하지 않은 발전사업자가 생산한 전력을 우선적으로 구매토록 하
여 에너지이용을 합리화하고 대체전원의 개발을 촉진하는 동시에 일정 규모 이상
의 전기사용자는 전력을 전력시장에서 직접 구매할 수 있도록 소매경쟁의 요소를
도입하여 경쟁효과의 극대화를 도모하는 것을 목적으로 하고 있다.

　　노르웨이 등 시장경제가 잘 발달한 일부 국가는 자발적 풀(Voluntary Pool)의 소매경쟁체제로 바로 진입하였고, 영국의 경우는 자발적 풀로 바로 진입하는 데 따른 위험을 회피하기 위하여 일단 강제적 풀(Mandatory Pool)의 도매경쟁체제로 진입하였다가 단계적으로 자발적 풀로 전환한 바 있다. 우리나라는 아직 시장이나 가격구조가 정착되지 못한 점을 감안하여 강제적 전력시장을 통하여 전력시장과 가격구조의 정착 그리고 전력계통의 안정적 운영을 정착한 후에 장기적으로는 전력공급과 가격에 대한 소비자선택권의 보장을 강화하기 위하여 전력직거래의 범위를 점차 확대해 나갈 필요가 있다.

　　자가용전기설비를 설치한 자는 그가 생산한 전력을 전력시장에서 거래할 수 없다(전기사업법 제31조제2항). 다만, 예외적으로 태양광 설비를 설치한 자가 해당 설비를 통하여 생산한 전력 중 자기가 사용하고 남은 전력을 거래하는 경우와 태양광 설비 외의 설비를 설치한 자가 해당 설비를 통하여 생산한 전력의 연간 총생산량의 50퍼센트 미만의 범위에서 전력을 거래하는 경우에는 전력거래 시장에서 거래를 할 수 있다.

　　구역전기사업자도 전력시장에서 전력거래를 할 수 없으나 ① 허가받은 공급능력으로 해당 특정한 공급구역의 수요에 부족하거나 남는 전력, ② 발전기의 고장, 정기점검 및 보수 등으로 인하여 해당 특정한 공급구역의 수요에 부족한 전력, ③ 지역냉난방사업을 하는 자로서 15만킬로와트 이하의 발전설비용량을 갖춘 자가 매년 3월 1일부터 11월 30일까지 해당 특정한 공급구역의 열수요가 감소함에 따라 발전기 가동을 단축하였을 때 생산한 전력으로는 해당 특정한 공급구역의 수요에 부족한 전력을 전력시장에서 거래할 수 있다(전기사업법 시행령 제19조).

　　수요관리사업자는 전력시장운영규칙으로 정하는 바에 따라 전력시장에서 전력거래를 할 수 있다. 소규모전력중개사업자는 모집한 소규모전력자원에서 생산 또는 저장한 전력을 전력시장에서 거래하여야 한다. 전력시장에서 전력거래를 할 수 있는 자는 전력판매자로서 발전사업자, 구역전기사업자, 수요관리사업자이고, 전력구매자는 전력판매사업자와 구역전기사업자이다.

　　구역전기사업자는 공급구역 내의 전기사용자에 대하여 원활한 전기공급을 하도록 부족한 전력이나 잉여전력을 전력거래소나 전기판매사업자와 거래할 수 있다(전기사업법 제31조제3항). 구역전기사업자는 전력공급과정에서 부족한 전력이나 잉여전력이 발생할 수밖에 없게 되므로 자신의 사업규모나 시장상황을 고려하여 전력거래소를 통한 전력시장에서의 거래와 전기판매사업자와의 거래 중에서 자유롭게 거래방식을 선택할 수 있도록 할 필요가 있기 때문이다. 구역전기사업자의 예외규정은 전력시장에서의 거래와 전기판매사업자와의 거래를 포괄적으로 규정하고, 전기판매사업자의 전력거래를 의무화하며 보완공급약관에 관한 조문을 포함시켜 구역전기사업자의 이익과 기존의 전기판매사업자의 이익 간의 균형을 기하도록 규정하고 있다. 이는 전기판매사업자가 우월적 지위를 이용하여 정당한 사유 없이 부족한 전력 및 잉여전력에 대한 거래를 거부하게 되면 전기사용자에 대한 안정적 전력공급을 저해할 뿐만 아니라 에너지자원의 국가적 낭비를 초래할 것이므로 전기판매사업자가 정당한 사유 없이 전력거래를 거부할 수 없도록 하고 있다. 전기판매사업자는 구역전기사업자와 부족한 전력 및 잉여전력의 거래에 관한 보완공급약관을 작성하여 전기위원회의 심의를 거쳐 산업통상자원부장관의 인가를 받도록 함으로써 보완공급약관의 법적 근거를 마련하고, 정부의 인가를 통하여 차별적 취급이나 시장지배력의 남용을 사전에 방지하려는 제도를 마련하고 있다. 또한 전력량계의 설치·관리에 관한 규정에 구역전기사업자의 전력량계의 설치·관리를 의무화하는 것은 구역전기사업자의 전력거래에 관한 규정의 신설에 따라 당연하다.

전력시장에서 거래를 하는 발전사업자와 전기판매사업자는 전력가격의 등락에 따른 위험을 피하기 위하여 서로 차액계약을 체결할 수 있도록 근거조항을 두고 있다. 전력시장에서 전력거래를 하는 구역전기사업자도 잉여전력 또는 부족한 전력을 전력시장에서 거래하는 경우에 차액계약을 통하여 그 위험을 피할 수 있도록 하는 것이 논리의 일관성 및 형평성 측면에서 타당하다.

2. 산지설치 재생에너지설비의 특례

(1) 산지설치 재생에너지 사업자의 복구검사이행

「산지관리법」 제2조제1호에 따른 산지에 「신에너지 및 재생에너지 개발·이용·보급 촉진법」 제2조제2호가목 및 나목에 해당하는 재생에너지 설비를 설치하여 전력거래를 하려는 발전사업자는 「산지관리법」 제39조제2항에 따른 중간복구명령(이에 따른 복구준공검사를 포함한다)이 있는 경우 이를 전력거래 전에 완료하여야 한다(전기사업법 제31조의2제1항). 산업통상자원부장관은 제1항의 발전사업자가 중간복구를 완료하지 아니하고 전력거래를 한 경우로서 「산지관리법」 제41조의2제2항에 따라 산림청장 등이 사업정지를 요청하는 경우에는 중간복구준공이 완료될 때까지 사업정지를 명할 수 있다.

태양광 발전시설을 산지에 설치하는 경우 「산지관리법」에 따라 산지전용허가(또는 산지일시사용허가)를 받고,[129] 산지복구의무에 따라 산지 복구를 실시하여야 하나, 이를 이행하지 않고 발전사업을 영위하고 있는 발전사업자들이 적지 않았다. 전기사업 허가와 산지전용허가(또는 산지일시사용허가)는 별도의 허가절차로 각각 다른 법률에서 규정되어 있으므로 「전기사업법」에서 산지복구 의무를 이행하지 아니하더라도 전기사업 허가에 대해 제재를 가할 수단이 없었다. 이 규정은 산지에 태양광 발전설비를 설치·운영하려는 발전사업자에 대해 산지복구 의무를 강화할 수 있다.

(2) 산지일시사용 허가

태양광 발전설비의 설치는 산지일시사용허가 대상이다. 이에 따라 산지에 태양광 발전설비를 설치하려는 자는 크게 두 가지 복구의무를 부담하게 된다. 첫째, 산지일시사용허가 기간이 종료될 경우에 해당 지역을 원상복구하여야 한다. 둘째, 산지일시사용허가를 받은 태양광 발전설비의 설치자는 해당 지역의 토사유출 등을 방지하기 위해 중간복구명령을 받아 복구를 하여야 한다. 또한 복구명령을 받은 발전사업자는 복구설계서의 승인 및 복구준공검사를 받아야 한다. 그러나 산지 중간복구 공사는 사면 복구, 수목 식재, 녹화 작업 등 계절적인 영향이 매우 크게 작용하여 단지 건설 후 약 6~12개월의 기간이 소요되고, 건설 과정상 민원 발생 등이 수반되는 경우 1년 이상 기간이 필요할 수 있다. 사용가능한 발전기를 중간복구 검사 전까지 약 1년의 기간 동안 방치하는 경우에 풍력발전기의 기술적 문제가 발생할 수 있고, 사업성 확보도 쉽지 않다. 그러므로 사면 복구, 수목 식재, 녹화 작업에 상당 시일이 소요되고 공사와 산지복구가 병행이 불가능한 점을 고려할 때,[130] 사용전검사 완료일로부터 이행을 할 수 있는 유예기간을 부여하고, 미이행 시에 사업 정지를 요청할 수 있도록 산업통상자원부장관은 계절적 요인으로 복구 준공이 불가피하게 지연되거나 부분 복구준공이 가능한 경우 등 대통령령으로 정

---

129 「산지관리법 시행령」 개정 이전에 해당하는 사항임. 시행령 개정 이후에는 본문에서 기술하는 바와 같이 태양광 발전설비의 산지설치는 산지일시사용허가의 대상이다.

130 겨울에는 계절의 영향으로 산지 복구 진행이 불가하다고 하며, 산지 복구 대상은 통상 야적장, 공사용 도로 등의 공사용도 공간이라고 한다.

하는 사유가 있는 때에는 6개월의 범위에서 사업정지 명령을 유예할 수 있다(전기
사업법 제31조의2제3항).

3. 전력거래 가격과 정산

(1) 전력시장에서 가격 결정

전력시장에서 이루어지는 전력거래가격은 시간대별로 전력의 수요와 공급에
따라 결정된다(전기사업법 제33조). 전력거래의 정산은 시간대별로 결정되는 전력거
래가격을 기초로 하고, 구체적인 정산방법으로 한국전력거래소는 전력시장 및 전
력계통의 운영에 관한 규칙인 「전력시장운영규칙」에 따르도록 하고 있다. 전력시
장에서 전력거래가격은 용량요금과 계통한계가격(SMP, System Marginal Price)[131]의 합
으로 구성된다. 용량가격은 고정비 보상의 성격으로 발전기의 건설비 보상 및 신
규투자 유인을 위해 지급되는 가격이다. 계통한계가격은 변동비 보상의 성격으로
발전에 소요되는 연료비 등을 보상하기 위해 지급되고 시간대별로 전력의 수요와
공급에 따라 결정된다. 계통한계가격은 전력수요를 충족시키기 위해 변동비가 싼
순서로 발전기를 투입하여 급전계획을 수립할 때 마지막에 투입된 발전기의 변동
비로 결정(급전계획된 발전기 중 가장 비싼 발전기의 변동비)된다.

(2) 계통한계보정제도

「전기사업법」은 전력가격이 결정되는 기본원칙과 방법만을 정하고, 한국전력
공사의 6개 발전자회사에 대한 전력거래가격 정산 시에 정산금의 보정을 위해 적
용되고 있는 '계통한계가격 보정계수'에 대하여는 별도의 규정이 없다. 현재 전력
시장에서는 「전력시장운영규칙」에 따라 민간발전사와 한국전력공사의 발전자회사
간 상이한 변동비 정산방법이 적용되고 있다. 전력시장에서 전력가격은 민간발전
사(부생가스 제외)의 경우에 계통한계가격으로 정산되고, 발전자회사의 경우에는 계
통한계가격 보정계수의 적용을 통해 발전차익(계통한계가격−변동비)의 일정 부분만
이 변동비에 더해 정산된다. 한국전력공사의 발전자회사에 대하여 특별하게 보정
계수를 적용하는 이유는 보정계수를 적용하여 수익을 조정하지 않을 경우 한국전
력공사의 전력구입비가 급증하게 되어 전기요금의 인상이 수반되지 않을 경우 한

---

131 계통한계가격(SMP, System Marginal Price)은 거래시간에 가동된 발전기의 발전가격 중 가장 높은 발전가
　　격을 말한다. 시간대별로 최종적으로 전력생산에 투입되는 발전기의 발전가격이다.

국전력공사가 막대한 적자를 감수해야 하기 때문이다. 보정계수의 적용을 통한 발전사의 수익조정은 헌법상 기본권인 직업수행의 자유와 재산권에 대한 제한에 해당되며, 헌법상 기본권의 제한을 위해서는 반드시 법적 근거가 필요하나, 현재 보정계수 적용에 대한 사항은 「전력시장운영규칙」에 근거하고 있다.

(3) 정산상한가격

현재 전력거래는 전기판매사업자인 한국전력공사가 발전사업자에게 전력을 구매하여 전기사용자에게 공급하는 방식으로 운영되고 있다. 전력거래 시 구체적인 정산방법에 대해서는 「전력시장운영규칙」에서 정하고 있다(전기사업법 제33조). 「전력시장운영규칙」은 전기판매사업자가 전력시장에서 구입한 전력량에 대한 가격을 책정함에 있어서 해당 거래시간의 '계통한계가격'을 적용하도록 규정하고 있다. 그러나 전력수요의 증가 및 기저발전기(원자력·석탄 등)의 고장 등으로 인해 연료비가 비싼 피크발전기(유류기력, 디젤 등)의 가동시간이 늘어나게 되는 경우에 전력시장의 거래가격이 급등하여 '정산조정계수'의 적용을 받지 않는 민간발전사가 적정수준 이상의 이윤을 얻는 상황이 발생할 수 있다. 이에 대한 대책으로 한국전력거래소는 전력거래가격에 상한을 두는 '정산상한가격제도'를 도입하여 운영하고 있다.

정산상한가격 적용 예시

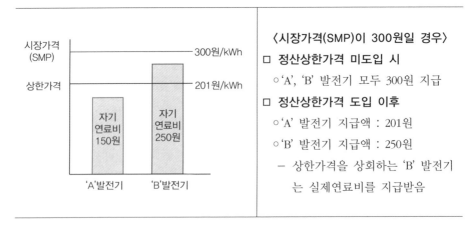

〈시장가격(SMP)이 300원일 경우〉
□ 정산상한가격 미도입 시
 ○ 'A', 'B' 발전기 모두 300원 지급
□ 정산상한가격 도입 이후
 ○ 'A' 발전기 지급액 : 201원
 ○ 'B' 발전기 지급액 : 250원
  – 상한가격을 상회하는 'B' 발전기
   는 실제연료비를 지급받음

계통한계가격의 상승에 따른 전기판매사업자의 구매비용 증가는 결국 전기사용자에 대한 전기요금 인상요인으로 작용하게 된다. 따라서 전력판매사업자의 전

력구매비용을 적절한 수준에서 유지함으로써, 전기요금 안정을 통한 최종소비자
(전기사용자) 보호를 목적으로 정산상한가격제도를 운영하고 있다.

　전력시장의 운영은 입찰방식과 변동비반영방식이 있다. 입찰방식은 발전업체
가 시간대별로 발전 가능한 가격을 입찰하고 그 결과를 통해 전력을 거래하는 방
식이다. 이에 반하여 변동비반영방식은 발전기의 연료비(변동비)가 전력거래가격을
결정하는 방식으로 전력수요에 대응하기 위해 연료비가 낮은 발전기부터 투입되
고, 이 경우에 시간대별로 최종 투입되는 발전기의 연료비가 전력가격을 결정하는
방식이다. 우리나라와 같이 변동비반영방식(Cost Based Pool)의 시장을 운영하는 국
가도 전력가격상한제도를 시행 중에 있으나 구체적인 상한의 결정방식은 각 국가
별로 상이하다.

(4) 정부승인 차액계약제

　「전기사업법」에는 발전사업자와 전력구매자(전기판매사업자, 구역전기사업자 등) 상
호 간에 일정기간의 발전량에 대해 가격을 사전에 계약하고 이를 정부가 승인하는
'정부승인 차액계약'[132] 제도가 허용되고 있다. 발전사업자는 전력거래가격의 변동
으로 인하여 발생하는 위험을 줄이기 위하여 일정한 기준가격을 설정하고 그 기준
가격과 전력거래가격 간의 차액 보전(補塡)에 관한 것을 내용으로 하는 계약(이하
"차액계약"이라 한다)을 전력구매자(전기판매사업자, 구역전기사업자 또는 직접 구매 전기사용
자)와 체결할 수 있다(전기사업법 제34조제1항).

구 분	주요내용
차액계약 (제34조)	○ 산업통상자원부장관이 정하는 사업자에 대하여 차액계약 의무부여 ○ 차액계약 내용에 대한 산업통상자원부장관의 인가
사업허가취소 등 (제12조)	○ 차액계약을 통하여 전력을 거래해야 하는 전기사업자가 이를 어긴 　경우 허가취소, 6개월 이내 사업정지 또는 과징금
전기위원회 (제56조)	○ 전기위원회의 심의사항에 차액계약의 인가에 관한 사항을 추가

---

132 **차액계약** : 일정한 기준가격을 설정하고 그 기준가격과 전력거래가격 간의 차액 보전(補塡)에 관한 것을 내용
　　으로 하는 계약
　　정부승인 차액계약(Vesting Contract) : 차액계약을 정부가 강제하여 체결하도록 한 계약.

우리나라 전력시장에서는 전력수요의 증가로 인해 거의 대부분의 시간에 천연가스, 복합유류 등 연료비가 비싼 발전기가 계통한계가격을 결정하고 있다. 그러므로 연료비가 저렴한 원자력, 석탄을 사용하는 기저발전기는 전력판매로 얻는 영업이익이 증가하나 한국전력공사와 발전자회사는 전력거래 시 계통한계가격에 '정산조정계수'를 적용한 할인된 가격을 적용하여 기저발전기의 초과이윤을 제한하고 한국전력공사가 지급하는 구매비용의 과도한 증가를 억제하고 있다. '정산조정계수'를 적용한 거래가격은 계통한계가격의 변화 및 정산조정계수의 재산정에 따라 수시로 바뀌게 되므로 한국전력공사 및 발전자회사의 시장 안전성을 담보할 수 없다는 문제가 있다. '정부승인 차액계약'을 통해서 한국전력공사·발전사업자 간 중·장기 계약을 강제하여 거래가격을 안정시킴과 동시에 기저발전기의 초과이윤을 억제하여 동 제도가 '정산조정계수'의 역할을 하게 된다.

차액계약의 개념

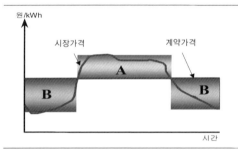

○ 계약된 발전물량은 시장가격(SMP)과 관계없이 계약가격(Strike Price)으로 정산
 ■ 'A'구역[SMP > 계약가격]
 ☞ 발전회사가 판매회사에 차액(A)지급
 ■ 'B'구역[SMP < 계약가격]
 ☞ 판매회사가 발전회사에 차액(B)지급

현행 '정산조정계수'는 ① 계수 산정과정에서 전기사업자 간 갈등 발생, ② 발전사 소유주체에 따른 차별적인 가격 적용문제,[133] ③ 발전자회사의 효율성 저하[134] 등의 문제점이 있다. 이에 반하여 '정부승인 차액계약' 제도는 ① 중장기 계약을 통해 거래가격의 변동성을 낮추어 사업자 간 갈등을 줄일 수 있고, ② 발전원별로 동일한 계약가격을 적용할 수 있으며, ③ 사업의 효율 향상을 통한 수익 증대가 가능하다는 점[135]에서 '정산조정계수'의 문제점을 해결할 수 있다.

133 발전자회사의 LNG 발전기는 정산조정계수를 적용하나, 민간발전사의 LNG발전기는 정산조정계수를 적용하지 않는다.
134 '정산조정계수'는 발전기의 비용을 관측한 뒤 가격을 조작하여 사후적으로 수익성을 조정하는 것이기 때문에 발전자회사의 입장에서는 효율적인 발전(비용절감)을 꾀할 유인이 없는 문제가 있다.
135 사전에 가격을 상당 부분 고정함으로써 가격변동의 위험으로부터 사업자를 보호함과 동시에 계약을 체결한 후

전력수급의 안정을 도모하고 전기사용자의 이익을 보호하기 위하여 원자력, 석탄, 부생가스, 수력(양수발전은 제외한다) 발전기를 사용하고, 발전설비용량이 2만 킬로와트를 초과하는 발전기를 보유한 발전사업자와 전력구매자는 산업통상자원부장관이 정하여 고시하는 전력량에 대해서는 차액계약을 통하여서만 전력을 거래하여야 한다(전기사업법 제34조제2항). 그러나 차액계약의 체결로 인하여 「댐건설 및 주변지역지원 등에 관한 법률」 제44조제2항제1호에 따른 출연금이 감소하는 경우에 전력구매자는 대통령령으로 정하는 바에 따라 감소한 출연금을 보전하여야 한다. 정부승인 차액계약을 체결한 발전사업자와 전력구매자는 기준가격, 차액계약 대상 발전기, 계약전력량, 계약기간 등을 차액계약의 내용으로 하여 공동으로 산업통상자원부장관의 인가를 받아야 한다. 산업통상자원부장관은 인가를 하려는 경우에는 전기위원회의 심의를 거쳐야 한다.

4. 전력시장의 운영

(1) 전력시장운영규칙

전력시장 및 전력계통의 운영은 한국전력거래소가 수행하고 있다. 전력시장이 경쟁체제로 전환됨에 따라 다수의 전기사업자와 전기사용자가 참여하는 전력시장이 형성되고, 이에 따라 전기요금을 부과·징수 및 정산하는 등 전력시장을 효율적으로 운영하고, 전기의 흐름을 통제·관리하는 전력계통의 운용을 전담하는 기관이 필요하여 전력거래소를 설치하고 있다.

우리나라는 영국의 전력거래소와 같이 강제적 풀 시장(Mandatory Pool)을 운영하고, 운영형태도 시장운영자(MO, Market Operater)와 계통운영자(SO, System Operater)의 두 기능을 담당하고 있다. 그러나 영국에서 시장운영자의 기능은 배전회사들이 공동출자한 송전회사(NGC, National Grid Company)에 위탁하여 운영하고 있다. 전력거래소는 전력시장에서 공정한 경쟁을 보장하기 위하여 전력시장운영규칙을 제정하여 운영하고 있다.

한국전력거래소는 전력시장 및 전력계통의 운영에 관한 전력시장운영규칙을 정하여야 하고, 전력시장운영규칙을 제정·변경 또는 폐지하려는 경우에는 전기위원회의 심의를 거쳐 산업통상자원부장관의 승인을 받아야 한다.

에는 한전과 발전업체 모두에 효율을 극대화할 인센티브를 제공한다('전력산업에 대한 경쟁정책', 남일총, 2012. 2. KDI연구보고서).

전력시장운영규칙은 전력거래방법, 전력거래의 정산·결제, 전력거래의 정보공개, 전력계통의 운영 절차와 방법, 전력량계의 설치 및 계량, 전력거래에 관한 분쟁조정, 그 밖에 전력시장의 운영에 필요하다고 인정되는 사항을 정하고 있다.

(2) 운영경비

한국전력거래소의 운영에 필요한 경비는 회원의 회비, 전력거래에 대한 수수료, 회원 또는 회원이 아닌 자의 출연금 및 회원의 출자금, 금융기관에 자산을 예치하여 발생하는 이자수입으로 충당한다(전기사업법 제40조). 한국전력거래소는 수수료를 정하여 산업통상자원부장관에게 신고하여야 한다.

(3) 정보공개

한국전력거래소는 공정한 전력거래를 위하여 전력거래량, 전력거래가격 및 전력수요 전망 등 전력시장과 전력계통의 운영에 관한 정보를 공개하여야 한다(전기사업법 제41조). 전기사업자 및 수요관리사업자가 전력시장과 전력계통의 운영에 관한 자료제공을 요구하는 경우 그 내용이 다른 전기사업자의 영업비밀을 침해하는 등의 특별한 사유가 없으면 이에 따라야 한다.

한국전력거래소는 전기사업자 및 수요관리사업자[136]에게 전력계통의 운영을 위하여 필요한 지시를 할 수 있으며, 이 경우 발전사업자 및 수요관리사업자에 대한 지시는 전력시장에서 결정된 우선순위에 따라 하여야 한다. 다만 전력계통의 운영을 위하여 필요하다고 인정하면 우선순위와 다르게 지시할 수 있으며 이 경우 변경된 지시는 객관적으로 공정한 기준에 따라 결정되어야 한다.

전력거래소의 예외적인 지시로 발전기를 운영한 발전회사가 정산금액에 대한 이견이 있는 경우에 예외적인 지시의 경위 또는 기준 등을 확인할 수 있도록 하기 위하여 한국전력거래소에게 전력시장과 전력계통의 운영에 관한 자료제공을 요구할 수 있다. 한국전력거래소가 전력시장에서 결정된 우선순위와 다르게 지시한 경우 전기사업자와 수요관리사업자가 변경된 지시의 기준에 대한 한국전력거래소의 설명을 요청할 수 있다.

---

136 수요관리사업자는 ① 전력수요 의무감축요청(신뢰성DR), ② 자발적DR(경제성DR, 피크수요DR, 미세먼지 DR), ③ 에너지쉼표, ④ FastDR, ⑤ 플러스DR 등의 프로그램을 통해 수요자원시장에 참여하는 전력시장의 참여 주체이다.

5. 중개시장의 운영

소규모전력중개시장은 소규모전력중개사업자가 소규모전력자원을 모집·관리할 수 있도록 전력거래소가 개설·운영하는 시장을 말한다. 중개사업자는 일정 규모 이하의 신재생, 전기저장장치 및 전기자동차 등의 소규모전력자원 보유자와 중개계약을 통해서 자원을 모집하여, 전력거래와 신재생에너지 공급인증서거래 등의 업무를 위탁받아 전력시장과 신재생에너지 공급인증서시장에서 거래업무를 한다. 중개사업자는 전력거래와 신재생에너지 공급인증서 거래업무 외에도 설비관리, 자원보유자의 각종 행정처리 업무 등의 서비스 제공을 통해 수익을 확보한다.

소규모전력중개사업은 「전기사업법」에서는 전기신사업으로 도입되어 있고, 한국전력거래소는 소규모전력중개사업자가 전력거래를 할 수 있도록 「소규모전력중개시장의 운영에 관한 규칙」(중개시장운영규칙)을 정하여야 한다. 한국전력거래소는 중개시장운영규칙을 제정·변경 또는 폐지하려는 경우에는 산업통상자원부장관의 승인을 받아야 한다.

중개시장운영규칙에는 소규모전력자원의 모집, 소규모전력자원에서 생산 또는 저장된 전력의 거래에 따른 정산·결제, 소규모전력자원 모집·관리의 정보공개, 소규모전력자원 모집·관리 등의 분쟁조정, 그 밖에 소규모전력중개시장의 운영에 필요하다고 인정되는 사항을 포함하여야 한다(전기사업법 제43조의2).

VI. 전기소매요금

1. 전기요금의 인가

(1) 기본공급약관

전기요금은 7종(주택용, 산업용, 일반용, 농업용, 교육용, 가로등용, 심야)의 용도별로 구분하여 정하고 있다. 전기요금은 전기사용자가 전기사용량에 따라 부담하는 비용으로 전기판매사업자인 한국전력공사가 작성하고 산업통상자원부장관의 인가를 받는 기본공급약관에서 정하고 있다. 「전기사업법」은 전기요금과 그 밖의 공급조건에 관한 약관을 기본공급약관이라고 규정하고 있다. 그러므로 전기요금은 기본공급약관에 포함되어 있다. 전기판매사업자는 기본공급약관을 작성하여 산업통상자원부장관의 인가를 받아야 하고, 변경하려는 경우에도 인가대상이다(전기사업법

제16조). 전기요금은 「상법」상 주식회사인 한국전력공사와 소비자가 계약을 통해 정하는 사적 자치의 영역이다. 전기는 공익성을 가지고 있고, 시장독점으로 공급되더라도 전기요금을 법률로 정하는 것은 적합하지 않다. 또한 전기요금은 생산비용 등 변동가능성이 많은 사항이기 때문에 법률로 직접 규정할 경우 개정절차가 복잡하고 많은 시간이 소요되므로 탄력적인 운용이 어렵다. 그러므로 전기요금은 계약의 일종인 약관에서 정하고 있다.

시장경제에서 가격의 통제는 가장 강력한 정부의 개입이다. 전력시장의 경쟁체계로 전환은 전기요금의 자유화를 전제로 하여야 한다. 그럼에도 불구하고 현행 「전기사업법」은 전기요금의 인가제를 기존과 같이 유지하고 있다. 이는 전력산업 구조개편 초기에 급격하게 요금체계가 조정되거나 불완전한 경쟁으로 인한 부당요금이 형성되는 등 부작용이 발생하는 것을 방지하기 위한 것이다. 그러므로 전기사업자들에게 전기요금의 인가제가 부당한 규제가 되지 않도록 하기 위하여 전력산업 구조개편 진행이 완료되어 완전한 경쟁체제로 전환되는 경우에는 전기요금 인가제는 폐지되어야 한다. 또한 현재 전기요금은 항목별로 구분하여 청구되고 있다. 장기적으로 전기요금의 항목에는 발전·송전·배전·판매사업에서 발생한 비용과 공익적 부담금 등을 상세히 구분함으로써 국민의 알 권리를 충족하고 국민의 감시하에 공익적 부담금이 축소되는 등 전기요금의 인하에 기여할 수 있도록 할 필요가 있다.

(2) 전기요금의 인가절차

현재 전기요금은 기본공급약관에 포함하여 산업통상자원부장관의 인가를 받아야 한다. 전기요금은 행정기관이 전기요금과 관련된 다양한 요인을 고려하여 결정하는 방식으로 인가제도를 채택하고 있다. 현행 전기요금은 전기판매사업자인 한국전력공사가 전기요금 개정(안)에 대하여 이사회 의결을 거친 후에 산업통상자원부에 인가를 신청한다. 전기요금 개정에 대한 인가신청을 받은 산업통상자원부장관은 "전기요금 및 소비자보호 전문위원회"의 심의를 거쳐 기획재정부장관과 협의하고 전기위원회의 심의를 거친 후 전기요금의 개정을 인가한다. 그러나 전기요금에 대한 일정한 한계를 법률로 설정하도록 하는 법률 다수가 국회에 제출되었다. 예를 들면, 전기요금을 주택용·일반용·교육용·산업용 및 농사용 등 계약종별로 구분하여 정할 수 있도록 하고, 농사용·교육용 전기요금을 전체 전기요금 평균

단가의 30%를 넘지 않는 범위 내에서 정하도록 하는 방식 등이다. 그러나 전기요금의 인가제도를 유지하고, 추가적으로 법률에 의한 통제를 하는 경우에 다음과 같은 문제가 발생할 수 있다.

첫째, 현재의 요금수준 관점에서 농사용·교육용 전기요금과 같은 특정용도의 전기요금에 대한 특혜는 주택용과 같은 다른 용도의 전기요금에 대한 요금에 영향을 미친다.

둘째, 전력산업구조개편의 관점에서 현재 발전부문이 분할되어 있고, 향후 송전을 제외한 배전 및 판매부문에서도 점진적으로 경쟁이 도입될 예정이다. 이와 같은 전력산업구조개편의 장기적인 목표는 시장원리에 충실한 경쟁적인 시장구축이라 할 수 있다. 현재 발전부문 분할에 따라 한국전력공사도 전력거래소에서 전기를 구입하여 판매하고 있고, 배전부문 분할에 따라 경쟁체제 도입이 불가피하므로 특정용도에 원가 이하로 판매하는 것은 곤란하고, 오히려 현행 용도별 차등요금체계도 배전 및 판매부문의 경쟁 도입 이전에 원가를 보다 충실히 반영하는 요금체계로의 개편이 필요한 상황이다.

셋째, 법체계적인 관점에서 전기의 경우 일반 공산품과는 달리 공급의 독점성이 강해 소비자의 피해를 보호하기 위하여 전기공급약관에 종별 및 요금수준을 정하고 이를 정부가 인가하는 방법으로 운영하고 있으나, 기본적으로 전기도 일종의 상품으로서 수요·공급이라는 시장원리에 따라 공급자와 수요자 간에 계약으로 요금이 정해져야 한다.

그러므로 법률로 공공요금의 종별을 나누고 그 상한이나 하한을 정하는 것은 적합하지 않다. 현재 가스요금·도시철도요금 등 대부분의 공공요금도 약관에서 규정하거나 사업자의 신고를 수리함으로써 정해지며, 법에서 특정한 요금의 수준을 규정하고 있는 사례는 없다. 또한 외국의 경우는 전기공급원가에 기초하여 요금이 책정되고 전기사용 용도별로 요금을 전가하는 경우는 없다. 이러한 점에서 농업용 전기요금과 특정용도 전기요금 수준을 법률로 정하는 것은 적합하지 않다고 할 수 있다.

(3) 기본공급약관의 법적 성질

전기요금을 포함하는 전기공급에 관한 기본공급약관에 대해서 전기사용자들은 전혀 협상할 수 없다. 대법원은 주택용 전기요금 공급규정에 대해 계약자유의 원칙을 배제하는 성질을 지닌 보통계약약관으로 보고 있다. 판례에 따르면 "「전기사업법」은 다수의 일반수요자에게 생활에 필수적인 전기를 공급하는 공익사업인 전기사업의 합리적 운용과 사용자의 이익보호를 위하여 계약자유의 원칙을 배제하여 일반전기사업자와 일반수요자 사이의 공급계약조건을 당사자가 개별적으로 협정하는 것을 금지하고 오로지 공급규정의 정함에 따르도록 하고 있으며, 특히 전기요금에 관하여는 공공요금의 공정하고 합리적인 결정이라는 입장에서 엄격한 절차를 요구하고 있어 이러한 공급규정은 일반전기사업자와 그 공급구역 내의 현재 및 장래의 불특정 다수의 수요자 사이에 이루어지는 모든 전기공급계약에 적용되는 보통계약약관으로서의 성질을 가지는 것이므로, 공급규정의 개정이 「전기사업법」 소정의 절차를 거쳐 인가를 받고 공표의무를 마쳤다면 그 개정에 따른 새 요금 요율을 내용으로 하는 계약의 변경이 있었다고 할 것이고, 개별 수요자와 변경된 공급규정을 내용으로 하는 새로운 계약을 일일이 체결하거나 승약을 받아야 비로소 구속력이 생기는 것은 아니다"라고 판시하고 있다.[137]

2. 전기요금 산정과 부과

(1) 전기요금 산정

모든 종류의 전기요금은 기본요금과 전력사용량에 비례하는 전력량요금으로 나누어 부과된다. 주택용을 제외한 5종의 전기요금은 매월 기본요금을 책정할 때 1년간 월평균 사용량을 기준으로 하는 것이 아니라 검침 당월을 포함한 직전 12개월 중 동절기(12월, 1월, 2월)와 하절기(7월, 8월, 9월) 및 당월분에서 가장 높은 순간최대전력을 기준으로 당월의 기본요금을 산정한다. 이와 같은 전기요금의 산정은 기본적으로 연평균 사용량과 관계없이 최대 사용치가 높을수록 많은 전기설비 구축이 필요하기 때문이다.

산업용전기요금을 납부하는 사업자는 계절에 따라 전기사용량의 편차가 그리 크지 않으며 조업시간의 조정을 통해 전기요금이 낮은 야간에 전기를 사용하는 등의 방법으로 전기요금을 절약할 수 있다. 그러나 학교들은 교육여건상 대부분의 전기사용이 최대부하시간대(13:00~17:00)에 집중되며 전기요금이 높은 시기인 동·하절기에 오히려 전기사용량이 많아질 수밖에 없다. 이러한 점을 고려하여 유치원, 초·중·고등학교에서 사용하는 전기의 기본요금산정은 연중 피크타임 전력사

---

137 대법원 1989.4.25. 선고 87다카2792 판결; 대법원 2002.4.12. 선고 98다57099 판결.

용량이 아닌 당월의 피크타임 전력사용량을 기준으로 책정하도록 하였다. 그러므로 3월의 전기요금 기본요금은 연중 가장 전력사용량이 많은 여름이나 겨울의 피크타임 전력사용량이 아니라 3월 중 가장 전력사용량이 많은 날의 전력사용량을 기준으로 설정하게 되어 기본요금이 낮아지게 된다.

(2) 전기요금 부과유형

1) 누진제요금

현행 전기요금은 주택용 요금에만 누진제를 적용하고 있으며, 누진율(최고구간과 최저구간의 요금 차이)은 3배이고, 누진단계는 3단계로 정하고 있다. 전기판매사업자가 공급약관을 작성함에 있어 전기요금 누진제 적용의 한도를 법률에 명시하되, 그 한도를 누진율(가장 낮은 요금과 가장 높은 요금 사이의 비율)은 3배, 누진단계는 3단계 이내로 낮추도록 하는 방안이 논의되었다. 산업용, 일반용, 교육용 등 다른 용도의 전기요금과는 달리 주택용 전기요금에는 누진제가 적용되고 있다. 주택용 전기요금 누진제는 에너지 소비절약 유도 및 저소득층 지원을 위해 1973년에 도입되었고, 누진단계를 6단계로 누진율은 11.7배로 유지되었다. 그러나 주택용 전기요금 누진제의 누진단계를 이와 같이 운영하는 것에 대해 형평성이 지적되는 등 여러 가지 문제로 지금은 누진단계를 3단계로 축소하여 운영하고 있다.

외국의 주택용 전기요금 누진제 현황을 살펴보면 누진단계는 2~5단계, 누진율은 1.1~2.4배로 낮은 수준의 누진율이 적용되고 있으나, 우리나라의 경우 누진단계는 6단계, 누진율은 11.7배에 달하여 누진단계와 누진율이 과도한 실정이었다. 이로 인해 전기요금이 원가와의 괴리가 크고 가격 왜곡이 심화되고 있으며, 전기 소비량에 따른 계층 간 요금의 불균형을 초래하고 있었다. 또한 경제·사회적 변화에 따라 달라진 전기사용 실태 및 가구 인구 구성비의 변화(2인 이하 가구 증가)를 감안하여 누진구간 및 구간별 요금조정 등도 고려할 필요성이 있었다. 주택용 전기요금누진제의 6단계 적용구간은 1995년 이후 큰 변화가 없는 반면, 에어컨 등의 보급으로 인해 가구당 월평균 전기 사용량은 크게 증가하여 일반가구에서도 4단계 이상의 높은 전기요금을 적용받는 사례가 증가하였다. 이로 인해 전기 사용량이 많은 소비자들의 불만이 커져 왔다. 또한 누진제 1, 2단계 누진구간은 저소득층이 아닌 1, 2인 가구 등이 수혜를 입고 있어 저소득층 지원 및 에너지 절약 유도라는 당초의 제도 도입 목적도 일부 퇴색되었다. 그래서 현재는 주택용 전기요금은 누진율을 3배, 누진단계를 3단계 이내로 조정하여 주택용 전기요금 누진제의 과도한 누진율을 완화하고 누진단계를 축소하였다. 그러나 주택용 전기요금 누진제 완화 시 기존 전기 저소비 가구의 요금부담 증가 우려와 에너지 소비 절약에 미치는 영향 등을 고려할 필요가 있다. 주택용 전기요금 누진제에서 전기 저소비 가구인 월 300kWh이하 사용가구(전체의 66.9%)는 원가보다 저렴한 요금을 부담하고 있으나, 월 301~400kWh 사용가구(전체의 23.7%)는 원가 수준의 요금을 부담하고, 월 401kWh 이상 사용가구(전체의 9.4%)는 원가보다 높은 수준의 요금을 부담하고 있었다. 그런데 전기요금 수준을 유지하면서 누진단계는 3단계, 누진율은 3배 수준으로 누진제를 완화하기 위해서는 낮은 사용량 구간의 요금은 상향 조정하고 높은 사용량 구간의 요금은 하향 조정해야 하므로, 기존에 낮은 요금을 적용받고 있던 전기 저소비 가구의 요금부담이 일시에 급격하게 증가하는 부작용이 발생할 수 있었다. 또한 주택용 전기요금 누진제 완화 시 일부 가구의 전기 사용량이 증가하여 전력수급 관리에 문제가 발생할 가능성이 있다는 지적도 있으나, 이러한 지적에 대하여 주택용 전기는 전체 전기 사용량의 14.6%에 불과하여 수요관리의 필요성이 적다는 주장도 일부 있었다. 결론적으로 주택용 전기요금 누진제를 6단계에서 3단계로 개편할 필요성이 인정되어 현재와 같이 누진제를 유지하면서 3단계로 개편되었다.

　　주택용 누진제의 합법성 여부에 관하여는 「약관의 규제에 관한 법률」제6조에 따른 신의성실원칙을 위반하였다는 판례와 전기요금산정기준을 위반하지 않았다는 판례가 대립하고 있다. 우선 신의성실위반이라는 판례[138]는 "누진제의 도입은 다른 용도의 전력에 사용되고 있는 시간대별, 계절별 차등 요금에 비하여 전기 사용 억제 효과가 큰 것으로 보이는데, 주택용 전력에 관해서만 누진제를 도입함으로써 전기 사용을 억제해야 할 필요성을 인정할 만한 합리적 근거를 찾기 어려운 점 등에 비추어, 전기공급약관 중 주택용 전력의 요금에 관하여 누진제를 규정하고 있는 부분은 약관의 규제에 관한 법률 제6조에 따라 신의성실의 원칙을 위반하여 공정을 잃은 약관조항으로서 무효"라고 한다. 이와 다른 판례[139]는 주택용전기요금의 누진제를 "전기요금 산정기준 등 고시에 따른 산정기준을 명백히 위반하였다거나 사회·산업정책적 요인들을 감안한 적정투자보수율 등의 수인한도를 일

---

138 인천지법 2017.6.27. 선고 2016가합3177 판결.
139 서울중앙지법 2016.10.6. 선고 2014가단5221992 판결.

탈하였다고 볼 수 있는지 구체적으로 판단할 수 없다."고 한다.

  2) 전압별요금제

  현행 전기요금은 6개 용도별(주택용, 일반용, 교육용, 산업용, 농사용, 가로등용)로 차등 요금제로 운영되고 있다. 전기요금의 산정기준을 용도별로 구분하여 부과함으로써 자원배분 왜곡 및 소비자 간 형평성 문제 등을 야기하고 있어, 대부분 국가에서 운영하는 공급전압을 기준으로 요금을 구분하는 전압별 요금체계를 운영하는 방안이 지속적으로 논의되고 있다. 현행 용도별 요금체계를 전압별 요금제도로 전환하는 것은 종간 교차보조를 해소하고 소비자 간 요금부담의 형평성을 확보할 수 있는 적합한 제도라고 할 수 있다. 그러나 전압별 요금제도로 전환은 전기요금의 단계적 현실화와 함께 용도별 요금격차 추이 완화, 용도별 통합에 따른 보완대책 등 마련 후에 추진되어야 과도기적인 혼란을 줄일 수 있다.

전압별 요금제도 전환방안

현 행	전 환	
일반용(저압, 고압A, 고압B)	저 압	(220V)
교육용(저압, 고압A, 고압B)	고압A	(22.9kV)
산업용(저압, 고압A, 고압B, 고압C)	고압B	(154kV)
	고압C	(345kV)

  3) 시간대별·계절별 요금제

  일반용·산업용 전기요금은 계절별·시간대별로 전기요금 단가를 적용하고 있다. 계절별 요금은 봄·가을철 요금보다 여름·겨울철 요금이 같거나 높은 수준이다. 시간대별 요금은 경부하·중간부하·최대부하로 구분하여 차등요금을 적용하고 있다.

  일반용·산업용 전기요금에 적용되는 시간대별·계절별 전기요금제를 주택용 전기요금에도 적용하는 경우에 일반용·산업용에 적용하고 있는 방식과 동일하게 적용할 수밖에 없다. 이러한 경우에 전력을 많이 사용할수록 요금 단가가 높아지는 주택용에 적용되는 누진제도의 체계를 보완하면서 계절별·시간대별 차등 요금제 적용을 통해 수요관리가 가능할 수 있다. 정부도 역시 주택용 소비자에게도 다양한 요금 선택권을 부여하기 위해 중장기적으로 지능형 전력계량 시스템(AMI)이 보급된 가구를 중심으로 계절별·시간대별 요금제를 단계적으로 도입할 계획이다.[140] 그러나 일반용·산업용 전기는 업종·기업 규모 등에 따라 전력소비 패턴과 사용량 편차가 크기 때문에 누진제 대신 계절별·시간대별 차등 요금제를 적용하고 있다. 이에 반하여 주택용은 가구별로 전력소비 패턴 및 사용량 편차가 크지 않다. 그러므로 누진제를 폐지하고 일괄적으로 계절별·시간대별 전기요금 단가를 도입할 경우에 오히려 전력사용량이 많은 고소득층의 부담은 줄어들고, 저소득층의 전기요금은 상승할 가능성도 있다.

(3) 전기요금 산정 자료요청

전기판매사업자는 전기요금을 산정함에 있어 기초생활수급자, 장애인, 국가유공자 등에 대한 복지할인을 정확하고 빠짐없이 적용할 수 있도록 관련 자료를 관계기관으로부터 요청하거나 사회보장정보시스템 등 관계 전산망의 이용을 요청할 수 있다(전기사업법 제17조의2). 전기판매사업자인 한국전력공사는 장애인, 국가유공자, 기초생활수급자, 차상위계층 등 취약계층을 위한 전기요금 복지할인 제도를 시행하고 있다.

전기요금 복지할인 제도는 할인 대상자가 증빙서류를 첨부하여 한국전력공사에 신청을 해야 전기요금 할인을 적용받는 방식으로 운영되고 있어, 2019년 기준으로 대상자의 약 4분의 1 이상이 제도 자체를 알지 못하거나 이사 후 새로운 장소에서 신청을 누락하는 등의 사유로 할인 혜택을 받지 못하고 있다. 이와 같이 취약계층을 대상으로 하는 전기요금 복지할인 제도가 일부 대상자에게 적용되지 못하게 되면, 복지할인제도의 시행효과를 반감시킬 뿐만 아니라 형평성 측면에서도 문제가 있게 된다. 이를 반영하여 전기판매사업자가 장애인 등 계층계층에 대한 자료를 관계기관으로부터 확보할 수 있게 하여 전기요금 복지할인의 누락을 방지할 수 있는 효과가 있다.

전기요금 복지할인의 실행을 위하여 요청한 자료는 방대한 개인정보가 행정안전부, 보건복지부 등 중앙행정기관과 지방자치단체 등으로부터 전기판매사업자에게 제공됨으로써 개인정보의 관리 및 보호가 필요하다. 이를 위하여 「전기사업법」에서 정한 목적 외의 용도로 사용하거나 다른 사람 또는 기관에 제공 또는 누

---

140 '폭염에 따른 전기요금 지원 대책 발표', 2018.8.7, 산업통상자원부 보도자료.

설한 자에 대하여 10년이하의 징역이나 1억원 이하의 벌금에 처하도록 하고 있다
(전기사업법 제100조).

3. 전기신사업 약관의 신고

(1) 약관신고의무

전기신사업자는 전기신사업약관의 적용범위, 당사자의 권리와 의무, 요금 또
는 가격의 산정기준 및 산정방식, 요금 또는 가격의 수수 및 환급, 전기신사업자의
책임과 배상, 면책 등을 포함하는 약관을 작성하여 산업통상자원부장관에게 신고
하여야 한다(전기사업법 제16조의2).

(2) 약관신고의 법적 성질

전기신사업자의 약관신고는 수리를 요하는 신고에 해당한다. 일반적으로 신고
는 학설·판례 상 '수리를 요하지 않는 신고'와 '수리를 요하는 신고'로 구별되고 있
다. 양자의 신고는 법적 효과, 신고수리의 의미 및 수리거부에 대한 쟁송가능성 등
에서 차이가 있다. 법률조문에서 수리를 요하는 신고인지 아닌지를 명시하지 않은
경우 수리의 요건으로 실질적 심사규정을 두고 있는지 여부, 수리거부 또는 신고
수리의 취소근거 규정 여부 등을 종합적으로 고려하여 판단하고 있다.

법률상 신고의 법적 성질은 명문의 규정이 없는 경우 해당 법령의 목적과 당
해 법령에서 나타나고 있는 관련 조문에 대한 합리적이고도 유기적인 해석을 통해
판단할 수밖에 없다. 일반적으로 신고의 구별은 ① 법률에 수리에 관한 규정이 있
는지 여부, ② 신고와 허가 또는 등록을 동시에 대비시켜 규정하고 있는지 여부,
③ 법률 연혁상 규제 완화 등의 차원에서 허가 또는 등록제에서 신고제로 개정된
규정인지 여부, ④ 신고사항의 진실 여부 등을 심사하여 그 수리를 거부할 수 있
다거나 신고사항의 흠이 발견되는 경우에는 그 신고수리 자체를 취소할 수 있는
규정을 두고 있는지 여부, ⑤ 신고행위의 효력 시기에 관한 규정 유무, ⑥ 아무런
요건을 규정하지 아니하거나 형식적 요건만을 규정하고 있는지 여부, ⑦ 수리의
요건으로서 형식적 요건 외에 검토와 확인 등 실질적 심사규정을 두고 있는지 여
부, ⑧ 수리 없는 행위의 처벌 유무 등을 종합적으로 고려하여 판단하게 된다.[141]
법제처는 2016년 전 부처에 걸쳐 수리를 요하는 신고인지 여부를 검토하면서,

---

141 대법원 2011.9.8. 선고 2010도7034 판결; 창원지법 2015.12.9. 선고 2015노798 판결.

학설·판례 등을 반영하여 신고의 요건 및 심사가 형식적 요건 외 실질적 요건을
심사하는지 여부 등 실무기준을 다음과 같이 제시하고 있다.

수리를 요하지 않는 신고와 요하는 신고 비교

구 분	수리를 요하지 않는 신고	수리를 요하는 신고
개 념	행정청에 일정한 사항을 통지함으로써 의무가 끝나는 신고	행정청의 수리행위가 있어야 일정한 법률효과가 발생
신고의 요건	형식적 요건	형식적 요건 + 실질적 요건
요건에 대한 심사	형식적 심사	형식적 심사 + 실질적 심사
인허가 의제 규정	없음	있음
효력발생시점 규정	없음 * 효력발생시점 규정이 없는 경우라도 반드시 수리를 요하지 않는 신고라고 할 수는 없음.	있음
유효기간 규정	없음	있음
수리 관련 명문 규정 유무	없음	있음
신고불이행에 대한 제재	제재 없음 또는 과태료	행정형벌(벌금형·징역형) 또는 행정처분
신고필증의 회수 규정	없음 *신고필증 회수규정이 없는 경우라도 반드시 수리를 요하지 않는 신고라고 할 수는 없음.	있음
법령의 체계 및 연혁	처음부터 신고제로 운영한 경우	－신고 사안보다 중한 동종 사안에 대해 엄격한 가중기준이 적용되는 허가규정이 동일한 법령 내에 존재하거나, －개정 전 법령에서 동일 사안이 인허가 등으로 규정되었던 경우
공익과의 관련성	약함	강함
사인의 이해관계	경미	중대
수리거부에 대한 항고소송 가능성	불가능	가능

자료 : 법제처

전기신사업자의 약관의 신고 또는 변경신고는 신고의 요건을 「전기사업법」
제16조의2제3항에서 명확하게 규정하고 있으므로, 수리를 요하는 신고로 보아야
한다. 수리를 요하지 않는 신고의 경우 행정적·절차적 요건을 갖춘 신고서가 행정
청에 도달하면 신고의 효과가 곧바로 발생하나, 전기신사업의 약관신고는 약관의
요건을 규정하고 있기 때문에 신고를 받은 산업통상자원부장관은 신고된 약관이
요건에 합치 여부를 검토한 후에 수리 여부를 결정하여야 한다. 현재 「행정기본
법」 제34조가 "법령등으로 정하는 바에 따라 행정청에 일정한 사항을 통지하여야
하는 신고로서 법률에 신고의 수리가 필요하다고 명시되어 있는 경우(행정기관의 내
부 업무 처리 절차로서 수리를 규정한 경우는 제외한다)에는 행정청이 수리하여야 효력이
발생한다."고 규정하고 있어, 수리 여부에 따른 신고의 효력을 명확히 하고 있다.
그러므로 산업통상자원부장관은 전기신사업자의 약관신고에 대하여 법률에서 정
하고 있는 요건에 합치여부를 검토하여 적합한 경우에 수리하게 된다.

(3) 신고수리의 간주

산업통상자원부장관은 신고 또는 변경신고를 받은 날부터 7일 이내에 수리(受
理) 여부 또는 수리 지연 사유 및 민원 처리 관련 법령에 따른 처리기간의 연장을
통지하여야 한다. 이 경우 7일 이내에 수리 여부 또는 수리 지연 사유 및 처리기간
의 연장을 통지하지 아니하면 7일(민원 처리 관련 법령에 따라 처리기간이 연장 또는 재연장
된 경우에는 해당 처리기간을 말한다)이 지난 날의 다음 날에 신고 또는 변경신고가 수
리된 것으로 보도록 하는 수리간주제도를 도입하고 있다.

수리를 요하는 신고라고 하더라도 국민안전, 건강, 환경 등과 관련하여 사후
적으로 회복되기 어려운 사정이 있는 신고인 경우에는 행정청의 적절한 검토 없이
처리 기간이 지나면 신고를 수리한 것으로 간주하는 것은 적합하지 아니 하다. 또
한, '신고 수리 간주제'는 법문상 표현에 관계없이 그 실질이 허가·등록제를 완화
한 규제수단인 신고에 한하여 도입되는 것이 적합하다.

(4) 표준약관

산업통상자원부장관은 전기신사업의 공정한 거래질서를 확립하기 위하여 공
정거래위원회 위원장과 협의를 거쳐 표준약관을 제정 또는 개정할 수 있다. 약관
의 신고 또는 변경신고를 하지 아니한 전기신사업자는 「전기사업법」 제16조의2제

6항에 따른 표준약관을 사용하여야 한다.

Ⅶ. 전력계통의 운영

1. 전력계통의 개념과 범위

전력계통이란 발전소에서 생산한 전기를 전기사용자에게 공급하기 위하여 물리적으로 상호 연결된 전기설비(발전·송변전·배전설비 등)를 말한다. 전력계통에 문제가 발생하는 경우 전기생산, 송전, 배전을 비롯하여 관련된 계통에 연결된 모든 분야에서 이상현상이 발생한다. 전력시장운영(MO, Market Operator)은 전력시장의 입찰정보를 바탕으로 시장가격을 결정하고 거래대금을 정산·결제하는 일련의 행위를 말한다. 전력시장운영의 주된 기능은 발전비용평가, 가격발전계획 수립, 입찰관리, 전력시장 가격결정, 계량, 정산, 회원관리, 시장감시, 분쟁조정, 정보공개, 규칙개정 등이다. 전력계통의 운영(SO, System Operator)은 고도의 전문성을 필요로 하는 업무이다. 우리나라의 경우 「전기사업법」에 따라 특수법인으로 설립된 한국전력거래소가 전력계통운영과 전력시장운영에 관한 업무를 담당하고 있다(전기사업법 제35조).

전력계통의 운영은 전력의 수요와 공급을 일치시켜 전력공급을 안정화하고, 주파수·전압 등 전기품질을 유지하며, 비상 시 긴급복구를 위해 전국의 발전소·송전설비를 종합적으로 감시·통제하는 업무로서 발전관련 업무로 발전기의 기동과 정지·출력조정·정비일정 조정 등이 있고, 송전관련 업무로 변압기 탭 조정·차단기 개폐 지시·휴전일정 조정 등을 수행한다. 전력계통운영에는 전국 발전소, 송·변전소의 운영상황을 24시간 실시간으로 감시·통제하는 전력계통의 감시제어에 관한 업무, 계절별·연도별 전력수요에 맞춰 발전·송변전설비의 운영방안을 검토·수립하는 장단기 계통운영계획 수립·운영에 관한 업무, 전력계통 사고 발생과 정전 시 신속한 복구대책, 객관적인 조사·분석 및 재발방지 계획의 수립과 같은 전력설비 고장 시 복구대책 수립에 관한 업무, 정상시 또는 비상시 전력계통 안정운영을 위한 대책 및 적정 전기품질(전압, 주파수 등) 유지를 위한 취약점 분석 및 보호대책 수립 등 전력계통 안정운영 대책 수립에 관한 업무가 포함된다.

2. 전력계통운영의 유형

전력공급과 관련된 계통운영의 유형은 송전망의 소유와 계통운영의 분리 또
는 통합 여부에 따라 독립계통운영(ISO, Independent System Operator) 및 송전계통운
영(TSO, Transmission System Operator) 방식으로 구분된다. 우리나라는 한국전력공사가
송전망을 소유하고 한국전력거래소가 계통운영(SO) 및 시장운영(MO) 업무를 담당
하고 있어 독립계통운영방식에 해당한다.

현행 우리나라의 독립계통운영방식

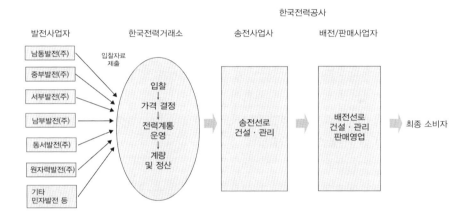

독립계통운영방식은 경쟁적인 전력시장에서 송전망 관리부문과 계통운영 부
문을 분리하여 운영하고, 1일 전 및 실시간 시장운영[142]을 계통운영과 결합하여 운
영하는 체제로서 계통운영자가 시장참여자 및 송전망소유자의 이해관계로부터 독
립성을 유지할 수 있고, 시장과 계통운영의 밀접한 연계를 기반으로 통합적 효율
성을 확보할 수 있다. 이러한 독립계통운영방식은 1개 전력시장에 다수의 송전망
소유자가 존재하는 경우 비차별적이고 공정한 송전망 이용을 보장하기 위하여 채
택하는 방식이다. 그러나 우리나라는 단일회사가 송전망을 소유하고 있음에도 불
구하고 판매경쟁이 도입되지 않고 있어 독립계통운영방식으로 운영되고 있다.

송전계통운영방식은 경쟁적인 전력시장에서 송전망 관리부문과 계통운영 부

---

142 시장운영(MO)의 종류는 ① 1일 전 시장, ② 실시간 시장, ③ 선물, 선도시장이 있다.

문을 통합하여 운영하는 방식으로 시장운영에 관하여는 상업적인 거래업무를 별도로 수행[143]하는 방식으로서 송전망소유자가 계통운영 기능을 수행하여 전력계통과 송변전 건설·운영의 연계로 효율성을 높일 수 있다. 송전계통운영방식은 1개 전력시장에 단일 송전망소유자가 존재하는 경우 채택되고 있는 방식이다.

경쟁을 전제로 하는 전력시장 체제에서 비경쟁부문인 계통운영(SO)과 경쟁부문(발전 및 판매부문)은 이해상충(conflict of interest)을 막고 계통운영의 중립성 및 공정성을 보장하기 위하여 분리·독립되어야 한다. 유럽연합은 '3차 유럽연합지침에서 송전계통운영방식에서 송전부문의 소유권을 배전 및 발전, 판매부분에서 완전히 분리할 것을 요구[144]하고, 차선책으로 송전계통 운영기능을 완전히 독립된 별도회사로 운영하는 독립계통운영방식도 인정하고 있다.

3. 전력계통운영시스템의 설치

한국전력거래소에는 전기사업자 및 수요관리사업자에게 전력계통의 운영을 위하여 필요한 지시를 할 수 있는 권한이 부여되어 있고, 계통운영에 필요한 발전사업자 및 수요관리사업자에 대한 지시는 전력시장에서 결정된 우선순위에 따라서 하여야 한다(전기사업법 제45조제1항).「전력시장운영규칙」5.3.1조제5항에 따르면 급전정지중인 발전기의 기동은 연료비 순위를 원칙으로 하되 발전기의 Cold, Warm, Hot 등의 상태[145]에 의한 기동시간을 고려할 수 있다. 이에 따라 한국전력거래소는 원칙적으로 경제성을 가장 우선기준으로 하여 연료비가 낮은 발전기부터 급전지시를 내리고 있다. 이로써 전력사용량이 많은 여름과 겨울을 제외하고 대부분의 경우 가장 단가가 저렴한 원자력발전과 그 다음으로 저렴한 석탄화력발전이 급전지시를 받고 있다. 그 결과 석탄화력발전은 최근 미세먼지와 온실가스 배출의 주범으로 손꼽히는 반면에 이러한 문제점들에서 비교적 자유로운 LNG 발전 등은 연료비가 높아 경제성이 떨어진다는 이유로 잘 활용되지 않고 있다. 한국전력거래소는 전력계통의 운영을 위하여 필요하다고 인정하면 우선순위와 다르게 객관적으로 공정한 기준에 따라 지시를 할 수 있다. 산업통상자원부장관은 송전사업자 또는 배전사업자에게 154킬로볼트 이하의 송전선로 또는 배전선로에 대한

---

143 송전운영체제에서도 실시간시장(수급균형, 계통운영 보조서비스)운영은 계통운영 기관이 수행한다.
144 회계분리 또는 법적 분리가 아닌 소유권의 완전한 분리를 요구한다.
145 발전기의 현재 온도를 뜻함. 발전기의 현재 온도에 따라 얼마나 빨리 발전기를 기동할 수 있는지 기동시간이 달라진다.

전력계통 운영업무의 일부를 수행하게 할 수 있다(전기사업법 시행령 제25조).

한국전력거래소는 전력계통의 안정적 운영 및 신뢰도 확보을 위하여 전력계통운영시스템을 운영하고 있다. 전력계통운영시스템은 발전소와 변전소의 운전 상태를 실시간으로 감시·제어하고 다양한 연료를 사용하는 발전소의 경제적인 전력생산과 안정된 전력공급을 종합 관리하기 위해 전력거래소에 설치 운영되는 컴퓨터시스템 및 주변장치이다. 한국전력거래소는 전력계통의 운영에 관련된 정보를 관리·보관·공개하여야 한다(전기사업법 제41조). 이는 전력거래와 관련된 분쟁이 발생할 경우 이를 활용할 수 있도록 하려는 것이다.

4. 전력계통운영 조사

전력계통의 운영에 문제가 발생하는 경우 대규모 정전이 발생할 수 있다. 교류 전력계통은 수요와 공급의 균형이 이루어지지 않으면 주파수 유지 등의 문제로 전체 전력계통에 연결된 발전기가 정지하는 광역 정전(cascaded blackout)이 발생하게 된다. 전력계통운영기관은 이와 같은 광역정전을 예방하기 위하여 전력 수요의 일부분을 차단하는 인위적인 정전을 실시하게 된다. 이를 광역 순환정전이라고 한다. 우리나라는 2011년 9월 15일 광역 순환정전이 발생하여 전국적으로 많은 혼란과 피해가 야기되었다. 그러므로 전력계통은 항상 일정한 정도의 신뢰도를 유지하여야 한다. 이를 위하여 산업통상자원부장관은 전력계통의 신뢰도 유지를 위한 기준을 정하여 고시하고, 한국전력거래소 및 전기사업자는 산업통상자원부장관이 정한 기준에 따라 전력계통의 신뢰도를 유지하여야 한다(전기사업법 제27조의2).

전력계통운영의 신뢰도란 전력계통을 구성하는 제반 설비 및 운영체계 등이 주어진 조건에서 의도된 기능을 적정하게 수행할 수 있는 정도로 정상상태 또는 상정고장발생 시 소비자가 필요로 하는 전력수요를 공급해 줄 수 있는 "적정성"과 예기치 못한 비정상 고장 시 계통이 붕괴되지 않고 견디어 낼 수 있는 "안전성"을 말한다. 산업통상자원부장관은 전력계통의 신뢰도 유지를 위하여 고시에서 정하는 전력계통 신뢰도 유지를 위한 기준의 준수 여부를 상시적으로 감시하여야 한다(전기사업법 제27조의2제3항). 또한 산업통상자원부장관은 전력계통의 신뢰도 유지를 위하여 한국전력거래소 또는 전기사업자의 전력계통 신뢰도의 유지 수준, 전력계통의 운영에 관한 업무의 계획과 실적, 전기설비 투자계획의 타당성, 전기설비와 통신·전산설비 등에 대한 자체 점검 및 관리의 적정성에 대한 평가를 실시하여야

한다. 산업통상자원부장관은 평가를 실시하려는 경우 그 평가를 실시하기 15일 전
까지 평가의 항목, 제출이 필요한 자료의 목록을 한국전력거래소 및 해당 전기사
업자에게 통지하여야 한다. 또한 산업통상자원부장관은 전력계통의 신뢰도 유지에
영향을 미치는 사고가 발생한 경우 그 사고의 원인 분석 및 재발 방지 대책 마련
을 위한 조사를 실시하여야 한다.

　　한국전력거래소는 계통운영과 관련된 정보를 공개하여야 한다(전기사업법 제41
조). 한국전력거래소는 전기사업자가 전력시장과 전력계통의 운영에 관한 자료제
공을 요구하는 경우 그 내용이 다른 전기사업자의 영업비밀(부정경쟁방지 및 영업비밀
보호에 관한 법률 제2조제2호에 따른 영업비밀을 말한다)을 침해하는 등의 특별한 사유가
없으면 이에 따라야 한다. 정보공개를 하는 경우에 전기사업자의 영업비밀을 침해
하지 않는 범위에서 이에 따르도록 하고 있다.

Ⅷ. 전력산업기반기금

1. 기금의 설치

(1) 기금의 설치

　　정부는 전력산업의 지속적인 발전과 전력산업의 기반조성에 필요한 재원을
확보하기 위하여 전력산업기반기금을 설치하여 운영하고 있다(전기사업법 제48조).
기금은 국가와 지방자치단체가 특정 정책사업을 수행하기 위하여 원활한 자금지
원을 하거나 국가와 지방자치단체가 직접 수행하는 사업에 수반되는 자금의 효율
적인 운용과 관리를 위해 설치된다. 국가와 지방자치단체의 예산은 주로 일반회계
와 특별회계 등 세입·세출 예산에 의하여 운용된다. 정부 예산으로 일반회계와 특
별회계는 통제 위주의 경직된 예산으로 복잡다기한 행정수요에 능동적·탄력적·
지속적으로 재정을 활용하기에 적합하지 아니하여 세입·세출예산과 별도로 운용
되는 기금제도를 두고 있다. 전력산업기반기금은 전력산업의 지속적인 발전과 전
력산업의 기반조성에 필요한 재원을 확보할 목적으로 설치되어 운영되고 있다.

　　기금은 특정 정책사업을 위하여 법률에 의하여 설치되는 점에서 법률에 근거
하지 않고 편성되는 일반회계와 구별된다. 일반회계는 국가 고유의 일반적 재정활
동에 사용되나 특별회계와 기금은 특정한 사업목적 또는 자금을 별도로 운영할 필
요가 있거나 특정한 세입(수입)과 세출(지출)을 직접 연계할 필요가 있을 때 설치한

다. 기금은 특별회계와 비교할 때에 운용상 자율성이 상대적으로 크다. 특별회계와 달리 기금은 주요 항목 지출금액의 20%(금융성기금 30%) 내에서는 국회심의 없이 변경 가능하여 운영상 자율성이 높다.

(2) 국가재정법과 관계

「국가재정법」과 「지방자치단체 기금관리기본법」은 기금제도 전반에 관한 기본 원칙과 기준을 정하고 있다. 「국가재정법」과 「지방자치단체 기금관리기본법」은 기금이 방만하게 운용되지 않도록 하고, 기금 운용과 재정 운용과의 연계성을 높이고 공공성과 효율성을 조화시킬 수 있도록 원칙을 정하고 있다. 「국가재정법」 제5조제1항에서는 기금은 국가가 특정한 목적을 위해 특정한 자금을 신축적으로 운용할 필요가 있을 때에만 법률로써 설치하도록 제한하고 있다. 정부의 출연금 또는 법률에 따른 민간부담금을 재원으로 하는 기금은 「국가재정법」 별표 2에 근거법을 열거하지 않고는 설치할 수 없도록 하고 있다.

2. 기금의 사용

수익자 부담원칙과 관련하여 헌법재판소의 판례[146]에 따르면 기금의 재원인 「전기사업법」상 부담금 부과가 헌법에 합치되는 것으로 해석되기 위해서는 전기사용자라는 특정 집단으로부터 징수된 부담금은 그 납부자인 전기사용자들과 특별히 객관적으로 밀접한 관련이 있는 경제적·사회적 과제의 수행을 위한 사업에 사용되어야 하며, 그 사업의 수행에 대하여 전기사용자들에게 조세외적 부담을 지울 수 있는 집단적 책임성이 인정되어야 한다. 기금재원의 사용은 관련된 사업과 기금 재원과의 연계성 및 전력산업의 지속적인 발전과 전력산업의 기반조성에 필요한 재원을 확보하기 위하여 설치된 기금의 설립취지 등을 고려하여 정하여야 한다.

현행 「전기사업법」 제49조에 따라 기금사용을 할 수 있는 사업은 다음과 같다.

1. 「신에너지 및 재생에너지 개발·이용·보급 촉진법」에 따른 신·재생에너지 발전사업자에 대한 지원사업 및 신·재생에너지를 이용하여 생산한 전기의 전력계통 연계조건을 개선하기 위한 사업, 2. 전력수요 관리사업, 3. 전원개발의 촉진사업, 4. 도서·벽지의 주민 등에 대한 전력공급 지원사업, 5. 전력산업 관련 연구개발사업, 6. 전력산업과 관련된 국내의 석탄산업, 액화천연가스산업 및 집단에너지

---

146 헌재 1999.10.21. 97헌바84.

사업에 대한 지원사업, 7.「전기안전관리법」에 따른 전기안전의 조사·연구·홍보에 관한 지원사업, 8.「전기안전관리법」제12조에 따른 일반용전기설비의 점검사업, 9.「전기안전관리법」제14조에 따른 공동주택 등의 안전점검사업, 10.「전기안전관리법」제15조에 따른 응급조치 사업, 11.「발전소주변지역 지원에 관한 법률」에 따른 주변지역에 대한 지원사업, 12.「송·변전설비 주변지역의 보상 및 지원에 관한 법률」제10조제2항에 따른 송·변전설비 주변지역 지원사업, 13.「지능형전력망의 구축 및 이용촉진에 관한 법률」에 따른 지능형전력망의 구축 및 이용촉진에 관한 사업, 14. 가공전선로의 지중이설 사업이다. 그 외에「전기사업법 시행령」제34조에서는 안전관리를 위한 사업, 자연환경 및 생활환경의 적정한 관리·보존을 위한 사업, 전기의 보편적 공급을 위한 사업, 전력산업기반조성사업 및 전력산업기반조성사업에 대한 기획·관리 및 평가, 전력산업 및 전력산업 관련 융복합 분야 전문인력의 양성 및 관리, 전력산업 분야의 시험·평가 및 검사시설의 구축, 전력산업의 해외진출 지원사업, 전력산업 분야 개발기술의 사업화 지원사업을 추가로 정하고 있다.

　　이 중 "전력산업 관련 연구개발사업"에는 효율적인 전력기술개발을 포함하여 전기 생산과정에서 발생하는 온배수·연소가스 등의 부산물들을 환경친화적 전기에너지로 전환시킬 수 있는 기술개발도 포함된다. 이에 따라 전력기금은 발전소 온배수 특성분석을 통한 수열원 이용기술 등에 사용되고 있다. 한편 송·변전시설은 전력공급을 위한 필수적인 시설로 전기와 함께 사회적으로 필수적인 공공재에 해당하나 밀양사태에서 경험한 바와 같이 국민정서적으로 비선호시설로 인식되고 있고, 국민에게 막연한 불안감을 주고 경관을 훼손하며, 전자파의 유해성 등으로 인한 건강상의 피해를 우려하고 있고, 지가하락 및 지가상승률 감소 등의 재산적 손실을 입는 경우도 있어 송·변전시설 주변지역 지원사업은 타당성이 인정된다. 송·변전시설 주변지역 주민은 공공을 위하여 일정한 희생을 하고 있는 것이 명백하므로 지원이 필요하다. 그러므로 송·변전시설 설치를 위한 입지선정과 그 주변지역에 대한 보상 및 지원에 관한 명확한 근거를 마련하고,[147] 이에 따른 송·변전시설 주변지역에 대한 지원사업 중 지역지원사업을 위한 재원을 전력산업기반기금에서 부담하도록 규정하고 있다. 그러나 송·변전시설은 매연, 온배수 등을 배출하는 발전소에 비해 상대적으로 주변지역에 대한 영향이 적은 것으로 평가되고 있

---

[147] 현재 이에 관하여 「송·변전시설 입지선정과 주변지역의 보상 및 지원에 관한 법률」이 제정되어 운영되고 있다.

고, 전자파 피해의 경우 대법원에서 유해성을 인정하지 않아 손실보상을 인정하지 않고 있다. 한국전력공사는 송·변전시설 건설 시 주민 수용성 제고 및 민원해결을 위해 1995년부터 내부규정으로 「송·변전설비 건설관련 특수보상심의위원회 내규 및 특수보상운영세칙」에 따라 주변지역에 대한 자체 지원사업을 실시하고 있었다. 송·변전시설 주변지역 지원사업의 대상·범위 및 규모 등에 대한 구체적인 기준 마련 없이 전력기금을 통해 지원하는 것은 바람직하지 못하다. 송·변전시설 주변지역 지원사업의 실시를 위해서는 일반회계의 출연 및 대폭적인 기금 부담금 인상 등을 통한 재원 확보가 필요하다.

지능형전력망법에 따른 지능형전력망은 전력망에 정보통신기술을 적용하여 전기의 공급자와 사용자가 실시간으로 정보를 교환하는 등의 방법을 통하여 전기를 공급함으로써 에너지 이용효율을 극대화하는 전력망이다. 「전기사업법」에 따른 전력기금의 사용 대상에 지능형전력망 사업을 포함시킴으로써 기금의 용도를 명확히 하고 지능형전력망 사업을 안정적이고 체계적으로 추진할 수 있다. 현행 「지능형전력망법」 제14조에 따라 지능형전력망에 대한 투자비용을 전력기금으로 지원할 수 있고, 이와 같은 「지능형전력망법」과 「전기사업법」 간 일관성을 유지할 필요가 있으며, 현재에도 전력기금을 활용하여 지능형전력망 실증사업 등을 추진하고 있다.

또한 「전기사업법」은 전기사업자에게 전기의 보편적 공급에 기여할 의무가 있음을 규정하고, 전력산업기반기금을 전기의 보편적 공급을 위한 사업에 사용할 수 있도록 하고 있다. 보편적인 전기 공급에 관한 내용은 명확하지 않으나 에너지 빈곤층에 대한 지원 근거로 하기에는 논리적인 비약이 있다고 할 수 있다. 저소득층의 에너지복지를 위한 지원사업이 전력산업기반기금의 사용목적에 부합하는가에 관하여는 논란이 있다. 에너지빈곤층에 대한 지원에 전력산업기반기금을 사용하는 것은 에너지복지에 기금을 사용하는 것이다. "에너지복지"는 학술적으로 정의되지 않고 있으나 "모든 국민이 소득에 관계없이 건강하고 안정된 생활을 유지할 수 있도록 최소한 수준의 에너지 공급을 보장하는 것"이라고 할 수 있다. 에너지복지는 '다양한 에너지원(열, 연료, 전기 등)에 의한 사회복지 측면의 지원'을 의미한다. 일반적으로 복지사업은 에너지분야를 포함하여 조세를 재원으로 하는 일반회계에서 부담하는 것이 적합하며, 특정목적을 위해 설치된 전력기금으로 저소득층 가구에 대한 에너지복지를 지원하는 것은 전기사업 관련제도 확립, 경쟁촉진 등을 목적으로 하는 동법의 체계와 기금의 설치목적에 부합하지 않는 측면이 있다. 또한, 「전기사업법」에 에너지복지사업에 대한 지원근거를 마련할 경우 현재 보건복지부 소관 사업인 기초생활수급자에게 지원되는 광열비 등의 사회복지 지원사업과 중복 지원될 우려가 있으며, 기금사업의 확대에 따라 소요되는 비용을 충당하기 위해 전기소비자의 부담금이 증가할 가능성도 있다. 에너지복지와 관련된 사업은 에너지빈곤층이 거주하는 주택의 에너지 효율을 향상시켜 에너지 구입비용을 감소시키기 위하여 실시하는 사업으로서 ① 주택에너지 소비의 효율성 진단 및 안전점검 사업, ② 주택에너지 효율 향상을 위한 주택 개선사업, ③ 고효율 에너지 가전제품 및 설비 교체 지원사업, ④ 재생가능에너지 설비 지원사업 등을 들 수 있다.

　　에너지복지 지원사업은 에너지빈곤층이 거주하는 주택의 에너지 효율을 향상시켜 에너지 구입비용을 감소시키기 위한 사업으로, 전기사용자의 일부인 에너지빈곤층이 1차적인 수혜자이고 전반적인 전기사용자의 편익 증진에 직접적으로 연계된 사업은 아니라는 점에서, 전기사용자에 대한 법정부담금(전기요금의 3.7%)의 부과를 통해 조달되는 기금 재원과의 연계성이 긴밀하지 못하다. 에너지복지 지원사업과 기금 재원과의 연계성이 부족하며, 전력산업의 지속적인 발전과 전력산업의 기반조성에 필요한 재원을 확보하기 위하여 설치된 기금의 설립취지에 속하는 전력산업의 지속적인 발전과 전력산업의 기반조성에 적합하지 않다. 그러므로 국회에서 수차례에 걸쳐 에너지복지 지원사업의 재원으로 전력기금을 사용하려는 법률안이 상정되었으나 입법화되지 못하였다. 또한 '전기사용자'의 복지 증진을 위한 기금 사업의 시행근거는 현행법에 이미 마련되어 있다.

3. 기금의 조성

(1) 기금의 재원

　　전력산업기반기금은 부담금, 「신에너지 및 재생에너지 개발·이용·보급 촉진법」에 따른 신·재생에너지 공급 불이행에 대한 과징금, 기금을 운용하여 생긴 수익금, 기금의 부담으로 차입하는 자금을 재원으로 조성한다. 산업통상자원부장관은 조성된 재원 외에 기금의 부담으로 에너지 및 자원사업 특별회계 또는 다른 기금 등으로부터 자금을 차입할 수 있다. 산업통상자원부장관은 자금을 차입하는 경우에는 미리 기획재정부장관과 협의하여야 한다. 전력산업기반기금의 재원은 대부분 전기사용자에 대한 법정부담금(전기요금의 3.7%)의 부과를 통해 조달되고 있다.

(2) 부담금

산업통상자원부장관은 전력산업기반기금 사용관련 사업을 수행하기 위하여 전기사용자에 대하여 전기요금(전기사업법 제32조 단서에 따라 전력을 직접 구매하는 전기사용자의 경우 구매가격에 제15조에 따른 송전용 또는 배전용 전기설비의 이용요금을 포함한 금액을 말한다)의 1천분의 65 이내에서 대통령령으로 정하는 바에 따라 부담금을 부과·징수할 수 있다(전기사업법 제51조).

전력산업기반기금 부담금은 전기를 사용하는 자가 누구든지 전기요금에 일정 비율을 부과·징수하여 전력산업의 지속적인 발전과 전력산업의 기반을 조성하기 위하여 사용되고 있다. 동 기금은 2001년 이후 전력산업구조개편을 위하여 설치되면서 한국전력공사에서 수행하고 있던 전력 관련 공익사업을 정부로 이관받고, 전기요금의 일정비율을 부담금으로 징수하여 재원을 마련하고 있다. 전력산업기반기금 설치 이전에 한국전력공사와 직접적인 전기요금 부과·징수관계에 있지 않았던 자가발전 전기사용자, 특정구역 내 직접 판매하는 집단에너지 사업자가 공급하는 전기 사용자 등 일부 전기사용자에 대하여는 기금 설치 이후에도 현재까지 부담금을 부과하지 않고 있다. 그 이유는 자가발전설비 사용자와 구역전기사업자가 자신의 투자비로 발전 및 배전설비를 갖추고 동 설비를 유지·보수 등 관리하고 있어 전력산업기반기금으로 추진하고 있는 공익적 사업의 직접적인 수혜를 받지 않고 있으며, 부담금의 징수를 전기를 공급하는 사업자에게 위탁하여야 하며, 징수를 하더라도 상당한 비용이 수반될 것으로 예상되기 때문이다.

2003년 12월 30일 개정된 「전기사업법」에서는 구역전기사업제도를 도입하는 등 민간의 자본을 통하여 전력수요 관리와 전력수급안정을 도모하고자 하는 분산형전원 확대보급 정책을 효율적으로 추진하기 위한 수단으로 사용하고 있는 면도 있었다. 「전기사업법」 제51조에 따르면, 전력산업기반기금 부담금 부과 대상자를 "전기를 사용하는 자"로 일반적으로 정의하고, 산업통상자원부장관은 전기를 사용하는 자에 대해 누구든지 전기요금의 1천분의 65 이하의 범위 안에서 부담금을 부과·징수할 수 있도록 하고 있다. 그러나 자가발전설비를 갖춘 자, 구역전기사업자로 의제되는 집단에너지사업자 등은 전기를 사용하고 있으나 부담금을 부과·징수하지 아니하고 있으며, 양수발전사업자가 양수발전을 위하여 사용하고 있는 전기

는 발전연료의 일환으로 판단하고 부담금 부과대상에서 제외하고 있다. 또한 구역
전기사업자(이 법에 따라 구역전기사업자로 보는 집단에너지사업자를 포함한다)가 특정한 공
급구역에서 공급하는 전기에 대하여서도 부담금이 면제된다. 이에 관하여 입법당
시에 구역전기사업자나 집단에너지사업자가 공급하는 전기를 사용하는 자에게 부
담금을 면제할 경우 기존 한국전력공사에서 공급하는 전기사용자와의 형평성 논
란이 제기되었으나 분산형전원의 확대를 위하여 부담금 면제대상에 포함하였다.
한편, 「중소기업창업 지원법」 제23조제4항제4호에 따라 제조업을 영위할 목적으
로 중소기업을 창업하는 자도 2027년 8월 2일까지 사업 개시일로부터 3년간 동
부담금 부과·징수가 면제된다. 그러므로 부담금의 면제대상자는 「전기사업법」 외
에 다른 법률에 의하여서도 정하여 질 수 있다.

(3) 가산금

산업통상자원부장관은 전기사용자가 전기요금의 3.7%에 해당하는 부담금을
납부기한까지 납부하지 않을 경우에 체납된 부담금의 100분의 5를 초과하지 아니
하는 범위 내에서 대통령령으로 정하는 가산금을 징수할 수 있다. 또한 부담금의
징수대상자가 납부기한까지 부담금을 납부하지 아니하면 기간을 정하여 독촉하고,
그 지정된 기간에 부담금 및 가산금을 납부하지 아니하면 국세 체납처분의 예에
따라 징수할 수 있다. 「부담금관리 기본법」은 부담금과 관련한 기본적인 사항을
규정하고 부담금 납부의무자가 납부기한을 지키지 아니하는 경우 해당 법령에서
정하는 바에 따라 가산금을 부과·징수할 수 있도록 하고, 그 가산금이 부담금을
납부기한까지 완납하지 아니한 경우 부과하는 가산금 등에 대하여 체납된 부담금
의 100분의 3에 상당하는 금액, 체납된 부담금을 납부하지 아니한 경우 가산금 등
에 더하여 부과하는 가산금 등에 대하여 체납기간 1개월당 체납된 부담금의 1천분
의 12에 상당하는 금액을 초과하지 않도록 규정하고 있다. 「부담금관리 기본법」에
서 가산금의 상한을 정한 이유는 부담금의 종류에 따라 지나치게 무거운 가산금을
부과하는 경우에 헌법상 의무인 국세에 대한 가산금 요율(체납된 국세의 100분의 3)보
다 높게 산정할 합리적인 이유가 없기 때문이다.
「전기사업법 시행령」 제37조는 가산금의 한도를 2.5%로 규정하고 있어 「부담
금관리 기본법」과 충돌하지 않는다. 그러나 「전기사업법」 제51조제3항에서 가산
금의 한도를 「부담금관리 기본법」에서 정한 한도(3%)보다 높은 5%로 규정하여

「부담금관리 기본법」과 충돌하는 것으로 보이고 있다. 그러나 「부담금관리 기본법」은 가산금을 정액 가산금과 체납기간에 따른 추가 가산금으로 구분하고, ① 부담금을 납부기한까지 완납하지 아니한 경우에 부과하는 정액 가산금(전기사업법 제5조의3제2항제1호, 한도는 체납액의 100분의 3) 외에도 ② 체납된 부담금을 납부하지 아니한 경우에 더하여 부과하는 추가 가산금(전기사업법 제5조의3제2항제2호, 한도는 체납기간 1개월당 체납액의 1,000분의 12)을 규정하고 있다. 이는 부담금 체납에 따른 가산금이 「국세징수법」의 가산금과 같이 일종의 집행벌적 성격을 지니는 것으로서 가산금을 납부하지 않는 경우 그 체납기간에 따라 추가적인 가산금을 계속적으로 부과하여 부담금 및 가산금을 징수하려는 취지라 할 수 있다. 「전기사업법 시행규칙」은 정액 가산금을 별도로 설정하지 않고, 추가 가산금만을 정하고 있어 실질적으로 「부담금관리 기본법」과 상충되지 않는다.

4. 기금의 운영과 관리

기금은 산업통상자원부장관이 운용·관리한다. 산업통상자원부장관은 기금의 운용·관리에 관한 업무의 일부를 대통령령으로 정하는 법인 또는 단체에 위탁할 수 있다. 산업통상자원부장관은 기금사용을 위한 사업에 기금을 대출하려는 경우에는 금융회사 등에 대여하여 이를 운용하여야 하고, 융자금리 등 융자에 필요한 사항은 기획재정부장관과 협의하여 정한다.

IX. 전기설비의 안전관리

1. 전선로 보호

(1) 물밑선로의 보호

전기사업자는 물밑에 설치한 전선로(물밑선로)를 보호하기 위하여 필요한 경우에는 물밑선로보호구역의 지정을 산업통상자원부장관에게 신청할 수 있고(전기사업법 제69조), 신청을 받은 산업통상자원부장관은 물밑선로보호구역을 지정할 수 있다. 이 경우 「양식산업발전법」에 따른 양식업 면허를 받은 지역을 물밑선로보호구역으로 지정하려는 경우에는 그 양식업 면허를 받은 자의 동의를 받아야 하고, 물밑선로보호구역을 지정하려는 경우에는 미리 해양수산부장관과 협의하여야 한다. 산업통상자원부장관은 물밑선로보호구역을 지정하였을 때에는 이를 고시하여야 한다.

해저에 매설된 수중선로는 선박의 항로 및 항로 인접해역으로서 준설공사를 하는 경우에 선로의 손상이 발생하여 전기공급이 중단될 수 있다. 이러한 전기공급 중단을 방지하기 위하여 물밑선로보호구역을 지정하여 해당 지역에서 선로를 훼손할 수 있는 행위를 금지하거나 준설공사를 하기 위하여 산업통상자원부장관의 승인을 받아야 한다.

(2) 물밑선로의 손상금지

산업통상자원부장관이 지정한 물밑선로보호구역에서는 누구든지 산업통상자원부장관의 승인을 받지 않고, 물밑선로 손상, 선박의 닻을 내리는 행위, 물밑에서 광물·수산물을 채취하는 행위, 안강망어업·저인망어업 또는 트롤어업 행위, 연해·근해 준설(浚渫) 작업, 해저탐사를 위한 지형변경, 어초(魚礁) 설치를 할 수 없다.

2. 설비이설

(1) 일반적 이설

전기설비 상호 간 또는 전기설비와 다른 물건 간에 상호 장애가 발생하거나 지장을 주는 경우에는 후에 그 원인을 제공한 자는 이를 시정하기 위하여 필요한 조치를 하거나 그 조치에 드는 비용을 부담하여야 한다(전기사업법 제72조제1항). 즉, 송·배전선로[148] 이설은 원칙적으로 그 원인을 제공한 자가 이설비용을 부담하도록 한다. 다만, 예외적으로 다른 자의 토지의 지상 또는 지하 공간에 전선로를 설치한 후 그 토지의 소유자 또는 점유자가 그 토지에 지상물 또는 그 밖의 물건을 설치하거나 설치하려는 경우 대통령령으로 정한 기준에 따라 이설비용을 감면할 수 있다. 또한 전기사업용전기설비가 타인이 설치하거나 설치하려는 지상물 등으로 인해 「전기설비기술기준」에 부적합하게 된 경우에는 그 지상물 등을 설치하거나 하려는 자가 이를 시정하기 위하여 필요한 조치를 하거나 전기사업자로 하여금 필요한 조치를 할 것을 요구할 수 있다(전기사업법 제72조제2항). 이때의 필요한

---

148 송전선로는 발전소 상호 간·변전소 상호 간 또는 발전소와 변전소 간의 전선로(통신전용선을 제외한다)와 이에 속하는 개폐소 및 기타 전기설비를 말하고, 배전선로는 발전소·변전소 또는 송전선로에서 다른 발전소나 변전소를 거치지 않고 수급지점에 이르는 전선로와 이에 속하는 개폐장치·변압기 및 기타 전기설비를 말한다(전기공급약관).

조치는 전선로 등 전기설비의 기능이 동일하게 유지되도록 하여야 하며, 설비의 이설·철거·이전 및 그 밖에 장애를 제거하거나 기술기준에 적합하도록 하기 위한 조치를 하여야 하며, 전기사업자 외의 자가 필요한 조치를 하려는 경우에는 전기사업자와 협의하여야 한다.

전기사업자는 전기사업용 전기설비에 대한 필요조치를 요구를 받은 경우 그 조치를 위한 이설부지(移設敷地) 확보가 불가능하거나 기술기준에 적합하도록 할 수 없는 등 업무를 수행함에 있어서나 기술적으로 곤란한 경우로서 대통령령으로 정하는 경우를 제외하고는 필요한 조치를 하여야 한다(전기사업법 제72조제3항). 이때 필요한 조치를 하지 않을 수 있는 경우란 전기설비 이설부지(移設敷地)의 확보가 불가능하거나 이설 등의 조치 시 해당 전기설비를 기술기준에 적합하게 유지할 수 없는 경우, 그리고 전기설비의 이설 등을 위하여 그 전기설비에 대한 전기공급을 중지하는 경우 전기사업자의 전력계통에 중대한 영향을 미치게 되는 경우를 말한다(전기사업법 시행령 제44조의2).

이와 같은 조치에 따른 비용은 지상물 또는 그 밖의 물건을 설치하거나 설치하려는 자가 부담하여야 한다(전기사업법 제72조제4항). 다만, 다른 자의 토지의 지상 또는 지하 공간에 전선로를 설치한 후 그 토지의 소유자 또는 점유자가 그 토지에 지상물 또는 그 밖의 물건을 설치하려는 경우에는 이설계획에 따라 이설공사가 시행되고 있는 전선로의 경우에는 이설비용을 전액 면제하고, 설치된 후 30년 이상 경과하고 토지보상법에 따른 국가의 공익사업 시행으로 국가가 소유하거나 점유하게 되는 토지 위에 설치되는 경우에는 이설비용의 30퍼센트를 감면할 수 있다. 필요한 조치에 필요한 비용이란 설계, 측량, 감리, 전기설비의 신설 및 철거, 이설부지(移設敷地) 확보 등 전기설비의 이설 등에 필요한 비용, 인·허가 및 권리 설정을 위한 지적측량수수료, 감정평가수수료, 등기수수료 등 이설공사를 위한 부대비용이다(전기사업법 시행령 제44조의4).

(2) 지중이설

송·배전선로 지중화사업은 기존에 설치되어 있는 가공배전선로 등을 지하에 매설하는 사업(좁은 의미의 지중화사업)과 처음부터 지중선로로 건설되는 사업(지중신규사업)이 있다. '기본공급약관'에 의하면 한국전력공사가 시설하는 전선로[149]는 원

---

149 전선로란 발전소·변전소·개폐소 및 이에 준하는 장소와 전기를 사용하는 장소 상호간의 전선 및 이를 지지하

칙적으로 가공전선로로 시설하게 되어 있다. 시장·군수·구청장 또는 토지소유자는 전주와 그 전주에 가공으로 설치된 전선로(전주에 설치된 전기통신선로설비를 포함한다)의 지중이설이 필요하다고 판단하는 경우 전기사업자에게 이를 요청할 수 있고, 지중이설에 필요한 비용은 그 요청을 한 자가 부담한다(전기사업법 제72조의2). 지중이설의 대상은 전선로이고, 전선로는 송전선로와 배전선로를 포함하고 있다. 그러므로 송전선로와 배전선로는 모두 시장·군수·구청장이나 토지소유자가 지중이설을 요청할 수 있는 대상에 속한다.

기존 가공(架空)배전선로 지중화사업은 지중화를 요청한 자가 그 비용을 전액 부담하여야 한다. 그러나 지방자치단체가 공익을 목적으로 요청한 경우에는 산업통상자원부 고시인 「가공배전선로의 지중이설사업 운영기준」과 한국전력공사의 자체 내규인 '지자체요청 지중화사업 업무지침', '기설 송전선로 지중화운영 기준'에 따라 한국전력공사가 연간 지중화예산의 범위 내에서 비용의 일부(50%)를 선별적으로 지원하고 있다. 전선로 지중신규사업은 「주택법」 등 개별 법령에 의한 경우에는 지중화 요청자와 한국전력공사가 각각 50%씩 부담하나, 개별 법령에 근거가 없는 경우에는 요청자가 전액을 부담하여야 한다.

가공배전선로의 경우 전자파에 대한 우려, 주변 미관 손상 및 토지가격 하락 등을 이유로 전국에서 지상에 설치된 송·배전선로의 지중이설을 요구하는 민원이 끊이지 않고 있다. 송·배전선로를 지중으로 이설하는 경우에 지상에 전선로를 설치할 때보다 최소 5.6배(154kV)에서 최다 10.6배(345kV)의 비용이 소요된다. 지중화사업 추진을 위해서는 위와 같이 한국전력공사 및 지중화 요청자의 비용부담이 수반되며 이러한 비용부담 등으로 인해 지중화사업이 원활하게 진행되지 못하고 있다.

전선로의 지중이설 비용에 대하여 지중이설을 요청한 자(시장·군수·구청장 또는 토지소유자)가 부담하는 것을 원칙으로 하고, 시장·군수·구청장이 공익적인 목적을 위하여 요청하는 경우 전선로를 설치한 자(한국전력공사)가 그 비용의 일부를 부담할 수 있다. 지방자치단체와 한국전력공사가 공동으로 비용을 분담함에 따라 재정 여건이 좋지 않은 지방자치단체는 전선로 지중화 사업 추진에 어려움이 있었다. 특히, 학교주변 환경개선 및 재난 대비 등을 위해 전선로 지중화에 대한 주민의 요구가 증가하여, 전선로 지중화 사업에 대한 국가의 지원 필요성이 발생하여, 전

거나 수용하는 시설물을 말한다(전기사업법 제2조제16의2호).

력산업기반기금의 용도로 가공선로의 지중이설을 도입하였다. 전력산업기반기금의 용도에 전선로 지중화 사업의 추가는 지중화사업이 전력산업의 지속적인 발전과 기반조성이라는 기금의 설치 취지에 부합한다.

전선로의 지중화를 확대하기 위하여 산업통상자원부장관으로 하여금 연도별 지중화사업의 종합적인 계획을 수립·시행하도록 하고 전력산업기반기금을 지중화사업에 사용하도록 하는 「전기사업법」 개정법률이 상정되었으나 최종적으로 입법화되지 못하였다.

송전사업자·배전사업자 및 구역전기사업자는 전기의 수요·공급의 변화에 따라 전기를 원활하게 송전 또는 배전할 수 있도록 산업통상자원부장관이 정하여 고시하는 기준에 적합한 설비를 갖추고 이를 유지·관리하여야 한다(전기사업법 제27조). 그러므로 전선로의 지중화를 비롯한 전선로의 신규설치 및 유지·관리업무는 전기사업자의 고유 역무에 해당되고, 전선로의 지중화는 가공전선로 설치 시에 비해 약 10배의 재원이 소요되며,[150] 매년 수천억원 이상의 재원이 소요될 것으로 예상되는 지중화사업에 전력산업기반기금을 사용할 경우 기금의 기존 공익사업의 축소 및 기금 부담률의 인상이 불가피하다.

전기사업용 전기설비 설치공사의 공사계획 또는 신고사항 중 주거지역 또는 상업지역에 변전소를 설치하는 내용이 포함되는 경우에는 그 공사계획 또는 신고사항에 변전소의 지하 설치가 명시되도록 의무화하는 것도 문제가 된다. 변전소는 전력공급을 위하여 필수적인 시설이다. 변전소의 설치는 주민들에게 도시의 미관을 해치고 주변지역의 토지가격을 하락시키는 것으로 인식되어 왔으며, 이에 따라 주민들이 변전소의 건설을 반대하거나 기존 변전소의 이전 또는 지하화를 요청하고 있다. 이러한 배경에서 주거지역 또는 상업지역에 변전소를 설치하는 경우에는 지하에 설치하도록 하는 요구가 적지 않다. 현재 지하형 변전소는 약 10%를 넘지 않고 있으며, 대도시 지역의 공원, 주차장 및 건물 지하 등에 설치되고 있다. 옥내

150 가공배전선로 대비 지중전선로 공사비 비교(1km당 개략공사비).

구 분		개략공사비(천원)		가공배전선로 대비 지중전선로 비교
		지 중	가 공	
지중화	대도시	1,493,838	146,635	10.1배
	중소도시	1,177,269	125,513	9.5배
지중신규	간선설치	651,702	77,944	8.3배

형 변전소 건설이 불가능한 지역에 한하여 제한적으로 설치되고 있다. 주거지역 및 상업지역에 지하형 변전소 설치는 재정적인 문제와 밀접한 관련성을 가지고 있다. 154㎸ 지하형 변전소는 옥내형 변전소에 비해 약 70억원의 추가비용이 소요되며, 연평균 25개소의 변전소가 건설된다고 가정하면 약 1,700억원 정도의 추가소요가 발생한다.

유럽 등 선진국들도 대부분 지상형 변전소인 옥내형 또는 옥외형 변전소를 건설·운영 중이다. 일본은 선별적 필요에 의하여 지하형 변전소를 건설하고 있다. 그러므로 변전소의 지하화는 재정적인 측면을 고려하여 단계적으로 추진하는 것이 적합하다.

3. 토지 등의 사용

(1) 토지의 사용 특례

전기사업자는 전기사업용 전기설비의 설치나 이를 위한 실지조사·측량 및 시공 또는 전기사업용 전기설비의 유지·보수를 위하여 필요한 경우에는 토지보상법에서 정하는 바에 따라 다른 자의 토지 또는 이에 정착된 건물이나 그 밖의 공작물을 사용하거나 다른 자의 식물 또는 그 밖의 장애물을 변경 또는 제거할 수 있다(전기사업법 제87조). 즉, 전기사업자의 전기사업과 관련된 행위는 공용사용으로서 정당한 보상을 전제로 타인의 토지나 물건을 사용할 수 있다.

전기사업자는 천재지변, 전시·사변, 그 밖의 긴급한 사태로 전기사업용 전기설비 등이 파손되거나 파손될 우려가 있는 경우 15일 이내에서의 다른 자의 토지 등을 일시사용할 수 있고, 전기사업용 전선로에 장애가 되는 식물을 방치하여 그 전선로를 현저하게 파손하거나 화재 또는 그 밖의 재해를 일으키게 할 우려가 있다고 인정되는 경우 그 식물을 변경 또는 제거할 수 있다. 다만, 다른 자의 토지 등이 주거용으로 사용되고 있는 경우에는 그 사용 일시 및 기간에 관하여 미리 거주자와 협의하여야 한다.

전기사업자는 다른 자의 토지 등을 일시사용하거나 식물의 변경 또는 제거를 한 경우에 즉시 그 점유자나 소유자에게 그 사실을 통지하여야 하고, 토지 등의 점유자 또는 소유자는 정당한 사유 없이 전기사업자의 토지 등의 일시사용 및 식물의 변경·제거 행위를 거부·방해 또는 기피하여서는 아니 된다.

(2) 출입의 특례

전기사업자는 전기설비의 설치·유지 및 안전관리를 위하여 필요한 경우에는 다른 자의 토지 등에 출입할 수 있다. 이 경우 전기사업자는 출입방법 및 출입기간 등에 대하여 미리 토지 등의 소유자 또는 점유자와 협의하여야 한다(전기사업법 제88조제1항). 그러므로 전기사업자가 전기설비의 설치, 유지 등의 목적으로 필요한 경우 미리 "출입방법 및 출입기간 등"에 대하여 토지 소유자와 협의하도록 의무화하고 있어 전기사업자가 타인의 토지 등에 출입하기 위하여 토지 소유자와 협의하여야 할 내용에 대하여는 명확하게 정하고 있다. 이것은 전기사업자의 토지 출입으로 인하여 발생할 수 있는 손실 등을 토지 소유자에게 미리 알림으로써 토지 소유자의 재산권을 보호하고 전기사업의 원활한 수행을 통한 안정적인 전기공급에 기여할 수 있다.

전기사업자는 타인 토지 등의 출입에 대하여 협의가 성립되지 아니하거나 협의를 할 수 없는 경우에는 시장·군수 또는 구청장의 허가를 받아 토지 등에 출입할 수 있다. 시장·군수 또는 구청장은 타인 토지에 출입 허가신청을 받은 경우에 그 사실을 토지 등의 소유자 또는 점유자에게 알리고 의견을 진술할 기회를 주어야 한다. 전기사업자는 다른 자의 토지 등에 출입하려면 미리 토지 등의 소유자 또는 점유자에게 그 사실을 알려야 한다. 다른 자의 토지 등에 출입하는 자는 그 권한을 표시하는 증표를 지니고 이를 관계인에게 내보여야 한다.

(3) 토지 사용특례

1) 사용특례자

전기사업자는 그 사업을 수행하기 위하여 필요한 경우에는 현재의 사용방법을 방해하지 아니하는 범위에서 다른 자의 토지의 지상 또는 지하 공간에 전선로를 설치할 수 있다. 이 경우 전기사업자는 전선로의 설치방법 및 존속기간 등에 대하여 미리 그 토지의 소유자 또는 점유자와 협의하여야 한다(전기사업법 제89조). 다른 자의 토지 지상 또는 지하 공간에 전선로를 설치할 수 있는 자는 전기사업자로 제한된다. 자가용 전기공작물을 설치하여 자신의 용도에 사용할 뿐인 자는 전기사업자에 해당하지 않는다. 그러므로 자가용 전기설비의 설치자는 「전기사업법」 제89조에 따라 타인 소유 토지의 지하나 지상 공간에 전선로를 설치할 수 없고, 민법상 상린관계에 근거하여 설치할 수 있다.[151]

2) 사용특례 조건

전기사업자가 타인 소유의 토지 지상 또는 지하에 전선로를 설치하기 위하여 우선 해당 토지의 소유자 또는 점유자와 협의를 하여야 한다. 그러므로 협의가 되지 아니한 경우에는 전기사업자도 타인 소유 또는 점유 토지에 전선로를 설치할 수 없다. 「전기사업법」 제89조는 전기사업자에게 전선로 설치에 관하여 토지사용권을 취득하는 절차에 관하여 규정하고 있다. 그러므로 타인 소유 토지 지상에 송전선로를 협의 없이 설치한 후 약 27년간이나 그 토지 소유자들이 보상 요구나 이의 제기를 하지 않았다는 사실만으로는 전기사업자가 그 토지 소유자들과의 사이에 토지 상공의 사용에 관하여 협의를 하였다고 할 수 없다.[152]

3) 협의없이 설치된 전선로의 철거요청

전기사업자는 사업에 필요한 전선로를 타인 토지의 지상이나 지하에 설치할 수 있으나 이를 위하여 소유자 또는 점유자와 협의를 거쳐야 한다. 그러므로 토지소유자나 점유자의 협의 없이 설치된 전선로는 위법하게 권원 없이 설치된 전선로이며, 토지소유자가 위법하게 권원 없이 설치된 전선로의 철거를 요청할 권리가 있는가에 관한 문제가 발생한다. 전기사업자가 설치하는 전선로는 불특정다수인에게 전원을 공급하는 중요한 역할을 하고, 이미 설치된 전선로를 이설하거나 지중화하는 데에는 막대한 시간과 비용이 필요하고 기술적인 어려움도 있다. 또한 그 송전선의 존재로 인해 토지 소유자들의 현재 그 각 토지 이용이 그다지 방해받지 않음에도 불구하고 토지소유권에 근거하여 전선로의 철거를 요청하는 것은 토지 소유자들이 현재 그 무단 설치된 송전선을 철거함으로써 자신들에게 생기는 이익에 비교할 때에 그 철거에 따른 사회·경제적인 손실이 극심하기 때문에 토지 소유자들의 송전선 철거는 정당한 권리 행사의 범위를 넘는 권리남용에 해당한다.[153]

(4) 지상구분권의 설정

지상 전기사업자는 다른 자의 토지의 지상 또는 지하 공간의 사용에 관하여 구분지상권의 설정 또는 이전을 전제로 그 토지의 소유자 및 토지보상법 제2조제5호에 따른 관계인과 협의하여 그 협의가 성립된 경우에는 구분지상권을 설정 또는

---

151 대법원 1998.9.11. 선고 98다19035 판결.
152 서울지법 1996.2.9. 선고 95가합52029 판결.
153 서울지법 1996.2.9. 선고 95가합52029 판결.

이전한다. 송전선로 설치를 위하여 토지 소유자와 전기사업자 간 합의 또는 토지
수용위원회의 사용재결이 있을 경우에는 해당 토지의 공중공간에 대하여 구분지
상권[154]을 등기할 수 있다. 기존에는 전기사업자가 송전선로의 공중공간의 사용권
리(구분지상권)를 토지수용위원회의 사용재결을 통해 취득한 경우에도 등기의 근거
가 없어, 토지의 경매시 선순위 물권 등으로 인한 권리의 소멸과 매매 시 제3자의
선의의 피해가 우려되었다. 구분지상권을 설정할 수 있는 법률적 근거는 안정적인
전력공급과 선의의 제3자 보호에 기여할 수 있다.

전기사업자는 토지보상법에 따라 토지의 지상 또는 지하 공간의 사용에 관한
구분지상권의 설정 또는 이전을 내용으로 하는 수용·사용의 재결을 받은 경우에
는「부동산등기법」제99조를 준용하여 단독으로 해당 구분지상권의 설정 또는 이
전 등기를 신청할 수 있다. 토지의 지상 또는 지하 공간의 사용에 관한 구분지상
권의 등기절차에 관하여 필요한 사항은 대법원규칙으로 정하고, 구분지상권의 존
속기간은「민법」제280조 및 제281조에도 불구하고 송전선로가 존속하는 때까지
로 규정하고 있다(전기사업법 제89조의2).

(5) 손실보상

1) 일시사용 손실보상

전기사업자는 다른 자의 토지 등의 일시사용, 다른 자의 식물의 변경 또는 제
거나 다른 자의 토지 등에의 출입으로 인하여 손실이 발생한 때에는 손실을 입은
자에게 정당한 보상을 하여야 한다(전기사업법 제90조).

2) 지상토지사용 손실보상

전기사업자는 다른 자의 토지의 지상 또는 지하 공간에 송전선로를 설치함으
로 인하여 손실이 발생한 때에는 손실을 입은 자에게 정당한 보상을 하여야 한다
(전기사업법 제90조의2). 전기사업은 토지보상법 제4조에 따른 공익사업에 해당한다.
그러므로 전기사업을 시행함에 있어서는 불가피하게 타인 토지의 일시사용, 타인
식물의 변경·제거 등이 필요한 경우가 발생하게 되고, 이러한 경우에는 토지보상

---

154 「민법」제289조의2(구분지상권) ① 지하 또는 지상의 공간은 상하의 범위를 정하여 건물 기타 공작물을 소유
하기 위한 지상권의 목적으로 할 수 있다. 이 경우 설정행위로써 지상권의 행사를 위하여 토지의 사용을 제한
할 수 있다. ② 제1항의 규정에 의한 구분지상권은 제3자가 토지를 사용·수익할 권리를 가진 때에도 그 권리
자 및 그 권리를 목적으로 하는 권리를 가진 자 전원의 승낙이 있으면 이를 설정할 수 있다. 이 경우 토지를
사용·수익할 권리를 가진 제3자는 그 지상권의 행사를 방해하여서는 아니 된다.

에 관한 일반법인 토지보상법이 적용된다. 전기의 안정적인 공급과 효율적인 이용 및 전기설비의 안전 확보 등을 위한 전기사업의 공익성을 인정하여 현행 「전기사업법」은 토지보상법과 별도로 전기사업자에게 타인의 토지 등을 사용할 수 있는 권리를 부여하고, 이에 따라 손실이 발생할 경우에는 그 손실을 보상하도록 규정하고 보상금액의 산정기준을 명확하게 정하고 있다.

구체적인 보상 기준 등에 대하여는 토지보상법과 다른 별도의 규정을 둠으로써 토지보상에 관한 일반법인 토지보상법에 의해 보상액 산정 등이 이루어지지 않고, 보상 기준이 전력산업의 특성에 맞게 이루어짐으로써 송전선로 설치에 따른 구체적인 보상 기준 등을 별도로 정하게 된다. 이로 인하여 송전선로 설치에 따른 손실보상 범위를 전선로 지중화를 고려하여 "토지의 지상 및 지하 공간"으로 확대하고 있고, 손실보상 면적은 토지의 지상 공간 사용과 지하 공간 사용의 경우를 구분하여 규정하였고,[155] 보상금의 세부 산정기준 등은 시행령에서 정하도록 위임하고 있다.

(6) 원상회복

전기사업자는 다른 사람의 토지 등에 대한 일시사용이 끝난 경우에는 토지 등을 원상으로 회복하거나 이에 필요한 비용을 토지 등의 소유자 또는 점유자에게 지급하여야 한다(전기사업법 제91조). 공용사용에 대해서는 정당한 보상을 하여야 한다.

(7) 공공용 토지의 사용

전기사업자는 국가·지방자치단체나 그 밖의 공공기관이 관리하는 공공용 토지에 전기사업용 전선로를 설치할 필요가 있는 경우에는 그 토지 관리자의 허가를 받아 토지를 사용할 수 있다(전기사업법 제92조). 토지 관리자가 정당한 사유 없이 허가를 거절하거나 허가조건이 적절하지 아니한 경우에는 전기사업자의 신청을 받아 그 토지를 관할하는 주무부장관이 사용을 허가하거나 허가조건을 변경할 수 있다. 주무부장관은 사용을 허가하거나 허가조건을 변경하려는 경우에는 미리 산업통상자원부장관과 협의하여야 한다.

---

155 지상 공간의 사용은 송전선로의 양측 가장 바깥선으로부터 수평으로 3미터를 더한 범위에서 수직으로 대응하는 토지의 면적(건축물 등의 보호가 필요한 경우에는 기술기준에 따른 전선과 건축물 간의 전압별 이격거리까지 확장 가능)으로 산정하고, 지하 공간의 사용은 송전선로 시설물의 설치 또는 보호를 위하여 사용되는 토지의 지하 부분에서 수직으로 대응하는 토지의 면적으로 산정한다.

제 5 절 전기공사업법

I. 전기공사업법의 개요

1. 전기공사업법의 발전

(1) 제 정

「전기공사업법」은 1963.2.26. 법률 1280호로 효력을 발한 이후 현재까지 존속하고 있는 공사업법 분야의 모델적 법률에 해당한다. 동법률은 전기공사업을 영위하는 자에 대한 면허의 부여, 기술자의 보유등을 규정하여 전기공사의 안전하고 적정한 시공을 확보함으로써 공사업의 건전한 발전을 도모하기 위한 목적으로 제정되었다. 주된 내용은 전기공사업을 영위하고자 하는 자는 상공부장관의 면허를 받도록 하고, 전기공사의 도급계약에 관한 분쟁 또는 처분에 불복이 있는 경우의 이의신청을 심의·조정하게 하기 위하여 전기공사업조정위원회를 설치하였고, 공사에 종사하는 전기기술자는 상공부장관의 면허를 받은 자로 규정하였다.

(2) 주요변천

동법률은 1976.12.31. 법률 제2967로 전부개정되었다. 동법률은 전기공사의 수요급증에 따른 전기공사의 규모나 시행기술이 발전하고 다양화됨으로 인하여 이에 적합하게 시장현실을 반영할 필요성이 있었다. 주된 개정내용은 전기기술자를 국가기술자격법에 따른 전기기술분야의 기술자격을 취득한 자 중 대통령령이 정하는 자로 하고, 전기공사업을 제1종공사업과 제2종공사업으로 구분하고 이에 따라 전기공사를 할 수 있는 범위를 정하였다. 또한 동법률은 전기공사업을 영위하고자 하는 자는 공사업의 종류별로 공업진흥청장의 면허를 받도록 하였고, 공사업의 양도·상속등에 따른 승계규정을 신설하며, 전기기술자의 자격을 국가기술자격법에 적합하게 개정하고, 전기공사의 시공영업의 정지·처분 및 전기공사업 면허의 취소사유를 조정하여, 전기공사의 안전하고 적정한 시공을 통하여 전기공사업의 건전한 발전을 도모하였다.

동법률은 1999.1.29. 법률 제5726호로 다시 한번 전부개정을 하게 되었다. 동법률의 전부개정은 정부의 규제정비계획에 따라 전기공사업의 면허제를 등록제로 개정하고, 기존에 전기공사업을 제1종과 제2종으로 구분함으로써 전기공사업의 시장이 인위적으로 분할되어 업종 간의 업역분쟁과 경쟁제한의 원인이 되어 왔으므로 업종구분을 폐지하여 자율경쟁을 유도하였고, 공사지역 및 수급한도액의 제한 등 경쟁을 저해하는 규제를 폐지하였다. 또한 기존에 전기공사가 진행 중인 시공현장에만 공사표식을 게시하도록 하였으나 공사업에 종사하는 자의 책임의식을 높이고 부실시공을 방지하기 위하여 전기공사의 완공 후에 공사업자·공사내용 등을 기재한 표식판을 주된 배전반에 붙이거나 확인하기 쉬운 부분에 설치하도록 하는 공사실명제를 도입하였다. 개정법률은 공사업자별로 수급한도액을 정하고 이를 초과하는 전기공사는 도급받지 못하도록 제한하던 기존의 수급한도액제도를 폐지하고, 산업자원부장관이 공사업 및 공사업자에 관한 정보를 종합관리하여 발주자에게 제공할 수 있도록 함으로써 발주자가 적정한 공사업자를 선정할 수 있도록 하였다. 또한 동법률은 공사실명제의 도입과 법률위반 공사업자 등에 대한 처벌의 강화로 부실시공을 방지할 수 있도록 하는 등 자율적인 경쟁과 경영활동이 이루어질 수 있도록 하였다.

2. 전기공사업법의 체계

「전기공사업법」은 법체계에서 공사업법에 속하는 법률이다. 공사업법은 실제 공사나 시공으로 인하여 공사의 대상이 되는 시설의 품질관리를 위하여 사업자에 대한 등록제 등으로 규제, 공사를 직접하는 작업자에 대한 기술능력에 대한 규제 및 사업자 간의 분쟁조정을 주된 내용으로 하는 법학 분야에 속한다. 현행 실정법률로 공사업법은 「전기공사업법」 외에 「소방시설공사업법」, 「정보통신공사업법」, 「건설산업기본법」 등 다수의 법률이 공사의 종류별로 제정·운영되고 있다.

「전기공사업법」은 전기공사업을 자유업이 아니라 전기공사를 적합하게 수행할 수 있는 역량 등의 요건을 갖추어야 비로소 사업을 할 수 있도록 등록제로 규정하고 있다. 전기공사업으로 등록을 한 자가 수급을 받아 공사를 하는 경우에 직접 수행하거나 하도급을 주어 발주업자로부터 받은 공사를 진행할 수 있다. 이 경우에 등록을 한 전기공사업자가 하도급, 재하도급 등으로 인하여 발생할 수 있는 전기공사품질이 훼손되지 않도록 도급과 하도급에 대한 원칙과 규제를 하는 규정을 두고 있다. 전기공사는 현실적으로 등록을 한 사업자가 수행하나 실질적으로 해당 사업자에 소속하고 있는 직원이 수행하게 된다. 그러므로 직원은 공사를 수행할 수 있는 기술능력이 있어야 하고, 이들에 대한 관리를 통해 공사의 품질관리와 안전을 확보하기 위하여 전기공사기술자의 자격, 시공관리, 감리 등에 관하여 규정하고 있다. 「전기공사업법」은 위에서 언급한 사항을 주된 내용으로 체계를 구성하고 있다.

3. 전기공사의 개념

(1) 전기공사

전기공사의 범위와 대상은 「전기공사업법」에서 정하고 있다. 전기공사는 기본적으로 전기설비 등을 설치·유지·보수·해체하는 공사와 이에 따른 부대공사이다. 전기공사의 범위에 포함되는 전기설비 등은 「전기사업법」 제2조제16호에 따른 전기설비, 전력 사용 장소에서 전력을 이용하기 위한 전기계장설비(電氣計裝設備), 전기에 의한 신호표지, 신·재생에너지 설비 중 전기를 생산하는 설비, 지능형전력망 중 전기설비를 말한다. 부대공사는 발전·송전·변전 및 배전 설비공사, 산업시설물·건축물 및 구조물의 전기설비공사, 도로·공항 및 항만 전기설비공사, 전기철도 및 철도신호 전기설비공사, 그밖의 전기설비공사, 전기설비 등을 유지·보수·해체하는 공사이다.

전기설비 중 태양광패널의 경우 빛이 조사되면 광전효과에 의해 전력을 생산하므로 철거 시 전력설비 계통을 차단하여도 태양광에 의해 발전이 지속되기 때문에 감전의 위험이 있다. 최근 사용연한이 도래한 태양광패널을 해체하는 공사 과정에서 비전문가의 작업사고가 발생할 수 있어 태양광패널 해체공사를 담당하는 기술자의 전문자격도 제기되고 있다. 이에 따라 전기공사에 전기설비 등의 해체도 추가하였다. 전기 지식 및 경험이 부족한 비전문가가 태양광발전설비를 해체하는 것을 방지하여 전기공사 시공 현장에서의 안전사고를 예방하는 효과가 있다.

(2) 전기설비 공사

「전기사업법」 제2조제16호에 따른 전기설비는 발전·송전·변전·배전·전기공급 또는 전기사용을 위하여 설치하는 기계·기구·댐·수로·저수지·전선로·보안통신선로 및 그 밖의 설비로서 전기사업용전기설비, 일반용전기설비, 자가용전기설비를 말한다. 「전기공사업법」은 전기공사업의 대상이 되는 전기설비의 범위를 「전기사업법」에 따른 전기설비로 규정하고 있다. 「전기사업법」은 전기설비를 전기사업용전기설비, 일반용전기설비, 자가용전기설비로 구분하면서 선박·차량·항공기에 설치되는 설비를 제외하고 있다. 이로 인하여 선박·차량·항공기의 전기설비 공사는 「전기공사업법」에 따른 전기공사에 해당하지 아니한다.

차량·항공기가 대부분 소형 전기설비로 구성되나 대형선박의 전기설비는 건축물 전기설비와 전압·배전방식이 동일하고 품질관리 방식도 유사[156]하여, 선박 전기설비 역시 「전기공사업법」에 따른 전기공사의 범위에 포함시켜 시공관리를 실시하는 것도 필요하다. 선박의 안전을 관리하는 「선박안전법」은 '선박설비기준', '선박전기설비기준', '선박소방설비기준' 등과 같은 기술기준만을 규정하고 있고 공사업자에 대한 별도의 관리·감독규정을 두고 있지 않아, 공사업자 및 기술자 관리에 제도적 장치가 마련되어 있지 않다. 그런데 「전기공사업법」은 전기공사의 발주 시 건설·소방 등 다른 업종의 공사와 분리하여 발주하여야 한다(전기공사업법 제11조). 대형선박은 발주자(선주)가 대부분 해외에서 발주하고 있어[157] 분리발주 등과 같이 발주자가 분리발주의무를 준수하기에 어려움이 있다. 이와 같은 이유에서 「전기공사업법」 제2조제1호에 따른 전기공사에 선박에 설치되는 전기설비공사를 포함하지 않고 있다.

(3) 전기계장설비 공사

「전기공사업법」은 전기공사의 범위에 전력사용 장소에서 전력을 이용하기 위한 전기계장설비(電氣計裝設備)의 설치·유지·보수하는 공사 및 이에 따른 부대공사도 전기공사에 포함하고 있다.

(4) 신호표시 공사

「전기공사업법」은 전기공사의 범위에 전기에 의한 신호표지 설치·유지·보수하는 공사와 이에 따른 부대공사를 포함하고 있다.

(5) 신재생에너지 전기생산설비 공사

「신에너지 및 재생에너지 개발·이용·보급 촉진법」 제2조제2호에 따른 신·재생에너지 설비 중 전기를 생산하기 위한 설비 공사는 전기공사의 범위에 포함된

---

156 항공기 공급전압은 DC 28V이고, 차량공급전압은 소형-DC 12V, 대형-DC 24V이고, 선박용 공급전압(「선박
    전기설비기준」 제6조)은 DC/AC 250V 이상이다. 선박 전기공사는 일반 건축물 공사와 같이 전압 품질관리를
    시행하고 있다.
157 총톤수(GT, Gross Tonnage)를 기준으로 해외발주가 연평균 93.5% 가량을 차지하고 있다.

다. 신재생에너지 중 전기생산설비는 수소에너지 설비, 연료전지 설비, 석탄을 액화·가스화한 에너지 및 중질잔사유(重質殘渣油)를 가스화한 에너지 설비, 태양에너지 설비, 태양열 설비, 태양광 설비, 풍력 설비, 수력 설비, 해양에너지 설비, 지열에너지 설비, 바이오에너지 설비, 폐기물에너지 설비, 수열에너지 설비, 전력저장설비이다.

신·재생에너지 발전설비는 「전기사업법」 제2조제16호에 따른 전기설비에 해당한다. 그러므로 「전기공사업법」 제2조제1호 가목에 따라 이를 설치하는 공사 등은 전기공사의 범위에 포함되기 때문에 전기공사의 범위에 명시적으로 규정하지 않아도 전기공사의 범위에는 변함이 없다. 다만, 이를 규정함으로써 전기설비의 전문화·세분화 추세를 반영하고 전기공사의 범위에 포함되는 전기설비의 범위를 명확하게 하는 효과가 있다.

(6) 지능형전력망 전기설비 공사

지능형전력망법 제2조제2호에 따른 지능형전력망의 전기설비 공사도 「전기공사업법」에 따른 전기공사의 범위에 포함된다. 지능형전력망은 전력망에 정보통신기술을 적용하여 전기의 공급자와 사용자가 실시간으로 정보를 교환하는 등의 방법을 통하여 전기를 공급함으로써 에너지 이용효율을 극대화하는 전력망을 의미한다. 전력망에 정보통신기술이 적용되는 지능형전력망의 개념 및 관련 기술의 특성상 지능형전력망의 설치 등을 위한 공사에는 전기설비뿐만 아니라 정보통신설비[158] 공사가 수반될 수 있다. 정보통신설비 공사는 「정보통신공사업법」에 따라 시공능력을 갖춘 정보통신공사업자만이 도급받거나 시공할 수 있기 때문에 지능형전력망 공사 중 정보통신설비 공사는 전기공사의 범위에서 제외하고 지능형전력망법 제2조제2호에 따른 지능형전력망 중 전기설비로 한정하고 있다.

---

158 「정보통신공사업법」 제2조에 따른 정보통신설비는 유선, 무선, 광선, 그 밖의 전자적 방식으로 부호·문자·음향 또는 영상 등의 정보를 저장·제어·처리하거나 송수신하기 위한 기계·기구(器具)·선로(線路) 및 그 밖에 필요한 설비이고, 정보통신공사는 정보통신설비의 설치 및 유지·보수에 관한 공사와 이에 따르는 부대공사(附帶工事)로서 대통령령으로 정하는 공사이다.

II. 전기공사업의 등록

1. 전기공사업 등록제도의 발전

전기공사업은 자유업이 아니라 정부에 등록해야 수행할 수 있는 진입규제가 있는 사업이다. 전기공사업법의 제정 당시 전기공사업의 진입규제는 행정기관의 재량범위가 넓은 면허제였다. 1999년 전부개정된 「전기공사업법」은 기존의 전기공사업 면허제를 현재와 같이 등록제로 변경하였고, 제1종과 제2종으로 구분[159]하던 전기공사업의 업종구분을 폐지하고 현행과 같이 단일화하였다.

기존의 계획면허제는 매년 1회 사전공고방식으로 전기공사업에 대한 신규진입을 제한하고 5년마다 면허갱신을 하도록 함으로써 행정적·시간적 손실 초래와 더불어 전기공사업 진입제한이 통상마찰로 이어질 수 있는 문제가 있었다. 이후 전기공사업의 등록제 도입으로 이러한 문제를 해소하고 수시로 등록할 수 있는 체계가 마련되었다. 업종구분은 지방 소규모전기공사에 대한 공사업자의 공급이 부족한 문제를 해소하기 위하여 업역을 제한한 제2종 전기공사업을 신설하여 독자역 영역을 확보할 목적으로 도입하였다. 그러나 교통과 통신의 발달로 업종 이원화의 입법취지가 변화함에 따라 오히려 영업영역과 수급범위가 비합리적으로 분할되어 업종간 업역분쟁과 경쟁제한의 원인이 된다는 점에서 업종의 단일화가 시행되었다.

2. 전기공사업의 등록요건

(1) 적극적 등록요건

전기공사업의 적극적 등록요건은 기술능력, 자본금 및 사무실에 관한 사항이다(전기공사업법 시행령 제6조제1항). 우선 기술능력은 전기공사기술자 3명 이상(3명 중 1명 이상은 기술사, 기능장, 기사 또는 산업기사의 자격을 취득한 사람이어야 한다)으로 상근의 임원 또는 직원 신분으로 소속되어 있어야 한다. 자본금은 1억 5천만원 이상이어야 한다. 자본금은 공사업을 위한 실질자본금으로서 공사업 외의 자본금은 제외하고, 주식회사 외의 법인의 경우 "자본금"은 "출자금"을 말한다. 법인의 경우 납입자본금과 실질자본금이 각각 등록기준의 자본금 이상이어야 한다. 외국법인(외국의

---

159 제1종 전기공사업은 사업지역을 전국으로 공사의 범위를 모든 전기공사로 하였다. 이에 반하여 제2종 전기공사업은 관할 시·도로 제한되고, 공사의 범위도 전압 7,000V이하로 제한되었다.

법령에 따라 설립된 법인 또는 외국법인이 자본금의 100분의 50 이상을 출자했거나, 임원수의 2분의 1 이상이 외국인인 법인을 말한다)이 지사를 설치하여 공사업을 신청하는 경우의 자본금은 국내지사 설립자본금(주된 영업소의 자본금을 말한다)을 기준으로 한다. 사무실 기준은 공사업 운영을 위한 사무실을 갖추어야 한다.

(2) 소극적 등록요건

소극적 등록요건의 대표적 제도는 결격사유이다. 결격사유[160]는 피성년후견인, 파산선고를 받고 복권되지 아니한 자, 전기와 관련된 형법이나 전기공사업법을 위반한 사람 및 해당 범죄를 범하여 금고 이상의 형의 집행유예를 선고받고 그 유예기간에 있는 사람, 전기공사업 등록이 취소된 후 2년이 지나지 아니한 자(이 경우 피성년후견인과 파산선고 후 미복권자는 제외되며, 공사업의 등록이 취소된 자가 법인인 경우에는 그 취소 당시의 대표자와 취소의 원인이 된 행위를 한 사람을 포함한다), 임원 중에 결격사유에 해당하는 사람이 있는 법인이다.

「민법」의 개정으로 피한정후견인은 행위무능력자인 종전 한정치산자와 달리 원칙적으로 온전한 행위능력을 보유한 행위능력자이다. 「민법」 제13조에 따르면 "가정법원은 피한정후견인이 한정후견인의 동의를 받아야 하는 행위의 범위를 정할 수 있다"고 규정하고 있다. 가정법원이 한정후견인의 동의를 받도록 정한 행위를 제외하고는 피한정후견인이 법률행위를 온전하게 할 수 있도록 하고 있다. 이와 같은 이유에서 피한정후견인을 일률적으로 법률행위에서 배제하는 것은 바람직하지 아니 하여 결격사유의 대상에서 제외하고 있다.

전기공사업자가 피성년후견인[161]이 되거나 또는 파산선고를 받게 된 경우 시·도지사가 그 등록을 의무적으로 취소하여야 한다(전기공사업법 제28조제1항제3호). 전기공사업 등록이 취소된 자는 2년간 해당 사업자로 등록할 수 없으나 피성년후견인 또는 파산자에 해당하여 등록이 취소된 경우에도 그러하지 않다. 업무와 관련

---

160 결격사유는 일정한 자격취득이나 유지에서 제외되는 사유이다. 특정 신분 또는 자격이나 인·허가의 요건으로 결격사유는 전문기술적인 분야에서 일반국민의 건강·안전 또는 재산을 보호할 목적으로 법률에서 도입되고 있다. 결격사유는 이러한 전문기술적인 분야에 종사하여서는 아니 될 사람을 원천적으로 배제하여 당해 분야에 종사하는 자의 수준을 일정이상으로 유지함으로써 일반국민을 불완전한 서비스로부터 보호하려는 것으로 공공복리의 증진과 질서유지를 위한 최소한의 장치이다(정태용, "결격사유발생의 효과", 『법제』 492호, 2009, 63면 이하).
161 피성년후견인은 질병, 장애, 노령, 그 밖의 사유로 인한 정신적 제약으로 사무를 처리할 능력이 지속적으로 결여된 사람으로서 「민법」 제9조에 따라 가정법원으로부터 성년후견개시의 심판을 받은 사람을 말한다.

한 범죄행위로 인한 경우와 달리 피성년후견인과 파산자는 해당자에게 책임을 묻기 어려운 경우가 많고, 다른 결격사유(징역, 집행 유예 등 범죄행위 경력)과 동일한 수준의 위험성이 있다고 볼 수 없다. 피성년후견인 또는 파산자에 해당되어 등록이 취소된 후 결격사유가 해소되어 다시 공사업의 등록을 하기 위해서는 등록기준을 충족하여야 하기 때문에 2년간 금지규정을 두지 않고 있다. 피성년후견인이나 파산선고자가 행위능력을 회복하거나 파산에서 복권되었음에도 불구하고 2년 동안 재등록 제한을 하는 것은 과잉금지원칙에 위배되어 예외적으로 재등록 제한기간을 폐지하였다. 다른 결격사유(징역·집행유예 등 범죄행위 경력)들과 달리 피성년후견인이나 파산선고자의 경우에는 위법성이 없기 때문에 다른 결격사유와 동일한 수준의 위험성이 있다고 할 수 없다.

결격사유는 전기공사업의 등록취소 요건에 해당한다. 그러므로 결격사유가 등록한 전기사공사업자에 발생한 경우에 등록을 취소하여야 한다(전기공사업법 제28조 제1항). 법률상 쟁점은 결격사유가 발생하여도 일시적으로 발생하거나 거의 상시적으로 발생한 경우에 행정기관이 결격사유를 이유로 등록취소를 하려는 경우에 해당 결격사유에 해당한 경우를 어떻게 보아야 하는가에 관한 문제이다. 판례[162]는 "'결격사유에 해당하게 된 경우'는 일반적으로 '결격사유가 발생한 사실이 있는 경우'를 의미한다고 보는 것이 문언에 따른 자연스러운 해석이다. 이와 달리 행정청이 등록취소처분을 할 당시까지 등록결격사유가 유지되어야 한다고 보는 것은 위 조항의 문언에 합치하지 않는다. 또한 결격사유에 해당하게 된 회사가 등록취소처분 직전 일시적으로 결격사유를 보완할 경우 행정청이 등록을 취소할 수 없다고 한다면 등록취소 조항을 둔 입법 목적을 실현할 수 없다."고 판시하고 있다.

3. 등록기준 신고

(1) 등록기준 신고의무

전기공사업을 등록한 자 중 등록한 날부터 5년이 지나지 아니한 자는 등록기준에 해당하는 기술능력 및 자본금 등에 관한 사항을 등록한 날부터 3년이 지날 때마다 전기공사업 등록기준 신고서에 기업진단보고서, 전기공사기술자의 명단 등을 시·도지사에게 신고하여야 한다(전기공사업법 제4조제3항). 전기공사업의 진입규제가 기존의 면허제에서 등록제로 전환됨으로써 전기공사시장의 진입은 완화되었다.

---

162 대법원 2017.04.26. 선고 2016두46175 판결(등록취소처분취소).

그러나 이로 인하여 부실·부적격 전기공사업자가 난립하게 되는 부작용이 발생하였다. 특히 공사업의 등록기준 중 자본금·기술능력은 등록 후에 자본금을 유용하거나 서류상으로만 기술인력을 고용할 수도 있었다. 이로 인하여 전기공사낙찰 후에 전기공사를 수행하지 않고 전매하는 사례가 발생할 수 있었다. 이에 따라 전기설비의 안전시공을 확보하고 공정한 경쟁시장의 여건을 조성하기 위해서는 부실·부적격업체를 상시적으로 퇴출시킬 수 있는 사후관리시스템의 일환으로 등록기준을 3년 단위로 시·도지사에게 신고하도록 하고 있다.

(2) 불이행에 대한 처분

전기공사업 등록기준에 관한 신고를 하지 아니한 전기공사업자에 대하여 관할 행정기관은 등록을 취소하거나 6개월 이내의 영업정지를 명할 수 있다(전기공사업법 제28조제1항). 거짓이나 그 밖의 부정한 방법으로 전기공사업의 등록기준에 관한 신고를 한 자는 500만원 이하의 벌금에 처하고(전기공사업법 제43조제2호), 3년이 경과된 날부터 30일 이내에 공사업 등록기준에 관한 신고를 하지 아니한 경우에는 300만원 이하의 과태료를 부과할 수 있으나 벌금에 처하지는 아니 한다(전기공사업법 제46조제1항제1호). (구)전기공사업법은 이에 추가하여 500만원 이하의 벌금에 처할 수도 있었다. 등록기준에 관한 신고를 하지 아니 한 동일한 행위에 대하여 과태료와 벌금을 같이 부과하더라도 행정질서벌인 과태료와 행정형벌은 그 성질이나 목적을 달리하는 별개의 것이므로 이중처벌에 해당하는 것이 아니다. 그럼에도 불구하고 단순히 등록기준을 신고하지 아니 한 위법한 행위는 위법성이 중하다고 할 수 없음에도 불구하고, 벌금, 과태료, 영업정지·등록취소 등의 행정처분 등을 중복적으로 부과하는 것은 행위의 위법성에 비해 과도한 처벌에 해당한다는 점에서 벌금을 부과할 수 있는 규정을 폐지하였다.

4. 양도·합병신고

(1) 양도·합병 사전신고

「전기공사업법」에 따른 전기공사업자는 양도·합병을 하려는 경우에 시·도지사에게 신고하여야 한다. 양도·합병의 신고의무자는 양수자나 합병으로 신설되는 전기공사업자가 아니라 양도하려는 자 또는 합병하려는 자이다. 전기공사업의 양도신고제 또는 합병신고제는 1999년 「전기공사업법」 개정으로 전기공사업 양도 등의 인가제가 폐지되고 당사자 간의 계약에 따르도록 하였으나 등록된 전기공사업이 양도·양수의 대상으로 상품화되거나 부실·부적격 업체의 난립으로 시장질서 문란행위가 발생하면서 도입되었다. 등록기준 등의 사전신고는 등록기준에 적합하지 아니 한 자가 전기공사시장에 진입하는 것을 방지하기 위한 목적에서 신고의무자를 양도자로 규정하고 있다.

(2) 양도·합병등의 시점

전기공사업자의 사망에 따른 상속, 영업의 양도·양수, 법인의 합병 등이 있는 경우 상속인·양수인·합병에 따라 설립되는 법인이 각각 기존 전기공사업자의 지위를 승계한다. 상속, 합병, 양도로 전기공사업자의 지위를 승계한 자는 시·도지사에게 신고하여야 한다(전기공사업법 제7조). 상속, 합병 또는 양수·도에 따른 피상속인, 합병하여 설립된 법인 또는 양도자는 전기공사업자의 지위를 관할 행정기관이 수리하여야 승계한다. 관할 행정기관이 신고를 수리하기 전까지는 피상속인·양도자·합병된 법인인 전기공사업자의 지위를 승계하지 않는다. 그러므로 상속, 양도, 합병에 대한 행정청의 신고를 수리하는 행위는 단순히 지위승계사실의 신고를 접수하는 행위에 그치는 것이 아니라 영업허가자의 변경이라는 법률효과를 발생시키는 행위이다.[163]

지위승계 신고가 수리되기 전까지는 지위 승계 여부를 현실적으로 제3자가 알기 어렵다. 이로 인하여 전기공사시장에서 전기공업자간에 적지 않은 분쟁이 발생하고 있어, 법률관계를 명확하게 하기 위하여 "선 지위승계, 후 신고"로 규정되어 있는 절차를 "선 신고, 후 지위승계"로 개정하였다.

(3) 양도 등의 무효신고

전기공사업의 양도 또는 법인 간의 합병을 통해 전기공사업자의 지위 승계가 이루어진 후 이러한 양도 또는 합병의 무효가 있는 경우 전기공사업자가 시·도지사에게 의무적으로 신고하도록 하고, 이러한 신고가 있는 경우 양도인 또는 피승계인은 전기공사업자로서의 지위를 원상복구된다. 무효신고를 위반한 경우에 500만원 이하의 벌금에 처한다.

양수인과 합병한 법인이 양도·합병무효 판결로 양도·합병의 효력이 없어졌

---

163 대법원 1995.02.24. 선고 94누9146 판결(일반유흥음식점허가취소처분취소).

음에도 양도인의 실적과 사업수행기간을 이용하여 민간·공공입찰에 참여함으로써 공정한 경쟁을 저해하는 행위를 방지할 수 있다. 그러나 양도·합병의 경우에만 이러한 신고의무를 부여하고 상속의 경우에는 신고의무를 두지 않고 있다. 상속의 경우는 이해관계자가 상속회복청구권을 행사하여 상속무효가 확정되면 새로운 상속인의 상속신고를 다시 받아 이전 상속을 무효화하고 변경 상속자에 대해 공사업자 지위를 이전 처리할 수 있어, 별도의 무효신고의무를 전기공사업자에게 부여하지 않고 있다.

5. 등록증대여 금지

공사업자는 타인에게 자기의 성명 또는 상호를 사용하게 하여 전기공사를 수급 또는 시공하게 하거나, 등록증 또는 등록수첩을 빌려 주어서는 아니 된다(전기공사업법 제10조). '타인에게 자기의 성명 또는 상호를 사용하게 하여 전기공사를 시공하게 하는 행위'(이하 '명의대여'라 한다)란 타인이 자신의 성명이나 상호를 사용하여 자격을 갖춘 공사업자로 행세하면서 전기공사를 시공하리라는 것을 알면서도 그와 같은 목적에 자신의 성명이나 상호를 사용하도록 승낙 내지 양해한 경우를 의미한다.[164]

"어떤 공사업자의 명의로 도급된 전기공사의 전부 또는 대부분을 다른 사람이 맡아서 시공하였더라도, 공사업자 자신이 전기공사에 실질적으로 관여할 의사로 수급하였고 시공과정에 실질적으로 관여하여 왔다면 이를 명의대여로 볼 수는 없다. 여기서 공사업자가 전기공사의 시공에 실질적으로 관여하였는지 여부는 전기공사의 수급·시공 경위와 대가의 약속 및 수수 여부, 대가의 내용 및 수수방법, 시공과 관련된 공사업자와 시공자의 약정내용, 시공과정에 공사업자가 관여하였는지 여부, 관여하였다면 그 정도와 범위, 공사자금의 조달·관리 및 기성금의 수령방법, 시공에 따른 책임과 손익의 귀속 여하 등 드러난 사실관계에 비추어 객관적으로 판단하여야 하고, 명의대여자와 시공자 사이의 계약서 등 처분문서의 형식적 문구만을 가벼이 믿어 명의대여 사실을 부인하여서는 아니 된다."[165]

---

164 대법원 2014.06.26. 선고 2013도967 판결(전기공사업법위반).
165 대법원 2014.06.26. 선고 2013도967 판결(전기공사업법위반).

Ⅲ. 도급과 하도급

1. 분리발주

(1) 전기공사 분리발주

전기공사는 전기공사의 전문성과 특수성으로 분리발주하여야 한다(「전기공사업법」 제11조제1항). 다만, 분리발주의 예외는 "재난발생에 따른 긴급복구공사", "국방및 국가안보 등과 관련하여 기밀을 유지하여야 하는 공사" 및 "공사의 성질상 또는 기술관리상 분리하여 발주하는 것이 곤란한 경우로서 대통령령으로 정하는 공사"이다. 분리발주의무를 위반한 행위[166]는 500만원 이하의 벌금에 처하게 된다. 분리발주제도는 일반수용가로부터 건축업자에게 일괄발주됨으로써 발생하는 전기설비의 부실시공을 방지할 수 있다. 분리발주제도는 전기공사의 첨단화에 따른 부실시공을 방지하여 도급인의 권익을 보호함과 동시에 일괄도급 시 발생할 수 있는 대형 건설사의 공사수급 독식 및 저가 일괄하도급을 방지하여 중소 전기공사업체를 보호·육성하는 기능을 한다.

전기공사는 토목·건축과 같은 주공사와의 분리발주를 의무화하고 예외적으로 통합발주를 허용하고 있다. 분리발주제도는 도입에 관하여는 견해가 대립하고 있다. "분리발주 폐지설"에 따르면 분리발주는 업무중복과 행정비용을 증가시키고 공종(工種)별 연계 미비로 전기공사품질확보에 적합하지 않다는 것이다. "분리발주 긍정설"에 따르면 전기공사는 전문업체가 직접 시공하기 때문에 책임시공이 가능하고 공사비의 투명성이 확보될 수 있다는 것이다. 분리발주제도는 발주자의 자유의사를 제약할 수 있으나 전기안전을 위하여는 책임시공을 담보하기 위하여 현행과 같이 유지될 필요가 있다.

분리발주 예외 사유의 상당수는 「국가계약법 시행령」 제79조제1항제1호 및 제2호에 따른 대형·특정공사에 해당한다. 이러한 대형·특정공사가 전기공사 분리발주의 예외에 해당하는지 여부는 국토교통부의 중앙건설기술심의위원회에서 심의한다.[167]

---

166 서울중앙지법 2019.01.7. 선고 2018고정2049 판결(전기공사업법위반).
167 중앙건설기술심의위원회의 심의 근거는 「국가를 당사자로 하는 계약에 관한 법률 시행령」 제80조(대형공사입찰방법의 심의등) 및 「건설기술 진흥법 시행령」 제6조제5호다목이다.

(2) 시공책임형 전기공사관리 분리발주제도의 개념

발주자는 시공책임형 전기공사관리를 발주하는 경우에「건설산업기본법」에 따른 시공책임형 건설사업관리 등 다른 업종의 공사관리와 분리발주하여야 한다(전기공사업법 제11조제2항). '전기공사관리(ECM, Electrical Construction Management for fee)'는 전기공사에 관한 기획, 타당성 조사·분석, 설계, 조달, 계약, 시공관리, 감리, 평가, 사후관리 등에 관한 관리를 수행하는 것을 말한다. '시공책임형 전기공사관리(ECM at risk)'는 전기공사업자가 시공 이전 단계에서 전기공사관리 업무를 수행하고 아울러 시공 단계에서 발주자와 시공 및 전기공사관리에 대한 별도의 계약을 통하여 전기공사의 종합적인 계획·관리 및 조정을 하면서 미리 정한 공사금액과 공사기간 내에서 전기설비를 시공하는 것(「전력기술관리법」에 따른 설계 및 공사감리는 시공책임형 전기공사관리 계약의 범위에서 제외한다)이다. 전기공사관리는 업무범위에 시공을 포함하지 않고, 사업관리자에게 재산상의 피해 등 일부 책임이 있으나 사업의 위험에 대한 책임은 부담하지 않는다. 이에 반하여 시공책임형 전기공사관리는 업무범위에 시공을 포함하고, 전기공사전반(사업비, 공기, 품질 등)에 대하여 책임을 지기 때문에 일반적으로 실시설계가 거의 완료된 상태에서 시공금액을 확정하여 사업을 수행한다.

시공책임형 전기공사관리의 절차

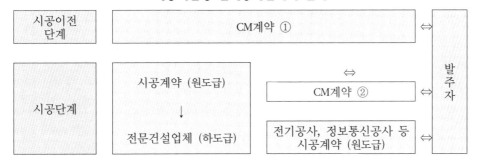

(3) 도입배경

전기공사관리도 건설공사에 도입되어 있는 '건설사업관리(CM, Construction Management for fee)' 및 '시공책임형 건설사업관리(CM at risk)'제도를 도입하고 있다. 도입배경은 전기설비의 대형화, 전문화 및 융·복합화 추세에 있고, 특히 기획－시공－사후관리 등이 유기적으로 이루어져야 하는 전기철도, 지능건축시스템

(IBS, Intelligent Building System) 빌딩 등 대형 전기공사의 수요에 부합하기 위한 것이다.

시공책임형 전기공사관리는 전기공사관리자가 시공이전 단계에서는 사업관리 업무를 수행하고, 시공단계에서는 발주자의 대리인으로서 시공을 비롯한 전문적인 사업관리 서비스를 담당하는 방식이다. 시공책임형 전기공사관리는 전문성을 가진 사업관리자에게 사업에 관한 전반적인 책임과 재량권을 부여함으로써 효율적인 사업관리가 가능하고, 발주자의 전문성 부족에 따른 공사비용 및 공사기간에 대한 리스크를 줄일 수 있다. 또한 시공책임형 전기공사관리는 시공과정에서 절감되는 공사비용을 사업관리자에 대한 인센티브로 활용할 수 있어 공사비용의 절감 유인이 높을 뿐만 아니라 전기공사 관리자가 전기공사의 모든 단계를 검증하고 체계적으로 관리하기 때문에 시공품질이 강화되고 공사기간 단축 및 공사비용 절감 효과 발생에 기여한다. 이에 반하여 시공책임형 전기공사관리는 사업관리자와 발주자 간의 이익충돌 가능성이 있고, 사업의 리스크를 사업관리자가 모두 부담하게 됨으로써 자본력이 약한 사업관리자의 경우 사업에 대한 책임을 담보하는 데 한계가 발생할 수 있다.

(4) 설계 및 공사감리의 제외

건설공사관리제도는 공사에 관한 기획·타당성조사·분석·설계·조달·계약·시공관리·감리·평가·사후관리 등의 모든 과정을 종합적으로 관리하려는 것이다. 「건설산업기본법」은 건설공사의 설계 및 공사감리 등을 모두 포함하고 있어, 설계 및 공사감리에 대한 관리업무를 모두 포괄하는 건설공사관리제도를 해당 법률에서 도입할 수 있다. 이에 반하여 전기공사의 경우에는 전기공사 "시공"에 관한 사항은 「전기공사업법」에서 규정하고, "설계 및 공사감리"에 관한 사항은 「전력기술관리법」에서 분리하여 규정하고 있다. 이러한 법체계를 고려하여 「전기공사업법」은 시공책임형 전기공사관리의 개념에서 전기공사의 설계 및 공사감리를 제외하고 있다(전기공사업법 제2조제11호). 이는 시공책임형 전기공사관리 제도의 도입 기능을 약화시킬 수도 있으나, 전기공사의 효율적인 시공체계 확립에 기여하는 효과가 있다.

2. 도급계약서 체결·보관의무

(1) 도급계약서 체결의 효력

도급 또는 하도급의 계약당사자는 그 계약을 체결할 때 도급 또는 하도급의 금액, 공사기간, 그 밖에 대통령령으로 정하는 사항을 계약서에 분명히 기재하여야 하며, 서명날인한 계약서를 서로 주고받아 보관하여야 한다. 전기공사 도급계약의 내용은 계약체결 당시 예상하기 어려운 내용의 책임을 전가하는 등 당사자 일방에게 현저히 불공정할 수도 있다. 계약에 관한 일반법인 「민법」 제104조는 "당사자의 궁박, 경솔 또는 무경험으로 인하여 현저하게 공정을 잃은 법률행위는 무효로 한다."고 규정하고 있다. 또한 「독점규제 및 공정거래에 관한 법률」 제45조에 따르면 사업자가 하지 말아야 할 불공정거래행위를 규정하고 있으며, 「하도급거래 공정화에 관한 법률」 제4조에서 부당한 하도급대금의 결정 금지, 제5조에서 물품 등의 구매강제 금지 등 하도급 계약 시 발생할 수 있는 각종 불공정한 행위를 금지하고 있다. 그러므로 전기공사 도급계약의 내용이 일방에게 현저히 불공정할 경우에 「민법」에 따라 무효로 하거나 공정거래위원회가 불공정 계약조항을 삭제하는 등의 조치를 할 수 있어, 당사자 일방에게 현저하게 불공정한 도급계약은 제한을 받게 된다. 물론 「민법」의 해당 조항은 무효가 되는 경우를 "당사자의 궁박, 경솔, 무경험으로 인한 경우"로 한정하고 있어 이를 입증하기 쉽지 않고, 「독점규제 및 공정거래에 관한 법률」에 따른 금지행위는 그 규제 범위가 포괄적이어서 개별 사안의 적용 여부를 판단하기 어려운 부분이 있다.

(2) 도급대장의 비치의무

전기공사업자는 도급·하도급 및 시공에 관한 사항을 적은 전기공사 도급대장을 비치(備置)하여야 한다.

3. 수급자격의 제한금지

국가·지방자치단체, 「공공기관의 운영에 관한 법률」 제4조에 따라 공공기관으로 지정된 기관 또는 「지방공기업법」에 따른 지방공기업인 발주자는 이 법 및 다른 법률에 특별한 규정이 있는 경우를 제외하고는 공사업자에 대하여 수급자격에 관한 제한을 하여서는 아니 된다(전기공사업법 제13조).

산업통상자원부장관은 국가, 지방자치단체, 공공기관 또는 지방공기업에 대하여 중소공사업자의 사업참여기회를 확대하기 위한 조치를 취할 것을 요청할 수 있고, 대기업인 공사업자가 도급받을 수 있는 공사금액의 하한을 정할 수 있다(「전기공사업법」 제39조). 국가, 지방자치단체, 공공기관 또는 지방공기업이 발주하는 전기공사에 대해서도 수급자격에 별도의 제한을 둘 수 없도록 하고 일정규모(10억원) 미만의 사업은 대기업이 도급받을 수 없도록 하여야 중소공사업자의 참여기회가 확대된다. 국가, 지방자치단체, 공공기관 등 공공분야에서 발주하는 공사의 경우 중소공사업자의 참여 기회를 보장하기 위하여 수급자격 제한금지 및 사업참여 확대 지원을 위한 조치 요청의 근거를 마련하고 있다.

4. 하도급의 제한

(1) 하도급의 범위

하도급(下都給) 및 재하도급은 도급받은 전기공사의 전부 또는 일부를 수급인이 제3자와 체결하는 계약을 말한다. 하도급 및 재하도급의 금지는 다른 전기공사업자뿐만 아니라 전기공사업자로 등록하지 않은 자에 대하여도 적용된다. 시·도지사는 하도급 및 재하도급 금지를 위한 전기공사업자에 대하여 등록취소를 할 수 있다. 전기공사업자는 원칙적으로 도급받은 전기공사를 하도급 할 수 없으나 예외적인 경우 도급받은 전기공사의 '일부'에 대하여는 하도급을 줄 수 있다(전기공사업법 제14조제1항). 예외적으로 도급받은 전기공사의 일부를 다른 공사업자에게 하도급 줄 수 있는 경우는 '도급받은 전기공사 중 공정별로 분리하여 시공하여도 전체 전기공사의 완성에 지장을 주지 아니하는 부분을 하도급하는 경우'와 동시에 '수급인(受給人)이 「전기공사업법」 제17조에 따른 시공관리책임자를 지정하여 하수급인을 지도·조정하는 경우'이다(전기공사업법 시행령 제10조). 전기사업법상 하도급의 허용여부와 관련하여 '전기공사의 일부'의 규정에 대한 해석이 모호하여 실제로는 도급받은 공사의 대부분을 그대로 하도급하여도 하도급이 허용되는 '전기공사의 일부'에 해당할 수 있다.[168]

168 대법원 2002.01.25. 선고 2000도448 판결(전기공사업법위반) : "일괄하도급 금지규정은 '공사업자가 수급한 전체 전기공사를 포괄하여 제3자에게 그대로 하도급을 주어서는 아니된다.'라고 풀이되고, 공사업자가 수급한 전체 전기공사 중 기술상 분리하여 시공할 수 있는 종류가 같은 일부 전기공사를 제3자에게 하도급을 주는 경우에는 위 금지규정에 해당하지 않는다."

전기공사 (재)하도급

구분	하도급	재하도급
예외적 허용	공정별로 분리시공해도 공사완성에 지장이 없고, 수급인이 시공관리책임자를 지정하여 하수급인을 지도·조정하는 경우에 한해 하도급 가능(법 제14조제1항 단서)	전기기자재를 납품하는 공사업자가 그 전기기자재 설치를 위해 시공하려는 경우에 한해 재하도급 가능(법 제14조제2항 단서)
위반시 제재	행정처분	6개월 이내 영업정지(법 제28조제1항제4의2호)
	벌 칙	1년 이하 징역 또는 1천만원 이하 벌금(법 제42조제4호)

(2) 하도급시 통보의무

원도급자가 하도급을 하는 경우 발주자에게 서면으로 그 사실을 통보하여야 하고, 하수급인이 하수급을 받은 전기공사를 다시 하도급 주려면 미리 해당 전기공사의 발주자 및 수급인에게 서면으로 알려야 한다(전기공사업법 제14조제3항·제4항). 이를 위반하는 전기공사업자에게는 300만원 이하 과태료가 부과될 수 있다.

하도급 통보 의무는 불이행하더라도 적발하기 쉽지 않다. 통보의무 불이행에 대한 벌칙이 과태료 300만원 이하로 경미하여 해당 통보의무를 불이행하는 업체가 적지 않다. 이로써 발주자는 하도급의 내용을 파악할 수 없어, 설비 준공 후 발생하는 하자의 책임소재에 대한 분쟁이 발생하는 경우가 적지 않다.

5. 하수급인의 변경요구

전기공사업자가 전기공사를 하도급 주기 위하여 해당 전기공사의 발주자에게 서면으로 알리고, 하수급인은 전기공사를 다시 하도급 주려면 미리 해당 전기공사의 발주자 및 수급인에게 이를 서면으로 알려야 한다. 이로 인하여 통지를 받은 발주자 또는 수급인은 하수급인 또는 다시 하도급받은 공사업자가 해당 전기공사를 하는 것이 부적당하다고 인정되는 경우에는 수급인 또는 하수급인에게 그 사유를 명시하여 하수급인 또는 다시 하도급받은 공사업자를 변경할 것을 요구할 수 있다(전기공사업법 제15조). 발주자 또는 수급인은 수급인 또는 하수급인이 정당한 사유 없이 해당 요구에 따르지 아니하여 전기공사 결과에 중대한 영향을 초래할 우려가 있다고 인정되는 경우에는 그 전기공사의 도급계약 또는 하도급계약을 해지할 수 있다.

6. 하자담보책임

발주자로부터 전기공사를 도급받은 전기공사업자는 전기공사의 완공일부터 10년 이내의 범위 내에서 전기공사의 종류별(송전설비공사, 관로공사, 철탑공사, 배전선로공사 등)로 일정한 기간 이내에 발생하는 하자에 대하여 담보책임을 지도록 하고 있다(전기공사업법 제15조의2). 이는 국가 등이 발주자가 되는 공공공사의 경우에는 하자담보책임기간에 대하여 「국가를 당사자로 하는 계약에 관한 법률」에 따라 운영하고 있으나, 민간공사의 경우에는 하자담보책임기간 설정에 대하여 공사의 종류별로 적용기준이 분명치 아니 하여 이를 명확하게 정한 것이다.

하자담보책임 관련 규정 비교

민 법	국가를 당사자로 하는 계약에 관한 법률	전기공사업법
○ 1년(제670조) ○ 5년(제671조) 　(토지, 건물 기타공작물) ○ 10년(제671조) 　(공작물을 석조, 석회조, 　연화조, 금속으로 조성시)	○ 공사종류별로 10년 이내 　(제17조, 시행령 제60조 　및 시행규칙 제70조) 　(민법 제671조 기간을 초 　과하지 않는 범위)	○ 공사종류별로 10년 이내 　(제15조의2)

동 제도의 도입으로 책임기한이 분명해짐에 따라 발주자로부터의 무리한 요구를 막아 공사업자의 경영이 개선되는 측면이 있다. 또한 전기공사업자에 대한 품질확보 책임을 부과함으로써 국민의 안전한 전기설비 이용을 보장할 수 있다.

Ⅳ. 시공과 기술관리

1. 시공능력평가

(1) 시공능력평가의 특성

산업통상자원부장관은 발주자가 적절한 공사업자를 선정할 수 있도록 전기공사업자의 신청이 있는 경우 그 공사업자의 전기공사실적, 자본금, 기술능력 및 신인도 등에 따라 시공능력을 평가하여 공시(公示)하여야 한다(전기공사업법 제31조제3항). 시공능력 평가는 임의적 평가제도로서 등록된 모든 전기공사업자가 의무적으로 실시되지 않는다. 전기공사업자는 시공능력을 평가받아서 대외적으로 능력의 우수성을 알리고자 하는 경우에 시공능력 평가를 신청할 수 있다.

(2) 시공능력평가 사항의 신고

시공능력의 평가 및 공시를 받으려는 공사업자는 해마다 전년도 전기공사실적 등을 산업통상자원부장관에게 신고하여야 한다. 산업통상자원부장관은 시공능력평가를 공사업자단체에 위탁하고 있다. 그러므로 시공능력 평가를 받으려는 자는 공사업자단체에 시공능력평가에 필요한 서류를 제출하여야 한다. 평가된 시공능력은 그 공시일부터 다음 해의 공시일 전날까지의 기간 동안 공사업자가 시공할수 있는 공사 1건당 수급금액을 말한다.

전기공사업자는 시공능력평가를 받기 위하여 전기공사실적 신고서(전자문서로된 신고서를 포함한다)를 지정공사업자단체에 매년 2월 15일까지 제출하여야 한다. 이경우 지정공사업자단체는 공사업자가 첨부하여야 할 서류를 갖추지 못하였을 때에는 15일 이내에 보완하게 하여야 한다. 전기공사실적 신고서에는 전기공사실적표와 전기공사실적을 증명하는 서류에 해당하는 관할 세무서에 제출한 재무제표(재무상태표 및 손익계산서가 포함된 것을 말한다) 또는 「주식회사의 외부감사에 관한 법률」에 따라 외부감사를 한 공인회계사가 검사한 재무제표, 신인도(信認度) 반영비율 산정에 해당하는 사항이 있는 경우에는 그에 대한 증명서류, 부가가치세 과세표준 증명을 첨부하여야 한다.

시공능력 평가의 방법은 「전기공사업법 시행규칙」 별표 3에서 세부적으로 규정하고 있다.

(3) 시공능력평가의 공시

시공능력평가를 수행한 지정공사업자단체는 사업자의 시공능력, 공사실적평가액 등 평가근거가 되는 자료를 매년 7월 31일까지 중앙일간지 또는 전기공사종합정보시스템에 공시해야 한다. 지정공사업자단체는 시공능력의 공정한 평가를 위하여 공시를 하기 전에 이해관계인이 의견을 제시할 수 있도록 하여야 한다. 이경우 의견제시기간은 14일 이상이 되도록 하여야 하며, 중앙일간지에 공고하거나 전기공사종합정보시스템에 게시한다.

지정공사업자단체는 시공능력평가 및 공시를 위하여 제출된 자료가 거짓으로 확인되는 경우에는 그 확인된 날부터 10일 이내에 공시된 해당 공사업자의 시공능력을 새로 평가하여 해당 공사업자의 등록수첩에 적어 발급하고, 그 사실을 조달청장 및 시·도지사에게 통지하여야 한다. 지정공사업자단체는 공시한 서류를 갖춰두고 일반인이 열람할 수 있도록 하여야 하며, 평가된 시공능력을 해당 공사업자의 등록수첩에 기재하여 발급하여야 한다.

평가한 공사업자의 시공능력 등 관련 정보를 제공받으려는 사람은 지정공사업자단체에 서면(전자문서를 포함한다)으로 요청하여야 한다. 요청을 받은 지정공사업자단체는 관련 정보를 제공하여야 한다.

2. 시공관리

(1) 전기공사기술자의 범위

전기공사기술자는 「국가기술자격법」에 따른 전기 분야의 기술자격을 취득한 사람이나 일정한 학력과 전기 분야에 관한 경력을 가진 사람으로서 산업통상자원부장관의 인정을 받은 사람이다. 「국가기술자격법」은 전기 분야를 기술·기능분야로 구분하면서 기술자격의 종류를 ①건축전기설비, ②발·송전·배전, ③전기, ④전기공사, ⑤전기응용, ⑥전기철도, ⑦철도신호, ⑧철도전기신호로 한정하고 있다.[169] 전기분야에 관한 경력을 가진 사람에는 원자력, 원자력발전, 신재생에너지발전설비(태양광), 전기안전 등의 자격취득자도 전기공사기술자에 포함된다.

(2) 전기공사기술자의 인정

전기공사기술자로 인정을 받으려는 사람은 산업통상자원부장관에게 신청하여야 한다. 산업통상자원부장관은 신청인이 「국가기술자격법」에 따른 전기 분야의 기술자격을 취득한 사람이거나 일정한 학력과 전기 분야에 관한 경력을 가진 사람인 경우에 전기공사기술자로 인정하여야 한다(전기공사업법 제17조의2). 산업통상자원부장관은 신청인을 전기공사기술자로 인정하면 전기공사기술자의 등급 및 경력 등에 관한 증명서(경력수첩)를 해당 전기공사기술자에게 발급하여야 한다. 신청절차

---

[169] 「국가기술자격법 시행규칙」 [별표2] 국가기술자격의 직무분야 및 국가기술자격의 종목에서 구체적으로 정하고 있다.

와 기술자격·학력·경력의 기준 및 범위 등은 대통령령으로 정한다.

2020년 이후 전기공사기술자의 신분과 경력을 증명할 수 있는 경력자료가 수첩에서 모바일 앱 형태인 "전자카드"로 변경되었다. 경력수첩은 등록수첩과 구별된다. 등록수첩은 전기공사업을 등록한 '업체'에 발급하는 증명서이고, 경력수첩은 전기공사기술자의 등급 및 경력 등에 관한 사항을 포함하여 '기술자'에게 발급하는 증명서이다. 경력수첩은 과거 종이 수첩 형태로 발급되었으나 분실·도난 및 불법 대여의 부작용으로 인해 2020년 12월부터 전자카드(모바일 앱 이용) 형태로 전환되었다. 이에 따라 전기공사기술자 증명서는 2020년 12월 이후 모두 경력카드로 발급되고 있으며, 모바일 앱 화면상 구현되는 명칭도 "경력카드"로 기재되어 있다.

등록수첩·경력수첩·경력카드 비교

구분	등록수첩	경력수첩	경력카드
발급대상	전기공사업체	전기공사기술자	
발급수 (2022.9.기준)	19,911개	161,055명	29,792명
		총 190,847명	
증명사항	등록번호, 상호, 등록연월일, 대표자, 법인번호 등	발급번호, 등급, 성명, 생년월일, 주소, 전기공사업체 선임 사항 등	
발급형태	수첩	수첩	전자카드(앱 이용)
발급주체	각 시·도지사	산업통상자원부 (한국전기공사협회 위임·위탁)	
발급연혁	1963. 2. 26	1999. 7. 16. (현재 중단)	2020. 12. 27.

자료: 산업통상자원부

(3) 전기공사기술자 인정의 취소

산업통상자원부장관은 거짓이나 그 밖의 부정한 방법으로 전기공사기술자로 인정받은 사람에 대하여 그 인정을 취소하여야 한다(전기공사업법 제28조의2). 전기공사기술자로 인정받은 사람이 자격증을 타인에게 대여하는 등의 행위로 「국가기술자격법」 제16조에 따라 자격이 취소된 경우에 산업통상자원부장관이 기술자 인정을 취소하여야 한다. 산업통상자원부장관은 전기공사기술자로 인정받은 사람이 다른 사람에게 경력수첩을 빌려 준 경우에는 3년의 범위에서 전기공사기술자의 인정을 정지시킬 수 있다. 자격증 대여 등으로 국가기술자격 취소처분을 받아 기술자 인정이 취소된 사람은 3년의 인정신청 금지기간을 두어 전기공사기술자 관리를 보다 내실화하고 있다.

(4) 시공관리 전담

전기공사업자는 전기 분야의 기술자격을 취득한 전기공사기술자가 전기공사에 대한 시공관리를 맡도록 하고 있다(전기공사업법 제16조제1항). 이는 전기공사 중 작업절차 미준수, 작업장비 결함 등 안전관리 소홀로 인한 감전사고와 같은 안전사고를 예방할 수 있다. 동시에 전문기능 인력들의 고용 안정을 보장하는 효과를 기대할 수 있다. 이를 위반할 경우 관할 행정기관의 장이 시정명령을 할 수 있도록 하며 해당 공사업자에게는 500만원 이하의 벌금을 부과하도록 하고 있다.

전기공사업자는 공사의 규모별로 전기공사기술자로 하여금 전기공사의 시공관리를 하게 하여야 한다. 전기공사의 규모별 전기공사기술자의 구분은 「전기공사업법 시행령」 별표 4에서 구체적으로 정하고 있다.

(5) 시공관리책임자의 지정·통지

전기공사업자는 전기공사를 효율적으로 시공하고 관리하기 위하여 인정을 받은 전기공사기술자 중에서 시공관리책임자를 지정하고 공사에 착수하기 전에 이를 그 전기공사의 발주자(공사업자가 하수급인인 경우에는 발주자 및 수급인, 공사업자가 다시 하도급을 받은 자인 경우에는 발주자·수급인 및 하수급인을 말한다)에게 알려야 한다(전기공사업법 제17조제1항).

3. 경력수첩 대여금지

전기공사기술자는 타인에게 자기의 성명을 사용하여 공사를 수행하게 하거나 타인에게 경력수첩을 대여하여서는 아니 되며, 누구든지 타인의 경력수첩을 빌려서 사용하여서는 아니 된다. 이를 위반한 경우에 1년 이하의 징역 또는 1천만원 이하의 벌금에 처한다. 전기공사기술자의 경력수첩 대여금지는 전기공사 시장의 왜곡 방지를 목적으로 한다. 전기공사기술자는 전기공사에 따른 위험 및 장해가 발생하지 않도록 기술기준 등에 적합하게 전기공사를 시공관리할 의무가 있고, 전기공사기술자가 아닌 자가 전기공사의 시공관리를 맡을 경우 전기공사의 안전관리 및 국민의 안전확보에 심각한 문제가 발생할 수 있다.

4. 전기공사기술자의 교육·훈련

기존에는 전기분야의 기술자격을 취득한 사람만이 전기공사를 시공·관리할 수 있었으나, 1999년 「전기공사업법」의 개정으로 전기분야의 기술능력을 가진 자도 제한된 범위에서 시공·관리할 수 있도록 하는 전기공사기술자제도를 도입하였다. 전기공사기술자의 원활한 수급과 안전한 시공을 위하여 전기공사업법은 산업통상자원부장관이 지정하는 교육훈련기관으로 하여금 전기공사기술자의 양성교육·훈련을 실시할 수 있도록 하고 있다(전기공사업법 제19조제1항). 전기공사기술자 양성교육·훈련은 전기공사를 시공·관리하도록 할 수 있는 전문인력의 배출과 전기공사의 현실을 반영한 것이다. 전기공사기사가 전기공사업체에 근무를 기피함으로써 전기공사 현장에 전문인력이 부족하여 국가기술자격과 별도로 전기분야 전문기술을 가진 석·박사와 공사현장에서 다년간 전기시공·관리 경험을 갖춘 전기공사기술자를 활용할 필요에서 도입되었다.

5. 전기공사 시공

(1) 전기공사 시공원칙

공사업자는 전기공사를 시공할 때에는 전기공사업법, 기술기준 및 설계도서에 적합하게 시공하여야 한다(전기공사업법 제22조).

(2) 공사비의 산정기준

산업통상자원부장관은 전기공사의 표준시장단가 및 표준품셈 등 적정한 공사비 산정기준을 정할 수 있고, 이를 위해 관리기관을 지정하고 사업비를 출연하여 조사·연구 등 업무를 수행할 수 있도록 하고 있다. 표준시장단가란 이미 수행한 공사의 종류별로 시장거래가격 등을 토대로 산정하여 중앙관서의 장이 인정한 가격을 말한다. 표준품셈이란 어떤 일에 소요되는 재료의 수량과 노무의 공량을 셈하는 기준을 의미한다.

전기공사 시설물의 품질·안전을 제고하고 예산을 효율적으로 집행하기 위해서는 전기 분야의 적정한 공사비가 어느 정도인지 국가에서 기준을 마련할 필요가 있다. 이에 따라 2002년부터 산업통상자원부장관은 3~4년마다 표준시장단가 및 표준품셈을 마련하고 있다. 표준시장단가 및 표준품셈 마련을 안정적으로 추진하기 위하여 공사비 등 산정기준의 마련을 「전기공사업법」에서 규정하고 있다.

6. 전기공사 표지

공사업자는 전기공사현장의 눈에 잘 띄는 곳에 시공자, 전기공사의 내용, 설계자, 감리자, 시공관리책임자, 착공일, 준공예정일 등을 기재한 표지를 전기공사의 착공일부터 준공 전날까지 게시하여야 한다. 공사업자는 수급한 전기공사를 완공하면 시공자, 전기공사의 내용, 발주자, 설계자, 시공자, 감리자, 시공관리책임자, 착공일, 준공일을 적은 표지판을 주된 배전반에 붙이거나 확인하기 쉬운 부분에 설치하여야 한다(전기공사업법 제24조).

전기공사 표지의 게시는 전기공사가 진행 중인 현장과 완공된 현장을 구분하여야 한다. 진행 중인 전기공사현장의 경우 그 공사내용, 발주자, 시공자를 외부에 알리면서 책임시공을 담보하기 위하여 공사기간 동안 표지를 계속해서 유지하는 것을 목적으로 한다. 완공한 이후에는 공사업자, 공사내용 등을 기재한 표지판을 주된 배전반에 부착하거나 확인하기 쉬운 부분에 설치하도록 하는 공사실명제를 도입하고 있다. 이는 전기공사업 종사자의 자긍심과 책임의식을 높이고, 부실시공을 방지하며, 하자책임의 한계를 명확하게 하는 효과와 더불어 품질향상을 통하여 전기공사업자의 대외공신력을 높여 소비자보호에도 기여하는 측면이 있다.

V. 행정기관의 권한

1. 시정명령권

시·도지사는 관할행정기관으로서 전기공사와 관련된 시장질서를 유지하기 위하여 시정명령이라는 행정처분을 할 수 있다(전기공사업법 제27조). 시·도지사가 전기공사업자에게 '전기공사기술자가 아닌 자에게 전기공사의 시공관리를 맡긴 경우', '전기공사의 시공관리를 하는 전기공사기술자가 부적당하다고 인정되는 경우', '시공관리책임자를 지정하지 아니하거나 그 지정 사실을 알리지 아니한 경우', '이 법, 기술기준 및 설계도서에 적합하게 시공하지 아니한 경우', '전기공사 표지를 게시하지 아니하거나 전기공사 표지판을 부착 또는 설치하지 아니한 경우', '정당한 사유 없이 도급받은 전기공사를 시공하지 아니한 경우', '그 밖에 이 법 또는 이 법에 따른 명령을 위반한 경우'에 기간을 정하여 그 시정을 명하거나 그 밖에 필요한 지시를 할 수 있다.

2. 전기사업 등록취소권

시·도지사는 공사업자가 이 법에 따른 의무를 이행하지 않는 경우에 등록을 취소하거나 6개월 이내의 기간을 정하여 영업의 정지를 명할 수 있다. 시·도지사는 공사업자가 시정명령 또는 지시를 받고 이를 이행하지 아니하거나 영업정지처분을 하는 경우 국민에게 심한 불편을 주거나 그 밖에 공익을 해칠 우려가 있을 때에는 영업정지처분을 갈음하여 1천만원 이하의 과징금을 부과할 수 있다.

3. 행정처분 요청권

전기공사업자가 주된 영업소의 소재지가 아닌 곳에서 시정명령의 대상이 되는 행위 또는 등록취소나 정지 사유에 해당하는 행위를 한 경우에는 해당 행위를 한 지역을 관할하는 시·도지사는 공사업자의 주된 영업소의 소재지를 관할하는 시·도지사에게 해당 공사업자에 대한 시정명령 등의 조치나 행정처분을 요청할 수 있다(전기공사업법 제28조의3).

4. 실태조사권

(1) 보고명령권

시·도지사는 등록기준에의 적합여부, 하도급의 적정여부, 성실시공 여부 등을 판단하기 위하여 공사업자에게 업무 및 시공상황 등에 대하여 보고를 명할 수 있다. 시·도지사의 보고명령은 행정처분이기 때문에 공사업자에게 보고하여야 하는 의무가 부여된다. 이에 따라 시·도지사의 보고명령에 따르지 아니한 공사업자에게는 100만원 이하의 과태료를 부과한다.

(2) 경영실태조사권

전기공사 시장에서 부실·부적격업체는 공사수행능력을 갖추지 않아 정상적인 시장질서를 교란시킬 수 있다. 행정기관은 부실·부적격업체를 방지하기 위하여 등록기준을 주기적으로 신고받아 퇴출시키는 수동적인 장치만으로는 현실적인 한계가 있다. 등록 후 5년 동안 등록기준을 신고토록 하는 주기적인 퇴출 장치의 한계를 보완하여야 부실·부적격업체의 전기공사 시장 진입을 방지할 수 있다. 행정기관의 실태조사는 부실·부적업체의 상시적인 퇴출장치에 해당한다. 감독관청인 시·도지사가 소속 공무원에게 공사업자의 경영실태를 조사하게 하거나 공사시공에 필요한 자재 또는 시설을 검사함으로써 적극적으로 부실·부적격업체의 시장질서 교란을 방지할 수 있다.

　행정기관의 공사업체에 대한 경영실태조사는 행정조사로서 침익적 사실행위에 해당한다. 이는 전기공사업자의 직업자유를 제한할 수 있기 때문에 공정하고 투명하여야 한다. 또한 실태조사는 경영실태조사를 실시할 수 있는 범위가 불명확하여 시·도지사의 자의적 판단이 개입될 여지가 있다. 이를 위하여 실태조사내용 및 조사자 인적사항 등을 기록하는 등 조사방법상의 보완장치를 두고 있다. 시·도지사는 공사업자에 대한 경영실태의 조사를 위하여 필요하다고 인정하면 조사목적과 관련된 최소한의 범위를 정하여 전기공사의 발주자, 감리원, 그 밖의 전기공사 관계 기관에 전기공사의 시공 상황에 관한 자료의 제출을 요구할 수 있다. 경영실태조사의 목적에 부합하는 최소한의 범위에서 관련 자료제출을 요구함으로써 경영실태조사의 과잉금지원칙에 부합하게 된다.

　실태조사의 방법으로 시·도지사는 실태조사(자재·시설의 검사를 포함한다)를 하는 경우에는 긴급한 경우이거나 사전에 알리면 증거인멸 등으로 조사목적을 달성할 수 없다고 인정되는 경우를 제외하고는 조사 7일 전까지 조사 일시, 조사 이유 및 조사 내용 등을 포함한 조사계획을 조사대상자에게 알려야 한다. 이는 전기공사업자의 경영활동에 대한 제한을 최소화되도록 함으로써 행정의 투명성 및 예측가능성을 확보하는 데에 기여한다.

　산업통상자원부장관은 공사업자의 경영실태를 조사할 필요가 있다고 인정되면 시·도지사에게 실태조사 및 자료제출의 요구를 명할 수 있으며, 그 결과에 대한 보고를 요구할 수 있다. 산업통상자원부장관은 직접적으로 실태조사를 하지 못하나 감독관청인 시·도지사에게 실태조사 명령권을 가진다.

5. 공사실적 제출

　전기공사업자가 시공능력의 평가 및 공시를 받기 위해서는 해마다 전년도 공사실적 및 자본금 등을 산업통상자원부장관에게 신고하여야 한다(전기공사업법 제31조제4항). 전기공사업자가 허위의 공사실적 등을 신고할 경우에는 등록을 취소하거

나 6개월 이내의 영업정지를 명할 수 있고, 1년 이하의 징역 또는 1천만원 이하의
벌금에 처하게 된다. 전기공사업자가 허위의 공사실적 등을 제출하여 전기공사업
의 건전한 시장질서를 교란하는 사례가 발생할 수 있다. 이에 대한 제재의 실효성
을 담보하기 위하여 등록취소나 영업정지 등의 조치를 하도록 법률에 규정을 둔
것이다.

허위 공사실적 제출 전기공사업자의 행태

위반행위에 주로 500만원 이하의 벌금에 처해지는 것과 비교하면, 허위의 공
사실적 등을 제출할 경우 등록취소 또는 6개월 이내의 영업정지를 규정하면서 1년
이하의 징역 또는 1천만원 이하의 벌금에 처하도록 하는 것은 다소 과도한 측면이
있다고 할 수 있다. 전기공사업의 건전한 시장질서를 교란하는 허위 신고행위를
근절하기 위하여 현실적인 필요에 기인하여 처벌을 강화하고 있다.

6. 전기공사 시공능력 평가·공개권

산업통상자원부장관은 공사업자의 자본금, 경영실태, 공사수행상황, 기술인력
보유현황 등 공사업자에 관한 정보 및 전기공사에 필요한 자재 등 전기공사 관련
정보를 종합관리하여 이 정보가 필요한 행정기관, 발주자, 전기공사공제조합 및
관련 업체에 제공할 수 있다(전기공사업법 제31조제1항). 산업통상자원부장관은 발주자
가 적절한 공사업자를 선정할 수 있도록 하기 위하여 공사업자의 신청이 있는 경
우 그 공사업자의 전기공사실적, 자본금, 기술능력 및 신인도 등에 따라 시공능력
을 평가하여 공시(公示)하여야 한다. 시공능력의 평가 및 공시를 받으려는 공사업자
는 해마다 전년도 전기공사실적, 자본금, 그 밖에 전기공사실적 증명서 등을 산업
통상자원부장관에게 신고하여야 한다.

기존의 「전기공사업법」은 전기공사자별로 수급한도액을 정하고, 이를 초과하
는 전기공사는 도급하지 못하도록 하였다. 1999년 「전기공사업법」의 개정으로 수
급한도액제도는 폐지되고 산업통상자원부장관으로 하여금 전기공사업 및 전기공
사자에 대한 정보를 종합관리하여 발주자에게 제공하여 발주자가 적정한 전기공

사업자를 선정할 수 있도록 하였다. 기존의 수급한도액제도는 사업자간에 건전한 경쟁을 제한하는 문제가 있었다. 현행 「전기공사업법」은 전기공사업자에 대한 신뢰성 있는 정보제공만 국가가 하고, 전기공사업자의 선정은 발주자가 할 수 있도록 시공능력 평가와 공시제도를 도입하여 운영하고 있다.

제 6 절   집단에너지사업법

I. 집단에너지사업의 개념

1. 집단에너지사업의 의의

집단에너지사업은 열병합발전기, 자원회수시설 등 에너지 생산시설에서 생산된 열 또는 열과 전기를 공동주택, 빌딩, 상가, 산업단지의 사업장 등 다수 소비자에게 공급하는 사업으로서 기존의 개별주택, 빌딩 또는 사업장 등에서 설치하는 난방방식에 비하여 에너지 절약효과와 오염물질 감소효과가 높은 에너지사업이다.

집단에너지사업은 본질적으로 주거·상업지역 또는 공업지역과 같이 다수의 열 사용자가 있는 지역에 대해 집중된 열원으로부터 에너지를 일괄 공급하는 사업이다. 집단에너지사업은 가스발전소 또는 쓰레기 소각과정에서 발생되는 폐열 등을 활용하여 집단에너지로 사용하기 때문에 에너지 이용효율이 높다. 일반발전은 에너지효율이 38~48%이나 집단에너지사업으로 열병합발전은 최대 85%에 이른다. 또한 집단에너지사업은 오염물질 배출저감을 통한 대기환경개선 효과가 크고,[170] 대규모의 에너지 공급을 통한 규모의 경제와 편리하고 쾌적한 에너지 공급을 통한 주민편익 증진 및 저렴한 열공급 등을 통한 산업경쟁력 강화 효과 등도 큰 에너지사업에 해당한다.

우리나라는 제2차 석유파동 이후 고유가 시대를 맞아 난방 및 전력부문에서 에너지절약의 일환으로 1985.11. 목동을 시작으로 1987.11. 반포, 여의도, 동부이촌동(지역난방공사설립) 지역에 집단에너지를 공급하였고, 1990년대 초 정부의 200만 호 주택건설계획에 따라 분당, 일산, 부천, 안양 등 지역에 집단에너지사업을 확대하였다.

---

170 SOX(44%), NOX(37%), Dust(34%) 등의 오염물질 감소효과와 30.7%의 CO2 저감(2,174천TC)효과가 있다.

집단에너지사업은 지역냉난방 집단에너지사업, 산업단지 집단에너지사업 및 병행집단에너지사업으로 분류할 수 있다. 지역냉난방 집단에너지사업은 특정지역 안에 있는 주택·상가 등 각종 건물을 대상으로 난방용·급탕용·냉방용의 열 또는 열과 전기를 공급하는 사업을 말하고, 산업단지 집단에너지사업은 산업단지 입주 업체를 대상으로 공정용 열 또는 열과 전기를 공급하는 사업이고, 병행집단에너지 사업은 지역냉난방사업과 산업단지 집단에너지사업을 병행하는 사업을 말한다.

2. 집단에너지의 의의

「집단에너지사업법」(이하 "집단에너지법"이라 한다)에 따른 집단에너지란 2개 이상 의 사용자를 대상으로 공급되는 열 또는 열과 전기를 말하고, 집단에너지사업이란 집단에너지를 공급하는 사업으로서 지역냉난방사업, 산업단지 집단에너지사업을 말한다(집단에너지법 제2조제1호 및 제2호). 지역냉난방사업은 "난방용, 급탕용, 냉방용 의 열 또는 열과 전기를 공급하는 사업으로서 자가소비량을 제외한 열생산용량이 시간당 5백만 킬로칼로리 이상"이어야 한다. 산업단지집단에너지사업은 "산업단지 에 공정용의 열 또는 열과 전기를 공급하는 사업으로서 자가소비량을 제외한 열생 산용량이 시간당 3천만 킬로칼로리 이상"이어야 한다.

3. 집단에너지의 효과

집단에너지사업은 1개소 이상의 집중된 에너지 생산시설(열병합발전소, 열전용보 일러, 자원회수시설 등)에서 생산된 열 또는 열과 전기를 주거지역, 상업지역 또는 산 업단지 내의 다수의 사용자에게 일괄적으로 공급하는 사업으로 에너지절감 및 온 실가스 감축 효과[171]가 우수하며, 분산전원으로서의 편익도 제공하고 있어 탄소중 립 실현에 적합한 에너지 공급 모델로 평가되고 있다.

---

171 집단에너지는 일반발전에 비해 에너지이용효율이 우수(일반발전: 전력 49.9%, 손실 50.1%, 열병합발전: 전 력 42.1%, 열 38.6%, 손실 19.3%)한 것으로 평가된다(출처: 한국에너지공단).

집단에너지사업의 기대효과

구 분		지역냉난방		산업단지	
		4차 실적	5차 목표	4차 실적	5차 목표
에너지 사용효율	절감률(%)	24.2	31.5	16.5	22.9
	절감량(천TOE)	8,156	16,430	7,861	19,671
온실가스 감축	절감률(%)	23.7	31.1	14.5	26.2
	절감량(천톤)	18,981	38,504	24,678	63,706
대기오염물질 배출감축량	절감률(%)	46.1	53.3	23.2	27.3
	절감량(톤)	29,416	49,586	188,308	261,828

※ 주 1. 에너지 사용효율: 사용자가 화력발전소 및 개별보일러를 설치·운영했을 때와
       대비하여 집단에너지시설을 설치·운영했을 때 절감되는 에너지 효율
   2. 제4차: 제4차 집단에너지공급기본계획('14~'18년) /
       제5차: 제5차 집단에너지공급기본계획('19~'23년)
자료: 산업통상자원부(제5차 집단에너지공급기본계획)

II. 집단에너지사업법의 연혁

1. 집단에너지사업법의 제정

집단에너지법은 1992년 6월 15일부터 시행되었다.[172] 동법률은 제정 당시에 에너지절약과 국민생활의 편익증진에 이바지하는 집단에너지공급을 확대하기 위한 제도적 기반을 마련하고, 집단에너지사업을 합리적으로 운영하며, 집단에너지시설의 설치·유지 및 운용에 필요한 사항을 정하여 안전성 확보를 목적으로 제정되었다. 동법률의 주된 내용은 동력자원부장관으로 하여금 집단에너지공급 기본계획을 수립하여 공고하도록 하고, 주택건설·택지개발 및 산업단지개발 등 개발사업에 관한 계획을 수립하는 관계기관의 장에게 집단에너지의 공급 타당성에 관하여 미리 동력자원부장관과 협의하도록 하였다. 동력자원부장관은 집단에너지공급 대상지역을 지정·공고하고, 동 지역에 대하여는 동력자원부장관이 지정하는 자가사업을 시행하도록 하였다. 또한 국가·지방자치단체 또는 개발사업을 시행하는 자에게 집단에너지사업의 시행에 필요한 자금, 부지확보 등의 지원을 할 수 있도록 하였다.

---

172 동법률은 1991년 12월 14일 법률 제4425호로 공포되었다.

집단에너지사업은 허가제로 하며, 집단에너지사업자는 요금 기타 공급조건에 관한 공급규정을 정하여 동력자원부장관의 인가를 받도록 하였다. 집단에너지사업자는 집단에너지시설의 안전을 위하여 검사를 받도록 하고, 안전관리규정을 동력자원부장관에게 신고하도록 하며, 안전관리자를 채용하도록 하였다. 한국지역난방공사를 공공법인으로 설립하여 주거 및 상업지역에 대한 집단에너지사업을 효율적으로 수행하도록 하였다. 집단에너지사업자는 「전기사업법」상 발전사업자 또는 자가용전기설비를 설치한 자로 간주된다.

2. 집단에너지법의 주요개정

(1) 1999년 개정

집단에너지법은 제정 후 1999년 개정되었다. 개정목적은 「기후변화에 관한 국제연합기본협약」에 능동적으로 대응하고, 집단에너지사업자에 대한 규제를 완화하여 집단에너지사업자의 자율성을 확대함으로써 집단에너지사업의 발전을 도모하려는 것이었다. 주요개정 사항은 「기후변화에 관한 국제연합기본협약」에 능동적으로 대응하기 위하여 집단에너지공급 기본계획에 대기오염물질 배출량의 저감목표를 포함하였고, 산업자원부장관이 집단에너지공급대상지역 안에 설치된 쓰레기 소각시설 등 열을 생산하는 시설에 대하여 집단에너지공급시설과 연결명령제도를 폐지하여 열을 생산하는 시설의 소유자 및 관리자에 대한 규제를 완화하였다. 또한 기존에는 집단에너지공급대상지역으로 지정된 지역에서는 산업자원부장관이 지정하는 자만이 집단에너지사업의 허가를 받을 수 있도록 하였으나, 동법률의 개정을 통하여 누구나 집단에너지사업의 허가를 받을 수 있도록 하였다.

(2) 2002년 개정

동법률은 2002년 1월부터 시행하도록 개정되었다. 동법률의 개정은 집단에너지공급기본계획을 5년마다 정기적으로 보완하도록 하여 집단에너지공급확대를 위한 기반을 조성하고, 집단에너지공급사업자로 하여금 공급시설의 투자비용을 확보하기 위하여 일정금액을 적립하도록 의무화하는 것을 주된 목적으로 하였다. 이를 위하여 집단에너지의 공급 대상 및 기준과 집단에너지의 공급에 관한 중·장기계획이 포함되어 있는 집단에너지공급기본계획의 수립주기를 5년으로 정하고, 집단에너지공급시설에 대한 투자비용을 확보하기 위하여 집단에너지공급사업자는 매년 결산 시 미처분 이익잉여금의 일부를 적립하도록 하였고, 한국지역난방공사의 주식 중 정부 및 정부투자기관이 소유하고 있는 주식의 비율이 다른 동일인이 소유한 주식의 비율보다 적게 되는 경우에는 공사에 관한 규정의 적용을 받지 아니하도록 하여 한국지역난방공사의 민영화에 대비하였다.

(3) 2007년 개정

동법률은 2007년 11월에 또 한 번 개정되었다. 개정목적은 인접한 집단에너지사업자 간의 열(熱)거래를 통해 에너지 이용의 효율성을 높이기 위하여 열생산자의 범위에 집단에너지사업자를 포함시키고, 집단에너지공급대상지역의 지정과 관련한 협의 및 선정 절차에 이해관계인의 의견을 듣도록 하고, 집단에너지를 공급하려는 자도 그 지정을 신청할 수 있도록 함으로써 일반 국민의 참여기회를 보장하는 것을 주된 내용으로 하였다.

(4) 2016년 개정

2016년 1월부터 시행된 개정된 동법률은 집단에너지 공급사업자에 대한 수요자의 선택권이 보장될 수 있도록 집단에너지 공급사업 허가의 요건 중 공급구역의 중복금지에 대한 기준을 완화하였다. 또한 집단에너지 공급대상지역으로 지정된 지역에서 열 생산시설을 개설 또는 증설하는 경우로서 허가 또는 변경허가를 받지 않아도 되는 경우에 대한 법률적 근거를 마련하고, 집단에너지 공급사업자인 법인의 해산결의 등이 이루어진 경우 그 사후 조치에 관한 규정을 정비하여 사업자의 자율성을 과도하게 제한하였던 절차를 간소화하였다.

(5) 2018년 개정

2018년 4월 시행된 개정 집단에너지법은 한국지역난방공사의 상장과 관련된다. 2008년 10월 한국지역난방공사에 대한 민영화 방안이 공공지분 51% 이상을 유지하는 범위 내에서 지분 일부를 매각하는 방식으로 변경되었다. 이에 따라 주식 중 일부를 유가증권시장에 상장함으로써 한국지역난방공사의 완전 민영화를 포기하고 국가 에너지산업의 공익성에 비추어 공공부문이 계속 경영권을 확보하도록 하기 위하여 자본금의 2분의 1 이상에 대하여 국가·지방자치단체 등의 출자 의무를 유지하도록 개정하였다.

　　이러한 개정은 에너지 공기업의 공공성 강화 등 정부의 정책에 부응하고 한국지역난방공사가 공기업으로서 지배구조 안정성을 확보하여 친환경, 분산형 전원인 집단에너지의 확대보급 등 공사의 설립목적과 사회적 가치를 적극적으로 실현해 나갈 수 있도록 하였다.

　　또한 한국지역난방공사가 발행하는 주식의 종류, 1주의 금액 등과 관련된 사항은 대통령령으로 정하도록 하였으나 한국지역난방공사가 유가증권시장에 상장됨에 따라 2011년 3월 시행령 개정을 통해 주식관련 사항을 규정하였던 조항이 삭제되었다. 이에 한국지역난방공사의 주식과 관련된 조항을 정비하기 위하여 필요한 사항을 개정하였다.

(6) 2023년 개정

　　2023년 개정 법률은 집단에너지시설의 효율개선과 관련된 사항이었다. 집단에너지 사용자의 설비가 노후화됨에 따라 노후 집단에너지 사용자 설비를 보수하거나 에너지효율이 높은 신규 설비로 교체하는 집단에너지시설 현대화 사업의 필요성이 증대하였다. 이에 국가나 지방자치단체가 집단에너지시설의 효율 개선, 안전 확보 등을 위하여 필요한 자금을 사업자 또는 사용자에게 지원할 수 있도록 하고, 집단에너지시설이 기술기준에 맞지 않는 경우 집단에너지시설의 개선 또는 교체를 권고할 수 있도록 하였다.

III. 집단에너지공급

1. 집단에너지공급 기본계획

(1) 집단에너지공급 기본계획의 수립

　　집단에너지법 제3조는 산업통상자원부장관으로 하여금 5년마다 집단에너지공급기본계획을 수립하거나 변경하는 경우에 공고하도록 하고 있다. 집단에너지공급기본계획은 집단에너지 공급에 관한 중·장기계획, 집단에너지 공급의 대상·기준, 집단에너지 공급에 따른 에너지 절약목표, 대기오염물질 배출량의 감소목표 및 온실가스감축 목표, 그 밖에 집단에너지 공급에 관하여 필요하다고 인정하는 사항을 포함하도록 하고 있다. 기본계획을 5년 단위로 수립하도록 한 것은 집단에너지와 관련된 기술수준의 변화, 에너지산업의 구조조정 등 여건의 변화, 기후변화협약의 추이 등을 최소한 5년 단위로 반영하여 기본계획의 합리성을 높이게 한다.

(2) 에너지관련 기본계획과의 관계

에너지분야의 최상위 계획은 「기후위기 대응을 위한 탄소중립·녹색성장 기본법」 제10조에 따른 "국가 탄소중립 녹색성장 기본계획"이다. 에너지분야에 관한 정책으로 행정계획에는 「에너지이용합리화법」에 따른 에너지이용합리화계획, 신재생에너지법에 따른 신재생에너지계획, 「전기사업법」에 따른 전력수급기본계획 등 많은 하부계획들이 수립되어 수행되고 있다.

에너지 관련 계획들의 수립절차 및 주기는 다음과 같다.

계획명	수립절차	수립주기
신재생에너지 기본계획	부처협의 → 신재생에너지정책심의회	계획기간 : 10년 이상 수립주기 : 5년
에너지이용합리화 기본계획	부처협의 → 에너지위원회	수립주기 : 5년
전력수급기본계획	부처협의 → 공청회 → 전력정책심의회 → 국회보고	수립주기 : 2년
집단에너지공급 기본계획	부처협의	수립주기 : 5년
해외자원개발 기본계획	부처협의	계획기간 : 10년 수립주기 : 5년
장기천연가스 수급계획	–	계획기간 : 10년 이상 수립주기 : 2년
에너지기술개발 계획	부처협의 → 국가과학기술자문회의	계획기간 : 10년 이상 수립주기 : 5년
석탄산업장기계획	–	–

「에너지법」 제9조에 따라 설치된 에너지위원회는 에너지 관련 계획에 관한 사항을 심의한다. 그러므로 에너지 관련 계획들은 서로 밀접히 연관되어 있어 다른 계획들과 체계적으로 연결될 필요가 있다.

2. 집단에너지 공급 협의

중앙행정기관, 지방자치단체, 「공공기관의 운영에 관한 법률」 제5조에 따른 공기업 또는 공공단체의 장은 주택건설사업, 택지개발사업, 산업단지개발사업, 그 밖에 대통령령으로 정하는 개발에 관한 계획을 수립하려면 산업통상자원부령으로 정하는 바에 따라 산업통상자원부장관과 집단에너지의 공급 타당성에 관한 협의를 하여야 한다(집단에너지법 제4조). 그 계획을 변경하려는 경우에도 또한 같다. 개발계획을 수립하는 중앙행정기관의 장 등과 산업통상자원부장관의 협의의무는 집단에너지 공급촉진을 목적으로 한다. 집단에너지의 공급촉진 정당성은 집단에너지의 효율성[173]에 있다. 에너지는 효율적인 이용을 통하여 안정적인 공급도 이룰 수 있기 때문에, 에너지 효율향상은 국가의 과제에 속한다.

집단에너지 공급 협의제도는 개발지역에 대한 집단에너지 공급타당성 검토를 통하여 집단에너지의 도입을 유도하는 것을 목적으로 한다. 협의는 중앙행정기관·지방자치단체·정부투자기관 또는 공공단체의 장이 산업통상자원부장관과 하며, 협의를 필요로 하는 개발사업의 기준은 주택·택지개발사업은 개발면적 60만㎡ 이상이거나 5천 호 이상을 개발하는 경우이고, 산업·관광단지 개발사업은 개발면적 30만㎡ 이상을 개발하는 경우이다.

3. 집단에너지 공급대상지역의 지정

(1) 지정제도

산업통상자원부장관은 기본계획을 실시하기 위하여 필요할 때, 협의 결과 집단에너지의 공급 타당성이 있을 때, 그 밖에 공급대상지역의 지정이 필요하다고 인정할 때에는 대통령령으로 정하는 바에 따라 집단에너지공급대상지역(이하 "공급대상지역"이라 한다)을 지정하고 공고하여야 한다. 공고한 사항을 변경한 경우에도 또한 같다(집단에너지법 제5조). 이에 따라 공급대상지역의 지정기준 및 지정절차는 ① 사업시행자가 집단에너지 공급 타당성 협의를 신청하면, ② 산업통상자원부장관은 해당 지역이 집단에너지 공급기준을 만족하는지 검토하여, ③ 적합인 건에 대해 공급대상지역 지정의 예비공고를 실시하고, ④ 이해관계인·지방자치단체·개발사

---

173 집단에너지는 일반발전과 비교하면, 에너지이용효율이 우수하다. 일반발전은 전력 49.9%, 손실 50.1%이나 열병합발전은 전력 42.1%, 열 38.6%, 손실 19.3%로 평가된다(한국에너지공단).

업자 등의 의견수렴을 거친 후 ⑤ 지역지정자문위원회에서 이해관계자 등의 의견
및 한국에너지공단의 검토결과를 반영하여 공급대상지역의 지정을 최종 결정하도
록 한다.

산업통상자원부장관은 공급대상지역을 지정하려면 미리 공급대상지역 지정에
관한 주요 내용을 30일 이상 공고하여야 하며, 해당 지역 주민 등 이해관계인과
개발사업시행자의 의견을 듣고 관계 중앙행정기관의 장과 시·도지사와 협의하여
야 한다. 공급대상지역을 지정한 후 대통령령으로 정하는 경미한 사항을 변경하는
경우를 제외하고, 협의한 사항을 변경할 때에도 또한 같다.

공급대상지역 지정 절차는 다른 에너지사업자 등 이해관계인을 대상으로 하
는 의견수렴절차와 공급대상지역 지정과 관련된 각종 이해관계를 사전에 조정하
고, 공급대상지역 지정절차를 보다 민주적이고 효율적이며 투명하게 운영하는 것
을 목적으로 하고 있다.

집단에너지 공급대상지역 지정과 관련한 협의 및 지정절차가 중앙행정기관이
나 지방자치단체의 협의만으로 공급대상지역 지정을 하는 경우에 공급대상지역과
이해관계가 있는 에너지사업자[174] 및 지역주민 등의 참여가 제대로 보장되지 못할
수 있고, 집단에너지사업자의 공급대상지역 지정 신청권이 법적으로 인정되지 않
아 사업추진이 다소 비효율적이라는 문제점들이 있을 수 있다.

집단에너지사업자의 공급대상지역 지정 신청이 있는 경우에 "산업자원부장관
은 이를 검토하여야 한다"라고만 규정하고, 그 후속조치나 절차에 대해서는 아무
런 규정이 없는바, 공급대상지역 지정 신청에 따른 후속절차 등에 대하여 보다 구
체적이고 명확하게 규정하는 방안을 검토할 필요가 있다.

특정지역에 집단에너지를 공급하려는 자는 산업통상자원부장관에게 공급대상
지역의 지정을 신청할 수 있다. 이 경우 산업통상자원부장관은 검토하여 산업통상
자원부령으로 정하는 기간 이내에 그 결과를 신청자에게 알려야 한다.

---

174 가장 대표적인 예가 집단에너지공급대상지역 지정예상지역에서 도시가스를 공급하고 있는 도시가스사업자이다.

집단에너지공급대상지역 지정 절차도

	택지개발예정지구 지정	국토부

	택지개발계획(안) 수립	사업시행자

①	집단에너지 공급 타당성 협의 신청 (집단에너지법 제4조)	사업시행자 → 산업부

· 협의대상 : 중앙행정기관·지방자치단체·정부투자기관 또는 공공단
　　　　　체의 장
· 협의기준
　－ 주택·택지개발사업 : 개발면적 60만m² 이상이거나 1만호 이상
　　 개발
　－ 산업·관광단지개발사업 : 개발면적 30만m² 이상

②	집단에너지 공급 타당성협의 검토	산업부 (한국 에너지공단 기술검토)

· 집단에너지 공급기준*과 비교하여 적합여부 판단
　* 제5차 집단에너지공급 기본계획

③	지역지정 예비공고(집단에너지법 제5조)	산업부

· 타당성협의 검토 결과 '적합'인 건에 대하여 집단에너지공급대상 지
　역으로 예비공고
· 지역지정에 관한 주요내용을 30일 이상 공고

④	이해관계인 협의 및 의견수렴(집단에너지법 제5조)	산업부
	· 해당 지역주민 등 이해관계인, 개발사업자, 지자체 등 의견수렴	

⑤	지역지정자문위원회(제5차 집단에너지공급 기본계획)	산업부, 한국에너지 공단

· 지역지정자문위원회에서 의견수렴 결과 및 한국에너지공단 검토결
　과를 반영하여 지역지정 최종 결정
※ 지역지정자문위원회 구성(8명): 산업통상자원부(국장), 한국에너지
　공단 1인, 에너지경제연구원 1인, 에너지기술연구원 1인, 경제·전
　력·환경·기술 부분에 대한 외부 전문가 각 1인

⑥	대상지역 지정공고	산업부

자료: 제5차 집단에너지공급기본계획 일부 발췌(지역냉난방 공급기준)

(2) 지정해제

집단에너지법은 집단에너지의 공급을 확대하고, 집단에너지사업을 합리적으로 운영하기 위해 집단에너지의 공급에 타당성이 있는 경우 등에 대해 집단에너지 공급대상지역으로 지정할 수 있도록 규정하고 있다. 그런데 집단에너지법은 한번 공급대상지역으로 지정되면 해당 지역의 집단에너지 사용자(공동주택 및 산단 입주기업 등)로 하여금 영구적으로 집단에너지를 공급받도록 하고 있고, 공급대상지역 지정 이후 장기간이 경과했을지라도 그 지정을 해제하도록 하는 법률적 근거를 두지 않고 있다. 다만, 집단에너지법 시행령은 '공급대상지역을 지정한 경우로서 공급대상지역으로 지정한 날부터 1년 이내에 사업의 허가신청이 없는 경우'와 '공급대상지역을 지정한 경우로서 해당 개발사업을 시행하기 전까지 사업의 허가신청이 없어 개발사업의 시행에 지장을 초래할 우려가 있다고 인정되는 경우'에 공급지역의 지정을 해제할 수 있다. 그러므로 집단에너지 공급대상지역으로 지정되어 집단에너지 공급이 개시되면, 해당 지역의 집단에너지 사용자(공동주택 및 산단 입주기업 등)는 영구적으로 집단에너지를 공급받을 수 있으나 공급대상지역 지정 이후 장기간이 경과했을지라도 그 지정을 해제할 수 없다. 이에 공급대상지역에 거주하는 주민들은 집단에너지시설의 노후화에 따른 난방효율 저하 및 과도한 개보수 비용 발생 등으로 인해 개별 난방으로의 전환을 희망하더라도 다른 에너지로의 전환을 할 수 없어 해당 지역주민들의 자율적인 에너지(난방연료) 선택권이 제한되는 등 불편이 가중되는 문제가 있다. 이러한 문제를 해결하기 위하여 집단에너지 공급이 개시되고, 일정한 장기간이 경과한 지역에 대하여 공급대상지역의 지정 해제제도를 도입하여 집단에너지시설의 노후화로 인해 발생하는 집단에너지 소비자들의 불편을 해소하려는 방안이 논의되었다.

집단에너지 공급대상지역의 해제는 사업수요와 관련하여 사업 안정성에 장애요인으로 작용할 우려가 있어 집단에너지사업에 투자 감소를 초래하여 집단에너지의 공급을 위축시킬 수 있다. 이는 집단에너지법이 목적으로 하는 집단에너지 활성화를 통한 에너지사용 절감 및 온실가스 저감 등과는 부합하지 않는 측면이 있다. 또한 30년 이상 운영되고 있는 공급대상지역의 지정 해제는 집단에너지시설(열병합발전소 등)이 수요 감소로 인해 운영을 중단하는 경우 인구밀집 지역인 수도권의 전력수급 안정화에 차질이 발생할 우려도 있다.[175] 뿐만 아니라 공급지역 지

---

[175] 집단에너지사업은 열 또는 열과 전기를 공급하는 사업으로, 수도권의 열병합발전소가 수요감소 등을 이유로 운

정해제는 집단에너지사업이 개별 열원시설보다 효율적인 열원시설이므로 공급대상지역 지정을 영구적으로 유지할 타당성이 있고, 현실적으로 공급대상지역 지정해제가 되면, 건축물 내 인입·매설되어 있는 열수송관은 중도해제가 불가능하며, 지정해제에 따른 인근지역과의 열연계망 훼손, 열수요 이탈 등으로 인해 기존 집단에너지 사용자로의 열공급에도 차질이 생길 수 있다.

(3) 공급대상지역 열 생산시설의 설치 허가

공급대상지역에서 대통령령으로 정하는 기준 이상의 보일러 등 열 생산시설을 신설·개설 또는 증설하려는 자는 산업통상자원부장관의 허가를 받아야 한다(집단에너지법 제6조제1항). 허가받은 자가 허가받은 사항을 변경할 때에는 경미한 사항의 변경을 제외하고는 산업통상자원부장관의 변경허가를 받아야 한다. 이 규정은 기존 집단에너지사업자에게 독점적인 지위를 부여하고 신규사업자의 진입을 제한하는 규제적 기능을 한다. 규제의 정당성은 공급대상지역에서 과도한 열 생산시설이 신설·개설되는 경우에 실질적으로 집단에너지사업이 형해화될 수 있다.

집단에너지사업의 이와 같은 제한은 경쟁제한으로 시장경제에 적합하지 않을 수 있으나 열 생산시설 등의 허가는 동일한 지역에서 열공급사업의 중복투자의 방지 및 에너지 이용의 합리화를 도모하고, 에너지원의 97% 이상을 수입에 의존하고 있는 실정을 감안하여 에너지절약을 위하여 정당화되는 규제라고 할 수 있다. 집단에너지대상지역에서 열공급시설의 신설 허가제도는 집단에너지 공급대상지역의 지정과 함께 고정적인 열수요 확보, 적정규모의 투자유도 및 중복투자의 방지를 통한 자원의 효율적 이용 등을 목적으로 한다. 집단에너지사업은 초기의 대규모투자비 소요, 자본회임기간의 장기화 등으로 공급구역의 지정 등이 없이는 확대보급이 어려운 특징을 가진 사업이다. 집단에너지 시설은 통상 주민의 사업지구에 입주 전에 일시에 시설설치를 완료하여야 하기 때문에 사업초기에는 결손발생이 불가피하며, 자본회수기간도 장기간 소요된다. 자본회수기간은 시설규모 및 시설설비계획 등에 따라 다르나 평균적인 손익분기점 도달기간은 7~8년(감가상각기간 : 20년)이라고 한다.

일정한 기준이하의 열생산용량에 대해서는 열 생산시설의 임의설치가 가능하

영을 중단하게 되면, 수도권 인근지역으로부터의 전력수급을 위한 송전선로 건설비용과 이로 인해 발생하는 사회적 갈등비용 등이 지출될 우려가 있다.

도록 하여 개별적 열공급시설의 설치가능성도 배제하지 않고 있다. 물론 허용되는 범위가 제한적이라고 할 수 있으나 이를 확대하거나 사업허가 후 증가된 열부하에 대하여는 설비를 보완하는 등 사용자의 안정적인 생산활동을 보장할 수 있도록 할 필요가 있으나 공급대상지역의 지정·공고 당시 해당 공급대상지역에 이미 설치되어 있는 열 생산시설을 개설 또는 증설하거나 신에너지 및 재생에너지를 이용한 열 생산시설을 신설·개설 또는 증설하는 경우 등에는 허가 또는 변경허가를 받지 아니할 수 있다.

지역냉난방 공급대상지역 안에서 신설되는 열 생산시설의 허가의 기준은 동법 시행령 제8조제1호에 다음과 같이 규정하고 있다.

지역냉난방 공급대상지역내에서 신설되는 허가대상 열 생산시설

구분		공동주택	주택외 건축물	
			연면적 2천㎡ 이상	연면적 2천㎡ 미만
중앙집중식	난방전용기기	보일러용량에 무관하게 허가대상	건물 1개소의 난방시설용량 총합이 20만kcal/h 이상일 때	
	냉방전용기기	빌딩기준과 동일	용량에 무관하게 허가대상임	건물 1개소의 냉방시설용량 총합이 18만kcal/h 이상일 때
	냉난방겸용기기	빌딩기준과 동일	용량에 무관하게 허가대상임	건물 1개소의 난방시설용량 총합이 20만kcal/h 이상이거나, 냉방시설용량의 총합이 18만kcal/h 이상일 때
개별방식	난방전용기기	허가대상	해당없음	해당없음
	냉방전용기기	해당없음	〃	〃
	냉난방겸용기기	〃	〃	〃
보조냉난방기기		〃	〃	〃

※ 주) 흡수식 냉온수기, 히트펌프 등의 냉난방겸용기기의 경우 중앙집중식으로 설치하는 경우는 시행령 제8조에 의거하여 산업자원부에 허가신청을 해야 하지만, 건물의 세입자가 개별적으로 설치하는 경우는 허가신청 대상으로 보지 않는다.

빌딩의 중앙집중식(허가대상)과 개별방식(비허가대상)의 비교

중앙집중식	개별방식
중앙 1곳 또는 각층에서 집중식으로 열을 공급하는 방식	건물의 세입자 개개의 방 또는 사무실마다 설치하는 전기장판, 에어컨, 냉온풍기 등에서 열을 공급하는 방식

산업통상자원부장관은 열 생산시설의 신설 등의 허가 또는 변경허가 신청을 받으면, 공급대상지역의 집단에너지 수요가 공급용량을 초과하는 경우, 지역냉난 방사업이 시행되는 공급대상지역의 주택 외의 건축물의 용도 특성상 별도의 냉방 시설이나 증기발생시설이 필요한 경우(해당 시설에 한한다), 허가 또는 변경허가 신청 자가 사업자로부터 집단에너지를 안정적으로 공급받지 못하는 경우에는 허가를 하여야 한다. 예외적으로 허가를 법률상 기속행위로 정하고 있다.

4. 자금 등의 지원

(1) 집단에너지사업의 손실발생요인

국가나 지방자치단체는 집단에너지 공급을 확대하기 위하여 사업자에게 필요 한 자금 등을 지원할 수 있다(집단에너지법 제8조제1항). 집단에너지사업자는 ① 한국 지역난방공사의 낮은 열 요금 준용, ② 공급대상지역의 주택 입주율 저조, ③ 전 력가격 하락, ④ 전력예비율 상승에 따른 전력판매 감소 등의 요인으로 인해 최근 경영의 어려움을 겪고 있다.

집단에너지사업자의 열요금을 산정하는 때에 「공공요금 산정기준」이 준용된 다. 집단에너지사업자 중 일부는 집단에너지법의 공급의무 규정에 따라 열제약발 전[176]을 하여 지역난방을 공급하고 있다. 집단에너지사업은 공익사업의 측면을 지 니고 있어 경영악화 사업자에 대한 지원의 정당성이 있다. 그러나 헌법상 손실보 상은 공공필요에 의해 적법하게 개인의 재산에 가해진 특별한 손해에 대하여 공평 부담하게 행해지는 재산적 보상으로 「헌법」 제23조제3항은 그 요건으로 '공공필요 에 의한 재산권의 수용·사용 또는 제한'을 규정하고 그에 대한 보상은 법률로 정 하도록 하고 있다. 열·전기가격 하락에 따른 집단에너지사업자의 손실은 경영악

---

176 열제약발전이란 급전우선순위에서 밀린 열병합발전소가 지역난방열을 공급하기 위해 불가피하게 발전하는 경 우를 의미한다.

화 요인에 따른 결과이지 공공의 필요에 의해 직접적으로 사업자의 재산권에 제한[177]을 가한 것은 아니므로 헌법상 손실보상 원칙에 부합한다고 보기 어렵다.

집단에너지사업의 적자는 3가지 요인에 의하여 발생한다. 첫째, 전력판매 감소에 있다. 집단에너지사업은 열·전기 동시 생산으로 종합적인 에너지효율이 80% 이상으로 전력판매가 중요하나 계통한계비용(SMP)의 하락으로 인하여 적자 폭이 확대되고 있다. 둘째, 가동률 하락이다. 열병합발전소의 전기와 열의 매출비는 약 7:3으로 전기매출이 2배 이상 많으나 LNG 열병합발전기 가동율이 하락함으로써 적자가 발생한다. 셋째, 변동비 정산이다. 열병합발전소가 열 제약 발전 시에 발전비용과 계통한계비용 중 낮은 비용으로 보상되어 자기 변동비조차 회수하지 못하는 상황에서 적자가 발생한다. 열병합발전은 분산전원으로 전력시장에 기여한 바가 높음에도 불구하고 공적가치는 미반영하고 경제급전 원칙으로만 운영되고 있어 적자가 지속되고 있다.

집단에너지사업 적자의 원인은 또한 열판매의 감소에 있다. 주거환경 변화 등에 따른 난방수요 감소, 당초 계획 대비 입주율 저조 등으로 당기순손실이 발생할 수 있다. 겨울철 기온상승, 1인 가구 증가에 의한 거주시간 감소 및 단열기술 발달 등으로 열판매는 감소하고 있다. 또한 부동산 경기 침체로 인해 당초 예상보다 실제 입주율이 낮아 열판매 저조에 따른 사업자 손실이 발생하여 집단에너지사업자의 경영 악화로 이어지게 된다. 열요금의 기준은 규모경제로 인한 원가경쟁력이 높은 한국지역난방공사를 기준으로 요금상한을 정하고 있어 중소사업자들의 원가보상이 어려운 실정이다. 지역냉난방을 공급받는 세대 중 50% 이상의 냉난방을 공급하는 사업자(시장 기준사업자로 한국지역난방공사)의 110%를 요금 상한으로 정하고 있다(「지역냉난방 열요금 산정기준 및 상한 지정」 고시 제9조제1항). 집단에너지사업은 초기에 많은 투자비용이 발생되는데, 그 비용 관련 과도한 차입금과 이자비용 등으로 당기순손실이 발생하고 있다.

(2) 편익보상

집단에너지는 분산에너지로서 편익과 온실가스감축의 효과가 있어, 집단에너

---

177 공공필요에 의한 재산권 제한 사례 : 국토교통부 장관 또는 시·도지사가 벽지산간 노선이나 수익성 없는 노선에 대해 운행을 명령할 경우, 해당 운행명령을 이행(운수사업자의 여객자동차에 대한 재산권 제한)하여야 하고, 사업자가 입은 손실에 한정하여 보상을 하도록 규정(「여객자동차운수사업법」 제23조)하고 있다.

지의 확대는 결과적으로 송전망 건설회피, 전력계통편익, 송전손실 저감, 에너지효율 증대 및 온실가스저감 효과가 있다. 이러한 측면에서 집단에너지사업 확대에 대한 제도는 정당성을 가진다. 집단에너지는 전력 수요지 인근에 위치하여 열·전기의 공급을 통해 송전망 건설회피, 송전손실 저감, 전력계통편익 등의 분산편익을 제공하는 대표적인 분산형 전원 시스템에 해당한다. 집단에너지가 가지는 분산편익은 다음과 같다[178].

집단에너지사업의 분산편익

구 분	편 익	내 용
송전망 건설회피	9.1원/kWh	수요지 인근에 위치하여 송전망 건설 회피에 기여
송전손실 저감	5.7~7.3원/kWh	수요지 인근에 위치하여 원거리 발전소에 비해 송전손실 저감
전력계통편익	5.6원/kWh	수요지 위치 CHP는 송전선로 사고에 따른 광역 정전 위험 감소

자료 : 산업통상자원부

집단에너지의 분산편익에 대하여는 집단에너지법이 아니라 「분산에너지 활성화 특별법」 제46조에서 분산에너지사업의 사회적·경제적 편익확대에 관하여 규정하고 있다. 집단에너지사업은 대표적인 분산에너지사업으로 사회적·경제적 편익이 있으나 이에 대한 직접적인 보상에 대하여는 특별하게 규정하지 않고 있다.

집단에너지는 환경측면에서는 지역냉난방사업의 경우에 천연가스를 연료로 사용하고, 열병합발전을 통해 에너지 효율을 높임으로써 에너지 절감 및 온실가스를 감축[179]하는 효과가 있다.[180]

집단에너지법은 집단에너지사업이 가지는 에너지 효율개선과 안전확보를 위하여 자금을 지원할 수 있도록 하고 있다(집단에너지법 제8조제1항). 집단에너지의 열

---

178 산업통상자원부는 집단에너지 분산편익이 연간 3,366억 원에 이른다고 분석하고 있다.
179 산업통상자원부에 따르면 '14년~'18년 동안의 집단에너지 온실가스 배출 절감 예상량은 23,075천 톤으로 4,615억 원의 경제적 효과가 창출되는 것으로 분석된다.
180 집단에너지사업 중 산업단지 집단에너지사업의 경우 연료의 55%를 석탄으로 사용하고 있어, 석탄을 주연료로 사용하는 산업단지 집단에너지사업은 친환경이라고 할 수는 없다.

효율 개선은 집단에너지사업자의 열공급시설과 사용자의 사용시설이 에너지효율에 적합한 시설이어야 한다. 집단에너지법은 지원의 대상을 집단에너지사업자를 포함하여 집단에너지 사용자의 관리에 속하는 사용자 기계실 내의 열교환기, 순환펌프 등과 같은 집단에너지 사용시설(이하 "사용시설")181에 대한 지원 근거를 두고 있다. 집단에너지 사용자의 관리에 속하는 사용시설이 노후화됨에 따라 발생하는 안전사고, 에너지소비효율 저하, 사용자 불편 등을 방지하기 위하여 사용시설의 개선 및 교체를 유인하기 위하여 지원에 대한 규정을 두고 있다.

(3) 개발사업자의 부지지원

개발사업을 시행하는 자는 사업자가 공급대상지역에 대한 사업을 하는 데에 필요한 부지 확보 등의 지원을 하여야 한다. 산업통상자원부장관은 개발사업자와 협의 결과 집단에너지의 공급 타당성이 있다고 인정하는 경우에는 개발사업시행자에게 공급시설의 설치에 필요한 부지의 확보를 요청할 수 있다. 개발사업을 시행하는 자는 부지확보의 요청을 받은 경우에는 이를 토지이용에 관한 계획에 반영하여야 한다.

(4) 신재생에너지 집단에너지 사업의 우선지원

국가나 지방자치단체는 집단에너지사업자에게 자금 등을 지원할 때에 천연가스(액화한 것을 포함한다) 또는 신에너지 및 재생에너지를 연료로 사용하는 사업자에 대하여 우선적으로 지원할 수 있다(집단에너지법 제8조제3항).

동규정은 집단에너지사업자가 열 또는 열과 전기를 생산하는 과정에서 배출하는 환경오염물질을 최소화함으로써 지구온난화 등 환경피해를 방지함과 아울러 국민건강의 증진에 기여하는 것을 목적으로 하고 있다. 집단에너지사업자가 사용하고 있는 연료의 종류별 구성비를 지역냉난방사업과 산업단지 집단에너지사업 간에 상당한 차이가 있다. 지역냉난방사업은 천연가스의 사용비중이 절대적으로 높으나 산업단지 집단에너지사업은 천연가스의 비중은 극히 적고(약 0.1%), 환경오염물질을 상대적으로 많이 배출하는 유연탄, 벙커씨유 및 저유황왁스유의 사용비

---

181 「집단에너지사업법」 제2조제7호는 사용시설을 "집단에너지의 사용을 위한 시설로서 사용자의 관리에 속하는 시설"로 정의하고 있으나, 「집단에너지사업법 시행규칙」은 공급시설(열원시설, 열수송시설)에 대하여만 규정하고 있고 사용시설의 상세 구분에 대하여는 규정하고 있지 않다.

중이 높다. 천연가스의 사용비중에 있어서 지역냉난방사업과 산업단지 집단에너지
사업자 간에 이와 같은 차이를 보이는 주된 이유는 지역냉난방사업의 경우에는 주
로 인구밀집도가 높은 주거지역에 시설이 입주함으로써 「대기환경보전법」 등 관
련법령에 의하여 의무적으로 천연가스 등 청정연료를 사용하도록 하는 데에 그 주
된 원인이 있다. 그러므로 대기오염기준이 약한 일부 지역냉난방사업시설이나 대
부분의 산업단지 집단에너지사업시설에서는 천연가스보다 연료비가 더 저렴한 유
연탄이나 저유황왁스유 또는 벙커씨유 등의 연료를 더 많이 사용하고 있다. 그러
므로 천연가스 등 청정연료를 사용하는 사업자에 대하여 필요한 자금 등을 우선적
으로 지원하여 청정연료를 사용하는 사업자들의 연료비 부담을 경감하여 집단에
너지사업자들의 청정연료 사용 확대를 적극적으로 유도할 수 있다[182].

IV. 집단에너지사업허가

1. 사업허가

(1) 사업허가제도의 발전

집단에너지법의 제정 당시에는 「기후변화에 관한 국제연합기본협약」을 목적
규정에 포함하지 않았다. 1998년에 개정된 동법률의 목적에 기후변화협약의 능동
적 대응을 포함하였다. 이는 집단에너지사업은 열과 전기를 동시에 생산하는 특징
으로 인하여 에너지효율성이 높고, 집단에너지사업 중 지역냉난방사업은 천연가스
를 연료로 사용함으로써 온실가스의 배출량이 석탄화력발전보다 적게 배출하여
기후변화에 기여함을 강조하기 위한 것이다.

집단에너지사업은 제정 당시에 지방자치단체, 한국지역난방공사 또는 지방공
단 등에서 동력자원부장관이 지정하는 자만이 시행할 수 있었다. 1998년 동법의
개정을 통하여 집단에너지사업자에 대한 규제를 완화하여 사업자를 법률과 동법
시행령에서 열거한 사업자로 제한하지 않고, 일정한 기준을 충족하는 자에게는 집
단에너지사업을 할 수 있도록 하였다. 동법률의 제정당시 도입한 사업자 지정제도
는 집단에너지사업 보급초기에 집단에너지사업이 에너지절약 효과와 환경개선에

---

182 집단에너지사업의 연료를 석탄에서 천연가스로 연료 전환을 하는 경우에 대규모 설비 개체 투자가 필요하다.
   석탄을 천연가스로 연료를 교체하여 사용하는 집단에너지사업은 열(증기)생산 원가가 적게는 2.3배에서 많게
   는 3.6배까지 상승해 천연가스를 사용할 경우 사업성이 크게 떨어져 사업자는 자발적으로 연료전환을 할 수
   있는 유인효과가 적다.

도 크게 기여함에도 불구하고 막대한 초기투자비 및 투자비 회수기간이 장기화되
는 등의 특성으로 민간기업의 자발적인 사업참여를 기대하기 곤란한 상황에서 정
부가 집단에너지사업의 이행수단의 일환으로 공급대상지역으로 지정·고시한 지역
의 경우에 한해 지방자치단체 또는 한국지역난방공사 등을 사업시행자로 지정하
여 사업허가 신청을 하도록 하였다. 그러나 사업자지정제도는 동법률의 제정 당시
입법취지와는 달리 여타 민간기업의 집단에너지사업 시장진입에 대한 진입장벽으
로 작용할 소지가 있었고, 지방자치단체의 열악한 재정여건 및 사업시행자 지정이
가능한 기업은 사업참여를 거부하였고, 지역난방사업 추진전담기관으로 설립된 한
국지역난방공사가 적극적인 사업확대 의지를 보임에 따라 사업시행자 지정제도의
활용 필요성이 없어졌으며, 실제적으로 지정한 사례도 없어, 사업시행자 지정제도
를 폐지하게 되었다.

(2) 적극적 허가기준

집단에너지사업을 하려는 자는 산업통상자원부장관의 허가를 받아야 하고, 허
가받은 사항 중 열공급구역의 증감, 열발생설비 설치장소·종류의 변경 등이 있는
경우에는 변경허가를 받아야 한다(집단에너지법 제9조).

집단에너지사업의 허가기준은 ① 사업의 개시가 일반인의 수요에 적합하고
에너지 절감, 환경개선 등 공공의 이익에 이바지할 수 있을 것, ② 공급용량이 공
급구역의 수요에 적합할 것, ③ 사업을 수행하는 데에 필요한 재원과 기술능력이
있을 것, ④ 공급구역이 다른 사업자의 공급구역과 중복되지 아니할 것(다만, 허가를
신청하려는 공급구역이 공급대상지역이 아닐 것, 허가를 신청하려는 공급구역에서 집단에너지를 공
급하는 기존 사업자가 그 사업자만으로는 해당 공급구역의 수요를 충족하기 어렵다고 인정하는 경
우일 것)이다. 허가기준 중 '환경개선' 등 공공의 이익에 이바지할 수 있을 것은 개
별난방 및 발전시설 설치 대비 집단에너지시설 설치에 따른 온실가스 등의 저감효
과를 의미한다.

그러나 집단에너지법은 허가기준을 모두 충족하는 경우로서 산업통상자원부
장관이 공급구역의 중복을 허용하여도 된다고 인정하는 경우에는 허가기준에 적
합한 것으로 규정하고 있다(집단에너지법 제9조제2항).

(3) 공급구역 중복금지 원칙과 예외

집단에너지사업법은 사업자가 공급구역별로 산업통상자원부의 허가를 받도록 하면서 허가기준의 하나로 사업의 공급구역이 중복되지 아니하도록 하고 있다. 이는 집단에너지사업자에게 공급구역별로 배타적 공급권을 인정하여 집단에너지사업에 필요한 열공급시설의 활용경제성을 확보하려는 데에 그 목적이 있다. 이를 통하여 집단에너지사업의 활성화를 실현하게 된다.

공급구역은 크게 두 가지로 구분할 수 있다. 산업통상자원부장관이 지정·공고한 '공급대상지역'인 공급구역과 이외의 일반공급구역이다. '공급대상지역'인 공급구역은 택지개발구역, 국가산업단지 등 집약적인 열 수요가 예정된 곳에 단독 집단에너지사업자를 선정하여 열을 공급하는 것이다. 이에 반하여 일반공급구역은 사업자와 열 수요자 간의 자발적인 열수급 계약에 따라 열을 공급하는 구역이다.

공급대상지역인 공급구역과 일반공급구역의 비교

	공급대상지역인 공급구역	일반공급구역
특 징	택지개발구역, 국가산업단지 등 집약적인 열수요가 예정된 곳에 단독 사업자를 선정하여 열을 공급하는 것	단독 사업자가 존재하지 않으며, 계약에 의해 열공급이 가능함
사업허가 대상	공급대상지역	공급대상지역 이외의 지역에서 사업자와 열수요자가 자발적으로 체결한 계약
공급의무 범위	공급대상지역 내에서 발생하는 모든 열수요	열수급 계약을 맺은 물량

공급대상지역인 공급구역의 사업자는 해당 공급대상지역 내에서 발생하는 모든 열수요에 대해서 열을 공급할 의무가 있다. 그러나 집단에너지사업자는 해당 일반공급구역에서 열수급 계약을 맺은 물량에 한해서 열을 공급할 의무를 부담하게 된다(집단에너지법 제16조).

정부는 기존 중앙난방이나 개별난방방식보다 저렴하고 효율적인 열을 공급할 수 있는 집단에너지사업을 국가 정책적으로 도입하면서 사업자의 최소한의 이윤을 보장하고 설비 중복에 따른 자원 낭비를 줄이기 위하여 1991년 집단에너지법 제정 당시부터 공급구역 중복을 금지하였다. 그러나 ① 허가를 신청하려는 공급구역이 공급대상지역이 아닌 일반공급구역[183]이고, ② 집단에너지를 공급하는 기존 사업자가 해당 공급구역의 수요를 충족하기 어렵다고 인정하는 경우에는 공급구역이 중복되어도 설비의 중복투자로 인한 자원이 낭비되지 않는다.

공장 증설 등의 이유로 열 수요자가 추가적인 열공급이 필요한 경우에도 해당 공급구역의 집단에너지사업자가 공급여력이 없어 추가적인 열을 공급하지 못하는 경우에 공급구역 중복금지의 원칙으로 인하여 수요자는 다른 사업자로부터도 열을 공급받을 수 없게 되는 문제가 있다. 추가적인 열을 공급받기 위해서는 열수요자는 직접 집단에너지사업 허가를 받아 자체 공급하거나 기존 집단에너지사업자가 다른 사업자로부터 열을 공급받아 수요자에게 열을 전달하는 등 우회적인 수단을 사용할 수밖에 없다. 다른 열공급사업자로부터 열공급을 받을 수 없게 되면 실질적으로 열을 필요로 하는 열수요자에 대한 공장 증설 등의 행위를 제약하게 된다. 하나의 공급구역에서는 열공급이 부족하고 다른 공급구역에서는 열생산 유휴설비가 존재하더라도 이를 활용할 수 없어 제도운영에 있어서 비효율적인 부분이 존재하여 공급구역의 중복금지를 일부 완화하고 있다.

(4) 집단에너지사업과 환경영향평가

집단에너지법에 따라 사업의 허가를 받은 사업자는 집단에너지시설을 설치하기 위하여 관련된 인·허가를 받아야 한다. 특히 집단에너지사업의 개발과 관련하여 중요한 허가는 환경영향평가이다. 「환경영향평가법」은 환경에 영향을 미치는 사업을 시행할 때 해당 사업이 환경에 미치는 영향을 미리 예측·평가하고 환경보전방안을 마련하는 환경영향평가 제도 등에 대하여 규율하고 있다. 「환경영향평가법」은 집단에너지사업 중 ① 발전시설용량이 1만kW 이상(공장용지·산업용지에 설치시 3만kW 이상)인 열발생설비를 설치하는 경우(이하 "환경영향평가 대상규모"), ② 발전시설용량이 30% 이상('09년 이전에 승인된 사업은 15% 이상) 증가한 경우 및 ③ 발전시설용량 증가 규모가 환경영향평가 대상규모에 해당하는 경우에 대하여 공사계획의 승인 전에 환경영향평가 절차를 거치도록 하고 있다.[184] 그러므로 집단에너지

---

183 공급대상지역인 공급구역의 경우 공급대상지역 내에서 발생하는 모든 열수요에 대해서 공급할 것을 이미 계약으로 체결하였기 때문에 공급대상지역의 열공급자는 해당 공급구역에서 발생하는 모든 수요에 대하여 열을 공급할 의무가 있다. 그러므로 일반공급구역에만 공급구역의 중복을 허용하고 있다.

184 2009년 이전의 집단에너지사업은 환경영향평가 대상사업이 아니었으나 「환경영향평가법 시행령」 별표의 개

사업자는 집단에너지사업의 허가·변경허가 이후에 「환경영향평가법」에 따른 환경
영향평가 절차를 거쳐야 한다. 「환경영향평가법」은 사업자로 하여금 환경영향평가
절차를 통해 주민의견 수렴(제25조)과 환경영향평가 협의 내용의 반영(제30조)을 의
무화하고 있고, 착공 시부터 준공 후 5년까지 해당 사업이 주변 환경에 미치는 영
향을 조사하여 환경피해를 방지하기 위한 조치의 이행(제36조)을 의무화하고 있다.

집단에너지사업 절차도

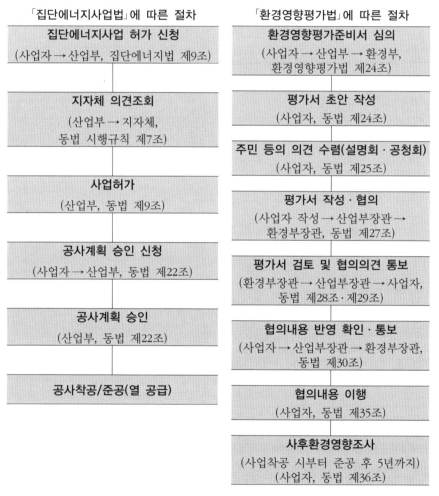

자료: 「집단에너지사업법」 및 「환경영향평가법」 요약·정리

「환경영향평가법」은 집단에너지사업의 발전시설용량 증가 규모가 환경영향평가 대상이 아닌 경우에는 사업자로 하여금 환경보전방안을 마련하여 변경되는 사업계획에 반영하도록 하고 있다(제33조). 「환경영향평가법」은 환경영향평가를 거치지 않고 공사를 하거나 사후환경영향조사를 미이행한 경우 등에 대해 벌칙(제74조)을 부과하고 있고, 환경영향평가 협의내용 이행에 필요한 조치명령을 위반하거나 사후환경영향조사결과 주변 환경 피해를 방지하기 위한 조치를 미이행한 경우 등에 대해 과태료를 부과하고 있다.

(5) 소극적 허가기준(결격사유)

집단에너지사업 허가의 결격사유는 피성년후견인, 파산선고를 받고 복권되지 아니한 자, 사업허가가 취소된 후 2년이 지나지 아니한 자, 에너지사업관련 법률을 위반하여 징역의 실형을 선고받고 그 집행이 끝나거나(집행이 끝난 것으로 보는 경우를 포함한다) 집행이 면제된 날부터 2년이 지나지 아니한 자, 에너지관련 법률을 위반하여 징역형의 집행유예를 선고받고 그 유예기간 중에 있는 자, 임원 중에 결격사유에 해당하는 자가 있는 법인이다.

2013년 7월 1일부터 시행되는 개정된 「민법」은 기존의 한정치산자·금치산자를 후견제도(성년후견·한정후견 등)로 개정하였다. 그러므로 현행 「민법」은 질병, 장애, 노령, 그 밖의 사유로 인한 정신적 제약으로 사무를 처리할 능력이 지속적으로 결여된 사람에 대해서 성년후견[185]을, 동 능력이 부족한 사람에 대해서는 한정후견[186]을 가정법원의 심판을 통해 개시할 수 있도록 하고 있다. 이로 인하여 기존에 한정치산자로 규정한 법률규정은 모두 피성년후견인으로 수정되지 아니 하였다. 이는 기존의 한정치산자가 법률행위를 함에는 법정대리인의 동의를 얻도록 하고 있었던 종전 「민법」과 달리 개정된 현행 「민법」은 "가정법원은 피한정후견인이 한정후견인의 동의를 받아야 하는 행위의 범위를 정할 수 있다"고 규정하고 있다.

---

[185] 「민법」 제9조에 따르면 가정법원은 질병, 장애, 노령, 그 밖의 사유로 인한 정신적 제약으로 사무를 처리할 능력이 지속적으로 결여된 사람에 대하여 본인, 배우자, 4촌 이내의 친족, 미성년후견인, 미성년후견감독인, 한정후견인, 한정후견감독인, 특정후견인, 특정후견감독인, 검사 또는 지방자치단체의 장의 청구에 의하여 성년후견개시의 심판을 한다. 가정법원은 성년후견개시의 심판을 할 때 본인의 의사를 고려하여야 한다.

[186] 「민법」 제12조(한정후견개시의 심판)에 따르면 "가정법원은 질병, 장애, 노령, 그 밖의 사유로 인한 정신적 제약으로 사무를 처리할 능력이 부족한 사람에 대하여 본인, 배우자, 4촌 이내의 친족, 미성년후견인, 미성년후견감독인, 성년후견인, 성년후견감독인, 특정후견인, 특정후견감독인, 검사 또는 지방자치단체의 장의 청구에 의하여 한정후견개시의 심판을 한다".

그러므로 가정법원이 한정후견인의 동의를 받도록 정한 행위를 제외하고는 피한 정후견인이 법률행위를 온전하게 할 수 있도록 하고 있다. 이로 인하여 피한정후견 인을 일률적으로 결격사유에 규정하지 않고, 가정법원의 판단에 따라 해당 자격 또는 업무에 대한 행위능력 여부가 결정되도록 하고 있다. 또한 피한정후견인이 한정치산자보다 폭넓은 개념이어서 결격사유가 확대될 우려가 있는 점도 고려한 것이다.

이와 관련하여 법무부[187]는 각 결격조항의 금치산자는 피성년후견인으로 대체 하되,[188] 피한정후견인의 경우에는 ① 종래 한정치산자와 달리 원칙적으로 온전한 행위능력을 보유하고 가정법원이 동의유보를 결정한 법률행위만 사후적으로 취소 가능하므로 획일적으로 자격 등을 박탈하여야 할 사유가 없고, ② 가벼운 정신장 애의 피한정후견인까지 획일적으로 그 자격을 배제 내지 박탈하게 되는 경우 평등 권, 공무담임권, 직업선택의 자유에 대한 과잉금지원칙 위반, UN 장애인권리협약 위반 등 위헌소지가 있으며, ③ 타법에서 상정하는 당사자의 발령, 휴직, 퇴직 관 련 조항으로 사후적 관리가 가능하므로, 결격조항에서 피한정후견인을 규정하지 않도록 결격조항 정비방향을 제시한 바 있어[189], 결격사유의 대상에 피한정후견인 을 포함하지 아니하였다.

기존에 피성년후견인 및 파산선고를 받고 복권되지 아니한 자는 집단에너지 사업 허가 취소 대상으로 규정하고 있고, 해당 사유로 허가가 취소된 경우 2년이 경과하지 아니하면 다시 허가를 받을 수 없도록 결격사유를 규정하고 있었다. 그 러나 이 경우에 사업을 수행할 수 없는 행위능력을 지닌 자에 대해 허가를 취소한 이후 이러한 취소처분을 다시 결격사유로 규정하고 있어 이중제재의 측면이 있고, 헌법상 과잉금지원칙[190]에 위반된다고 할 수 있다. 이에 법제처는 2016년 10월에 동 사항을 헌법합치성 정비과제로 선정하여 국민의 직업선택권의 자유를 최대한 으로 보장하고 다른 법률과의 형평성을 제고하기 위해 행위능력 관련 취소처분을 사업허가의 결격사유에서 제외하도록 함으로써 현행과 같이 개정되었다.

---

187 법무부, "개정 민법상 성년후견제 시행에 따른 결격조항 정비의 기본방향," 2012. 2.
188 피성년후견인이 체결한 대부분의 법률행위는 후견인이 취소 가능하므로 종래의 금치산자의 경우와 유사하다는 점을 그 이유로 제시하였다.
189 법무부는 결격규정에 대한 구체적인 판단은 법률의 목적·취지에 따라 상이할 것이므로 소관부처가 자율적으 로 판단하여 결정할 사항이라는 입장도 밝혔다.
190 국민의 기본권은 필요한 경우에 한하여 법률로써 최소화하여 제한해야 한다는 헌법원칙이다.

2. 집단에너지사업의 승계

(1) 승계권자

집단에너지사업은 산업통상자원부장관의 허가를 받아야 하는 소위 허가사업에 해당한다. 집단에너지사업 허가는 물적 허가에 해당하기 때문에 양도·양수 등이 가능하다. 집단에너지법은 '사업자가 사망한 경우 그 상속인', '사업자가 그 사업의 전부 또는 일부를 양도한 경우 그 양수인', '법인인 사업자가 합병한 경우 합병 후 존속하는 법인이나 합병으로 설립되는 법인'이 종전의 사업자의 지위를 승계한다(집단에너지법 제12조제1항). 양도·양수에 의한 집단에너지사업의 지위승계는 기존의 사망에 따른 상속이나 사업자의 자발적인 의사에 따라 허가를 받은 집단에너지사업을 양수인에게 이루어진다.

상속이나 양수에 의한 기존 사업자의 자발적인 의사에 기인하는 집단에너지사업자의 지위승계와는 달리 기존 사업자의 파산, 조세체납 등에 의하여 채권자 등의 법적 강제절차에 따라 지위승계가 이루어지는 비자발적인 지위승계가 있다. '「민사집행법」에 따른 경매', '「채무자 회생 및 파산에 관한 법률」에 따른 환가(換價)', '「국세징수법」, 「관세법」 또는 「지방세징수법」에 따른 압류재산의 매각', '그 밖에 이에 준하는 절차'에 따라 공급시설의 전부를 인수한 자는 종전 사업자의 지위를 승계한다(집단에너지법 제12조제2항).

(2) 지위승계의 신고의무

집단에너지법의 제정 당시에 집단에너지사업자가 그 사업을 양도·양수하거나 합병하고자 하는 경우에는 산업자원부장관의 인가를 받도록 하였으나 1998년 동 법률의 개정을 통하여 집단에너지사업의 원활한 구조조정을 위하여 이를 신고제로 전환하였다. 사업의 승계신고는 승계자에게 적법하게 사업을 할 수 있는 권리를 설정하여 주는 행위로서 수리가 필요한 신고이다. 허가와 동일한 법률효과를 발생시키므로 사업승계를 받는 자에 대해 집단에너지법 제9조에서 정하는 허가기준에 부합하는지 검토가 필요하다. 형식상의 요건을 충족하는 경우 신고서가 접수기관에 도달된 때에 신고된 것으로 간주하는 수리를 요하지 않는 신고에 해당하지 않는다. 여기서 신고를 수리를 요하지 않는 신고로 해석하는 경우에 행정청의 적절한 검토 없이 수리가 이뤄져 안전관리 공백이 발생할 가능성이 있다.

　　지위승계를 한 자는 결격사유에 해당하지 않아야 한다. 상속으로 집단에너지
사업자의 지위를 승계한 자가 결격사유에 해당하는 경우에 해당 집단에너지사업
을 승계할 수 없다. 그러므로 상속을 받은 후 일정기간 내에 매각 등을 통하여 승
계된 지위를 다른 자에게 양도하거나 합병을 진행하여야 한다. 이에 따라 피상속
인이나 임원의 결격사유에는 해당 사유에 해당하게 된 날 또는 상속을 시작한 날
부터 6개월이 되는 날까지는 집단에너지사업을 취소하지 않도록 하고 있다(집단에
너지법 제15조제2항).

V. 집단에너지사업자의 의무

1. 집단에너지 공급의무

(1) 공급의무의 정당성

　　집단에너지사업자는 그 허가받은 공급구역에 있는 사용자에게 정당한 사유
없이 집단에너지 공급을 거부하여서는 아니 된다(집단에너지법 제16조). 열생산자는
사업자와 수급계약을 체결한 경우에는 정당한 사유 없이 그 열공급을 거부하여서
는 아니 된다. 계약자유의 원칙은 사적 자치원칙에 기반하여, 개인이 독립된 자율
적 인격을 가진 권리주체로서 타인과의 법적 생활을 영위함에 있어 법령을 위반하
지 아니하는 범위에서 자유에 따라 계약으로 법률관계를 형성할 수 있는 원칙으로
국가와 법도 그러한 자유의 결과를 허용하여야 한다는 원칙을 말한다. 집단에너지
법 제16조는 집단에너지사업자와 사용자 간의 집단에너지공급이라는 계약에 대하
여 사업자의 자유를 법률적으로 제한하고 있다. 이것은 계약자유의 원칙에 대한
제한에 속하나 정당한 제한이라고 할 수 있다.

　　집단에너지법은 열생산자를 열을 생산하거나 발생시키는 자로 사업자와는 구
분해서 정의하고 있다. 생산 또는 발생된 열을 사용자에게 판매·유통하는 것에 대
해서는 집단에너지 '사업'의 영역으로서 산업통상자원부장관의 허가를 받도록 하
고 있다. 사업자 이외의 자가 집단에너지 공급대상지역에서 보일러 등 일정규모
이상의 열 생산시설의 신설 등을 하려는 경우 별도의 허가[191]를 받도록 하여 사업
자의 배타적인 열공급권을 인정하고 있다. 그러므로 집단에너지법은 산업통상자원

부장관이 지정·공고한 공급대상지역에 사업허가를 받은 집단에너지사업자가 독점적으로 열을 공급하도록 제한하고 있고, 사업자가 아닌 열생산자가 사용자에게 직접 열을 공급하는 것은 허용되지 않는다.

(2) 집단에너지사업자의 배타적 열공급원칙

집단에너지사업은 사업지역 내에서 열공급에 대한 사업자의 배타적 공급권을 인정하고 있다. 그러므로 집단에너지사업자가 아닌 열생산자는 직접 열사용자에게 열을 판매하지 못하고, 집단에너지사업자를 통하여 열을 판매하여야 한다. 열생산자는 사업자에게 열을 공급하려면 요금이나 그 밖의 공급조건에 관한 수급계약을 체결하여야 하고, 해당 수급계약에 따라 열을 공급하여야 한다.

열생산자는 공급대상지역 내의 사용자에게 직접 열을 공급하여서는 안된다(집단에너지법 제16조제3항). 집단에너지법은 열생산자[192]를 열을 생산하거나 발생시키는 자로 사업자와는 구분해서 정의하고 있고, 생산 또는 발생된 열을 사용자에게 판매·유통하는 것에 대해서는 집단에너지 '사업'의 영역으로서 산업통상자원부장관의 허가를 받도록 하고 있다. 산업통상자원부장관이 집단에너지 공급대상지역을 지정·공고하도록 하고(집단에너지법 제5조), 공급구역별로 사업허가를 받되 해당 공급구역이 다른 사업자의 공급구역과 중복되지 않아야 한다고 규정(집단에너지법 제9조)하여 하나의 공급구역에는 하나의 사업자에게 공급권을 인정하고 있다. 이러한 이유는 열생산자가 사용자에게 직접 열공급을 복수의 사업자에게 공급하게 하면, 열공급설비의 중복으로 자원낭비가 초래되어, 사업자의 초기 투자비를 장기에 걸쳐 회수하는 사업의 특성상 집단에너지 공급체계를 무력화시키는 결과를 방지하기 위한 것이다.

집단에너지사업자 이외의 자가 집단에너지 공급대상지역에서 보일러 등 일정 규모 이상의 열 생산시설의 신설 등을 하려는 경우 별도의 허가를 받도록 하여 사업자의 배타적인 열공급권을 인정하고 있다(집단에너지법 제6조제1항). 그러므로 집단에너지법은 산업통상자원부장관이 지정·공고한 공급대상지역[193]에서 집단에너지

---

192 열생산자에는 주로 소각장(자원회수시설), 발전소 등 사업 과정에서 열을 생산하거나 발생시키는 자가 포함된다(집단에너지법 제2조제8호). 「집단에너지사업법」에 따라 열생산자는 사용자에게는 열공급을 할 수 있다.

193 집단에너지공급대상지역은 집단에너지법 제5조에 의해 산업통상자원부장관이 집단에너지 공급 기본계획에 의하거나 집단에너지 공급의 타당성이 있는 경우에 지정·공고하는 지역으로 주로 신도시 등 택지개발지역, 산업단지처럼 집약적인 열수요가 예측되는 곳이 대부분이다.

사업 허가를 받은 집단에너지사업자로 하여금 독점적으로 열을 공급하도록 제한하고, 사업자가 아닌 열생산자가 사용자에게 직접 열을 공급하는 것은 허용되지 않는다.

(3) 수급계약의 조정

열생산자나 사업자 간에 수급계약이 체결되지 아니하는 경우에는 산업통상자원부장관에게 조정을 신청할 수 있다. 산업통상자원부장관은 수급계약에 대하여 조정신청을 받으면 이를 다른 당사자에게 알리고, 기간을 정하여 의견서를 제출할 기회를 주어야 한다. 산업통상자원부장관은 정하여진 기간이 지나면 조정안을 작성하여 당사자에게 그 수락을 권고하여야 한다.

2. 공급시설의 설치·개시의무

집단에너지사업자는 산업통상자원부장관이 정하는 기간 내에 공급시설을 설치하고 사업을 개시하여야 한다. 이 경우 산업통상자원부장관은 공급구역별 또는 공급시설별로 그 기간을 정할 수 있다(집단에너지법 제11조). 산업통상자원부장관은 사업자로부터 제1항에 따른 기간의 연장 신청을 받은 경우 정당한 사유가 있다고 인정할 때에는 그 기간을 연장할 수 있다.

집단에너지사업자의 사업개시의무는 허가에 부과하는 정지기한과 구별된다. 집단에너지사업 허가의 정지기한은 사업허가의 효력이 공급시설을 설치하여 사업개시일까지 정지되도록 하는 행정처분의 부관으로 기한에 속한다. 그러나 집단에너지법에 따른 사업개시의무는 산업통상자원부장관이 정하는 기간 내에서 실제 사업을 할 의무를 추가적으로 부과하는 것이다. 그러므로 집단에너지사업 허가를 받은 자는 공급시설을 설치하여 개업개시를 하기 전 기간에도 집단에너지사업자로서 법률상 의무를 지게 된다. 그러나 정지기한부 집단에너지 사업허가는 허가를 받은 집단에너지사업자의 집단에너지 사업허가의 효력이 공급시설을 설치하여 사업을 개시하기 전까지 사업허가의 효력이 정지되는 점에서 집단에너지법 제11조 제1항에 따른 공급시설설치와 사업개시의무와 구별된다.

또한 허가권자인 산업통상자원부장관은 정지기한을 집단에너지 사업허가 시에 부과하거나 하지 아니할 재량권을 가지고 있다. 이에 반하여 집단에너지법 제11조에 따른 공급시설 설치와 사업개시에 관한 기간은 산업통상자원부장관이 집단에너지사업 허가 시에 정하거나 사후에도 정할 수 있다.

3. 공급규정의 신고의무

(1) 공급규정의 신고제도

집단에너지사업자는 요금, 요금감면이나 그 밖의 공급조건에 관한 공급규정을 정하거나 변경하는 경우에 산업통상자원부장관에게 신고하여야 한다(집단에너지법 제17조). 동법률의 제정당시에 집단에너지사업자는 요금 기타 공급조건에 관한 공급규정에 대해 산업자원부장관의 인가를 받도록 하였으나 1998년 동법률의 개정으로 현행과 같이 신고제로 되었다. 그러나 1998년 동법률의 개정에는 요금에 관해서는 대통령령이 정하는 바에 의해 산업자원부장관이 지정·고시한 요금의 상한을 초과하지 못하도록 규정하였다. 집단에너지사업은 사업 지역에서 열을 독점으로 공급하는 것을 특징으로 한다. 이로 인하여 지역난방요금은 그간 공공요금으로 분류되어 정부에 의하여 관리되는 가격체제를 유지함으로써 상당한 기간동안 요금이 동결되는 등 가격왜곡이 생기고 민간참여를 통한 지역난방사업의 성장에 걸림돌로 작용하는 등의 문제가 있었다. 영국 등 선진국에서 공기업 민영화 과정에서 공공재화에 대한 새로운 요금규제방식으로 가격상한제를 도입하고 있다. 가격상한제의 운영은 정부, 소비자단체, 사업자, 연구소 등으로 구성되는 위원회를 설치하여 물가상승률, 대체난방가격, 원가 등을 종합적으로 고려한 지역난방 상한가격을 결정함으로써 지역난방요금의 공공성 및 요금결정의 투명성이 확보되었다.

집단에너지사업자의 공급규정 신고제는 정보제공 성격의 신고로 실질적인 내용을 심사하지 않는 등 수리를 요하지 않는 신고[194]로 해석되었다. 그러나 공급규정은 포함되어야 하는 사항과 요금초과 금지 등을 규정하고 있어 신고를 받은 산업통상자원부장관의 검토가 필요한 점에서 수리를 요하는 신고로 보아야 한다.

---

[194] 공급규정변경신고수리처분취소소송 판결(2004누15873): "이 사건 신고는 단순신고가 아닌 수리처분을 요하는 신고로서 항고소송의 대상이 되는 행정처분이라고 주장한다. … (중 략) … 행정청에 대한 통고로서 그치는 것이고 그에 대한 행정청의 반사적 결정을 기다릴 필요가 없는 것이므로 신고서는 그 신고 자체가 위법하거나 그 신고에 무효사유가 없는 한 이것이 행정청에 접수된 때에 신고가 있었다고 볼 것이고, 행정청의 수리행위가 있어야만 신고가 있었다고 볼 것은 아니므로, 법시행규칙 제20조가 변경신고서의 서식에 관하여 "신청-접수-검토-결정-통보"로 규정하였다고 하여도 이는 신고서의 접수 후의 처리절차를 규정한 것에 지나지 않는다고 할 것이다. 따라서, 이 사건 신고가 행정청의 수리를 요하는 신고에 해당하는 것이라고 볼 수 없으므로 원고의 위 주장은 이유 없다."

(2) 열요금 결정체계

공급규정은 집단에너지사업자가 지역난방을 공급받는 소비자에 대한 공급약관으로 사업자는 기술기준·압력온도 등 공급조건, 열요금, 요금감면기준 등을 정하여 산업통상자원부장관에게 신고하여야 한다.[195] 사업자가 공급규정을 법령에 적합한 한도에서 자율적으로 정하여 산업통상자원부장관에게 신고만 하면 유효한 공급규정으로 인정하고 있다. 그러나 공급규정은 소비자와 밀접한 관련성이 있어, 사업자가 공급규정을 신고 또는 변경신고하는 경우에는 산업통상자원부장관이 지정·고시한 요금의 상한을 초과하여서는 아니 된다.

집단에너지법은 공급규정의 제정과 개정을 하는 경우에 집단에너지의 '소비자'로서 지역주민의 의견을 반영할 수 있는 제도적 절차로 관할 지방자치단체의 장과 협의제도를 두지 않고 있다. 집단에너지사업과 유사하게 다양한 민간 사업자들이 참여하는 도시가스사업의 경우에는 사업자의 공급규정을 시·도지사가 승인하는 절차를 두고 있으나, 집단에너지사업자가 공급규정을 작성하는 경우에 지방자치단체와 협의하는 절차가 없다. 관할 지방자치단체장이 집단에너지사업에 관여하는 것은 해당 지역을 집단에너지 공급대상지역으로 선정하여 지역난방방식을 적용할 것인지를 결정하는 단계에서 산업통상자원부장관이 지방자치단체의 장과 협의하는 절차가 유일하다. 공급규정의 핵심적인 사항으로 집단에너지 요금은 한국지역난방공사 열요금의 110%이내에서만 정할 수 있도록 규정[196]하고 있어 열요금의 지역별 차이가 일정 범위를 벗어날 수 없다. 그러므로 지방자치단체의 장과의 협의 결과로 발생한 열 요금의 차이 등으로 인한 지역적 형평성 문제가 크지 않다. 만일 지역난방의 공급규정을 지방자치단체와 협의하도록 할 경우에 사업자의 총괄원가보다 낮은 수준에서 열요금이 정해지는 등 사업자의 경영적 부담을 가중시킬 수 있다.

도시가스 사업은 한국가스공사가 개별 도시가스사업자에게 가스를 공급하는 비용인 도매공급비용에 대하여 산업통상자원부장관의 승인을 받도록 하고 있다. 도시가스사업자가 지방자치단체의 승인을 받는 사항은 소매공급비용(배관설치비용)

---

195 한국지역난방공사에 따르면, 공급규정과 관련하여 지역주민의 민원이 집중적으로 발생하는 것은 열요금에 관한 사항이다.

196 「지역난방 열요금 산정기준 및 상한 지정」(산업통상자원부 고시)에 따르면 집단에너지사업자는 한국지역난방공사의 열요금(지역냉난방을 공급받는 세대 중 50% 이상 대다수의 세대에 적용되는 열요금)의 110% 내에서만 열요금을 정할 수 있다.

부분에 한정되어 지방자치단체의 영향력의 범위가 제한적이다. 집단에너지사업은 열생산비용·열수송비 등을 모두 포함한 사업자의 총괄원가 전체에 대해서 지방자치단체의 장과 협의하도록 한다면, 열요금이 사업자의 총괄원가 이하로 결정되어 사업자가 상당한 손실을 보는 결과가 발생할 수 있다. 또한 하나의 공급규정에 다양한 지방자치단체가 연관되어 있어 모든 지방자치단체와 협의하여 의견을 반영하는 것이 현실적으로 어려우며, 협의 결과 지역별로 다른 열요금을 적용하는 경우 지역 간 형평성 문제도 발생할 수 있다.

공급규정은 각 사업자별로 제정하고 있으나, 같은 사업자가 여러 지역에 동시에 열을 공급[197]하거나 특정 지역에서 열을 생산해서 다른 지역으로 열을 연계[198]하여 사업을 수행하는 등 하나의 사업자에 다수의 지방자치단체가 연계되어 있는 경우가 많다. 현재 지역별로 열수송비용·열전달효율 등의 차이로 열 생산비용이 다름에도 현재는 소비자 수용성 제고를 위하여 모두에게 동일한 열요금을 적용하고 있다.[199] 그러나 공급규정을 지방자치단체와의 협의를 거쳐서 정하도록 하는 경우에 결과에 따라 소비자가 부담하는 비용이 지역마다 달라지면 형평성 문제가 제기될 우려가 있다. 공급규정은 지역난방 공급 과정에서 지역주민의 의견을 보다 적극적으로 수렴하기 위하여 공급규정 변경 시 사업자 홈페이지에 공고한다(집단에너지법 제17조제3항).

(3) 열요금 감면

공급규정은 요금, 요금감면 그밖의 공급조건에 관한 공급규정을 정하여 산업통상자원부장관에게 신고하도록 규정하고 있다. 집단에너지법은 공급규정에 저소득층·장애인·국가유공자 등 사회적 배려대상자에 대한 요금감면을 의무화하도록 요구하지는 않고 있다. 이에 사업자는 사회적 배려대상자에 대한 지역난방 요금의 경감이 필요하다고 판단하는 경우 자발적으로 그 대상과 범위 등을 공급규정으로 정하여 요금감면을 실시하고 있다. 그런데 개별 사업자의 요금감면은 주택 및 사회복지시설 등에 열을 공급하는 사업자(지역냉난방사업자 및 병행사업자)[200] 중 한국지

---

197 한국지역난방공사는 서울(송파구, 강남구, 서초구, 마포구 등), 경기(분당, 일산, 파주, 수원 등), 충북, 대구, 세종, 전남, 경남 등에 열을 공급하고 있으며, GS파워는 안양, 과천, 군포, 의왕, 인천 등에 열을 공급하고 있다.
198 일산지역의 열 생산시설에서 생산되는 열은 서울시 마포구에도 공급되고 있다.
199 한국지역난방공사는 전국 다수의 지사에 단일 요금을 적용하고 있으나 열원가는 지사별로 상이하다.
200 집단에너지사업자는 냉난방용 열을 공급하는 지역냉난방사업자와 산업단지에 공정용 열을 공급하는 산업단지

역난방공사 등 일부 사업자만 사회적 배려대상자에 대하여 요금감면을 실시하고 있고[201], 요금감면을 실시하더라도 각 사업자별로 요금감면의 대상이 상이하다.[202]

4. 사업의 휴업 및 폐업의 허가

(1) 휴업·폐업의 허가

집단에너지사업자가 그 사업의 전부 또는 일부를 휴업하거나 폐업하려면 산업통상자원부장관의 허가를 받아야 한다(집단에너지법 제14조제1항). 집단에너지사업자가 휴업이나 폐업을 하려는 경우에 이로 인한 사업자의 사적인 영업이익과 휴업이나 폐업으로 인하여 발생하는 열사용자들의 손해로서 공익을 형량하여 허가 여부를 산업통상자원부장관이 결정하게 된다. 이러한 측면에서 사업자의 휴업이나 폐업의 허가는 집단에너지사업자로부터 열공급을 받는 열사용자의 보호를 목적으로 한다.

(2) 사업재개신고의무

허가를 받아 사업을 휴업한 사업자가 그 사업을 다시 개시한 경우에는 산업통상자원부장관에게 신고하여야 한다. 여기서 신고는 사업의 재개 신고로서 휴업한 사업자가 이미 사업허가를 받은 자로 그 사업을 다시 개시하는 경우 추가적인 심사가 필요하지 않고 형식상의 요건을 충족하면 사업 재개가 가능하다. 그러므로 사업의 재개 신고는 수리를 요하지 않는 신고에 해당하여 형식상의 요건을 충족하는 경우 신고서가 접수기관에 도달된 때에 신고된 것으로 보게 된다.

5. 법인해산의 신고의무

집단에너지법은 제정 당시에 집단에너지사업자인 법인의 해산 시 법인의 해

사업자, 냉난방용 및 공정용 열을 동시에 공급하는 병행사업자로 구분할 수 있는데 현재 병행사업자 1개사가 산업단지에 대해서만 열을 공급하고 있다.

201 최근 동절기 난방비 급등과 관련하여, 한국지역난방공사는 공급세대의 기초생활수급자 및 차상위계층에 대해 4개월('22.12.~'23.3.) 동안 에너지바우처 지원금액을 포함하여 최대 59.2만 원 한도로 요금감면 지원액을 상향하였다. 한편, 그 밖의 사업자들은 공급규정에 따른 요금감면 실시 여부와 관계없이 사업자들이 출연·조성한 집단에너지 상생기금을 활용하여 기초생활수급자 및 차상위계층에 대해 2개월('23.1.~2.) 동안 에너지바우처 지원금액을 포함하여 최대 59.2만 원 한도로 요금감면을 실시하였다.

202 지역난방의 대체재라 할 수 있는 도시가스의 경우 요금감면에 관한 법적 근거가 마련되어 있지는 않지만 산업통상자원부 내규인 「사회적 배려대상자에 대한 도시가스요금 경감지침」을 근거로 사회적 배려대상자에 대한 요금감면을 실시하고 있어, 동 규정에 따른 사회적 배려대상자에 해당하면 도시가스사업자가 누구인지에 관계없이 동일한 요금감면을 적용받고 있다.

산결의 또는 해산에 대한 총사원의 결의에 대해 현재 산업통상자원부장관의 인가
를 받도록 하였다. 해산에 대한 인가를 받기 위하여 사원 총회(總會)에서 법인의 해
산결의나 해산에 대한 총사원의 동의를 받아 「민법」상의 법인 해산사유가 있었다
고 하더라도,[203] 산업통상자원부장관이 인가를 해야 비로소 법인 해산의 효력이
발생하도록 하였다. 집단에너지사업자가 공급하는 열공급을 중단하게 되면, 해당
공급구역 내 기업의 생산 및 주택 거주자의 난방 등에 중대한 영향을 미치게 되므
로 법인 해산이 공익적인 측면에서 문제가 없는지 정부가 확인한 후에 해산하도록
하려는 데에 목적이 있었다.

　　「헌법」 제21조에서 모든 국민에게 결사의 자유를 보장하고 있음을 반영하여,
총회의 해산결의나 해산에 대한 동의가 있으면 법인이 해산되도록 「민법」이 규정
하고 있다. 집단에너지사업자가 법인인 경우에 우선적으로 폐업을 한 후에 해당
법인의 해산을 하게 된다. 집단에너지사업의 전부 또는 일부의 휴업·폐업은 산업
통상자원부장관의 허가를 받도록 규정하고 있어, 그 후에 필요한 법인의 해산은
필연적으로 사업의 중단을 수반하므로, 해산으로 인한 집단에너지사업의 중단이
공익적으로 문제가 있는지 여부에 대한 검토는 휴업·폐업 허가 시 가능하다. 그러
므로 집단에너지법은 사업자인 법인의 해산결의 또는 해산에 대한 총사원(總社員)
의 동의가 이루어진 경우 그 청산인은 지체 없이 산업통상자원부장관에게 신고하
도록 하고 있다.

　　여기서 법인의 해산신고는 법인 해산이 있을 경우 폐업이 동시에 발생하여 휴
업·폐업에 대한 허가를 이미 받았기 때문에 추가적인 검토가 필요하지 않아 수리
를 요하지 않는 신고에 해당한다.

VI. 공급시설 비용의 부담

1. 열사용자의 공급시설 건설비용 부담

(1) 건설비용부담의 정당성

집단에너지사업자는 공급시설 건설비용의 전부 또는 일부를 그 사용자에게

---

[203] 「민법」 제77조에 따르면 "법인은 존립기간의 만료, 법인의 목적의 달성 또는 달성의 불능 기타 정관에 정한
해산사유의 발생, 파산 또는 설립허가의 취소로 해산한다." 또한 동법 제78조에 따르면 사단법인은 총사원 4
분의 3 이상의 동의가 없으면 해산을 결의하지 못한다. 그러나 정관에 다른 규정이 있는 때에는 그 규정에 의
한다.

부담하게 할 수 있다(집단에너지법 제18조제1항). 집단에너지법은 공급시설의 건설비용의 전부 또는 일부를 사용자에게 부담할 수 있도록 하고 있을 뿐이고, 건설비의 부담에 상응하여 사용자들의 집단에너지 공급시설에 대한 소유권이나 주주권을 부여하지 않고 있다. 집단에너지의 경우에 공급시설 건설비용을 사용자에게 부담하는 정당성은 집단에너지사업이 그 특성상 초기에 대규모의 시설투자가 필요한 도시기반사업이고, 투자재원의 효과적인 조달을 통하여 보다 저렴한 가격으로 원활히 난방서비스를 집단에너지 사용자에게 제공이 가능할 수 있는 토대를 마련해 줄 필요성에 있다. 또한 집단에너지 중 지역냉난방은 일반적으로 개별 주거별로 설치하여야 하는 개별난방방식에서 필요한 보일러, 그 부대시설 및 이러한 시설의 설치공간 등과 같은 자체 난방시설이 필요하지 않다[204]. 그러므로 지역난방시설의 건설비용은 지역난방 사업으로 인한 사용자의 이익이 되고, 이러한 이익을 수익자 부담의 원칙에 따라 수익자인 사용자에게 부담하게 하는 정당성이 있다.

집단에너지사업은 열요금을 산정할 때 사용자들이 부담하는 공급시설의 건설비용의 부담금을 고려해 산정한다[205]. 그러므로 건설부담금이 줄어들게 되면 열요금이 인상될 가능성이 높다. 공사비 부담금은 사용자들이 보일러 등 자체 난방시설을 설치하지 않아도 되는 편익에 대해 부과하는 수익자부담금으로 현재 열공급규정 상 표준단가를 적용하여 공급지역이나 사용개시 시점에 관계없이 평등하게 부과하고 있다.

(2) 공사부담금의 법적 성질

일반적으로 "부담금"은 인적 공용부담의 일종으로서 국가 또는 공공단체가 특정한 공익사업과 특별한 관계에 있는 자에 대하여 그 사업에 필요한 경비를 부담시키기 위하여 과하는 금전지급의무를 말한다. 부담금은 공익사업과의 관계로 구

---

204 헌재 2003.5.15. 2001헌바90.
205 「지역냉난방 열요금 산정기준 및 상한지정(산업통상자원부 고시)」 제5조제2항에 따르면 "감가상각비는 취득원가 기준에 의한 정액법을 적용하여 산정하되, 집단에너지사업법 제18조에 의한 건설비용부담금의 상각비 또는 균등환입액은 감가상각비에서 차감한다. 다만, 경영여건, 열공급 특성, 재투자 재원마련의 필요성 등을 고려하여 달리 적용할 수 있다." 또한, 순가동설비자산액은 제7조제2항에 따라 토지, 건물, 구축물, 기계장치, 차량 운반구 등 총가동설비자산액(총유형자산 취득가액)에서 감가상각누계액, 증여자산 및 집단에너지사업법 제18조에 의한 건설비용의 부담금 잔액(자산차감계정 또는 이연수익계정)과 같이 사업자가 부담치 않는 자본적 수입으로 취득한 자산에 대한 부분을 차감한 금액으로 하며, 금융비용을 자본화하는 경우 건설중인 자산은 자기자본으로 조달한 부분을 초과하지 못한다.

분하는 경우에 수익자부담금·원인자부담금 및 손상자부담금으로 나누어진다. 집단에너지법 제18조의 공사비부담금은 집단에너지공급사업자가 중앙난방방식이나 개별난방방식 대신 지역난방설비를 함으로써 당연히 이익을 받게 되는 사용자들에게 부과되는 것이므로 일종의 수익자부담금에 해당한다고 볼 수 있다.[206]

(3) 건설공사비 부담의 위헌성

헌법재판소는 집단에너지 사용자들에게 일정한 공급시설에 대한 건설비용을 부과하도록 하고 이에 상응하는 집단에너지사업자의 소유권이나 지분권을 인정하지 않는 집단에너지법의 위헌성에 대해 판결하였다. 헌법재판소는 이에 관하여 사용자들의 헌법상 보장된 재산권의 제한에 관한 사항을 판단하고, 비례의 원칙에 합치하기 때문에 보상을 필요로 하지 않는 것으로 보았다. 헌법상 재산권의 제한이 비례의 원칙에 위반되는 경우에는 입법자가 그 부담을 완화하는 보상규정을 두어야 한다. 이에 대하여 헌법재판소[207]는 "공사비부담금의 목적은 집단에너지사업의 특성상 초기에 대규모의 시설투자가 필요한 도시기반사업이므로 투자재원의 효과적인 조달을 통하여 보다 저렴한 가격으로 원활히 난방서비스를 제공하는 것이 가능할 수 있는 토대를 마련해줄 필요성과 아울러, 지역난방방식의 경우 일반적으로 타난방방식에서 필요한 난방시설이 불필요하게 되므로 이러한 시설의 건설비용은 지역난방사업으로 인한 사용자의 이익이 되기 때문에 그 이익을 사용자들로 하여금 부담하도록 하는 것인 바, 그 입법목적은 정당하다고 보여진다. 그리고 이러한 입법목적을 달성하기 위하여 특별히 집단에너지를 공급받는 사용자라는 집단에 대하여 공사비부담금을 부과하는 것은 적정하고도 정당한 방법이라 할 것이다."

사용자들은 집단에너지를 공급받는다는 점에서 일반인과 구별되는 동질성을 지닌 특정한 사회적 집단이고, 공사비부담금으로 건설하게 되는 열공급시설은 사용자들에게 집단에너지를 공급하는 데 이용되므로 사용자들은 열공급시설과 밀접한 관련이 있으며, 다른 난방방식을 이용하는 다른 집단이나 일반인과는 달리 이 사건 공사비부담금이라는 재정적 부담을 지울 수 있을 만한 특별한 책임관계에 있다. 또한 이러한 공사비부담금은 부담금 의무자들의 이익을 위해 공급시설의 투자

206 헌재 2003.5.15. 2001헌바90.
207 헌재 2003.5.15. 2001헌바90.

에 활용되도록 되어 있다는 점에서 피해의 최소성 요건을 충족하고 있다.

(4) 건설비용부담금의 산정기준

부담금은 용도별 부과 대상 단위에 단위당 기준단가를 곱하여 산정한 금액으로 한다(집단에너지법 제18조제2항). 부담금 산정기준은 납부자의 재산권(財産權) 행사에 영향을 미치기 때문에 부담금의 대략적인 산정기준을 법률에서 정하고 있다. 부담금의 대강의 산정기준을 법률에 정하여 일반국민이 법률만 보더라도 부담금의 규모와 산정방법을 대강이라도 예측할 수 있도록 하고 있다.

부담금의 산정기준은 실제 건설비용과는 무관하게 지역난방을 공급받음으로써 사용자 측면에서 절감되는 금액을 기준으로 단위면적당 일정금액으로 산정하도록 하고 있다. 이에 따라 보일러, 보일러 부대설비, 배관 등의 시설 설치비 수준과 다른 난방방식에서 지역난방방식으로 전환하는 경우에는 노후화된 난방공급시설의 교체비에 상당하는 금액으로 산정함으로써 신축에 비해 약 50~60%로 경감된다.

공급시설 공사비 부담금은 한국지역난방공사의 경우 열공급규정에서 집단에너지공급대상지역 외의 시설에 열공급을 받고자 하는 경우 배관연결비용 등 실공사비를 부담할 수 있도록 규정하고 있다. 공사비 부담금은 전부 또는 일부를 사용자에게 부담하게 되어 있으나 실제 전부를 부담하게 하지 않고 일부를 부담한다. 공사비부담금에 대한 사용자 수용성 강화를 위해 2000년 이후 현재까지 부담금은 동결되어 있고, 사용자들은 이미 공급시설 건설비용의 일부만 부담하고 있다. 또한 집단에너지사업의 경우 열요금을 산정할 때 사용자들이 부담하는 공급시설의 건설비용의 부담금을 고려해 산정하도록 규정되어 있어, 공사비 부담금이 줄어들 경우 열요금이 인상할 수밖에 없다. 공사비 부담금은 사용자들이 보일러 등 자체 난방시설을 설치하지 않아도 되는 편익에 대해 부과하는 수익자부담금으로 현재 열공급규정 상 표준단가를 적용하여 공급지역이나 사용개시 시점에 관계없이 평등하게 부과하고 있다.

「부담금관리 기본법」 제4조에 따르면 '부담금 부과의 근거가 되는 법률은 부담금의 부과 및 징수주체, 설치목적, 부과요건, 산정기준, 산정방법, 부과요율 등이 구체적이고 명확하게 규정되어야 한다.'고 규정하고 있다. 그러나 집단에너지법 및 같은 법 시행령[208]에서는 부과요건 등을 정하지 않고 있고, 각 집단에너지사업자의 공급규정에서 이를 구체적으로 정하고 있어, 부과기준 등을 집단에너지법에 명시할 필요가 있다. 부과기준으로 사용자의 예상 에너지소비량에 관하여는 업무·공공용의 경우 예상 에너지 소비량을 반영한 연결열부하에 따라 부담금을 산정[209]하는 것이 합리적이다. 그러나 주택용의 경우 예상 에너지소비량 기준으로 부과시 실사용량과 예상 소비량이 다를 경우 분쟁이 발생할 우려가 있어 가구원 수에 따라 소형주택의 단위면적당 부담금이 중대형주택보다 과중해질 수 있어 예상 에너지 소비량을 적용하기 어려운 측면이 있다. 또한 공급시설 및 그 부속설비의 규모의 경우 부담금은 실제 투자비와 무관하게 사용자가 받는 편익에 부과하는 것이며, 공급시설의 규모에 따라 부담금이 달라질 경우 사용자 간 혼란이 발생할 우려[210]도 있다.

(5) 건설비용부담금의 부과 방식

집단에너지 공급시설의 사용자에게 건설비용부담은 공동주택단지의 개발을 하는 경우에 주택 등의 시공사인 건설업체 등이 지역난방공사에 공급시설 공사비 부담금을 우선 납부한다. 건설업체는 자신들이 납부한 위 공사비부담금을 주택 등의 분양대금에 포함시키는 방식으로 집단에너지를 공급받아 사용하는 사용자들에게 최종적으로 부담시키게 된다. 개별난방방식은 동 비용으로 난방시설을 설치하나 지역난방은 난방시설을 설치하는 대신 일단 건설업체가 공사비부담금을 납부하고, 건설업체는 난방방식에 관계없이 동일한 가격으로 분양하여 아파트 입주민에게 추가적 부담이 없다.

2. 공급시설 건설비용의 적립의무

집단에너지법은 집단에너지 공급시설 건설비용의 전부 또는 일부를 사용자에게 부담하게 하는 사업자 중 사용자로부터 징수하는 요금에 공급시설감가상각비

---

208 「집단에너지사업법 시행령」 제13조의2(부담금의 산정기준) 법 제18조제1항에 따른 부담금은 용도별 부과 대상 단위에 단위당 기준단가를 곱한 금액으로 산정한다.
209 업무·공공용은 상시 난방부하가 비슷한 주택용과 달리 용도 및 설계 등에 따라 난방부하편차가 커서 연결열부하(예상 에너지 소비량) 기준으로 공사비 부담금을 부과하고 있다.
210 예를 들어 택지개발사업의 경우 공급배관을 택지조성사업 초기에 설치하기 때문에 사업 추진 초기에는 건설비용이 많이 발생하고 그 후에는 기존에 건설되어있는 열수송관에 연결만 하여 집단에너지를 공급하여 건설비용이 적게 발생하는 구조로, 이에 따라 부담금을 부과할 경우 초기 진입사용자가 부담금을 많이 부담하고, 후입 사용자는 부담금을 적게 부담하게 되어 형평성 논란이 제기될 수 있다.

가 포함되어 있는 사업자는 사업연도에 발생하는 미처분 이익잉여금 중 사용자가 부담한 금액으로 취득한 공급시설에 대한 감가상각비에 해당되는 금액을 공급시설의 건설비용으로 매년 적립하여야 한다(집단에너지법 제20조의3).

집단에너지공급사업자는 공급시설 건설비용을 사용자에게 부담시킬 수 있도록 하고 있다(집단에너지법 제18조). 이 경우 일반사업자는 기업회계기준을 적용받게 되어, 자산취득에 소요된 공사비부담금을 자산계정에서 차감해 버림으로 인하여 동 자산의 감가상각분만큼이 비용으로 산정되지 않게 되어 그만큼 이익이 증가하는 형태가 되고 있다. 그러나 공기업인 한국지역난방공사가 받은 공사비부담금은 안정적인 지역난방공급을 위한 투자재원으로 활용되는 것이 바람직하므로 기업회계기준과 별도로 「한국지역난방공사회계처리지침」을 제정하여 공사비부담금을 자본잉여금으로 회계처리하도록 운영하여 왔다. 그러나 정부의 민영화계획에 따라 한국지역난방공사의 발행주식이 한국증권거래소에 상장될 경우에는 별도의 회계처리지침의 적용은 배제되고 일반적인 기업회계기준을 적용받게 되며, 이렇게 되면 한국지역난방공사가 공사비부담금으로 취득한 자산은 다른 자산과 달리 감가상각이 불가하게 되어 그 금액만큼 비용으로 산정이 안 되고 오히려 이익(매년 약 350억 원 예상)으로 처리되어, 주주배당 등을 통하여 사외에 유출되면 해당 자산에 대한 재투자재원의 확보가 곤란해지게 된다. 그러므로 정부는 공사비부담금으로 인한 이익증가분을 매년 한국지역난방공사 사내에 공급시설비용으로 적립하도록 하였고, 한국지역난방공사가 자산으로 취득한 공사비부담금 중 이미 적립한 자본잉여금(2000년 말 기준, 약 2,878억 원)은 일괄적으로 사내에 적립하도록 하였다.

공사비부담금으로 인하여 발생하는 이익을 사내에 유보하고 공급시설의 재투자에 활용토록 의무화하는 것은 지역난방시설에 대한 재투자로 동사업을 지속하고 한국지역난방공사 민영화 이후의 사용자를 보호하는 것을 목적으로 하고 있다.

Ⅶ. 집단에너지 시설의 설치와 운영

1. 집단에너지 공사계획의 승인

집단에너지사업자가 사업허가를 받은 후에 집단에너지사업의 운영에 필요한 공급시설을 설치하여야 한다. 공급시설의 설치에 관하여는 산업통상자원부장관의 승인을 산업통상자원부장관이 정하는 기간 내에 받아야 한다(집단에너지법 제22조).

공급시설로서 산업통상자원부장관의 승인을 받아야 하는 대상은 열원시설, 열수송
관 및 순환펌프이다.

2. 검사 등

(1) 검 사

사업자는 공급시설의 설치공사나 변경공사를 한 경우에는 그 공사의 공정별로
산업통상자원부장관의 검사를 받아 합격한 후에 이를 사용하여야 한다(집단에너지법
제23조). 공급시설 공사에 대한 검사는 해당 업무를 위탁받은 한국에너지공단이 수
행한다. 공급시설의 설치공사에 검사는 사실행위에 속한다. 그러나 검사를 받지
않고 사용하는 경우에 2년 이하의 징역이나 2천만 원 이하의 벌금에 처해진다. 공
급시설의 검사는 해당 열공급시설의 사용조건에 해당한다.

공급시설 공사에 대한 검사는 공급시설의 대상에 따라 사용전 검사와 자체검
사로 분류된다(집단에너지법 시행규칙 제28조). 사용전 검사의 대상은 '「에너지이용 합
리화법」 제39조에 따른 검사대상기기'와 '자체검사의 대상이 되는 열공급시설'이
고, 자체검사의 대상은 '재해복구공사 기타 긴급을 요하는 설치공사 또는 변경공사
에 의한 열공급시설', '열원시설 중 축열조와 열교환기(열원시설 간 열 교환을 위하여 열
수송관 중간에 설치하는 것만 해당한다) 및 그 내부배관', '시험을 위하여 일시 사용하는
열공급시설', '다른 열공급시설을 시험하기 위하여 특별히 사용할 필요가 있어 일
시 사용하는 열공급시설'이다. 사용전 검사는 산업통상자원부장관의 위탁을 받은
한국에너지공단이 실시한다.

산업통상자원부장관은 안전에 지장이 없고 공급시설을 임시로 사용할 필요가
있다고 인정할 때에는 검사를 받지 않고, 사용기간 및 방법을 정하여 그 시설을
임시로 사용하게 할 수 있다. 집단에너지법은 공급시설에 대하여 정기검사 합격
후 사업자에게 유효기간이 적힌 검사증을 발급하고 있으며, 정기검사의 유효기간
을 1년으로 정하면서 재해 기타 부득이한 사유로 검사를 하기 곤란한 경우에는 유
효기간을 별도로 정할 수 있도록 하고 있다.

(2) 안전진단

열수송관은 집단에너지시설 중 공급시설에 해당하는 것으로서 열수송시설에
해당한다(집단에너지법 시행규칙 제2조). 집단에너지법은 집단에너지시설을 기술기준에

맞게 유지하고, 공중(公衆)의 위해(危害)를 방지하기 위하여 긴급히 조치할 필요가 있는 경우에는 사업자나 사용자에게 산업통상자원부장관이 그 집단에너지시설의 개선·교체를 명할 수 있으며, 사업자는 열수송관 등 공급시설에 대해 정기적으로 검사를 받도록 규정하고 있다(집단에너지법 제23조).

「열공급시설의 검사기준(고시)」에 따라 자체검사결과로 정기검사를 갈음하는 등 점검의 실효성이 미흡하고, 사고발생 등 비상시 법정검사 기준이 없다. 집단에너지법은 사업시설의 점검, 시설유지 의무가 각 사업자에게 부여되어 있고, 사업자가 자체적으로 안전관리규정을 정하여 시설물의 안전관리활동을 수행하도록 하고 있다. 사업자가 시설물의 안전관리활동 수행 후 정부에 보고하거나 필요한 경우에 정부가 사업자에게 안전관리규정을 개정하도록 하는 등의 규정이 없으며, 안전관리규정에 포함시킬 항목만 규정하고(집단에너지법 시행규칙 제39조), 모든 사업자가 지켜야 할 최소한의 안전관리 기준을 제시하지 않는 등 안전관리에 관한 규정이 미흡하다.

열수송관은 지하시설물로 「지하안전관리에 관한 특별법」에 따라 지반침하 육안조사의 경우 연 1회, 지반내 공동(空洞)조사의 경우 매 5년마다 1회 이상 실시[211]하여 시설물, 주변현황, 지표침하 및 지층의 빈 공간 등을 점검하도록 하는 등 관련 규정이 있다. 또한 「집단에너지시설의 기술기준(고시)」도 열수송관 두께 산정, 열수송관의 설치 및 교체 시 주변 환경을 반영하도록 하고 있다.

(3) 확인점검

산업통상자원부장관은 '업무방법 등의 개선명령을 할 사유가 있는지를 확인하기 위하여 필요한 경우', '집단에너지시설 기술기준에 맞는지를 확인하기 위하여 필요한 경우', '공급시설의 임시사용을 허용할 것인지를 판단하기 위하여 필요한 경우', '집단에너지시설의 개선·교체, 사용정지 또는 사용제한 명령이나 공급중지 명령을 할 사유가 있는지를 확인하기 위하여 필요한 경우', '그 밖에 공급시설의 안전관리를 위하여 필요한 경우'에 소속 공무원에게 사업자의 사업장에 출입하여 공급시설이나 그 밖에 안전관리와 관련된 물건을 확인점검하게 할 수 있다(집단에너지법 제24조제1항).

---

211 「지하안전관리에 관한 특별법 시행규칙」 [별표 3]은 안전점검 대상 지하시설물의 종류 및 주변지반의 범위, 안전점검의 실시 시기 및 방법(제16조제1항 관련)을 규정하고 있다.

　　또한 산업통상자원부장관은 '공급규정의 준수 여부', '집단에너지시설 기술기준 적합성', '집단에너지시설의 개선·교체, 사용정지 또는 사용제한 명령을 할 사유가 있는지를 확인하기 위하여 필요한 경우', '그 밖에 사용시설의 안전관리를 위하여 필요한 경우'에는 소속 공무원에게 사용시설의 설치장소에 출입하여 사용시설을 확인점검하게 할 수 있다. 규정에 따라 확인점검을 하는 자는 그 권한을 표시하는 증표를 지니고 관계인에게 내보여야 한다(동법 제24조제4항).

3. 공급·사용시설의 유지관리

(1) 사업자의 사용시설 점검

　　집단에너지사업자는 사용시설이 기술기준에 맞는지를 점검하여야 한다(집단에너지법 제25조). 사업자는 기술기준에 적합함을 점검하기 위하여 사용자에게 열사용시설의 설비제원을 기재한 서류 및 그 설치도, 운전제어설비에 관한 설명서, 기타 점검에 필요하다고 인정하는 서류를 요청할 수 있다. 사업자는 이를 활용하여 사용시설의 점검을 다양한 방법으로 수행할 수 있다. 집단에너지시설 중 하나인 열수송관의 경우 상당수가 인구가 밀집된 도심에 위치하고 지하에 매설된 지하시설물이어서 작업환경 등을 고려했을 때 인력을 활용한 점검·유지만으로는 충분한 점검을 하는 데에 한계가 있다. 사업자는 점검·유지 업무의 효율적 수행을 위하여 '드론'과 '지능형 로봇'을 활용할 수도 있다. 사업자는 집단에너지시설의 점검·유지 업무에 장비의 활용을 사업자의 자율적 판단으로 수행할 수 있다.

　　사업자는 사용시설에 대한 점검을 한 경우에는 사용자에게 그 점검 결과를 알리고, 점검증명서를 발급하여야 한다. 사업자는 사용시설에 대한 점검을 한 경우에는 3년간 그 기록을 작성·보존하여야 한다.

(2) 공급시설의 개선권고·명령

　　사업자와 사용자는 집단에너지시설을 기술기준에 맞도록 유지하여야 하며, 산업통상자원부장관은 집단에너지시설이 기술기준에 맞지 아니하는 경우 사업자 또는 사용자에게 집단에너지시설의 개선 또는 교체를 권고할 수 있다(집단에너지법 제26조제1항). 집단에너지법은 사업자 및 사용자에게 집단에너지시설을 기술기준에 맞게 유지할 의무를 부과하고, 공중의 위해를 방지하기 위하여 긴급히 조치할 필요가 있다고 인정하는 경우에는 집단에너지시설의 개선·교체·사용정지 또는 사용제한을 명하거나 사업자에게 집단에너지의 공급중지를 명할 수 있도록 하고 있다. 그런데 개선명령 등의 요건은 상당히 엄격하다. 개선명령을 통한 사업자 및 사용자의 기술기준 유지의무 이행을 확보하기 위한 법적 근거로서는 실효성이 크지 않은 것이 현실이다. 실제 최근 10년간 산업통상자원부장관이 개선명령 등을 명한 사례가 없다.

이에 집단에너지법은 집단에너지시설이 기술기준에 맞지 않는 경우 산업통상자원부장관으로 하여금 사업자 또는 사용자에게 집단에너지시설의 개선 또는 교체를 권고할 수 있도록 근거를 두고 있다. 개선명령보다는 개선권고의 요건은 비교적 유연하다. 권고를 할 수 있도록 함으로써 집단에너지시설에 적합한 기술기준 유지의무 이행을 적극적으로 유도하여 집단에너지시설의 안전성과 효율성 향상에 일정한 기여를 할 수 있다.

개선권고는 「행정절차법」에 따른 행정지도에 해당한다. 행정기관의 사실행위로서 권고도 필요한 최소한도에 그쳐야 하고 상대방의 의사에 반하여 부당하게 강요하거나 불응을 이유로 불이익한 조치를 해서는 안 되는 제한이 있다.

4. 안전관리규정

안전관리규정은 열공급시설의 공사·유지 또는 운용에 관한 업무에 종사하는 자의 직무 및 그 업무를 담당하는 기구에 관한 사항 등 안전관리에 필요한 내용을 규정한 것이다. 사업자는 공급시설의 안전관리를 위하여 '열공급시설의 공사·유지 또는 운용에 관한 업무에 종사하는 자의 직무 및 그 업무를 담당하는 기구에 관한 사항', '공급시설의 사업장별 안전관리업무를 수행하는 자에 관한 사항' 등 안전관리규정을 정하여 사업을 개시하기 전에 산업통상자원부장관에게 신고하여야 한다. 사업자는 신고한 안전관리규정을 준수하여야 한다.

사업자에게 부여된 안전관리규정의 신고는 정보제공 성격의 신고로서 수리를 요하지 않는 신고에 해당한다. 이로 인하여 안전관리규정이 형식상의 요건을 충족하는 경우 신고서가 산업통상자원부장관에 도달된 때에 신고의무가 완료된다.

제4장 에너지안전법론

제 1 절 에너지안전법 개관

I. 에너지안전과 안전기술

1. 안전의 개념

에너지안전은 에너지 생산, 저장, 수송, 사용과정에 발생하는 위험을 방지하는 활동이고 제도이다. 에너지안전법에 있어 에너지안전은 에너지의 생산·저장·수송·사용으로 인하여 사람의 생명, 신체 또는 재산적 피해가 발생하지 않도록 하는 법령의 내용과 제도를 말한다. 에너지안전은 절대적 안전으로 완전할 정도로 피해가 발생하지 않도록 하는 것을 목표로 하나, 에너지안전과 관련된 다양한 가치를 고려하여 법령으로 확정하게 된다. 그러므로 에너지의 생산·저장·수송·사용으로 인해 미래에 발생할 수 있는 피해가능성의 완전한 차단은 에너지안전법이 추구하는 합리적인 안전가치에 해당하지 않는다. 미래에 절대적으로 피해가 발생할 수 없도록 하는 에너지안전법은 에너지시설의 설치, 에너지용품의 제조·판매 등, 에너지사용 자체를 못하게 하는 안전이상주의의 세계에서만 가능하다. 이처럼 에너지사용을 전제로 하고 경제성과 편의성을 고려한 현실에서 완전한 에너지안전이란 불가능하다. 왜냐하면, 인간이 미래에 발생할 수 있는 에너지의 생산·저장·수송·사용으로 인한 위험을 완전하게 인식하고 평가하는 경험지식과 규율지식에 대한 한계가 있기 때문이다. 즉, 인간은 에너지안전과 관련한 사고발생을 모두 예측하여 적합한 대응과 제도를 구축하는 것은 현실적으로 불가능하다. 설사 예측이 가능하더라도 아주 특수한 상황에서 발생 가능한 피해를 방지할 수 있도록 에너지안전 관련 법령을 제정하게 되면, 실질적으로 에너지를 사용할 수 없는 상황에 이르게 된다. 따라서 과학기술의 발전은 새로운 지식을 제공하여 기존에 고려하지 못한 에너지와 관련된 잠재된 안전을 보완할 수 있다. 즉, 과학기술의 발전은 에너지안전에 대한 제도와 법령을 보완하는 동시에 새로운 안전공백을 발생시키기 때문에 절대적인 에너지안전을 보장하지는 못한다.

에너지안전에 있어서 에너지사용자의 안전 확보와 에너지사업자의 직업자유

간에 법익이 상충하게 된다. 에너지안전을 실현하는 관련 법령과 제도는 에너지사용자와 에너지사업자의 자유라는 법적 가치에 직접적인 영향을 미치게 된다. 에너지안전과 관련된 법령의 근거를 형성하고 있는 축은 3개로 구성되어 있다. 에너지안전을 관장하는 주체인 국가 또는 지방자치단체, 에너지를 생활 영위의 수단으로 하는 에너지사업자 및 에너지사용자가 바로 에너지안전과 관련된 법령을 형성하는 3개의 축이다. 이들 관계에서는 에너지사용자의 안전을 보장하기 위하여 에너지사업자의 자유를 제한할 수밖에 없다. 물론 에너지사업자의 자유를 제한하더라도 제한된 자유의 정도만큼 에너지사용자의 자유가 신장되는 것은 아니다. 에너지의 생산·저장·수송·사용에 대한 에너지사업자의 자유제한은 경우에 따라서 에너지사용자의 행위자유를 축소할 수도 있다. 이처럼 에너지 분야의 안전성을 강화하는 경우에 에너지사업자는 에너지가격을 올릴 수밖에 없고, 결국 에너지가격의 상승에 대한 부담은 에너지사용자에게 전가되기 때문이다.

에너지안전과 관련된 법령을 제·개정하는 경우에 항상 에너지사업자의 자유와 에너지사용자의 안전 간 긴장관계를 고려해야 한다. 이러한 에너지안전법의 원칙은 에너지안전과 관련된 구체적 규범이라고 할 수 있는 기술기준을 확정할 경우에 적용되고 있다.

2. 에너지안전법과 기술의 관계

(1) 에너지안전법의 에너지기술 발전 유도

에너지안전법과 기술은 다양한 측면으로 인해 그 관계 정립이 간단하지 않다. 에너지안전법은 에너지의 생산·저장·수송·사용에 있어 에너지용품과 에너지시설을 규율대상으로 하는 법학 분야이다. 고압가스용기와 같은 에너지용품이나 발전소와 같은 에너지시설은 에너지기술의 성과물로서 에너지안전과 관련된 법령의 규율을 받는다. 에너지안전, 에너지효율향상 등 에너지 관련 기술은 법적으로 규정된 형식 속에 머물러 있지 않고 다른 분야의 과학기술과 협력적으로 발전하고 변화한다. 에너지기술은 지속적으로 발전하고 변화하나, 에너지안전이나 에너지효율 향상과 관련된 법령에 상당히 많은 영향을 받고 있다. 에너지용품이나 에너지시설과 같은 에너지기술은 대부분 인증기관의 인증을 받거나 행정청의 허가를 받아야 판매·설치나 운영을 할 수 있다. 에너지안전법령을 고려하지 않은 에너지용품이나 에너지시설은 현실에서 사용하거나 적용할 수 없는 기술이 된다. 이러한 측면에서 에너지안전법은 에너지기술의 발전방향을 설정하고 제시한다.

(2) 에너지기술의 에너지안전법 발전 유도

에너지기술을 규율하는 법은 다른 법영역과 달리 특별한 구조를 가지고 있다. 에너지기술은 다층적이고 복잡하며 다른 사회현상과 혼재된 사회적 영역에 속한다. 에너지기술의 본질에 관하여 오늘날까지 포괄적이며 통일적인 방향이 설정되어 있지 않는 것도 에너지기술의 특징을 고려하면 당연한 결과라고 할 수 있다.

특히 현대적 에너지기술은 동태적이며, 본질적으로 지속적인 발전을 목표로 하고 있다. 에너지기술의 변화와 발전은 현실적으로 에너지기술을 규율·통제하고 때로는 발전을 유도하여 에너지안전법의 제정과 개정에 중요한 영향을 미치게 된다. 에너지안전법이 에너지안전과 관련된 기술적 변화를 고려하지 않으면 규범이 현실에 부합하지 않게 되거나 에너지기술을 관장할 수 없게 되어 헌법에 반하는 법으로 변천할 수밖에 없다. 에너지안전법에서는 에너지기술의 발전을 고려하여 에너지안전의 정도와 수준을 정해야 한다. 만약 에너지안전법이 첨단 에너지기술로도 실현할 수 없을 정도의 에너지안전기준을 정한다면, 이는 헌법상 과잉금지원칙에 위반되는 법령이 된다. 에너지기술은 인간의 인식능력과 판단력을 기반으로 발전한다. 에너지안전기술도 인간이 인식할 수 있는 위험을 방지하는 범위에서 개발된다. 인간이 인식할 수 없는 특수한 위험을 방지하는 에너지안전기술은 개발될 수 없다. 에너지안전법은 에너지기술의 발전에 따라 강화된 안전성이 에너지용품이나 에너지시설에 반영될 수 있도록 안전기준을 점차 높이게 된다. 이러한 측면에서 에너지기술은 결과적으로 에너지안전법의 안전성을 강화하는 제도를 구축하게 한다.

(3) 에너지기술과 에너지안전법의 교호적 관계

에너지안전법과 에너지기술의 관계는 존재와 당위 관계로 충분한 설명이 되지 못한다. 에너지기술은 에너지사용을 위한 단순한 자연력의 투여라고 할 수 없다. 법은 법적 안정성, 자유 및 공공복리의 보장이라는 국가목적을 위하여 사회생활의 구성요건을 지속적으로 규율하는 역할을 한다. 법은 과거에 실현된 자유보장·공공복리를 현재에 기반하여 미래로 진화하도록 하여 관련 에너지사업자로 하여금 국가의 행위방향을 예측하게 하는 역할을 한다. 법은 역사적으로 특정한 사회적 변화과정에서 발생한 사회적·정치적 가치에 규범적 효력을 부여한다. 그러므로 법은 지속적인 제·개정을 통하여 전통과 역사에 기반하여 현재 국민의 의식과 생활에 바탕을 두고 미래를 지향하여야 한다.

기술의 발전은 경제적 이해관계, 정치적 권력관계 및 문화적 가치관에 영향을 주는 사회적·역사적인 과정에 속한다. 기술의 발전에 영향을 받은 정치적·경제적·문화적인 가치관은 다시 기술의 발전에 영향을 주어 그 방향을 설정한다. 기술발전의 동태성과 변화하는 사회의 관계는 법의 기술에 대한 원칙적인 관계를 항상 새로이 생각하게 한다.

에너지안전법은 인간이 인식 가능한 범위에서 에너지안전이라는 가치를 실현하도록 통제하거나 에너지기술이 발전하도록 동기를 부여하고 발전을 유도한다. 이를 통하여 에너지안전법은 에너지기술을 에너지사용자의 안전을 보장하는 방향으로 발전하게 한다. 에너지안전법과 기술 간에는 에너지기술의 발전과 에너지안전에 대한 국민의 요구수준에 따라 상호 교호적 영향을 주고받는 관계가 유지된다.

에너지기술을 적용하여 에너지의 생산성·효율성·편의성·안전성을 증진하는 에너지용품이나 에너지시설은 에너지안전법에 의하여 규율을 받는다. 또한 에너지 관련 기술변화의 산물로서 에너지용품이나 에너지시설의 발전은 에너지안전 관련 법령의 제·개정에 영향을 주게 된다. 에너지안전법은 에너지 관련 기술의 변화를 통제하고 다른 한편으로는 수용한다. 그 결과 에너지기술은 다른 과학기술과 마찬가지로 관련 법령에 끊임없이 새로운 과제를 제시하고, 에너지안전 관련 법령의 발달에 영향을 주고 있다.

II. 에너지안전법의 체계

1. 에너지안전의 헌법적 정당성으로서 국가의 안전보호의무

(1) 국가목적론적 근거

국가는 에너지의 생산·저장·수송·사용이라는 에너지 전 과정에서 발생할 수 있는 국민의 생명·신체적 안전 및 재산을 보호하여야 할 의무를 헌법적으로 부여받고 있다. 오늘날 국가는 에너지 전 과정에서 발생할 수 있는 위험을 방지하여 안전을 실현할 의무를 진다. 에너지안전을 실현할 국가의 의무는 국가의 존립정당성과 관련되어 있다. 근대 국가철학에서 출발한 국가목적론은 절대적 군주론을 주장하는 홉스(Thomas Hobbes)와 이성법에 근거하여 국가철학을 전개한 로크(John Locke) 및 루소(Jean-Jacques Rousseau)에 의해 획기적인 발전을 하였다. 이러한 국가철학에서 국가는 평화를 보장하고 국민에게 자유를 부여하고, 안전을 보장하는 것을 전제로 국민으로부터 고권을 이양받아 행사하게 된다. 그러므로 국가는 국민에게 안전을 보장하여야 하는 의무를 부여받고 있다. 국민의 생명과 건강에 대한 위험을 방지하여야 하는 국가의 의무는 이와 같이 국가목적에서 도출되었다.

근대 입헌주의의 발달로 국가목적은 헌법 속에 실정화되었고, 시민에 대한 국가의 권한과 의무도 헌법에 포함되어 있다. 그 결과 전통적인 국가목적을 포함하는 헌법국가는 국가의 안전실현의무를 국가목적이론보다는 실정화된 헌법에 근거하고, 안전에 관한 법률 제정의 정당성을 헌법에서 찾게 되었다. 국가의 에너지안전보장의무는 헌법 전문에서 천명하고 있을 뿐만 아니라 기본권에서 도출되는 기본권 보호의무에 근거하고 있다. 헌법은 그 전문에서 "우리들과 우리들의 자손의 안전과 자유와 행복을 영원히 확보할 것을 다짐하면서"라고 규정함으로써 대한민국이라는 국가에게 국민의 생명과 신체 등의 안전을 확보하기 위하여 노력해야 하는 의무를 부여하고 있다.

(2) 기본권 보호의무

헌법은 국민의 기본권을 보장함으로써 기본권의 전제이며, 그 상위에 있는 가치를 당연하게 보장하는 것으로 해석된다. 자유권을 기본권으로 보장하는 헌법은 기본권의 대표적인 주체인 국민의 생명과 신체적 안전을 국가가 스스로 침해하여서도 아니 될 뿐만 아니라 개인에 의하여 다른 개인의 생명이나 신체적 안전성이 침해되지 않도록 하여야 할 의무를 부과한다. 이러한 의무를 기본권보호의무라고 한다. 국가는 헌법에 의하여 부여된 국민의 생명과 신체 안전을 실현하기 위한 기본권 보호의무를 실현하기 위하여 에너지의 생산·저장·수송·사용과정에서 발생할 수 있는 에너지용품이나 에너지시설에 관하여 안전관리제도를 구축하여야 한다.

에너지안전을 통한 국민의 생명·신체 및 재산권에 관한 국가의 의무는 헌법국가의 기본권에서 도출되는 기본권 보호의무에 근거하고 있다. 기본권은 주관적 방어권으로서의 차원과 객관법적인 차원을 가진다. 국민의 생명·신체에 대한 국가의 보호의무는 기본권이 가지는 객관법적인 차원에서 도출되고 있다. 즉, 기본권은 가치질서로서 "객관적 질서의 기본요소"이다. 이러한 객관적 질서의 기본요소는 국가에게 실행과제를 부여하게 되는 것이다. 그러므로 생명권, 건강유지권, 재산권 보호조항에서 생명과 신체, 재산을 보호해야 하는 국가의 보호의무가 나오게 된다. 에너지안전과 관련된 국민의 생명, 신체, 재산권을 보호해야 하는 국가의 실행과제도 바로 이러한 기본권 보호의무에서 비롯된다.

헌법재판소는 기본권을 국가권력에 대한 단순한 방어권으로 인정할 뿐만 아니라, 가치질서로 인정함으로써 국가의 보호의무를 기본권에서 도출하고 있다. 생명과 신체의 불가침에 대한 기본권은 국가권력에 의한 침해에 대한 방어권으로서 끝나는 것이 아니라, 사인에 의한 침해로부터 기본권을 보호할 의무를 국가에게 부여하고 있다. 에너지분야에서 이러한 국가의 기본권 보호의무는 「고압가스 안전관리법」, 「위험물안전관리법」, 「전기사업법」 등과 같은 에너지안전 관련 다수의 법률에서 구체화되고 있다. 에너지의 생산·저장·수송·사용으로 발생할 수 있는 국민의 생명과 건강에 대한 위험은 국가보다는 개인이 설치·운영·제조·판매하는 에너지의 생산시설·저장시설·수송시설 또는 사용용품에 의해 발생한다. 즉, 에너지는 대부분 그 자체가 인화성·발화성이 높은 물질로서 국가가 아닌 에너지사업자에 의하여 국민의 생명·건강 또는 재산적인 위험이 발생하게 된다.

국가는 에너지안전과 관련된 국가의 보호의무의 실현을 위하여 우선 기본권적으로 대등한 지위에 있는 기본권 주체로서 사인의 기본권 영역을 설정한다. 국가는 그 영역에서 다른 기본권주체로서 사인의 행위나 관장분야에서 발생하는 위험을 억제하여 각각의 기본권 주체가 자신의 기본권을 합리적으로 행사할 수 있도록 법질서를 형성하고 안전을 유지하도록 하는데, 이를 에너지안전 관련 법령의 구축과 집행이라고 할 수 있다.

2. 과소금지원칙

국가의 안전보호의무의 구체적인 실현을 위하여 다른 헌법상 의무와 기본권을 존중하면서 최적의 법제도적 수단을 결정하여 입법화하는 것은 입법자의 입법형성권에 속한다. 입법자는 국민의 생명과 신체 등의 안전을 실현하기 위하여 다양한 제도를 에너지안전과 관련된 법률에서 보호법익 및 에너지와 관련된 위험의 특성을 고려하여 다양하고 효과적인 제도를 선택하게 된다. 입법자는 우선 에너지의 위험을 파악하고, 파악된 위험이 최소화될 수 있는 제도를 결정하여 도입한다. 입법자는 국민을 보호하기 위하여 적합한 에너지안전 관련 다양한 수단을 선택할 수 있는 광범위한 입법재량권을 가지게 된다. 그러나 에너지안전과 관련된 입법재량권은 헌법상 과소금지원칙과 과잉금지원칙에 의하여 제한을 받게 된다.

　입법자는 에너지 안전을 실현할 수 있는 최소한의 수단을 관련된 에너지안전 관련 법률에 도입하여야 한다. 에너지안전과 관련된 제도와 조치를 에너지안전관련 법률에서 도입하더라도 이것이 현실적으로 에너지안전을 실현할 수 없다면 이는 헌법상 과소금지원칙을 위반하게 된다. 에너지사업자의 사업 활동으로 발생할 수 있는 생명이나 건강상의 위험으로부터 국민을 보호하기 위하여 에너지 관련 법률은 최저한도로 에너지사업자의 기본권을 제한하거나 의무를 부여하여야 비로소 과소금지원칙을 준수하게 된다. 그러므로 에너지안전과 관련된 과소금지원칙은 에너지와 관련된 국민의 생명, 신체 및 재산권을 보호할 수 있는 제도와 조치를 법률에 도입하도록 한다. 과소금지의 원칙은 에너지안전과 관련하여 어떠한 제도나 조치가 국민을 보호할 수 있는 정도의 수준에 이르는가의 기준이 된다.

3. 과잉금지원칙

　입법자는 에너지안전을 위해 에너지 관련 위험을 유발하는 에너지사업자의 기본권을 제한할 수밖에 없다. 즉, 에너지생산사업자에게 에너지시설을 안전하게 설치·운영하도록 에너지시설에 대한 허가·승인·검사·신고 등과 같은 의무를 부여하고, 에너지저장사업자에게 저장시설의 안전한 설치·운영을 위해 저장시설 설치에 관한 허가·신고 등을 하도록 한다. 에너지사업자에 대한 새로운 의무의 부과는 에너지사업자의 직업자유에 대한 제한이다. 에너지안전을 실현하기 위하여 에너지사업자에게 부여되는 의무는 다양하다. 에너지사업자에 부여하는 안전실현과 관련된 의무와 기본권의 제한은 해당 기본권을 제한하지 않거나 의무를 부여하지 않고서도 충분히 안전실현이라는 공익목적을 달성할 수 있거나 보다 더 약한 기본권의 제한이나 의무부과로서 충분히 안전을 실현할 수 있음에도 불구하고 보다 강한 기본권의 제한이나 의무부과를 하는 경우에는 헌법상 과잉금지원칙을 위반하게 된다. 즉, 에너지안전을 위하여 기본권을 제한하는 법률은 법치국가에서 도출된 비례의 원칙(과잉금지의 원칙)에 합치하여야 한다.

　법률에 의해 기본권을 제한하더라도 행정의 목적과 그 목적을 실현하기 위한

수단의 관계에서 그 수단은 목적을 실현하는 데에 적합하고 최소한의 침해를 가져
오는 것이어야 할 뿐만 아니라, 아울러 그 수단의 도입으로 인해 생겨나는 침해가
의도하는 이익·효과를 능가하여서는 안 된다는 원칙이 바로 비례의 원칙이다. 에
너지안전과 관련된 법률상 개별규정은 비례의 원칙인 적합성원칙, 필요성원칙 및
상당성원칙에 합치하여야 한다. 즉, 에너지안전을 위한 법령이나 제도는 비례의
원칙에 합치할 때에 그 정당성을 가지게 된다. 따라서 에너지안전과 관련된 법령
상 규정은 비례의 원칙에서 그 한계를 두어야 한다.

4. 에너지안전 관련 실정법

(1) 에너지안전 관련 법률

국내 에너지안전과 관련된 실정법은 앞서 언급한 헌법적인 요구에 적합하게
제정되어야 한다. 현행 에너지안전 실정법은 가스분야의 안전관리에 관한 법률로
「고압가스 안전관리법(약칭 : 고압가스법)」, 「액화석유가스의 안전관리 및 사업법(약
칭 : 액화석유가스법)」, 「도시가스사업법」 및 「수소경제 육성 및 수소 안전관리에 관
한 법률(약칭 : 수소법)」이 있다. 가스분야의 안전관리에 관한 실정법은 해당 가스의
안전관리만을 규정하는 법률로 「고압가스 안전관리법」이 있고, 안전과 사업을 통
합적으로 정하는 실정법으로 「액화석유가스의 안전관리 및 사업법」과 「도시가스
사업법」이 있고, 2020년 2월에 제정된 「수소경제 육성 및 수소 안전관리에 관한
법률」이 있다.

가스는 산업용 또는 에너지원으로 사용되고 있어 안전과 사업을 모두 산업통
상자원부에서 관할하고 있다. 석유의 경우 그 자체가 에너지원에 속하고 있어 「석
유 및 석유대체연료 사업법(약칭 : 석유사업법)」에서 관장하며 산업통상자원부에서
동 법률을 운영하고 있다. 그러나 석유의 안전에 관하여는 화재의 위험성으로 인
하여 소방청에서 운영하는 「위험물안전관리법(약칭 : 위험물관리법)」에서 관장하고
있다.

2차 에너지로서 전기안전을 관장하는 법률은 「전기사업법」이다. 동법률의 제
명에서 전기안전분야가 드러나지 않는 것은 동법률의 내용과 제명이 일치하지 않
기 때문이다. 「전기사업법」은 발전시설, 송전시설, 변전시설, 수전시설의 안전관
리에 관하여 규정하고 있다. 종전의 「전기사업법」에서 안전관련 규정을 분리·강
화하는 「전기안전관리법」이 2020년 3월 31일에 제정되어 독립법으로 운영되고

있다.

(2) 에너지안전법의 대상

에너지안전분야는 상온에서 기체상태로 존재하는 에너지로 가스분야를 관장하는 법률, 액체상태로 존재하는 석유분야를 관장하는 법률, 전자 흐름과 관련된 전기안전을 관장하는 법률이 모두 에너지안전과 관련된 실정 법률에 속한다.

원자력에너지도 현재 사용되고 있는 중요한 에너지원에 속한다. 원자력에서 가장 중요한 사항인 원자력안전은 「원자력안전법」이 실정법으로서 이를 관장한다. 원자력안전은 그 자체로 중요한 에너지안전에 속하나, 그 구조와 내용에서 다른 에너지안전보다 월등히 복잡하게 구성되어 있다. 또한 원자력분야는 과학기술법학분야에 포함할 수도 있고 에너지법학분야에 포함할 수도 있으며 원자력법 그 자체가 독립된 학문분야로 자립할 수도 있다. 이러한 점을 고려하여 여기서는 원자력기술이 가지는 첨단과학성을 고려하여 에너지과학기술분야에 포함하여 기술하고자 한다.

제 2 절   고압가스 안전관리법

Ⅰ. 고압가스 안전관리법의 체계와 구조

1. 고압가스 안전관리법의 체계

「고압가스 안전관리법(약칭 : 고압가스법)」은 고압가스의 안전관리를 목적으로 제정된 법률이다. 동법률은 고압가스의 제조·저장·판매·운반·사용과 고압가스의 용기·냉동기·특정설비 등의 제조와 검사 등에 관한 사항을 규정하고 있다. 고압가스법은 국내에서 생산·유통되는 고압가스에 대하여 제조·저장·판매 시에 허가를 받게 하고(고압가스법 제4조), 특정고압가스에 대해서는 사용 시 신고를 하도록 하며(동법 제20조), 고압가스의 제조·저장 및 사용시설에 대하여는 정기적으로 검사를 받도록 하는 등(동법 제16조의2 및 제20조) 매우 엄격하고 체계적인 안전관리제도를 두고 있다. 고압가스의 안전관리 체계는 고압가스시설과 동 시설의 운영에 관한 사항을 규율한다. 고압가스시설은 시설규모, 사용목적 등에 따라 고압가스제조

(충전 포함)시설, 저장시설, 판매시설 및 사용시설로 구분된다. 또한 고압가스제조시설은 저장능력, 처리능력 또는 사업의 종류에 따라 고압가스특정제조, 고압가스일반제조, 고압가스냉동제조로 구분되어 관리되고 있다.

2. 고압가스의 정의와 종류

고압가스법의 대상이 되는 고압가스는 상용의 온도에서 압력이 1MPa(10kg/㎠) 이상인 압축가스, 압력이 0.2MPa(2kg/㎠) 이상인 액화가스를 말하며, 구체적인 고압가스의 종류 및 범위는 동법 시행령 제2조에서 정하고 있다.

고압가스는 형태별로 분류할 수 있고, 성질별로 분류할 수 있다. 먼저 고압가스의 형태를 기준으로 압축가스와 액화가스로 구분할 수 있으며, 그 범위는 다음과 같다.

고압가스의 형태에 따른 구분

형태별 구 분	범 위
압축가스	상용(常用)의 온도에서 압력(게이지압력을 말함)이 1메가파스칼 이상이 되는 압축가스로서 실제로 그 압력이 1메가파스칼 이상이 되는 것 또는 섭씨 35도의 온도에서 압력이 1메가파스칼 이상이 되는 압축가스 [아세틸렌가스는 제외]
	섭씨 15도의 온도에서 압력이 0파스칼을 초과하는 아세틸렌가스
액화가스	상용의 온도에서 압력이 0.2메가파스칼 이상이 되는 액화가스로서 실제로 그 압력이 0.2메가파스칼 이상이 되는 것 또는 압력이 0.2메가파스칼이 되는 경우의 온도가 섭씨 35도 이하인 액화가스
	섭씨 35도의 온도에서 압력이 0파스칼을 초과하는 액화가스 중 액화시안화수소·액화브롬화메탄 및 액화산화에틸렌가스 [냉매가스인 프레온은 액화가스에 해당]

고압가스의 성질을 기준으로 가연성·독성·불연성·조연성으로 구분할 수 있으며, 그 범위는 다음과 같다.

고압가스의 성질에 따른 구분

성질별 구 분	범 위
가연성가스	▪ 공기 중에서 연소하는 가스로서 폭발한계(공기와 혼합된 경우 연소를 일으킬 수 있는 공기 중의 가스 농도의 한계를 말함)의 하한이 10퍼센트 이하인 것과 폭발한계의 상한과 하한의 차가 20퍼센트 이상인 것 ▪ (지정가스) 아크릴로니트릴·아크릴알데히드·아세트알데히드·아세틸렌·암모니아·수소·황화수소·시안화수소·일산화탄소·이황화탄소·메탄·염화메탄·브롬화메탄·에탄·염화에탄·염화비닐·에틸렌·산화에틸렌·프로판·시클로프로판·프로필렌·산화프로필렌·부탄·부타디엔·부틸렌·메틸에테르·모노메틸아민·디메틸아민·트리메틸아민·에틸아민·벤젠·에틸벤젠
독성가스	▪ 공기 중에서 일정량 이상 존재하는 경우 인체에 유해한 독성을 가진 가스로서 허용농도(해당 가스를 성숙한 흰쥐 집단에게 대기 중에서 1시간 동안 계속하여 노출시킨 경우 14일 이내에 그 흰쥐의 2분의 1 이상이 죽게 되는 가스의 농도를 말함)가 100만분의 5,000 이하인 것 ▪ (지정가스) 아크릴로니트릴·아크릴알데히드·아황산가스·암모니아·일산화탄소·이황화탄소·불소·염소·브롬화메탄·염화메탄·염화프렌·산화에틸렌·시안화수소·황화수소·모노메틸아민·디메틸아민·트리메틸아민·벤젠·포스겐·요오드화수소·브롬화수소·염화수소·불화수소·겨자가스·알진·모노실란·디실란·디보레인·세렌화수소·포스핀·모노게르만
불연성가스	가연성가스와 같이 공기 중에서 연소하거나 폭발하지 않는 것으로 연소하고 있는 화염을 꺼지게 하는 가스(예 : 질소, 아르곤, 이산화탄소 등) [냉매가스인 프레온은 불연성가스에 해당]
조연성가스	불연성가스와 같이 연소하거나 폭발되지 않지만 연소를 지지하는 가스(예 : 산소, 아산화질소 등)

3. 고압가스안전관리 기본계획

고압가스법은 체계적인 가스안전관리와 일관성 있는 업무추진을 위해 5년마다 가스안전관리 기본계획을 수립·시행하도록 하고 있다. 가스는 국민들의 일상생활에 매우 밀접한 에너지원에 해당하나, 제조·저장·수송·사용과정에서 발생하

는 사고가 대형 참사로 이어질 수 있어 국가차원의 지속적·일관적·체계적인 안전
관리가 필수적인 에너지원이다. 이와 같은 이유로 가스안전관리 기본계획은 고압
가스법 제3조의2에 법률적 근거를 둔 법정계획에 해당한다.

산업통상자원부장관은 가스로 인한 위해를 방지하고 공공의 안전을 확보하기 위
하여 5년마다 가스안전 정책·기술개발 등에 관한 가스안전관리 기본계획을 수립·시
행하고, 관계 중앙행정기관의 장과 협의한 후 「에너지법」 제9조제1항에 따른 에너
지위원회의 심의를 거쳐 기본계획을 확정한다. 에너지위원회는 분야별 전문위원회
로 에너지정책전문위원회, 에너지기술기반전문위원회, 에너지개발전문위원회, 원자
력발전전문위원회, 에너지산업전문위원회, 에너지안전전문위원회를 두고 있다. 그
러므로 고압가스법에서 에너지위원회의 심의를 거치는 경우에 에너지안전전문위원
회에서 사전적으로 가스안전관리 기본계획에 대하여 검토하여야 한다. 에너지안전
전문위원회는 에너지위원회의 회의에 부칠 안건을 검토하거나 에너지위원회가 위
임한 안건을 조사하거나 연구하는 역할을 담당한다. 산업통상자원부장관은 가스안
전관리 기본계획을 수립 또는 변경한 경우에는 관계 중앙행정기관의 장, 시·도지
사 및 「공공기관의 운영에 관한 법률」 제4조에 따른 공공기관(가스안전에 관한 업무를
수행하는 공공기관에 한정)의 장에게 통보하고, 공고(인터넷 게재를 포함)하여야 한다.

II. 고압가스 제조시설의 설치안전관리

1. 고압가스 제조시설의 제조허가

고압가스의 안전관리는 고압가스 제조단계에서 고압가스 그 자체가 아니라
고압가스시설의 안전관리를 통하여 고압가스 안전을 실현한다. 고압가스는 대부분
산업용으로 사용되는 산업용가스이다. 산업용가스는 제조과정에서 고압으로 압축
되어 저장·운송되는 독성가스이기 때문에 폭발·발화·유독성이 있다. 그러므로
고압가스의 폭발·발화·유출에 대한 위험을 사전에 예방하기 위하여 고압가스의
제조자에게 시장·군수·구청장의 허가를 받거나 신고를 하도록 하고 있다(고압가스
법 제4조). 고압가스법은 고압가스의 위험성 정도에 따라 허가 또는 신고의 대상이
되는 고압가스제조를 구분함으로써 고압가스 제조자의 직업자유에 대한 제한을
비례의 원칙에 적합하게 하고 있다.

고압가스 제조자로서 고압가스 특정제조자는 저장능력이 100톤 이상인 석유

정제사업자, 석유화학공업자, 비료생산업자 및 처리능력이 1만㎥ 이상인 석유화학
공업자와 10만㎥ 이상인 철강공업자와 비료생산업자 등이고, 고압가스 일반제조
업자는 고압가스 특정제조의 범위에 해당하지 않는 제조자이며, 고압가스 냉동제
조자는 냉동 또는 냉난방을 위해 냉매가스(암모니아, 프레온)를 1일 20톤 이상 사용
하는 제조사업자이다(시행령 제3조). 그 밖의 고압가스 제조자는 시장·군수·구청장
에 고압가스제조에 대한 신고를 함으로써 고압가스법에 따른 의무를 이행하게 된
다. 고압가스 제조허가는 위험도에 따라 시설기준과 기술기준을 다르게 적용하기
위하여 그 종류와 대상범위를 대통령령에 위임하여 다음과 같이 정하고 있다.

고압가스 제조의 유형

유 형	내 용
고압가스 특정제조	산업통상자원부령으로 정하는 시설에서 압축·액화 또는 그 밖의 방법으로 고압가스를 제조(용기 또는 차량에 고정된 탱크에 충전하는 것을 포함)하는 것으로서 그 저장능력 또는 처리능력이 산업통상자원부령으로 정하는 규모 이상인 것
고압가스 일반제조	고압가스제조로서 고압가스 특정제조의 범위에 해당하지 아니하는 것
고압가스 충전	용기 또는 차량에 고정된 탱크에 고압가스를 충전할 수 있는 설비로 고압가스를 충전하는 것으로서 다음 각 목의 어느 하나에 해당하는 것(고압가스 특정제조 또는 고압가스 일반제조의 범위에 해당하는 것은 제외) 가. 가연성가스(액화석유가스와 천연가스는 제외) 및 독성가스의 충전 나. 가목 외의 고압가스(액화석유가스와 천연가스는 제외)의 충전으로서 1일 처리능력이 10세제곱미터 이상이고 저장능력이 3톤 이상인 것
고압가스 냉동제조	1일의 냉동능력이 20톤 이상(가연성가스 또는 독성가스 외의 고압가스를 냉매로 사용하는 것으로서 산업용 및 냉동·냉장용인 경우에는 50톤 이상, 건축물의 냉·난방용인 경우에는 100톤 이상)인 설비를 사용하여 냉동을 하는 과정에서 압축 또는 액화의 방법으로 고압가스가 생성되게 하는 것. 다만, 다음 각 목의 어느 하나에 해당하는 자가 그 허가받은 내용에 따라 냉동제조를 하는 것은 제외함 가. 고압가스 특정제조의 허가를 받은 자 나. 고압가스 일반제조의 허가를 받은 자 다. 「도시가스사업법」에 따른 도시가스사업의 허가를 받은 자

　　동법 시행령 제3조제4항에 따르면, 고압가스 제조허가는 고압가스저장소 설치허가와 고압가스 판매허가에 관한 허가요건으로 ① 사업의 개시 또는 변경으로 국민의 생명 보호 및 재산상의 위해(危害)방지와 재해발생방지에 지장이 없을 것, ② 고압가스법 제28조에 따른 한국가스안전공사의 기술검토 결과 안전한 것으로 인정될 것, ③ 허가관청이 국민의 생명 보호 및 재산상의 위해방지와 재해발생방지를 위하여 설치를 금지한 지역에 해당 시설을 설치하지 아니할 것, ④ 고압가스법 및 고압가스법 시행령과 그 밖의 다른 법령에 적합할 것으로 정하고 있다.

　　고압가스법 시행령 제3조는 제조허가의 대상 중 "차량에 고정된 탱크에 고압가스를 충전하는 사업"을 제조허가의 대상으로 규정하고 있다. 제조허가의 대상으로서 "차량에 고정된 탱크"에 관한 정의는 고압가스법 시행규칙 제2조제11호에서 규정하고 있다. 고압가스법과 그 하위법령을 종합적으로 해석할 때에 "차량에 고정된 탱크"에 고압가스를 충전하는 사업도 제조허가의 대상임에도 동법에서 이를 명시하고 있지 않아 혼동을 줄 우려가 있다. 그러므로 "차량에 고정된 탱크"에 고압가스를 충전하는 사업을 제조허가의 대상으로 법률에 명시할 필요가 있다. "차량에 고정된 탱크"는 일반적으로 쓰이는 용어가 아닐 뿐만 아니라, 일반적으로 "제조"는 새로운 물질을 만드는 것으로 이해되기 때문에 "차량에 고정된 탱크로 가스의 충전"은 "제조"로 이해되지 않기 때문이다. 이러한 경우에 고압가스법은 "차량에 고정된 탱크로 가스의 충전"행위에 대한 안전관리를 제조행위로 관리하는 것이 적합하다고 판단하고 있다. 이를 위하여는 "제조"에 "차량에 고정된 탱크에 충전"을 법률적으로 정의하는 것이 적합하다. 이러한 문제점을 해소하기 위하여 2020년 2월 4일 고압가스법의 일부개정을 통해 차량에 고정된 탱크에 고압가스를 충전하는 사업을 제조허가의 대상으로 명확히 하였다.

2. 허가기준으로 시설·기술기준

　　고압가스 제조허가의 요건은 위험을 유발하지 않도록 제조시설을 설치하고, 저장용기가 안전하게 제조되도록 정하고 있다. 그러나 제조시설과 저장용기는 어떻게 설치하여야 비로소 안전하며, 해당 시설을 구성하는 개별적인 부품이나 구성부분은 어떻게 설치되고 제조될 때에 안전한가를 확정할 수 없다. 이러한 문제는 고압가스법과 그 하위규범에 따라 정하고 있는 시설기준과 기술기준에서 확정된다. 즉, 고압가스법에서 제조·저장·판매의 허가를 위한 안전정도와 운반용기의 안전 정도는 시설기준과 기술기준에서 세부적으로 규정함으로써 확정된다.

고압가스법 제13조는 사업자등에게 시설기준과 기술기준의 준수의무를 부여하고 있다. "사업자등"은 고압가스법 제4조에 따른 고압가스의 제조허가 등에 따른 허가를 받거나 신고를 한 자와 동법 제5조에 따른 용기·냉동기 및 특정설비의 제조등록 등, 동법 제5조의3에 따른 고압가스 수입업자의 등록 및 동법 제5조의4에 따른 고압가스 운반자의 등록에 따른 등록을 한 자를 말한다. 즉, 고압가스법에 따른 사업자등은 고압가스 제조허가자, 고압가스 제조신고자, 고압가스 용기·냉동기·특정설비 제조등록자, 고압가스 수입업등록자, 고압가스 운반등록자 모두를 말한다. 2020년 2월 4일 개정 전 고압가스법에 따르면 시설기준 및 기술기준에 맞도록 유지해야 하는 대상을 "고압가스의 제조·저장·판매시설 및 용기등의 제조시설"로 한정하고 있어 이에 해당하지 않는 수입업등록자와 운반등록자의 경우 시설·기술기준의 준수 대상에서 제외되었다. 이로 인하여 수입업등록시설의 경우 설치공사나 변경공사를 할 때 검사를 받도록 되어 있고 정기검사와 수시검사의 대상이나 검사에서 시설기준 및 기술기준을 준수하고 있지 않은 것이 적발되더라도 제재규정이 없는 문제가 발생할 우려도 있었다. 이를 해소하기 위하여 개정된 고압가스법은 시설·기술기준의 준수의무 부과대상에 수입업등록자와 운반등록자를 포함하고 있다.

고압가스법은 고압가스 제조시설, 용기 등에 대하여 관할 행정청으로부터 허가·등록 또는 신고를 받도록 규정하고 있다. 행정청은 허가·등록 또는 신고의 수리와 같은 행정처분을 하기 위하여 그 대상이 되는 제조시설, 용기 등에 대한 기준을 필요로 한다. 일반적으로 기술기준도 법규의 형식으로 되어 있어 체계적으로 대강의 기술기준과 세부적인 기술기준으로 구분되며, 법규형식으로 정하여지는 기술기준은 대강의 기술기준과 세부기준이 연계되어 비로소 적합한 기능을 할 수 있다. 고압가스법 제22조의2는 각종 시설기준·기술기준 및 검사기준 등을 충족하는 상세한 규격, 특정 수치 및 시험방법 등을 세부적으로 규정한 상세기준의 범위, 제·개정 절차 및 효력 등을 정하고 있다. 현행 가스안전 관련 기준은 고압가스법, 「액화석유가스의 안전관리 및 사업법」, 「도시가스사업법」 등 가스 3법과 관련 하위법령 및 관련 고시에 천개 이상의 행정기준 및 수천 개의 기술기준이 혼재된 형태로 운용되고 있다. 상세기준은 세부적인 기술기준으로 기술변화에 따른 신기술이나 신제품의 적용 등을 신속하게 반영하기 위하여 일반적인 법령의 제·개

정 절차를 따르지 않고 있다. 고압가스 안전과 관련된 기술기준, 시설기준 및 검사
기준은 순수하게 기술적인 사항임에도 불구하고 법령의 제·개정 절차를 따를 경
우 비효율적일 뿐만 아니라 급속하게 변화하는 기술변화에 적합하게 제·개정될
수 없다. 기술기준이 법령의 제·개정 절차를 따를 경우 오히려 신기술 채택의 지
연으로 반도체, 석유화학 등 국가기간산업의 경쟁력 제고에 장애요인으로 작용할
우려가 있고, 가스사고 예방활동에도 지장을 초래할 수 있을 뿐만 아니라 WTO
회원국으로서 WTO/TBT(Technical Barriers to Trade)협정에서 요구하는 기술기준의 성
능규정을 적기에 수용하지 못하여 무역마찰이 발생할 수도 있다. 이에 따라 고압
가스법 제22조의2는 법령의 형태로 규정되어 관리되고 있는 기술기준 중에 순수
기술적인 사항을 상세기준으로 분리하여 민간코드화하는 방향으로 가스안전 기술
기준 운용체계를 개편하여 운영하고 있다.

　　가스기술기준위원회는 상세기준을 객관적이고 투명하게 제·개정하고 운영하
기 위한 기구로서, 상세기준의 제·개정 및 운영에 관한 사항을 심의·의결한다. 상
세기준은 가스기술기준위원회의 심의·의결을 거쳐 산업통상자원부장관의 승인을
받아야 하고, 상세기준이 산업통상자원부장관의 승인을 받은 경우 가스기술기준위
원회는 이를 인터넷 홈페이지 등을 이용하여 일반인에게 알리고, 산업통상자원부
장관은 그 승인사실을 관보에 공고하여야 한다. 상세기준에 적합한 경우에는 해당
가스안전 관련 기술기준에 적합한 것으로 간주된다. 이에 따라 사업자가 상세기준
을 준수하면 별도의 행정행위 없이 기술기준을 충족한 것이 된다.

3. 고압가스 제조신고의무

(1) 제조신고의무 대상사업

　　고압가스법 제4조는 고압가스의 위험성 등을 고려하여 제조허가와 제조신고
의 대상을 각각 구분하고 있다. 동법 시행령 제4조는 고압가스 충전과 냉동제조를
제조신고의 대상으로 정하고 있다. 고압가스 충전은 "용기 또는 차량에 고정된 탱
크에 고압가스를 충전할 수 있는 설비로 고압가스(가연성가스 및 독성가스는 제외)를
충전하는 것으로서 1일 처리능력이 10세제곱미터 미만이거나 저장능력이 3톤 미
만인 것"을 말한다. 냉동제조는 "냉동능력이 3톤 이상 20톤 미만(가연성가스 또는 독
성가스 외의 고압가스를 냉매로 사용하는 것으로서 산업용 및 냉동·냉장용인 경우에는 20톤 이상
50톤 미만, 건축물의 냉·난방용인 경우에는 20톤 이상 100톤 미만)인 설비를 사용하여 냉동

을 하는 과정에서 압축 또는 액화의 방법으로 고압가스가 생성되게 하는 것"을 말한다. 다만, 고압가스 특정제조, 고압가스 일반제조, 고압가스저장소 설치의 허가를 받은 자 또는 「도시가스사업법」에 따른 도시가스사업의 허가를 받은 자가 그 허가받은 내용에 따라 냉동 제조를 하는 것은 제조신고의무의 대상에서 제외된다.

(2) 제조신고의 법적 성질

일반적으로 신고는 법적 효과, 신고수리의 의미 및 수리거부에 대한 쟁송가능성 등에서 차이가 있어 수리가 필요한 신고와 필요하지 않은 신고로 구별할 필요가 있다. 다만, 법률에서 수리가 필요한 신고임을 명시적으로 규정하지 않는 경우 수리의 요건으로 실질적 심사규정을 두고 있는지 여부, 수리거부 또는 신고수리의 취소근거 규정 여부 등을 종합적으로 고려하여 판단할 수밖에 없는데,[1] 고압가스법 제4조제3항에 따른 신고수리에 관한 규정을 살펴보면 수리를 필요로 하는 신고와 그렇지 않은 신고의 구분을 명확히 할 수 있다. 고압가스법 제4조제2항에 따른 고압가스의 제조신고(일정규모 이하의 고압가스 충전과 냉동제조)는 수리를 필요로 하는 신고로서 2일 이내에 신고수리 여부를 통지하도록 하고, 신고 수리 여부나 연장여부를 통지하지 않은 경우 신고를 수리한 것으로 간주된다. 고압가스 제조신고는 대통령령으로 정하는 특정 종류와 특정 규모 이하의 고압가스의 제조자로 하여금 시장·군수·구청장에게 신고하도록 하고 있다. 고압가스 제조는 원칙적으로 허가사항이었으나 1993년 일부를 규제완화 차원에서 신고사항으로 개정하였다. 고압가스 제조신고에 있어서 신고와 함께 제출하는 사업계획서의 첨부 유무만 판단하는 것이 아니라 그 내용을 검토해야 하며, 추후 사업계획에 따른 시설 설치·변경공사의 검사를 받아야 하고, 신고의무 위반 시 행정형벌(500만원 이하의 벌금)을 두고

---

1 수리를 요하는 신고와 수리를 요하지 않는 신고의 구별은 법률에서 특별하게 정하고 있지 않는 경우에 해당 법령의 목적과 해당 법령의 관련 조문에 대한 합리적·유기적인 해석을 통해 판단한다. 판례는 다음을 기준으로 판단하고 있다. ① 법률에 명시적으로 수리에 관한 규정의 존재 여부, ② 신고·등록·허가를 동시에 대비시켜 규정하고 있는지 여부, ③ 법률 연혁 상 규제 완화 등의 차원에서 허가·등록제에서 신고제로 개정된 규정인지 여부, ④ 신고사항의 사실여부 등을 심사하여 그 수리거부를 할 수 있도록 정하거나 신고사항의 흠이 발견되는 경우에는 그 신고수리 자체를 취소할 수 있는 규정을 두고 있는지 여부, ⑤ 신고행위의 효력 시기에 관한 규정 유무, ⑥ 아무런 요건을 규정하지 아니하거나 형식적 요건만을 규정하고 있는지 여부, ⑦ 수리의 요건으로서 형식적 요건 외에 검토와 확인 등 실질적 심사규정을 두고 있는지 여부, ⑧ 수리 없는 행위의 처벌 유무 등을 종합적으로 고려하여야 한다(대법원 2011.09.08. 선고 2010도7034 판결; 창원지법 2015.12.09. 선고 2015노798 판결 등).

있다는 점을 감안할 때 이는 수리를 요하는 신고에 해당한다.

고압가스법 제4조제2항에 따른 제조신고는 수리를 요하는 신고에 해당하는 바, 고압가스법의 집행과정에서 처리지연 등 부당한 처리로 행정의 예측가능성과 신뢰가 저하할 우려가 있다. 이를 방지할 목적으로 동법 제4조제3항은 시장·군수·구청장으로 하여금 신고를 받은 날부터 2일 이내에 신고수리 여부를 신고인에게 통지하도록 하고 있다. 시장·군수·구청장이 신고를 받은 날로부터 2일 이내에 신고수리 여부 또는 민원 처리 관련 법령에 따른 처리기간의 연장을 신고인에게 통지하지 아니하면 그 기간(민원 처리 관련 법령에 따라 처리기간이 연장 또는 재연장된 경우에는 해당 처리기간을 말한다)이 끝난 날의 다음 날에 신고를 수리한 것으로 간주하도록 하고 있다. 수리를 요하는 신고는 고압가스법을 집행하는 공무원의 자의적 해석, 부당한 접수거부, 처리지연과 같은 소극행태를 방지함으로써 신고의무자의 권리를 적극적으로 보호할 수 있다.

4. 검 사

고압가스법은 다수의 검사제도를 두고 있다. 일반적으로 검사는 행정처분에 해당하지 않고, 사실행위에 해당한다. 고압가스법 제4조에 따라 고압가스제조의 허가나 신고를 한 자 또는 제5조의3에 따라 고압가스 수입업을 등록한 자에 대하여 허가·신고 또는 등록한 바와 같이 해당 시설을 설치하였는지 여부에 관한 확인을 위하여 검사제도를 규정하고 있다(고압가스법 제16조 및 제16조의2). 고압가스제조의 허가·신고 또는 등록과 관련되는 중간검사·완성검사는 가스시설의 설치가 시설 및 기술기준에 적합한지 여부를 검사하여 적합한 시설에 한해 사용을 허가하는 검사이다. 검사는 고압가스제조 시설의 설치과정과 완공단계에서 실시하는 중간검사 및 완성검사, 유지관리실태를 검사하는 정기검사 및 수시검사로 구분하고 있다.[2]

고압가스제조의 허가·신고 또는 등록과 관련된 중간검사, 완성검사, 정기검사 및 수시검사는 그 자체로 행정처분이 아니라 사실행위에 속한다. 중간검사, 완성검사, 정기검사 또는 수시검사의 결과에 따라 행정기관은 제조허가 또는 거부를 하거나 정기검사 또는 수시검사의 결과에 따라 적합한 행정처분을 하게 된다. 중간검사는 허가 또는 신고의 대상이 되는 시설이 완공된 상태에서 외관으로 확인을

---

2 정기검사 및 수시검사에 관한 부분은 사업운영상 안전관리에서 다룬다.

할 수 없는 문제를 해결할 목적으로 중요한 공사에 대하여 그 공사과정 중에 검사
하는 것이다. 공사의 공정별 중간검사를 통해 검사의 대상이 되는 시설이 비로소
적합하게 설치되었는가를 검사할 수 있고, 이를 통해 해당 시설의 안전성을 확보
하고 있다. 완성검사는 허가·신고 또는 등록을 한 제조시설에 대하여 허가·신고
또는 등록한 바와 같이 안전성을 갖추었는지를 검사하는 것을 말한다. 허가·신고
또는 등록을 한 때에 제출한 설계도서와 같이 공사가 진행된 경우에 해당 시설을
사용할 수 있게 된다.

5. 수입고압가스 안전관리

고압가스의 수입을 업(業)으로 하려는 자는 시장·군수 또는 구청장에게 등록
하여야 한다(고압가스법 제5조의3). 고압가스 수입업의 등록제도와 고압가스 수입 신
고제도(동법 제21조)는 모두 고압가스의 수입·유통에 대한 현황을 정확하게 파악하
여 국내에서 유통되는 고압가스에 대한 안전관리체계를 강화하는 것을 목적으로
하고 있다.

고압가스는 산업의 발전에 따라 그 사용량이 매년 증가하고 있고, 그에 따라
국내 생산량 및 수입량도 지속적으로 증가하고 있는 추세이다. 수입고압가스의 안
전관리에 관한 규제완화차원에서 1999년 기존의 고압가스 수입업 등록제도 및 수
입신고제도를 폐지하였다. 그러나 당시의 조치는 결과적으로 고압가스 수입업자·
수입량 및 유통현황의 파악을 불가능하게 함으로써 수입고압가스에 대한 안전관
리체계의 구축에 큰 흠결을 초래하게 되었다. 고압가스는 그 자체로 위험성이 큰
물질에 속한다. 특히 고압가스 중 독성가스의 경우에는 생산·유통상의 우발적 사
고뿐만 아니라, 테러에 이용될 가능성이 큰 물질이므로 안전관리를 소홀히 하게
되면 국가의 국민보호의무 위반을 초래하게 된다. 오늘날 산업의 발전에 따라 독
성가스의 사용량도 점점 증가하고 있어 사고 발생의 가능성이 높아지고 있으며,
수입고압가스에 대한 유통현황관리체계의 미비점을 개선함으로써 고압가스 안전
관리체계를 보다 강화할 목적으로 고압가스 수입업의 등록의무와 수입행위에 대
한 신고의무를 다시 부여하게 되었다.

6. 사업의 개시·재개·중단·폐지 신고

고압가스법은 고압가스 관련 사업 또는 저장소 사용의 개시, 중단·폐지 및 재

개 시의 신고제도를 도입하고 있다(고압가스법 제7조). 이는 고압가스의 유통과정에서 발생할 수 있는 위험요소를 줄여 공공의 안전을 확보하고, 실효성 있는 안전관리를 하는 데에 목적이 있다.

사업 개시의 신고의무를 부여하지 않는 경우에 허가·신고나 등록업무를 소관하는 행정기관이 당해 사업자의 안전관리의무 준수 여부를 확인할 수가 없고, 사업 휴지 후 재개의 경우에도 신고를 하지 아니하여 정기검사의 기간을 확정하기가 어려운 문제가 있다. 이러한 문제점은 결국 관련 행정기관이 수행하는 고압가스 안전관리업무의 실효성을 저하시키는 부작용을 초래하게 되어, 이를 해결하기 위하여 현행과 같이 사업개시 및 재개의 경우에도 사업자가 관련 행정기관에 신고를 하도록 의무를 부과하게 되었다. 이는 고압가스의 생산·유통과정에서의 안전성 확보를 통한 국민의 생명·신체 및 재산의 보호라는 고압가스안전관리체계 차원에서 도입된 것이다.

7. 특정고압가스 사용신고

고압가스법은 특정고압가스(수소·산소·액화암모니아·아세틸렌·액화염소·천연가스·압축모노실란·압축디보레인·액화알진, 그 밖에 대통령령으로 정하는 고압가스를 말함)를 사용하려는 자로서 저장능력이 일정규모 이상일 경우 관할관청에 사용 전에 신고하도록 하고, 완성검사 및 정기검사를 받도록 하고 있다. 그런데 특정고압가스 사용신고 대상자임에도 신고를 하지 않거나 사용시설의 완성검사 및 정기검사를 받지 않고 특정고압가스를 공급받아 사용하는 사례가 있다.

특정고압가스는 대부분 독성·가연성가스로 위험성이 크고 전체 고압가스 사고 중 특정고압가스 사고가 사고의 상당부분을 차지하고 있어 특정고압가스에 대하여 보다 강화된 안전관리 규정을 두어 사용 전에 관할 관청에 신고하도록 하고 있다(고압가스법 제20조). 고압가스 제조자나 고압가스 판매자가 특정고압가스 사용자에 대하여 신고를 하여야 하는 자인지 여부, 완성검사·정기검사 여부 등 적합성 확인을 거친 후에 특정고압가스를 공급받을 수 있도록 함으로써 특정고압가스 사용에 있어서의 안전을 확보할 수 있다. 특정고압가스의 제조자·판매자는 사용자의 저장능력이 신고대상에 해당하는지를 쉽게 파악할 수 있고, 사용자의 신고증 및 검사합격증을 확인하여 공급 여부를 결정할 수 있다. 고압가스법은 공급자의 의무로 고압가스 사용자의 시설에 대하여 안전점검을 하도록 하고, 사용자 시설의 신고 여부나 완성검사·정기검사 여부를 확인하도록 규정하고 있다.

Ⅲ. 사업운영상 안전관리

1. 안전관리자 선임제도

(1) 안전관리자 선임의무자

고압가스법은 고압가스 사업자 및 특정고압가스 사용신고자에게 그 시설 및 용기 등의 안전 확보와 위해 방지에 관한 직무를 수행하게 하기 위하여 사업 개시 전이나 특정고압가스의 사용 전에 안전관리자를 선임할 의무를 부여하고 있다(고압가스법 제15조제1항). 또한 고압가스 제조자 중 냉·난방용 냉동제조사업자, 비가연성·비독성 고압가스저장자 중 소화설비에 비가연성·비독성 고압가스를 저장하고 있는 자 및 특정고압가스 사용신고자가 그 시설관리를 전문으로 하는 자에게 위탁하는 경우에는 그 수탁관리자도 안전관리자를 직접 선임하고, 안전관리자에 대한 각종 신고도 직접 하여야 한다. 예외적으로 위험성이 낮은 냉·난방용 냉동제조사업과 특정고압가스 사용시설에 한하여 수탁관리자가 안전관리자를 선임할 수 있도록 하여 그 의무를 완화하고 있다. 또한 고압가스 저장소 중 소화설비용으로 비가연성·비독성 고압가스를 저장하고 있는 시설은 위탁관리하여도 안전관리가 큰 문제가 없는 시설에 대하여 안전관리자 선임의무를 부여하지 않고 있다.

(2) 안전관리자 선임 기간과 대리자 지정

안전관리자 선임의무자는 안전관리자를 선임 또는 해임하거나 안전관리자가 퇴직한 경우에는 지체 없이 이를 허가관청·신고관청·등록관청 또는 사용신고관청에 신고하고, 해임 또는 퇴직한 날부터 30일 이내에 다른 안전관리자를 선임하여야 한다. 다만, 그 기간 내에 선임할 수 없으면 허가관청·신고관청·등록관청 또는는 사용신고관청의 승인을 받아 그 기간을 연장할 수 있다.

안전관리자 선임의무자는 안전관리자가 여행·질병 등의 사유로 일시적으로 직무를 수행할 수 없거나 안전관리자의 해임·퇴직 후 후임자가 선임되지 않는 경우에는 대리자의 지정의무가 발생하고 일시적으로 그 대리자가 직무를 대행하도록 하고 있다. 고압가스법뿐만 아니라 「액화석유가스 안전관리 및 사업법」, 「도시가스사업법」에서도 안전관리자가 여행과 질병 등으로 인하여 일시적으로 그 직무를 수행할 수 없거나 해임되거나 퇴직한 후 후임자가 없는 경우에 안전관리자 선임의무자가 대리자를 지정하여 그 직무를 대행하도록 규정하고 있다. 이를 통해 안전관리자의 일시적 공백으로 인한 안전관리의 공백을 방지할 수 있다.

2. 정기·수시검사

(1) 정기·수시검사의 의무자

고압가스법 제4조에 따른 허가를 받았거나(고압가스판매자 중 용기에 의한 고압가스 판매자는 제외함) 신고를 한 고압가스 제조사업자 또는 동법 제5조의3에 따라 등록을 한 고압가스 수입업자는 산업통상자원부령으로 정하는 바에 따라 정기적 또는 수시로 허가관청·신고관청 또는 등록관청의 검사를 받아야 한다(고압가스법 제16조의 2). 정기·수시검사는 가스시설의 유지관리실태 및 안전관리시스템 전반을 전문기관으로 하여금 정기적 또는 수시로 검사하게 하여 부적합 사항을 개선하게 함으로써 사고를 예방하는 단속차원의 적부검사이다. 허가·신고 또는 등록을 하는 단계에서 시설이나 기술력 등에 관하여 검사를 받아도 일정한 기간이 경과하게 되면 당시의 허가·신고·등록한 것과 다르게 운영될 수 있어 고압가스제조나 수입으로 인한 위험성이 증대하게 되는데, 이러한 문제를 해소하기 위한 제도가 정기·수시검사이다. 정기·수시검사는 지속적으로 고압가스 제조사업자 또는 수입업자로 하여금 안전기준을 준수하게 하는 기능을 한다.

정기검사는 가스누출유무, 각종 안전 및 제어장치의 정상작동여부 등 시설기준과 종사자 및 관리자의 안전수칙 준수 여부, 가스품질 관리실태, 정상적 안전점검실시 여부 등 기술기준의 준수 여부를 종합적으로 검사한다. 수시검사는 허가관청 또는 신고관청이 가스로 인한 사고의 예방이나 그 밖에 가스안전을 위하여 필요하다고 인정하는 때에 한다. 허가관청 또는 신고관청은 수시검사를 하려는 때에는 미리 이를 검사대상자에게 통보하여야 한다. 다만, 통보함으로써 검사의 목적을 달성할 수 없거나 그 밖에 긴급한 사유로 통보를 할 수 없을 때에는 그러하지 아니하다.

(2) 정기검사의 주기

정기검사의 주기는 검사대상에 따라 매 1년, 2년 또는 4년으로 받아야 하는 사업자가 각각 다르다. 사업자별 정기검사의 주기는 다음 표와 같다.

정기검사 대상별 검사주기

검사대상	검사주기
고압가스 특정제조자(제3조제1호·제2호 및 제4호에 따른 고압가스 특정제조허가를 받은 자)	매 4년
고압가스 특정제조자 외의 가연성가스·독성가스 및 산소의 제조자·저장자 또는 판매자(수입업자 포함)	매 1년
고압가스 특정제조자 외의 불연성가스(독성가스 제외)의 제조자·저장자 또는 판매자	매 2년
그 밖에 공공의 안전을 위하여 특히 필요하다고 산업통상자원부 장관이 인정하여 지정하는 시설의 제조자 또는 저장자	산업통상자원부 장관이 지정하는 시기

3. 정밀안전검진

설치 후 오래된 노후 가스시설은 정기검사 또는 수시검사를 받더라도 정밀한 검사를 받는 것은 아니기 때문에 일정한 주기로 정밀안전검진을 통하여 고압가스 제조시설이나 기술기준 적합 여부를 검사할 필요가 있다. 정밀안전검진은 정기검사 또는 육안으로 확인이 불가능한 가스시설에 대하여 첨단장비를 이용하여 검사하고, 시설의 계속사용 여부와 수명을 예측하여 사업자 스스로가 시설의 교체시기를 결정할 수 있도록 하는 자율안전관리 유도형 제도이다. 고압가스시설은 설치후 기간이 경과할수록 부식, 침식 등 설비노후가 진행된다. 설비노후화 같은 문제점은 장치의 연결부, 배관내부 등 육안으로 확인이 불가능한 부분에서 발생하기 때문에 첨단장비를 이용한 정밀안전검진을 통하여 파악할 수 있다. 고압가스제조자는 대통령령이 정하는 종류 및 규모 이상의 노후 고압가스 제조시설에 대하여 정기적으로 정밀안전검진을 받아야 한다(고압가스법 제16조의3). 우리나라의 대형 고압가스 제조시설 대부분은 1970년대 석유화학 공업단지 조성과 함께 설치되어 전체시설 중 24% 이상이 15년 이상 경과한 노후시설에 해당한다. 정밀안전검진제도는 정기검사의 한계를 극복할 수 있는 제도라고 할 수 있다.

정밀안전검진제도는 입법예고 당시 "정밀안전진단"이라는 용어를 사용하였으나, 부처협의과정에서 노동부가 「산업안전보건법」상의 "안전보건진단" 제도와 중복되므로 명칭변경을 요구함에 따라 "정밀안전검진"이라는 용어를 사용하고 있다. "진단"이라는 용어는 현행 법령상 의료부분 외에도 안전과 관련하여 일반적으로

사용(교통안전진단, 정밀안전진단, 안전관리진단 등)하고 있는 반면에, "검진"이라는 용어
는 의료부분 외에는 사용하는 예가 없다. 내용적으로도 「산업안전보건법」상의 "안
전보건진단"은 상시 근로자가 5인 이상인 일반사업장을 대상으로 하는 반면에 "정
밀안전검진"은 노후하고 위험한 고압가스시설을 대상으로 하고 있어 중복된 제도
라고 볼 수 없으며, 현재 「건설기술 진흥법」상에서도 정밀안전진단제도를 운영하
고 있는 점 등을 감안할 때, 당초안대로 "정밀안전진단"이라는 용어를 사용하는
것이 적합하다.

4. 안전성향상계획

(1) 안전성향상계획의 개념

안전성향상계획서란 기업이 안전관리활동 전반에 존재하는 위해요인을 찾기
위해 안전성평가를 실시하고, 그 결과를 분석·평가하기 위해 작성하는 계획서를
말한다. 고압가스법에 따른 안전성향상계획의 작성과 관리 절차는 다음 표와 같다.

안전성향상계획 작성 및 관리 절차

사업자	가스안전공사	사업자	행정관청	사업자
안전성평가 및 안전성향상 계획서 작성	안전성향상 계획서 심사	안전성향상 계획서 행정관청 제출	공공안전 필요 시 변경명령	5년마다 안전성평가 실시

안전성향상계획의 제출대상은 석유정제, 화학공업 및 비료생산업자로서 고압
가스를 대량 취급하는 사업자, 즉 100톤 이상 저장능력을 보유한 석유정제사업자,
100톤(또는 처리능력 1만㎥) 이상 저장능력 보유 석유화학공업자 또는 지원사업을 하
는 자, 100톤(또는 처리능력 10만㎥) 이상 저장능력 보유 비료생산업자이다. 제출시기
는 안전성 평가 대상시설을 설치·이전하거나, 반응기·플레어시스템 등 주요 구조
부분을 변경하는 경우이다. 제출내용은 다음과 같다.

안전성향상계획의 주요 내용

주 요소	세부구성 요소
공정안전자료	사업 및 설비 개요, 제조·저장하고 있는(또는 제조·저장할) 물질의 종류 및 수량, 물질안전자료, 가스시설 및 그 관련 설비의 목록 및 사양, 내압시험 및 기밀시험 관련 자료, 가스시설 및 그 관련 설비의 운전방법을 알 수 있는 공정도면, 각종 건물·설비의 배치도, 방폭지역 구분도 및 전기단선도, 설계·제작 및 설치 관련 지침서, 그 밖의 관련 자료
안전성평가서	안전성평가서의 구성, 공정위험특성, 잠재위험의 종류, 사고빈도 최소화 및 사고 시의 피해최소화 대책, 안전성평가보고서, 기존 설비의 안전성향상계획서 작성
안전운전계획	안전운전지침서, 설비점검·검사 및 보수·유지계획 및 지침서, 안전작업허가, 협력업체 안전관리계획, 종사자의 교육계획, 가동 전 점검지침, 변경요소 관리계획, 자체감사 및 사고조사계획, 기타 안전운전에 필요한 사항
비상조치계획	비상조치를 위한 장비·인력 보유현황, 사고발생 시 각 부서·관련 기관과의 비상연락체계, 사고발생 시 비상조치를 위한 조직의 임무 및 수행절차, 비상조치계획에 따른 교육계획, 주민홍보계획, 그 밖의 비상조치 관련 사항

(2) 작성 및 제출의무

대규모 고압가스시설을 보유한 고압가스 제조자[3]는 안전성 평가를 하고 안전성향상계획을 작성하여 대통령령으로 정하는 바에 따라 허가관청에 제출하거나 사무소에 갖추어 두어야 한다. 이 경우 안전성향상계획에는 한국가스안전공사의 의견서를 첨부하여야 한다. 고압가스 제조자로부터 고압가스시설에 대한 안전성향상계획을 제출받은 허가관청은 7일 이내에 안전성향상계획 중 산업통상자원부령으로 정하는 사항을 관할 소방서장에 제공하여야 한다. 이는 비상조치계획 등의 정보를 소방관서에 제공토록 함으로써, 사고피해확산 방지 및 초동대응 업무를 수행하는 소방관서가 업체(고압가스 제조자)에서 취급하는 가스의 물성정보 및 비상조치방법 등을 사전에 인지하여 효율적으로 대처할 수 있도록 하기 위함이다. 또한 고압가스법이 고압가스 제조허가·신고사항, 저장소·판매소 허가사항, 특정고압가

---

3 안전성향상계획의 제출대상에 해당하는 석유정제, 화학공업 및 비료생산업자로서 고압가스를 대량 취급하는 사업자로서 고압가스법 시행령 제9조에 따른 종합적 안전관리대상자를 말한다.

스 사용신고사항 등을 관할 소방서장에게 알리도록 규정하고 있는 취지와도 부합
한다.

5. 긴급안전조치

　허가관청·신고관청·등록관청 또는 사용신고관청은 허가를 받았거나 신고를
한 자, 등록을 한 자 또는 고압가스를 사용하는 자에게 위해 방지를 위하여 필요
한 조치를 명할 수 있다. 허가관청·신고관청 또는 사용신고관청은 고압가스의 제
조·저장·판매·사용의 시설이나 용기 등으로 인하여 위해가 발생하거나 발생할
우려가 있다고 인정하면 그 시설 등의 이전·사용정지 또는 제한을 명하거나 그
시설 등의 안에 있는 고압가스의 폐기를 명할 수 있으며, 그 시설 등을 봉인할 수
있다. 명령이나 조치가 사업자의 귀책사유 없이 공공의 안전유지를 위하여 이루어
진 경우, 허가관청·신고관청 또는 사용신고관청은 해당 사업자에게 발생한 손실
에 대하여 대통령령으로 정하는 바에 따른 정당한 보상을 하여야 한다. 다만, 천재
지변·전쟁, 그 밖의 불가항력의 사유로 인한 경우에는 그러하지 아니하다.

　고압가스법은 행정청에 대하여 고압가스 관련 시설로 인하여 위해가 발생하
거나 발생할 우려가 있다고 인정할 때는 그 시설 등의 이전·사용정지 또는 제한
을 명하거나 그 시설 등의 안에 있는 고압가스의 폐기를 명할 수 있으며 그 시설
등을 봉인할 수 있는 긴급안전조치권을 부여하고 있다. 또한 긴급안전조치권의 발
동이 일시적이라고 하여도 사업자에게는 사업 그 자체의 중단을 초래할 수 있는
중대한 재산권 침해가 될 수 있어 이러한 강제처분에 의하여 발생하는 손실에 대
하여 보상규정을 함께 두고 있다.

　현행 「도시가스사업법」 제27조제2항은 산업통상자원부장관 또는 시장·군수·
구청장에게 공공의 안전유지를 위하여 긴급·부득이하다고 인정할 때 가스공급시
설의 이전·사용정지 등 긴급안전조치권을 발동할 수 있도록 규정하면서 이로 인
하여 사업자가 입은 손실에 대하여는 정당한 보상을 하도록 명시하고 있다. 긴급
안전조치에 따라 행정기관이 공공의 안전이라는 공익 달성을 위해 부득이하게 사
업자에게 손실을 입혔다 할지라도 사업자의 귀책사유가 없다면 그러한 손실에 대
하여 정당한 보상을 하는 것이 헌법상 재산권 보장에 적합하다. 헌법 제23조제3항
에서는 공공필요에 의한 재산권의 제한 및 그에 대한 보상은 법률로써 하되, 정당
한 보상을 지급하도록 규정하고 있다. 헌법상 재산권 보장을 위해서 공공의 안전

이라는 공익을 위하여 사업자의 재산권에 일정한 제한을 가할 수는 있지만, 그에 대해서는 법률에 근거한 정당한 보상이 이루어져야 한다. 즉, 헌법 제23조제3항에 따른 재산권의 제한과 보상규정은 불가분규정의 관계에 있다. 「도시가스사업법」 제27조도 주로 도심에 설치되는 도시가스시설은 지하철·상하수도 공사 등 도시가스사업자의 귀책사유가 아닌 제3자의 귀책사유로 인한 사고발생 가능성이 상존하여 손실보장 제도가 필요하나, 고압가스시설은 주변 보호시설과 최소 5미터 이상의 일정한 안전거리를 두고 독립적으로 설치되어야 하므로 도시가스시설과는 달리 사업자의 귀책사유 없이 사고가 발생할 가능성은 적다고 할 수 있다.

6. 사고통보제도

(1) 사고통보제도의 개념과 기능

사업자등과 특정고압가스사용자는 그의 시설이나 제품과 관련하여 사람이 사망한 사고, 사람이 부상당하거나 중독된 사고 등이 있을 때에는 산업통상자원부령이 정하는 바에 따라 즉시 한국가스안전공사에 통보하도록 하고, 통보를 받은 한국가스안전공사는 이를 시장·군수 또는 구청장에게 보고하여야 한다(고압가스법 제26조).

사고통보제도는 가스사고에 대한 신속한 보고체계를 구축하여 대형사고 등으로 이어지는 것을 방지하는 데 그 목적이 있다. 사고통보제도는 1995년 8월 4일 도입되었으나 사업자의 자율안전 기반정착을 위하여 1999년 2월 8일 폐지되었다. 그러나 제도 도입 당시의 고압가스법은 사업자등이 안전관리규정을 정할 때 사고보고체계를 포함하도록 하였다. 즉, 고압가스법 제11조에 따라 사업자등이 정하는 안전관리규정에서는 사고보고체계를 유지하도록 하고 있어 사고 발생 시 반드시 보고를 해야 하는 규정인지 여부가 모호했으며, 보고해야 하는 사고의 종류에 대해서도 규정하고 있지 않았었다. 이러한 문제를 해소하기 위하여 현행 고압가스법은 사업자등 뿐만 아니라 특정고압가스 사용신고자도 사고 발생 시에 한국가스안전공사에 명시적으로 통보하도록 하고, 통보해야 하는 사고의 종류를 구체적으로 열거하게 되었다.

(2) 통보대상 사고의 종류

통보대상 사고는 모든 가스사고가 아닌 일부 사고로 고압가스법 제26조제1항

각 호에서 열거하고 있다. 이에 따르면 "사람이 사망한 사고", "사람이 부상당하거나 중독된 사고", "가스누출에 의한 폭발 또는 화재사고", "가스시설이 손괴되거나 가스누출로 인하여 인명대피나 공급중단이 발생한 사고" 및 "사업자등의 저장탱크에서 가스가 누출된 사고"로 통보대상 사고를 한정하고 있다.

7. 이송안전관리

(1) 운반자의 등록의무

고압가스 운반차량을 이용하여 고압가스를 운반하려는 자는 시장·군수 또는 구청장에게 등록하여야 한다(고압가스법 제5조의4). 등록한 사항 중 산업통상자원부령으로 정하는 중요 사항을 변경하려는 경우에도 또한 등록을 하여야 한다. 고압가스는 제조과정에서 뿐만 아니라 사용이나 저장을 목적으로 이송되는 경우에 운반차량의 부적합으로 인하여 관계자 및 일반 국민에게 피해를 유발하는 위험을 초래할 수 있다. 그러므로 고압가스 운반차량도 안전성이 보장될 수 있어야 한다.

고압가스 운반자의 등록의무대상은 허용농도가 100만분의 200 이하인 독성가스를 운반하는 차량, 차량에 고정된 탱크로 고압가스를 운반하는 차량 등 고압가스법 시행령 제5조의4제1항에서 열거하고 있다. 고압가스 운반자의 등록기준은 고압가스법 시행령 제5조의4제2항에서 정하고 있다. 고압가스 운반자 등록을 위해서는 고압가스 운반차량에 밸브의 손상방지조치, 액면요동방지조치 등 고압가스를 안전하게 운반하기 위하여 필요한 시설이 설치되어 있어야 하고, 고압가스 운반차량에 필요한 시설이 산업통상자원부령으로 정하는 기준에 적합하여야 한다.

(2) 가스배관의 안전관리

고압가스법은 고압가스배관의 안전성을 담보하기 위하여 고압가스사업자에 대하여 안전관리규정 제정·준수의무, 시설기준·기술기준 유지의무, 안전관리자 선임의무, 설치공사·변경공사 시 허가·신고관청의 감리(監理)의무, 시공기록·완공도면 작성·보존(고압가스 제조자의 경우)의무, 정기·수시검사 수검 등의 의무를 규정하고 있다.

고압가스는 생산 후 저장 또는 사용을 위하여 고압가스가 필요로 하는 수요지까지 운송되어야 한다. 고압가스는 탱크로리 등과 같은 자동차나 철도로 운송하거나 가스배관망을 통하여 이송한다. 가스배관은 대부분 지하에 매설되는데, 지하에

매설된 가스배관은 상하수도 공사나 건설공사 등으로 땅을 굴착하는 경우 비의도
적으로 파열될 수 있고, 이 경우 가스배관을 통하여 이송 중인 고압가스가 누출될
가능성이 있다. 고압가스배관이 파손될 경우 가스누출·폭발로 인한 대규모 인명
피해와 재산피해가 발생할 수 있다. 그러므로 고압가스법은 가스사업자의 안전유
지 의무와 배관 손괴에 대한 사후처벌 외에 굴착공사자가 작업 전에 배관을 확인
하고 필요한 조치를 하도록 하는 등 굴착공사로 인한 파손위험으로부터 고압가스
배관을 보호할 수 있는 장치를 마련하고 있다.

　　상하수도·전기·통신·가스 등 관련 시설물의 수요증가 및 시설물의 노후화에
따라 설치 및 보수·교체를 위해 도로 굴착공사가 증가하고 있고, 증가하는 굴착공
사로 인해 전국에 매설된 수백km의 고압가스배관에 대한 사고발생 개연성도 함께
증가하고 있다. 이에 굴착공사로부터 고압가스배관을 보호하기 위한 제도로 고압
가스법 제23조의2에서 고압가스배관에 대한 정보지원, 제23조의3에서 고압가스배
관 매설상황 확인제도, 제23조의4에서 굴착공사의 협의제도를 규정하고 있다. 고
압가스법은 굴착공사자로 하여금 공사를 시작하기 전에 「도시가스사업법」 제30조
의2에 따른 굴착공사정보지원센터를 통하여 고압가스배관의 위치를 확인하도록
하는 등의 고압가스배관 보호제도를 도입하여 고압가스배관의 안전성 확보에 관
한 제도를 규정하고 있다. 굴착공사로 인하여 일어날 수 있는 가스배관의 파손사
고를 예방하기 위한 굴착공사지원정보망 구축·운영, 매설배관 확인에 대한 정보
지원 업무는 현재 한국가스안전공사에 설치된 굴착공사정보지원센터가 수행하고
있다. 가스배관망의 굴착공사로 인한 가스누출 방지를 위하여 굴착공사 전에 고압
가스배관 매설 유무를 확인하도록 굴착공사자에게 의무를 부과하고 있다(고압가스
법 제23조의3제1항). 굴착공사자는 이를 통하여 고압가스배관 매설이 확인되면 굴착
공사 전에 매설위치 표시, 보호시설 설치 등 사고예방 조치를 하여야 한다. 굴착공
사자는 굴착공사정보지원센터로부터 굴착공사 개시통보를 받기 전에는 굴착공사
를 하여서는 아니 된다. 고압가스배관의 파손 위험성이 높은 굴착공사를 하려는
자는 사업소 밖 배관 보유 사업자(고압가스 제조자, 고압가스 판매자, 용기·냉동기·특정설
비 제조자, 고압가스 수입업자, 고압가스 운반자 중 사업소 경계 밖의 지하에 고압가스배관을 설치
한 자)와 협의하여야 하고, 산업통상자원부령으로 정하는 고압가스배관 손상방지
기준을 준수하여야 한다. 사업소 밖 배관 보유 사업자는 고압가스배관 도면을 작
성·보존하여야 한다.

가스배관의 안전관리제도

제 도	내 용
고압가스배관에 대한 정보지원 (고압가스법 제23조의2)	산업통상자원부장관이 고압가스배관 매설 확인에 대한 정보지원 업무 수행(굴착공사정보지원센터가 수행하게 할 수 있음)
고압가스배관 매설상황 확인 (고압가스법 제23조의3)	▪ 고압가스배관 매설 지역에서 굴착공사를 하려는 자는 고압가스배관 유무를 확인해 줄 것을 굴착공사정보지원센터에 요청해야 함(위반 시 : 2년 이하 징역, 2천만원 이하 벌금) ▪ 굴착공사정보지원센터는 요청받은 사실을 사업소 밖 배관보유 사업자에게 알려 주어야 함 ▪ 사업소 밖 배관보유 사업자는 고압가스배관 유무를 확인해 주어야 함(위반 시 : 1년 이하 징역, 1천만원 이하 벌금) ▪ 고압가스배관 매설이 확인되면 굴착공사 전에 매설위치 표시, 보호시설 설치 등 사고예방 조치를 해야 함(위반 시 : 1년 이하 징역, 1천만원 이하 벌금) ▪ 굴착공사정보지원센터로부터 굴착공사 개시통보를 받기 전 굴착공사 금지(위반 시 : 1년 이하 징역, 1천만원 이하 벌금)
굴착공사 협의 (고압가스법 제23조의4)	▪ 고압가스배관의 파손 위험성이 높은 굴착공사를 하려는 자는 사업소외 배관사업자와 협의하여야 함(사업소외 배관사업자는 정당한 사유가 없으면 협의에 응해야 함) ▪ 사업소 밖 배관보유 사업자와 굴착공사를 하려는 자는 협의서를 작성하고 협의된 내용을 지켜야 함(위반 시 : 2년 이하 징역, 2천만원 이하 벌금)
고압가스배관 손상방지기준 준수 (고압가스법 제23조의5)	▪ 굴착공사자는 고압가스배관 손상방지기준(산업통상자원부령)에 따라 굴착작업을 해야 함(위반 시 : 2년 이하 징역, 2천만원 이하 벌금) ▪ 가스기술기준위원회는 고압가스배관 손상방지기준의 상세기준을 정할 수 있음
고압가스배관의 안전조치 (고압가스법 제23조의6)	▪ 사업소 외 배관보유사업자는 고압가스배관 매설지역에서 시행되는 굴착공사가 있으면 안전조치를 하도록 노력해야 함 ▪ 사업소 외 배관보유사업자는 고압가스배관의 설치 위치 등이 포함된 도면을 작성·보존해야 함(위반 시 : 2년 이하 징역, 2천만원 이하 벌금)
수수료	굴착공사정보지원센터가 고압가스배관 매설상황 확인업무를 수행하는 데 드는 비용은 해당 사업소 밖 배관사업자가 부담

8. 고압가스용기의 안전관리

(1) 용기·냉동기·특정설비의 제조등록

고압가스법 제5조에 따라 용기·냉동기 또는 특정설비(이하 "용기 등"이라 한다)를 제조하려는 자는 시장·군수 또는 구청장에게 등록하여야 한다. 용기 제조는 고압가스를 충전하기 위한 용기(내용적 3데시리터 미만의 용기는 제외), 그 부속품인 밸브 및 안전밸브를 제조하는 것을 말한다. 냉동기 제조는 냉동능력이 3톤 이상인 냉동기를 제조하는 것을 말한다. 특정설비 제조는 고압가스의 저장탱크(지하 암반동굴식 저장탱크는 제외), 차량에 고정된 탱크 및 산업통상자원부령으로 정하는 고압가스 관련 설비를 제조하는 것을 말한다.

용기의 제조등록기준은 용기별로 제조에 필요한 단조설비·성형설비·용접설비 또는 세척설비 등을 갖추어야 한다. 냉동기의 제조등록기준은 냉동기 제조에 필요한 프레스설비·제관설비·건조설비·용접설비 또는 조립설비 등을 갖추어야 한다. 특정설비의 제조등록기준은 특정설비의 제조에 필요한 용접설비·단조설비 또는 조립설비 등을 갖추어야 한다. 용기 등의 제조등록기준은 산업통상자원부령으로 정하는 시설기준 및 기술기준에 적합하여야 한다. 제조등록은 기속행위에 해당한다. 그러므로 시장·군수 또는 구청장은 용기 등의 제조자가 등록신청을 하는 경우에 시설기준 및 기술기준에 적합한 때에는 등록을 하여야 한다.

(2) 수리자격제도

고압가스법 제5조제3항에서는 용기 등의 수리를 일정한 자격을 가진 자가 하도록 제한하고 있다. (i) 고압가스의 제조허가를 받은 자, (ii) 용기등의 제조등록을 한 자, (iii) 지정을 받은 용기등의 검사기관, (iv) 「액화석유가스의 안전관리 및 사업법」 제5조에 따라 액화석유가스 충전사업의 허가를 받은 자, (v) 「자동차관리법」 제53조에 따라 자동차관리사업(자동차정비업만을 말한다)의 등록을 한 자로서 자동차의 액화석유가스용기에 부착된 용기부속품의 수리에 필요한 잔류가스의 회수장치를 갖춘 자가 아닌 경우에는 용기 등을 수리할 수 없다. 또한 용기등의 소유자나 점유자도 용기 등을 수리할 자격을 가진 자가 하도록 하여야 한다. 용기 등의 수리를 할 수 있는 자의 범위를 법률에서 제한한 것은 능력이 없는 자가 용기 등을 수리함으로써 기술 부족으로 인하여 용기 등이 기술기준이나 시설기준을 위반하여 수리될 경우 발생할 수 있는 위험을 방지하기 위함이다.

(3) 제조사업자의 용기 안전확인의무

고압가스제조자는 고압가스를 용기에 충전하는 경우에 미리 용기의 안전을 점검한 후 점검기준에 맞는 용기에 충전하여야 한다(고압가스법 제13조). 고압가스제조자가 충전하려는 용기에 대해서 안전점검을 한 결과 부적합한 용기를 발견하였을 때는 점검기준에 맞게 수선·보수를 하는 등 용기를 안전하게 유지·관리하여야 한다. 또한 고압가스제조자와 고압가스판매자는 용기를 안전하게 유지·관리하여야 할 의무도 있다.

(4) 외국 고압가스용기 제조업 등록의무

고압가스법은 외국에서 국내로 수출하기 위하여 용기 등을 제조하고자 하는 자로 하여금 수출하기 전에 산업통상자원부장관에게 등록하도록 하고(고압가스법 제5조의2), 산업통상자원부장관에 등록한 자(이하 "외국용기 등 제조자"라 함)에 대한 등록 취소나 국내 수입 제한(동법 제9조의3), 국내 판매 전의 검사규정(동법 제17조제1항)을 두고 있다. 국내 고압가스설비 제조업자는 제조업 등록을 하고 생산된 제품에 대해서도 현장에서 재질과 용접 등을 검사받아야 하는데, 외국 고압가스설비 제조업자에 대해서도 동일한 의무를 부여하고 있다. 이 제도는 수입 고압가스설비의 안전성을 제고하여 가스사고를 예방하고, 국내외 업자 간의 형평성을 제고하는 데 기여할 수 있다. 미국(연방법)·일본(고압가스보안법)·중국 등은 자국민의 안전과 관련된 고압가스 용기나 특정설비 등을 수입하기 전에 공장을 자국에 등록하거나 승인을 받도록 의무화하고 있으며, WTO/TBT 규정에서도 자국민의 안전, 건강 및 환경보호와 관련된 제품은 규제의 예외로 하고 있다.

(5) 용기검사

용기 등을 제조·수리 또는 수입한 자(외국용기 등 제조자를 포함)는 그 용기 등을 판매하거나 사용하기 전에 산업통상자원부장관, 시장·군수 또는 구청장의 검사를 받아야 한다. 고압가스 용기(容器)란 고압가스를 충전(充塡)하기 위한 것(부속품을 포함)으로서 이동할 수 있는 것(고압가스법 제3조제2호)으로 동법 시행규칙에서 그 종류를 제작방식에 따라 이음매 없는 용기, 용접용기, 접합 또는 납붙임용기, 초저온용기 등으로 세분하고 있다.

고압가스용기의 종류(고압가스법 시행규칙 제2조)

구 분	특 징
이음매 없는 용기(제25호)	▪ 동판 및 경판을 일체로 성형하여 이음매가 없이 제조한 용기 ▪ 산소, 수소, 질소 등 고압용으로 주로 사용
용접용기(제24호)	▪ 동판 및 경판을 각각 성형하고 용접하여 제조한 용기 ▪ LPG, 암모니아, 염소, 프레온, 아세틸렌 등 상대적으로 낮은 압력을 충전
접합 또는 납붙임용기 (제26호)	▪ 동판 및 경판을 각각 성형하여 심(Seam)용접이나 그 밖의 방법으로 접합하거나 납붙임하여 만든 내용적(內容的) 1리터 이하 일회용 용기 ▪ 부탄가스, 에어로졸원료와 분사제(프레온, 부탄)의 혼합물을 주로 충전
초저온용기 (제12호)	▪ 섭씨 영하 50도 이하의 액화가스를 충전하기 위한 용기로써 단열재를 씌우거나 냉동설비로 냉각시키는 등의 방법으로 용기 내의 가스온도가 상용 온도를 초과하지 아니하도록 한 것 ▪ 액화산소, 액화질소, 액화아르곤, 액화천연가스 등을 충전

고압가스법 제17조는 용기 등의 판매나 사용 전에 검사를 받고(제1항), 검사받은 후 일정한 사유가 발생하면 용기의 소유자가 재검사를 받아야 하며(제2항), 검사나 재검사에 불합격한 용기는 파기하도록 규정하고 있다(제3항). 고압가스 용기, 용기부속품, 냉동기 및 특정설비용기에 대하여 각각 그 제조에 필요한 시설·기술·검사기준을 정하고(고압가스법 시행규칙 별표 10 내지 별표 12), 용기 제조의 기술기준은 용기의 재료, 두께, 구조 등이 안전성확보에 적절하도록 규정하고 있다. 예를 들면, 용기의 재료는 그 용기의 안전성을 확보하기 위하여 충전하는 고압가스의 종류·압력·온도 및 사용환경에 적절한 것이어야 한다.

용기 제조의 검사기준은 신규검사기준과 재검사기준으로 구분하고, 신규검사는 설계단계검사와 생산단계검사를 실시하도록 하고 있다. 설계단계검사는 용기가 안전하게 설계되었는지를 검사하는 행정처분으로 재료의 기계적·화학적 성능, 내압성능 등 용기의 안전 확보에 필요한 성능에 대하여 검사를 실시한다. 설계단계 검사는 일반적으로 사실행위에 해당할 수 있으나, 고압가스용품의 설계단계검사는 단순한 사실행위가 아닌 행정처분에 해당한다. 설계단계검사에 합격하지 못한 용기의 제조자는 해당 용기를 생산할 수 없다. 생산단계검사는 설계단계검사에 합격한 용기설계에 적합하게 생산되었는지 여부를 검사하는 행정처분이다. 그러므로 생산단계검사는 용기가 안전하게 제조되었는지를 명확하게 판정할 수 있도록 단열성능, 내압성능, 기밀성능, 그 밖에 용기의 안전 확보에 필요한 성능 중 필요한 항목에 대하여 적절한 방법으로 실시한다. 생산단계검사는 자체검사능력 및 품질관리능력에 따라 구분된다. 다음 표의 검사의 종류 중 용기의 제조자 또는 수입자가 선택한 어느 하나의 검사를 실시한다.

용기검사의 종류

검사의 종류	대 상	구성항목	주 기
제품확인검사	생산공정검사 또는 종합공정검사 대상 외의 품목	상시품질검사	신청 시마다
생산공정검사	제조공정·자체검사공정에 대한 품질시스템의 적합성을 충족할 수 있는 품목	정기품질검사	3개월에 1회
		공정확인심사	3개월에 1회
		수시품질검사	1년에 2회 이상
종합공정검사	공정 전체(설계·제조·자체 검사)에 대한 품질시스템의 적합성을 충족할 수 있는 품목	종합품질관리 체계심사	6개월에 1회
		수시품질검사	1년에 1회 이상

9. 안전설비 인증

고압가스법 제18조의4제1항에 따르면, 안전설비를 제조 또는 수입한 자는 그 안전설비를 판매하거나 사용하기 전에 「산업표준화법」 제15조에 따른 인증을 받아야 한다. 다만, 다른 법령에 따라 안정성에 관한 검사나 인증을 받은 안전설비 등 대통령령으로 정하는 안전설비에 대하여는 인증의 전부 또는 일부를 면제할 수 있다. 안전설비는 고압가스의 제조·저장·판매·운반 또는 사용시설에서 설치·사용하는 가스검지기 등의 안전기기와 밸브 등의 부품으로서 특정설비를 제외한 것으로 산업통상자원부령으로 정하는 것이다. 그러므로 안전인증을 받지 아니한 안전설비는 양도, 임대, 사용 또는 판매가 금지된다.

고압가스의 사용량이 급증하고 종류도 다양해지고 있어 관련 시설에 설치해야 하는 검지경보장치, 제독설비 등 독성안전설비와 수소 및 CNG 충전소에 설치되는 초고압설비에 대한 성능인증기준과 시스템을 구축할 필요가 있다. 이를 목적으로 도입한 제도가 안전설비 인증제도이다. 안전설비 인증제도는 고압가스시설에 설치되는 부품, 안전설비 등의 안전성을 확보하여 고압가스로 인한 사고를 방지하는 것을 목적으로 하고 있다.

미국, 유럽, 일본 등의 경우 수소나 천연가스 충전과 관련된 호스, 이음관, 센서 등의 기기나 부품, 독성가스의 검지설비나 제독설비, 보호장비 등의 고압가스 관련 안전기기에 대한 인증제도를 관련 법령에서 도입하고 있다. 「산업안전보건법」도 사업장에서 사용되는 유해하거나 위험한 프레스 방호장치 등과 같은 기계·기구·설비·방호장치·보호구 등에 대하여 안전인증제도를 도입하고 있다. 안전설비 인증제도는 그 도입과 관련한 논의과정에서 고압가스법에 별도 인증제도를 두는 방안[4]과 「산업표준화법」 제15조에 따른 인증을 활용하는 방안이 고려되었다. 두 방안 모두 세부 인증기준은 법률 하위규범에서 정한다는 점에서 동일하나 각각의 장단점이 있다. 우선, 「국가표준기본법」상 성문표준은 자율임의표준과 강제기술규정으로 구분된다. 「산업표준화법」 제15조에 따른 인증은 대표적인 자율임의표준으로 그 준수가 자율적이다. 그러나 일반적으로 인체의 건강·안전, 환경보호와 소비자에 대한 기만행위 방지 등을 위하여 제품, 서비스, 공정에 대하여 강제적으로 적용하는 기준은 강제기술규정으로 정하며, 대부분 개별 법률에 근거를 두고 있어 고압가스법에 별도의 인증제도를 두는 방안이 적합하다고 할 수 있다. 다만, 개별 법률에서 두는 인증기준이 국제표준이나 「산업표준화법」에 따른 인증기준과 일치하지 않는 경우 중복규제가 될 수 있는 소지도 있다. 그러므로 「산업표준화법」에 인증기준을 두면 중복규제의 우려를 해소할 수 있고, 「산업표준화법」의 인증을 받은 기자재의 사용을 의무화하는 입법례도 있으며,[5] 기존 인증제도를 활용

---

4 제19대 국회에서는 개정안과 같은 취지로 동법에 고압가스시설에 설치되는 부품, 안전설비 및 방호장치 등의 안전성을 확보하기 위한 안전인증제도를 별도로 신설하는 개정안이 발의(김동완 의원 대표발의, 의안번호 1917119)되었으나 임기만료로 폐기되었다.

5 「물의 재이용 촉진 및 지원에 관한 법률」 제13조(하·폐수처리수 재이용시설 및 온배수 재이용시설의 설치기준 등) ③ 하·폐수처리수 재이용시설 및 온배수 재이용시설의 설치에 사용되는 기자재는 대통령령으로 정하는 기준에 맞는 것을 사용하여야 한다.; 「하수도법」 제12조(설치기준) ③ 하수도의 설치에 사용되는 하수도용 자재는 대

하면 동법에 인증절차 및 인증표시에 관한 사항을 별도로 규정할 필요가 없어 효율적인 입법이 가능하여 현행 고압가스법과 같이 규정되었다.

10. 리콜제도

용기 등의 안전관리를 위하여 필요하다고 인정할 경우 산업통상자원부장관 및 시장·군수·구청장 등 기초지방자치단체의 장이 용기 등에 대해 수집검사를 실시하고, 검사 결과 중대한 결함이 있다고 인정되면 그 용기 등의 제조자나 수입자에게 회수 등을 명할 수 있다. 산업통상자원부장관에게도 회수명령권을 부여함으로써 전국적으로 유통되는 용기등에서 위해요소가 발견될 경우 긴급 회수 등의 조치를 할 수 있다(고압가스법 제18조제2항). 산업통상자원부장관은 가스사고조사위원회가 유사한 사고의 재발 방지를 위하여 용기 등에 대한 회수 등의 조치가 필요하다고 권고 또는 건의하는 경우와 유통 중인 용기 등에서 공공의 안전에 위해를 일으킬 수 있는 명백하고 중대한 결함이 발견되어 긴급하게 용기 등에 대한 회수 등의 조치가 필요한 경우에 수집검사를 하지 아니하고 그 용기 등의 제조자 또는 수입자에게 회수 등을 명할 수 있다. 산업통상자원부장관은 중대한 가스 사고의 조사가 필요하다고 인정하는 때에는 가스사고조사위원회를 구성하여 사고 조사를 실시하게 하고, 동 위원회가 재발방지대책을 수립하여 관할 행정기관에 권고 또는 건의할 수 있다. 산업통상자원부장관은 동 위원회의 권고 또는 건의를 받은 경우에 용기 등에 대한 수집검사 결과 중대 결함이 있다고 인정되면 그 용기 등의 제조자나 수입자에 대하여 회수 등 리콜명령을 할 수 있다.

고압가스법은 고압가스 용기 등에서 공공안전에 위해를 일으킬 수 있는 명백하고 중대한 결함이 발견되거나 가스사고조사위원회가 용기 등의 회수를 권고하는 경우에는 산업통상자원부장관으로 하여금 수집검사 없이 곧바로 용기 등의 회수·교환 등 리콜명령을 할 수 있도록 정하고 있다. 다만, 기초자치단체장(시장·군수·구청장)의 경우 수집검사를 하지 않고 용기 등의 제조자 또는 수입자에게 회수 등을 명할 수 있는 근거 규정이 없기 때문에 기초자치단체장이 용기 등의 회수명령을 하려면 사전에 용기 등의 수집검사가 이루어져야 한다.

통령령이 정하는 기준에 적합하여야 한다.

제 3 절   전기안전법

I. 전기설비의 안전관리체계

1. 전기안전체계

전기안전에 관하여는 전기설비의 안전관리로 제한하여 기술한다. "전기설비" 란 발전·송전·변전·배전·전기공급 또는 전기사용을 위하여 설치하는 기계·기구·댐·수로·저수지·전선로·보안통신선로 및 그 밖의 설비로서 전기사업용 전기설비, 일반용전기설비, 자가용전기설비를 말한다. 다만, 「댐건설 및 주변지역지원 등에 관한 법률」에 따라 건설되는 댐·저수지와 선박·차량 또는 항공기에 설치되는 것, 전압 30볼트 미만의 전기설비로서 전압 30볼트 이상의 전기설비와 전기적으로 접속되어 있지 아니한 것, 「전기통신기본법」 제2조제2호에 따른 전기통신설비(다만, 전기를 공급하기 위한 수전설비는 제외한다)는 전기설비에 포함되지 아니한다. 전기사업용 전기설비는 전기사업자가 전기사업에 사용하는 전기설비이고, 일반용 전기설비는 전압 600볼트 이하로서 용량 75킬로와트 미만의 전기를 사용하기 위한 소규모의 전기설비이며, 자가용 전기설비는 전기사업용 및 일반용 전기설비를 제외한 전기설비이다.

전기설비의 안전관리는 전기설비의 공사계획에 대한 인가와 신고, 공사계획에 따른 시공 후 완공검사를 통하여 이루어진다. 안전하게 공사된 전기설비에 대하여 정기적으로 기술기준이나 시설기준에 적합성을 유지하는지 여부를 정기검사와 점검을 통하여 확인하고, 일상적으로 전기설비가 안전하게 운영될 수 있도록 기술력을 가진 전기안전관리자를 선임하도록 하고 있다. 전기설비의 안전관리에 관한 사항은 다음 표와 같다.

전기설비의 안전관리제도

구 분	주요 내용	담당기관
공사계획 인가·신고	전기설비의 설계도서에 대한 안전성 검토	산업부, 시·도지사, 한국전기안전공사
사용전검사·점검	공사계획에 따른 시공 여부 확인	한국전기안전공사, 한전(일반용에 한함)
정기검사·점검	기술기준에 적합하게 유지관리여부 확인	한국전기안전공사
안전관리	전기안전관리자 선·해임 및 교육	한국전기기술인협회
실태조사	전기안전관리업무에 대한 현장 실태조사	산업부, 시·도지사
기술기준	전기설비 안전관리에 필요한 기술기준 관리	대한전기협회

2. 전기안전의 법률체계

전기의 생산(발전), 송전, 배전, 사용 과정 중에 누전·감전으로 인한 화재위험과 관련자의 생명 또는 신체적 손상의 위험이 존재하게 된다. 전기로부터 발생하는 위험을 사전에 방지하여 국민의 생명과 신체 등을 보호하기 위하여 전기의 생산(발전)에서 최종소비자에게 사용될 때까지 모든 과정에서 안전성을 확보할 필요성이 있다. 전기는 그 특성상 연료로 사용되는 에너지인 가스나 석유와 달리 비축하여 저장할 수 없다. 전기는 생산과 동시에 소비되고, 생산된 전기는 소비 또는 방전에 의하여 소멸된다.

전기의 생산(발전), 송전, 배전 및 변전을 위하여 다양한 전기설비를 사용하고 있다. 전기설비의 안전관리는 전기의 생산(발전), 송전, 배전, 변전 및 전선 관련 설비와 소멸이라고 하는 시점까지의 안전관리를 포괄한다. 전기설비의 안전관리를 목적으로 하는 법률은 「전기사업법」, 「전기공사업법」, 「전력기술관리법」, 「전기용품 및 생활용품 안전관리법(약칭 : 전기생활용품안전법)」 등이 있다.

「전기사업법」은 1961년 12월 31일 법률 제953호로 제정된 이래로 2번의 전부개정과 수십 차례의 일부개정을 거쳐 현재에 이르고 있다. 동법률은 전기사업의 경쟁을 촉진함으로써 전기사업의 건전한 발전을 도모하고 전기사용자의 이익을 보호하여 국민경제의 발전에 이바지하는 법률이다. 「전기공사업법」은 1963년 2월 26일 법률 제1280호로 제정된 이래로 2번의 전부개정과 수차례의 일부개정을 거

쳐 현재에 이르고 있다. 동법률은 전기공사의 시공·기술관리 및 도급에 관한 기본
적인 사항을 정함으로써 전기공사업의 건전한 발전을 도모하고 전기공사의 안전
하고 적정한 시공을 확보함을 목적으로 하는 법률이다. 「전력기술관리법」은 1995
년 12월 30일 법률 제5132호로 제정되어 수차례의 일부개정을 통하여 현재까지
적용되고 있다. 동법률은 전력기술의 연구·개발을 촉진하고 이를 효율적으로 이
용·관리함으로써 전력기술 수준을 향상시키고 전력시설물 설치를 적절하게 하여
공공의 안전 확보와 국민경제의 발전에 이바지하는 법률이다. 「전기용품 및 생활
용품 안전관리법」도 1974년 1월 4일 법률 제2674호로 제정되어 3번의 전부개정을
통하여 기존의 「품질경영 및 공산품안전관리법」과 통합되었다. 동법률은 전기용품
을 생산·조립·가공하거나 판매·대여 또는 사용할 때의 안전관리에 관한 사항을
규정하여 화재·감전 등의 위험 및 장해의 발생을 방지하는 법률이다.

　　전기안전은 전기용품의 안전과 구별된다. 전기안전은 전기설비의 안전을 말하
고, 전기용품의 안전은 소비자가 사용하는 전기용품의 안전을 말한다. 법체계적으
로 전기설비의 안전관리는 「전기사업법」에서 관장하고, 전기용품의 안전관리는
「전기용품 및 생활용품 안전관리법」에서 관장한다. 전기용품의 안전관리는 소비자
안전에 포함하는 것이 적합하기 때문에 에너지안전법의 대상에는 전기설비의 안
전만 포함한다. 「전기공사업법」은 전기안전보다는 전기공사업을 관장하는 것을 주
된 목적으로 한다. 그러나 전기공사를 할 수 있는 공사업자의 기술역량과 공사방
법 등에 관한 규율을 통하여 간접적으로 전기공사의 대상이 되는 전기설비의 안전
에 지대한 영향을 미친다. 그러나 법체계적으로 「전기공사업법」은 에너지안전법의
범위에 포함하기보다는 에너지사업법의 영역에 포함하는 것이 적합하여 여기서는
제외한다.

　　전기안전은 전기설비분야의 안전으로 제한한다. 전기설비로 인한 리스크 또
는 위험으로부터 국민의 생명과 신체 등의 안전을 확보하는 것은 전기설비의 제
조, 설치 및 운영에 관한 안전관리에 의하여 실현된다. 전기설비의 안전관리를 위
해서는 전기설비의 제조자, 설치·운영자에 대한 행위규제가 필요한데, 사업자에
대한 행위규제는 해당 사업자의 직업자유에 대한 제한을 의미한다. 기본권주체로
서 사업자에 대한 직업자유를 제한하기 위하여 헌법 제37조에 따른 법치국가의
원칙에 기인하는 법률유보원칙에 따라 법률에 따른 근거가 필요하다. 전기안전분
야에서는 「전기사업법」이 그 근거가 되는 법률이다.

3. 전기사업법상 전기안전

현행 「전기사업법」은 1999년 전력산업경쟁체제를 도입하면서 전기사업자에 대한 개선명령, 업무보고 명령 등의 조항을 삭제하는 등 전기설비 사용자의 안전보다는 전기사업의 진흥을 우선적으로 규정하고 있다. 전기설비 사용으로 인하여 매년 8,700여건 이상의 전기재해가 발생하여 연간 900여 명이 사망하거나 다치고 680여억 원의 재산피해가 발생하고 있다. 그럼에도 불구하고 현행과 같이 「전기사업법」에서 전기사업분야와 전기안전분야를 동시에 규정하고 있는 이유는 전기안전과 전기사업 규제 및 운영이 서로 밀접하게 연관되어 있는 데에 있었다. 관례적으로 전기사업·전력시장·품질·안전 등은 동일한 법체계에서 규율·운영되어온 관계로 전기안전관리 관련 규정들만을 분리할 경우 체계적·통합적 파악이 어려워 현행과 같이 「전기사업법」에서 통합적으로 관장하게 되었다. 또한 안전관리에 관한 일반법인 「재난 및 안전관리기본법」, 「시설물 안전 및 유지관리에 관한 특별법」, 「산업안전보건법」 등 분야별로 안전관리에 관한 법률들이 존재하고 전기설비 또는 시설물들도 상황에 따라 이러한 법률들의 적용을 받고 있어 전기안전분야를 분리할 필요성을 절감하지 못하고 있다.

다른 에너지 관련 법률의 경우에 원자력은 「원자력 진흥법」과 「원자력안전법」이 분리되어 운영되고 있고, 가스는 「도시가스사업법」 외에 「고압가스 안전관리법」이 별도로 존재하는 반면에 액화석유가스는 「액화석유가스의 안전관리 및 사업법」에서 안전관리와 사업을 통합적으로 규정하고 있다. 「전기사업법」은 동법의 목적에서 전기안전에 관한 사항을 전혀 규정하지 않고 있다. 일반적으로 "사업법"은 경제규제를 목적으로 하는 법률에 해당하고, 안전실현과 관련이 적다. 그러나 현행 「전기사업법」의 제명과 목적규정에서는 전기안전에 관한 사항을 규정하지 않고 있으나, 동법의 주요 내용에서는 전기사업, 전력수급의 안정, 전력시장, 전력산업의 기반조성, 전기위원회, 전기사업용전기설비의 안전관리에 관한 규정 등을 다루고 있다. 이러한 측면에서 현행 「전기사업법」은 제명·목적과 내용이 상호 일치하지 않고 있어 법률 체계상 개정이 필요하다는 지적이 제기되었다. 따라서 2020년 3월 31일에 현행 「전기사업법」에 규정하고 있던 안전관리규정을 분법화하여 「전기안전관리법」을 제정하였고, 2021년 4월 1일부터 시행하고 있다.

II. 전기설비공사의 안전관리

1. 전기설비공사계획 인가의 법적 성질

전기사업자는 전기사업용전기설비의 설치공사 또는 변경공사로서 산업통상자원부령으로 정하는 공사를 하려는 경우에는 그 공사계획에 대하여 산업통상자원부장관의 인가를 받아야 하고, 인가받은 사항을 변경하려는 경우에도 인가를 받아야 한다(전기사업법 제61조제1항). 자가용전기설비의 설치공사 또는 변경공사로서 산업통상자원부령으로 정하는 공사를 하려는 자는 그 공사계획에 대하여 산업통상자원부장관의 인가를 받아야 하고, 인가받은 사항을 변경하려는 경우에도 인가를 받아야 한다(전기안전관리법 제8조제1항). 즉 전기사업용 또는 자가용전기설비의 설치공사 또는 변경공사로서 산업통상자원부령으로 정하는 공사를 하려는 전기사업자는 공사계획에 대하여 산업통상자원부장관의 인가를 받아야 한다.

인가는 타인의 법률행위의 효력을 보충하여 그 효력을 완성시키는 행정행위를 의미하고, 강학상 허가는 공익적인 이유로 일반적인 경우에는 금지되어 있는 행위를 특정한 경우에 해제하여 주는 행정행위를 의미한다. 인가는 소정의 법정요건을 갖춘 경우 원칙적으로 부여되어야 하는 기속적 성격을 가진다. 이에 반하여 허가는 근거가 되는 법률에 따라 기속행위이거나 재량행위에 해당한다. 허가와 인가의 가장 큰 차이점은 허가를 받지 않고 한 행위는 행정강제나 행정벌의 대상이 되지만 그 효력은 원칙적으로 유효한 반면에 인가는 행위의 효력을 완성시키는 행정행위이기 때문에 인가를 받지 않고 한 행위는 원칙적으로 무효라는 점이다. 그러나 인가와 허가의 이와 같은 구별은 강학상 개념일 뿐이다. 실정법은 인가와 허가를 명확하게 구분하지 않고 사용하고 있다. 판례도 법문에서 인가로 표현하였는지 허가로 표현하였는지 여부와 관계없이 실제 구체적인 조문과 행정행위의 성격을 근거로 인가인지 허가인지 여부를 판단하고 있다.[6] 이러한 측면에서 전기설비공사계획에 대한 인가는 실질적으로 허가의 성격에 해당하고 있어 "인가"를 "허가"로 개정하는 것이 적합하다.

---

6 대법원은 "민법 제45조와 제46조에서 말하는 재단법인의 정관변경 "허가"는 법률상의 표현이 허가로 되어 있기는 하나, 그 성질에 있어 법률행위의 효력을 보충해 주는 것이지 일반적 금지를 해제하는 것이 아니므로, 그 법적 성격은 인가라고 보아야 한다."고 판시한 바 있다(대법원 1996.05.16. 선고 95누4810 전원합의체 판결).

2. 전기설비공사계획 인가의무자

전기설비공사를 함에 있어 산업통상자원부장관의 인가를 받아야 하는 의무자는 전기사업자이다. 전기사업자는 발전사업자·송전사업자·배전사업자·전기판매사업자 및 구역전기사업자를 말한다. 발전사업자는 전기를 생산하여 이를 전력시장을 통하여 전기판매사업자에게 공급하는 것을 주된 목적으로 하는 사업을 영위하는 자로서 「전기사업법」 제7조제1항에 따라 발전사업의 허가를 받은 자를 말한다. 송전사업자는 발전소에서 생산된 전기를 배전사업자에게 송전하는 데 필요한 전기설비를 설치·관리하는 것을 주된 목적으로 하는 사업을 영위하는 자로서 「전기사업법」 제7조제1항에 따라 송전사업의 허가를 받은 자이다. 배전사업자란 발전소로부터 송전된 전기를 전기사용자에게 배전하는 데 필요한 전기설비를 설치·운용하는 것을 주된 목적으로 하는 사업을 영위하는 자로서 「전기사업법」 제7조제1항에 따라 배전사업의 허가를 받은 자를 말한다. 전기판매사업자란 전기사용자에게 전기를 공급하는 것을 주된 목적으로 하는 사업(전기자동차충전사업은 제외)을 영위하는 자로서 「전기사업법」 제7조제1항에 따라 전기판매사업의 허가를 받은 자를 말한다. 구역전기사업자란 대통령령으로 정하는 규모 이하의 발전설비를 갖추고 특정한 공급구역의 수요에 맞추어 전기를 생산하여 전력시장을 통하지 아니하고 그 공급구역의 전기사용자에게 공급하는 것을 주된 목적으로 하는 사업을 영위하는 자로서 「전기사업법」 제7조제1항에 따라 구역전기사업의 허가를 받은 자를 말한다.

3. 전기설비공사계획 인가대상

「전기사업법」에 따른 전기사업자가 공사 시에 인가를 받아야 하는 공사는 전기설비공사이다. 전기설비는 발전·송전·변전·배전·전기공급 또는 전기사용을 위하여 설치하는 기계·기구·댐·수로·저수지·전선로·보안통신선로 및 그 밖의 설비(「댐건설 및 주변지역지원 등에 관한 법률」에 따라 건설되는 댐·저수지와 선박·차량 또는 항공기에 설치되는 것과 그 밖에 대통령령으로 정하는 것은 제외)로서 "전기사업용전기설비", "일반용전기설비" 및 "자가용전기설비"를 말한다.

전기사업용전기설비는 전기사업자가 전기사업에 사용하는 전기설비를 말한다. 즉 전기를 생산하여 판매하는 목적으로 설치되는 발전소, 변전소, 송전설비,

배전설비 등을 말한다. 일반용 전기설비는 한정된 구역에서 사용하기 위하여 설치하는 소규모의 전기설비로서, 저압에 해당하는 용량 75킬로와트(제조업 또는 심야전력을 이용하는 전기설비는 용량 100킬로와트) 미만의 전력을 타인으로부터 수전하여 그 수전장소(담·울타리 또는 그 밖의 시설물로 타인의 출입을 제한하는 구역을 포함)에서 그 전기를 사용하기 위한 전기설비를 말한다. 자가용전기설비란 전기사업용전기설비 및 일반용전기설비 외의 전기설비를 말한다. 예컨대, 자가용전기설비의 설치장소와 동일한 수전장소에 설치하는 전기설비, 「총포·도검·화약류 등의 안전관리에 관한 법률」 제2조제3항에 따른 화약류(장난감용 꽃불은 제외한다)를 제조하는 사업장, 「광산안전법 시행령」 제3조제1항제2호가목에 따른 갑종탄광, 「도시가스사업법」에 따른 도시가스사업장, 「액화석유가스의 안전관리 및 사업법」에 따른 액화석유가스의 저장·충전 및 판매사업장 또는 「고압가스 안전관리법」에 따른 고압가스의 제조소 및 저장소, 「위험물 안전관리법」 제2조제1항제3호 및 제5호에 따른 위험물의 제조소 또는 취급소의 위험시설에 설치하는 용량 20킬로와트 이상의 전기설비 및 여러 사람이 이용하는 시설에 설치하는 용량 20킬로와트 이상의 전기설비로서, 「공연법」 제2조제4호에 따른 공연장, 「영화 및 비디오물의 진흥에 관한 법률」 제2조제10호에 따른 영화상영관, 「식품위생법 시행령」에 따른 유흥주점·단란주점, 「체육시설의 설치·이용에 관한 법률」에 따른 체력단련장, 「유통산업발전법」 제2조제3호 및 제6호에 따른 대규모점포 및 상점가, 「의료법」 제3조에 따른 의료기관, 「관광진흥법」에 따른 호텔, 「소방시설 설치 및 관리에 관한 법률 시행령」 별표 2 제3호나목에 따른 집회장이 여기에 해당된다.

4. 사용전검사

(1) 사용전검사의 법적 성질

　　「전기사업법」 제63조 및 「전기안전관리법」 제9조에 따라 전기설비(자가용전기설비)의 설치공사 또는 변경공사를 한 자는 산업통상자원부령으로 정하는 바에 따라 허가권자(산업통상자원부장관 또는 시·도지사)가 실시하는 검사에 합격한 후에 이를 사용하여야 한다. 사용전검사는 인가를 받은 전기설비공사계획대로 공사가 진행되었는가를 확인하는 행위에 해당한다. 사용전검사를 하지 않게 되면, 전기사업자가 인가를 받은 전기설비공사계획과 다르게 공사하여도 이를 통제할 수 없게 되고, 이러한 경우에 전기설비공사계획의 인가제도가 그 기능을 할 수 없게 된다. 전기설비공사에 대한 사용전검사 업무는 기존에 한국전기안전공사와 한국전력공사 등으로 이원화되어 있었으나, 검사의 품질 차이로 인한 신뢰도 저하 문제와 전기화재의 주요 원인인 설계 및 시공불량 등으로 인하여 사용전 단계부터 체계적인 이력관리의 필요성이 대두됨에 따라 사용전검사 해당 업무가 한국전기안전공사로 일원화되었다. 이로써 전기설비를 일관성 있게 관리할 수 있게 되었다.

사용전검사는 관할 행정기관이 전기설비공사계획과 같이 실제로 공사하였는지를 확인하는 사실행위에 해당한다. 「전기사업법」 제63조에 따라 전기설비를 설치·변경한 전기사업자는 사용전검사에 합격해야 비로소 해당 전기설비를 사용할 수 있게 된다. 즉 관할 행정청이 사용전검사를 통하여 해당 전기설비의 설치공사 또는 변경공사의 합격 여부에 대한 결정을 내리게 되는데, 이때 행정청이 내리는 합격 여부의 결정은 행정처분에 해당한다. 사용전검사 그 자체로는 해당 전기설비의 사용 여부가 결정되지 않고, 검사로 인한 합격 여부에 따라 전기설비의 사용 여부가 결정되기 때문이다.

(2) 임시사용제도

허가권자는 사용전검사에 불합격한 경우에도 안전상 지장이 없고 전기설비의 임시사용이 필요하다고 인정되는 경우에는 사용 기간 및 방법을 정하여 그 설비를 임시로 사용하게 할 수 있으며, 사용 기간 및 방법을 정하여 통지를 하여야 한다(전기사업법 제64조).

전기설비의 임시사용은 ① 발전기의 출력이 인가를 받거나 신고한 출력보다 낮으나 사용상 안전에 지장이 없다고 인정되는 경우, ② 송전·수전과 직접적인 관련이 없는 보호울타리 등이 시공되지 아니한 상태이나 사람이 접근할 수 없도록 안전조치를 한 경우, ③ 공사계획을 인가받거나 신고한 전기설비 중 교대성·예비성 설비 또는 비상용 예비발전기가 완공되지 아니한 상태이나 주된 설비가 전기의 사용상이나 안전에 지장이 없다고 인정되는 경우 ④ 일시적으로 전기설비를 사용해도 안전상 지장이 없다고 인정되는 경우로서 긴급한 사용이 불가피한 경우 중 어느 하나에 해당하면 허용하고 있다. 전기설비의 임시사용기간은 3개월 이내이고, 임시사용기간에 임시사용의 사유를 해소할 수 없는 특별한 사유가 있다고 인정되는 경우에는 전체 임시사용기간이 1년을 초과하지 아니하는 범위에서 임시사용기간을 연장할 수 있다(동법 시행규칙 제31조의2).

Ⅲ. 설치공사 후 사후관리제도

1. 정기검사

전기사업자 및 자가용전기설비의 소유자 또는 점유자는 산업통상자원부령으로 정하는 전기설비에 대하여 산업통상자원부장관 또는 시·도지사로부터 정기적으로 검사를 받아야 한다(전기안전관리법 제11조). 인가를 받아 안전하게 설치된 전기설비라 하더라도 일정 기간 동안 사용하게 되면 고장이나 사고가 날 수 있는 확률이 높아진다. 정기검사제도는 운영되고 있는 전기설비의 안전관리를 목적으로 공신력 있는 기관이 2년에서 4년 이내의 기간에 전기설비에 대해 검사를 함으로써 전기설비로 인한 사고와 피해를 방지할 수 있도록 한다.

정기검사의 대상이 되는 전기설비와 전기설비별 정기검사의 주기는 「전기안전관리법 시행규칙」 제8조 별표 4에서 정하고 있다. 또한 전기사업자 및 자가용전기설비의 소유자 또는 점유자는 필요하다고 인정하는 경우에는 검사시기 전에 정기검사를 받을 수 있고, 검사를 받은 전기설비의 다음 검사시기는 해당 검사일을 기준으로 정한다. 정기검사의 기준은 기술기준에 적합하여야 하고, 그 밖에 산업통상자원부장관이 정하는 검사절차 또는 전기설비 검사항목 등의 기준에 적합하여야 한다. 전기사업자 및 자가용전기설비의 소유자 또는 점유자는 정기검사 결과 불합격한 경우 적합하지 아니한 부분에 대하여 검사완료일부터 3개월 이내에 재검사를 받아야 한다.

정기검사대상 전기설비 및 검사시기(전기안전관리법 시행규칙 제8조 별표 4)

구 분	대 상	시 기	비 고
1. **전기사업용 전기설비:** 기력, 내연력, 가스터빈, 복합화력, 수력(양수), 풍력, 태양광, 연료전지 및 전기저장장	(1) 증기터빈 및 내연기관 계통	4년 이내	(1)~(4)의 설비에 부속되는 전기설비로서 사용압력이 제곱센티미터당 0킬로그램 이상의 내압부분이 있는 것을 포함한다.
	(2) 가스터빈·보일러·열교환기(「집단에너지사업법」을 적용받는 보일러 및 압력용기는 제외) 및 발전기 계통	2년 이내	
	(3) 수차·발전기 계통	4년 이내	
	(4) 풍차·발전기 계통	4년 이내	
	(5) 태양광·전기설비 계통	4년 이내	
	(6) 연료전지·전기설비 계통	4년 이내	

구 분	대 상	시 기	비 고
치발전소(구역전기사업자의 송전·변전 및 배전설비 포함)	(7) 전기저장장치·전기설비 계통 (8) 구역전기사업자의 송전·변전 및 배전설비	4년 이내 2년 이내	
2. 자가용 전기설비 가. 발전설비기력, 내연력, 가스터빈, 복합화력 및 수력, 태양광, 연료전지 및 전기저장장치 발전소(비상예비발전설비는 제외)	(1) 증기터빈 및 내연기관 계통(발전기 계통을 포함) (2) 가스터빈(발전기 계통 포함), 보일러, 열교환기(보일러 및 열교환기 중 「에너지이용 합리화법」 제58조에 따라 검사를 받는 것은 제외) (3) 수차·발전기 계통 (4) 풍차·발전기 계통 (5) 태양광·전기설비 계통 (6) 연료전지·전기설비 계통 (7) 전기저장장치·전기설비 계통	4년 이내 2년 이내 4년 이내 4년 이내 4년 이내 4년 이내 4년 이내	(1)과 (2)에 부속되는 전기설비로서 사용압력이 제곱센티미터당 0킬로그램 이상의 내압부분이 있는 것을 포함한다.
나. 전기수용설비 및 비상용 예비발전설비	(1) 의료기관, 공연장, 호텔, 대규모 점포, 예식장, 지정 문화재, 단란주점, 유흥주점, 목욕장, 노래연습장에 설치한 고압 이상의 수전설비 및 75킬로와트 이상의 비상용 예비발전설비 (2) 제40조제1항에 따라 전기안전관리자의 선임이 면제된 제조업자 또는 제조업 관련 서비스업자의 수용설비 (3) (1) 및 (2)의 설비 외의 수용	2년마다 2월 전후 2년마다 2월 전후 3년마다 2월	(1)~(4)의 전기설비로서 구내발전설비로부터 전기를 공급받는 수전설비는 해당 발전기 계통과 같은 시기에 검사한다. (1)부터 (4)까지의 전기설비에는 자가

구 분	대 상	시 기	비 고
	가에 설치한 고압 이상의 수전설비 및 75킬로와트 이상의 비상용 예비발전설비	전후	용 송전·배전선로가 포함된다.
	(4) (3)의 규정에도 불구하고 「산업안전보건법」 제49조의2에 따른 공정안전보고서 또는 「고압가스 안전관리법」 제13조의2에 따른 안전성향상계획서를 제출하거나 갖춰둔 자의 고압 이상의 수전설비 및 용량 75킬로와트 이상의 비상용 발전설비	4년 이내	

비고: 발전설비의 검사는 발전설비의 가동정지기간 중에 하며, 설비 고장 등 검사시기 조정 사유 발생 시 검사기관과 협의하여 2개월 이내의 범위에서 검사시기를 조정할 수 있다.

2. 일반용전기설비의 점검제도

산업통상자원부장관은 일반용전기설비가 전기설비의 안전관리를 위하여 필요한 기술기준에 적합한지 여부에 대하여 그 전기설비의 사용 전과 사용 중에 정기적으로 한국전기안전공사로 하여금 점검하도록 하여야 한다. 다만, 주거용 시설물에 설치된 일반용전기설비를 정기적으로 점검하는 경우 그 소유자 또는 점유자로부터 점검의 승낙을 받을 수 없는 경우에는 예외로 한다. 한국전기안전공사는 점검에 필요한 자료를 산업통상자원부령으로 정하는 바에 따라 전기판매사업자에게 요청할 수 있다. 이 경우 자료요청을 받은 전기판매사업자는 특별한 사유가 없으면 이에 따라야 한다.

전력산업 구조개편이 되기 전 「전기사업법」은 일반용전기설비의 사용전검사와 정기검사를 전기판매사업자(한국전력공사)가 하도록 하고, 이 중 정기검사에 대한 부분은 전기판매사업자가 한국전기안전공사에 위탁하여 수행하였다. 전력산업 구조개편에 따라 한국전력공사의 공익기능이 축소됨으로써 전기판매사업자인 한국전력공사가 공익사업의 하나인 일반용전기설비에 대한 안전점검업무의 수행이 적합하지 않다는 판단 하에 일반용전기설비의 점검주체를 정부로 이관하고, 사용전검사 업무의 일부를 제외한 사용전검사 및 정기검사업무를 모두 한국전기안전공

사가 하게 되었다. 일반용전기설비의 점검에 필요한 비용은 전력산업기반기금을
사용하여 충당하였다.

　한국전기안전공사는 점검 결과 일반용전기설비가 전기설비의 안전관리에 관
한 기술기준에 적합하지 아니하다고 인정되는 경우에는 지체 없이 전기설비의 안
전관리에 관한 기술기준에 적합하도록 하기 위하여 필요한 조치의 내용과 조치를
하지 아니하는 경우에 발생할 수 있는 결과를 그 소유자 또는 점유자에게 통지하
여야 한다(전기안전관리법 제12조제5항). 한국전기안전공사는 정기점검 결과 전기설비
의 안전관리에 관한 기술기준에 부합하지 아니한 전기설비 중 경미한 수리(「전기공
사업법」 제3조제1항 단서에 따른 경미한 전기공사에 한함)가 필요한 경우로서 해당 전기설
비의 소유자 또는 점유자의 요청이 있는 경우에는 직접 이를 수리할 수 있다(전기
안전관리법 제12조제6항).

　한국전기안전공사는 일반용전기설비의 점검 또는 그 결과의 통지에 관한 업
무를 수행하는 경우 일정한 사항을 기록·보존하여야 한다(전기안전관리법 제12조제7
항). 한국전기안전공사는 통지한 사항의 조치 이행 여부를 점검한 결과 그 소유자
또는 점유자가 통지를 받고도 필요한 조치를 하지 아니한 경우에는 특별자치도지
사·시장·군수 또는 구청장에게 그 조치 불이행 사실을 통보하여야 한다. 이 경우
시장·군수 또는 구청장은 그 소유자 또는 점유자에게 그 전기설비의 수리·개조
또는 이전에 관한 명령(개선명령)을 하여야 한다. 그러나 전기설비가 기술기준에 적
합하지 아니한 사항이 중대하여 시장·군수 또는 구청장의 개선명령을 기다릴 여
유가 없다고 인정되는 경우로서 산업통상자원부령으로 정하는 경우에는 한국전기
안전공사가 직접 개선명령을 한 후 이를 시장·군수 또는 구청장에게 통보하여야
한다(전기안전관리법 제12조제8항). 시장·군수 또는 구청장은 일반용전기설비의 소유
자 또는 점유자가 개선명령을 이행하지 아니하여 전기로 인한 재해가 발생할 우
려가 크다고 인정되는 경우에는 전기판매사업자에게 그 소유자 또는 점유자에 대
한 전기의 공급을 정지하여 줄 것을 요청하고 그 개선명령을 이행하지 아니한 내
용을 즉시 한국전기안전공사에 통보하여야 한다. 이 경우 전기공급의 정지요청을
받은 전기판매사업자는 특별한 사유가 없으면 이에 따라야 한다(전기안전관리법 제
12조제9항).

일반용전기설비의 점검·조치 절차(전기안전관리법 제12조 관련)

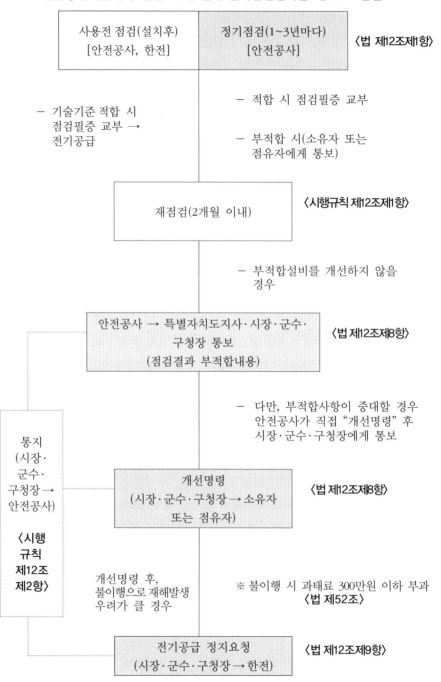

3. 여러 사람이 이용하는 시설의 전기안전점검

청소년수련시설·비디오방·게임방·노래방·유흥주점·보육시설·유치원 등과 같은 다중이용시설을 운영하려거나 그 시설을 증축 또는 개축하려는 자는 그 시설을 운영하기 위하여 각 다중이용시설 관련 법령에서 규정된 허가신청·등록신청·인가신청·신고(그 시설의 소재지 변경에 따른 변경허가신청·변경등록신청·변경인가신청·변경신고를 포함) 또는 「건축법」에 따른 건축물의 사용승인신청을 하기 전에 그 시설에 설치된 전기설비에 대하여 한국전기안전공사로부터 안전점검을 받아야 한다(전기안전관리법 제13조제1항). 「문화유산의 보존 및 활용에 관한 법률」에 따른 지정문화유산 및 그 보호구역의 시설에 대하여 같은 법 제35조제1항제1호·제2호에 따른 현상변경을 하려는 자는 그 현상변경이 끝난 후 산업통상자원부령으로 정하는 바에 따라 한국전기안전공사로부터 안전점검을 받아야 한다(전기안전관리법 제13조제2항). 다중이용시설은 기존 건물에 임차 등의 형태로 입점하여 업종에 따라 조명·냉난방·음향 등 전기공사와 시설변경공사를 하게 된다. 다중이용시설은 안전보다는 시각적 효과 위주의 시공으로 일반건축물에 비해 부적합률이 2배 이상 높고, 구조의 복잡성과 내장재 연소에 따른 유독가스의 분출 등으로 사고발생 시 피해규모가 크게 나타나고 있다. 다중이용시설의 전기안전점검은 해당 시설의 허가·등록·신고 전에 안전점검을 받도록 하여 전기화재를 예방하기 위해 도입된 제도이다.

산업통상자원부장관은 전통시장 점포의 전기설비(자가용전기설비에 한정)에 대하여 한국전기안전공사로 하여금 정기적으로 점검을 하도록 하여야 한다(전기안전관리법 제14조제1항). 전통시장 점포에서 발생한 화재의 상당 부분이 전기설비의 불량에 기인한다는 점에서 전통시장 점포에 대한 전기안전점검을 하도록 한 것이다. 한국전기안전공사가 전통시장 점포에 대하여 전기안전점검을 실시하는 경우에 이에 필요한 비용은 정부에서 출연할 수밖에 없다.

4. 특별안전점검

산업통상자원부장관은 ① 태풍·폭설 등의 재난으로 전기사고가 발생하거나 발생할 우려가 있는 시설, ② 장마철·동절기 등 계절적인 요인으로 인한 취약시기에 전기사고가 발생할 우려가 있는 시설, ③ 국가 또는 지방자치단체가 화재예방을 위하여 관계 행정기관과 합동으로 안전점검을 하는 경우 그 대상 시설, ④ 국

가 또는 지방자치단체가 주관하는 행사 관련 시설에 설치된 전기설비가 전기설비
안전관리를 위하여 필요한 기술기준에 적합한지 여부에 대하여 전기안전공사로
하여금 특별안전점검을 하게 할 수 있다(전기안전관리법 제15조제1항). 전기안전공사는
특별안전점검의 결과를 전기설비의 소유자 또는 점유자와 관계 행정기관에 통보
하여야 한다(전기안전관리법 제15조제2항). 산업통상자원부장관은 일반용전기설비(주거
용만 해당)의 소유자 또는 점유자가 전기사용상의 불편 해소나 안전 확보에 필요한
응급조치를 요청하는 경우에는 안전공사로 하여금 신속히 응급조치를 하게 할 수
있다(전기안전관리법 제15조제3항).

Ⅳ. 기술기준 준수의무

1. 기술기준

산업통상자원부장관은 전기설비의 안전관리를 위하여 필요한 기술기준을 정
하여 고시하여야 하며, 이를 변경하는 경우에도 동일하다. 기술기준은 전자파가
인체에 미치는 영향을 고려한 전자파 인체보호기준을 포함하여야 한다. 현행「전
파법」은 과학기술정보통신부장관으로 하여금 무선설비, 전기·전자기기 등에서 발
생하는 전자파가 인체에 미치는 영향을 고려하여 전자파 인체보호기준을 정하여
고시하도록 규정하고 있으나,「전자파인체보호기준」은 전자파의 전신노출에 대한
전자파강도기준을 정하면서 송전선로를 동 고시의 적용대상에서 제외하고 있다.
인체의 보호를 위한 송전선로 시설기준은 「전파법」과 별개로 「전기사업법」에 따라
산업통상자원부장관이 고시하는 「전기설비기술기준」에서 고압 가공전선로에서 발생
하는 극저주파 전자계에서 지표상 1m에서 전계가 3.5kV/m 이하, 자계가 83.3μT 이
하가 되도록 시설하는 등 상시 정전유도(靜電誘導) 및 전자유도(電磁誘導) 작용에 의
하여 사람에게 위험을 줄 우려가 없도록 시설하도록 정하고 있다. 기술기준은 전
기안전성의 정도를 확정하는 기준에 해당한다. 기술기준의 제정은 국제표준과 국
내표준에 따르고, 국제표준이나 국내표준이 마련되어 있지 않는 경우에 해당 분야
에 적합한 기술기준을 제정하여 운영하게 된다. 기술기준은 고시형태로 제정·운
영된다.

2. 기술기준 준수의무자

전기사업자는 전기설비를 기술기준에 적합하도록 유지하여야 한다(전기사업법 제68조). 또한 자가용전기설비 또는 일반용전기설비의 소유자나 점유자는 전기설비를 기술기준에 적합하게 유지하여야 한다(전기안전관리법 제19조). 기술기준은 정기검사, 전기안전점검, 특별안전점검 등에서 적합성여부를 결정하는 기준으로서 기능을 한다.

3. 기술기준 적합명령

산업통상자원부장관 또는 시·도지사는 전기설비의 사용전검사의 결과 전기설비 또는 전기통신선로설비가 기술기준에 적합하지 아니하다고 인정되는 경우에는 해당 전기사업자 및 전기통신선로를 설치한 자에게 그 전기설비 또는 전기통신선로설비의 수리·개조·이전 또는 사용정지나 사용제한을 명할 수 있다(전기사업법 제71조). 또한 산업통상자원부장관 또는 시·도지사는 산업통상자원부장관 또는 시·도지사는 사용전검사 또는 정기검사 결과 기술기준에 적합하지 아니한 경우, 특별안전점검 결과 기술기준에 적합하지 아니한 경우에는 전기사업자, 자가용전기설비·일반용전기설비의 소유자 또는 점유자에게 전기설비의 수리·개조·이전 또는 사용정지나 사용제한을 명할 수 있다(전기안전관리법 제20조).

V. 전기안전관리자의 선임

1. 전기안전관리자의 선임·대행의무

전기사업자나 자가용전기설비의 소유자 또는 점유자는 전기설비(휴지 중인 전기설비는 제외)의 공사·유지 및 운용에 관한 안전관리업무를 수행하게 하기 위하여「국가기술자격법」에 따른 전기·기계·토목 분야의 기술자격을 취득한 사람 중에서 각 분야별로 전기안전관리자를 선임하거나(전기안전관리법 제22조제1항), 산업통상자원부장관에게 등록한 전기안전관리업무 전문사업자 또는 시설물관리 전문사업자에게 안전관리업무를 위탁할 수 있도록 하고, 이 경우에는 안전관리업무를 위탁받은 자가 분야별 전기안전관리자를 선임하여야 한다(전기안전관리법 제22조제2항). 또한 일정 규모 이하의 전기설비(자가용전기설비와「신에너지 및 재생에너지 개발·이용·보급 촉진법」제

2조제1호 및 제2호에 따른 신에너지와 재생에너지를 이용하여 전기를 생산하는 발전설비만 해당)의 소유자 또는 점유자는 한국전기안전공사, 기술인력 등을 보유한 전기안전관리 대행사업자, 장비보유자 등에게 안전관리업무를 대행하게 할 수 있는데, 이 경우 안전관리업무를 대행하는 자는 전기안전관리자로 선임된 것으로 본다(전기안전관리법 제22조제3항). 따라서 이 경우에는 별도로 전기안전관리자를 선임하지 않는다.

최근 시설물 관리를 포함한 전기설비의 안전관리업무를 경비절감과 업무의 전문성 및 효율성 차원에서 전기안전전문사업자에게 위탁하고 있는 추세이고, 위탁관리사업자가 유자격자를 보유하고 있음에도 불구하고 자체 직원을 전기안전관리자로 선임할 수 없는 것은 시설물 관리의 효율성 차원에서 부적합하여 전기안전관리 및 시설물관리업체가 전기안전관리자를 직접 선임할 수 있도록 하여 전기안전관리체계를 일원화하고 효율성을 높일 목적으로 위탁과 위탁을 받은 전문사업자가 전기안전관리자를 직접 선임하도록 하고 있다. 「신에너지 및 재생에너지 개발·이용·보급 촉진법」 제2조제1호 및 제2호에 따른 신에너지와 재생에너지를 이용하여 전기를 생산하는 발전설비의 경우에도 전기안전관리업무를 대행할 수 있도록 규정하고 있다. 1천킬로와트 미만의 수용설비에 상주하는 전기안전관리자를 선임하게 되면 연간 소요되는 인건비가 상당하나, 전기안전관리업무를 대행할 경우 연간 약 30배 이하로 소요되어 경제성이 확보될 수 있다. 신에너지 및 재생에너지 보급 활성화에 기여하기 위하여 상주 전기안전관리에서 대행제도를 도입하게 되었다.

전기안전관리자를 선임 또는 선임 의제(擬制)하는 것이 곤란하거나 적합하지 아니하다고 인정되는 지역 또는 전기설비에 대하여는 산업통상자원부령으로 따로 정하는 바에 따라 전기안전관리자를 선임할 수 있다. 전기안전관리자를 선임한 자는 전기안전관리자가 여행·질병이나 그 밖의 사유로 일시적으로 그 직무를 수행할 수 없는 경우에는 그 기간 동안, 전기안전관리자를 해임한 경우에는 다른 전기안전관리자를 선임하기 전까지 산업통상자원부령으로 정하는 바에 따라 대행자를 각각 지정하여야 한다.

현행 「전기안전관리법」 제22조제3항은 전기안전관리 대행자로 한국전기안전공사, 대행사업자, 개인대행자를 규정하고 있다. 입법과정에서 법정검사업무를 수행하는 공공기관에 해당하는 한국전기안전공사가 대행사업을 하는 것이 전기안전관리시장에서 공정한 시장질서를 유지하는 데 적합하지 않다는 의견이 있었다. 한국전기안전공사는 전기안전관리대행업무의 수준향상에 기여를 하고 있고, 대행사업체에서 기피하는 도서지역 등 안전관리 사각지대에 대한 안전관리를 대행하는 등 일정한 역할을 하고 있으며, 현실적으로는 그동안 한국전기안전공사의 연간소요경비의 약 30% 이상을 대행사업에서 충당하는 등의 사정으로 인하여 대행사업을 당장 중단하기는 어려워 현행과 같이 한국전기안전공사도 전기안전관리 대행자가 될 수 있었다.

전기안전관리자 선임제도 체계

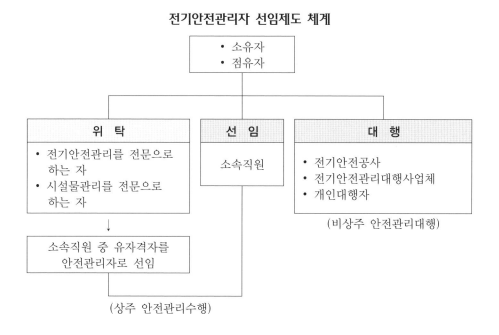

2. 전기안전관리자의 선임·대행신고

전기안전관리자를 선임 또는 해임한 자는 지체 없이 그 사실을 「전력기술관리법」에 따른 전력기술인단체 중 산업통상자원부장관이 정하여 고시하는 단체에 신고하여야 한다. 신고한 사항 중 산업통상자원부령으로 정하는 사항이 변경된 경우에도 또한 같다. 전기안전관리자의 해임신고를 한 자는 해임한 날부터 30일 이내에 다른 전기안전관리자를 선임하여야 한다(전기안전관리법 제23조제3항). 전력기술인단체는 전기안전관리자의 선임신고를 한 자가 선임신고증명서의 발급을 요구한 경우에는 선임신고증명서를 발급하여야 한다(전기안전관리법 제23조제2항).

VI. 중대사고의 통보 · 조사

1. 전기설비의 중대사고

전기사업자 및 자가용전기설비 소유자 또는 점유자는 그가 운영하는 전기설비에서 중대한 사고가 발생한 경우에는 산업통상자원부장관에게 통보하도록 의무화하고, 산업통상자원부장관은 전기사고의 재발방지를 위하여 필요하다고 인정하는 경우에는 한국전기안전공사 또는 산업통상자원부장관이 지정하는 자에게 사고의 원인 · 경위 등을 조사하게 할 수 있도록 하고 있다(전기안전관리법 제40조). 최근 산업의 발달로 건축물의 대형화, 밀집화에 따라 전기로 인한 화재가 발생하면 막대한 인명 및 재산피해가 발생하고 있음에도 불구하고, 사고상황에 대한 보고와 사고원인조사의 체제가 미비되어 있으면 정부의 긴급 사고수습, 사고통계의 작성 및 유사사고 재발방지를 위한 제도개선 등 정책수립이 곤란하여 중대사고의 통보의무를 전기사업자 등에게 부여한 것이다. 「액화석유가스의 안전관리 및 사업법」 제56조 및 「도시가스사업법」 제41조에서도 가스사고가 발생하였을 경우에 사고발생사실의 통보, 사고의 원인 및 경위 조사 등을 할 수 있도록 규정하고 있다.

2. 전력계통의 운영 관련 중대사고

한국전력거래소는 전력계통의 운영과 관련하여 산업통상자원부령으로 정하는 중대한 사고가 발생한 경우에는 산업통상자원부장관에게 통보하여야 한다(전기안전관리법 제40조제2항). 전력계통의 운영과 관련된 사고의 발생은 순환단전, 광역정전, 전기품질 저하 등과 같은 전국적인 문제로 확산될 우려가 있어 계통운영에 대한 정부의 관리 · 감독이 필요하다.

전기사업자와 한국전력거래소는 전력계통운영의 중요성을 고려하여 전력계통 신뢰도 유지의무를 부여받고 있다. 산업통상자원부장관은 전력계통 신뢰도 유지여부에 대한 감시 · 평가 및 조사를 실시할 수 있다(전기사업법 제27조의2). 산업통상자원부장관은 전력계통 신뢰도 관리를 위하여 필요한 때에는 한국전력거래소 및 전기사업자에게 관련 자료의 제출을 요구할 수 있다. 과거 「전기사업법」은 전력계통의 신뢰도 유지에 영향을 미치는 사고가 발생한 경우 산업통상자원부장관이 이에 대한 사고조사를 실시할 수 있는 근거를 두고 있었으나, 사고 발생 시 계통운영자(한국전력거래소)의 보고의무를 두고 있지는 않았다. 그 결과 전력계통 사고 발생에도 불구하고 계통운영자가 이를 알리지 아니하는 경우 사고조사가 적기에 이루어지지 않아 산업통상자원부장관의 전력계통 신뢰도 관리업무에 차질을 빚을 우려가 있었다. 이를 해소하여 전력계통 운영에 대한 신뢰도를 높이기 위하여 「전기안전관리법」 제40조제2항에 전력계통 운영과 관련한 중대한 사고에 대해 한국전력거래소의 통보의무를 마련하게 되었다.

제 4 절   석유안전관리법

I. 석유안전관리법의 체계

1. 위험물안전관리법

석유는 「에너지법」 제2조제2호에 따른 연료로서 동법에 따른 에너지에 해당한다. 석유안전은 석유로 인한 화재의 위험을 예방하고 관리하는 것을 말한다. 석유와 관련된 현행 법체계는 「석유 및 석유대체연료 사업법(약칭 : 석유사업법)」과 「위험물안전관리법(약칭 : 위험물관리법)」이 있다. 석유사업법은 제명에서 드러나는 것과 같이 사업법으로서 안전과는 거리가 멀다. 이에 반하여 위험물관리법은 석유를 포함하여 인화성 또는 발화성 등의 성질을 가지는 것에 대한 안전관리를 관장하는 법률이다. 그러므로 석유안전관리는 위험물관리법에서 관장하고 있다. 고압가스법 등과 같은 에너지안전과 관련된 법률은 산업통상자원부가 주무부처로서 이를 관장하나, 석유안전과 관련된 위험물관리법은 소방청에서 관장한다.

2. 위험물로서의 석유

위험물관리법에 따른 위험물은 "인화성 또는 발화성 등의 성질을 가지는 것으로서 대통령령이 정하는 물품"을 말한다. 동 법률이 관장하는 위험물에는 석유와 석유대체연료를 포함하고, 동시에 산화성고체, 가연성고체, 자연발화성물질 및 금수성물질, 인화성액체, 자기반응성물질 및 산화성액체도 포함하고 있다(위험물관리법 시행령 별표 1). 에너지원으로 석유나 석유대체연료는 인화성액체에 포함되어 위험물관리법의 적용을 받는다. 인화성액체란 액체(제3석유류, 제4석유류 및 동식물유류의 경우 1기압과 섭씨 20도에서 액체인 것만 해당)로서 인화의 위험성이 있는 것을 말한다.

Ⅱ. 위험물의 저장·취급 장소제한

위험물관리법은 위험물의 안전관리를 그 양(量)과 취급 장소의 제한을 통하여 실현하고 있다. 지정수량 이상의 위험물을 저장소가 아닌 장소에서 저장하거나 제조소·저장소·취급소(이하 "제조소등"이라 한다)등이 아닌 장소에서 취급하여서는 아니 된다. 다만, 시·도 조례가 정하는 바에 따라 관할 소방서장의 승인을 받아서 지정수량 이상의 위험물을 90일 이내의 기간 동안 임시로 저장 또는 취급하는 경우이거나 군부대가 지정수량 이상의 위험물을 군사목적으로 임시로 저장 또는 취급하는 경우에는 제조소등이 아닌 장소에서 지정수량 이상의 위험물을 취급할 수 있다. 여기서 지정수량이란 위험물의 종류별로 위험성을 고려하여 대통령령이 정하는 수량으로서 제조소등의 설치허가 등에 있어서 최저의 기준이 되는 수량을 말한다. 에너지원으로 경유는 등유와 같이 제2석유류로 분류되고, 지정수량은 비수용성액체는 1,000리터, 수용성액체는 2,000리터이다.

관할 소방서장의 승인만으로 지정수량 이상의 위험물을 임시저장 또는 임시취급을 할 수 있음을 표명함에도 불구하고 그 기간을 90일(통상 3개월) 이내로 제한하고 있다. 이는 제조소 등의 설치 등에 있어 관할 시·도지사의 허가를 받도록 하여 그 절차를 엄격히 규정(위험물관리법 제6조)함에 비추어 임시저장 또는 임시취급을 허용하는 것으로, 임시저장 및 임시저장의 기간을 상대적으로 장기간에 걸쳐 허용하게 되면 위험물 안전관리에 문제점이 발생할 수 있다. 이러한 점을 고려하여 지정수량 이상의 위험물을 임시저장 또는 임시취급하는 경우 그 기간을 90일로 규정하고 있다.

Ⅲ. 제조소 등의 설치·변경 안전관리

1. 제조소 등의 설치허가

위험물 제조소, 저장소 또는 취급소를 설치하고자 하는 자는 그 설치장소를 관할하는 특별시장·광역시장·특별자치시장·도지사 또는 특별자치도지사(이하 "시·도지사"라 한다)의 허가를 받아야 한다. 다만, 주택의 난방시설(공동주택의 중앙난방시설을 제외)을 위한 저장소 또는 취급소, 농예용·축산용 또는 수산용으로 필요한 난방시설 또는 건조시설을 위한 지정수량 20배 이하의 저장소는 허가를 받지 아니하고 당해 제조소 등을 설치하거나 그 위치·구조 또는 설비를 변경할 수 있다.

　　제조소 등의 설치허가 또는 변경허가를 받으려는 자는 그 신청서에 제조소 등의 위치·구조 및 설비에 관한 도면 등 설치 또는 변경에 대한 정보를 확인할 수 있는 서류를 첨부하여 시·도지사나 소방서장에게 제출하여야 한다. 위험물관리법 시행령 제6조제2항은 설치허가 또는 변경허가 신청을 받은 시·도지사로 하여금 설치허가 또는 변경허가 신청 내용이 제조소등의 위치·구조·설비의 기술기준에 적합하고, 공공의 안전유지 또는 재해방지에 지장을 줄 우려가 없고, 전문기관(한국소방산업기술원)의 기술검토에 적합한 경우에 반드시 허가를 하도록 하고 있다. 그러므로 제조소 등의 설치허가는 재량행위가 아니라 기속행위로 볼 수 있다. 그러나 공공의 안전유지 또는 재해의 발생방지에 지장을 줄 우려가 없다고 인정될 것을 제조소등의 허가요건으로 정하고 있고, 해당 요건의 충족 여부에 관한 판단에 행정기관의 재량이 충분하게 있다고 할 수 있다. 이러한 점을 고려하면 제조소등의 설치허가는 기속행위에 속하지 않고 재량행위에 속한다. 판례도 "허가기준의 설정이나 그 기준의 충족여부를 판단하는 것은 것 역시 행정청의 재량에 속하는 것이므로, 관할 행정청이 그 기준을 심사한 것이 객관적으로 합리적이 아니라거나 타당하지 않다고 보이지 아니하는 이상, 행정청의 의사는 가능한 한 존중되어야 할 것이다."라고 판시한 바 있다.[7]

2. 군용위험물시설의 허가의제

　　군사목적 또는 군부대시설을 위한 제조소등을 설치하거나 그 위치·구조 또는 설비를 변경하고자 하는 군부대의 장은 미리 제조소등의 소재지를 관할하는 시·도지사와 협의하여야 하고(위험물관리법 제7조), 협의를 한 경우에는 위험물관리법 제6조제1항에 따른 허가를 받은 것으로 의제된다. 군사목적 또는 군부대시설을 위한 제조소등의 설치·변경에 대해서는 허가가 아닌 관할 시·도지사와의 협의만으로 설치·변경할 수 있도록 하는 것은 군시설의 경우 군부대의 협조 없이는 법적 시설의 구비 여부에 대한 확인 및 점검 등이 사적 목적의 일반시설에 비해 상대적으로 어렵다는 특수한 현실을 감안한 것이다. 위험물시설은 일반 군시설에 비해 위

---

7 서울고등법원 2017.4.19. 선고 2016누54758 판결; 대법원 2018.2.28. 선고 2017두51501 판결.

험도가 상대적으로 높다. 따라서 법령에서 정하는 시설기준 등의 구비 여부를 확인하여 미비한 사항은 완비토록 하는 것이 위험물시설의 안전성 확보차원에서 필요하다. 그렇기 때문에 군용위험물시설에 대해서도 민간사업자와 동일하게 위험물 저장소 및 취급소에 대한 허가를 받도록 하는 것이 타당하다.

3. 제조소 등의 신고

제조소 등의 위치·구조 또는 설비의 변경 없이 당해 제조소 등에서 저장하거나 취급하는 위험물의 품명·수량 또는 지정수량의 배수를 변경하고자 하는 자는 변경하고자 하는 날의 1일 전까지 행정안전부령이 정하는 바에 따라 시·도지사에게 신고하여야 한다(위험물관리법 제6조제2항). 위험물관리법의 종전 규정은 경미한 품명·수량 등의 변경에 대하여 그 7일 전에 신고하도록 규정하였다. 그러나 위험물의 국제 유통에 필요한 시설 등 품명 교체가 잦고 그 내용을 예측하기 어려운 경우가 있어 이 기간을 더욱 단축할 필요성이 제기되었다. 예를 들어, 2014년 6월 동북아 오일허브 구축사업을 위해 종합보세구역으로 설정된 여수와 울산의 오일탱크터미널의 경우에 석유의 단순 보관에 그치지 않고 자유 혼합을 통한 맞춤형 석유제품 수출이 가능하도록 하는 등 종래 규정을 보다 완화할 필요가 제기되었다. 이러한 현실을 반영하여 현행과 같이 변경하고자 하는 날의 1일 전까지 신고하도록 개정되었다.

4. 탱크안전성능검사 제도

(1) 탱크안전성능검사의 의무자 및 법적 성질

위험물을 저장 또는 취급하는 탱크로서 대통령령이 정하는 탱크(이하 "위험물탱크"라 한다)가 있는 제조소등의 설치 또는 그 위치·구조 또는 설비의 변경에 관하여 위험물관리법 제6조제1항의 규정에 따른 허가를 받은 자가 위험물탱크의 설치 또는 그 위치·구조 또는 설비의 변경공사를 하는 때에는 완공검사를 받기 전에 기술기준에 적합한지의 여부를 확인하기 위하여 시·도지사가 실시하는 탱크안전성능검사를 받아야 한다. 이때 동법 제6조제1항의 규정에 따른 허가를 받은 자가 제16조제1항의 규정에 따른 탱크안전성능시험자 또는 「소방산업의 진흥에 관한 법률」 제14조에 따른 한국소방산업기술원으로부터 탱크안전성능시험을 받은 경우 시·도지사는 당해 탱크안전성능검사의 전부 또는 일부를 면제할 수 있다(위험물관리법 제8조제1항).

위험물탱크 탱크안전성능검사의 의무자는 제조소등의 허가를 받은 자이다. 제조소등의 설치자는 설치·변경허가를 받아야 하고, 설치·변경허가는 서류심사를 통하여 허가 여부가 결정된다. 위험물탱크 탱크안전성능검사는 서류의 확인이 아니라 현장에서 실제 설치되는 위험물탱크가 기술기준에 적합하게 설치되었는가를 검사기술을 사용하여 확인하는 사실행위로서, 행정처분에 해당하지 아니한다.

(2) 탱크안전성능검사의 대상인 위험물탱크

탱크안전성능검사는 기초·지반검사, 충수·수압검사, 용접부검사 및 암반탱크검사로 구분된다(위험물관리법 시행령 제8조). 탱크안전성능검사를 받아야 하는 위험물탱크는 해당 탱크의 종류와 규모에 따라서 적용받는 탱크안전성능검사의 종류와 내용이 다르다. 예를 들면, 옥외탱크저장소의 액체위험물탱크 중 그 용량이 100만 리터 이상인 탱크는 기초·지반검사와 용접부검사를 받아야 하고, 액체위험물을 저장 또는 취급하는 암반내의 공간을 이용한 탱크는 암반탱크검사를 받아야 한다.

5. 완공검사

제조소등의 허가를 받은 자가 제조소등의 설치를 마쳤거나 그 위치·구조 또는 설비의 변경을 마친 때에는 당해 제조소등마다 시·도지사가 행하는 완공검사를 받아 기술기준에 적합하다고 인정받은 후가 아니면 이를 사용하여서는 아니 된다. 다만, 제조소등의 위치·구조 또는 설비를 변경함에 있어서 변경허가를 신청하는 때에 화재예방에 관한 조치사항을 기재한 서류를 제출하는 경우에는 당해 변경공사와 관계가 없는 부분은 완공검사를 받기 전에 미리 사용할 수 있다(위험물관리법 제9조제1항). 완공검사를 받고자 하는 자가 제조소등의 일부에 대한 설치 또는 변경을 마친 후 그 일부를 미리 사용하고자 하는 경우에는 당해 제조소등의 일부에 대하여 완공검사를 받을 수 있다(위험물관리법 제9조제2항).

완공검사는 사용검사와 동일하다. 제조소등의 설치·변경허가는 제조소등의 설치·변경에 관한 서류심사를 통해 설치·변경허가를 한다. 제조소등의 설치·변경의 신청자가 허가청에게 제출한 허가신청서(설치계획서)가 위험물관리법에 따른 기술기준에 적합함을 확인하여 허가청이 허가를 하고, 허가를 한 설치·변경계획서와 같이 실제 현장에서 공사·설치되었는가를 확인하여야 한다. 이러한 행위를 위한 것이 완공검사이다. 그러므로 완공검사는 제조소등의 설치·변경 허가 신청자가 그 제조소등을 사용하기 전에 실시된다.

완공검사는 사실행위에 해당하나 「위험물관리법 시행령」 제10조제2항에 따르면 시·도지사는 제조소등에 대하여 완공검사를 실시하고, 완공검사를 실시한 결과 당해 제조소등이 기술기준(탱크안전성능검사에 관련된 것은 제외)에 적합하다고 인정하는 때에는 완공검사필증을 교부하여야 한다. 그러므로 시·도지사의 제조소등에 대한 완공검사필증의 교부행위는 허가적 성질을 가지는 행정처분에 해당한다.

Ⅳ. 위험물시설의 유지관리체계

1. 기술기준 준수의무

제조소등의 관계인은 당해 제조소등의 위치·구조 및 설비가 기술기준에 적합하도록 유지·관리하여야 한다. 시·도지사, 소방본부장 또는 소방서장은 제조소등의 유지·관리의 상황이 기술기준에 부적합하다고 인정하는 때에는 그 기술기준에 적합하도록 제조소등의 위치·구조 및 설비의 수리·개조 또는 이전을 명할 수 있다(위험물관리법 제14조). 이때 기술기준의 준수의무가 있는 제조소등의 관계인은 소유자·점유자 또는 관리자를 말한다.

2. 위험물안전관리자의 선임의무

위험물 취급은 고도의 주의와 전문성이 요구되는 업무로서 사고발생에 따른 피해가 클 수밖에 없다. 위험물관리법은 제조소등의 관계인에게 안전관리자의 선임의무를 부여하여 특정 능력이 있음을 인정받은 유자격자로 하여금 업무를 관리 감독하게 함으로써 사고의 사전예방에 기여하고자 안전관리자의 선임에 관한 사항을 규정하고 있다.

제조소등의 관계인은 위험물의 안전관리에 관한 직무를 수행하게 하기 위하여 제조소등마다 위험물의 취급에 관한 자격이 있는 자(이하 "위험물취급자격자"라 한다)를 위험물안전관리자로 선임하여야 한다. 다만, 제조소등에서 저장·취급하는 위험물이 「화학물질관리법」에 따른 유독물질에 해당하는 경우 등 대통령령이 정하는 일정한 경우에는 당해 제조소등을 설치한 자는 다른 법률에 의하여 안전관리 업무를 하는 자로 선임된 자 가운데 대통령령으로 정하는 자를 안전관리자로 선임할 수 있다(위험물관리법 제15조제1항). 다수의 제조소등을 동일인이 설치한 경우에는 제조소등의 관계인은 1인의 안전관리자를 중복하여 선임할 수 있다. 다만, 이 경우 대통령령이 정하는 제조소등의 관계인은 동법 제15조제5항에 따른 대리자의 자격이 있는 자를 각 제조소등별로 지정하여 안전관리자를 보조하게 하여야 한다(위험물관리법 제15조제8항).

위험물안전관리자를 선임한 제조소등의 관계인은 그 안전관리자를 해임하거나 안전관리자가 퇴직한 때에는 해임하거나 퇴직한 날부터 30일 이내에 다시 안전관리자를 선임하여야 한다. 제조소등의 관계인은 안전관리자를 선임한 경우에는 선임한 날부터 14일 이내에 소방본부장 또는 소방서장에게 신고하여야 한다. 제조소등의 관계인이 안전관리자를 해임하거나 안전관리자가 퇴직한 경우 그 관계인 또는 안전관리자는 소방본부장이나 소방서장에게 그 사실을 알려 해임되거나 퇴직한 사실을 확인받을 수 있다.

위험물안전관리자를 선임한 제조소등의 관계인은 안전관리자가 여행·질병 그 밖의 사유로 인하여 일시적으로 직무를 수행할 수 없거나 위험물안전관리자의 해임 또는 퇴직과 동시에 다른 안전관리자를 선임하지 못하는 경우에는 「국가기술자격법」에 따른 위험물의 취급에 관한 자격취득자 또는 위험물안전에 관한 기본지식과 경험이 있는 자로서 행정안전부령이 정하는 자를 대리자(代理者)로 지정하여 그 직무를 대행하게 하여야 한다. 이 경우 대리자가 안전관리자의 직무를 대행하는 기간은 30일을 초과할 수 없다.

위험물안전관리자는 위험물을 취급하는 작업을 하는 때에는 작업자에게 안전관리에 관한 필요한 지시를 하는 등 위험물의 취급에 관한 안전관리와 감독을 하여야 하고, 제조소등의 관계인과 그 종사자는 안전관리자의 위험물 안전관리에 관한 의견을 존중하고 그 권고에 따라야 한다. 제조소등에 있어서 위험물취급자격자가 아닌 자는 안전관리자 또는 그 대리자가 참여한 상태에서 위험물을 취급하여야 한다.

3. 예방규정의 작성·준수·제출의무

지하탱크저장소·이동탱크저장소 등 대통령령이 정하는 제조소등의 관계인은 당해 제조소등의 화재예방과 화재 등 재해발생시의 비상조치를 위하여 예방규정을 정하여 당해 제조소등의 사용을 시작하기 전에 시·도지사에게 제출하여야 하며, 예방규정을 변경한 때에도 시·도지사에게 제출하여야 한다(위험물관리법 제17조). 시·도지사는 제출받은 예방규정이 기술기준에 적합하지 아니하거나 화재예방이나 재해발생 시의 비상조치를 위하여 필요하다고 인정하는 때에는 이를 반려하거나 그 변경을 명할 수 있다. 제조소등의 관계인과 그 종업원은 예방규정을 충분히 잘 익히고 준수하여야 한다.

4. 정기점검·검사제도

(1) 정기점검

암반저장소, 지정수량의 10배 이상의 위험물을 취급하는 제조소, 지하탱크저장소, 이동탱크저장소, 위험물을 취급하는 탱크로서 지하에 매설된 탱크가 있는 제조소·주유취급소 또는 일반취급소 등의 관계인은 그 제조소등에 대하여 기술기준에 적합한지의 여부를 정기적으로 점검하고 점검결과를 기록하여 보존하여야 한다(위험물관리법 제18조제1항). 정기점검을 한 제조소 등의 관계인은 점검을 한 날부터 30일 이내에 점검결과를 시·도지사에게 제출하여야 한다. 정기점검은 제조소 등의 경우 연 1회 이상, 옥외탱크저장소 중 저장 또는 취급하는 액체위험물의 최대수량이 50만리터 이상인 것(이하 "특정·준특정옥외탱크저장소"라 한다)의 경우 정기점검 외에 위험물관리법 시행규칙 제65조제1항 각 호의 어느 하나에 해당하는 기간 이내에 1회 이상 특정·준특정옥외저장탱크의 구조 등에 관한 안전점검을 하여야 한다. 정기점검은 위험물시설로서 제조소, 저장소, 취급소 및 탱크에 기술기준의 적합성 여부를 점검의무자가 자체적으로 실시하여 확인하는 행위이다.

(2) 정기검사

정기점검의 대상이 되는 제조소등의 관계인 중 액체위험물을 저장 또는 취급하는 50만리터 이상의 옥외탱크저장소의 관계인은 소방본부장 또는 소방서장으로부터 당해 제조소등이 기술기준에 적합하게 유지되고 있는지의 여부에 대하여 정기적으로 검사를 받아야 한다(위험물관리법 제18조제3항). 정기검사의 시기는 특정·준특정옥외탱크저장소의 설치허가에 따른 완공검사필증을 발급받은 날부터 12년, 최근의 정기검사를 받은 날부터 11년이다.

정기검사는 정기점검과는 달리 행정기관인 소방본부장 또는 소방서장으로부터 제조소등의 기술기준 적합성 여부를 검사하는 것이다. 정기검사의 결과에서 기술기준에 부적합한 것으로 판단되면, 행정청은 기술기준 적합 명령 등의 조치를 할 수 있다. 그러나 정기검사는 사실행위에 해당하기 때문에 그 자체가 행정처분에 해당하지 않는다. 현재 액체위험물을 저장 또는 취급하는 50만리터 이상의 옥

외탱크저장소에 대한 정기검사는 기술적인 역량이 필요하여 한국소방산업기술원
이 소방본부장 또는 소방서장으로부터 해당 업무를 위탁받아 수행하고 있다.

5. 자체소방대의 설치의무

다량의 위험물을 저장·취급하는 제조소등으로서 제4류 위험물을 취급하는 제
조소 또는 일반취급소가 있는 동일한 사업소에서 지정수량의 3천배 이상의 위험물
을 저장 또는 취급하는 경우 당해 사업소의 관계인은 당해 사업소에 자체소방대를
설치할 의무가 있다(위험물관리법 제19조). 자체소방대를 설치하는 사업소의 관계인은
자체소방대에 화학소방자동차 및 자체소방대원을 두어야 한다. 자체소방대에 두어
야 하는 화학소방자동차와 자체소방대원의 수는 위험물관리법 시행령 별표 8에서
사업소의 규모에 따라 다르게 정하고 있다.

V. 위험물 운반상 안전관리제도

1. 위험물 운반행위의 관리

위험물의 운반은 그 용기·적재방법 및 운반방법에 관한 기준을 준수하여야
한다(위험물관리법 제20조제1항). 위험물의 운반은 운반 시 용기, 위험물의 적재방법이
나 운반방법에 따라서 위험성의 정도가 다르기 때문에 이를 규제하고 있다. 운반
행위에 대한 세부적인 규제사항은 위험물관리법 시행규칙 별표 19에서 정하고 있
다. 예를 들면, 운반용기에 대한 규제로 운반용기의 재질을 강판 등으로 정하고,
운반용기의 구조와 최대용적을 제한하고 있다.

위험물관리법은 위험물의 공간적 이동을 "운송"과 "운반"이라는 두 가지 개념
을 구분하여 사용하고 있다. 운송은 탱크로리(이동탱크 저장소)로 위험물을 이송하는
것으로 관할 소방서의 허가를 받아 운행하여야 하며, 운전자 또는 동승자가 위험
물 운송자격을 갖추고 있어야 한다. 이에 반하여 운반은 위험물을 지정 용기에 담
아 차량 등으로 이송하는 것으로 용기 기준과 적재 및 안전조치 시 별도의 허가
없이 이륜차, 승용차, 화물차 등 모든 차량을 이용하여 이송할 수 있다.

2. 운반용기의 검사의무

기계에 의하여 하역하는 구조로 된 대형의 운반용기로서 행정안전부령이 정

하는 것을 제작하거나 수입한 자 등은 당해 용기를 사용하거나 유통시키기 전에 시·도지사가 실시하는 운반용기에 대한 검사를 받아야 한다(위험물관리법 제20조제3항). 검사기준은 위험물의 종류, 운반용기의 종류에 따라서 최대용적을 정하고 있다. 운반용기의 검사에 관한 업무는 한국소방산업기술원에서 수행하고 있으며, 해당 업무의 처리결과를 보고받은 시·도지사는 소방청장에게 제출하여야 한다(위험물관리법 시행규칙 제51조제5항).

3. 위험물운송자의 자격

이동탱크저장소에 의하여 위험물을 운송하는 운송책임자 및 이동탱크저장소 운전자(이하 "위험물운송자"라 한다)는 당해 위험물을 취급할 수 있는 국가기술자격자 또는 위험물관리법 제28조제1항에 따른 안전교육을 받은 자이어야 한다(위험물관리법 제21조제1항). 이동탱크저장소(일종 탱크로리)로의 위험물운송은 위험물 취급에 관한 자격이나 지식이 없는 자에 의하여 운송되는 경우에 사고발생 시 위험물의 처리지연이나 사후수습의 미비로 일반 국민이 위험물에 무방비로 노출될 위험이 있다. 이러한 위험의 방지를 위하여 위험물운송자를 국가기술자격자 또는 안전교육을 받은 자로 제한하고 있다. 안전교육은 한국소방안전원에서 실시하는 강습교육과 실무교육을 말하며, 강습교육은 16시간, 실무교육은 신규종사 후 3년마다 8시간씩 받아야 한다(위험물관리법 시행규칙 제78조).

위험물운송자 교육제도 운영

구 분	교육구분		교육시간	교육시기	교육내용 (한국소방안전원)
위험물 안전관리법 제28조	위험물운송자	강습교육	16시간	신규종사 전	• 위험물법령 • 연소 및 소화이론 • 위험물 분류 및 성상 • 운반용기 적재 및 고정방법 • 비상대응 및 응급처치
		실무교육	8시간	신규종사 후 3년마다 1회	• 운반기준 • 운반용기 적재 및 고정방법 • 운반 점검표 작성 및 안전수칙 • 비상대응 및 응급처치

4. 특정위험물의 운송관리

알킬알루미늄, 알킬리튬 및 그 물질을 함유하는 위험물의 운송은 운송책임자 (위험물 운송의 감독 또는 지원을 하는 자를 말한다)가 운송 시 감독 또는 지원을 하여야 한다(위험물관리법 제21조제2항). 위험물 운송책임자는 당해 위험물의 취급에 관한 국가기술자격을 취득하고 관련 업무에 1년 이상 종사한 경력이 있는 자이거나 위험물의 운송에 관한 안전교육을 수료하고 관련 업무에 2년 이상 종사한 경력이 있는 자이어야 한다. 운송책임자의 감독 또는 지원의 방법은 운송책임자가 이동탱크저장소에 동승하여 운송 중인 위험물의 안전확보에 관하여 운전자에게 필요한 감독 또는 지원을 하는 방법, 운송의 감독 또는 지원을 위하여 마련한 별도의 사무실에 운송책임자가 대기하면서 이동탱크저장소의 운전자에 대하여 수시로 안전확보 상황을 확인하는 것 등이다.

특정위험물운송자는 이동탱크저장소에 의하여 위험물을 운송하는 때에는 장거리(고속국도에 있어서는 340㎞ 이상, 그 밖의 도로에 있어서는 200㎞ 이상)에 걸치는 운송을 하는 때에는 위험물운송자를 2명 이상으로 하여야 한다. 위험물운송자는 이동탱크저장소를 휴식·고장 등으로 일시 정차시킬 때에는 안전한 장소를 택하고 당해 이동탱크저장소의 안전을 위한 감시를 할 수 있는 위치에 있는 등 운송하는 위험물의 안전확보에 주의하여야 한다.

VI. 응급조치의무

제조소등의 관계인은 당해 제조소등에서 위험물의 유출, 그 밖의 사고가 발생한 때에는 즉시 그리고 지속적으로 위험물의 유출 및 확산의 방지, 유출된 위험물의 제거, 그 밖에 재해의 발생방지를 위한 응급조치를 강구하여야 한다(위험물관리법 제27조). 위험물의 유출 등 사고가 발생한 경우 그 위험이 재해로 확대되는 것을 방지하기 위해서는 사고의 초기단계에서 신속한 대응이 필요하다. 응급조치의 의무를 제조소등의 관계인에게 부여한 이유는 바로 사고의 초기대응을 신속하게 하여 피해를 최소화하는 데에 있다. 위험물의 유출 기타 사고를 수습하는 1차적인 책임은 제조소등의 관계인에게 있다. 그러므로 제조소등의 관계인에게 위험물 유출 사고시 재해의 확대 등을 방지하기 위한 응급조치의무의 부과는 원인자 책임원칙에 적합하다. 소방본부장 또는 소방서장은 제조소등의 관계인이 응급조치를 강구하지 아니하였다고 인정하는 때에는 응급조치를 강구하도록 명할 수 있다. 소방본부장 또는 소방서장은 그 관할하는 구역에 있는 이동탱크저장소의 관계인에 대하여 동법 제27조제3항의 규정의 예에 따라 응급조치를 강구하도록 명할 수 있다. 응급조치를 하여야 하는 사태를 발견한 자는 즉시 그 사실을 소방서, 경찰서 또는 그 밖의 관계기관에 통보하여야 한다.

제 5 절   원자력안전법

Ⅰ. 원자력안전법의 체계

1. 원자력의 특성

(1) 원자력의 양면성

원자력안전법의 대상으로 원자력은 야누스(Janus)의 얼굴을 가졌다고 한다. 로마신화에 등장하는 야누스는 성문과 가정의 문을 지키는 수호신으로 앞뒤가 서로 다른 두 얼굴을 가졌다. 원자력은 전쟁무기로 사용할 목적으로 개발되었고, 태평양전쟁에서는 일본 히로시마와 나가사키에 실전으로 사용되었다. 이러한 역사적 경험을 통하여 원자력은 더 이상 전쟁무기로 사용하여서는 안 된다는 인식을 인류에게 심어주는 계기가 되었다. 당시 미국의 아이젠하워 대통령은 1953년 UN총회에서 "평화를 위한 원자력(Atoms for Peace)"을 제안하면서 '전쟁무기로서 원자력'에서 '인류발전에 기여하는 원자력'으로 전환하게 되었다. 이를 계기로 1956년에 국제 원자력기구(IAEA)가 설치됐고, 인류의 발전에 기여하는 원자력의 평화적 이용으로 원자력발전소를 활용하게 되었다. 이탈리아의 Enrico Fermi는 1942년 인류 최초의 원자로를 제조하였다. 이후 (구) 소련은 1954년 상업용 원자로로 로브닌스크 원전을 가동함으로써 다수의 국가는 원자력을 상업용으로 이용하게 되었다. 상업용으로 활용되는 원자력발전 기술은 지속적으로 경제성과 안전성을 증대하는 방향으로 발전하였으나 1979년 미국 스리마일, 1986년 (구) 소련 체르노빌, 2011년 일본 후쿠시마 원자력발전소의 사고는 원자력 안전성을 더욱 강화할 수밖에 없는 방향으로 원자력법을 발전하게 하는 계기가 되었다.

  원자력은 인류의 행복을 증진하는 방향으로 활용될 수 있는 특징을 가지고 있다. 원자력의 안전성을 담보하는 경우에 화석에너지와 비교할 때에 원자력은 대기오염물질을 배출하지 않고, 적은 공간에서 효율적으로 발전을 할 수 있는 장점도 있다. 원자력은 야누스의 얼굴처럼 양면성을 가진 과학기술이기 때문에 원자력안전을 강화하는 방향으로 원자력법이 발전하고 있다.

  원자력발전은 원자핵이 붕괴하거나 핵반응을 일으킬 때 방출되는 에너지를 이용하여 발전기를 돌려 전력을 생산하는 방식이다. 원자력발전은 연료인 우라늄235를 농축한 농축우라늄이나 천연우라늄을 핵분열하여 발생하는 에너지로 물을 끓여 수증기를 이용해 터빈을 돌려 전기를 생산한다는 점에서는 화력발전과 동일하다. 그러나 화력발전은 석탄, 가스, 석유 등의 화석연료를 태워서 물을 끓이는 데 반해 현재 원자력발전에서는 핵분열에서 나오는 에너지를 이용해 물을 끓인다는 점에서 차이가 있다. 화력발전은 온실가스의 배출이 많지만 원자력발전은 온실가스의 배출이 거의 없어 이러한 측면에서 친환경에너지라고 한다. 그러나 원자력발전이 친환경에너지라는 평가에는 법이론적인 의문이 있다. 왜냐하면 친환경에너지는 안전을 기반으로 하여야 하는데, 원자력에너지는 안전한 에너지로 평가되지 않기 때문이다.

  원자력발전은 온실가스를 배출하지 않고, 미세먼지도 배출하지 않기 때문에 석탄화력발전이나 천연가스발전과 같은 화석연료발전과 비교할 때에 분명하게 대기오염물질이나 기후변화유발물질도 배출하지 않는다. 또한 원자력에너지는 에너지의 안정적인 공급원칙에 적합한 에너지에 속한다. 에너지의 국지적인 특징에서 에너지의 대외의존도가 높은 에너지식민지 국가에 속하는 우리나라는 기술기반적인 에너지로서 원자력에 특별한 역할을 부여하여 왔다. 물론 원자력발전의 연료에 속하는 우라늄을 해외에서 수입하고 있으나 다른 화석연료보다 가격이 국제적으로 장기간 안정적이고 우라늄의 분포도 넓어서 석유나 천연가스와 같은 중동국가 등 특정된 국가에 대한 의존도가 낮다. 원자력발전은 석탄이나 천연가스발전과 같은 화석연료발전과 비교할 때 발전의 전체 비용에서 연료가격이 차지하는 비중이 상당하게 낮아서 에너지경제성원칙에 충실한 에너지에 속한다. 원자력은 전쟁무기와 평화적 이용이라는 목적으로 출발한 야누스의 얼굴을 가지고 있을 뿐만 아니라, 원자력이용에서도 경제성이 높고, 대기오염물질을 배출하지 않아서 기후변화에 기여하는 에너지에 속하지만 또 다른 얼굴로 안전성에 대한 문제를 가진 '복합적 야누스'의 얼굴을 한 에너지라는 특징이 있다.

(2) 원자력의 안전성

원자력은 전기생산(발전)분야에서 에너지원으로 그 중요성에 대한 부침을 경험한 대표적인 에너지이다. 2차 대전이 종식된 후에 경제발전을 급속하게 이끈 배후에 원자력에너지가 있었다. 원자력에너지를 이용한 발전은 선진국의 발전에 필수적인 요소였다. 특히 에너지 다소비가 요구되는 산업구조를 가지고, 제조업이 세계경제를 주도한 시기에 원자력발전은 경제발전에 필요한 에너지를 무한정으로 지원하는 에너지로 부상하였다. 그러나 미국의 스리마일섬 원자력사고와 (구)소련의 체르노빌 원자력 사고는 원자력발전의 안전에 대한 의문이 제기되는 계기가 되었다. 스리마일섬 사고 이후 미국에서는 원자력발전소 건설이 중단되었고, 다른 국가에 상당한 영향을 미치게 됨으로써 원자력발전은 신중한 걸음을 걷게 되었다.

기후변화에 대한 세계적인 관심은 다시 발전원으로 뒷방신세를 지고 있던 원자력을 발전에너지의 주도세력으로 끌어올렸다. 특히 교토의정서가 타결되고, 파리기후변화협정이 타결되기 전에 경제성을 가지고 기후변화를 저지할 수 있는 중요한 에너지원으로서 원자력에너지는 르네상스시대를 맞이하였다. 그러나 일본 후쿠시마 원자력발전소 사고는 다시 원자력발전을 다른 에너지로 대체하여야 하는 에너지로 전락시키게 되었다. 원자력발전은 안전분야를 제외하면 화석에너지와 달리 분명하게 친환경적인 에너지에 속한다. 또한 원자력발전이 현재의 시점에서 재생에너지보다 경제성이 높은 에너지에 속한다. 그러나 원자력발전에 대한 안전성이 절대적이지 못하다는 이유로 에너지전환의 대상이 되고 있다. 인류는 기후변화에 방점을 두고, '원자력에너지의 이용을 증대할 것인가' 아니면 '더 이상의 원자력으로 인한 안전문제에 직면하지 않기 위하여 원자력을 포기할 것인가'라는 원자력에너지의 이용과 관련된 양 갈래 길목에서 선택하여야 한다.

(3) 방사성폐기물 처리

원자력에너지의 또 다른 부정적인 측면은 바로 방사성폐기물의 처리에 관한 문제이다. 특히 고준위방사성폐기물의 처리는 법학적으로 수많은 과제를 던지고 있을 뿐만 아니라 자연과학계에도 해결을 위한 노력을 요구하고 있다. 원자력발전으로 발생하는 고준위방사성폐기물은 장기적으로 수천년 동안, 단기적으로 수십년 동안 철저한 관리를 필요로 하는 물질이다. 고준위방사성폐기물의 영구처분장은

아직 세계 어느 국가도 설치하지 못하고 있다. 방사성폐기물 영구처분장의 설치는
상당한 비용이 소요될 뿐만 아니라 안전하게 관리하는 데에 한계가 있을 수 있
다.[8] 인간이 설치한 시설물 중에서 수천년 동안 설치할 당시와 동일한 기능을 가
지고 유지되는 시설은 아직 없다. 이러한 이유로 고준위방사성폐기물 영구처분에
관한 문제로 인하여 원자력발전은 폐기하여야 하는 대상으로 지목되고 있다.

고준위방사성폐기물의 영구처분장 설치는 우리나라를 비롯하여 전 세계적인
사회적 문제로 부상하고, 지역 간의 갈등을 유발하는 요인으로 발전하고 있다. 우
리나라는 현재 원자력발전소에 고준위방사성폐기물을 임시적으로 저장하고 있으
나 거의 포화상태에 있다. 고준위방사성폐기물 영구처분장의 건설을 위하여 국내
의 특정한 지역에 처분장을 지정하여 설치하여야 한다. 그러나 이러한 결정은 극
심한 갈등의 유발[9]이 명확하여 어느 정부도 추진하려고 하지 않고, 가능한 후임
정부에 미루고 있는 실정이다.[10] 방사성폐기물 처리는 다른 한편으로 과학기술법
의 대상에 속한다. 방사성폐기물의 안전한 처리를 과학기술로 극복할 수 없다고는
할 수 없으며, 지속적으로 발전하는 과학기술은 방사성폐기물의 처리에 대한 적합
한 해답을 마련할 수도 있다.

원자력발전소의 핵심적인 문제라고 할 수 있는 고준위방사성폐기물의 영구처
분장의 설치와 관련된 영구처분의 안전성에 관한 문제는 과장적인 측면이 적지 않
다. 현실적으로 볼 때에 원자력발전소는 핵분열이 왕성하게 진행되고 있는 곳이
다. 그럼에도 불구하고 상당히 통제된 상태로 운영되고 있다. 방사성폐기물은 핵
분열이 원자력발전소와 같은 정도로 왕성하게 진행되지 않는다. 다른 말로 표현하
면, 원자력발전소는 위험요소로 ‘살아있는 위험성’이라고 한다면, 방사성폐기물은
‘죽은 위험성’이다. 현재 수준의 원자력기술은 살아있는 원자력발전소도 사회적으
로 수용될 수 있을 정도로 관리하고 있다. 그런데 죽어있는 방사성폐기물은 그것이

---

8 이종영, “독일 원자력법의 체계와 내용”, 『법학논문집』 제24집 제2호, 중앙대학교 법학연구소, 149면 이하; 김
  지영, 프랑스 원자력안전법제의 현황과 과제 −원자력안전법제로의 시사점 도출을 중심으로−, 『환경법연구』 제
  35권 제3호, 169면 이하 참조.
9 채종헌·정지범, 『고준위 방사성 폐기물 처리시설 정책의 공론화와 갈등예방에 관한 연구』, 한국행정연구원 연구
  보고서 2010-19; 이상팔, “지역주민의 위험정책 수용에 관한 연구: 원자력폐기물처분 장 수용과정에서 나타난
  행위자, 제도, 지역공동체의 영향을 중심으로”, 고려대학교 박사학위논문, 1995; 조성경, “사용후핵연료 관리 이
  슈 공론장과 그 갈등구조에 관한 소고”, 『방사성폐기물학회지』 7권 1호, 2009, 49면 이하 참조.
10 중·저준위 방사성폐기물의 처리시설에 관한 지역의 선정을 위하여 「중·저준위 방사성폐기물 처분시설의 유치
  지역지원에 관한 특별법」이 제정되어 경주지역에 처리시설이 설치되어 운영 중이다.

고준위방사성폐기물이라고 하여도 과학기술로 충분하게 관리할 수 있다고 본다.

고준위방사성폐기물 영구처분에 대한 문제로 원자력발전을 중단하도록 하는 이유는 현재의 국내 현실에서 적합하지 않다. 우리나라에 고준위방사성폐기물이 전혀 없다면, 영구처분장의 설치에 따른 고준위방사성폐기물 관리의 어려움을 이유로 원자력발전 폐기의 주장은 일부 타당하다고 할 수 있다. 그러나 우리나라는 현재 고준위방사성폐기물이 원자력발전소에 임시적으로 저장되어 있어, 안전한 장소인 고준위방사성폐기물 영구처분장을 설치하여 안전하게 관리하여야 하는 상황에 직면해 있다. 즉, 고준위방사성폐기물의 영구처분장의 설치가 필요한 상황에서 원자력발전을 중단한다고 하여 고준위방사성폐기물의 영구처분장의 설치와 관리가 필요하지 않는 것은 아니다. 원자력발전소를 계속하여 운영하는 경우에 고준위방사성폐기물의 양이 증대하는 것은 분명하나 관리에 관한 기술적인 발전을 고려할 때에 고준위방사성폐기물의 관리문제가 원자력발전을 포기하여야 하는 타당한 이유는 되지 못한다.

고준위방사성폐기물의 영구처분장 설치는 설치지역의 선정으로 인한 사회적 문제가 발생할 수밖에 없다. 고준위방사성폐기물의 영구처분장을 둘러싼 사회적 갈등은 공론화과정이나 숙의과정을 통하여 충분히 극복 가능하다고 하겠다. 사회적 갈등은 민주화된 국가에서 상시적으로 존재하는 현상으로 보아야 하고, 갈등의 존재를 막기보다는 극복방법을 통하여 사회적 공감대와 국민의 역량을 결집할 수도 있다.

2. 원자력안전법의 대상

(1) 원자력진흥과 안전의 행정기관 분리

우리나라는 현행 「원자력안전법」과 「원자력진흥법」의 분법화 이전, 「원자력법」을 통해 전주기적으로 원자력 발전소·방사성폐기물의 안전, 원자력의 연구개발, 방사능 방재 및 핵비확산, 원자력 국제협력 등 원자력과 관련된 대부분의 정책과 제도를 과학기술부에서 관장하였고, 원자력발전(發電)을 통한 전력생산과 중·저준위 방사성 폐기물 처분장 부지선정, 운영 등 원자력 이용의 일부분만을 산업통상자원부에서 담당하였다.

원자력 관련 행정업무는 약 60년 전 문교부에 원자력과를 신설하면서 시작되었다. 원자력 관련 행정조직은 이후 원자력원의 설치, 1967년 과학기술처 신설 등

1960년대까지는 단일행정체제였으나, 1978년 고리원자력발전소 설립을 계기로 한
국전력이 원전건설과 운영을 담당함에 따라 상공부에 원자력담당과가 설치되었다.
그 이후 원자력행정체제는 과학기술부와 산업통상자원부로 이원화되어 관장하여
왔었다. 1970년대 이후 이원화된 원자력행정체제 하에서 과학기술 담당부처와 산
업·에너지 담당부처 사이에 원자력 업무영역을 두고 지속적인 갈등과 논쟁이 있
어 왔다. 새로운 정부가 출범하는 정부조직개편 과정에서 원자력산업육성을 위하
여 원자력발전산업 담당부처는 원자력이용·진흥 및 연구개발도 함께 수행하고,
원자력안전업무만을 분리하는 맡도록 하는 행정체계의 방안을 주장하여 왔다.

　　　원자력은 그 특성상 이용·진흥과 안전규제에 있어 야누스의 얼굴을 가지는 이
중적 측면이 있다. 선진국에서도 그 나라의 경제수준 및 원자력 기술 발전 정도 등
에 따라 원자력 진흥과 안전관리를 관장하는 행정체계가 다양한 형태로 나타나고
있다. 현행 원자력 관련 업무는 원자력진흥정책 수립 및 연구개발 등은 과학기술정
보통신부의 소관업무로 하고, 원자력안전관리와 관련된 규제업무를 원자력진흥과
분리하여 총리 소속의 합의제 중앙행정기구로 원자력안전위원회가 관할하고 있다.

　　　우리나라는 「원자력안전에 관한 협약」[11]의 당사국이다. 동협약 제8조에 따르
면, "협약의 당사국은 원자력안전기관과 원자력에너지의 이용·진흥 등과 관련된
기관의 효과적인 분리를 보증"하도록 규정하고 있다. 국제원자력안전기구(IAEA)가
제정하고 운영하는 「원자력안전기준」(Safety Standards)도 "원자력안전기관은 그 책임
을 다하기 위해서 원자력진흥조직이나 기구와 효과적으로 독립되어야 한다."라고
규정하고 있다. 이러한 「원자력안전에 관한 협약」에 따른 원자력에너지의 이용·
진흥과 안전관리 기관의 분리는 상업용 발전소와 그 부대시설 등 원자력시설의 안
전에 적용되기 때문에 이미 원자력발전소의 관리를 관할하는 산업통상자원부와
원자력 이용·진흥을 관할하는 과학기술정보통신부로 분리하여 운영하고 있는 우
리나라의 경우 국제법을 위반하지 않았다. 또한 국제원자력기구(IAEA)의 「원자력안
전기준」은 원자력안전에 관한 국제원자력기구의 권장사항으로서 법적 구속력이
없다. 이에 국제원자력기구의 회원국은 자국의 여건을 고려한 안전규제체계를 유
지하고 있으므로 원자력 행정체제를 원자력의 이용·진흥과 안전관리를 위한 별도

---

11 「원자력 안전에 관한 협약(The Convention on Nuclear Energy)」은 1986년 (구)소련의 체르노빌 원자력발
　전소 사고 이후에 대형사고가 발생하는 경우에 국경을 초월하여 피해를 줄 수 있어 원자력시설의 안전성 확보
　를 위한 자국의 노력만으로는 한계가 있으며 국가 간 상호 검사 또는 감시를 하는 국제적인 메커니즘이 필요
　하기에 IAEA가 제창하여 1996년 10월부터 발효된 국제협약이다.

의 규제기관으로 분리할 필요가 없다고도 할 수 있다. 그러나 우리나라 원자력의 지속 발전을 위하여 원자력안전규제에 대한 국내외적 신뢰확보가 필요하고, 비록 권고규정에 해당하지만 국제원자력기구(IAEA)의 「원자력안전기준」이 원자력규제기관을 진흥조직 등으로부터 독립하도록 규정하고 있는 점 등을 고려하여 원자력안전과 관련된 규제 업무는 원자력안전위원회의 관장업무로 하고, 원자력기술의 이용·진흥업무는 과학기술정부통신부에서 관장하게 되었다.

(2) 원자력안전의 소관부처

원자력안전은 원자로 및 관계시설의 안전관리, 방사선 안전관리 및 이와 관련된 연구개발로 분류할 수 있다. 원자로 및 관계시설의 안전관리는 원전시설의 건설·운영 및 해체에 이르는 모든 과정에 걸쳐, 원전사업자의 안전관리 의무 이행 여부를 확인·점검하는 행정작용을 말한다. 현행 「원자력안전법」은 원자로 및 관계시설을 운영하는 원자력발전사업자와 연구용 원자로운영자에게 원자로 및 관계시설의 안전관리 의무를 부과하고 있으며, 원자력안전위원회로 하여금 안전관리에 관한 심사·검사 및 조사를 통하여 그 이행 여부를 규제, 감독하게 하고 있다. 산업통상자원부는 원자력발전정책을 수립하여 추진하고, 원자력발전사업자인 한국수력원자력발전이 운영하는 원자력발전소에 대한 관리·감독을 하는 업무를 한다.

방사선안전관리에 관한 소관 중앙행정기관은 원자력안전위원회, 고용노동부, 식품의약품안전처, 농림축산식품부, 환경부이다. 원자력안전위원회는 방사성동위원소, 방사선발생장치 등 인공방사선에 대한 안전관리에 관한 업무와 천연방사선 등 생활주변방사선 관리업무를 소관 업무로 하고 있다. 고용노동부는 「산업안전보건법」에 근거하여 근로현장에서 종사자의 방사선안전관리에 관한 보건업무를 수행한다. 식품의약품안전처는 「의료기기법」에 따라 진단용 방사선 발생장치와 방사선의료기기 제조허가에 관한 업무를 관장한다. 농림축산식품부는 「축산물 위생관리법」에 근거하여 농축산물 방사능 관리와 「의료기기법」에 따른 동물진단용 방사선 발생장치의 관리에 관한 업무를 한다. 환경부는 환경보호 관련 법령에 따라 라돈 관리, 지하수 방사능 농도기준 관리에 관한 업무를 한다.

원자력안전과 관련된 연구개발에 관한 업무는 원자력안전위원회, 과학기술정보통신부 및 산업통상자원부에서 수행하고 있다. 원자력안전위원회는 원자력안전기술연구개발, 원자력안전규제연구, 방사선안전관리연구 및 생활방사선안전연구 등에 관한 사업을 하고 있다. 과학기술정보통신부는 방사선 및 방사성동위원소 이용개발 연구, 미래형 원전개발 연구 등에 관한 연구개발 사업을 하고 있다. 산업통상자원부는 원자력발전의 선진화, 설비성능향상 등 원자력분야 핵심기술개발을 위한 원자력융합 원천기술개발에 관한 업무를 수행하고 있다.

관리부처	소관 사무	관련법령
원자력안전위원회	▪ 원자력발전소, 연구용원자로, 방사성동위원소, 핵물질, 방사선발생장치 등에 대한 안전규제 및 방사능재난관리 ▪ 원료물질·공정부산물·가공제품 등에 포함된 천연방사성핵종에서 방출되는 방사선과 우주방사선, 지각방사선에 대한 안전관리 ▪ 원자력사고로 인한 손해배상 및 보상계약	원자력안전법, 원자력손해배상법, 원자력시설 등의 방호 및 방사능 방재 대책법, 생활주변방사선안전관리법
과학기술정보통신부	▪ 방사선 및 방사성동위원소의 연구개발과 이용을 증진하고 비파괴검사기술의 진흥 및 연구개발 촉진 등 관련 산업의 육성을 위한 기반 조성	원자력진흥법, 방사선 및 방사성동위원소이용진흥법, 비파괴검사기술의 진흥 및 관리에 관한 법률
산업통상자원부	▪ 원자력발전정책 및 전원(원전)개발사업, 원전사업자 관리 및 원전주변지역 지원 ▪ 방사성폐기물 기본계획 수립 및 시행, 방사성폐기물관리, 방폐공단 설립 및 방사성폐기물관리기금 운영, 유치지역 지원 등	발전소주변지역 지원에 관한 법률, 방사성폐기물 관리법, 전기사업법
고용노동부	▪ 산업안전보건 측면에서의 방사선작업종사자의 건강검진 등 안전관리	산업안전보건법
식품의약품안전처	▪ 농·임산물(가공품 포함) 방사능검사 ▪ 진단용 방사선발생장치에 대한 안전관리	농수산물 품질관리법, 의료법(진단용방사선발생장치의 안전관리에 관한 규칙)
농림축산식품부	▪ 축·수산물(가공품 포함) 방사능검사 ▪ 동물진단용 방사선발생장치에 대한 안전관리	농수산물 품질관리법, 수의사법(동물진단용 방사선발생장치의 안전관리에 관한 규칙)

환경부	▪ 바닥, 천장 마감재에 포함된 방사성 물질 관리 ▪ 다중이용시설(지하역사, 철도역사의 대합실, 박물관 등) 실내 공기 중 라돈 권고기준($4pCi/\ell$) 제시 ▪ 지하수에 대한 방사능 농도기준 제시	실내공기질 관리법
국토교통부	▪ 건축허가 시 '다중이용시설등의 실내공기질관리법(환경부)'에 따른 실내공기질 유지기준 및 권고기준을 고려하도록 요구	실내공기질 관리법

(3) 학문의 대상으로 원자력법

원자력과 관련된 법제는 원자력의 특성과 관련되어 발전되고 있다. 원자력은 첨단과학기술로서 지속적인 발전을 필요로 하고, 동시에 사고로 인한 피해가 대규모로 장기적으로 발생할 우려가 있는 과학기술분야에 속한다. 원자력은 전쟁무기인 원자폭탄과 대부분 연계됨으로써 실체적인 위험보다 그 위험 수준이 과장되어 있는 과학기술분야이다. 또한 체르노빌과 후쿠시마 원자력발전소의 사고는 원자력을 평화적으로 이용할 수 있으나 그 위험성을 인간의 과학기술능력으로 적절하게 통제할 수 있는가에 관한 근본적인 문제를 제기하고 있다. 그러나 모든 과학기술은 속성상 지속적으로 발전하고 있고, 원자력의 안전관리에 관한 기술도 예외가 아니다. 우리가 일상적으로 이용하는 수많은 과학기술도 처음부터 활용성이 높고, 완전하게 안전성을 가지진 않았다. 과학기술은 위험과 리스크를 감수하면서 그 위험성을 줄이고, 효용성을 높이는 방향으로 지속적으로 발전함으로써 인간의 삶을 풍족하게 하여 다수의 사람에게 행복을 가져오고 있다.

원자력안전법의 대상은 원자력의 평화적 이용을 전제로 하여 원자력을 이용함에 있어 안전한 운영에 필요한 시설·설비 및 운영이다. 원자력의 이용과 관련된 법제는 「원자력진흥법」이고, 원자력 이용 시에 발생할 수 있는 위험성을 통제하기 위한 법제가 「원자력안전법」이다. 또한 원자력으로 인한 사고는 일반적인 사고와 달리 대규모이고, 사고원인과 피해보상에 관한 특수성을 지녀, 이를 반영하여 민법상 손해배상에 있어 특별법적인 기능을 하는 「원자력 손해배상법」도 원자력법의 대상이 된다. 과학기술법학에는 「원자력진흥법」과 「원자력안전법」을 포함할 수도 있으나 에너지안전법론에서는 「원자력안전법」에 한정적으로 기술한다. 「원자력안전법」은 자유로운 학문의 발전에 따라 독립된 법학분야로서 원자력 법학분야에서 다룰 수도 있고, 에너지법학문의 대상이 될 수도 있을 뿐만 아니라 과학기술법의 대상도 된다.

(4) 원자력안전법의 기본원칙

「원자력안전법」은 원자력의 연구·개발·생산·이용 등에 따른 안전관리에 관한 기본원칙을 도입하고 있다. 원자력안전관리 기본원칙은 「원자력안전에 관한 협약」 등 국제규범에 따른 원칙을 준수할 것, 방사선장해로부터 국민안전과 환경을 보호하는 데에 기여할 것, 과학기술의 발전수준을 반영하여 안전기준을 설정할 것으로 세 가지 요소를 포함한다. 원자력안전관리 기본원칙은 원자력안전관리의 방향성을 명확히 하고, 국제기준 변화 및 과학기술의 발전에 따라 지속적으로 개선된 원자력안전관리 기준을 적용하도록 하는 것이다. 기본원칙은 원자력안전법의 해석과 적용에서 해석지침적인 기능을 하고, 관련된 하위규범의 방향을 설정하는 역할을 한다. 법체계적 측면에서 기본원칙은 법률의 목적을 달성하기 위한 수단으로서 정책의 원칙을 제시한다.

원자력안전관리 기본원칙은 입법적으로 2011년 후쿠시마 원전사고 및 국내의 연쇄적인 원전비리 사고로 높아지고 있는 원전에 대한 국민적 불안감을 완화하는 역할도 하였다. 원자력안전관리 기본원칙은 다소 선언적인 내용으로 원자력안전 정책과 제도에 이미 반영되어 있다고도 볼 수 있으나 2011년 10월 원자력안전위원회 출범 후 3년이 경과한 시점에도 원자력발전에 대한 국민적 불안감이 여전히 높아서 원자력안전에 관한 정책적인 의지를 대외적으로 천명하여 이를 실현하는 원동력으로서의 역할을 하고 있다. 또한 원자력안전관리 기본원칙은 국제적으로 원자력안전문화에 대한 신뢰성을 제고하는 역할을 하였다. 1977년 고리1호기 가동을 시작으로 40년이 넘는 역사를 가진 우리나라의 원자력발전은 단기간에 기술적인 성장을 이루었고, 2009년에는 아랍에미리트(UAE)에 원전을 수출하는 성과를 이루었다. 그러나 기술적 성장에도 불구하고 잇따른 원전비리 등으로 원자력발전에 대한 국제적 신뢰가 저하되었다. 따라서 2014년에는 국제원자력기구의 통합규제검토서비스(IRRS, Integrated Regulatory Review Service) 결과 원자력사업자에 대한 안전문화 감독이 필요하다는 지적을 받았다. 이러한 배경에서 현행 「원자력안전법」의 기본원칙으로 국제적 기준의 준수를 도입하게 되었다. 국제원자력기구 「원자력안전기준」

(Safety Standards)은 최상위 기준인 "안전원칙"을 정점으로, 그 하부에 "안전요건" 및 "안전지침"의 계층적 체계를 형성하고 있다. 「원자력안전기준」은 원자력안전에 대한 국제적 공감대가 반영된 것으로서, 각 회원국의 기준체계 수립 시 참고문서로서의 역할 및 통합규제검토서비스(IRRS) 등 국제원자력기구가 주관하는 평가 시에 평가 척도로서의 역할을 한다. 안전원칙(Safety Fundamental)은 안전의 목표와 원칙 제시, 하부 상세기준에 대한 기초를 제공한다. 안전요건(Safety Requirement)은 안전원칙에 부합하기 위해 달성해야 하는 상세요건을 제시하고, 모든 원자로 및 관계시설과 활동에 공통 적용되는 일반안전요건과 특정 시설과 활동에 해당하는 특정안전요건으로 구별된다. 안전지침(Safety Guides)은 안전요건을 준수하는 방안에 대한 지침과 권고사항을 제공하며, 일반안전지침(GSG)과 특정안전지침(SSG)으로 구별되어 있다.

국제원자력기구는 다음 표와 같이 10가지의 안전원칙(Safety Principal)을 제시하고 있다. 원칙 1은 "안전을 위한 책임성원칙"으로 방사선 위험성을 초래할 수 있는 시설과 활동의 책임자나 조직기관은 안전에 관한 주요한 책임을 지고 담당한다는 원칙이다. 원칙 2는 "정부의 역할원칙"으로 안전을 위한 효율적인 법률과 독립적인 규제기관을 포함한 정부 체제가 설립·유지되어야 한다는 원칙이다. 원칙 3은 "안전을 위한 리더십과 관리원칙"이며, 방사선 위험을 초래하는 시설과 활동에 관여하는 조직기관에서는 안전을 위한 효과적인 리더십과 관리 및 운용이 확립되어 지속되어야 한다는 원칙이다. 원칙 4는 "시설 및 활동의 정당화원칙"으로서 방사선 위험을 초래할 수 있는 시설과 활동에 대해서는 이와 대비되는 전반적인 혜택 산출을 해야 한다는 원칙이다. 원칙 5는 "보호의 최적화 원칙"으로서 보호 수준은 합리적으로 달성 가능한 가장 높은 안전 단계로 최적화되도록 설정되어야 한다는 원칙이다. 원칙 6은 "개인에 미치는 위험의 최소화 원칙"으로서 방사선 위험한계 수치 측정은 개인에게 아무런 해를 끼치지 않을 정도로 엄격히 정해야 한다는 원칙이다. 원칙 7은 "현재와 미래 세대의 보호원칙"으로서 방사능 위험으로부터 현재와 미래 세대 및 환경을 보호해야 한다는 원칙이다. 원칙 8은 "사고예방 원칙"으로서 사고 사전예방과 더불어 핵이나 방사능 사고 위험을 가장 최소화할 수 있는 실질적인 노력을 해야 한다는 원칙이다. 원칙 9는 "비상사태 대비·대응 원칙"으로서 핵이나 방사능 사고에 해당하는 비상사태 대비 및 대응에 관련된 협정을 만들어야 한다는 원칙이다. 원칙 10은 "존재하거나 규제되지 않는 방사선 위험에 대한 예방적 조치 원칙"으로서 존재하거나 규제되지 않는 방사선 위험에 대한 예방적

조치는 정당한 것이며 올바르게 활용되어야 한다는 원칙이다.

(5) 원자력안전법의 구조

원자력안전을 관장하는 현행 법률은 2011년 10월 26일부터 발효한 「원자력안전법」이다. 「원자력안전법」은 2011년 일본 후쿠시마 원자력사고 이후 진흥과 안전규제를 분리할 목적으로 원자력안전위원회를 독립규제기관으로 설치하고, 1958년 3월 11일부터 발효한 (구)원자력법에서 분리된 법률이다.

「원자력안전법」은 원자력의 연구·개발·생산·이용 등에 따른 안전관리에 관한 사항을 규정하여 방사선에 의한 재해의 방지와 공공의 안전을 도모함을 목적으로 하고 있다. 「원자력안전법」은 원자력의 안전관리 목적을 실현하기 위하여 원자력안전종합계획의 수립·시행, 발전용원자로·연구용원자로의 건설과 운영에 관한 안전관리, 핵연료주기사업 및 핵물질사용 등과 관련된 안전관리, 방사성동위원소·방사선발생장치의 안전관리, 방사성폐기물 관리시설의 건설·운영에 관한 안전관리, 방사선피폭선량의 판독과 관련된 사항 등을 관장하고 있다.

II. 원자로 건설단계의 안전관리

1. 건설허가의 대상

발전용원자로·연구용원자로 및 관계시설을 건설하려는 자는 원자력안전위원회(이하 '위원회'라 한다)의 허가를 받아야 한다. 허가받은 사항을 변경하려는 때에는 총리령으로 정하는 경미한 사항을 제외하고 허가를 받아야 한다. 원자로는 핵연료물질을 연료로 사용하는 장치를 말한다. 원자로는 발전용과 연구용으로 구분되어 있다. 발전용원자로는 전기생산에 이용되는 상업용원자로를 말하고, 연구용원자로는 연구목적을 포함하여 발전을 목적으로 하지 않는 다양한 용도로 사용되는 원자로를 말한다. 「원자력안전법」에 따른 허가의 대상은 원자로와 관계시설이다. 관계시설은 원자로의 안전에 관계되는 시설로서 원자로냉각계통 시설, 계측제어계통 시설, 핵연료물질의 취급시설 및 저장시설, 원자력발전소 안에 위치한 방사성폐기물의 처리시설·배출시설 및 저장시설, 방사선관리시설, 원자로격납시설, 원자로안전계통 시설, 구조물, 용수계통시설, 공기조화 및 환기계통시설, 전력계통시설, 보조계통시설, 동력변환계통시설, 감속재계통시설(가압중수로형에 해당), 중대사고의 예방 및 완화 시설을 말한다.

2. 건설허가의 법적 성질

「원자력안전법」에 따른 발전용·연구용 원자로 및 관계시설의 건설허가는 재량행위에 속한다. 원자력발전사업을 하려는 자는 「전기사업법」에 따라 원자력발전사업의 허가를 받고, 원자력발전사업에 필요한 원자력발전소를 건설하려면, 「원자력안전법」에 따른 원자로 및 관계시설의 건설허가를 받아야 한다. 「원자력안전법」제10조제1항에 따른 원자로 및 관계시설은 원자력안전위원회가 제출하는 서류를 중심으로 안전성에 관한 심사를 하고, 기술적인 사안에 대하여 한국원자력안전기술원에 의뢰하여 심사를 하여 허가의 여부를 결정한다. 원자로 및 관계시설의 허가는 건축허가와 달리 다양한 기술적인 요소를 고려하여 결정하며 기속행위라기보다는 재량행위에 속한다고 할 수 있다.

3. 건설허가 절차

원자로 및 관계시설의 허가를 받으려는 자는 허가신청서에 방사선환경영향평가서, 예비안전성 분석보고서, 건설에 관한 품질보증계획서, 발전용원자로 및 관계시설의 해체계획서, 원자로의 사용목적에 관한 설명서, 원자로시설의 설치에 관한 기술능력의 설명서, 사고관리계획서 작성계획서, 정관(법인인 경우에만 해당)을 첨부하여 위원회에 제출하여야 한다.

원자로 및 관계시설의 해체계획서를 작성하여 원자력안전위원회의 승인을 받도록 하는 시점이 원래는 원자로를 해체하려는 때였으나, 원자로와 관계시설의 해체방법, 방사성물질 오염 제거 및 폐기물 처리방법, 소요인력과 재원확보 방안 등을 미리 마련하도록 하여, 원전의 안전성을 보다 면밀하게 확보할 필요가 있어 현행과 같이 원자로건설 허가시점에 작성하도록 하고 있다. 또한 원자로건설 단계에서 해체계획서의 작성과 제출의무는 원전의 설계수명이 순차적으로 만료되고 있는 상황에서 원자력발전소 해체 기술을 미리 확보하도록 유도하고, 관련 재원확보 방안을 보다 명확하게 할 필요에서 도입되었다. 원자로 해체계획서는 해당 시설의 해체에 소요되는 인력과 재원의 확보방안을 비롯하여 원자로와 관계시설의 해체방법, 방사성물질 등 오염제거방법, 폐기물 처리처분방법, 재해방지 조치, 방사성물질이 환경에 미치는 영향 평가 등에 관한 사항을 포함하도록 규정하고 있다.

「원자력안전법」 제92조의2는 발전용원자로운영자, 연구용원자로등운영자 및 핵연료주기시설의 운영자에 대하여 해당 원자로 및 관계시설과 핵연료주기시설의 해체계획서를 허가받은 날로부터 10년마다 주기적으로 갱신하여 위원회에 보고하도록 하고 있다. 이는 원자로의 설계수명 기간이 30년 이상으로 장기간 가동이 예상되어 건설허가 당시와 달리 사회·경제적 여건 및 주변 환경의 변화에 따라 원자로와 관계시설의 해체방법, 방사성물질 및 폐기물 처리·처분 방법, 해체비용 등이 변경될 가능성이 있기 때문이다. 해체계획서를 주기적으로 갱신하여 원자력안전위원회에 보고하도록 함으로써 해체계획이 보다 현실성 있고 실현가능하도록 하고 있다.

III. 운영단계의 안전관리

1. 운영허가

발전용·연구용원자로 및 관계시설을 운영하려는 자는 원자력안전위원회의 허가를 받아야 한다. 허가받은 사항을 변경하려는 때에도 또한 같다. 다만, 경미한 사항을 변경하려는 때에는 이를 신고하여야 한다. 운영허가제도는 건설허가를 받은 원자로와 관계시설이 건설허가 시에 제출한 설치계획서에 따라 건설되어서 가동상 안전성을 갖추고 있는가를 심사하여 원자로의 운행으로 발생할 수 있는 위험성을 회피하는 것을 목적으로 한다. 운영허가를 받으려는 자는 허가신청서에 발전용원자로 및 관계시설에 관한 운영기술지침서, 최종안전성분석보고서, 사고관리계획서(중대사고관리계획을 포함), 운전에 관한 품질보증계획서, 방사선환경영향평가서(법 제10조제2항에 따라 제출된 방사선환경영향평가서와 달라진 부분만 해당), 발전용원자로 및 관계시설의 해체계획서(법 제10조제2항에 따라 제출된 해체계획서와 달라진 부분만 해당), 액체 및 기체 상태의 방사성물질등의 배출계획서[부지별, 기간별, 핵종군(核種群)별 배출총량을 포함한다] 및 총리령으로 정하는 서류를 첨부하여 위원회에 제출하여야 한다.

운영허가의 허가기준은 원자력안전위원회규칙으로 정하는 발전용원자로 및 관계시설의 운영에 필요한 기술능력을 확보하고 있을 것, 발전용원자로 및 관계시설의 성능이 위원회규칙으로 정하는 기술기준에 적합하여 방사성물질 등에 따른 인체·물체 및 공공의 재해방지에 지장이 없을 것, 발전용원자로 및 관계시설의 운영으로 인하여 발생되는 방사성물질 등으로부터 국민의 건강 및 환경상의 위해를 방지하기 위하여 대통령령으로 정하는 기준에 적합할 것, 품질보증계획서의 내용이 원자력안전위원회규칙으로 정하는 기준에 적합할 것, 해체계획서의 내용이 원자력안전위원회규칙으로 정하는 기준에 적합할 것, 사고관리계획서의 내용이 원자력안전위원회규칙으로 정하는 기준에 적합할 것 등이다.

2. 정기검사

건설단계에서 안전하게 건설된 원자로 및 관계시설도 운영하는 과정에서 관련된 기기나 설비가 마모되거나 손상된다. 원자로나 관계시설의 운영과정에서 발생하는 손상은 즉시 보완되고 수선되어야 한다. 이러한 업무가 상시적으로 작동할 때에 비로소 원자로의 안전은 유지될 수 있다. 「원자력안전법」은 원자로 및 관계시설이 운영허가를 받아서 운영된 후에 정기적으로 원자로시설의 운영 및 성능에 관하여 총리령으로 정하는 검사대상 및 검사방법에 따라 검사를 받도록 하고 있다.

정기검사의 대상은 원자로 본체(핵연료를 포함), 원자로 냉각 계통 시설, 계측 및 제어 계통 시설, 핵연료물질의 취급시설 및 저장시설, 방사성폐기물의 폐기시설, 방사선관리 시설, 원자로 격납 시설, 원자로 안전 계통 시설, 전력 계통 시설, 동력변환 계통 시설, 그 밖에 원자로의 안전에 관계되는 시설로서 위원회가 정하여 고시하는 시설이다.

정기검사의 검사항목은 검사대상중에서 안전성 및 성능에 미치는 영향을 고려하여 원자력안전위원회가 선정한다. 원자로시설 및 연구용등 원자로시설에 대한 검사방법은 선정된 검사항목에 대해서는 서류검토, 현장확인, 입회검사 또는 수검자와의 면담 등의 방법으로 수행하고, 중요한 안전관련 설비 또는 기기의 예방점검 및 성능(기능) 시험, 설계변경 등에 대하여는 현장의 작업공정을 참조하여 현장확인 또는 입회검사를 수행할 수 있으며, 설계변경 사항 및 관련 절차서, 각종 계획서 등과 같이 현장검사 이전에 서류 확인이 필요한 사항에 대해서는 미리 자료를 요구하여 심사한다.

정기검사는 발전용원자로의 경우에는 최초로 상업운전을 개시한 후 또는 검사를 받은 후 20개월 이내에, 연구용 또는 교육용의 원자로의 경우에는 24개월 이내에 받아야 한다. 다만, 원자로의 운영상황이나 특성을 고려하여 위원회가 별도로 검사 시기를 지정한 경우에는 그에 따른다. 정기검사는 정기정비 기간 또는 핵연료의 교체를 위하여 원자로를 정지한 날부터 전출력(全出力)운전을 재개하는 날까지의 기간 동안 실시한다. 정기검사를 받으려는 자는 검사를 받으려는 날의 30

일 전까지 신청서를 원자력안전위원회에 제출하여야 한다. 정기검사 신청서에는 검사 대상 시설별 주요 정비내용, 운영기술지침서 및 최종안전성분석보고서에 따른 시험계획, 교체노심안전성분석에 따른 핵연료 및 원자로의 특성시험계획, 시험 및 정비의 주요 공정표를 적은 정비 및 시험계획서를 첨부하여야 한다.

원자력안전위원회는 정기검사를 완료하였을 때에는 합격 여부를 해당 원자로의 운영자에게 서면으로 통지하여야 한다. 원자력안전위원회는 정기검사결과 허가기준에 미달하거나 허가신청서의 첨부서류에 기재된 내용과 일치하지 아니하거나 계량관리규정에 위반될 때 발전용원자로운영자, 공급자 및 성능검증기관에게 그 시정 또는 보완을 명할 수 있다.

3. 주기적 안전성평가

주기적 안전성평가제도(PSR, Periodic Safety Review)는 원자로의 운영과 관련하여 가동 중인 원자로시설의 안전성 확보를 위해 모든 국내 발전용 원전에 대하여 10년을 주기로 안전성평가를 실시하도록 하는 제도이다. 주기적 안전성평가제도는 가동 중인 원자로 및 관계 설비나 제반 행위에 대해 경년열화, 변경, 운전경험 및 기술개발 등의 누적된 영향을 다루고, 가동기간 동안 높은 수준의 안전성을 보증하기 위해 일정 주기로 수행하는 체계적인 안전성 평가를 목적으로 한다.

발전용·연구용 원자로운영자는 원자로시설의 운영허가를 받은 날(건설허가와 운영허가를 동시에 받은 경우에는 원자로가 최초로 임계(臨界)에 도달한 날을 운영허가를 받은 날로 본다)부터 10년마다 안전성을 종합적으로 평가하고, 평가보고서를 작성하여 위원회에 제출하여야 한다. 평가보고서는 원자로시설마다 별도로 작성하되, 해당 원자로시설의 운영허가를 받은 날부터 매 10년이 되는 날을 평가기준일로 하여 평가기준일부터 1년 6개월 이내에 평가보고서를 제출하여야 한다.

주기적 안전성평가의 내용에는 원자로시설의 설계, 안전에 중요한 구조물·계통 및 기기의 실제 상태, 결정론적 안전성분석, 확률론적 안전성평가, 위해도 분석, 기기검증, 경년열화(經年劣化 : 시간경과 또는 사용에 따라 원자력발전소의 계통·구조물·기기의 손상을 가져올 물리적 또는 화학적 과정), 안전성능, 원자력발전소 운전경험 및 연구결과의 활용, 운영 및 보수(補修) 등의 절차서, 조직, 관리체계 및 안전문화, 인적 요소(원자로의 운전에 필요한 구성인원 등의 상태에 관한 사항을 포함), 「원자력시설 등의 방호 및 방사능 방재 대책법」 제20조에 따른 방사선비상계획, 방사선환경영향을 포함한다.

원자력안전위원회는 주기적 안전성평가결과 또는 그에 따른 안전조치가 부족하다고 인정하면 발전용원자로운영자에게 그 시정 또는 보완을 명할 수 있다. 원자력안전위원회는 제출된 주기적 안전성평가보고서의 적절성 여부에 대하여는 해당 보고서를 제출받은 후부터 12개월 이내에 심사하여 결과를 통보하고, 계속운전과 관련한 평가보고서 심사 시에는 18개월 이내에 심사결과를 통보하여야 한다.

주기적 안전성평가제도는 원전 설계수명 도래 시 계속운영 여부를 결정할 수 있는 주요 수단으로 활용되고, 원자력발전의 인·허가 및 설계기준을 명백히 하며, 원자로의 현재 상태가 현재의 안전요건에 부합함을 입증하여, 설비 개선 및 교체 등, 투자계획 수립에 유용한 정보를 제공한다. 또한 주기적 안전성평가는 안전현안 사항에 대해 사업자 및 규제기관 간 상호 협의 및 이해증진에 기여하고, 일반인들에 대해 원전의 안전성을 입증할 수 있는 수단을 제공하며, 종사자 훈련 및 교육 프로그램 개선에 유익한 정보를 제공한다.

원자로 및 관계시설의 주기적 안전성평가는 위에서 언급한 바와 같은 중요한 기능을 하기 때문에 해당 보고서를 원자력안전위원회로 하여금 국회에 보고할 의무를 부여하는 「원자력안전법」의 개정이 시도되었다. 그러나 주기적 안전성평가보고서에는 국가 '가'급 보안시설인 원전의 보안정보와 원자로운영자의 영업비밀 등 지식재산권 정보 등이 포함되어 있어, 「공공기관의 정보공개에 관한 법률」 제9조에서 규정하고 있는 '비공개대상정보'에 해당하여 국회에 주기적 안전성평가보고서 그 자체를 제출하는 것이 적합하지 않다. 다만, 주기적 안전성평가보고서 등에 대한 원자력안전위원회의 심의·의결이 종결된 이후에는 심사결과를 국회 소관 상임위원회에 보고할 수 있다. 즉, 원자력안전위원회는 원전의 보안정보와 원자로운영자의 영업비밀 등 지식재산권 정보를 포함하지 않는 범위 내에서 안전성평가 심사결과를 국회 소관 상임위원회에 보고할 수 있다.

운영상 안전관리를 위한 「원자력안전법」에 따른 제도는 위에서 기술한 정기검사와 주기적 안전성평가제도가 있다. 이를 비교하면 다음과 같다.

가동 중인 원전에 대한 안전성 평가제도 현황

구 분	내 용	비 고
정기검사	▪ 정기적으로 검사를 수행하여, 원자력시설의 운영 및 성능이 법령에서 정한 기술기준에 적합하게 운영되고 있는지 확인	▪ 원자력안전법 제22조 ▪ 동법 시행령 제35조 ▪ 동법 시행규칙 제19조 등
주기적 안전성평가	▪ 가동 중인 원자로시설의 안전성 확보를 위해 2001년 모든 국내 원전에 대하여 10년을 주기로 주기적안전성평가(PSR)를 실시하도록 제도화 ▪ 원자력안전기술원은 발전용 원자로운영자가 제출한 PSR 보고서에 대하여 안전심사를 수행하여 관련 법령에 명시된 요건을 만족하고 있음을 확인하고, '안전성증진사항'을 도출, 원자로운영자에 이행권고 – 안전성증진사항 : 원전운영 관련 기술기준 및 요건에는 만족하지만 안전성 증진에 기여하는 사항으로서, 원자로운영자에게 이행을 권고하는 사항	▪ 원자력안전법 제23조 ▪ 동법 시행령 제36조부터 제39조까지 ▪ 동법 시행규칙 제20조부터 제21조까지

4. 사고관리계획

(1) 사고관리의 개념

「원자력안전법」은 적합한 사고관리계획서의 수립을 운영허가의 요건으로 정하고 있다. "사고관리"란 원자로시설에 사고가 발생하였을 때 사고가 확대되는 것을 방지하고 사고의 영향을 완화하며 안전한 상태로 회복하기 위하여 취하는 제반 조치를 말하며, 원자력안전위원회에서 정하는 설계기준을 초과하여 노심의 현저한 손상을 초래하는 사고(이하 "중대사고"라 한다)에 대한 관리를 포함한다.

원자로 및 관계시설은 설계, 건설, 운영 등 전 과정에 대해 엄격한 기술기준을 적용하고 있다. 통상적으로는 원자로 노심이 손상되어 다량의 방사능이 환경으로 누출되는 설계기준을 초과하는 중대사고가 발생할 가능성이 매우 낮다. 그럼에도 불구하고 중대사고의 발생은 사회적·경제적으로 그 영향이 심각할 수 있다. 그러므로 원자로 및 관계시설에서 중대사고가 발생할 가능성과 중대사고가 발생하더라도 공중에게 가해질 수 있는 위험을 최소화하기 위해 원자로 및 관계시설의 설치·운영자로 하여금 중대사고 대응방안을 강구하도록 할 필요가 있다. 또한 원자로 및 관계시설의 운영으로 인해 인근 주민의 생명과 보건에 미치는 위험도도 경미해야 하므로, 이에 대한 정량적 안전목표를 정하여 운영할 필요가 있다.

일반적으로 원자력사고는 설계기준사고, 일반 설계기준 초과사고, 중대사고의 세 유형으로 분류된다. 사고의 구별에서 중요한 설계기준은 원자력발전소 수명기간 동안 예상되는 운전상태 또는 사건에 대하여 원자로 및 관계시설의 조건이 규정된 제한치를 초과하지 아니하도록 설정하는 기준으로서, 원자로시설에 설치되는 설비들의 설계 시 고려하여야 하는 최소한의 기능 또는 성능에 관한 기술기준을 말한다. 설계기준사고는 원자력발전소 설계 시 가상사고를 설정하여 설계의 기준으로 사용하는 사고로서 원자력발전소를 정상적으로 가동하더라도 발생할 수 있는 불가피한 사고이다. 설계기준 초과사고는 이러한 설계기준을 초과한 사고이다. 중대사고는 설계기준 초과사고 중 핵연료가 장착되는 노심의 손상·용융에 이르는 사고를 말한다.

원자력사고 유형별 분류

설계기준사고	설계기준 초과사고	
	일반 설계기준 초과사고	중대사고
▪ 주요 배관 파손 및 절단 ▪ 제어봉 이탈 ▪ 냉각재펌프 파손 등	▪ 완전 정전사고 ▪ 급수 완전 상실사고 ▪ 원자로정지불능 과도사고 등	▪ 안전설비의 다중고장으로 노심손상이 발생하는 사고 등

이러한 원자력사고는 단계별로 점차 악화되는 경향이 있다. 그러므로 「원자력안전법」 제2조제25호상 사고관리에 관한 정의규정에서 중대사고의 진행을 차단하고 그 영향을 완화하는 것에서 나아가 안전한 상태로 회복시키고자 하는 사고관리의 요소를 반영하고 있다. 즉, 「원자력안전법」 제2조제25호에 따른 사고관리의 정의는 중대사고를 포함한 원자력사고의 발생시 사고확대방지를 위한 운영중지, 사고영향 완화조치, 안전한 상태로 회복을 위한 조치를 포괄적으로 정하고 있다.

(2) 운영허가 신청 시 사고관리계획서의 제출의무

발전용·연구용·교육용 원자로 및 관계시설의 운영허가를 받으려는 자는 그 허가신청 시 중대사고관리계획서를 첨부하여 제출하도록 하고, 사고관리계획서에서 중대사고관리계획을 포함하도록 하고 있다. 원자로 및 관계시설의 운영 허가

시 사고관리계획서의 제출의무는 2011년 일본 후쿠시마 원전사고 이후 중대사고
가 현실화될 수 있다는 우려가 높아짐에 따라 원자력사업자가 중대사고 관리를 보
다 면밀히 수행하도록 하는 취지에서 도입되었다.

　(구)원자력사업자의 사고관리계획 체계는 중대사고가 아닌 사고(설계기준 사고, 일
반 설계기준 초과사고)의 경우 비상운전절차서(EOP, Emergency Operating Procedure)의 대응
절차에서 사고 악화를 방지하고 시설을 정상화하는 것을 목표로 하고 있었다. 한편
중대사고의 경우에는 중대사고관리지침서(SAMG, Severe Accident Management Guidelines)
의 대응절차에서 원자로 및 관계시설의 정상적 운전을 포기하더라도 사고가 악화되
어 외부 환경에 악영향을 미치는 것을 방지하는 것을 목표로 하고 있었다.

원자력사고 관리계획 체계

설계기준사고	설계기준 초과사고	
	일반 설계기준 초과사고	중대사고
비상운전절차서		중대사고관리지침서

　이러한 사고관리계획은 비상운전절차서 작성을 위한 기술기준 설명서를 허가
서류로 하고 있는 것 외에는 원자력안전법령 안에서 체계적으로 규정되지 않았다.
특히 중대사고관리지침서도 2011년 8월 "원자력발전소 중대사고 정책"을 의결·공
포하여 행정명령으로 사실상 시행하고 있을 뿐, 명확한 법적 근거가 없었다. 그러
므로 「원자력안전법」은 2015년 개정을 통하여 원자로 및 관계시설의 운영허가 신
청 시에 중대사고관리절차서를 제출하도록 하여 사실상 실시되고 있었던 중대사
고 관리제도를 「원자력안전법」 체계 안에서 명확하게 정함으로써 중대사고관리가
보다 철저하게 관리될 수 있도록 하고 있다.

5. 설계수명 연장허가

(1) 설계수명 연장허가의 절차

　설계수명은 발전용원자로를 설계할 때 설정한 운영목표기간으로서 발전용원
자로의 안전성과 성능 기준을 만족하면서 운전 가능한 기간을 말한다.[12] 원자로시

---

12 원자력안전위원회, 『알기 쉽고 읽기 좋은 원자력 안전관리』, 2012, 171면.

설의 최초 설계수명기간이 만료된 후에는 계속운전을 위한 원자력안전위원회의 허가를 받아서 설계수명을 연장할 수 있다. 그러나 후쿠시마 원자력발전소의 사고로 인하여 탈원전의 기조를 원자력정책에 도입함으로써 설계수명의 연장과 관련한 논란이 중요한 원자력안전법의 쟁점으로 부상하고 있다. 현행 「원자력안전법」은 설계수명이 경과하여도 원자력안전위원회의 운영변경허가를 받아서 계속하여 운영할 수 있다. 설계수명이 경과한 원자력발전소의 운영변경허가는 다음과 같은 절차로 진행된다.

계속운전 허가절차

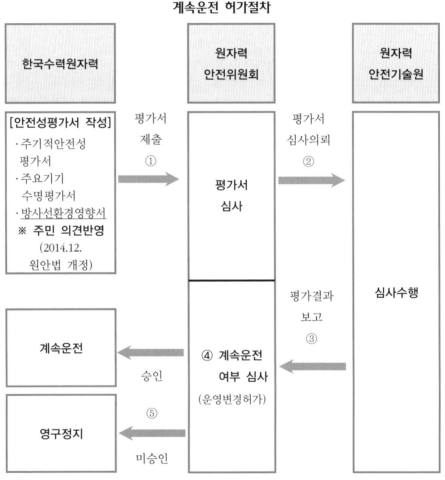

* 주 : 현 대통령 공약에 따라 월성1호기의 경우 스트레스테스트 결과 추가 심사
  스트레스테스트 – 대형 자연재해 상황에서 원전의 안전성을 평가하는 것으로, 후쿠시마 사고 이후 2011년 EU에서 최초 실시

(2) 설계수명 연장허가 금지의 배경

외국의 경우 원자력발전소의 설계수명이 경과하여도 안전성에 관하여 정부의 심사와 허가를 받아서 일정한 기간 동안 계속운영을 하고 있다. 원자력발전소는 일반적인 물건과 달리 운영과정에서 지속적으로 안전성을 보완하여 운영한다. 이러한 원자력발전소의 운영상 특징으로 인해 30년 전에 건설된 원자력발전소는 30년 전과 동일하지 않고, 안전성이 강화되어 있다. 그럼에도 불구하고 원자력발전소의 설계수명연장 금지를 입법화하려는 노력이 계속되고 있다. 그 이유는 다음과 같다.

첫째, 2011년 3월, 후쿠시마 원전사고 이후 원전에 대한 국민적 불안감을 해소하여야 하고, 원전을 보다 안전하게 운영하려는 데 목적이 있다고 할 수 있다. 특히 계속운전 중이었던 고리1호기에 대해서 지역 주민들의 불안감이 심화되면서, 2021년 6월 현재 고리1호기는 영구정지되어 해체승인을 앞두게 되었으며, 이렇게 설계수명연장허가를 금지하게 된 원인으로 2014년 부산시장 선거 후보자들의 공약으로 고리1호기 운전정지가 제시되었고, 2014년 8월 다수의 환경단체에서 운전정지 운동을 벌인 데에도 영향이 있었다.

둘째, 설계수명이 만료된 원전의 신속한 해체로 원전 해체시장을 선점할 수 있다는 주장이다. 원자력시설 해체시장은 2050년까지 약 1,000조원에 달할 것으로 예상되고 있다.[13] 이에 미국에서는 원전 해체를 전문적으로 하는 기업이 등장하고 있고, 일본에서는 후쿠시마 지역을 세계적인 원전 해체 거점으로 삼겠다고 밝히는 등 발빠르게 움직이고 있으므로, 우리나라도 신속히 대응해야 한다는 것이다.

셋째, 세계적으로 원전의 평균 가동연수가 27.39년에 그치고 있는 점도 계속운전을 금지해야 할 이유로 들고 있다. 특히, 2011년 후쿠시마 원전사고 이후 독일, 벨기에, 스위스, 이탈리아에서는 원전의 신규건설 및 계속운전을 하지 않는 것으로 결정하였고, 러시아에서도 계속운전을 중단하는 것으로 발표하였다.[14]

설계수명은 발전소 설계 시 안전성평가에 의하여 설정한 최소한의 운전기간이기 때문에 설계수명이 만료되더라도 안전성이 인정되면 계속운전을 허용하는 것이 타당하다. 영국, 캐나다, 프랑스 등 다른 국가에서도 설계수명기간이 종료되어도 안전성평가를 거쳐 수용가능한 수준의 안전도가 확인되면 계속운전을 허용

---

13 원자력진흥위원회, 「원자력시설 해체 핵심 기반기술 개발 계획(안)」, 2012.11.
14 김익중(원자력안전위원회 위원), 『한국 탈핵』, 한티재, 2013, 60~62면.

하고 있다. 따라서 정부는 원자력발전소를 설계수명까지만 운전할 것인지 또는 계속운전할 것인지 여부는 국민적 불안감 완화, 해체 경험 확보 측면과 사안별 구체적 타당성 확보, 해외 사례 등을 종합적으로 고려하여, 입법정책적으로 논의할 필요가 있다.

6. 운영허가의 취소와 사용정지

(1) 운영허가 취소

원자로 및 관계시설의 운영허가의 취소로 원자력발전소와 핵연료주기시설의 운영을 하지 못하는 효과가 있으며, 「원자력안전법」 제24조는 운영허가의 취소에 관하여 규정하고 있다. 운영허가의 취소는 침익적 행정처분에 해당하기 때문에 법률유보원칙에 따라 법률적 근거가 있어야 한다. 원자력발전소 및 핵주기시설의 운영허가의 취소는 「원자력안전법」 제24조에 따른 요건으로 가능하고, 해당 요건에 해당하지 않는 경우에는 운영허가를 취소할 수 없다. 운영허가 취소의 요건은 사용정지의 요건으로 발전용원자로 및 관계시설의 성능이 기술기준에 적합하지 아니하다고 인정하거나 운영상 안전 조치가 부족하다고 인정하는 경우보다 포괄적으로 정하고 있다.

(2) 사용정지

「원자력안전법」 제27조에 의하면 원자력안전위원회는 발전용원자로 및 관계시설의 성능이 기술기준에 적합하지 아니하다고 인정하거나 운영에 따른 조치가 부족하다고 인정하면 해당 발전용원자로운영자에게 발전용원자로 및 관계시설의 사용정지, 개조, 수리, 이전, 운영방법의 지정 또는 운영기술지침서의 변경이나 오염제거와 그 밖의 안전을 위하여 필요한 조치를 명할 수 있다.

「원자력안전법」은 원자력이용시설의 성능이 기술기준에 적합하지 아니하거나 안전을 위해 필요한 조치가 부족한 경우에는 원자력안전위원회가 해당 원자력이용시설에 대한 일시적인 사용정지 등의 필요한 조치를 명할 수 있도록 규정하여 운영취소와 구별하고 있다. 그러나 현행 법제상 회복하기 어려운 위험이 존재하는 경우에 해당 원자력이용시설에 대한 영구정지를 명할 수 있는 근거는 명확히 규정되어 있지 않다.

원자력안전위원회는 발전용원자로 및 관계시설의 성능이 기술기준에 적합하지 아니하다고 인정하거나 운영상 안전조치가 부족하다고 인정하면 해당 발전용원자로 운영자에게 동 시설의 사용정지 등을 명할 수 있고, 핵연료주기시설의 경우 안전조치가 부족하다고 인정하면 핵연료주기사업자에게 핵연료주기시설의 사용정지를 명할 수 있다. 원자력안전위원회는 2012년 3월 고리1호기 정전은폐사건 이후 전력계통 설비개선을 위해 고리1호기에 사용정지처분을 하였고, 2013년 5월 신고리1·2호기, 신월성1·2호기의 케이블 시험성적서 위조에 따라 위조부품 교체 등을 위해 신고리2호기, 신월성1호기에 사용정지처분을 하였다.

원자력발전소 및 핵연료주기시설에 대한 운영허가 취소나 사용정지 취소는 영구정지와 구별된다. 발전용원자로운영자 및 핵연료주기사업자가 해당 시설의 영구정지를 하려는 경우 운영허가의 변경허가를 신청하도록 「원자력안전법」 제21조제2항 전단 및 제36조제2항 전단에서 규정하고 있다. 영구정지를 위한 변경허가는 해당 원자력발전소 또는 핵연료주기시설과 부지를 철거하거나 방사성오염을 제거하는 일련의 해체 절차와 연결된다(원자력안전법 제2조제24호, 제28조 및 제42조).

원자력발전소 및 핵연료주기시설의 사용정지 명령에도 불구하고 회복하기 어려운 위험이 존재할 수 있어, 원자력안전위원회가 특별히 발전용원자로 및 관계시설과 핵연료주기시설의 안전성에 문제가 있다고 판단하는 경우에 계속운전 신청 이전이라도 발전용원자로운영자 및 핵연료주기사업자에게 동시설을 영구정지할 것을 선제적으로 명할 수는 없다. 그러나 원자력안전위원회는 현 운영허가의 취소를 통하여 발전용원자로운영자 및 핵연료주기사업자에 대한 허가 또는 지정을 취소함으로써 영구정지와 실질적으로 동일한 법적 효과를 발생시킬 수 있다.

운영허가의 취소와 사업폐지를 통해 방사성물질 등 또는 방사선발생장치의 양도·보관·배출·저장·처리·처분·오염제거·기록인도와 그 밖의 방사선장해방어를 위하여 필요한 조치를 할 의무가 발생한다는 점에서 허가 또는 지정 취소를 통한 영구정지와 유사한 효과가 발생할 수 있다.

Ⅳ. 원자로 및 관계시설의 해체

1. 해체의 개념

해체란 발전용·연구용·교육용 원자로 및 관계시설의 운영허가를 받은 자가 「원자력안전법」에 따라 허가 또는 지정을 받은 시설의 운영을 영구적으로 정지한 후, 해당 시설과 부지를 철거하거나 방사성오염을 제거함으로써 「원자력안전법」의 적용대상에서 배제하기 위한 모든 활동을 말한다. 원자로 및 관계시설의 해체라는 용어를 법률에서 명확히 규정하지 않고 사용하는 경우, 해당 용어가 허가종료 (License Termination), 폐로(閉爐, Shutdown), 해체(Decommissioning) 중 어느 것을 의미하는지 불분명할 뿐만 아니라, 해체의 대상과 주체 또한 명확하지 않다. 이러한 이유에서 현행 「원자력안전법」은 특별하게 "해체"라는 정의규정을 새롭게 도입하여 용어의 정의 미비로 인한 불명확성을 제거하고, 해체의 대상과 주체를 분명히 하고 있다. 통용되는 용어에 따르면, 원자력안전위원회가 원자로 및 관계시설의 운영허가를 종료하는 것을 허가종료, 운영자가 원자로 및 관계시설의 운전을 영구적으로 멈추는 것을 폐로, 운영자가 운전을 멈춘 후 원자로를 실제 제거하는 행위를 해체로 볼 수 있다.

원자력안전법에 따른 해체의 대상과 주체

구 분	허가 또는 지정 관련 조항
발전용원자로 운영자	제20조 제1항
연구용 또는 교육용원자로 운영자	제30조의2 제1항
핵원료물질[1] 또는 핵연료물질[2]의 정련사업 또는 가공사업자	제35조 제1항
사용후핵연료처리사업자	제35조 제2항
방사성폐기물 관리시설 등 건설·운영자	제63조 제1항

※ 주) 1. 핵원료물질 ― 우라늄광·토륨광과 그 밖의 핵연료물질의 원료가 되는 물질
  2. 핵연료물질 ― 우라늄·토륨 등 원자력을 발생할 수 있는 물질

국제원자력기구는 해체를 "원자력시설에 적용되는 규제관리의 일부 또는 전부를 해제하기 위한 기술적·행정적 행위"로 정의하고, 미국은 "원자력시설 및 부지를 고유기능으로부터 안전하게 제거하고 자산의 무제한적 또는 제한적 활용을 할 수 있는 수준까지 잔류방사능을 감소시키고 운영허가를 종료하는 것(10CFR50.2)"으로 정의하고 있다.

2. 해체절차

발전용원자로 운영자가 발전용원자로 및 관계시설을 해체하려는 때에는 영구
정지에 관한 변경허가를 받고 원자로시설을 영구정지한 날부터 5년 이내에 해체
승인신청서를 작성하여 원자력안전위원회에 제출하여 승인을 받아야 한다. 승인
받은 사항을 변경하려는 때에도 또한 같다. 해체승인을 받으려는 자는 승인신청
서에 발전용원자로 및 관계시설의 해체계획서와 총리령으로 정하는 서류를 첨부
하여 위원회에 제출하여야 한다. 발전용원자로운영자는 발전용원자로 및 관계시
설의 해체상황을 원자력안전위원회에 보고하여야 한다. 이 경우 위원회는 발전용
원자로 및 관계시설의 해체상황을 확인·점검하여야 한다. 발전용원자로 운영자가
발전용원자로 및 관계시설의 해체를 완료한 때에는 총리령으로 정하는 바에 따라
위원회에 보고하여야 한다. 보고하려는 자는 해체완료보고서와 총리령으로 정하
는 서류를 첨부하여 위원회에 제출하여야 한다. 원자력안전위원회는 발전용원자
로 및 관계시설의 해체가 완료된 때에는 총리령으로 정하는 바에 따라 검사를 하
여야 한다. 원자력안전위원회는 확인·점검 결과 또는 검사 결과 발전용원자로 운
영자가 해체계획서에 따라 이행하지 않았거나, 해체완료보고서에 기재된 내용과
일치하지 아니하면 그 시정 또는 보완을 명할 수 있다. 원자력안전위원회는 검사
를 완료한 때에는 발전용원자로 및 관계시설의 운영허가의 종료를 해당 발전용원
자로 운영자에게 서면으로 통지하여야 한다. 원자력안전위원회는 발전용원자로
운영자에게 통지를 할 때에는 방사선에 의한 재해의 방지와 공공의 안전을 위하
여 필요한 경우 발전용원자로 및 관계시설의 해체완료 후 부지의 재이용에 관하
여 조건을 붙일 수 있다.

우리나라는 이미 고리1호기와 월성1호기의 운전을 정지하여 해체를 준비하여
야 한다. 따라서 원자로 해체에 대한 기술 개발과 사회적 합의가 시급하다. 국제원
자력기구(IAEA)의 안전기준과 주요 원자력 선진국들의 해체단계 관련 내용에서도,
본격적인 해체활동 이전에 규제기관의 해체계획에 대한 승인이 필요하며 해체계
획 승인 이후에는 관련 요건과 기준에 따라 해체활동이 수행되는지를 규제기관이
정기적으로 검사 등을 통해 확인 및 점검하고 있다. 또한, 해체종료 단계를 명확하
게 하여 해체와 운영허가 종료 간의 연계성을 만들어 두고 있다. 「원자력안전법」
은 해체완료 시 운영허가의 종료에 관한 사항과 운영허가 종료 시 방사선 재해의

방지와 공공의 안전을 위하여 필요한 조건을 붙일 수 있도록 하고 있다.

원전 해체 단계별 규제 절차

건설허가 신청 시 해체계획서 제출(사업자) 및 허가(원안위)	■ 법 제10조 제2항 ■ 작성기준 : 총리령 위임 　－ 시행규칙 제4조제5항
⇩	
운영허가 신청 시 해체계획서 제출(사업자) 및 허가(원안위)	■ 법 제20조제2항 ■ 작성기준 : 총리령 위임 － 법 제11조제5호
⇩	
운전 중 해체계획서 갱신 및 보고(사업자)	■ 법 제20조제3항, 제92조의2
⇩	
해체 시 해체계획서 작성· 제출(사업자) 및 승인(원안위)	■ 법 제28조제2항
⇩	
해체상황 보고(사업자) 및 해체상황 확인·점검(원안위)	■ 법 제28조제3항
⇩	
해체완료 시 보고(사업자) 및 해체완료보고서 제출	■ 법 제28조제4항 ■ 법 제28조제5항
⇩	
해체완료 검사 시정명령(원안위)	■ 법 제28조제6항 ■ 법 제28조제7항
⇩	
해체검사 완료 시 운영허가 종료 통지(원안위)	■ 법 제28조제8항

V. 핵연료주기사업의 안전관리제도

1. 핵연료주기사업의 허가

핵연료주기사업이란 핵연료물질의 정련·변환·가공 또는 사용후핵연료처리 사업을 말한다. 핵원료물질 또는 핵연료물질의 정련사업 또는 가공사업(변환사업을 포함)을 하려는 자는 원자력안전위원회의 허가를 받아야 한다. 핵연료 정련사업과 가공사업의 허가를 받으려는 자는 사업소(공장을 포함. 이하 같다)마다 허가신청서를 작성하여 원자력안전위원회에 제출하여야 한다. 허가받은 사항을 변경하려는 때에 도 또한 같다. 사용후핵연료처리사업을 하려는 자는 대통령령으로 정하는 바에 따 라 주무부장관의 지정을 받아야 하며, 주무부장관은 지정 시 위원회와 협의하여야 한다. 지정받은 사항을 변경하려는 때에는 주무부장관의 승인을 받아야 한다. 허 가를 받으려는 자는 위원회에, 지정을 받으려는 자는 주무부장관에게 각각 그 허 가 또는 지정 신청서에 방사선환경영향평가서, 안전관리규정, 설계 및 공사 방법 에 관한 설명서, 사업의 운영에 관한 품질보증계획서 및 해당 시설의 해체계획서 와 그 밖에 총리령으로 정하는 서류를 첨부하여 제출하여야 한다.

핵연료주기사업의 허가 또는 지정 기준은 사업을 수행하는 데에 필요한 기술 능력 확보, 핵연료주기시설의 위치·구조·설비 및 성능이 기술기준에 적합하여 방 사성물질 등에 따른 인체·물체 및 공공의 재해방지에 지장이 없어야 하고, 핵연료 주기시설의 운영으로 인하여 발생되는 방사성물질 등으로부터 국민의 건강 및 환 경상의 위해를 방지하여야 하며, 해체계획서의 내용이 원자력안전위원회규칙으로 정하는 기준에 적합하여야 한다.

2. 사용후핵연료처리사업의 지정

「원자력안전법」은 사용후핵연료처리사업을 과학기술정보통신부장관과 산업통 상자원부장관이 지정하되, 원자력안전위원회 및 관계 부처의 장과 협의하고, 원자 력진흥위원회의 심의를 거치도록 규정하고 있다. 사용후핵연료처리사업은 안전성 확보가 중요하고 동시에 사업역량도 중요하여 안전성뿐만 아니라 사업역량을 심 사하기 위하여 산업통상자원부장관과 과학기술정보통신부장관이 지정하도록 하고 있다.

핵연료주기사업에 대한 규제 제도의 변천 과정

구 분	변경 내용
~1982년 9월	▪ 규제기관인 원자력청장의 허가를 받아 원자력관련시설(정련·가공 또는 재처리에 관한 설비와 그 부속시설)의 건설 및 운영 가능[「핵분열물질 및 핵분열원료물질의 취급과 그 관계시설에 관한 규정」(1971년 제정)]
1982년 9월	▪ 원자력법 개정 : 핵연료주기사업에 대한 규제 제도에 변화가 있어, 정련·변환·가공사업은 과학기술처 장관의 "허가"로, 사용후핵연료처리사업은 과학기술처 장관의 "지정"으로 각각 가능하도록 구분됨 ※ 사용후핵연료처리사업에 대해 지정 제도로 전환한 주요 이유는 국내·외적으로 민감한 반응을 일으킬 수 있는 사업임에도 허가제로 운영할 경우 허가 조건에 적합하면 누구나 할 수 있는 문제가 있지만, 지정제일 경우 지정권자의 지정을 받은 자만이 운영할 수 있어 국가나 정부의 관리가 가능하다는 인식 하에서 이루어진 것으로 이해(당시 원자력위원회 회의록)
1997년 7월	▪ 현행과 같이 지정 주체가 주무부장관으로 변경된 것은 당시 방사성폐기물처리사업 범주에 포함되어 있는 사용후핵연료 처리·처분 등의 사업이 산업부로 이관됨에 따라 사용후핵연료처리사업 지정권자를 확대하려는 취지임
2011년 10월	▪ 주무부장관이 사용후핵연료처리사업 지정 시 원안위와 협의하도록 변경됨

VI. 방사성동위원소와 방사선발생장치의 안전관리

1. 생산·판매·사용·이용 허가

방사성동위원소 또는 방사선발생장치를 생산·판매·사용(소지·취급을 포함. 이하 같다) 또는 이동 사용하려는 자는 위원회의 허가를 받아야 한다. 허가받은 사항을 변경하려는 때에도 또한 같다. 다만, 총리령으로 정하는 일시적인 사용 장소의 변경과 그 밖의 경미한 사항을 변경하려는 때에는 이를 신고하여야 한다. 방사성동위원소 또는 방사선발생장치를 생산·판매·사용 또는 이동사용하려는 자는 사업소별로 허가신청서를 위원회에 제출하여야 한다. 방사성동위원소의 생산허가를 받으려는 자는 사업소마다 핵종별·수량별로 허가신청서를 위원회에 제출해야 한다.

방사성동위원소란 방사선을 방출하는 동위원소와 그 화합물 중 동위원소의 수량과 농도가 원자력안전위원회가 정하는 수량과 농도를 초과하는 물질이다.

방사성동위원소 또는 방사선발생장치의 생산·판매·사용 또는 이동허가를 받으려는 자는 허가신청서에 안전성분석보고서, 품질보증계획서, 방사선안전보고서 및 안전관리규정과 그 밖에 총리령으로 정하는 서류를 첨부하여 위원회에 제출하여야 하며, 신고를 하려는 자는 신고서에 총리령으로 정하는 서류를 첨부하여 위원회에 제출하여야 한다. 다만, 안전성분석보고서 및 품질보증계획서의 제출은 생산허가를 받으려는 자에 한한다.

2. 방사선안전관리자 선임의무

(1) 방사선안전관리자의 선임의무자

「원자력안전법」제53조제1항 또는 제2항에 따라 원자력안전위원회의 허가를 받거나 신고를 하여 방사성동위원소 또는 방사선발생장치(이하 "방사성동위원소등"이라 한다)를 생산·판매·사용 또는 이동사용하려는 자는 방사선안전관리자를 선임하여 방사성동위원소등의 사용개시 전에 이를 위원회에 신고하여야 한다(원자력안전법 제53조의3).

방사성동위원소등의 사용자는 방사선을 안전하게 관리하고 사고를 미연에 방지하기 위하여 방사성동위원소 또는 방사선발생장치 사용자에게 방사선안전관리자를 두어야 한다. 방사선안전관리자의 선임의무는 방사성동위원소 및 방사선의 산업적 활용이 확대됨에 따라 방사선작업종사자에 대한 안전성 확보를 위한 관리체계를 마련할 필요성이 있고, 방사선관리 구역 내의 안전한 작업을 위하여 방사선작업종사자가 안전수칙 등을 준수하도록 관리·감독자의 책임성을 강화할 목적으로 하고 있다.

방사선안전관리자는 사업소마다 선임하여야 하고, 방사선투과검사 분야는 작업장이 같은 시·군·구에 위치하거나 그 시·군·구 경계에서 15킬로미터 이내에 위치하는 경우에 2개 이하(전용 방사선 사용시설에서만 방사선원을 사용하는 경우에는 3개 이하)의 작업장마다 1명을 선임하여야 하고, 작업장이 방사선원을 1개만 사용하고, 방사선 작업기간이 1개월 미만이며, 방사선안전관리자가 방사선 작업에 항상 참여하는 경우에는 5개 이하의 작업장마다 1명을 선임하며, 그 밖의 경우에는 작업장마다 1명을 선임하여야 한다. 방사선안전관리자 자격 요건은 허가사용자 및 신고

사용자에 따라 자격요건이 구분된다. 허가사용자는 생산·판매·사용·이동사용 등 허가 종류 및 허가량에 따라 자격요건을 차등화하고 있다.

(2) 방사선안전관리자 대리자 선임의무

방사선안전관리자를 선임한 허가사용자 또는 신고사용자는 방사선안전관리자가 여행·질병이나 그 밖의 사유로 일시적으로 그 직무를 수행할 수 없는 경우, 방사선안전관리자의 해임 또는 퇴직과 동시에 다른 방사선안전관리자가 선임되지 아니한 경우에는 대리자를 지정하여 일시적으로 방사선안전관리자의 직무를 대행하게 하여야 한다. 방사선안전관리자가 여행·질병 등의 사유로 인해 일시적으로 그 직무를 수행할 수 없는 경우 안전관리의 공백이 발생하지 않도록 방사성동위원소 또는 방사선발생장치의 허가사용자 및 신고사용자가 지정한 대리자로 하여금 방사선안전관리자의 직무를 대행하도록 하여야 안전관리자의 선임제도가 공백 없이 실현될 수 있다. 방사선안전관리자는 방사성동위원소 또는 방사선발생장치에 대한 안전관리규정 준수 여부를 점검하는 등 일선 현장의 안전사고 예방과 이용자나 작업자 등의 안전 확보에 중요한 업무를 수행하고 있어, 불가피한 사유로 그 직무를 수행할 수 없는 경우에도 안전관리의 공백이 발생하지 않도록 해결책이 준비되어 있어야 한다. 방사선안전관리자의 대리자 지정제도는 안전관리 공백 최소화를 위한 제도이다.

3. 발주자의 안전조치의무

방사선투과검사를 위하여 방사성동위원소등을 이동사용하는 경우 방사선투과검사를 의뢰한 발주자(이하 "발주자"라 한다)는 발주자의 사업장에서 방사성동위원소등을 이동사용하는 방사선작업종사자가 과도한 방사선에 노출되지 아니하도록 안전한 작업환경을 제공하여야 한다. 비파괴검사, 특히 방사선투과검사는 국가기간 산업분야에서 품질관리를 위해 많이 사용되고 있지만, 상대적으로 피폭선량이 높고 사고도 빈발하여 특별한 안전관리가 필요하다. 특히 방사선투과검사는 방사선투과검사를 의뢰한 발주자의 사업장에서 주로 이루어진다. 이러한 특성으로 인하여 안전시설의 설치·운영, 작업량 및 작업시간의 준수 등 안전에 관한 사항은 "발주자"에 대한 안전규제를 통해 달성될 수 있는 측면이 적지 않다.

「원자력안전법」은 위원회가 안전설비 미흡 발주자에 대하여 방사선장해방지

조치에 적합한 전용작업장, 방사선방호를 위한 차폐시설 또는 차폐물과 같은 안전설비의 설치 또는 보완을 명할 수 있도록 하고 있다. 원자력안전위원회가 발주자에게 안전설비의 설치 또는 보완을 명하였음에도 발주자가 이를 이행하지 아니하여 방사선작업종사자의 안전이 위협받을 경우에 방사선투과검사 작업의 중지를 명할 수 있다.

Ⅶ. 방사선발생장치의 안전관리

1. 방사선발생장치의 승인제도

"방사선발생장치"란 하전입자(荷電粒子)를 가속시켜 방사선을 발생시키는 장치로서 엑스선발생장치, 사이클로트론(cyclotron) 등을 말한다. 방사선발생장치 또는 방사성동위원소가 내장된 기기(방사선기기)를 제작하려는 자 또는 외국에서 제작된 방사선기기를 수입하려는 자는 방사선기기의 형식별로 설계에 대하여 총리령으로 정하는 바에 따라 위원회의 승인을 받아야 한다. 이를 변경하려는 때에도 또한 같다. 다만, 총리령으로 정하는 경미한 사항을 변경하려는 때에는 이를 위원회에 신고하여야 한다. 승인을 받은 자가 방사선기기를 사용하기 위해서는 원자력안전위원회의 검사를 받아야 한다. 방사선발생장치의 승인제도는 방사선발생장치로 인하여 발생할 수 있는 방사선오염에 의한 피해를 방지하는 것을 목적으로 한다.

방사선발생장치의 승인을 받으려는 자는 방사선기기의 설계자료, 안전성평가자료, 품질보증계획서(방사선기기를 제작하려는 경우만 해당)와 그 밖에 총리령으로 정하는 서류를 첨부하여 위원회에 제출하여야 한다. 방사선기기의 설계자료에는 설계의 개요와 설명, 설계도면을 적어야 한다. 안전성평가자료에는 방사선기기의 개요 및 제원, 방사선기기의 재질, 구조 및 안전성 평가, 방사선기기의 설치 및 운영절차, 방사선기기의 시험 및 유지·보수절차에 관한 사항이 포함되어야 한다.

2. 설계승인 및 검사 면제제도

방사선발생장치는 원자력안전위원회의 승인을 받아야 하고, 사용 시에 검사를 받아야 한다. 승인을 받은 방사선기기와 동일한 형식의 방사선기기를 제작하거나 수입하려는 경우, 시험용으로 시제품을 개발하거나 비영리 단체의 학술연구를 위한 경우 등에는 원자력안전위원회의 승인을 받지 아니하고 방사선기기를 제작하거나 수입할 수 있도록 규정하고 있다. 방사선기기의 설계승인과 검사 면제제도를 운영하는 이유는 방사선기기가 국민의 안전에 심대한 영향을 끼칠 수 있으므로 안전성이 확인된 경우에만 제작 및 사용될 수 있도록 하되, 안전성을 해치지 않는 경우에는 설계승인과 검사를 면제받을 수 있도록 하여 불필요한 규제로 인한 불편을 최소화하려는 데 있다. 국민의 안전에 심대한 영향을 끼칠 수 있는 방사선기기의 설계승인 면제대상은 법률유보원칙과 포괄적 위임금지원칙에 따라 시행령이나 시행규칙으로 정할 수 없고, 법률에서 정하여야 한다. 헌법은 법률에서 구체적으로 범위를 정하여 위임한 사항과 법률을 집행하기 위한 사항에 관해 행정부가 시행령과 시행규칙을 제정할 수 있도록 하고 있다. 국민의 기본권 등과 직접 관련된 사항은 직접 법률에서 규정해야 하나, 현대 사회와 같이 고도로 전문적이고 기술적이며 신속한 입법적 대응이 필요한 분야의 세부적이고 기술적인 사항은 하위법령에서 정하도록 하는 것이 헌법정신을 보다 충실하게 실현하는 방법이다. 그러므로 방사성발생장치의 설계승인 및 검사의 면제대상을 모두 법률에 직접 규정할 경우 법률유보의 원칙에는 충실할 수 있으나 방사선기기 관련 업무의 전문성 및 기술성과 신축적 대응을 저해하는 문제가 발생할 수 있다. 즉, 「원자력안전법」 제60조제2항제2호 및 제3호에서 (i) 시험용으로 시제품을 개발하거나 비영리단체의 학술연구를 위한 경우로서 위원회가 정하여 고시하는 기준에 적합한 경우, (ii) 수출전용으로 방사선기기를 제작하는 경우로서 위원회가 정하여 고시하는 기준에 적합한 경우에는 위원회의 승인을 받지 아니하고 방사선기기를 제작하거나 수입할 수 있도록 위원회 고시로 위임하고 있다는 점에서 전문적이고 기술적이며 신축적인 대응이 필요한 내용이어서 법률보다는 하위법령에서 규정하는 것이 보다 바람직한 측면이 있다. 그래서 현행 「원자력안전법」은 세부적인 사항을 대통령령과 총리령 및 위원회 고시로 위임하고 있다.

Ⅷ. 교육훈련제도

1. 교육훈련의 대상과 종류

교육훈련은 원자력안전의 기반이 된다. 원자력안전관리는 기술적·물적인 요소가 충분하나 이를 운영하거나 관리하는 사람의 역량이 부족하게 되면 안전관리를 실현할 수 없다. 이를 위하여 「원자력안전법」 제106조는 교육훈련에 관하여 규정하고 있다. 원자력관계사업자는 방사선작업종사자와 방사선 관리 구역에 출입하는 자에게 신규교육과 정기교육을 실시하여야 한다. 이 경우 신규교육은 작업 종사 전에 실시하여야 한다. 신규교육과 정기교육은 기본교육과 직장교육으로 구분하여 실시하고, 직장교육은 방사선안전관리자 외의 방사선작업종사자를 대상으로 한다. 원자력관계사업자는 수시출입자에 대하여 기본교육 또는 직장교육을 실시할 수 있다. 기본교육은 한국원자력안전재단에서 받도록 하여야 하며, 직장교육은 해당 원자력관계사업자가 자체적으로 실시하되 원자력안전위원회가 지정하여 고시하는 기관에 위탁하여 실시할 수 있다.

원자력관계사업자와 원자력 관련 연구를 수행하는 기관은 발전용원자로설치자, 발전용원자로 운영자, 연구용원자로등 설치자 및 연구용원자로등 운영자, 핵연료주기사업자, 핵연료물질사용자로서 원자력관계사업자의 종업원으로서 특정핵물질의 계량관리 업무를 수행하는 사람에게 위원회가 실시하는 원자력통제에 관한 교육을 받게 하여야 한다. 원자력통제란 원자력 관련 시설 및 핵물질 등에 관한 안전조치와 수출입통제 등을 말한다. 원자력통제 교육 이수의 의무 주체는 교육대상자가 아니라 사업자 또는 기관이다. 교육대상자의 교육 미이수에 따른 과태료를 교육대상자가 아닌 해당 사업자 또는 기관에게 부과하고 있다. 현실적으로 종업원 등이 교육을 이수하지 못하게 되는 데에는 개인적인 사유보다는 업무 관련 해외출장, 보직이동, 다른 업무수행 등 공적 업무 때문인 경우가 적지 않다. 이러한 이유에서 종업원등에게 책임을 물어 과태료를 부과하는 것은 책임성 원칙에 적합하지 않다. 이에 따라 현행 「원자력안전법」은 원자력통제 교육 이수와 관련된 의무 주체를 종업원등에서 해당 사업자 또는 기관으로 변경하여 종업원등의 교육 미이수에 대한 과태료를 해당 종업원등이 아니라 사업자등에게 부과하고 있다. 오히려 원자력통제 교육이 법적 의무 사항임에도 교육을 받을 수 있는 기회를 제대로 보장하지 않는 해당 기관의 책임이 더 크기 때문이다.

현행 원자력안전위원회 소관 주요 교육의 대상자 및 교육의무 주체 등 비교

법정 교육명	법적 근거	교육대상자	교육의무 주체 (벌칙 등 부과대상)	교육 실시 주체	교육 기관	위반 시 조치사항	
						시정 조치 여부	벌칙
방사선 작업 종사자교육	원자력 안전법 제106조 제1항	• 방사선작업종사자 • 방사선 관리구역 출입자	원자력 관계 사업자	원자력 관계 사업자	KINS, 원자력 안전 재단 등	X	과 태 료
원자력 통제 교육	원자력 안전법 제106조 제3항	• 계량관리 업무자 • 핵연료주기 연구 과제 책임자	(좌동)	원자력 안전 위원회	KINAC	X	

2. 교육실시기관

「원자력안전법」과 관련 규범은 원자력안전위원회 소관 교육을 실시하는 주체와 관련하여 원자력관계사업자가 직접 실시하도록 하는 방식과 원자력안전위원회가 실시하는 교육을 받게 하는 방식으로 구분하고 있다. 예를 들면, 방사선작업종사자교육은 원자력관계사업자를, 물리적방호교육 및 방사능방재교육 등은 원자력안전위원회를 각각 교육실시주체로 규정하고 있다. 이러한 구분은 교육의 내용, 중요성 및 전문성이 강조되는 교육은 원자력 안전규제기관인 원자력안전위원회가 직접 실시하도록 하고 그 외의 교육은 원자력관계사업자가 1차적인 책임을 부담하게 하려는 취지이다. 원자력통제 교육은 그 내용이 원자력 관련 시설 및 핵물질 등에 관한 안전조치와 수출입통제 등 국가적인 관리 및 전문성이 강조되는 교육이기 때문에 원자력안전위원회를 교육실시의 주체로 규정하고 있다.

제 1 절 에너지효율법제

Ⅰ. 에너지효율 근거 법률

우리나라는 그간 국가의 경제성장을 지원하기 위한 에너지안보 차원의 정책을 수행하여 왔다. 그 결과 우리나라의 에너지정책의 초점은 에너지의 효율적 이용과 관련된 수요관리보다 에너지의 안정적 공급에 치중되어 왔다는 사실을 부인하기 어렵다. 특히, 제조업의 확대 등 산업육성을 위한 에너지정책은 대량의 에너지를 저가로 공급하는 데 기여하였지만, 에너지에 대한 수요도 증가시키는 결과를 가져왔다. 이렇게 우리나라의 경우 에너지수요가 계속적으로 증가하는 상황에 놓여 있지만 전 지구적으로 온실가스 감축 및 기후변화 대응의 문제가 부각되면서, 에너지정책에 있어서도 에너지의 공급관리가 아닌 에너지절약 및 에너지효율향상과 같은 수요관리가 중요하게 되었음을 인식하게 되었다. 에너지효율의 개선이 이산화탄소 배출 감축에 가장 중요한 수단 중 하나이기 때문이다.[1]

국가는 「에너지이용 합리화법」[2]에 따라 에너지절약 경제구조로의 전환과 에너지이용효율의 향상을 위하여 에너지이용 합리화 기본계획을 수립하고 다양한 시책들을 추진하고 있다. 그럼에도 불구하고 우리나라의 에너지효율은 아직 주요 선진국에 비해 낮은 수준이며,[3] 수요관리정책도 한계를 보이고 있다. 「에너지이용 합리화법」은 에너지의 효율적 이용과 관련된 수요관리부문의 대표적인 법률에 해

---

1 국제에너지밸런스(World Energy Balances)에 따르면 감축 수단별 예상 탄소감축 기여도에 있어 에너지효율 개선 37%, 신재생에너지 보급 32%, CCUS 9%, 연료전환 8% 등으로 나타나 이산화탄소 배출 감축에 있어 에너지효율 개선의 중요성을 보여주고 있다(World Energy Balances 2019, IEA).
2 「에너지이용 합리화법」은 법률 제19001호, 2022.10.18. 일부개정, 2023.1.19. 시행된 법률을 기준으로 본문 내용을 작성하였다.
3 에너지 원단위는 경제적 에너지효율을 의미하는 부가가치 원단위와 기술적 에너지효율을 의미하는 물량에너지 원단위로 구분된다. 에너지소비의 효율을 나타내는 주요 지표인 부가가치 원단위는 국내총생산(GDP) 100만원을 생산하는데 소비되는 에너지량으로 1차에너지 공급량을 총 부가가치(GDP)로 나눈 값이며, 국가의 에너지이용 효율이 좋을수록 부가가치 에너지 원단위가 낮아진다. 2020년 기준 우리나라의 부가가치 원단위는 0.27toe/천$로 일본 0.1toe/천$, OECD 0.14toe/천$과 비교하여 현저히 높은 수준임을 알 수 있다(EG-TIPS 에너지온실가스 종합정보 플랫폼, 100대 에너지통계 http://tips.energy.or.kr/statistics/statistics_view0907.do 참조).

당하나, 에너지효율법제가 이에 국한되는 것은 아니다. 「기후위기 대응을 위한 탄소중립·녹색성장 기본법」(약칭: 탄소중립기본법) 및 「에너지법」은 「에너지이용 합리화법」의 집행과 제도를 지원하는 기능을 하고 있으며, 「녹색건축물 조성 지원법」(약칭: 녹색건축법)[4]은 건물의 에너지효율향상에 관한 직접적인 근거로 기능하고 있다. 다만, 「에너지이용 합리화법」이 에너지효율법제의 대표적인 법률이라는 점에서 이를 중심으로 기술하였다.

II. 에너지이용 합리화법의 기능과 체계

1. 에너지이용 합리화법의 기능

「에너지이용 합리화법」은 에너지수요관리를 주된 규율대상으로 하는 법률이다. 즉, 에너지수요관리의 범주에 포함되는 에너지절약과 에너지효율향상에 관한 제도적 수단을 체계적으로 구성하여 에너지이용의 합리화를 추구하는 법률이다.[5] 동법률은 과거에는 에너지 분야의 기본법으로 기능하였으나,[6] 2006년 3월 3일 (구) 「에너지기본법」의 제정으로 에너지수요관리에 관한 기능을 수행하는 법률로 규율범위가 줄어들었다. 에너지수요관리는 에너지의 이용효율을 향상시키는 제도로 구성되어 있으며, 최종에너지사용자에 의한 에너지효율향상뿐만 아니라 연료를 2차 에너지인 전기로 전환하는 발전분야에서의 에너지효율향상도 포함될 수 있다.

에너지수요관리는 기후변화 대응을 위한 이산화탄소 배출 감축의 핵심 정책으로 세계적인 공감대를 얻고 있다. 이에 따라 에너지 빈곤국가이면서 산업국가인 우리나라도 에너지정책의 무게중심이 에너지공급관리에서 에너지수요관리로 이동되고 있다. 때문에 에너지법체계 전반에 있어서도 에너지수요관리를 관장하는 동

---

4 녹색건축법은 법률 제19971호, 2024.1.9. 일부개정, 2024.7.10. 시행된 법률을 기준으로 본문 내용을 작성하였다.

5 에너지절약과 에너지효율향상은 구분되는 개념이다. 에너지절약은 사용하지 않아도 되는 에너지를 에너지 사용자가 약간의 인내를 하여야 하는 불편함이 발생하거나 이를 감수하면서 사용하지 않는 것이다. 이에 반하여 에너지효율향상은 에너지사용자에게 에너지를 사용하지 않는 불편함을 야기하지 않으면서 에너지를 절약하도록 하는 것을 말한다. 예를 들면, 에너지사용자가 에너지를 적게 쓰면서 조명을 밝기를 강하게 하는 효과를 내는 것은 에너지효율향상이라고 할 수 있다. 그러나 현재 사용하고 있는 조명의 밝기를 약하게 하여 약간의 불편함이 발생하나 이를 감수하여 에너지소비를 줄이는 것은 에너지절약이라고 할 수 있다.

6 (구)「에너지기본법」의 제정 이전에는 에너지정책 관련 법제가 정립되어 있지 않아 「에너지이용 합리화법」에 국가에너지기본계획, 지역에너지계획, 비상시 에너지수급계획, 에너지기술개발 등 에너지 분야의 기본법에 규율되어야 할 사항을 다수 포함하고 있었다.

법률의 중요도가 높아졌고, 동시에 다양하고 동태적인 에너지수요관리에 관한 정
책과 제도가 개발될 수 있는 법률로 자리매김하였다.

2. 에너지이용 합리화법의 체계

「에너지이용 합리화법」은 에너지 관련 법률의 체계상 헌법, 탄소중립기본법,
저탄소 녹색성장기본법, 「에너지법」, 에너지원별 사업법(「석탄산업법」, 「석유 및 석유
대체연료 사업법」, 「액화석유가스의 안전관리 및 사업법」, 「도시가스사업법」, 「전기사업법」, 「집단
에너지사업법」 등)과 관련성이 있다.

동 법률은 총 8장 78조로 구성되어 있다. 제1장은 '총칙'으로 목적, 정의 및 정
부와 에너지사용자·공급자 등의 책무에 관한 3개의 조문으로 구성되어 있다. 제2
장은 '에너지이용 합리화를 위한 계획 및 조치 등'으로 에너지이용 합리화 기본계
획, 에너지이용 합리화 실시계획, 수급안정을 위한 조치, 국가·지방자치단체 등의
에너지이용 효율화조치 등, 에너지공급자의 수요관리투자계획, 에너지사용계획의
협의, 에너지사용계획의 검토 등, 에너지사용계획의 사후관리, 에너지이용 합리화
를 위한 홍보, 금융·세제상의 지원 등에 관하여 규정하고 있다. 제3장은 '에너지이
용 합리화 시책'으로 에너지사용기자재 관련 시책과 산업 및 건물 관련 시책으로
구성되어 있다. 제4장은 '열사용기자재의 관리'로서 특정열사용기자재, 시공업등록
말소 등의 요청, 검사대상기기의 검사, 검사대상기기관리자의 선임에 관한 제도를
구축하고 있다. 제5장은 '시공업자단체'로서 시공업자단체의 설립, 시공업자단체의
회원 자격, 건의와 자문, 「민법」의 준용에 관하여 정하고 있다. 제6장은 '한국에너
지공단'으로 에너지수요관리 전담기관인 한국에너지공단의 설립과 운영에 관하여
규정하고 있다. 제7장은 '보칙'으로 교육, 보고 및 검사 등, 수수료, 청문, 권한의
위임·위탁, 벌칙 적용 시의 공무원 의제, 다른 법률과의 관계, 제8장은 '벌칙'에 관
한 사항이 규정되어 있다.

III. 에너지이용 합리화 관련 정부 등의 책무 및 기본계획

1. 정부 등의 책무규정

(1) 책무규정의 의미

일반적으로 법률은 권리와 의무를 정하나, 법률상 책무는 의무와 구별되는 개

념이다. 의무는 그 이행을 하지 않은 경우에 국가의 강제력을 통한 이행 강제가 가능하다. 그러나 책무는 그것의 주체가 일반적으로 국가와 지방자치단체이므로 현실적으로 그 이행을 강제할 수 없다. 국가와 지방자치단체는 다양한 분야의 수많은 책무를 부담하나, 이들에게 주어진 행정력과 예산의 범위 내에서 우선순위에 따라 이행 여부가 달라질 수 있기 때문에 직접적으로 이들에게 미이행에 대한 책임을 물을 수 없기 때문이다. 이러한 측면에서 책무규정은 입법권자가 행정부에게 해당 분야가 중요한 사안이니 가능한 이행할 수 있도록 노력해 달라는 요청의 의미 정도에 그친다.

(2) 정부 책무규정의 적합성

「에너지이용 합리화법」제3조제1항은 정부에게 "에너지의 수급안정과 합리적이고 효율적인 이용을 도모하고 이를 통한 온실가스의 배출을 줄이기 위한 기본적이고 종합적인 시책을 강구하고 시행할 책무"를 부여하고 있다.[7] 개별 법률은 다른 법률과의 관계 속에서 위상을 정립하게 되는데, 특정 법률이 다른 법률의 영역을 넘어 규율하게 되면, 법률 간의 체계 혼란을 야기하게 된다. 앞서 언급한 바와 같이 「에너지이용 합리화법」은 에너지의 수급안정을 의미하는 에너지안보를 확보하는 데에 목적을 둔 법률이 아니라, 에너지수요관리를 목적으로 하는 법률로서 에너지절약과 에너지효율향상을 위한 제도적 수단을 내포하고 있는 법률이다. 그럼에도 불구하고 동법 제3조제1항에서 "에너지의 수급안정"을 정부의 우선적인 책무로 규정한 것은 법률의 체계상 적합하지 않은 측면이 있다.

특정 법률이 본연의 기능과 역할을 수행하기 위해서는 해당 법률의 규율범위와 대상이 목적에 적합하게 설정되어야 한다. 이러한 전제가 확립되지 않은 상태는 오히려 유사 법률의 제정을 유발할 수 있는 동인을 제공할 수 있으며, 기존 법률의 정체성이 상실된 상태로 무의미한 법률로 전락하게 될 수도 있다. "에너지의 수급안정"이 정부의 중요한 책무인 것은 분명하나, 현재 에너지 분야의 기본법으로서 「에너지법」이 존재하고 있으므로 "에너지의 수급안정"에 관한 책무는 「에너지이용 합리화법」이 아닌 「에너지법」에 국가 책무로 규정하는 것이 바람직하다.

---

[7] 이 규정은 에너지의 합리적이고 효율적인 이용의 결과로 온실가스의 감축이라는 파급효과가 발생함을 의미한다. 즉, 「에너지이용 합리화법」은 온실가스 감축을 주된 목적으로 하는 법률이 아니며, 탄소중립기본법과 「온실가스 배출권의 할당 및 거래에 관한 법률」이 직접 관련된 법률이다.

(3) 지방자치단체 책무규정의 적합성

「에너지이용 합리화법」 제3조제2항은 지방자치단체에게 "관할 지역의 특성을 고려하여 국가에너지정책의 효과적인 수행과 지역경제의 발전을 도모하기 위한 지역에너지시책을 강구하고 시행할 책무"를 부여하고 있다. 이 조항 역시 앞서 언급한 정부 책무규정과 동일한 문제점을 가지고 있다. 「에너지법」은 에너지 분야의 기본법으로서 기능과 역할을 수행하고 있으며, 「에너지이용 합리화법」은 기본법과의 관계 속에서 에너지수요관리라는 개별 분야를 규율하는 법률이다. 이러한 측면에서 「에너지이용 합리화법」 제3조제2항이 지방자치단체의 책무로 "국가에너지정책의 효과적인 수행"을 특별하게 법률에 명시하는 것은 법률 체계상 적합하지 않다. 만약, "국가에너지정책의 효과적인 수행"을 위하여 지방자치단체에 책무를 부여하는 규정을 두고자 한다면 오히려 「에너지법」에 규율하는 것이 더 적합하다. 「에너지이용 합리화법」에 따른 지방자치단체의 책무는 "국가에너지이용합리화정책의 효율적인 수행"이 되어야 한다.[8]

2. 에너지이용 합리화 기본계획

(1) 에너지이용 합리화 기본계획의 의미

에너지이용 합리화 기본계획은 「에너지이용 합리화법」 제4조에 따라 에너지절약과 에너지효율향상에 관한 정부의 정책을 수립·추진하는 행정계획이다. 정부는 이를 통해 동법률에서 도입하고 있는 에너지절약 및 에너지효율향상 관련 제도시행의 체계적인 추진을 위한 로드맵을 제시한다. 에너지이용 합리화 기본계획은 정부가 에너지수요관리 정책을 체계적이고 효율적으로 추진할 수 있는 수단이기도 하지만, 관련 정책방향에 대해 국민과 약속한다는 의미도 있다. 그러한 의미에서 에너지이용 합리화 기본계획은 동법률에 도입되어 있는 에너지이용 합리화를 위한 제도의 적용과 실시에 대한 강도를 조정하고, 법률에 명시할 수 없는 예산집행과 추진절차 등을 제시함으로써 국민에 대하여 정부의 정책을 예측 가능하게 하는 기능을 수행하기도 한다.

---

8 이와 같은 논리는 「에너지이용 합리화법」 제3조제3항에 따른 에너지사용자와 에너지공급자에게 부여되는 책무에도 동일하게 적용되어야 하며, 이들은 국가나 지방자치단체의 "에너지시책에 적극 참여하고 협력"하는 것이 아니라 "에너지이용합리화시책에 적극 참여하고 협력"하는 것으로 규정하는 것이 적합하다.

(2) 에너지이용 합리화 기본계획의 내용

1) 에너지이용 합리화 기본계획 포함사항

에너지이용 합리화 기본계획의 수립에 있어 수립주체, 계획내용, 수립절차뿐만 아니라 수립주기도 중요한 사항에 속한다. 일반적으로 기본계획 수립에 관한 규정을 둔 다른 법률은 이를 모두 법률에서 명시하고 있다. 그러나 「에너지이용 합리화법」은 수립주기를 법률에서 명시하지 않고, 동법 시행령 제3조제1항에서 5년으로 규정하고 있다.[9] 에너지이용 합리화 기본계획에는 동법 제4조제2항에 따라 에너지절약형 경제구조로의 전환, 에너지이용효율의 증대, 에너지이용 합리화를 위한 기술개발, 에너지이용 합리화를 위한 홍보 및 교육, 에너지원 간 대체(代替), 열사용기자재의 안전관리, 에너지이용 합리화를 위한 가격예시제(價格豫示制)의 시행에 관한 사항, 에너지의 합리적인 이용을 통한 온실가스의 배출을 줄이기 위한 대책 등이 포함되어야 한다. 다만, 기본계획에 포함되어야 하는 사항 중 "열사용기자재의 안전관리"는 에너지이용 합리화와는 이질적인 사항이라고 할 수 있다.

"열사용기자재의 안전관리"가 「에너지이용 합리화법」에 포함된 것은 연혁적으로 동법률이 「에너지법」이 제정되기 이전에 에너지분야의 기본법으로서 기능했기 때문이다. 에너지 관련 다른 법률에 규정하거나 독립된 법률로 제정하는 것이 적합하지 않은 사항이지만 정책적으로 법률적 근거가 필요한 제도를 「에너지이용 합리화법」에 규정하게 된 것이다. 1997년 8월 22일 법률 개정으로 삭제되기 이전까지 열사용기자재에 관한 사항은 「에너지이용 합리화법」 제5장에 별도의 장으로 방대한 규정을 두고 있었다.[10] 특히, 열사용기자재 제조업의 등록, 열사용기자재에 대한 자체검사 등은 열사용기자재의 안전관리를 목적으로 하는 제도로 1997년 법률 개정 시 삭제되었다. 현행 「에너지이용 합리화법」은 제4장 제37조부터 제40조의2에 걸쳐 특정열사용기자재, 시공업등록말소 등의 요청, 검사대상기기의 검사, 수입 검사대상기기의 검사, 검사대상기기관리자의 선임, 검사대상기기 사고의 통

---

9 에너지이용 합리화 기본계획의 수립주기를 「에너지이용 합리화법 시행령」에서 규정하고 있으나, 법률에 별도의 위임근거가 마련되어 있지는 않다.

10 「에너지이용 합리화법」 제5장 제42조부터 제61조는 열사용기자재 제조업의 등록의무, 제조업등록결격사유, 제조업의 양도 등, 제조업의 휴·폐지 등의 신고, 제조업의 등록취소, 형식승인, 표시, 판매·진열의 금지, 형식승인의 취소, 특정열사용기자재의 시공업의 등록, 시공업등록의 결격사유, 특정열사용기자재의 설치·시공기준등, 시공업등록증의 제시 등, 특정열사용기자재의 설치·시공확인, 시공업의 등록취소등, 자체검사, 검사대상기기의 검사, 검사대상기기조종자의 선임, 검사대상기기조종자의 의무 등, 검사대상기기의 사용정비명령 등 열사용기자재의 관리 전반에 관한 사항을 규정하였다.

보 및 조사에 관한 규정만 존속하고 있다. 현재 남아 있는 열사용기자재의 관리에 관한 규정은 열사용기자재의 안전관리, 위해방지, 에너지이용효율 향상의 목적을 동시에 포함하고 있으나, 법률 체계상 열사용기자재의 안전관리보다는 에너지이용효율 향상에 방점이 있다고 할 수 있다.

2) 에너지이용 합리화 기본계획 수립절차

법률에 따른 기본계획의 수립 시 절차에 관한 사항도 중요하다. 에너지이용 합리화 기본계획은 「에너지이용 합리화법」 제4조제3항에 따라 산업통상자원부장관이 수립한 후 관계 행정기관의 장과 협의를 거쳐 「에너지법」 제9조에 따른 에너지위원회의 심의를 거쳐야 비로소 확정된다. 기본계획의 수립 시 다양한 이해관계를 조정하기 위하여 협의나 위원회 심의를 거치도록 하고 있다. 이때 협의의 대상인 관계 행정기관의 장은 관계 중앙행정기관의 장을 말하며, 시·도지사는 제외된다. 동일한 법률에서 사용하는 특정 용어에 대한 해석은 통일적으로 해석하는 것이 바람직한데, 동법 제6조제1항이 "관계 행정기관의 장과 특별시장·광역시장·도지사 또는 특별자치도지사(이하 "시·도지사"라 한다)는 기본계획에 따라 에너지이용 합리화에 관한 실시계획을 수립하고 시행하여야 한다."고 규정하고 있음을 고려하면, 관계 행정기관의 장에는 시·도지사가 포함되지 않음을 명확하게 알 수 있다. 에너지이용 합리화 기본계획은 국민과 지방자치단체를 비롯하여 관계 행정기관의 협조 없이는 사실상 실현되기 어렵다. 기본계획의 수립 과정에서도 관계 행정기관의 장과 협의가 필요하지만, 기본계획의 확정 후에도 이를 실행할 수 있도록 관계 행정기관의 장에게 알리도록 하는 규정이 필요하다. 이러한 법률 규정은 에너지이용 합리화 기본계획이 가지는 의미를 증대하는 데도 이바지할 수 있다.

또한 에너지이용 합리화 기본계획에 대한 심의를 하는 에너지위원회는 독임제의 일반행정기관과 달리 다수가 의사결정과정에 참여하여 합의 또는 표결의 방식으로 의사를 결정하는 조직형태이다.[11] 일반적으로 위원회는 행정의 민주성과 공정성의 확보, 전문지식의 도입, 이해관계의 조정 또는 관계 행정기관 간의 의사의 조합·협의·조정 등을 위하여 설치된다. 에너지위원회는 산업통상자원부장관 소속으로 에너지정책 및 에너지 관련 계획에 관한 전문적 의견을 구하는 사항에

---

11 2018년 4월 17일 개정 이전의 「에너지이용 합리화법」은 에너지이용 합리화 기본계획의 수립 시 동법에 따른 국가에너지절약추진위원회의 심의를 거치도록 하였으나, 「에너지법」에 따른 에너지위원회와 그 기능 및 성격이 중복·유사한 측면이 있어 정부위원회 정비 차원에서 국가에너지절약추진위원회가 폐지되면서 심의 주체가 에너지위원회로 변경되었다.

관하여 심의·조정·협의 등을 통하여 행정부의 의사결정에 도움을 주는 위원회로
기능하고 있다.

제 2 절　산업부문의 에너지효율향상제도

Ⅰ. 에너지절약전문기업 지원제도

1. 에너지절약전문기업의 의의

에너지절약전문기업(ESCO, Energy Service Company)은 에너지사용자가 노후화되
었거나 효율이 낮은 에너지사용시설을 고효율 에너지사용시설로 교체 또는 보완
하고 싶음에도 불구하고 기술적·경제적 부담으로 사업을 시행하지 못하는 경우에
에너지 절약형 설치사업에 참여하여 기술 및 자금을 제공하고 투자시설에서 발생
하는 에너지 절감액을 투자비로 회수하는 기업을 말한다. 에너지사용자는 에너지
절약사업과 이를 통한 온실가스 배출을 줄이는 사업(이하 "ESCO 사업"이라 한다)을 통
하여 투자에 대한 위험부담 없이 에너지 절약을 위한 시설투자가 가능하고, 에너
지절약전문기업은 투자의 수익성을 보고 투자위험을 부담하는 사업이라고 할 것
이다.

「에너지이용 합리화법」 제25조는 에너지절약전문기업에 대한 정의 및 등록
절차와 ESCO 사업을 하는 데 필요한 지원의 근거를 마련하고 있다. 그러나 동규
정은 일반적인 법규범의 모델에는 적합하지 않은 부분이 있어 개정이 필요하다.
일반적으로 법률에서 동일한 용어가 반복 사용되는 경우 용어 정의 규정에서 용
어를 정의하는 것이 적합한데, 에너지절약전문기업은 반복적인 사용에도 불구하
고 제2조(정의)에 규정되어 있지 않아 이를 정비할 필요성이 있다. 또한 산업통상
부장관에게 에너지절약전문기업으로 등록한 자를 대상으로 지원한다는 점에서 동
법 제25조제1항에 등록기준 및 절차를 동조 제2항에 지원근거를 두는 것이 적합
하다.

2. 에너지절약전문기업 등록제의 임의성

「에너지이용 합리화법」 제25조제2항은 에너지절약전문기업의 등록에 관한 사

항을 규정하고 있다. 에너지절약전문기업으로 등록하기 위하여 갖추어야 하는 장
비, 자산 및 기술인력 등의 등록기준에 관한 사항은 동법 시행령 제30조에서 구체
화하고 있다. 만약 동법 제25조제1항 각 호에서 열거하고 있는 사업12을 하는 자
라고 하더라도 산업통상자원부장관에게 등록을 하지 않으면 에너지절약전문기업
이 될 수 없다. 동법은 에너지절약전문기업의 요건으로 등록을 요구하고 있기 때
문이다. 다만, 에너지절약 관련 사업을 수행하는 자가 반드시 등록을 해야 사업을
할 수 있다는 의미는 아니다. 즉, 에너지절약에 필요한 사업은 원칙적으로 규제하
지 않으나, 동법에 따라 에너지절약전문기업으로서 지원을 받고자 할 때에는 등록
해야 함을 의미한다.

3. 에너지절약전문기업의 공제조합 가입제도

「에너지이용 합리화법」 제27조의2는 에너지절약전문기업의 공제조합 가입에
관한 사항을 규정하고 있다. 에너지절약전문기업의 투자사업은 에너지절약전문기
업이 에너지사용업체에 에너지절약시설을 선(先) 투자한 후 투자시설에서 발생하
는 에너지절감액으로 투자비 및 이윤을 회수하는 성과배분계약(사업자파이낸싱 성과
배분계약)의 형태가 95% 이상을 차지하고 있는 데 반해,13 사업자 대부분이 신용도
가 낮은 중소기업인 업계의 특수성으로 인해 부채비율이 높을 수밖에 없고, 금융
권으로부터 자금을 조달하거나 보증보험회사로부터 채무보증, 이행보증 등의 보증
서를 제공받는 데에 상당한 애로사항이 있는 현실적인 문제가 있었다.

공제제도의 도입과 관련하여 당초 제출된 개정법률안14은 「에너지이용 합리화
법」에 에너지절약사업 공제조합의 설립에 관한 법적 근거를 두는 것이었다. 에너
지절약전문기업은 산업체, 건물 등 에너지 사용시설의 에너지효율향상을 통해 에
너지를 절약할 수 있도록 서비스를 제공하는 업체로, 관련 산업이 기후변화 대응
및 신규 고용 창출 효과 측면에서 녹색성장 시대의 유망산업임을 부인할 수는 없

---

12 에너지절약전문기업으로 등록하기 위한 사업의 범위는 에너지사용시설의 에너지절약을 위한 관리·용역사업, 법
   제14조제1항에 따른 에너지절약형 시설투자에 관한 사업, 신에너지 및 재생에너지원의 개발 및 보급사업, 에너
   지절약형 시설 및 기자재의 연구개발사업을 말한다.
13 정부는 2011년부터 ESCO 사업을 사용자파이낸싱 성과보증계약(구 성과보증계약) 및 사업자파이낸싱 성과보증
   계약(구 신성과배분계약) 방식 중심으로 재편하여 기존 성과배분계약에 대해서는 2013년부터 퇴출하고 자금지
   원의 대상에서 제외하였다. 현재는 ESCO 계약 방식으로 성과확정계약, 사용자파이낸싱 성과보증계약 및 사업
   자파이낸싱 성과보증계약에 대해서만 정책 자금을 지원하고 있다.
14 에너지이용 합리화법 일부개정법률안(2010.12.21. 권성동 의원 대표발의).

다. 그러나 일반법인 「보험업법」의 적용을 배제할 정도의 사안의 심각성이나 다른 사업영역과의 차별성 여부, 공제조합의 안정적 운영을 위한 재원조달의 가능성 등을 고려할 때에 에너지절약사업 공제제도를 별도로 신설하는 것은 바람직하지 않다.[15] 이러한 이유로 「에너지이용 합리화법」도 별도로 특화된 공제제도의 신설 대신, 에너지절약전문기업이 「엔지니어링산업 진흥법」 제34조에 따른 공제조합의 조합원으로 가입할 수 있도록 하는 근거규정을 신설하는 방식으로 개정되었다.

II. 자발적 협약체결기업 지원제도

1. 자발적 협약의 의의

자발적 협약[16]이란 행정청과 사인(주로 기업이나 경제단체) 간에 일정한 목적을 가지고 장래의 행위에 대하여 합의 또는 약속하는 것을 말한다. 행정주체는 개인이나 사업자와의 비공식적 접촉을 통하여 여러 국가적 목표의 달성을 위해 협조를 구하는 경우가 있으며, 이때 협조는 자발적인 것으로서 의무를 강제할 성질의 것은 아니지만 행정청은 사업자의 자발적 협조를 문서화 하는 것을 원할 수 있다. 이처럼 비공식적인 협의과정에서 사업자 등이 법규에 규정된 각종 의무를 성실하게 이행하겠다는 내용의 문서를 작성하는 경우 이를 흔히 자발적 협약, 자기통제협약(Selbstschrankungsabkommen) 등으로 표현한다. 또한 비공식적인 상황의 협약뿐만 아니라 기업에 대한 정책적인 배려 측면에서 직접적인 규제 대신 목적달성의 기간과 방식을 기업 스스로 선택할 수 있도록 하는 배려적 형태의 협약도 자발적 협약이라고 할 수 있다. 최근 기후변화 대응 및 온실가스 감축이 전 지구적 해결과제로 부상하면서 에너지절약에 대한 인식이 확산되었고, 정부와 기업 또는 지방자치단체 간 자발적 환경협약 등 다양한 형태의 협약이 이루어지고 있다. 일반적으로 자발적 협약의 주체 중 일방은 국가나 지방자치단체와 같은 행정주체이나 국가나 지방자치단체가 자발적 협약에 반드시 직접적으로 관여할 필요는 없다. 기업

---

15 국회 지식경제위원회, "에너지이용 합리화법 일부개정법률안 검토보고서(권성동 의원 대표발의)", 2011.6, 6면 이하 참조.

16 자발적 협약에서의 협약을 독일의 Absprache에서 착안하는 경우 Absprache를 협상으로 번역하는 문헌도 있으나 협상이라는 용어는 negotiation을 가리키는 용어로 (행정학 등에서) 상당히 정착되었다는 점에서 Absprache를 협약 내지는 협정 정도로 보자는 견해가 있다(김현준, "자발적 환경협약", 「환경법연구」 제29권 제1호, 2007, 7면).

들이 자발적으로 환경보호를 위한 의무이행을 선언하는 것과 같이 오직 사인만 관여하고 국가나 지방자치단체가 간접적으로 관여할 때에도 자발적 협약으로 볼 수 있다.[17]

자발적 협약은 대기환경보전, 에너지절약 및 온실가스배출 감축 목표, 추진일정, 모니터링, 보고 등 자발적인 계획을 설정하고 정부와 협약을 체결한 후 추진하는 정책수단이다. 협약에 참여하는 사인에 대해서는 정보제공 및 실행계획 수립지원, 세제혜택, 시설투자 자금지원, 각종 기술지원, 목표달성 시 홍보 및 포상 등 다양한 정책수단으로 참여를 유도하고, 정기적으로 이행 여부를 점검하여 모니터링을 실시함으로써 기존 정책수단에 대한 보완을 위한 "혼합정책(policy mix)"의 한 부분으로 사용되고 있다.

2. 자발적 협약제도의 규율체계

「에너지이용 합리화법」 제3조는 정부와 에너지사용자·공급자 등의 책무규정을 통해 에너지시책의 강구·시행 및 협력에 관한 사항을 규정하고 있으며, 이를 이행하기 위한 제도 중 하나가 자발적 협약과 협약기업에 대한 지원제도라 할 수 있다. 동법 제28조에 따르면 자발적 협약(VA, Voluntary Agreement)이란 에너지사용자나 에너지공급자가 에너지의 절약과 합리적인 이용을 통한 온실가스 배출 감축목표와 그 이행계획을 자발적으로 수립하여 정부나 지방자치단체와 약속하는 것을 의미한다. 자발적 협약은 에너지원의 부족과 에너지의 해외의존도가 높은 상태에서 기후변화협약에 대응해야 하는 우리나라의 상황을 극복하기 위하여 에너지절약에 대한 강력한 의지를 가진 기업의 자발적 참여가 요구된다는 이유에서 1999년에 입법화되었다. 과거 자발적 협약의 운영에 관한 사항을 정하기 위하여 「에너지절약 및 온실가스배출 감소를 위한 자발적협약운영규정」(지식경제부 공고 제2009-327호)이 마련되어 있었으나, 동규정 제24조에서 유효기간을 2012년 7월 31일로 정하고 있어 현재는 실효되었다.

「에너지이용 합리화법」 제28조제1항은 에너지사용자나 에너지공급자에게 의무를 부과하는 방식 대신에 자발적 협약을 체결한 자가 에너지절약형 시설 등에 투자하는 경우에 지원을 할 수 있는 근거를 마련하고 있다.[18] 그러나 법률에서는

---

17 김현준, 앞의 논문, 14면.
18 자발적 협약체결기업이 투자할 경우 지원을 받을 수 있는 대상에는 법률에서 규정한 에너지절약형 시설과 「에

구체적인 지원내용을 규정하고 있지 않으며, 동법 시행규칙 제29조제1항제1호에서 자발적 협약을 체결한 자가 평가 결과 이행실적이 우수한 사업자로 선정된 경우에 에너지진단의 면제나 진단주기를 연장할 수 있도록 하고 있다.[19] 즉, 동법상의 자발적 협약은 참여기업에 대한 인센티브만을 규정하고, 협약 미이행에 대한 재제조치 등에 관하여는 별도의 규정을 두지 않고 있다.

Ⅲ. 에너지경영시스템 지원제도

1. 에너지경영시스템의 개념

에너지경영시스템(EnMS, Energy Management System)은 기업이 에너지절약을 목적으로 에너지 경영계획, 실행, 검증, 반영에 관한 사항을 자율규정하고, 이에 대한 이행 적합 여부를 공인기관인 제3자가 평가하여 인증하는 시스템 인증제도를 말한다.[20] 에너지경영시스템은 기업이 자율적으로 에너지절약시스템을 도입함으로써 원가절감 및 에너지효율향상 활동과 같은 경영전략을 구축·추진할 수 있도록 체계적인 전략을 수립하는 것이다. 에너지경영시스템은 기술적인 측면뿐만 아니라 경영관리기술을 연계하여 에너지경영 계획과 실행, 운영 등에 관한 사항을 규정하여 에너지절약 효과를 내고자 하는 것이며,[21] 주로 환경경영에 기초한 에너지경영시스템, 에너지효율향상을 위한 에너지경영시스템, 독자적 에너지경영시스템 등으로 분류된다.

에너지경영시스템은 기업의 최고경영자가 에너지절약과 효율향상에 관한 경

너지이용 합리화법 시행령」 제31조에서 열거하고 있는 ① 에너지절약형 공정개선을 위한 시설, ② 에너지이용 합리화를 통한 온실가스의 배출을 줄이기 위한 시설, ③ 그 밖에 에너지절약이나 온실가스의 배출을 줄이기 위하여 필요하다고 산업통상자원부장관이 인정하는 시설, ④ ① ~ ③과 관련된 기술개발이 포함된다.

19 「에너지이용 합리화법 시행규칙」 [별표 3]은 에너지절약 이행실적 우수사업자가 중소기업인 경우에는 에너지진단 1회 면제, 중소기업이 아닌 경우에는 1회 선정에 에너지진단주기 1년 연장을 할 수 있도록 규정하고 있다.

20 임기추, 「주요국의 에너지경영시스템 추진현황 및 국내 도입방안 연구」, 에너지경제연구원, 2007, 9면.

21 ISO 50001은 PDCA(Plan-Do-Check-Act)의 형태로 운영되고 있다. 첫째, 계획(Plan)단계에서는 에너지관리목표와 부합하는 에너지절감효과를 달성하는데 필요한 베이스라인, 에너지성과지표, 세부목표, 실행계획을 수립하는 단계이다. 둘째, 실시(Do)단계에서는 EnMS 실행·운영에 필요한 사항들(교육훈련, 의사소통, 문서화 및 관리, 운전관리, 설계 및 구매)을 이행하게 된다. 셋째, 점검(Check)은 에너지목표에 대한 에너지성과를 결정하는 프로세스와 그 운영의 주요 특성들에 대한 모니터링, 법규 및 그 밖의 요구사항에 대한 평가, 내부심사, 조치, 기록관리를 말한다. 넷째, 조치(Act)단계는 EnMS를 지속적으로 개선하기 위한 활동으로 경영검토 결과를 EnMS에 반영하게 된다.

영방침을 정하고, 기존의 관행적인 에너지사용에 대한 면밀한 분석과정을 거쳐 에너지절약과 효율향상의 목표를 수립하게 된다. 이후 설정한 목표의 달성을 위해 조직의 구성원 모두가 해당 분야에 대한 에너지절약과 효율향상에 관한 실행계획을 수립하고, 이를 실행하는 과정에서의 문제점을 발견하고, 다시 실행계획에 반영하는 과정을 포괄하는 조직의 전사적(全社的) 활동이다. 에너지경영시스템인 ISO 50001은 국제표준화기구에서 제정한 국제규격으로 이러한 활동을 체계적으로 할 수 있는 행동요령을 정하고 있다. 개별 기업은 에너지경영시스템을 도입함으로써 에너지의 체계적·효율적 관리가 가능하게 된다.[22]

「에너지이용 합리화법」 제28조의2는 산업통상자원부장관이 에너지사용자 또는 에너지공급자가 에너지효율의 향상을 위하여 전사적(全社的) 에너지경영시스템을 도입하는 경우에 이를 지원할 수 있는 근거를 규정하고 있다. 현실적으로 조직이 에너지경영시스템을 도입하기 위해서는 해당 시스템에서 요구하는 사항을 충족하여야 하고, 인증을 받기 위한 비용이 투입된다. 일반적으로 에너지경영시스템의 도입에 있어 대기업은 특별한 어려움이 없으나, 중소기업은 경제적인 부담을 가질 수밖에 없다. 또한 에너지경영시스템의 도입은 에너지의 수급안정과 합리적·효율적인 에너지 이용을 가능하게 한다는 점에서 제도 도입에 필요한 지원을 하고 있다.

2. 에너지경영시스템의 도입 권장 및 지원

「에너지이용 합리화법」 제28조의2는 에너지경영시스템의 도입 권장 및 지원의 근거만 규정하고, 에너지경영시스템의 권장 대상, 지원 기준·방법 등에 관하여 필요한 사항은 하위법령에서 정하도록 위임하고 있다. 이에 따라 에너지경영시스템의 도입 권장 및 지원에 관한 사항은 동법 시행규칙 제26조의2와 「에너지경영시스템의 지원 등에 관한 규정」(산업통상자원부고시 제2018－9호)을 통해 구체화되고 있다. 에너지경영시스템의 도입 권장 대상은 연료·열 및 전력의 연간 사용량의 합계가 2천toe 이상인 자, 즉 에너지다소비사업자이다. 정부는 에너지사용량이 많은 자에 대하여 일종의 행정지도로서 제도 도입을 권장하면서 지원의 근거를 함께 마련하여 산업부문의 에너지효율향상을 도모하고 있다.[23]

---

22 에너지경영시스템의 도입 시 에너지 절감(81.4%)과 온실가스 배출량 저감(63.4%) 효과를 가지고 있어 실질적으로 에너지 소비량 감소 및 에너지효율향상을 위한 목적으로 활용되고 있다(김운수, "서울시 에너지경영시스템 (ISO 50001) 도입방안", SDI 정책리포트 제115호, 2012.5.14, 2면).

23 행정지도는 행정주체가 일정한 행정목적을 실현하기 위하여 권고 등과 같은 비강제적인 수단을 사용하여 상대

에너지사용자 또는 에너지공급자가 에너지경영시스템의 도입에 따른 지원을 받기 위해서는 국제표준화기구가 에너지경영시스템에 관하여 정한 국제규격에 적합한 에너지경영시스템을 구축하고 에너지이용효율을 지속적으로 개선하여야 한다. 현재 에너지경영시스템 지원사업은 에너지경영시스템 도입 지원사업, 교육 및 정보제공 지원사업 및 우수사업장 인증 및 지원사업으로 구분하여 운영 중에 있다. 해당 지원을 받으려는 에너지사용자나 에너지공급자는 에너지사용량 현황, 에너지이용효율의 개선을 위한 경영목표 및 그 관리체제, 주요 설비별 에너지이용효율의 목표와 그 이행 방법, 에너지사용량 모니터링 및 측정 계획에 관한 사항이 포함된 계획서를 산업통상자원부장관에게 제출하여야 한다.

IV. 에너지진단 의무화제도

1. 에너지진단의 의의

에너지진단은 「에너지이용 합리화법」 제2조제3호에 따라 "에너지를 사용하거나 공급하는 시설에 대한 에너지의 이용실태와 손실요인 등을 파악하여 에너지이용효율의 개선방안을 제시하는 모든 행위"를 말한다.[24] 에너지진단은 진단기관이 전문성을 바탕으로 에너지사용시설 전반에 걸쳐 사업장의 에너지이용 흐름을 파악하여 에너지 손실요인을 발견하고 에너지를 절감할 수 있는 최적의 개선안을 제시하는 행위라 할 수 있다. 이러한 측면에서 에너지진단은 수요자에게는 정확한 정보를 제공하여 에너지의 합리적 이용이 가능하도록 기반을 제공하고, 에너지 비용 절감을 통한 기업의 경쟁력을 강화시킬 수 있는 수단으로서 기능하고 있다.

「에너지이용 합리화법」 제32조는 에너지다소비사업자를 대상으로 주기적으로 에너지진단을 받도록 의무를 부과하고 있다. 우리나라의 에너지소비 특성상 산업부문의 에너지소비량이 상당함을 고려할 때 많은 에너지를 소비하는 사업장에 대한 관리가 필수적이기 때문이다. 제도 도입 초기에는 한국에너지공단(구 에너지관리공단)이 자체 사업으로 시행하였으나 민간의 소극적 참여로 인하여 효과를 보지 못하자 에너지다소비사업자에게 에너지진단의무를 부과하는 현재의 방식으로 법률

방의 자발적 협력 내지 동의를 얻어내어 행정상 바람직한 결과를 이끌어내는 행정활동이므로(대법원 1994. 12. 13. 선고 93다49482 판결), 에너지경영시스템의 도입 권장은 행정지도로 볼 수 있다.
24 에너지진단은 산업부문과 건물부문에 공통적으로 적용되나, 구체적인 에너지관리기준과 에너지진단의 범위만 차이가 있다는 점에서 서술 편의상 산업부문으로 편입하였다.

에 도입되었다. 산업통상자원부장관은 에너지다소비사업자의 효율적인 에너지관리를 위하여 「에너지관리기준」(산업통상자원부고시 제2018－135호)을 정하고 있으며, 에너지진단과 관련하여 법령에서 위임된 사항은 「에너지진단 운용규정」(산업통상자원부고시 제2019－223호)에서 정하고 있다.

2. 의무대상자의 범위

에너지진단을 의무적으로 받아야 하는 대상은 「에너지이용 합리화법」 제32조제2항에 따라 에너지다소비사업자이다. 다만, 물리적 또는 기술적으로 에너지진단을 실시할 수 없거나 에너지진단의 효과가 적은 아파트·발전소 등은 의무대상자의 범위에서 제외되는데, 구체적인 대상은 「에너지진단 운용규정」 제3조제1항에 규정되어 있다. 산업부문에 대한 에너지관리를 효율적으로 하기 위해서는 에너지다소비사업자의 에너지사용량, 제품생산량, 에너지사용기자재 현황 등 관련 정보가 필요하며,[25] 이를 위하여 시·도지사는 동법 제31조제1항에 따라 에너지다소비사업자에게 신고의무를 부과하고 있다. 시·도지사는 매년 1월 31일까지 에너지다소비사업자로부터 신고받은 사항을 2월 말일까지 산업통상자원부장관에게 보고하여 해당 정보를 관련 정책 수립에 활용할 수 있도록 해야 한다. 또한 에너지다소비사업자가 신고한 사항에 대한 확인이 필요한 경우에는 한국전력공사, 한국가스공사, 도시가스사업자, 집단에너지사업자, 한국지역난방공사에 에너지다소비사업자에게 공급한 에너지공급량에 관한 자료 제출을 요구할 수 있는 근거도 함께 마련하여 해당 정보의 신뢰성을 담보할 수 있도록 하였다. 또한 「공공기관 에너지이용 합리화 추진에 관한 규정」 제7조제1항은 연료·열 및 전력의 연간 사용량의 합계가 2천toe 이상인 공공기관에게 에너지이용합리화법령에 따른 에너지진단을 받도록 하되, 건축 연면적이 3,000㎡ 이상인 건축물을 소유한 공공기관은 연간 에너지사용량 기준과 상관없이 5년마다 에너지진단을 받도록 의무를 부과하고 있다.

3. 진단주기 및 사후관리

에너지다소비사업자의 에너지진단주기는 「에너지이용 합리화법 시행령」 제36

---

25 에너지다소비사업자가 신고해야 하는 사항은 「에너지이용 합리화법」 제31조제1항 각 호에서 열거하고 있는 전년도의 분기별 에너지사용량·제품생산량, 해당 연도의 분기별 에너지사용예정량·제품생산예정량, 에너지사용기자재의 현황, 전년도의 분기별 에너지이용 합리화 실적 및 해당 연도의 분기별 계획, 에너지관리자의 현황이다.

조제1항에 따른 [별표 3]에서 연간 에너지사용량을 기준으로 달리 정하고 있다. 연간 에너지사용량이 20만toe 이상인 경우에는 전체진단 5년/부분진단 3년 주기이며, 20만toe 미만인 경우에는 5년 주기로 시행한다.[26] 에너지진단은 에너지다소비사업자에 대한 규제이기 때문에 천재지변, 노사분규 등으로 에너지진단이 불가피하게 불가능한 경우에는 사업자의 부담 경감을 위하여 「에너지진단 운용규정」 제6조에 따라 최대 12개월까지 일시적으로 연기신청을 할 수 있다. 또한 진단의무대상자 중 자체에너지절감실적이 우수하다고 인정되는 자는 동법 제32조제4항에 따라 에너지진단의 면제나 에너지진단주기의 연장도 가능하며, 구체적인 대상과 면제 또는 연장 범위는 동법 시행규칙 제29조 및 [별표 3]에서 정하고 있다. 진단의무대상자 중 공공기관은 「공공기관 에너지이용 합리화 추진에 관한 규정」 제7조제2항에 따라 제로에너지건축물 인증을 취득하거나 건물에너지관리시스템 설치확인 받은 건축물의 경우 1회에 한하여 에너지진단을 면제받을 수 있으며, 건물에너지관리시스템 운영성과를 확인한 결과 5% 이상 에너지절감성과를 달성한 건축물은 에너지진단주기 2회마다 에너지진단 1회를 면제받을 수 있다. 에너지진단의 면제나 진단주기의 연장은 에너지다소비사업자의 적극적인 효율 개선 활동을 유도하기 위한 유인제도로 활용되고 있다.

에너지진단 의무화제도는 진단전문기관에 대한 지정취소 또는 업무정지명령과 진단의무대상자에 대한 에너지관리지도를 통하여 제도 운영에 필요한 사후관리를 실시하고 있다. 에너지진단전문기관은 에너지관리기준에 비추어 현저히 부적절하게 에너지진단을 하거나 정당한 사유 없이 3년 이상 계속하여 에너지진단업무 실적이 없는 등의 사유가 발생하면 동법 제33조에 따라 지정취소 또는 업무정지명령을 받을 수 있다. 「에너지진단 운용규정」 제14조는 진단기관 평가제도의 도입을 통해 진단품질의 향상과 진단시장의 건전성 확보를 꾀하는 동시에 진단대상자에게 우수 진단기관을 선택할 수 있도록 정보를 제공하는 기능을 하고 있다.

또한 「에너지관리기준」 제2조제2항은 에너지다소비사업자에게 에너지관리기준에 따라 에너지사용시설을 효율적으로 유지·관리할 의무를 부과하고 있는데, 산업통상자원부장관은 에너지진단 결과 이 기준을 지키고 있지 않다고 판단되면

---

26 부분진단은 연간 에너지사용량이 20만toe 이상인 자가 10만toe 이상의 사용량을 기준으로 구역별로 나누어 에너지진단을 하므로, 1개 구역 이상에 대하여 부분진단을 한 경우에는 에너지진단주기에 에너지진단을 받은 것으로 보며, 구역별로 나누어 순차적으로 실시하도록 하여 진단대상자의 부담을 경감하고 에너지진단의 효율성을 확보하는 데 목적이 있다.

동법 제32조제5항에 따라 기준 이행을 위한 에너지관리지도를 할 수 있다. 그 결과 에너지가 손실되는 요인을 줄이기 위하여 필요하다고 인정되면 산업통상자원부장관은 동법 제34조에 근거하여 에너지다소비사업자에게 에너지 손실요인의 개선명령을 할 수 있으며, 에너지다소비사업자가 정당한 사유 없이 이를 이행하지 않은 경우에는 과태료 부과처분을 받게 된다.

제 3 절 건물부문의 에너지효율향상제도

I. 건축물 에너지총량관리제도

1. 에너지총량관리제도의 의의

에너지총량관리제도는 건축물에서 사용하는 에너지의 총량관리를 통해 에너지 효율향상 및 온실가스 배출을 감축하기 위한 제도로서 녹색건축법에 근거하고 있다. 에너지총량관리제도는 기존의 에너지절약 설계기준이 건축물의 부위별 기준을 정하고 있어 종합적인 에너지성능을 파악할 수 없다는 한계점을 극복하기 위하여 도입되었다. 녹색건축법은 건축물의 에너지총량관리를 위하여 지역별 건축물의 에너지총량을 관리하는 방식과 개별 건축물의 에너지 소비 총량을 제한하는 방식을 두고 있다. 이 제도는 건축물의 에너지성능 향상에도 기여하지만, 궁극적으로는 녹색건축물의 확대를 통해 건축물의 온실가스 배출량을 감축하는 데 목적이 있다.

에너지총량관리제도의 시행을 위해서는 건축물의 온실가스 배출량 및 에너지 사용량을 측정하여 검증·관리할 수 있는 정보체계가 구축되어야 한다. 이러한 이유로 녹색건축법 제10조는 국토교통부장관에게 건축물의 에너지·온실가스 정보체계의 구축의무를 부과하고 있으며, 이 시스템의 구축·운영 및 관리에 필요한 사항은 「건축물 에너지·온실가스 정보체계 운영규정」(국토교통부고시 제2022-415호)에서 규정하고 있다.

2. 지역별 건축물 에너지총량관리제도

지역별 건축물 에너지총량관리제도는 건축물의 무분별한 에너지 사용을 제한하고 에너지소비효율을 향상시키기 위하여 건축물의 허가권자인 시·도지사가 지역별 건축물의 에너지 총량을 설정·관리하는 제도이다. 시·도지사는 관할 지역의 여건을 고려하여 건물부문의 에너지 감축목표를 설정하고 계획을 수립하여 국토교통부장관과 협약을 체결하며, 이 협약의 이행에 필요한 행정적·재정적 지원을 받게 된다.[27] 이 제도는 녹색건축법 제11조에 근거하고 있으나, 법령에서 규정한 사항 이외에 지역별 건축물의 에너지 소비 총량의 설정 방법, 대상, 절차 및 의견 조회 방법 등에 관하여 필요한 사항은 시·도의 조례의 조례로 정하도록 위임하고 있다.

　　지역별 건축물 에너지총량관리제도는 시·도지사에게 관할 지역의 건축물에 대한 에너지소비 총량을 설정·관리할 수 있는 재량권을 부여하고 있다.[28] 이로 인하여 해당 지역 주민의 신규 건축 허가나 기존 건축물의 개·보수 등 재산권 행사에 있어 영향을 미칠 수 있으므로 사전에 의사결정의 합리성이나 정당성을 담보할 수 있는 절차적 규정이 중요하다. 때문에 녹색건축법 제11조제1항 및 동법 시행령 제8조는 시·도지사가 관할 지역 건축물의 에너지 소비총량을 설정하기 위해서는 주민 열람, 지방의회의 의견 청취 및 탄소중립기본법 제22조에 따른 2050지방탄소 중립녹색성장위원회나 「건축법」 제4조에 따라 시·도에 두는 지방건축위원회의 심의를 거쳐 확정하도록 하였다.

3. 개별 건축물 에너지 소비총량 제한제도

　　개별 건축물 에너지 소비총량 제한제도는 1년 동안 건축물에서 소비하는 총에너지사용량을 건축물 연면적으로 나눠 단위 면적당 에너지소비량이 일정기준 이하가 되도록 에너지소비량을 관리하는 제도이다.[29] 국제사회에서 온실가스 감축이

---

27 지역별 건축물 에너지총량관리의 시행 여부는 시·도지사가 결정할 수 있으나, 지역별 에너지소비총량 관리대상은 법령으로 정하고 있으며 「건축법」 제3조제1항에 해당하는 건축물[「문화유산의 보존 및 활용에 관한 법률」에 따른 지정문화유산이나 임시지정문화유산, 철도나 궤도의 선로 부지(敷地)에 있는 운전보안시설 등, 고속도로 통행료 징수시설, 컨테이너를 이용한 간이창고, 「하천법」에 따른 하천구역 내의 수문조작실은 제외된다.

28 시·도지사가 관할 지역 건축물의 에너지 소비총량을 설정할 때에는 녹색건축법 시행령 제8조에 따라 녹색건축물 기본계획과 지역녹색건축물 조성계획에서 정하는 목표량의 범위에서 정하여야 하는데, 이는 녹색건축물 관련 계획 간의 위계질서 하에 결정된 정책방향과 모순되지 않도록 하기 위함이다.

29 지역별 건축물 에너지총량관리제도는 시·도지사가 자율적으로 지역별 건축물의 에너지 총량을 설정·관리하는 반면, 개별 건축물 에너지 소비총량 제한제도는 국토교통부장관이 건축물 용도에 따른 에너지 소비량 허용기준을 제시하고, 건축주는 허용기준을 준수하여 설계해야 한다는 점에서 양 제도는 차이가 있다.

중요한 의제로 부상하면서 우리나라도 에너지 절감 및 온실가스 감축을 위한 노력을 기울이고 있다. 그러한 점에서 이 제도는 에너지절약 성능이 높은 건축물의 설계를 적극적으로 유도하여 녹색건축물을 활성화시킨다는 측면에서 중요한 의미를 가진다. 2010년 제도의 도입 당시에는 「건축물의 에너지절약설계기준」에 근거를 두고 있었으나, 2012년 녹색건축법이 제정되면서 안정적인 제도 운영을 위하여 법률에 근거를 마련하게 되었다. 현행 녹색건축법 제12조제1항에 따르면 국토교통부장관은 탄소중립기본법 제8조에 따른 건축물 부문의 중장기 및 단계별 온실가스 감축 목표의 달성을 위하여 신축 건축물 및 기존 건축물의 에너지 소비총량을 제한할 수 있도록 명시하여 제도의 근거를 명확히 하고 있다.

이 제도는 기존 건축물과 신축 건축물을 모두 적용대상으로 하고 있다. 녹색건축법 제12조제4항에 따르면 기존 건축물의 에너지 소비 총량 관리는 탄소중립기본법 제26조 및 제27조에 따른 온실가스 목표관리제의 적용을 받는 것으로 규정하고 있는데, 이는 기존 건축물의 경우 건축단계에서 신축 건축물과 동일한 규제가 어렵기 때문이다.[30] 따라서 기존 건축물은 「온실가스 목표관리 운영 등에 관한 지침」(환경부고시 제2024-22호)에서 정한 사항에 따르게 된다. 그러나 신축 건축물의 경우 건축주가 녹색건축법 제12조제3항에 따라 해당 건축물의 에너지 소비총량이 용도별 에너지 소비량 허용기준을 넘지 않도록 설계하고, 건축 허가 신청 시 관련 근거자료를 제출해야 하는 의무를 부담한다.[31] 만약 해당 건축물의 에너지 소비총량이 허용기준을 초과할 경우 건축주의 건축허가 신청이 거부될 수 있다는 점에서 신축 건축물의 에너지 소비총량 제한은 건축허가의 요건이라 할 수 있다.

II. 녹색건축물 인증제도

1. 녹색건축물 인증제도의 의의

녹색건축법은 녹색건축물의 활성화를 통해 건물부문의 에너지효율향상을 위

---

30 건축물의 에너지 소비총량 제한을 관리하는 방식에 있어 기존 건축물은 목표관리제를 통해 건축물에서 사용되고 있는 에너지사용량을 절감하는 방식으로, 신축 건축물은 건축물에서 사용되는 에너지량을 설계 시부터 줄이는 방식으로 관리하고 있다.
31 건축물 에너지 소비총량 제한대상은 「건축물의 에너지절약설계기준」 제21조에 따라 「건축법 시행령」 [별표 1]에 따른 업무시설 중 연면적의 합계가 3천㎡ 이상인 건축물과 「건축법 시행령」 [별표 1]에 따른 교육연구시설 중 연면적의 합계가 3천㎡ 이상인 건축물로 한정되어 있다.

하여 다양한 제도적 수단을 마련하고 있다. 그러나 건축물의 에너지성능을 개선하기 위해서는 건축주나 건축물 소유자가 비용을 부담할 수밖에 없는 구조적인 문제로 인해 일방적인 규제만으로는 정책목적을 달성하기에 한계가 있다. 결국 녹색건축물 활성화를 위해서는 각종 제도의 자발적 참여가 중요하며, 이를 유도하기 위한 인센티브가 마련되어야 한다. 녹색건축법 제15조가 건축물에 대한 효율적인 에너지 관리와 녹색건축물 조성 활성화를 위하여 제16조에 따른 녹색건축 인증, 제17조에 따른 건축물 에너지효율등급 인증 및 제로에너지건축물 인증을 받은 건축물에 대하여 건축기준 완화 등의 특례 적용에 관한 근거를 마련하고 있는 것도 그러한 이유 때문이다.

녹색건축법은 녹색건축물 인증제도의 시행 근거 및 운영에 필요한 최소한의 사항만 규정하고 있을 뿐, 구체적인 사항은 하위법령으로 위임하고 있다. 즉, 녹색건축물 인증제도는 국토교통부와 환경부의 공동부령인 「녹색건축 인증에 관한 규칙」과 공동고시인 「녹색건축 인증 기준」(국토교통부고시 제2023-329호, 환경부고시 제2023-172호), 건축물 에너지효율등급 인증과 제로에너지건축물 인증은 국토교통부와 산업통상자원부의 공동부령인 「건축물 에너지효율등급 인증 및 제로에너지건축물 인증에 관한 규칙」(약칭: 건축물에너지인증규칙)과 공동고시인 「건축물 에너지효율등급 인증 및 제로에너지건축물 인증 기준」(국토교통부고시 제2023-911호, 산업통상자원부고시 제2023-242호)에서 구체적인 사항을 규정하고 있다.

2. 녹색건축물 인증의 유형

(1) 녹색건축 인증

녹색건축 인증은 건축물의 자재생산단계, 설계, 건설, 유지관리, 폐기에 걸쳐 건축물의 전 과정에서 발생할 수 있는 에너지와 자원의 사용 및 오염물질 배출과 같은 환경 부담을 줄이고, 쾌적한 환경을 조성하기 위한 목적으로 건축물의 환경친화 정도를 평가하여 인증하는 제도를 말한다.[32] 즉, 건축물의 에너지절감 이외에도 건축의 전 과정에 거쳐 친환경성을 종합적으로 평가하는 제도라 할 수 있다. 이 제도는 지속가능한 개발의 실현과 자원절약형이면서 자연친화적인 건축물의 건축을 유도하기 위하여 녹색건축법 제16조에 근거하여 도입되었다.[33]

---

32 한국건설기술연구원, 『녹색건축 인증기준 해설서』, 2016.9, 1면.
33 과거에는 「건축법」에 따른 친환경건축물 인증과 「주택법」에 따른 주택성능등급표시를 별도로 운영하였으나, 두

녹색건축 인증을 시행하기 위해서는 녹색건축법 제16조제2항에 따라 국토교통부장관의 운영기관 및 인증기관 지정이 선행되어야 하며, 녹색건축 인증을 받으려는 자는 동조 제4항에 따라 관련 업무를 위임받은 인증기관에 인증 신청을 하여야 한다. 다만, 녹색건축 인증의 부적절한 수행을 방지하기 위하여 국토교통부장관은 녹색건축법 제16조제3항에 따라 녹색건축 인증기관의 인증 업무를 주기적으로 점검하고 관리·감독할 수 있으며, 인증업무를 부당하게 수행한 경우에는 행정처분도 가능하다. 녹색건축 인증제의 운영과 관련하여 인증 대상 건축물의 종류, 인증기준 및 인증절차, 인증유효기간, 수수료, 인증기관 및 운영기관의 지정 기준, 지정 절차 및 업무범위, 인증받은 건축물에 대한 점검이나 실태조사, 인증 결과의 표시 방법은 「녹색건축 인증에 관한 규칙」에서 규정하고 있는 바에 따른다. 녹색건축 인증대상은 동규칙 제2조에 따라 군부대주둔지 내의 국방·군사시설을 제외한 「건축법」상 건축물로 기존 건축물까지 포함되며, 신축 여부와 용도 등을 고려하여 최우수(그린1등급)~일반(그린4등급)까지 총 4개 등급으로 구분하여 인증하고 있다.

(2) 건축물 에너지효율등급 인증[34]

건축물 에너지효율등급 인증은 건축물의 단위면적당 1차 에너지소요량을 평가하여 에너지효율등급을 인증하는 제도로 녹색건축법 제17조에 근거하고 있다. 이 제도는 건축물의 에너지효율등급에 관한 정보를 수요자들에게 제공하여 에너지효율이 높은 건축물이 시장에서 경쟁력을 가질 수 있도록 함으로써 다른 건축물의 에너지효율의 개선을 유인하고 건축물 전반에 대한 효과적인 에너지관리를 가능하게 하는 데 기여한다. 2001년 제도 도입 초기에는 18세대 이상 공동주택을 대상으로 「건축에너지효율등급 인증에 관한 규정」(산업자원부고시 제2001-100호)에 근거하여 자율적으로 인증하였고, 공공기관에서 신축하는 공동주택은 「공공기관 에너지이용합리화 추진지침」(국무총리 지시 제2001-5호)에 따라 인증을 강제하였다. 이후 2009년 2월 「건축법」의 개정 법률에 제도 근거가 마련되면서 인증제의 시행주체도 당시 국토해양부와 지식경제부로 변경되었고 인증대상 건축물도 업무용까지

제도의 평가항목이 중복·유사하다는 점에서 효과적인 제도 운영을 위하여 2012년 녹색건물 인증으로 통합되었다. 녹색건축 인증제도의 입법배경 및 통합 이전의 녹색건축 인증 유사제도에 관하여는 이종영, 「건축물 에너지효율관리제도」, 한국법제연구원, 2013, 62면 이하 참조.

34 건축물 에너지효율등급 인증제는 2024.2.20. 녹색건축법 일부개정에 따라 폐지되며, 2025.1.1.부터 제로에너지 건축물 인증제로 통합하여 시행될 예정이다.

확대되었다.

건축물 에너지효율등급 인증은 건축물에너지인증규칙 제2조에 따라 「건축법 시행령」[별표 1] 각 호에 따른 건축물을 대상으로 하며,[35] 건축물의 용도나 신축 여부를 불문한다. 현재 건축물 에너지효율등급 인증은 건물의 설계도서를 통하여 난방, 냉방, 급탕 등 에너지소요량과 이산화탄소 발생량을 평가하여 에너지성능에 따라 1^{+++}등급~7등급까지 총 10개 등급으로 구분하여 인증하고 있다.

(3) 제로에너지건축물 인증

제로에너지건축물은 녹색건축법 제2조제4호에 따라 건축물에 필요한 에너지 부하를 최소화하고 신·재생에너지를 활용하여 에너지 소요량을 최소화하는 녹색 건축물을 의미한다. 즉, 건축물에서 사용하는 에너지성능을 극대화하고 건축물에 필요한 에너지를 자체적인 신·재생에너지 발전 등을 통해 조달한다는 건축물이라 할 수 있다.[36] 제로에너지건축물 인증은 건물부문에서 사용하고 있는 에너지소비 량이 상당함을 고려하여 고효율건축물의 보급을 활성화함으로써 온실가스 감축에 기여하기 위한 목적으로 도입되었다. 이 제도는 건축물의 에너지효율에 관한 사항 을 고려하지만, 신·재생에너지 설비를 활용한 에너지자립률까지 고려한다는 점에 서 환경친화적인 에너지 공급과도 관련되어 있다.

제로에너지건축물 인증은 2016년 녹색건축법의 개정 시 도입되었으며, 동법 제17조에 근거하고 있다.[37] 제로에너지건축물 인증은 건축물 에너지효율등급 1^{++} 이상인 건축물만 대상으로 하고 있으며, 건물의 설계도서를 통하여 단위면적당 1 차에너지생산량과 1차에너지소비량을 평가하여 에너지자립률에 따라 1등급~5등 급까지 총 5개 등급으로 구분하여 인증하고 있다.

---

35 다만, 「건축법 시행령」[별표 1] 제3호부터 제13호까지, 제15호부터 제29호까지의 건축물 중 실내 냉방·난방 온도 설정조건으로 인증 평가가 불가능한 건축물 또는 이에 해당하는 공간이 전체 연면적의 100분의 50 이상 을 차지하는 건축물은 제외된다.

36 제로에너지건축물은 건축물의 사용에너지와 생산에너지의 합계가 0이 된다는 의미에서 넷제로에너지빌딩 (Net-Zero Energy Building) 혹은 현재의 기술을 감안하여 에너지성능이 매우 높아 에너지소비가 최소화된 건축물이라는 의미에서 에너지 제로에 가까운 빌딩(Nearly-Zero Energy Building)으로 표현하기도 한다.

37 2025년부터 시행되는 제로에너지건축물 인증제는 특정 건축물의 건축 또는 리모델링하려는 건축주가 해당 건 축물에 대하여 대통령령으로 정하는 제로에너지 건축물 인증등급 이상을 받도록 의무화하는 내용을 포함하고 있다(녹색건축법 제17조제6항).

3. 녹색건축물 인증의 법적 성격

녹색건축물 인증은 녹색건축법 제16조 및 제17조에 근거를 두고 있어 법정인 증에 해당하며, 녹색건축물 인증을 받으려는 자의 의사결정에 따라 인증 신청 여 부가 달라진다는 점에서 원칙적으로는 임의인증의 성격을 가진다.[38] 다만, 동법 제 16조제7항 및 제17조제6항은 일정한 요건을 충족하는 건축물을 건축 또는 리모델 링하는 건축주에 대하여 해당 인증을 의무적으로 취득·표시하도록 규정하고 있어 예외적으로 강제인증의 성격도 가지고 있다.[39] 녹색건축 인증의 의무취득대상은 녹색건축법 시행령 제11조의3에 따라 연면적의 합계가 3천㎡ 이상인 중앙행정기 관의 장, 지방자치단체의 장, 탄소중립기본법 시행령 제30조제2항에 따른 공공기 관 및 교육기관의 장 또는 교육감이 소유 또는 관리하는 건축물이 신축·재축 또 는 별동 증축하는 경우로서 에너지절약계획서의 제출 대상인 건축물이다. 에너지 효율등급 인증 또는 제로에너지건축물 인증의 표시 의무 대상 건축물은 녹색건축 법 시행령 제12조제2항에 따른 별표 2에서 규정하고 있다.

현재 녹색건축물 인증은 일부 공공부문에서 강제인증으로 시행되고 있는데,[40] 만약 인증을 받지 못하면 건축물의 사용승인 신청이 반려될 수 있다는 점에서 허 가제의 성격을 가지는 것으로도 볼 수도 있다. 녹색건축물 조성은 건축물의 에너 지성능 향상을 통한 온실가스 감축이라는 목표를 고려할 때 향후 적용대상 및 범 위가 더욱 확대될 것으로 보인다. 다만, 향후 인증대상을 민간부문으로 확대할 경 우에는 건축주에 대한 과잉적인 규제가 되지 않도록 제도 설계가 필요하다.

---

38 녹색건축물 인증을 신청할 수 있는 자는 「녹색건축 인증에 관한 규칙」 제6조제1항 및 건축물에너지인증규칙 제 6조제2항에 따라 건축주, 건축물 소유자, 사업주체 또는 시공자(건축주나 건축물 소유자가 인증 신청에 동의한 경우에 한정)이다.

39 의무인증대상 건축물의 건축주는 해당 건축물에 인증결과를 표시하고 건축물의 사용승인 신청 시 관련 서류를 제출할 의무를 부담하는데, 이는 사용승인 허가권자로 하여금 건축물대장에 인증결과를 기재하도록 하여 정보제 공적 기능을 강화함으로써 인증제도의 실효성을 확보하기 위함이다.

40 「녹색건축 인증기준」 제7조제2항은 국가나 지방자치단체의 청사의 경우 우수(그린2등급) 등급 이상을 취득하도 록 최소 등급기준을 정하고 있다. 또한 「공공기관 에너지이용 합리화 추진에 관한 규정」 제6조는 동 규정에 따 른 공공기관은 녹색건축법 시행령 별표 1(별표 1 요건 중 소유 또는 관리주체는 제2조제1호의 공공기관)에 따 라 제로에너지건축물 인증을 취득하여야 한다고 규정하고 있다.

4. 녹색건축물 인증의 효과

녹색건축물 인증기관의 장은 인증 시 「녹색건축 인증에 관한 규칙」 제9조 및 건축물에너지인증규칙 제9조에 따라 건축주등에게 인증서를 발급하여야 한다. 건축주등은 인증명판을 건축물 현관 및 로비 등 공공이 볼 수 있는 장소에 게시하게 된다. 녹색건축물 인증의 유효기간은 녹색건축 인증의 경우 인증서를 발급한 날부터 5년, 건축물 에너지효율등급 인증의 경우 10년, 제로에너지건축물 인증의 경우 인증받은 날부터 해당 건축물에 대한 1^{++}등급 이상의 건축물 에너지효율등급 인증 유효기간 만료일까지이다. 녹색건축물 인증의 표시는 해당 건축물에 대한 에너지성능 및 친환경성을 대외적으로 홍보하여 녹색건축물 조성을 활성화하는 데 기여할 수 있다.

녹색건축물 인증을 받은 건축물은 녹색건축법 제15조제1항에 따라 동법 제14조제1항에 따른 에너지절약계획서의 제출이나 제14조의2에 따른 건축물의 에너지소비 절감을 위한 차양 등의 설치 규정을 적용하지 않거나, 「건축법」에 따른 용적률 또는 건축물의 높이를 100분의 115 이하의 범위에서 완화하여 적용할 수 있다. 특히, 건축기준 완화는 녹색건축물 조성에 따른 건축비용 증가를 개발밀도의 상향을 통해 보전해 주는 수단으로 사용되고 있다. 이에 관한 구체적인 기준은 「건축물의 에너지절약설계기준」 제16조에서 규정하고 있는데, 건축주가 건축기준의 완화를 별도로 신청하는 경우에만 인정되며, 녹색건축 인증은 최대 6%(최우수등급), 건축물에너지효율등급 인증은 최대 6%(1^{++}등급), 제로에너지건축물 인증을 취득하는 경우에는 최대 15%(1등급)를 인정한다. 또한 녹색건축법 제15조제3항에 따라 지방자치단체는 「건축물의 에너지절약설계기준」의 범위에서 건축기준 완화와 재정지원에 관한 사항을 조례로 정할 수도 있다.

Ⅲ. 에너지관리시스템 지원제도

1. 에너지관리시스템의 개념

에너지관리시스템(EMS, Energy Management System)은 「에너지이용 합리화법」 제2조제2항에서 "에너지사용을 효율적으로 관리하기 위하여 센서·계측장비, 분석 소프트웨어 등을 설치하고 에너지사용현황을 실시간으로 모니터링하여 필요 시 에너지사용을 제어할 수 있는 통합관리시스템"으로 정의하고 있다. 에너지관리시스템은 ICT 기반의 융복합 기술이 적용되어 에너지사용자의 효과적인 에너지관리를 위한 시스템으로 다양한 분야에서 활용될 수 있으나, 국내에서는 건물부문에서 가장 활발하게 구축 중이다. 이러한 측면에서 「공공기관 에너지이용 합리화 추진에 관한 규정」 제2조제8호는 쾌적한 실내환경을 유지하고 에너지를 효율적으로 사용하도록 지원하는 제어·관리·운영 통합시스템을 건물에너지관리시스템(BEMS, Building EMS)으로 별도로 정의하고 있다.[41] 에너지관리시스템의 도입 권장 및 지원은 2015년 1월 법률 개정 시 신설되었으며, 동법 제28조의3에 근거하고 있다. 에너지관리시스템은 4차 산업혁명기술을 활용하여 건축물의 운영단계에서 에너지효율을 극대화하여 온실가스 감축에 기여하나, 시스템의 구축 시 투자 비용에 대한 부담으로 인해 보급 확대에 어려움이 있다.

2. 에너지관리시스템의 도입 권장 및 지원

에너지관리시스템의 도입은 에너지사용자의 자유로운 의사결정에 맡겨져 있다. 기본적으로 에너지관리시스템은 소프트웨어 및 하드웨어 측면에서 ICT 기반의 융복합 기술을 기반으로 하고 있어 도입 시 상당한 비용이 수반될 수밖에 없어 의무적인 도입이 불가능하다. 「에너지이용 합리화법」 제28조의3제1항이 에너지사용자에게 에너지관리시스템의 도입 권장 및 필요한 지원을 할 수 있도록 규정한 것도 그러한 이유 때문이다. 에너지관리시스템의 권장 대상은 동법 시행규칙 제26조의3제1항에 따라 에너지다소비사업자이다. 산업통상자원부장관은 에너지관리시스템의 지원을 위해 매년 지원계획을 공고하며, 지원을 받으려는 자는 에너지관리시스템 도입에 관한 수행계획서를 작성하여 신청해야 한다.[42] 동법 시행규칙 제29조제1항제5호 및 「에너지진단 운용규정」 제5조제3항에 따르면 에너지관리시스템의 구축 전·후를 비교하여 연간 에너지사용량의 4% 이상에 상당하는 에너지를 절감한 사업장에 대해서는 에너지진단주기 2회마다 에너지진단 1회를 면제해 주고 있다.

공공부문에서는 2016년 5월부터 민간부문과 달리 에너지관리시스템의 도입을

---

41 한국에너지공단의 에너지관리시스템 설치확인업무 운영규정(2021.10.29.).

42 최근에는 건물에너지관리시스템의 보급지원은 제로에너지건축물 인프라 구축과 연계하여 국토교통부에서 실시하고 있으며, 산업통상자원부는 스마트그린산업단지에 입주한 중소·중견사업장을 대상으로 공장에너지관리시스템의 보급지원을 하고 있다.

일부 의무화하고 있다. 「공공기관 에너지이용 합리화 추진에 관한 규정」 제6조제2
항은 공공기관이 녹색건축법에 따른 에너지절약계획서 제출대상[43] 중 연면적
10,000㎡ 이상의 건축물을 신축 또는 별동 증축하는 경우 건물에너지관리시스템
(BEMS)을 구축·운영하도록 하여 건물에너지 이용 효율화를 도모하도록 하였다. 건
물에너지관리시스템 설치의무가 있는 공공기관은 설치 후 한국에너지공단을 통해
설치확인을 받아야 한다. 이는 공공부문에서 에너지효율향상 및 에너지절감이라는
정책 목표를 달성하기 위한 선행적인 노력으로, 공공기관의 에너지이용 합리화에
도 기여할 수 있다.

Ⅳ. 냉난방온도제한건물 지정제도

1. 냉난방온도제한건물 지정제도의 규율체계

「에너지이용 합리화법」 제36조의2에 따르면 에너지의 절약 및 합리적인 이용
을 위하여 필요한 경우에는 산업통상자원부장관이 냉난방온도의 제한온도 및 제
한기간을 정하여 냉난방온도를 제한하는 건물을 지정할 수 있다. 이에 따라 냉난
방온도를 제한할 수 있는 대상이 되는 건물은 국가, 지방자치단체, 「공공기관의 운
영에 관한 법률」 제4조제1항에 따른 공공기관이 업무용으로 사용하는 건물이나
에너지다소비사업자의 에너지사용시설 중 연간 에너지사용량이 2천toe 이상인 건
물[44]이다. 냉난방온도의 제한온도는 「에너지이용 합리화법 시행규칙」 제31조의2에
따라 냉방의 경우 26℃ 이상, 난방의 경우 20℃ 이하로 하되, 판매시설 및 공항의
경우 냉방온도를 25℃ 이상으로 제한할 수 있다. 다만, 냉난방온도제한건물이라
하더라도 「의료법」 제3조에 따른 의료기관의 실내구역, 식품 등의 품질관리를 위
해 냉난방온도의 제한온도 적용이 적절하지 않은 구역, 숙박시설 중 객실 내부구
역 등은 제한온도를 적용하지 않을 수 있도록 하는 예외 규정을 동법 시행규칙 제
31조의3제2항에서 마련하고 있다.

---

43 에너지 절약계획서는 녹색건축법 제14조 및 동법 시행령 제10조에 따라 연면적의 합계가 500㎡ 이상인 건축
물에 대한 건축허가 신청, 용도변경의 허가 신청 또는 신고, 건축물대장 기재내용의 변경 신청을 하는 건축주에
게 제출의무가 있다. 다만, 이 경우에도 단독주택, 동·식물원 등 에너지 절약계획서를 첨부할 필요성이 없는 건
축물의 건축 시에는 에너지 절약계획서를 제출하지 않아도 된다.
44 이 경우에도 「에너지이용 합리화법 시행규칙」 제31조의3제1항 단서 규정에 따라 「산업집적활성화 및 공장설립
에 관한 법률」 제2조제1호에 따른 공장과 「건축법」 제2조제2항제2호에 따른 공동주택은 제외된다.

과거에는 건물의 냉난방온도 제한조치를 시행하기 위하여 행정규칙의 형식으로 「건물 난방온도 제한에 관한 규정」과 「건물 냉방온도 제한에 관한 규정」을 제정·시행하였으나 2014년 8월 20일에 모두 폐지되었다. 그럼에도 불구하고 현실에서는 「에너지이용 합리화법」 제7조에 근거하여 산업통상자원부장관이 에너지 수급안정을 위한 조치로서 "에너지사용의 제한에 관한 공고"에 따라 건물의 냉난방온도를 제한하는 경우가 발생하기도 한다.

2. 냉난방온도제한건물 지정제도의 정당성

냉난방온도제한건물로 지정되면 해당 건물은 냉난방온도 제한기간과 제한온도를 준수해야 한다. 냉난방온도제한건물 지정 시 국가나 지방자치단체, 공공기관이 사용하는 건물을 대상으로 하는 것은 문제가 없으나, 에너지수요관리를 목적으로 민간이 사용하는 건물까지 포함하는 것은 국민의 자유를 침해할 가능성이 있다. 헌법 제37조제2항은 "국민의 모든 자유와 권리는 국가안전보장, 질서유지 또는 공공복리를 위하여 필요한 경우에 한하여 법률로써 제한할 수 있으며, 제한하는 경우에도 자유와 권리의 본질적인 내용을 침해할 수 없다."고 규정하고 있으므로, 냉난방온도제한건물 지정제도가 헌법에 합치하는지 여부를 검토할 필요성이 있다.

에너지수요관리를 목적으로는 하는 정책과 법제는 기본권 제한에 해당될 수 있으므로, "비례의 원칙"에 따라 검토할 필요성이 있다. 우선 국가가 기본권을 제한할 경우 그 입법목적이 헌법 및 법률의 체제상 그 정당성이 인정되어야 하고(목적의 정당성), 그 목적의 달성을 위하여 그 방법이 효과적이고 적절하여야 하며(방법의 적절성, 수단의 적합성), 입법권자가 선택한 기본권 제한의 조치가 입법목적 달성을 위하여 설사 적절하다고 할지라도 가능한 한 보다 완화된 형태나 방법을 모색함으로써 기본권의 제한이 필요 최소한도에 그치도록 하여야 하고(피해의 최소성), 그 입법에 의하여 보호되는 공익과 침해되는 사익을 비교·형량할 때 보호되는 공익이 더 커야 한다(법익의 균형성)는 비례의 원칙의 심사척도를 준수하여야 한다.

결국 냉난방온도제한건물 지정제도는 비례의 원칙을 적용했을 때 전체적인 에너지수급 차원에서 전력피크 시 예비전력을 확보하기 위한 적합한 수단에 해당하며, 그 대상을 필요최소한으로 규정하고 있고, 제도 도입을 통해 얻는 공익과 사익을 비교·형량할 때에도 규제의 정당성이 인정된다. 그러나 이 제도에서 중요하게 검토해야 하는 것은 냉난방온도제한의 기준이다. 이와 같은 제한기준이 적절한 수준이라면 국민의 기본권을 과도하게 제한하는 규정이라고 해석하기 어렵지만,[45] 이에 대한 지속적 검토를 통해 그 수준을 조정하는 것은 필요하다.

제 4 절   기기부문의 에너지효율향상제도

Ⅰ. 에너지소비 효율등급 관리제도

1. 에너지기자재 효율관리의 의의

에너지기자재의 효율관리는 에너지효율이 낮은 제품을 시장에서 퇴출하거나 이를 제조하는 사업자로 하여금 지속적으로 에너지효율이 높은 제품의 기술개발을 하도록 독려하는 데에 그 목적이 있다. 소비자제품의 환경적 영향은 제품의 원료선택에서부터 생산, 운송, 저장, 설치, 사용, 재활용, 재사용 및 폐기까지의 전 주기적 과정에서 나타나고 있어, 유럽연합집행위원회는 제품의 전 주기적 환경영향을 인식하여 이에 관한 통합적인 정책에 의하지 않고는 소비자제품에 적합한 환경정책을 추진하기 어렵다고 판단하였다. 에너지효율향상을 통한 환경보호는 특정인에게 요구되는 것이 아니라 소비자제품과 관련된 모든 국민의 문제에 해당하며, 제조자는 제품의 생산단계에서 가능한 적은 원료를 사용하여야 하고, 보다 품질이 좋은 제품을 생산하고, 생산에 필요한 전기와 용수를 적게 사용하여 생산한 제품을 환경친화적이라고 평가할 수 있다.[46]

소비측면에서 볼 때 소비자가 사용하는 제품을 환경친화적인 제품으로 사용하기 위해서는 이에 대한 인식전환이 필요하며, 소비자가 제품의 환경친화성을 쉽게 이해할 수 있도록 관련 정보를 제품에 표시할 필요성이 있다.[47] 즉, 소비자의

---

45 현재 에너지이용합리화법령에서 정하고 있는 냉난방온도 제한기준은 한국건설기술연구원의 2007년도 "건물 냉난방온도 제한 타당성 연구" 결과에 따라 재실자의 건강 및 쾌적성을 유지하는 범위에서 에너지를 절약할 수 있는 수준으로, 주요 국가별 실내온도 권장기준(미국 27.8℃/18.3℃, 일본 24~28℃/20℃, 프랑스 26℃/19℃) 등을 종합적으로 고려하여 정해졌다.

46 R. Wägenbaur, Umweltfreudliche Produkte durch intergriete Produktpolitik, EuZW 2001, 194f.

47 유럽연합은 환경친화적인 제품의 소비를 촉진하기 위하여 환경친화마크가 표시된 제품에 대하여 부가가치세를 감면해주는 조세법적인 정책을 고려하였다.

행동에 영향을 미치기 위하여 에너지사용기자재에 에너지효율이나 에너지소비량 또는 이산화탄소 배출량 등에 관한 사항을 표시함으로써 제조자가 에너지효율이 높은 제품을 개발·제조하도록 유도하는 것이다. 에너지효율이 높거나 이산화탄소 배출량이 적은 에너지사용기자재에 대한 수요가 증가하면, 이를 제조하는 사업자는 에너지효율이 높고 이산화탄소 배출량이 적은 제품의 개발과 제조에 적극적으로 관심을 가지게 된다. 또한 일반적으로 널리 보급되어 있고 그 사용에 있어 상당량의 에너지를 소비하는 에너지사용기자재에 대해서도 원천적으로 에너지절약형 제품을 생산·판매할 수 있도록 하고 관련 기술개발을 촉진할 수 있도록 유도한다.

에너지사용기자재는 천연자원과 에너지소비의 주요한 요인에 해당할 뿐만 아니라 그 밖의 중요한 환경침해를 유발하고 있다. 시장에 출시되는 대다수 에너지사용기자재는 기능상 유사성을 가지고 있음에도 불구하고 에너지효율에서는 많은 차이가 있다. 정부는 에너지사용에 수반되는 다양한 문제를 해소하기 위하여 과도한 비용을 지출하지 않는 범위 내에서 에너지사용기자재의 전반적인 에너지효율향상을 위한 지속적인 제도 개선정책을 수립할 필요성이 있다.

에너지사용기자재의 에너지효율향상 목표는 에너지소비에 부정적 요인을 파악하고 에너지효율을 개선함으로써 달성될 수 있다. 에너지효율이 높은 에너지사용기자재의 제품설계는 우리나라뿐만 아니라 유럽연합에서도 통합적 소비자제품 정책에서의 핵심적 요소로 등장하고 있다. 정부는 에너지사용기자재의 효율향상을 위하여 사전예방적 접근방식으로서 제품의 기능을 그대로 유지하면서 에너지효율향상을 최적화하기 위한 설계를 통해 제조자, 소비자 및 사회 전반에 진정한 새로운 기회를 제공하는 데 제도 도입의 목적을 두어야 한다. 에너지사용기자재의 효율향상은 에너지의 소비효율성을 증대하여 온실가스 감축목표의 효율적인 달성에도 크게 기여하는 것으로 판단된다. 특히 우리나라의 전력사용량 증가 추세에 대처할 수 있는 정책적 대응방안 중 하나로 에너지효율이 높은 에너지사용기자재의 보급정책이 특별히 요구되고 있다는 점에서 에너지기자재에 대한 효율관리제도는 중요한 의미를 가진다.

에너지기자재 효율관리는 관리대상의 범위를 확정하기 위하여 효율관리기자재를 지정한 후 에너지소비 효율을 등급화하여 표시하도록 하고, 최소한의 에너지효율기준을 충족하지 못한 제품에 대하여 생산·판매를 금지하는 방식으로 제도가 설계되어 있다. 다만, 자동차와 같이 총량적인 에너지효율의 개선이 필요하다고 인정되는 기자재의 경우 평균에너지소비효율을 정하여 해당 기자재를 제조하거나 수입하여 판매하는 자가 지키도록 의무를 부과하는 평균에너지소비효율제도도 도입하고 있다.

2. 에너지효율관리기자재의 대상

「에너지이용 합리화법」 제15조제1항에 따라 에너지효율관리의 대상이 되는 효율관리기자재는 일반적으로 널리 보급되어 있는 에너지사용기자재(상당량의 에너지를 소비하는 기자재에 한정) 또는 에너지관련기자재(에너지를 사용하지 아니하나 그 구조 및 재질에 따라 열손실 방지 등으로 에너지절감에 기여하는 기자재)로서 산업통상자원부령으로 정하는 기자재를 말한다. 이에 따라 동법 시행규칙 제7조는 전기냉장고, 전기냉방기, 전기세탁기, 조명기기, 삼상유도전동기(三相誘導電動機), 자동차 및 그 밖에 산업통상자원부장관이 그 효율의 향상이 특히 필요하다고 인정하여 고시하는 기자재 및 설비를 효율관리기자재로 정하고, 구체적인 범위는 「효율관리기자재 운용규정」(산업통상자원부고시 제2024-1호)에서 규정하고 있다.

「효율관리기자재 운용규정」 제3조제1호는 효율관리기자재를 보급량이 많고 그 사용량에 있어서 상당량의 에너지를 소비하는 기자재 중 에너지이용합리화에 필요하다고 산업통상자원부장관이 인정하여 제4조에서 지정한 에너지사용기자재로 정의하였다. 즉, 동법 시행규칙은 대표적인 효율관리기자재의 범위를 정한 것일 뿐 구체적인 대상은 동규정 제4조에서 열거한 것에 한정된다. 효율관리기자재의 범위는 신제품의 출시, 제품의 보급현황, 에너지사용량 등을 고려하여 관리의 필요성에 따라 정해지는 것으로 가변성이 인정된다.[48] 다만, 동규정 제4조에서 열거된 효율관리기자재라고 하더라도 정격소비전력이나 제품의 크기 등 구체적인 범위는 제한하여 정하고 있다. 예를 들면, 전기냉장고의 경우에 「효율관리기자재 운영규정」 제4조제1항제1호에 따라 "전기냉장고 : KS C IEC 62552의 규정에 의한

---

48 「효율관리기자재 운영규정」 제4조에 따른 효율관리기자재는 전기냉장고, 김치냉장고, 전기냉방기, 전기세탁기, 전기냉온수기, 전기밥솥, 전기진공청소기, 선풍기, 공기청정기, 백열전구, 형광램프, 안정기내장형램프, 삼상유도전동기, 가정용가스보일러, 어댑터·충전기, 전기냉난방기, 상업용전기냉장고, 가스온수기, 변압기, 창 세트, 텔레비전수상기, 전기온풍기, 전기스토브, 멀티전기히트펌프시스템, 제습기, 전기레인지, 셋톱박스, 컨버터 내장형 LED램프, 컨버터 외장형 LED램프, 냉동기, 공기압축기, 사이니지 디스플레이, 의류건조기, 모니터, 식기세척기, 이동식 에어컨디셔너, 직관형 LED램프(컨버터 외장형), 펌프, 컴퓨터, 복합기로 총 40개에 해당한다.

정격소비전력이 500W 이하인 냉각장치를 갖는 것으로서 유효내용적이 1,000L 이하인 냉장고 및 냉동냉장고에 한하며, 측정방법은 KS C IEC 62552의 규정에 의하여 측정한 월간 소비전력량(여기서 "월간 소비전력량"이라 함은 1일 소비전력량에 365를 곱하고 이 값을 12로 나눈값에 1.6을 곱한 값을 말한다)"으로 정하고 있다.

「효율관리기자재 운용규정」은 에너지의 목표소비효율 또는 목표사용량의 기준, 에너지의 최저소비효율 또는 최대사용량의 기준, 에너지의 소비효율 또는 사용량의 표시, 에너지의 소비효율 등급기준 및 등급표시, 에너지의 소비효율 또는 사용량의 측정방법, 효율관리시험기관 또는 자체측정의 승인을 받은 자가 측정할 수 있는 효율관리기자재의 종류, 측정 결과에 관한 시험성적서의 기재 사항 및 기재 방법과 측정 결과의 기록 유지에 관한 사항, 이산화탄소 배출량의 표시, 에너지비용(일정기간 동안 효율관리기자재를 사용함으로써 발생할 수 있는 예상 전기요금이나 그 밖의 에너지요금)에 관한 사항을 규정하고 있다.

3. 에너지소비 효율등급의 표시

효율관리기자재에 대한 에너지소비 효율등급 등을 표시하기 위해서는 먼저 해당 제품의 에너지 사용량 측정이 선행되어야 한다. 제조업자나 수입업자는 원칙적으로 효율관리시험기관에서 에너지 사용량의 측정을 받아야 하나, 이들이 시험설비와 전문인력을 모두 갖추고 있는 경우에는 산업통상자원부장관의 승인을 받아 자체측정을 할 수 있다. 효율관리시험기관이나 자체측정의 승인을 받은 제조업자나 수입업자가 측정을 한 경우에는 시험성적서를 발급할 수 있다. 제조업자나 수입업자는 그 측정결과를 산업통상자원부장관에게 신고하고, 해당 효율관리기자재에 에너지소비효율등급 또는 에너지소비효율을 표시하여야 한다.[49] 즉, 효율관리기자재의 제조업자나 수입업자는 에너지사용량의 측정 및 신고의무와 에너지소비 효율등급 등의 표시의무를 부담하고 있다.

효율관리기자재에 표시하여야 하는 에너지소비효율 또는 에너지소비효율등급 라벨의 표시사항은 제품별로 상이하며, 구체적인 표시항목은 「효율관리기자재 운용규정」 제16조제2항에서 규정하고 있다. 예를 들면, 전기냉장고의 경우 월간소비

---

[49] 에너지소비효율등급은 「효율관리기자재 운영규정」에서 정한 절차에 의하여 소비효율등급부여지표 적용 시 해당하는 등급(최상위 1등급부터 5등급까지)을 말하며, 에너지소비효율은 효율관리시험기관 또는 자체측정승인업자가 「효율관리기자재 운영규정」에서 정한 측정방법에 의하여 측정한 에너지소비효율 또는 에너지사용량을 말한다.

전력량, 용량, 1시간 사용시 CO_2배출량, 연간에너지비용, 소비효율등급을 표시해야 하지만, 공기청정기의 경우 1㎡당 소비전력, 표준사용면적, 1시간 사용시 CO_2배출량, 연간에너지비용, 소비효율등급을, 선풍기의 경우 풍량효율과 최저소비효율기준 만족 여부만 표시하면 된다. 효율관리기자재의 표시사항은 사용시 CO_2 배출량 및 연간에너지비용까지 점차 확대되어 소비자가 제품 선택 시 다양한 요소를 고려할 수 있도록 정보제공적 기능이 강화되고 있다. 만약 효율관리기자재에 대한 에너지소비효율등급 등을 표시하지 않거나 거짓으로 표시한 자나 광고내용에 에너지소비효율등급 등이 포함되지 않은 광고를 한 자는 「에너지이용 합리화법」 제78조에 따른 과태료 부과처분를 받게 된다.

4. 최저소비효율기준 미달 기자재의 생산·판매금지

최저소비효율기준은 에너지소비효율이 낮은 제품의 시장 유통 방지와 제조자의 기술개발을 촉진하기 위하여 도입하고 있는 최소한의 에너지효율기준이다. 「효율관리기자재 운용규정」 제3조제3호는 "효율관리기자재의 효율 개선 및 고효율제품 보급 확대를 위하여 일정 효율수준 이하 또는 일정 소비전력량수준 이상 제품의 생산·판매를 제한하고자 이 규정에서 설정한 최저소비효율, 최대소비전력량, 최대소비전력, 최대대기전력 또는 최대열관류율 기준"을 최저소비효율기준으로 정의하고 있다.

「에너지이용 합리화법」 제16조제2항은 효율관리기자재가 최저소비효율기준에 미달하거나 최대사용량기준을 초과하는 경우 해당 효율관리기자재의 제조업자·수입업자 또는 판매업자에게 그 생산이나 판매의 금지를 명할 수 있도록 규정하고 있다.[50] 동법은 최저소비효율기준에 미달하는 제품의 사용 시 지속적으로 에너지를 낭비하는 결과가 초래되기 때문에 이를 방지하기 위한 최후 수단으로 생산·판매금지제도를 도입한 것이다. 비록 이러한 수단이 사업자에 대한 강력한 규제수단으로 작용하더라도 시장진입 자체를 금지하지 않으면 에너지사용제품에 의한 에너지효율향상과 에너지절약을 실현할 수 없다는 점에서 제도 도입의 정당성이 인정되었다. 제3차 에너지기본계획은 조명기기 중 LED에 비하여 효율이 크게 낮은

---

[50] 조명기기는 그 자체의 에너지사용량은 많지 않으나 일상생활 곳곳에서 장시간 사용하고 있어 특별히 효율관리가 필요한 대상으로 인식되었고, 이에 따라 국내에서 백열전구의 생산과 수입이 중단된 것도 「에너지이용 합리화법」 제16조제2항에 따른 조치의 결과라 할 수 있다.

형광등의 비중이 여전히 높다는 점에서 형광등의 최저소비효율기준을 단계적으로 높여 2028년까지 형광등을 시장에서 퇴출시킨다는 목표를 설정하고 있다.

II. 대기전력저감대상제품의 지정제도

1. 대기전력저감대상제품 지정의 의의와 기능

전자제품의 사용 확대로 대기전력을 감소시킬 수 있는 절전제품의 보급 필요성이 제기되면서 대기전력(Standby Power)을 저감하기 위한 제도가 도입되었다. 대기전력은 외부의 전원과 연결만 되어 있고, 주기능을 수행하지 아니하거나 외부로부터 켜짐 신호를 기다리는 상태에서 소비되는 전력으로 정의하는데, 일반적으로 컴퓨터 등의 전자제품이 실제 사용되지 않는 대기상태에서 소비하는 전력을 말한다. 「에너지이용 합리화법」 제18조 및 동법 시행규칙 제13조에 따르면 산업통상자원부장관은 대기전력의 저감이 필요하다고 인정되는 에너지사용기자재(이하 "대기전력저감대상제품"이라 한다)를 지정하고 대기전력저감대상제품의 각 제품별 적용범위, 대기전력저감기준, 대기전력의 측정방법, 대기전력 저감성이 우수한 대기전력저감대상제품의 표시 등에 관한 사항을 고시하여야 한다. 「대기전력저감 프로그램 운용규정」(산업통상자원부고시 제2022-33호) 제3조제1항은 프린터, 팩시밀리, 복사기, 스캐너, 복합기, 자동절전제어장치, 오디오, DVD 플레이어, 라디오 카세트, 전자레인지, 도어폰, 유무선전화기, 비데, 모뎀, 홈게이트웨이, 손건조기, 서버, 디지털컨버터, 유무선공유기를 대기전력저감대상제품으로 지정하고 있다. 또한 동법 제19조제1항은 대기전력저감대상제품 중 대기전력 저감을 통한 에너지이용의 효율을 높이기 위하여 제18조제2호의 대기전력저감기준에 적합할 것이 특히 요구되는 제품으로서 산업통상자원부령으로 정하는 제품을 대기전력경고표지대상제품으로 정하여, 산업통상자원부장관으로 하여금 대기전력경고표지대상제품의 각 제품별 적용범위, 경고 표시 등을 정하여 고시하도록 규정하고 있다. 동 규정 제4조제1항은 대기전력저감대상제품 중 자동절전제어장치, 손건조기, 서버, 디지털컨버터, 유무선공유기를 제외한 대상을 대기전력경고표지대상제품으로 지정하고 있다.

「에너지이용 합리화법」은 대기전력 저감을 통한 에너지효율향상을 목적으로 두 가지 제도를 도입하고 있다. 하나는 대기전력저감대상제품이 대기전력저감기준을 만족하는 경우 대기전력저감우수제품임을 임의적으로 표시할 수 있도록 하는 것이고, 다른 하나는 대기전력경고표지대상제품이 대기전력저감기준에 미달하는 경우 의무적으로 경고표지를 하도록 하는 것이다. 이를 통해 제품을 사용하지 않는 시간에 절전모드를 채택하게 하고 대기전력을 최소화하도록 유도함으로써 에너지절약형 제품의 보급 확대에도 기여할 수 있다.

2. 대기전력경고표시대상제품의 제조업자 등의 의무

대기전력경고표지대상제품의 제조업자 또는 수입업자는 「에너지이용 합리화법」 제20조제1항에 따라 해당 제품이 대기전력저감기준에 적합한지 여부를 확인하기 위하여 대기전력시험기관의 측정을 받아야 한다. 해당 제품의 제조업자 또는 수입업자가 시험설비와 전문인력을 모두 갖추고 산업통상자원부장관의 승인을 받은 경우에는 자체측정으로 대기전력시험기관의 측정을 대체할 수 있다.

대기전력경고표지대상제품의 제조업자 또는 수입업자는 대기전력시험기관으로부터 측정 결과를 통보받은 날 또는 자체측정을 완료한 날부터 각각 60일 이내에 그 측정 결과를 한국에너지공단에 신고할 의무를 부담한다.

3. 대기전력저감우수제품의 표시 및 우선구매

대기전력저감대상제품이 대기전력저감기준에 적합하다는 판정을 받은 경우 그 제품의 제조업자 또는 수입업자는 대기전력저감우수제품의 표시를 할 수 있다. 대기전력저감우수제품의 표시는 대기전력저감대상제품의 제조업자 또는 수입업자의 자율적 의사에 맡겨진 임의적 사항에 해당하기 때문에 이를 촉진하기 위한 유인제도의 근거도 법률에 함께 마련되어 있다. 동법 제20조제3항은 대기전력저감우수제품의 보급을 촉진하기 위하여 필요하다고 인정되는 경우에는 산업통상자원부장관이 국가, 지방자치단체, 「공공기관의 운영에 관한 법률」 제4조제1항에 따른 공공기관에 대하여 대기전력저감우수제품을 우선적으로 구매하게 하거나, 공장·사업장 및 집단주택단지 등에 대하여 대기전력저감우수제품의 설치 또는 사용을 장려할 수 있도록 규정하고 있다. 다만, 대기전력저감우수제품이 대기전력저감기준에 미달하는 경우에는 「에너지이용 합리화법」 제21조에 의하여 산업통상자원부장관이 제조업자 또는 수입업자에게 일정한 기간을 정하여 시정명령을 할 수 있으며, 이를 이행하지 않은 경우에는 그 사실을 공표할 수 있도록 사후관리의 근거도 마련하고 있다.

Ⅲ. 고효율에너지기기자재 인증제도

1. 고효율에너지기기자재 인증의 의미의 기능

고효율에너지기기자재 인증제도는 고효율에너지기기자재의 보급을 활성화하기 위하여 일정기준 이상의 에너지소비효율을 만족하는 제품에 대하여 정부가 인증해 주는 효율보증제도라 할 수 있다. 이 제도는 고효율에너지기기자재로 인증을 받은 제품에 대하여 인증서를 교부하고 고효율에너지기기자재에 해당함을 표시할 수 있도록 하여 에너지효율이 높은 제품이 시장에서 소비자에게 우선적으로 선택받을 수 있도록 유인하는 효과가 있다. 고효율에너지기기자재 인증제도는 임의적 인증제도이기 때문에 모든 에너지기기자재의 제조업자 또는 수입업자가 인증을 받아야 하는 것은 아니다. 다만, 이 제도의 도입을 통해 에너지절약효과가 큰 설비·기기를 고효율기자재로 인증하여 초기시장을 형성하고 보급을 촉진하며, 특히 중소기업의 기술기준 상향을 통해 국가의 에너지절감효과를 극대화하는 데에 그 목적이 있다.

「에너지이용 합리화법」 제22조제1항은 에너지이용의 효율성이 높아 보급을 촉진할 필요가 있는 에너지사용기자재 또는 에너지관련기자재로서 산업통상자원부령으로 정하는 기자재를 고효율에너지인증대상기자재로 정의하면서 산업통상자원부장관에게 고효율에너지인증대상기자재의 인증 등에 관한 사항을 정하여 고시하도록 규정하고 있다. 이를 구체화하여 상세하게 규정한 것이 「고효율 에너지기기자재 보급촉진에 관한 규정」(산업통상자원부고시 제2021-166호)이다.

2. 고효율에너지인증대상기자재의 범위

고효율에너지인증대상기자재는 「에너지이용 합리화법 시행규칙」 제20조제1항 각 호에서 구체적으로 열거하고 있는 5가지[펌프, 산업·건물용 보일러, 무정전전원장치, 폐열회수형 환기장치, 발광다이오드(LED) 등 조명기기]와 특히 에너지이용의 효율성이 높아 보급을 촉진할 필요가 있는 기자재 및 설비로 고시에서 정한 것을 말한다. 다만, 법령에서 열거한 고효율에너지인증대상기자재라 하더라도 구체적인 적용범위는 「고효율 에너지기기자재 보급촉진에 관한 규정」 제3조에 따른 [별표 1]에서 정하고 있다. 현재 고효율에너지인증대상기자재는 산업·건물용 가스보일러, 펌프, 스크류 냉동기, 무정전전원장치, 인버터, 직화흡수식 냉온수기, 원심식 송풍기, 터보압축기, LED유도등, 항온항습기, 가스히트펌프, 전력저장장치, 최대수요전력제어

장치, 문자간판용 LED모듈, 가스진공 온수보일러, 중온식 흡수식 냉동기, 전기자동차 충전장치, 등기구, LED램프, 스마트LED조명으로 총 20개 기자재를 대상으로 하고 있다. 그러나 고효율에너지인증대상기자재에 해당하더라도 기술 수준 및 보급 정도 등을 고려하여 그 대상을 조정할 필요성이 제기될 수 있으므로 동법 제22조제8항은 인증대상을 조정할 수 있는 근거도 함께 마련하고 있다.[51]

3. 고효율에너지기기자재 인증의 표시

고효율에너지인증대상기자재의 제조업자 또는 수입업자는 고효율에너지기기자재 인증표시를 하기 위해서 해당 제품의 시험성적서를 첨부하여 산업통상자원부장관에게 인증을 신청하여야 한다. 산업통상자원부장관은 신청 대상 제품의 인증기준 적합 여부를 판단한 후 인증을 해야 하는데, 실무적으로는 한국에너지공단이 고효율에너지기기자재의 인증 신청의 접수 및 인증 업무를 위탁받아 수행하고 있다. 「에너지이용 합리화법」 제22조제4항은 고효율에너지기기자재 인증을 받은 자가 아닌 자는 인증표시를 할 수 없다고만 규정하고 있으며, 인증의 표시에 관한 구체적인 사항은 「고효율 에너지기기자재 보급촉진에 관한 규정」 제7조에서 규정하고 있다. 고효율에너지기기자재의 제조업자 또는 수입업자는 고효율에너지기기자재에 인증표시를 할 수 있으며, 광고매체나 그 밖의 인쇄물에 인증표시나 인증받은 내용을 광고할 수도 있다. 다만, 고효율에너지기기자재로서의 인증효력은 인증서를 교부받은 날로부터 생산된 제품에 적합한 인증표시를 해야 발생하는데, 동규정 제8조는 인증유효기간을 원칙적으로 인증서 발급일부터 3년으로 규정하고 있다.

4. 고효율에너지기기자재의 보급확대 지원

고효율에너지기기자재 인증제도는 임의인증으로 인증을 받은 제품만 고효율에너지기기자재로 표시할 수 있으므로 인증을 받기 위한 유인책이 없으면 활성화될 수 없는 한계가 있다. 그러나 고효율에너지인증대상기자재는 각종 설비에 주로 사용되고 있어 이를 고효율 제품으로 사용할 경우 파급효과가 크다는 점에서 「에너지

---

[51] 「에너지이용 합리화법」에 따른 에너지기자재의 3대 효율관리제도는 고효율기기로의 시장전환이라는 동일한 목표를 달성하기 위하여 상호 유기적으로 연계되어 있으므로, 해당 기자재에 대한 효율관리의 필요성이 제기되었을 때는 임의적 제도인 고효율에너지기기자재 인증제도의 적용대상에 편입하고, 이후 보급이 확대되고 효율이 향상되면 의무적 제도인 에너지소비효율등급 관리제도와 대기전력경고표지제도로 전환하게 된다는 점에 각 제도의 적용대상은 가변적일 수밖에 없다.

이용 합리화법」 제22조제6항에 따른 우선구매나 사용장려 이외에도 보급확대를 위한 다양한 지원책을 마련하고 있다.[52] 「건축물의 에너지절약설계기준」(국토교통부 고시 제2023-104호)은 에너지절약계획서 제출대상 건축물의 건축주와 설계자가 고효율제품을 설계 시부터 반영하도록 권장하고 있다. 「조세특례제한법」 제6조제4항은 고효율인증제품을 제조하는 중소기업에게 에너지신기술중소기업에 해당하는 날 이후 최초로 해당사업에서 소득이 발생한 과세연도와 그 다음 과세연도의 개시일부터 4년 이내에 끝나는 과세연도까지 해당 사업에서 발생한 소득에 대해 소득세 또는 법인세의 100분의 50에 상당하는 세액을 감면하고 있다. 이러한 지원은 고효율에너지기자재의 보급확대에 직·간접적으로 효과를 미치면서 인증제도의 활성화에도 기여할 수 있다.

제 5 절 수송부문의 에너지효율향상제도

Ⅰ. 자동차 에너지소비효율 관리제도

1. 자동차 에너지소비효율 관리의 의의

자동차는 기기부문의 에너지효율향상제도의 대상인 에너지효율관리기자재에 해당한다. 그러나 다른 에너지효율관리기자재와는 달리 에너지소비효율이 자동차의 성능, 안전, 환경 등 다른 요소와도 연계되어 있다는 점에서 수송부문의 에너지효율향상제도로 구분하였다. 자동차 에너지소비효율 관리는 「에너지이용 합리화법」 제15조 내지 제17조의2에 근거를 두고 자동차의 에너지소비효율을 향상시켜 에너지의 사용을 절감하는 데 목적을 두고 있으며, 자동차 에너지소비효율등급 표시제도와 자동차 평균에너지소비효율제도의 두 가지 제도를 중심으로 설계되어 있다.

자동차 에너지소비효율등급 표시제도는 자동차 제조업자나 수입업자가 국내 판매 이전에 에너지소비효율을 자체적으로 측정하여 표시하는 제도이다. 이때 에너지소비효율은 자동차에서 사용하는 단위 연료에 대한 주행거리(km/L, km/kWh,

---

52 공공기관의 고효율에너지기자재 우선 구매는 「공공기관 에너지이용 합리화 추진에 관한 규정」(산업통상자원부 고시 제2024-46호) 제11조에 근거하고 있다.

km/kg 등)를 의미하는 것으로 일반적으로 연비(燃費)라는 용어를 사용하고 있다. 이 제도는 자동차의 구매 시 소비자가 에너지소비효율을 고려하여 선택할 수 있도록 정보를 제공하고, 이를 통해 자동차 제조업자에게는 에너지소비효율이 높은 차량을 생산하도록 유도하는 기능을 수행하고 있다. 1988년 제도 도입 당시에는 동력자원부고시[「에너지소비효율등 표시기자재(승용자동차) 및 에너지소비효율 측정방법 등」]에 근거하여 승용자동차의 에너지소비효율을 표시하는 데 불과하였으나, 현재는 자동차 에너지소비효율을 등급화하여 표시할 뿐만 아니라 적용대상도 확대되었다. 자동차 평균에너지소비효율제도는 자동차제작자[53]가 판매한 모든 자동차의 에너지소비효율의 합계를 자동차 판매대수로 나누어 산출한 평균값(km/L)을 관리하는 제도이다. 이 제도는 국내 자동차 보유대수의 증가에 따라 수송부문의 전반적인 에너지소비량을 관리하기 위한 목적으로 2002년 도입한 후 2006년부터 시행 중에 있다.

자동차의 에너지소비효율 관리에 관한 사항은 에너지이용 합리화법령의 위임을 받아 제정된 고시에서 구체적으로 규정하고 있다. 「자동차의 에너지소비효율 및 등급표시에 관한 규정」(산업통상자원부고시 제2023−157호)은 자동차에 대한 에너지소비효율 측정·표시, 평균에너지소비효율 및 소비효율에 따른 등급표시 등에 관한 사항을 규정하고 있다. 「자동차의 에너지소비효율, 온실가스 배출량 및 연료소비율 시험방법 등에 관한 고시」(산업통상자원부고시 제2022−14호, 국토교통부고시 제2022−15호, 환경부고시 제2022−13호)는 자동차의 에너지소비효율, 온실가스 배출량, 연료소비율 시험방법 등에 관한 세부적인 사항을 규정하고 있다.

2. 자동차 에너지소비효율등급 표시제도

자동차는 주행 상황에 따라 에너지소비효율이 달라지기 때문에 단순하게 에너지를 소비하는 에너지효율관리기자재와는 차이가 있어 별도의 규율체계를 두고 있다. 자동차 에너지소비효율등급 표시제도의 적용대상은 「자동차의 에너지소비효율 및 등급표시에 관한 규정」 제2조에 따라 국내에서 제작되거나 수입되어 국내에 판매되는 자동차로, 동규정 제3조제3항에서 열거하고 있는 승용자동차, 승합자동차 및 화물자동차이다.[54] 그러나 현재 버스, 트럭 등 중대형 차량은 형태·중량·용

---

53 자동차제작자는 「자동차의 에너지소비효율 및 등급표시에 관한 규정」 제3조제4항에서 국내에서의 판매를 목적으로 자동차를 제작(수입을 포함한다)하거나 판매하는 자로 정의하고 있다.

54 구체적으로는 「자동차관리법」 제3조 및 동법 시행규칙 제2조 [별표 1]에 따른 자동차의 종류 중 승용자동차는 일반형/승용겸화물형/다목적형/기타형, 승합자동차는 15인승 이하의 자동차로서 특수형을 제외한 밴형 화물자

도 등이 다양하고 생산량 자체가 소량이므로 에너지소비효율 측정이 어려워 동제도의 적용대상에서 제외되어 있다. 또한 태양광자동차 등 에너지소비효율 측정·표시가 불가능한 차량도 에너지소비효율 측정 및 표시 방법이 확정되는 시점까지 한시적으로 제도의 적용을 유예할 수 있도록 하고 있다.

자동차도 「에너지이용 합리화법」에 따라 에너지효율관리기자재의 제조업자 등에게 부과되는 의무를 동일하게 부담하기 때문에 자동차 에너지소비효율의 측정 및 신고의무가 있다. 자동차제작자는 제작 또는 수입자동차를 동일차종군으로 구분하여 판매 전에 에너지소비효율을 시험기관으로부터 측정을 받거나 자체측정시험을 실시하여야 한다. 이때 자체측정은 「자동차관리법」 제30조에 따른 자동차 자기인증과 연관되어 있는데, 자기인증제도는 자율규제수단으로서 사업자가 자율적으로 안전규격·기준을 규제한다는 점에서 일반적인 행정규제와는 다르다. 다만, 자체측정에 대한 신뢰성을 확보하기 위하여 시험기관의 측정 결과 제출명령이나 주기적인 입회측정 실시에 관한 제도적 수단도 마련하고 있다. 에너지소비효율을 측정한 자동차제작자는 도심주행·고속도로주행·복합에너지소비효율 및 등급 산정결과를 시험성적서 발급일 및 자체시험이 종료된 날로부터 90일 이내에 한국에너지공단 이사장에게 신고할 의무를 부담한다.

국내에서는 차량을 크기, 중량 또는 배기량에 따라 여러 그룹으로 분리하여 각 그룹 내의 차량에 대하여 연비 절댓값 순서로 등급을 부여하는 상대연비 등급제도를 채택하고 있다. 자동차 에너지소비효율 등급은 동규정 제10조에 따라 복합에너지소비효율을 기준으로 5가지 등급으로 구분하고 있다. 자동차제작자는 에너지소비효율 등급과 함께 자동차가 1km를 주행할 때 배출하는 이산화탄소의 양을 나타내는 복합 CO_2배출량(g/km)을 자동차에 표시하여야 하는데, 이는 자동차의 구매 시 경제성과 환경성을 함께 고려할 수 있도록 하기 위함이다. 자동차도 에너지효율관리기자재에 포함되기 때문에 에너지소비효율의 사후관리는 「에너지이용 합리화법」 제16조에 따른 에너지효율관리기자재의 사후관리와 동일하다.

3. 자동차 평균에너지소비효율제도

(1) 평균에너지소비효율제도의 의의와 기능

평균에너지소비효율제도는 각 효율관리기자재의 에너지소비효율 합계를 그

동차를 포함, 화물자동차는 특수용도형을 제외한 경형 및 소형으로 적용대상이 한정된다.

기자재의 총수로 나누어 산출한 평균에너지소비효율에 대하여 총량적인 에너지효율의 개선이 특히 필요하다고 인정되는 기자재로서 「자동차관리법」 제3조제1항에 따른 승용자동차 등 산업통상자원부령으로 정하는 기자재(이하 "평균효율관리기자재"라 한다)를 제조하거나 수입하여 판매하는 자에게 평균에너지효율기준을 준수할 수 있도록 하는 제도이다.[55] 현행 평균에너지소비효율제도는 「에너지이용 합리화법」 제17조에 따라 자동차의 연비를 향상시키는 데에 목적을 두고 있다.

평균에너지소비효율을 향상시키도록 하는 대상은 평균효율관리기자재 자체가 아니라 이를 제조하거나 수입하여 판매하는 사업자이다. 이러한 측면에서 「에너지이용 합리화법」은 에너지사용기자재의 에너지효율향상과 더불어 에너지사용기자재의 제조업자와 수입업자에게 국내에서 생산하거나 수입하여 판매하는 에너지사용기자재의 총괄적인 효율향상을 기하는 데에 목적을 두고 있다. 이를 통해 에너지사용기자재의 제조업자 또는 수입업자는 가능한 자사가 생산 또는 수입하는 모든 제품에 대하여 에너지효율향상을 우선적으로 고려할 수밖에 없게 된다. 현재 평균에너지소비효율제도는 자동차의 제조업자와 수입업자에게 제한적으로 적용되고 있으나, 가능한 모든 에너지사용기자재의 제조업자와 수입업자에게 적용될 수 있도록 하는 것이 바람직하다.

(2) 평균에너지소비효율제도의 법적 내용

평균에너지소비효율제도는 「에너지이용 합리화법」 이외에 타 법률과도 연계되어 있다. 탄소중립기본법 제32조제2항은 "정부는 자동차의 평균에너지소비효율을 개선함으로써 에너지 절약을 도모하고, 자동차 배기가스 중 온실가스를 줄임으로써 쾌적하고 적정한 대기환경을 유지할 수 있도록 자동차 평균에너지소비효율기준 및 자동차 온실가스 배출허용기준을 각각 정하되, 자동차 제작자는 둘 중 한 기준을 택하여 준수하여야 한다."고 규정하고 있다. 또한 「대기환경보전법」 제50조의2제1항은 "자동차제작자는 제작하는 자동차에서 나오는 배출가스를 차종별로

---

55 「에너지이용 합리화법 시행규칙」 제11조는 「자동차관리법」 제3조제1항에 따른 승용자동차로서 총중량이 3.5 톤 미만인 자동차, 승합자동차로서 승차인원이 15인승 이하이고 총중량이 3.5톤 미만인 자동차, 화물자동차로서 총중량이 3.5톤 미만인 자동차를 평균효율관리기자재의 대상으로 열거하고 있다. 다만, 환자의 치료 및 수송 등 의료목적으로 제작된 자동차, 군용(軍用)자동차, 방송·통신 등의 목적으로 제작된 자동차, 2012년 1월 1일 이후 제작되지 아니하는 자동차, 「자동차관리법 시행규칙」 [별표 1] 제2호에 따른 특수형 승합자동차 및 특수용도형 화물자동차는 제외된다.

평균한 값이 환경부령으로 정하는 기준(이하 "평균 배출허용기준"이라 한다)에 적합하도록 자동차를 제작하여야 한다."고 규정하고 있다. 관련 규정을 종합적으로 고려하면 「에너지이용 합리화법」은 자동차의 평균에너지소비효율을 관장하고, 「대기환경보전법」은 자동차의 평균 배출허용기준을 관장하며, 탄소중립기본법은 자동차의 평균에너지소비효율향상과 온실가스 배출허용기준에 관하여 개별법률에서 관장할 수 있도록 그 근거를 제공하는 역할을 하고 있다.

자동차의 경우 평균에너지소비효율기준과 평균 배출허용기준은 사실상 밀접한 관련성을 가지고 있음에도 불구하고 산출방법도 다르며, 해당 기준을 위반한 경우에 의무이행을 확보할 수 있는 수단도 상이하다. 「에너지이용 합리화법」은 제조업자와 수입업자에게 평균에너지소비효율의 개선명령을 내리고, 이를 이행하지 않는 자에 대하여 명단을 공표하고 과징금을 부과할 수 있도록 하는 의무이행수단을 선택하고 있다. 반면, 「대기환경보전법」은 해당 연도의 평균 배출량이 배출허용기준을 초과한 자동차제작자에 대하여 그 초과분에 대한 상환명령을 내릴 수 있으나, 이를 이행하지 않고 자동차를 제작한 자에 대하여는 행정벌에 처하고 있다.

II. 타이어 에너지소비효율 관리제도

1. 타이어 에너지소비효율 관리의 의의

자동차용 타이어는 과거 자동차의 일부로 여겨져 「자동차관리법」에 따른 자동차 부품의 인증기준과 연료소비효율에 대한 규제만을 받아 왔지만, 에너지 관련 기자재로서 에너지절약에 간접적으로 기여할 수 있다는 측면에서 현재는 「에너지이용 합리화법」의 규율대상에도 포함된다. 자동차용 타이어의 에너지소비효율을 관리하기 위한 제도는 에너지소비효율등급 표시제도와 최저소비효율기준제도로 구성되어 있으며, 이를 운영하기 위하여 「자동차용 타이어의 에너지소비효율측정 및 등급기준·표시 등에 관한 규정」(산업통상자원부고시 제2023-248호)을 마련하고 있다. 타이어 에너지소비효율 표시제도는 타이어의 회전저항, 젖은 노면 제동력에 따라 각각 1~5등급으로 구분하여 고품질 타이어에 대한 소비자의 선택권을 보장하는 제도로 2012년 12월부터 시행 중에 있다. 최저소비효율기준제도는 정부가 정한 최저기준에 미달하는 제품의 생산과 판매를 금지하여 고품질 타이어의 개발을 유도하는 제도로 2013년 12월부터 시행 중에 있다. 타이어 에너지소비효율 관리제도는 자동차 연료 소비의 중요한 요소인 타이어의 제조·수입업체가 원천적으로 고효율 타이어를 보급하도록 함으로써 자동차 연료의 소비 절감과 이를 통한 온실가스 감축에 기여할 수 있다.

2. 타이어 에너지소비효율등급 표시제도

타이어도 에너지효율관리기자재에 포함되기 때문에 「에너지이용 합리화법」 제15조 및 제16조에 따른 에너지소비효율등급의 측정, 신고, 표시 및 사후관리 등에 관한 규정이 동일하게 적용된다. 따라서 자동차용 타이어의 제조업자 또는 수입업자(이하 "타이어제작사"라 한다)는 자동차용 타이어에 대한 에너지소비효율의 측정, 신고 및 등급표시의 의무가 있다. 이때 적용대상이 되는 자용차용 타이어는 「자동차용 타이어의 에너지소비효율측정 및 등급기준·표시 등에 관한 규정」 제3조에서 국내에서 제조 또는 수입하여 판매되거나 자동차에 장착되어 판매되는 것으로서 승용차용 타이어, 소형트럭용 타이어, 중대형트럭·버스용 타이어로 정하고 있다.[56] 자동차용 타이어의 에너지소비효율은 시험기관에 의뢰하여 측정하거나 자체측정 승인을 받은 타이어제작자가 측정할 수 있다. 다만, 동규정 제17조는 에너지소비효율 측정기기의 동질성을 확보하여 시험기관에 따른 결과 차이로 인한 불이익을 방지하기 위하여 상관성시험 실시에 관한 근거를 마련하고 있다. 타이어제작자는 시험기관으로부터 에너지소비효율 측정결과를 통보받거나 자체측정을 완료하여 측정성적서를 발급한 날로부터 60일 이내에 측정결과를 신고할 의무도 부담한다.

타이어의 에너지소비효율 등급은 기본적으로 타이어의 용도별로 구분하되 회전저항계수 및 젖은노면제동력지수를 고려한 5개 등급으로 분류하고 있으며, 타이어제작자는 해당 등급을 표시하여 소비자가 쉽게 식별할 수 있도록 제공하여야 한다. 타이어는 신차용의 경우 자동차에 부착되어 있고, 교체용의 경우 별도 제품으로 소비자에게 제공된다는 점에서 등급표시도 달라야 한다. 신차용 타이어는 자동차제작자에게 정보를 제공하여 자동차 사용설명서와 인터넷 홈페이지를 통해 소비자에게 제공하고, 교체용 타이어는 타이어제작자가 타이어의 노면접지부분인 트

---

56 「자동차용 타이어의 에너지소비효율측정 및 등급기준·표시 등에 관한 규정」 부칙 제6조에 따르면 중대형트럭·버스용 타이어의 에너지소비효율 등급기준의 표시 및 정보 제공은 2022년 1월 1일부터 적용하되, 에너지소비효율 등급표시는 2021년 1월 1일부터 자발적으로 적용할 수 있으며, 최저에너지소비효율기준을 충족하지 못하는 타이어의 판매는 2024년 6월 30일까지 가능한 것으로 규정하고 있다.

레드에 부착하고 제품설명서 및 홈페이지를 통해 정보를 공개하여야 한다. 자동차용 타이어도 에너지효율관리기자재에 해당하므로 동법 제16조에 따른 사후관리에 관한 사항이 동일하게 적용된다.

3. 타이어 최저에너지소비효율 기준제도

타이어제작자는 「에너지이용 합리화법」 제15조제1항 및 「자동차용 타이어의 에너지소비효율측정 및 등급기준·표시 등에 관한 규정」 제5조제2항에 따라 자동차용 타이어의 효율개선 및 고효율 제품의 보급 확대를 위하여 최저에너지소비효율기준을 준수할 의무가 있다.[57] 타이어 최저에너지소비효율 기준제도는 정부가 정한 최저에너지소비효율기준을 충족하지 못하는 제품에 대해서는 생산·판매를 금지하는 제도이다. 이를 통해 소비자는 자동차용 타이어의 구매 시에 에너지소비효율이 높은 제품을 선택할 수 있으며, 타이어제작자는 저효율 제품의 시장 퇴출을 통해 에너지절감에 기여하고 지속적인 기술개발을 통해 고효율 타이어를 생산함으로써 소비자에게 고품질의 제품을 제공할 수 있게 된다.

---

57 타이어의 최저에너지소비효율기준으로서 회전저항계수는 승용차용 타이어 10.5 이하, 소형트럭용 타이어(경트럭용 포함) 9.2 이하, 중대형트럭·버스용 타이어 7.0 이하이며, 젖은노면제동력지수는 승용차용 타이어 1.10 이상, 소형트럭용 타이어(경트럭용 포함) 0.95 이상, 중대형트럭·버스용 타이어 0.80 이상으로 규정하고 있다.

제 1 절 에너지환경법 서론

I. 에너지환경법의 대상과 범위

1. 에너지환경법의 대상

인간은 자연 상태의 나무, 풀 또는 동물의 마른 배설물을 에너지원으로 사용하였고, 산업혁명 이후에 지하에 매장되거나 노천에 있는 석탄을 사용하였다. 이후에 기계문명의 발달과 자동차의 등장으로 석유를 핵심 에너지로 사용하는 시대가 도래하였다. 또한 천연가스를 에너지로 사용할 수 있는 기술의 발전으로 천연가스는 도시가스와 발전연료로 사용되었다. 석탄, 석유, 천연가스는 발전용과 난방용으로 급속하게 사용되었고, 이로 인하여 온실가스를 대량으로 배출함으로써 기후변화의 주범으로 등장하게 되었다. 이와 같은 상황에서 기후변화대응이라는 시대적 요구에 따라 온실가스를 배출하지 않는 재생에너지의 개발·사용·보급에 대한 요구가 점차적으로 증대하고 있다.

에너지환경법은 에너지의 개발·저장·운송·사용을 포함하는 전 과정에서 발생하는 온실가스의 배출을 비롯한 환경오염물질의 배출을 억제하는 법령과 제도를 대상으로 한다. 우리나라의 에너지 관련 법제 중 「신에너지 및 재생에너지 개발·사용·보급 촉진법」은 이러한 측면에서 에너지환경법의 주된 대상이 된다.

「광업법」은 국가가 채굴되지 아니한 광물에 대하여 채굴하고 취득할 권리를 부여하여 무분별한 광물채굴 행위를 제한함으로써 결과적으로 환경을 보호하는 기능을 한다. 그러나 「광업법」의 목적은 광물자원을 합리적으로 개발함으로써 국가 산업이 발달할 수 있도록 하기 위하여 광업권에 관한 기본제도를 규정함을 목적으로 제정된 법으로서 이러한 목적을 달성하기 위한 방법으로 광업권 및 조광권을 설정한 것이고 결과적으로 환경이 보호되는 것이지 환경보호를 주된 목적으로 제정된 법률이 아니므로 에너지환경법의 대상에서 제외한다.

「전기사업법」에 따른 경제급전에서 환경급전으로 전환하는 것도 에너지환경법의 대상이 되나 주된 내용이 전기사업과 관련되어 에너지환경법의 대상에서 제외한다. 또한 「에너지이용 합리화법」은 에너지의 효율향상을 목적으로 하는 법률로서 에너지 효율향상을 통하여 한편으로 에너지 사용을 줄여서 환경오염을 경감하는 데에 기여한다. 이러한 측면에서 「에너지이용 합리화법」도 에너지환경법의 대상에 포함할 수 있다. 그러나 「에너지이용 합리화법」은 에너지사용이나 발전과정에서 효율성을 증대함으로서 에너지 절약과 에너지효율 개선과 관련된 에너지 사용제품의 에너지 효율성 증대를 주된 목적으로 하고 있어, 에너지사용과정에서 발생하는 환경오염을 감축하는 것과는 다른 측면이 있다. 그러므로 「에너지이용 합리화법」은 환경보호를 주된 목적으로 하지 않고 에너지의 개발·운송·사용에 관한 에너지절약과 효율향상을 통한 에너지수요관리를 주된 목적으로 하여 에너지환경법론의 대상으로 하지 않고, 독립된 분야로 다루고자 한다.

2. 에너지환경법의 범위

에너지환경법은 위에서 언급한 바와 같이 「광업법」, 「전기사업법」 및 「에너지이용 합리화법」과 관련성이 있으나 직접적인 관련성보다는 간접적인 관련성을 가지고 있다. 그러므로 환경보전과 관련된 「광업법」, 「전기사업법」은 에너지환경법의 범위에서 제외한다. 또한 「에너지이용 합리화법」도 에너지환경법의 대상에 포함하지 않는다. 에너지환경법의 대상은 재생에너지와 신에너지 중 수소와 관련된 실정 법률을 에너지환경법의 범위에 포함하여, 「신에너지 및 재생에너지 개발·이용·보급 촉진법」(이하 "신재생에너지법"이라 한다) 을 주된 대상으로 한다. 「수소 경제 육성 및 수소 안전관리에 관한 법률」은 수소 경제의 육성이라는 측면에서 에너지환경과 관련성을 가지고 있으나 향후 청정수소의 인증제도 등이 보완되는 경우에는 에너지환경법의 대상에 포함될 수 있음은 별론으로 하고,[1] 현행 법률을 기준으로 에너지환경법의 연구대상에서는 제외한다.

II. 신에너지와 재생에너지의 보급배경

1. 에너지다원성 실현

에너지의 안정적 공급 원리는 에너지법의 핵심적 원리에 속한다. 에너지의 안

---

[1] 청정수소 인증은 2022년 6월 「수소경제 육성 및 수소 안전관리에 관한 법률」의 개정 시 신설되었으나, 2027년 5월 31일 시행예정으로 현행 법률의 논의대상에서는 제외한다.

정적 공급 실현은 국가경제의 지속가능한 발전에 있어 필수불가결한 사안이다. 국가의 에너지정책은 일차적으로 에너지의 안정적 공급을 내용으로 하는 에너지안보의 방향을 설정하고, 에너지의 안정적 공급을 전제로 친환경에너지의 공급확대와 에너지효율성 향상에 두고 있다. 따라서 에너지법제의 핵심은 에너지안보를 포함하여 친환경에너지로서 신에너지와 재생에너지의 확대와 에너지효율향상에 있으며, 이는 모든 국가의 공통적인 에너지정책방향에 속한다.

에너지정책은 위에서 언급한 세 가지 외에는 해당 국가의 다양한 경제적·자원적 요인에 의하여 결정된다. 에너지안보는 에너지의 안정적인 공급을 위하여 특정된 극소수의 에너지에 의존하지 않고, 가능한 다양하게 에너지를 사용하여 특정된 에너지의 공급이나 국제적인 가격에 변동이 있을 경우에 다른 에너지로 대체될 수 있는 정책과 제도를 구축하게 된다. 그러므로 에너지안보를 위한 일차적인 에너지정책수단은 에너지원의 다원성 확보이다. 그런데 우리나라는 화석연료의 약 97%를 해외수입에 의존하고 있다. 또한, 우리나라의 산업구조는 철강, 시멘트, 화학산업과 같은 에너지다소비형 산업이 많은 형태로 되어 있다. 이와 같은 구조에서 에너지안보는 절대적으로 중요한 가치라고 할 수 있다. 신에너지와 재생에너지의 개발·이용·보급은 친환경적인 에너지의 확대와 더불어 에너지다원성 확보에 중요한 기여를 한다.

2. 기후변화협약의 이행수단

유엔환경개발회의에서 채택된 「기후변화에 관한 국제연합 기본협약(UNFCCC)」은 154개국이 서명함으로써 1994년 3월에 발효되었고, 우리나라도 회원국으로 참가하고 있다. 기후변화협약은 산업국가에 속하는 우리나라가 이행하여야 하는 국제협약으로 자리매김하였다. 2015년 제21차 당사국총회(COP21, 파리)는 2020년부터 모든 국가가 참여하는 신기후체제의 근간이 될 파리협정(Paris Agreement)을 채택하였다. 파리협정은 모든 국가가 광범위하게 참여하는 신기후체제로써 각국이 자국의 상황을 감안하여 마련하는 '국가별 기여방안(INDC)'이라고 할 수 있다. 이로써 선진국에만 온실가스 감축 의무를 부과하던 기존의 교토의정서 체제를 넘어 모든 국가가 자국의 상황을 반영하여 참여하는 보편적인 체제가 마련되었다.

우리나라는 2015년 6월 "2030년 온실가스 배출전망(BAU) 대비 37% 감축"이라는 목표를 포함한 국가별 기여방안(INDC)을 제출함으로써 국제사회에 약속을 하였다. 2019년 10월에는 신기후체제 출범에 따른 기후변화 전반에 대한 대응체계 강화 및 '2030 국가 온실가스 감축 로드맵'의 이행점검·평가체계 구축을 조기에 수립하기 위해 제2차 기후변화대응 기본계획을 수립하였다.

파리기후변화협약의 이행은 화석에너지 중심에서 재생에너지로 전환하지 않고는 불가능하다. 신재생에너지 보급 확대가 국제협약의 이행을 위한 필수적인 수단이기 때문이다.

III. 신재생에너지 보급촉진제도의 발전

1. 신재생에너지법의 제정과 기술개발제도

현행 신재생에너지법은 1987년 12월 4일 법률 제3990호로 제정된 "대체에너지개발촉진법"에 기원하고 있다. 제정 당시 법률인 "대체에너지개발촉진법"은 현재와 같이 대체에너지의 개발, 이용 및 보급을 종합적인 정책 하에서 추진할 수 있는 제도적 수단을 포함하지 않았다. 당시의 "대체에너지개발촉진법"에 따른 "대체에너지"라는 용어는 석유를 대체할 수 있는 에너지 또는 화석에너지를 대체하는 에너지로서 태양광, 풍력, 해양에너지 등에서 기원하였다.[2]

"대체에너지개발촉진법"의 목적은 대체에너지의 기술개발을 종합적으로 추진하기 위하여 필요한 사항을 규정함으로써 에너지원의 다양화를 도모하여 국민경제의 건전한 발전과 국민생활의 안정에 이바지하려는 데에 있었다.[3] 그러나 대체에너지의 보급촉진을 위한 제도적 수단은 동법률에서 도입되어 있지 않았다. 이러한 측면에서 동법률은 신에너지와 재생에너지의 기술개발에 대한 국가의 지원에 대한 방향을 설정한 것에 의미를 둘 수 있을 뿐이었다.

2. 신재생에너지 보급중심 시기

"대체에너지개발촉진법"은 1997년 12월 13일 법률 제5446호에 의하여 "대체에너지개발및이용·보급촉진법"으로 제명을 변경하여 대체에너지의 개발뿐만 아니

---

2 이에 관하여는 이종영, "신재생에너지의 이용보급을 위한 제도", 『환경법연구』 제27권 제1호, 2005, 197면 이하; 이종영, "신재생에너지의 대상에 관한 법적 문제", 『환경법연구』 제31권 제2호, 2009, 249면 이하 참조.
3 우리나라는 1997년 IMF 직후를 제외하고, 에너지수요 관련 주요지표는 줄곧 상승 기울기를 유지했다. 1981년 1차 에너지소비량은 45,718천toe에서 2011년 271,346천toe로 30년 동안 6배가 증가했다. 이 시기 석탄, 석유, LNG, 원자력 소비량은 급증한 반면, 수력과 신재생에너지 소비량은 답보 상태였다.

라, 국가로 하여금 이용과 보급도 대체에너지의 촉진대상에 포함하도록 하였다. 이와 같은 대체에너지정책의 기본적인 변화는 국제협약에 기인하였다. 또한 동 법률에서 대체에너지의 이용과 보급을 국가에 의한 촉진대상에 포함한 것은 「기후변화에 관한 국제연합 기본협약」[4]이 발효되었을 뿐만 아니라, 태양에너지 등 일부 대체에너지가 그 동안 기술개발 성과로 상업화됨으로써 시장형성의 시기가 왔다는 정책적 판단에 기인하였다. 이에 따라 환경친화적인 대체에너지의 이용·보급을 촉진하기 위하여 대체에너지 기본계획 및 대규모 에너지 관련사업자에 대한 투자 권고대상에 대체에너지의 이용·보급에 관한 사항을 포함시키게 되었다.

"대체에너지개발및이용·보급촉진법"은 기존의 "대체에너지개발촉진법"보다 진일보한 측면은 있으나 이용과 보급을 위한 효과적인 제도를 도입하지는 않았다. 그러나 대체에너지 이용·보급의 촉진을 위한 시범사업을 보다 적극적으로 추진하여 대체에너지산업이 활성화하도록 하는 데에 기여한 것으로 평가될 수 있다. 또한 국가기관·지방자치단체·정부투자기관 등에 대하여 관할 중앙행정기관의 장(당시 통상산업부장관)이 대체에너지의 이용을 권고할 수 있도록 하는 권한을 부여하여 대체에너지 초기시장을 창출하도록 하는 데에 동 법률은 기여하였다고 할 수 있다. 그러나 대체에너지는 기존의 화석에너지와 시장경쟁에서 비교될 수 없을 정도로 경제성이 없어, 대체에너지의 이용과 보급은 미미한 수준에 머물게 되었다.

3. 보급촉진제도로 발전차액지원제도와 신재생에너지 공급의무화 제도의 도입

"대체에너지개발및이용·보급촉진법"은 2002년 3월 25일 법률 제6672호로 일부개정이 되었고, 개정법은 대체에너지의 보급에 획기적인 기여를 하게 되었다. 그 내용은 신에너지와 재생에너지원으로 발전한 전기에 대하여 국가가 기준가격을 고시하고, 고시된 가격을 신에너지 및 재생에너지 발전사업자에게 국가가 지급하는 소위 발전차액지원제도의 도입이었다.

신에너지 및 재생에너지에 의한 발전비용은 기존의 화석에너지원에 의한 발

---

4 유엔기후변화협약(UNFCCC, UN Framework Convention on Climate Change)은 1992년 189개국이 가입한 리우 세계환경정상회의에서 채택되었고, 1994년 3월 21일 발효되었으며, 우리나라는 1993년 12월에 가입하였다. 기후변화협약 제4조제1항에 의하면 모든 당사국은 온실가스 배출저감정책의 자체적 수립 및 시행, 온실가스 통계 및 정책이행 등 국가보고서를 작성하여 제출하여야 한다. 기후변화협약에 기반하여 기후변화협약의 구체적 이행방안과 선진국의 의무적인 온실가스 감축목표치를 정한 교토의정서(Kyoto Protocol)가 1997년 12월 제3차 기후변화협약당사국 총회 때 채택되어 2005년 2월에 발효되었다.

전비용보다 시장에서 경쟁이 될 수 없을 정도로 높다. 신에너지 및 재생에너지에 의한 발전은 에너지다원성을 확보하고 에너지사용으로 인한 온실가스배출을 획기적으로 감축하는 데에 기여하나, 경제성이 낮다는 문제점이 있다. 그러나 국가는 기후변화협약의 이행을 위한 온실가스감축을 하여야 하고, 에너지다원성을 확보하여야 했다. 이를 위하여 온실가스의 배출이 없는 신에너지와 재생에너지의 보급을 확대할 필요성이 있었다. 이에 경제성은 낮으나 에너지 정책적으로 필요한 신에너지와 재생에너지의 보급 확대를 위하여 국가는 다양한 지원제도를 구축하여야 하였는바, 발전분야의 신에너지 및 재생에너지의 보급 확대를 위한 대표적인 지원제도가 발전차액지원제도와 신재생에너지 공급의무화제도이다.

제 2 절   신재생에너지의 대상

I. 법령상 신재생에너지대상의 변천

1. 제정 신재생에너지법

현행 신재생에너지법은 제정 당시에 신재생에너지의 대상으로 기술개발 등의 대상이 되는 신에너지와 재생에너지를 법률에서 8개(태양에너지, 바이오에너지, 풍력, 소수력, 연료전지, 석탄액화·가스화, 해양에너지, 폐기물에너지)로 정하고, 시행령에서 4개(석탄에 석탄 외의 물질을 혼합한 유동상연료, 지열, 수소에너지, 기본계획에 포함된 에너지)로 규정하였다.

당시에는 법률과 시행령에 재생에너지와 신에너지를 구분하여 규정하지 않고 양자를 혼합하여 규정함으로써 대등한 가치를 염두에 두고 출발하였다. 신에너지는 기원을 화석에너지에 두고 있음에도 불구하고, 재생에너지와 같이 정부의 중요한 촉진 대상으로 한 이유는 기술개발에 중점을 두었기 때문이라고 할 수 있다.

2. 1차 전면개정 신재생에너지법상 대상 삭제

신재생에너지법이 제정된 이후 약 10년이 경과한 1998년에 동 법률은 제1차 전면개정을 통하여 제명도 "대체에너지 개발·이용·보급 촉진법"으로 변경하였다. 동 개정법률은 제정 당시에 동법 시행령에서 법률이나 시행령에서 규정하지 아니

하고 '기본계획에 포함되는 신재생에너지'도 신재생에너지법에 따른 기술개발 등
의 대상으로 하였던 부분을 삭제하였다.

3. 3차 전면개정 신재생에너지법상 대상 추가

2005년 기존의 신재생에너지는 "신에너지 및 재생에너지 개발·이용·보급 촉
진법"으로 다시 전면 개정을 하고, 중질잔사유 가스화에너지를 신에너지에 포함하
는 개정을 하였다. 또한 신재생에너지의 대상으로 중질잔사유 가스화에너지를 신
에너지에 포함할 뿐만 아니라 바이오에너지, 석탄액화·가스화에너지, 폐기물에너
지, 중질잔사유가스화에너지에 대하여 기준과 범위를 설정하여 기준과 범위에 속
하는 신재생에너지만을 보급촉진의 대상으로 하였다.

2005년 신재생에너지법의 개정의 방향도 전통적인 재생에너지에 속하는 태양
에너지, 풍력에너지, 지열에너지, 수력에너지를 신재생에너지에 포함하였다. 또한
동 법률은 화석에너지에 기반하는 중질잔사유 가스화에너지, 석탄액화·가스화에
너지도 신에너지에 포함하여 환경친화적 에너지의 개발·이용·보급의 촉진과 에
너지의 안정적인 공급 필요를 반영하였다.

4. 2013년 개정 신재생에너지법상 신에너지와 재생에너지의 구분

2013년 신재생에너지법의 개정은 정의규정에서 "신에너지및재생에너지"를 결
합하여 정의하여온 기존의 체계를 개정하여 동법 제2조에서 "신에너지"와 "재생에
너지"로 구분하여 정의하였다. 기존에 정의규정에서 신에너지와 재생에너지를 하
나의 정의로 사용함으로 인하여 실질적으로 신에너지와 재생에너지를 구분하여
개발·이용·보급에 관한 정책을 구분하지 않았다.

2015년 개정 신재생에너지법의 중요한 특징은 동법 시행령에 수열에너지를
재생에너지에 포함한 것이다. 재생에너지로 인정되는 수열에너지의 범위는 해수표
층열을 변화시켜 얻어지는 에너지로 제한하고 있다. 실제 주된 수열의 대상은 화
력발전소나 원자력전소의 냉각을 위하여 사용한 수열에너지였다.

5. 현행 신재생에너지법상 신에너지와 재생에너지 대상

(1) 신에너지

현행 신재생에너지법은 신에너지와 재생에너지를 분리하여 직접 정하고 있다.

우선 신에너지는 "기존의 화석연료를 변환시켜 이용하거나 수소·산소 등의 화학 반응을 통하여 전기 또는 열을 이용하는 에너지로서 수소에너지, 연료전지, 석탄을 액화·가스화한 에너지 및 중질잔사유(重質殘渣油)를 가스화한 에너지, 석유·석탄·원자력 또는 천연가스가 아닌 에너지로서 대통령령으로 정하는 에너지이다. 신에너지 중 수소에너지와 연료전지는 모두 신에너지에 해당하나 석탄 액화·가스화 에너지 및 중질잔사유 가스화에너지는 대통령령으로 정하는 기준과 범위에 적합하여야 한다.

석탄을 액화·가스화한 에너지는 석탄을 액화 및 가스화하여 얻어지는 에너지로서 다른 화합물과 혼합되지 않은 에너지로서 증기 공급용 에너지와 발전용 에너지로 제한된다. 또한 중질잔사유를 가스화한 에너지도 합성가스로서 중질잔사유(원유를 정제하고 남은 최종 잔재물로서 감압증류 과정에서 나오는 감압잔사유, 아스팔트와 열분해 공정에서 나오는 코크, 타르 및 피치 등을 말한다)를 가스화한 공정에서 얻어지는 연료 또는 중질잔사유를 연료로 연소 또는 변환하여 얻어지는 에너지로 제한된다.

(2) 재생에너지

신재생에너지법에 따른 재생에너지는 햇빛·물·지열(地熱)·강수(降水)·생물유기체 등을 포함하는 재생 가능한 에너지를 변환시켜 이용하는 에너지로서 태양에너지, 풍력, 수력, 해양에너지, 지열에너지, 생물자원을 변환시켜 이용하는 바이오에너지로서 대통령령으로 정하는 기준 및 범위에 해당하는 에너지, 폐기물에너지(비재생폐기물로부터 생산된 것은 제외한다)로서 대통령령으로 정하는 기준 및 범위에 해당하는 에너지 및 그 밖에 석유·석탄·원자력 또는 천연가스가 아닌 에너지로서 대통령령으로 정하는 에너지이다.

1) 태양에너지

태양에너지는 태양광에너지와 태양열에너지를 포함한다. 태양광에너지는 햇빛을 받으면 광전효과에 의해 전기를 발생하는 태양전지를 사용하여 태양의 빛에너지를 전기로 변환할 수 있게 하는 에너지이다. 태양열에너지는 태양열난방장치를 사용하여 태양에서 나오는 열에너지를 바로 사용할 수 있게 하거나 한꺼번에 모아서 난방이나 물을 데워 사용할 수 있는 에너지이다.

2) 풍 력

풍력은 풍력발전기를 이용하여 바람으로 전기를 생산하게 하는 에너지이다.

풍력발전기는 블레이드가 회전하면서 발생하는 기계에너지를 전기에너지로 변환하게 한다.

　3) 수 력

　수력은 물의 낙하나 압력으로 발생하는 에너지이다. 수력을 이용해 전기를 만들어 내는 것을 수력발전(Hydropower Generator)이라고 하며, 수력발전은 하천 또는 호소(湖沼) 등에서 물이 갖는 유동에너지를 수차를 이용하여 기계적 에너지로 변환하고 이것을 다시 전기에너지로 변환하는 발전방식이다.

　4) 해양에너지

　해양에너지는 바다에서 발생하는 에너지로서 파도가 칠 때 사용할 수 있는 파력에너지, 바닷속과 바다 표면의 온도차를 이용해 만드는 온도차 에너지, 밀물과 썰물 때의 물의 깊이가 달라지는 현상인 조력에너지 등이 있다.

　5) 지열에너지

　지열에너지는 토양, 지하수, 지표수 등이 태양 복사열 또는 지구 내부의 마그마 열에 의해 축적된 에너지이다. 지열에너지는 일반적으로 지표에서의 깊이 100미터당 2.5℃씩 상승하고 연중 일정온도를 유지하는 특성이 있고, 지열에너지를 이용하는 깊이에 따라 천부지열과 심부지열로 구분된다.

　6) 바이오에너지

　바이오에너지는 생물유기체를 변환시켜 얻어지는 기체, 액체 또는 고체의 연료와 이를 연료로 하여 연소 또는 변환시켜 얻어지는 에너지이다. 신재생에너지법은 바이오에너지 중에서 생물유기체를 변환시킨 바이오가스, 바이오에탄올, 바이오액화유 및 합성가스, 쓰레기매립장의 유기성폐기물을 변환시킨 매립지가스, 동물·식물의 유지(油脂)를 변환시킨 바이오디젤 및 바이오중유, 생물유기체를 변환시킨 땔감, 목재칩, 펠릿 및 숯 등의 고체연료만을 바이오에너지로 인정하고 있다.

　7) 폐기물에너지

　신재생에너지법은 폐기물에너지를 폐기물을 변환시켜 얻어지는 기체, 액체 또는 고체의 연료, 이를 연료로 연소 또는 변환시켜 얻어지는 에너지, 폐기물의 소각열을 변환시킨 에너지로 제한하고 있다.

　8) 수열에너지

　신재생에너지법은 수열에너지를 물의 열을 히트펌프(heat pump)를 사용하여 변환시켜 얻어지는 에너지 중 해수(海水)의 표층 및 하천수의 열을 변환시켜 얻어지는 에너지로 제한하고 있다.

Ⅱ. 신재생에너지의 대상 논의

1. 온도차에너지

온도차에너지는 "공기, 생활하수·하수처리수·하천수·해수·지하수·온천수와 같은 물, 지하의 열 등의 온도차를 이용하는 에너지를 말한다. 구체적으로 공기의 온도차를 이용한 에너지는 지열에너지와 비슷한 원리로 생성되는 에너지인데, 지열에 비하여 이용할 수 있는 온도차가 작아 연중 안정적인 온도차 공급이 어려운 문제가 있다. 물을 이용하는 것과 관련하여 하수(생활하수·하수처리수)의 온도차를 이용하는 에너지는 인공적으로 발생한 열을 회수하는 의미인데, 자연의 재생가능한 에너지를 이용하여 무한의 에너지를 생산한다는 재생에너지의 개념과 부합하지 않는다. 아울러, 하천수의 온도차를 이용하는 에너지는 하천수 온도차가 자연에서 무한히 생산되는 에너지원이고 연중 안정적인 온도차 공급이 가능하다는 측면에서 지열과 유사한 장점이 있으나 국내 이용 사례가 많지 않다.

2. 폐열에너지

발전소의 운영과정에서 버려지는 화력발전소의 냉각수 등 폐열에너지도 신재생에너지에 포함하여 농어업인의 난방비를 절감하여 농어업경쟁력 강화에 기여할 수 있다. 화력발전 운용과정에서 버려지는 냉각수 등 폐열에너지는 화석연료에서 발생한 열에너지 중 남는 열을 의미하는 것으로 폐열에너지의 원천이 온실가스를 배출하는 화석연료인 점에서 신·재생에너지에 포함하기는 어려운 측면이 있다.

3. 수열에너지

신재생에너지법은 신·재생에너지의 일종으로 '지열에너지'를 규정하고 있으나 하천수·온천수 등의 온도차를 이용하여 전기를 생산하고, 냉·난방에 활용하는 '수열에너지'는 명시적으로 규정되어 있지 않다. 수열에너지는 수열과 외기(外氣)와의 온도차를 이용하는 에너지로서 자연에서 생산되는 에너지원이고 연중 안정적인 온도차 공급이 가능하여 재생에너지의 성격을 갖추고 있으므로 이를 활용하여 온실가스 저감 및 안정적 에너지 공급 등의 효과를 도모할 필요도 있다. 신재생에너지법 시행규칙 제2조제8호는 지열에너지를 물, 지하수의 온도차를 변환시키는 경우를 포함하고 있고, 동조 제7호 해양에너지는 "해양의 온도차를 이용하는 에너지"를 포함하고 있어 신재생에너지법에 수열에너지를 별도로 규정할 실익이 크지 않다.

4. 히트펌프를 이용한 열

히트펌프(heat pump)는 저온의 열에너지를 전력(압축기)을 사용해 이용 가능한 고온의 열에너지로 끌어올리는 설비로, 수열을 활용하는 방식과 공기열을 활용하는 방식이 있다. 현행 신재생에너지법 시행령 [별표 1] 5호에서 재생에너지에 포함하고 있는 히트펌프를 이용한 수열에너지는 "해수(海水) 표층 및 하천수의 열(수열의 일종)을 히트펌프로를 사용하여 변환시켜 얻어지는 에너지"로 규정하고 있고, 동법 시행규칙은 지열에너지에 "히트펌프를 활용해 지하수 및 지하의 열을 변환시켜 얻은 에너지"로 수열원 히트펌프의 일부만을 제한적으로 인정하고 있다.

히트펌프는 회수한 폐열로 많은 열을 생산·공급할 수 있는 설비여서 에너지 절약효과 및 온실가스 저감효과가 크므로,[5] 재생에너지에 히트펌프에너지를 포함한다면 미활용에너지(폐열 등)·신재생에너지 등 다른 열원과의 연계가 용이하여 국가 온실가스감축목표 및 신재생에너지 목표 달성에 기여할 수 있다. 그러나 재생에너지는 재생가능한 에너지를 변환시켜 얻는 에너지를 의미하는 것임을 고려할 때, 전력으로 히트펌프를 구동하여 생산한 열에너지인 히트펌프에너지는 재생에너지의 취지에 부합하지 않는다.

5. LNG 냉열

천연가스는 생산지에서 사용지로 이송하여 사용하게 된다. 천연가스의 이용과정에서 가스상태의 천연가스는 부피가 커서 운송의 효율성을 증대하기 위하여 천연가스의 부피를 약 1/600로 줄이는 과정에서 -162℃로 액화하게 되는데, 수출 기지에서 인공적으로 투입한 에너지원을 액화천연가스(LNG, Liquefied Natural Gas)라고 한다. 액화천연가스 냉열은 천연가스를 중요한 에너지원으로 하고, 수입에 의존하여 비축을 하여 사용하는 우리나라의 특수한 에너지에 해당한다. 액화천연가스 냉

---

5 국제에너지기구(IEA), 2008 에너지기술전망(Energy Technology Prospectives)에서는 온실가스 감축을 위한 주요 기술 중 하나로 히트펌프를 선정하였다.

열은 현행 신재생에너지법에 따른 신에너지에 포함하지 않는다. 그러나 동법률은 신에너지를 "기존의 화석연료를 변환시켜 이용하는 에너지"로 정의하고 있어 액화천연가스 냉열은 이러한 정의에 부합하는 에너지이다. 신재생에너지법이 추구하는 환경친화성, 에너지다원성 및 에너지효율성을 종합적으로 고려할 때 당연히 신재생에너지법에 따른 신에너지에 포함될 법적인 가치를 가지는 에너지라고 할 수 있다. 따라서 액화천연가스 냉열을 신재생에너지법상 신에너지에 포함할 필요성과 정당성을 가지고 있다고 평가할 수 있다.

제 3 절   발전부문 신재생에너지 보급제도

I. 발전차액지원제도

1. 발전차액지원제도의 체계

발전차액지원제도(FIT, Feed-In Tariff)는 정부가 전원별로 기준가격을 정한 후에 전기사업자에 대하여 지역 안에서 발전된 신에너지 및 재생에너지로 발전한 전력을 의무적으로 정부가 정한 기준가격으로 전량을 구매하도록 하는 제도이다.[6] 발전차액지원제도는 정부가 기준가격을 미리 정하여 제시하기 때문에 사업자 스스로 시장참여 여부 및 공급량을 쉽게 결정할 수 있는 장점을 가진 제도이다. 발전차액지원제도는 신에너지 및 재생에너지 발전사업자로 하여금 시장참여 전에 투자로 인한 수익에 대한 손익예측을 가능하도록 함으로써 정부의 차액보전을 통해 손실위험을 낮출 수 있도록 한다. 그러나 발전차액지원제도는 정부의 신재생에너지 공급목표 달성 여부를 불확실하게 하고 가격이 경직되어 있어 합리적인 가격결정이 어려운 단점이 있다.

발전차액지원제도는 사실 국가마다 동일하지 않다. 발전차액지원제도를 도입하여 비교적 성공한 국가들과 우리나라의 현저한 차이점은 발전차액의 기준고시가격과 차액보전의 주체에 있다고 할 수 있다. 신에너지와 재생에너지의 원별에

---

6 발전차액지원제도는 고정가격매입제도로 불릴 뿐만 아니라 기준가격의무구매제도로 불리기도 한다. 발전차액지원제도는 미국의 연방기준가격의무구매제도에 기원하는 제도로서 미국이 1978년 도입 후 폐지되었고, 1990년대 초에 유럽으로 전해져서 독일, 덴마크, 그리스, 이탈리아, 스페인 등 국가에서 부활된 제도이다[이창호 외 다수, 신재생에너지 의무할당제(RPS) 국내운영방안 수립, 지식경제부, 2009, 18면 이하 참조].

따른 기준고시 가격은 국가마다 다르다. 당연히 발전차액지원제도를 도입한 국가
가 신에너지 및 재생에너지의 보급을 보다 적극적으로 확대하고자 하면, 기준가격
을 높게 책정하여 고시하면 투자수익이 높기 때문에 보다 많은 신에너지 및 재생
에너지 발전사업자가 참여하게 된다.

발전차액지원제도는 기준가격을 고시하여 고시된 금액을 발전요금으로 지급
하기 때문에 사업에 대한 리스크가 없고, 동시에 수익이 이자율보다 높으면 신에
너지 및 재생에너지 발전사업으로의 진입을 위한 확실한 유인적 수단으로 작동하
게 된다.[7] 이에 반하여 해당 국가에서 신에너지 및 재생에너지의 보급 속도를 조
정할 필요성이 있는 경우에 기준고시 가격을 조정하여 정할 수 있다. 이러한 측면
에서 본다면, 발전차액지원제도는 신에너지와 재생에너지의 에너지원별로 기준고
시가격을 달리 설정하여 신에너지 및 재생에너지의 보급정책을 다양하게 달성할
수 있는 제도라고 할 수 있다.

발전차액지원제도에서는 신에너지 및 재생에너지 원별로 고시되는 기준가격
이 상이하여, 신에너지나 재생에너지 중 중점적으로 보급확대가 필요한 에너지원
의 기준가격을 높게 책정하여 해당 신에너지 또는 재생에너지의 보급을 촉진할 수
있게 된다. 예를 들면, 태양광 발전의 확대가 정책적으로 요구되는 경우에 태양광
발전의 기준가격을 투자비용보다 높게 설정하여 태양광발전을 유도할 수 있다.

2. 발전차액제도의 문제점

신재생에너지법은 신에너지 및 재생에너지 보급 촉진을 위하여 발전차액지원
제도를 도입하였으나 공급의무화제도로 대체하였다. 발전차액지원제도의 폐지이
유는 발전차액지원에 필요한 예산과 목표달성의 어려움에 원인이 있다. 발전차액
지원제도에 의한 신재생에너지 사용목표달성에 대한 어려움은 우선 정부가 지원
하는 신재생에너지에 대한 발전차액의 지원금액이 한정되어 있어, 예산의 범위를
넘어서는 발전차액을 지급할 수 없는 데에 주요한 이유가 있었다. 독일과 같이 발
전차액지원제도를 성공적으로 정착시킨 국가[8]에서 정부는 정책적이고 전략적 판
단에 의하여 설정한 기준가격을 결정하여 고시하는 업무만을 한다.[9] 이들 국가에

---

7 일반적으로 기준가격은 정해진 기간(10~20년) 동안 보장되기 때문에 신재생에너지 발전사업자는 투자자금을 몇
   년 안에 회수할 수 있을 것인가를 충분하게 전망할 수 있어, 비교적 안심하고 투자할 수 있다.
8 이에 관하여는 이종영, "독일 재생에너지보급촉진법", 『환경법연구』 제26권 제4호, 2004, 235면 이하 참조.
9 Lehnert/Vollprecht, Neue Impulse von Europa: Die Erneuerbare-Energien-Richtlinie der EU, ZUR,

서 고시된 기준가격의 지급은 우리나라와 같이 국가가 예산으로 지원하지 않고, 전기판매사업자가 지급한다. 전기판매사업자는 시장가격과 신에너지 및 재생에너지원별에 의한 발전비용인 기준가격의 차액을 전기요금에 부과함으로서 전기소비자에게 차액을 전가한다. 결과적으로 전기의 최종소비자가 신에너지 및 재생에너지에 대한 비용을 부담하고 전기판매사업자는 신재생에너지에 의한 추가되는 비용을 부담하지 않는다. 그러나 우리나라는 정부가 고시한 기준가격과 전력시장에서 형성되는 전기도매가격의 차액인 발전차액지원에 필요한 지원금을 국가가 「전기사업법」에 따라 설치한 전력산업기반기금에서 지급하였다.

이로 인하여 친환경에너지를 사용하는 전기소비자가 이에 대한 비용을 부담하여야 하는 원인자부담원칙에 적합하지 않았다. 국가가 예산으로 신에너지 및 재생에너지의 발전에 대한 차액을 부담하는 것은 전기사용과 전혀 관계가 없는 일반국민도 부담을 하여야 하는 불합리한 점이 있었고, 다른 하나는 신에너지 및 재생에너지 사업자가 전력시장에 많이 진입하여 신에너지 및 재생에너지에 의한 발전량이 많아지게 되면서 국가는 상당한 재정적인 부담을 지게 되었다. 이러한 측면에서 우리나라의 발전차액지원제도는 재생에너지 선진국들과 같이 신에너지 및 재생에너지 발전으로 인한 친환경적 이익과 에너지다원성에 대한 혜택을 전기소비자가 부담하도록 전환하거나 아니면 공급의무화제도로 전환할 수밖에 없는 구조적인 문제점을 안고 있었다.

발전차액지원제도의 또 다른 문제는 정부가 신재생에너지의 보급목표를 설정하더라도, 설정된 목표달성이 불확실하다는 데에 있다. 그러나 공급의무화제도는 정부에서 보급목표량을 설정하고, 이를 공급의무자에게 부과하면 쉽게 달성할 수 있다. 즉, 발전차액지원제도는 정부의 보급목표량 달성의 불확실성이 또 다른 주요한 제도적 단점이었다.

II. 공급의무화제도

1. 도입배경

공급의무화제도는 발전분야에서 신재생에너지의 보급촉진을 위한 제도로서 발전사업자가 공급하는 에너지의 일정부분을 신재생에너지를 이용하여 공급하도

2009, 307 ff.

록 법률에서 발전사업자에게 의무를 부여하는 제도이다. 공급의무화제도는 발전사업자에게 신재생에너지의 공급의무량을 지정하여 신재생에너지 공급규모 예측이 가능한 측면에서 정부가 설정한 신재생에너지의 보급목표를 달성하는 데에 용이하다. 우리나라는 2001년 말부터 도입되어 운영 중인 발전차액지원제도를 대신하여 2012년 1월부터 공급의무화제도를 시행하고 있다.

정부는 공급의무화제도의 도입을 목적으로 하는 신재생에너지법의 개정이유를 신재생에너지의 보급목표달성의 용이성에 두고 있고, 동시에 정부의 예산상 부담을 완화할 수 있는 데에 두었다.[10] 그러나 발전차액지원제도를 공급의무화제도로 변경함으로써 다양한 문제가 발생할 수 있다는 이유로 정부의 법률개정안은 국회에서 상당한 기간 동안 논의를 거친 끝에 통과하게 되었다.[11]

정부는 공급의무화제도의 도입과 관련하여 "공급의무자의 신재생에너지 의무공급량을 정함에 있어서 기본적으로 발전량을 기준으로, 2012년 3%로 시작하여 2020년에는 10%까지 그 비율을 높이도록 하는 계획"을 수립하였다. 그리고 "2002년에 도입된 기존의 발전차액지원제도(FIT)는 공급의무화제도의 도입과 동시에 신규 신재생에너지발전소에 대하여는 더 이상 적용하지 않고, 2011년까지 지원을 받아왔던 신재생에너지발전소는 계속 지원할 예정이어서 2002년부터 지원기간 15년이 지나는 2017년 이후에야 실질적으로 재정부담이 감소하게 될 것"으로 예상하였다.[12]

2. 공급의무화제도의 발전

공급의무화제도는 신재생에너지를 에너지원으로 하는 발전비율을 발전사업자에게 강제하는 촉진규제제도이다. 공급의무화제도는 발전사업자에게 전체 발전량 중에서 신재생에너지로 발전할 비율을 할당하여 법적으로 의무화한다는 측면에서 "신재생에너지발전 의무할당제도"라고도 한다. 공급의무화제도는 이미 미국, 캐나

10 이에 관하여는 권태형, "신재생에너지 지원정책의 지대발생 효과와 규제 : 신재생에너지 공급의무화제도(RPS)를 중심으로", 『에너지경제연구』 제11권 제2호, 2012, 141면 이하; 김수동, "2012년부터 시행되는 발전의 무할당제 : 신재생에너지 공급의무화제도(RPS)", 『환경미디어』 통권 277호, 2012, 36면 이하 참조.
11 정부의 개정법률안은 국회에 2008년 12월 31일에 제출되었으나 2010년 4월 12일에 공포되었고, 2012년 1월 1일부터 시행되었다.
12 지식경제위원회 수석전문위원 권대수, 『신에너지 및 재생에너지 개발·이용·보급 촉진법 일부개정법률안 검토보고서』, 2009, 11면 이하 참조.

다, 영국, 벨기에 등에서 도입하고 있는 발전부문에서 신에너지 및 재생에너지를 보급촉진하는 제도이다.

공급의무화제도는 정부의 재정부담을 완화하고 신재생에너지 전력시장에서 전력거래를 실시하여 시장경쟁의 원리가 작용하여 신재생에너지의 발전비용을 낮출 수 있는 효과를 기대할 수 있는 제도이다. 공급의무화제도의 운영사례라고 할 수 있는 미국 텍사스주의 경우에 공급의무화제도를 통해 1999~2010년 사이 4,000MW의 신재생발전능력(풍력)을 구축하였다.[13] 공급의무화제도는 온실가스 배출권거래제도를 도입하고 있는 국가에서 신에너지 및 재생에너지의 사용에 의한 온실가스감축량을 배출권거래와 연계할 경우에 공급의무화에 따른 발전의무할당량 충족과 배출권 거래제 하에서의 온실가스 배출량 저감이 가능하기 때문에 신재생에너지원에 의한 발전에 대한 상당한 인센티브가 발생한다.[14]

이에 반하여 일본은 발전차액지원제도를 초기에 도입하였으나 법률을 개정하여 공급의무화제도로 전환하였다가 다시 초기에 도입한 발전차액지원제도로 되돌아갔다. 일본은 공급의무화제도로 변경한 2003년부터 2009년까지 신재생에너지에 의한 발전의무목표량 91%인 8.59TWh를 생산하였다. 그러나 공급의무화제도의 도입으로 인하여 신에너지 및 재생에너지 중 태양광 발전량이 하락되는 결과를 가져옴으로서 신재생에너지원의 균형적인 발전과 신재생에너지 산업발전을 유인하지 못하는 현상을 초래하게 되었다. 이로 인하여 일본은 현재까지 시행해 오던 공급의무화제도를 폐지하고 2012년부터 다시 발전차액지원제도로 정책을 변경하였다.

3. 공급의무화제도의 구조

신재생에너지 공급의무화제도는 발전차액지원제도와 비교할 때에 공급의무량의 의무할당으로 정책목표량 달성이 용이하고 신재생에너지 발전사업자 간의 경쟁 촉진으로 신재생에너지에 의한 발전비용이 저감될 수 있는 장점이 있다. 그러나 발전차액지원제도에 비해 신재생에너지 발전사업자는 상대적으로 사업에 대한 리스크를 크게 부담하는 단점을 지니고 있다. 공급의무화제도는 경제성이 높은 신

---

13 미국 텍사스주에서 운영하고 있는 공급의무화제도의 성공요인은 주정부의 정책 지원과 의무할당비율의 불이행에 대한 강력한 패널티(부족분에 대한 MWh당 50달러 이하 또는 평균 인증서가격의 200% 지급)의 부과와 의무화제도의 유연성에서 찾을 수 있다.
14 공급의무화제도와 온실가스배출권 거래제를 연계하여 운영한 영국의 경우에 온실가스배출권거래에 재생에너지 인증서에 대한 전환계수를 적용하여 온실가스배출권으로 환산하여 판매가 가능하도록 하고 있다.

에너지 및 재생에너지에 대한 투자를 발전사업자로 하여금 선호하게 유도하여 경제성이 높은 신에너지 및 재생에너지부터 경제성이 낮은 것으로 차례대로 발전하는 경향을 보이게 된다. 이에 반하여 발전차액지원제도는 상대적으로 다양한 신재생에너지가 골고루 발전하는 형상을 보일 수 있다. 그러나 이러한 문제점은 공급인증서의 가중치를 다르게 적용하는 방법으로 극복할 수 있다. 그러므로 일반적으로 지적되고 있는 공급의무화제도의 문제점인 신재생에너지원간의 불균형적인 발전은 우려할 사항이 되지 못한다.

공급의무화제도는 대규모발전사업자나 전기판매사업자에게 발전량이나 공급량의 일정비율을 신재생에너지로 발전하도록 의무를 부과하는 제도이기 때문에 신재생에너지 발전사업자에게 경제성이 확보되도록 하여야 한다. 공급의무화제도 하에서 신재생에너지 발전사업자는 신재생에너지원로 발전한 전기를 전력시장에서 화석연료나 원자력에 의하여 발전된 전력과 동일하게 판매를 하여 일정한 수익을 얻고, 발전설비에 대하여 신재생에너지 공급인증서를 발급받아서 공급인증서 거래시장에서 다시 판매하여 또 다른 수익을 얻는다. 그러므로 신재생에너지 발전사업자는 공급의무화제도 하에서 전력시장에서 발전한 전력을 판매한 수익과 공인인증서 시장에서 판매한 수익의 총합을 수익으로 가지게 된다.

현행 신재생에너지법은 신재생에너지의 공급의무자를 제한적으로 정하고, 신재생에너지원과 설비공간에 따라 공급인증서의 발급에서 가중치를 다르게 정하고 있다. 공급인증서의 가중치는 신재생에너지법의 목적을 달성하기 위한 수단이기 때문에 신재생에너지법의 이념과 철학에 적합하게 설정되어야 한다.

4. 신재생에너지 공급의무자

현행 신재생에너지법은 제12조의5제1항에서 「전기사업법」 제2조에 따른 발전사업자, 「집단에너지사업법」 제9조 및 제48조에 따라 「전기사업법」 제7조제1항에 따른 발전사업의 허가를 받은 것으로 보는 자, 공공기관 중 대통령으로 신재생에너지의 공급의무자를 정하도록 규정하고 있다. 이에 근거하여 동법 시행령 제18조의3제1항은 신재생에너지 공급의무자를 50만킬로와트 이상의 발전설비(신·재생에너지 설비는 제외)를 보유하는 자, 「한국수자원공사법」에 따른 한국수자원공사 및 「집단에너지사업법」 제29조에 따른 한국지역난방공사로 확정하고 있다. 그 결과 현재 신재생에너지의 공급의무자는 한국전력자회사인 6개 발전자회사(한국동서발전,

한국남부발전, 한국서부발전, 한국남동발전, 한국중부발전, 한국수력원자력), 한국지역난방공사, 한국수자원공사와 포스코에너지와 같은 민간발전사이다.

5. 공급의무량

(1) 공급의무량 확정의 법률유보

신재생에너지 공급의무자는 법령으로 정하는 신재생에너지의 의무량을 공급하여야 한다. 공급의무화제도는 공급의무자를 정당하게 선정하더라도 의무공급량의 정도에 따라서 공급의무자가 감당할 수 없을 정도가 되면 과잉금지원칙[15]을 위반할 수도 있다. 또한 신재생에너지 의무공급량을 아주 낮게 정하게 되면, 공급의무자의 직업자유에 대한 침해는 없으나 제도의 실효성이 없어진다. 그러므로 공급의무화제도에서 의무공급량의 확정은 공급의무자의 기본권과 밀접한 사항이기 때문에 법률유보원칙에 따라 법률에서 정하여야 헌법상 법치국가원칙에 합치할 수 있다.

(2) 의무공급량의 확정

신재생에너지법 제12조의5제2항은 공급의무자가 의무적으로 신·재생에너지를 이용하여 공급하여야 하는 발전량(의무공급량)의 합계는 총전력생산량의 25% 이내의 범위에서 연도별로 대통령령으로 정한다. 이 경우 균형 있는 이용·보급이 필요한 신·재생에너지에 대하여는 대통령령으로 정하는 바에 따라 총의무공급량 중 일부를 해당 신·재생에너지를 이용하여 공급하게 할 수 있다. 이는 공급의무량의 한계를 명시함과 동시에, 신재생에너지의 이용과 보급에 대한 균형을 유지하기 위하여 총공급의무량 중 일부를 특정한 신재생에너지로 공급하도록 하고 있는 것이다. 신재생에너지법 시행령 제18조의4제1항에 따른 [별표 3]에서 2021년 총전력생산량의 9%, 2022년 10%, 2023년 이후부터 10%로 정하고 있다.

신재생에너지법 시행령은 연도별로 일정한 비율로 공급의무량을 증가시키는 방법으로 신재생에너지 공급의무량을 정하고 있다. 이러한 공급의무량은 실질적으로 신재생에너지 사용기술의 발전수준과 에너지정책을 고려하여 정하기 때문에 해당 시행령을 정하는 행정기관에 상당한 정책적 재량이 있다. 고려될 수 있는 정책적 재량에는 에너지믹스정책에 따른 신재생에너지의 보급목표, 공급의무자의 수

---

15 과잉금지원칙에 관하여는 헌재 2012.6.27. 2011헌마288 결정; 헌재 2013.2.28. 2011헌바398 결정; 헌재 2010.10.28. 2007헌마890 결정 참조.

용가능성 등이 고려될 수 있다. 신재생에너지법에 따른 공급의무자의 총공급의무
량은 공급의무자에게 예측가능성을 부여하기 위하여 시행령으로 정하고 있다.

공급의무량은 신재생에너지법 제12조의5제3항에서 공급의무자의 총발전량 및
발전원(發電源) 등을 고려하여 공급의무자의 의견을 들어서 정하여 고시하도록 하
고 있다. 신재생에너지법에서 공급의무량을 결정할 때에 고려하여야 하는 사항은
국내 재생에너지 자원의 보급가능 잠재력과 이를 상용화할 수 있는 기술수준과 산
업적 현실이다.[16]

신재생에너지법 시행령 제18조의4제2항은 산업통상자원부장관으로 하여금
3년마다 신·재생에너지 관련 기술 개발의 수준 등을 고려하여 공급의무량을 재검
토하도록 하고, 신·재생에너지의 보급 목표 및 그 달성 실적과 그 밖의 여건 변화
등을 고려하여 재검토 기간을 단축할 수 있도록 하고 있다. 정부의 정책적 필요에
따라 시행령으로 정하고 있는 공급의무량도 시행령의 개정을 통하여 변경할 수 있
으나 시행령으로 공급의무량을 정하도록 하는 입법자의 취지는 공급의무자로 하
여금 예측가능성을 부여하여 규제에 적응할 수 있도록 하는 데에 있다. 그러므로
시행령에서 정하고 있는 공급의무량을 수정·변경하는 경우에 공급의무자가 적응
할 수 있는 충분한 시간적인 여유를 주고 공급의무량을 확대하여야 한다.

(3) 총전력생산량의 산정기준

신재생에너지 공급의무자는 연도별 공급의무량을 이행하여야 한다. 개별 공급
의무자에게 부여되는 연도별 공급의무량은 해당 공급의무자의 총전력생산량이다.
개별 공급의무자의 총전력생산량의 산정기준은 동법 시행령 제18조의4제1항에서
세부적으로 정하고 있다. 해당 연도 신재생에너지 공급량의 산정은 지난 연도 총
전력생산량에서 신재생에너지의 발전량과 산업통상자원부장관이 정하여 고시하는
일반용전기설비에서 발전된 발전량을 삭감하도록 하고 있다.

(4) 특별 공급의무량

신재생에너지법 제12조의5제2항 후단은 "균형 있는 이용·보급이 필요한 신·
재생에너지에 대하여는 대통령령으로 정하는 바에 따라 총의무공급량 중 일부를

---

16 이에 관하여는 이창호 외 다수, 『신·재생에너지 의무할당제(RPS) 국내운영방안 수립』, 지식경제부, 2009,
   185면 이하 참조.

해당 신·재생에너지를 이용하여 공급하게 할 수 있다.”고 규정하고 있다. 현행 신재생에너지법에서 공급의무화제도를 도입하면서 특정한 신재생에너지(예, 태양광에너지)의 공급의무량을 다른 신재생에너지와 다르게 특별하게 정하는 것은 모든 신재생에너지가 항상 동일한 경쟁조건에 있지 않다는 점을 고려한 것이다.[17]

공급의무화제도의 중요한 장점은 공급의무화의 대상이 되는 신재생에너지원 간에 경쟁을 통하여 경쟁력 있는 신재생에너지를 우선적으로 활성화하는 데에 있다. 우리나라가 기존의 발전차액지원제도에서 공급의무화제도로 전환한 목적도 신재생에너지원 간에 경쟁촉진이 중요한 사항이라고 여기고 있기 때문이다. 그러나 모든 신재생에너지원을 동일한 조건으로 경쟁하도록 하는 경우에는 공급비용에서 경쟁력 있는 신재생에너지원을 중심으로 에너지가 공급될 수 있다. 이로 인하여 공급의무화제도는 특정한 신재생에너지원만의 사용을 증대하게 되고, 우리나라의 환경적 여건 하에서 현재로서는 기술의 미성숙으로 인하여 경쟁력이 없으나 미래에 적합한 기술이 발전되는 경우에 우수한 경쟁력이 있는 다른 신재생에너지를 퇴출시키는 부작용을 발생시키게 된다. 이와 같은 현상이 발생하게 되면, 국내의 부존잠재량이 크고, 기술발전의 가능성이 높은 신재생에너지원을 국가가 전략적으로 육성하는 데에 어려움에 직면하게 된다. 공급의무화제도를 도입하면서 발생할 수 있는 이와 같은 문제점을 극복하기 위하여 신재생에너지법은 특별 공급의무량제도를 도입하고 있다.

공급의무화제도에 내포된 이와 같은 문제점을 해소하는 방법으로 신재생에너지원별 특성, 자원개발촉진, 기술개발수준, 에너지산업정책 등 다양한 요소들을 반영하여 특정한 신재생에너지원에 대하여 특별한 공급의무량을 부과할 수 있다. 현행 신재생에너지법 제12조의5제2항 후단에 의하면 “이 경우 균형 있는 이용·보급이 필요한 신·재생에너지에 대하여는 대통령령으로 정하는 바에 따라 총의무공급량 중 일부를 해당 신·재생에너지를 이용하여 공급하게” 할 수 있다. 이에 근거하여 동법 시행령 제18조의4제3항은 “신·재생에너지의 종류 및 의무공급량”에 관하여 규정하고,[18] 공급의무자별 의무공급량을 산업통상자원부장관에게 정하여 고시

---

17 송기인, “RPS에서 태양광 발전산업 현황과 전망”, 『기계저널』 제52권 제3호, 2012, 42면 이하; 소병욱, 『신재생에너지 공급의무화(RPS) 제도의 태양광 사업 분석에 관한 연구』, 전북대학교 경영대학원 석사학위논문, 2012, 34면 이하 참조.

18 동법 시행령 제18조의4제3항은 [별표 4]에서 특별 공급의무량의 대상에너지를 태양에너지 중 태양광에너지로 정하고, 구체적인 총공급량으로 2012년 276GWh, 2013년 723GWh, 2014년 1,353GWh, 2015년 이후

하도록 하고 있다. 현행고시에 따르면 특별 공급의무량의 대상에너지는 태양광에
너지이다.

현행 신재생에너지법은 신재생에너지의 종류를 10개로 열거하고 있는데, 이
중에서 태양광에너지는 태양에너지의 일종에 해당한다. 태양에너지는 태양열에너
지와 태양광에너지를 포함하고 있고, 현재 상용화되고 있다. 태양광에너지는 전형
적인 재생에너지로서 발전사업자가 가장 많은 재생에너지분야이다. 또한 태양광에
너지는 현재의 기술수준으로 다른 신재생에너지에 의한 발전보다 발전원가가 높
다. 그러나 지속적으로 새로운 기술개발이 되고 있는 신재생에너지에 속하기 때문
에 멀지 않은 시점에서 발전가격이 충분하게 낮아질 수 있을 것으로 예측되고 있
다. 현행 신재생에너지법과 동법 시행령이 태양광에너지를 특별 공급의무량의 대
상으로 규정한 정당성은 바로 태양광에너지가 가지는 이와 같은 특징에서 찾을 수
있다.

6. 공급인증서

(1) 공급인증서의 발급

신재생에너지 공급의무화제도는 공급의무자와 공급의무량을 확정하고, 공급
의무자가 부여된 공급의무량을 이행하지 않는 경우에 의무이행확보수단으로 과징
금을 부과하는 제도를 도입하고 있다.[19] 공급의무화제도는 일반적으로 공급의무자
가 부여된 공급의무량을 직접 충당하거나 다른 신재생에너지 발전사업자 또는 공
급의무량을 초과하여 충당한 공급의무자로부터 의무공급량을 구매할 수 있도록
하고 있다.

공급의무화제도는 국가가 설정한 발전량의 일정한 비율을 신재생에너지로 충
당하도록 하는 데 주된 목표가 있는 것이고, 개별 공급의무자가 각각에 부여된 공
급의무량을 반드시 이행하도록 강요하지 않는다. 그래서 공급의무화제도는 공급의
무자 중에 공급의무량을 초과하여 달성하는 자와 공급의무량을 달성하지 못한 자
를 동시에 고려하고 있다. 국가전체적으로 설정된 총 신재생에너지 발전 공급량을

1,971GWh로 정하고 있다.

19 강희찬, "신재생에너지 공급의무화제 2012년 시행·점검 및 향후 정책제언", 『에너지포커스』 제8권 제4호,
   2011, 23면 이하; 박병춘, "신재생에너지 공급의무화제도", 『에너지&기후변화』 통권 419호, 2011, 70면 이
   하; 김태은, "신재생에너지 성장의 영향요인 연구: FIT와 RPS의 효과성 검증을 중심으로", 『한국행정학보』 제
   45권 제3호, 2011, 305면 이하 참조.

달성하는 데에 일차적인 목적을 두고 있는 공급의무화제도는 공급의무자 중 공급의무량을 초과달성하는 자에 대하여 초과한 발전량에 대하여 인센티브를 주고, 달성하지 못한 공급의무자에 대하여 불이익을 주도록 제도가 설계되어 있다.

　신재생에너지법은 이러한 인센티브로 초과달성한 신재생에너지 공급량을 시장에서 판매할 수 있도록 하고 있다. 또한 공급의무화제도는 공급의무량을 달성하지 못한 공급의무자에게는 시장에서 초과달성한 공급의무자나 공급의무가 없는 발전사업자로부터 신재생에너지 발전량을 구매하도록 함으로써 시장친화적이고 유연한 방식으로 신재생에너지 목표량을 달성할 수 있도록 하고 있다. 이와 같은 구조에서 공급의무화제도는 공급인증서 발급을 필요로 한다. 신재생에너지법 제12조의7제1항에 의하면 "신·재생에너지를 이용하여 에너지를 공급한 자는 산업통상자원부장관이 신·재생에너지를 이용한 에너지 공급의 증명 등을 위하여 지정하는 기관으로부터 그 공급 사실을 증명하는 인증서(전자문서로 된 인증서를 포함한다)를 발급받을 수 있다. 다만, 신재생에너지법 제17조에 따라 발전차액을 지원받은 신·재생에너지 공급자에 대한 공급인증서는 국가에 대하여 발급한다.

　공급의무화제도는 신재생에너지 발전사업자에 의하여 발전된 전력을 우선 계통한계가격(SMP, System Marginal Price)에 따라 한국전력거래소를 통하여 판매하고, 이와 별도로 공급인증기관으로부터 신재생에너지 공급인증서를 발급받아 공급인증기관이 개설한 거래시장에서 이를 판매하도록 한다. 신재생에너지 발전사업자는 화석에너지나 원자력에너지보다 발전단가가 높은 신재생에너지로 발전한 전력을 1차적으로 화석에너지나 원자력에너지로 발전된 전력과 동일하게 전력시장에서 판매하게 되면, 당연히 손실이 발생할 수밖에 없다. 왜냐하면 전력시장에서 전력가격은 계통한계가격으로 판매되기 때문이다. 전력시장에서 신재생에너지를 판매함으로써 발생하는 손실은 발전량에 비례하여 신재생에너지 발전사업자에게 발급된 신재생에너지 공급인증서를 거래시장에서 판매하여 보전할 수 있다. 공급의무화제도에서 신재생에너지 발전사업자는 계통한계가격에 따라 판매한 전력수익과 공급인증서를 판매한 수익을 신재생에너지 발전에 대한 대가로 가지게 된다.

(2) 공급인증기관

　신재생에너지 발전사업자는 공급인증기관으로부터 공급인증서를 발급받아서 거래시장에 판매한다. 공급인증기관은 신재생에너지에 의한 발전량에 대한 인증업무, 거래업무를 포함하여 사실상 공급의무화제도 전반을 관리·운영하는 역할을 수행할 수 있다.

공급인증서를 발급하는 공급인증기관에 관하여는 동법 제12조의8에서 규정하고 있다. 이에 의하면 산업통상자원부장관은 공급인증서 관련 업무를 전문적이고 효율적으로 실시하고 공급인증서의 공정한 거래를 위하여 한국에너지공단 소속의 신·재생에너지센터, 「전기사업법」 제35조에 따른 한국전력거래소 또는 동법 제12조의9에 따른 공급인증기관의 업무에 필요한 인력·기술능력·시설·장비 등 대통령령으로 정하는 기준에 맞는 자를 공급인증기관으로 지정할 수 있다. 이에 따라 현재 신재생에너지 공급인증기관은 신재생에너지법 제31조에 따른 한국에너지공단 소속의 신재생에너지센터이다.

(3) 공급인증서의 거래

공급의무자는 부여받은 공급의무량을 자체적으로 신재생에너지에 의하여 발전하지 못하면, 공급인증서 거래시장에서 공급인증서를 구매함으로써 부족한 의무량을 충당할 수 있다. 위에서 언급한 바와 같이 공급의무량을 초과하여 달성한 공급의무자는 공급인증서를 발급받아 의무공급량만큼 산업통상자원부장관에게 제출하고 초과한 여분의 공급인증서는 거래시장에 판매하여 수익을 창출할 수 있다. 공급의무자가 아닌 신재생에너지 발전사업자는 공급인증기관으로부터 신재생에너지 발전량에 대하여 공급인증서를 발급받아 거래시장에 판매함으로써 공급인증서 거래시장이 성립하게 된다.

7. 공급의무량의 위반에 대한 과징금

신재생에너지법 제12조의6에 의하면 산업통상자원부장관은 공급의무자가 의무공급량에 부족하게 신·재생에너지를 이용, 에너지를 공급한 경우에는 대통령령으로 정하는 바에 따라 그 부족분에 제12조의7에 따른 신·재생에너지 공급인증서의 해당 연도 평균거래 가격의 100분의 150을 곱한 금액의 범위에서 과징금을 부과할 수 있다. 신재생에너지 공급의무량을 위반한 공급의무자에 대한 과징금 부과는 공급의무화제도의 이행확보수단으로서 과징금의 액수를 어떻게, 어느 정도 액수로 정할 것인가에 따라 공급인증서 거래규모, 신재생에너지설비 거래규모 등에 영향을 미치게 된다. 왜냐하면 과징금 액수보다 공급인증서 금액이 높다면 공급의무자는 공급인증서 구매 대신 과징금을 부담할 것이고, 공급의무자가 신재생에너지설비를 도입할 때도 과징금보다 단가가 높은 신재생에너지설비는 도입 자체를 포기할 것이기 때문이다.

과징금 액수는 정액으로 고정하는 방식과 공급인증서 거래가격과 연동하는 방식이 있을 수 있는데, 현행 신재생에너지법은 연동제 형식으로 공급인증서 평균 거래가격의 150%의 범위에서 부과하도록 규정하고 있다. 공급의무자의 자체적인 신재생에너지설비, 설치 및 공급인증서 거래규모 확대 등을 유도하기 위해서는 공급인증서 거래가격과 연동하여 인증서 가격보다 과징금을 높게 책정하는 것이 효과적이라고 할 수 있다.[20] 현행 신재생에너지법 제12조의6에 의한 과징금은 재원확보를 위한 수단이라기보다 벌칙적인 성격이 강한 과징금이라고 할 수 있다.

제 4 절 신재생에너지 보급확대에 따른 문제점 및 제도개선

I. 신재생에너지 보급확대에 따른 문제점

1. 간헐성

정부는 2030년 발전량 기준 신재생에너지 비중 20% 목표를 달성하기 위해 정책적, 제도적 개선을 통하여 노력을 해오고 있다. 이에 따라 신재생에너지를 통한 발전량의 비중은 높아지고 있다. 신재생발전은 풍량 및 일사량 등 자연조건에 의존하는 간헐적 발전 특성으로 불확실성 및 변동성을 내재한다. 불확실성(Uncertainty)은 신재생 발전출력을 정확하게 예측하기 곤란하여 필연적으로 예측오차를 수반하는 특성이다. 변동성(Variability)은 예측이 가능하더라도 발전출력이 빠르게 변화하는 특성을 말한다. 그 외 신재생발전의 출력을 인위적으로 조정하는 것이 제한적이어서 석탄화력 등 전통 발전원에서 안정적 계통운영을 위해 제공하는 보조서비스 공급능력(예비력, 전압유지 등)이 매우 떨어진다. 이와 같이 태양광·풍력과 같은 신재생원의 확대됨에 따라 전력망의 불안정성이 증가하게 되었는바, 전력시스템의 안정

---

20 정부가 발의한 법률안에서는 과징금을 130%의 범위 내로 하였으나 국회의 심의과정에서 거래가격의 150%로 상향조정되었다. 정부의 법률안과 같이 130%로 하는 경우에 외국 국가에 비하여 낮은 비율이어서 실효적인 의무이행확보수단으로 작용할 수 없다고 보고 최종적으로 거래가격의 150%로 규정하게 되었다.

성 확보를 목적으로 변동성 자원의 출력제한 등 국가의 안정적 에너지 공급의무를 이행하기 위한 제도 구축이 필요한 시점이 되었다.

2. 배전사업자의 임의적 출력제어

현재 간헐성의 문제로 배전사업자는 일정 시간대에 일정 지역의 풍력발전소에서 많은 발전이 이루어지는 경우 배전망의 용량 부족에 따른 정전을 방지하기 위하여 특정풍력발전사업자에게 전기공급 중단 명령을 하고 있으나, 이에 대한 법적인 근거가 없어 형평성의 문제가 발생하고 있다.

3. 배전망 설치 용량의 부족

재생에너지에서 발전된 전기는 수요지에 전달되기 위하여 배전선로를 통하여 변전소까지 와야 하나 전국에서 태양광 발전 계통 연계를 신청한 용량은 14GW에 달하지만 1/3이 여전히 접속 대기 상태이다. 태양광으로 만들어낸 전기를 한전에 판매하려면 변전소까지 연결할 선로가 있어야 하는데, 한전이 배전선로를 설치하지 못하고 있어 배전망 설치용량의 부족은 신재생에너지의 확대에 걸림돌이 되고 있다.

II. 신재생에너지 보급확대를 위한 제도개선

1. 신재생에너지 등 분산에너지 확대 및 공정성 확보를 위해 배전감독원 설립

배전선로의 설치와 배전선로의 운영은 분산에너지 활성화와 직접적인 관련성을 가지고 있다. 배전선로의 합리적인 운영은 배전망을 기반으로 사업을 수행하는 분산에너지사업자에게 합리적으로 사업을 수행할 수 있는 제도적 기반이 된다. 우리나라는 배전사업자가 배전망 운영에 대한 감독을 받지 않고 운영함으로써 배전망을 활용하여야 하는 신재생에너지 등 분산에너지사업자에게 예측을 불가능하게 하고 있다. 현재 주관 감독기관인 산업통상자원부에서 감독을 수행하고 있으나 공무원으로 조직된 산업통상자원부는 배전망의 운영에 관한 전문성 부족으로 사고가 발생한 후에 조치를 하는 수준에 머물고 있어 배전망의 운영을 더욱 전문적이고 공정하게 할 수 있도록 배전감독을 전담하는 기관 설립이 필요하다.

2. 해상풍력발전 인·허가 절차 간소화

그동안 풍력발전사업은 추진 중 거쳐야 할 많은 인허가 과정으로 인하여 사업의 불확실성이 높았다. 풍력발전 사업을 위해 수십 개의 인·허가를 개별적으로 진행해야 하는데 이 중 하나라도 승인이 되지 않으면 풍력발전소 건설 공사를 진행할 수 없다. 이러한 사유로 초기 인·허가 과정만 5년 이상씩 걸리는 경우가 많아 풍력발전사업을 수행하기가 쉽지 않다. 사업이 무산되는 경우 큰 매몰비용이 발생하여 이는 사회·경제적 손실로 이어져 오고 있다. 그러므로 해상분야의 풍력발전소 확대를 위하여 정부 주도 아래 풍력발전 입지를 발굴하고, 인·허가 절차를 간소화할 필요가 있다. 이러한 관점에서 해상풍력 계획입지 및 산업육성에 관한 특별법 제정이 필요하다.[21]

---

21 제21대 국회에 해상풍력 사업을 추진하기 위한 2건의 법률안이 발의되었으나 임기만료로 폐기되었고, 제22대 국회에서도 "해상풍력 계획입지 및 산업육성에 관한 특별법안"이 발의된 상태이다.

사항색인

저자 약력

이 종 영

중앙대학교 법과대학 졸업
동 대학원 석사과정 졸업(공법 석사)
독일 Würzburg 대학교 졸업(행정법 박사)
한국환경법학회, 유럽헌법학회, 한국제품안전학회 회장
국회 입법지원 위원
국회 신재생에너지포럼 운영위원회 위원
기획재정부 소재·부품·장비 경쟁력위원회 전문위원회 위원장
국무총리실 소비자정책위원회 전문위원회 위원
산업통상자원부 규제개혁위원회 위원장
법제처 법령해석심의위원회 위원
한국전력 전력법 포럼 회장
환경부 중앙환경보전자문위원회 위원
국립호남권생물자원관 감사, 기타 공공기관 비상임이사
사법시험·행정고등고시·입법고등고시·변호사시험 등 각종시험 출제·면접위원
근정포장, 산업통상자원부장관상 등 수상
중앙대학교 법학전문대학원 원장
한국에너지법학회 회장
現 전기위원회 위원장

〈논문〉

원자력발전소 안전성과 잔여위험가능성, 과학기술법연구 제2집
신재생에너지의 이용보급을 위한 제도, 환경법연구 제27권 제1호
고압가스 운반차량의 안전관리제도, 중앙법학 제10집 제2호
독일의 재생열 사용촉진제도, 환경법연구 제32권 제3호
에너지법제의 주요쟁점과 전망, 법제연구 제40호
신재생에너지의 공급의무화제도, 환경법연구 제35권 제1호
에너지사용기자재의 효율향상 제도, 공법학연구 제14권 제2호
전력수요자원의 전력거래제도, 중앙법학 제17집 제1호
그 외 다수

제2판
에너지법학

초판발행	2021년 10월 30일
제2판발행	2024년 9월 30일
지은이	이종영
펴낸이	안종만·안상준
편 집	이승현
기획/마케팅	김민규
표지디자인	Benstory
제 작	고철민·김원표
펴낸곳	(주) **박영사**
	서울특별시 금천구 가산디지털2로 53, 210호(가산동, 한라시그마밸리)
	등록 1959. 3. 11. 제300-1959-1호(倫)
전 화	02)733-6771
f a x	02)736-4818
e-mail	pys@pybook.co.kr
homepage	www.pybook.co.kr
ISBN	979-11-303-4799-8 93360

정 가   36,000원